二〇一九年湖南汨罗屈原与楚辞学国际学术讨论会
暨中国屈原学会第十八届年会论文

中国楚辞学

第二十九辑

中国屈原学会 编

主办
北京市哲学社会科学研究基地 北京语言大学首都国际文化研究基地
江苏高校哲学社会科学重点研究基地南通大学楚辞研究中心
中国屈原学会屈原文化研究院

协办
湖南省社科研究基地湖南理工学院屈原文化研究基地

学苑出版社

图书在版编目（CIP）数据

中国楚辞学. 第二十九辑 / 中国屈原学会编. —北京：学苑出版社，2021.11
ISBN 978-7-5077-6301-0

Ⅰ. ①中… Ⅱ. ①中… Ⅲ. ①楚辞研究—中国—丛刊 Ⅳ. ① I207.223-55

中国版本图书馆 CIP 数据核字（2021）第 234643 号

责任编辑：李蕊沁　战葆红
出版发行：学苑出版社
社　　址：北京市丰台区南方庄 2 号院 1 号楼
邮政编码：100079
网　　址：www.book001.com
电子信箱：xueyuanpress@163.com
联系电话：010-67601101（营销部）　010-67603091（总编室）
印　刷　厂：河北赛文印刷有限公司
开本尺寸：787×1092mm　1/16
印　　张：25.75
字　　数：515 千字
版　　次：2021 年 11 月第 1 版
印　　次：2021 年 11 月第 1 次印刷
定　　价：120.00 元

编委会

顾　问	谭家建	陈怡良(中国台湾)	李炳海	崔富章	毛　庆
	赵逵夫	蒋南华	潘啸龙	章必功	殷光熹	张崇琛
主　编	方　铭	周建忠	彭千红		
编　委	程本兴	蔡靖泉	陈连山	常　森	陈书良	戴永新
	冯良方	傅利民	方　铭	郭　丹	郭　杰	郭建勋
	龚红林	黄崇浩	黄凤显	黄金明	黄灵庚	何新文
	黄震云	金荣权	李　诚	刘　刚	林家骊	李金善
	罗　漫	廖　群	刘生良	刘石林	刘毓庆	力　之
	李洲良	凌智民	彭千红	钱　征	汤　洪	谭家斌
	汤漳平	王德华	吴广平	王孝强	谢　君	熊良智
	徐文武	徐志啸	杨生虎	尹小林	姚小鸥	叶子衡
	周秉高	詹福瑞	张宏洪	张俊伟	周建忠	赵敏俐
	张　强	张庆利	朱闻宇	周　征	林登顺(中国台湾)	
	鲁瑞菁(中国台湾)		邓国光(中国澳门)		黄耀坤(中国香港)	
	大野圭介[日本]		谷口洋[日本]		朴永焕[韩国]	
	吴万钶[韩国]		白　马[德国]			
编辑部	谢　君	朱闻宇	王孝强			

目　录

屈原生平与事迹研究

屈原第二次放逐时间和路线考 …………………………………………… 周秉高(1)
屈原出使齐国考 …………………………………………………………… 黄震云(11)
再论屈原的史官身份 ……………………………………………………… 林训涛(15)
屈原"自投汨罗而死"之我见 ……………………………………………… 刘石林(21)
屈原投江地的争论与考证 ………………………………………………… 何林福(31)

《楚辞》作品研究

《楚辞·天问》"阳离"解 …………………………………………………… 王锺陵(47)
七祀之制与《大司命》《少司命》《国殇》的祭义 ………………………… 曹胜高(52)
《天问》"呵壁说"再检讨 …………………………………………………… 王志翔(64)
屈原《橘颂》作于三闾大夫时期考 ………………………………………… 张世磊(74)
好谏而招忧、发愤以抒情
　　——也说《惜诵》"惜诵以致愍"兼及古文注释的若干原则 ………… 何新文　邹福清(80)
《九章·哀郢》之"阳侯"考 ………………………………………………… 金健萍(91)
屈原《九章》人物典故研究 ………………………………………………… 唐旭东(100)
《楚辞·九怀》的远游描写和王逸注 ……………………………………… 矢田尚子(111)
屈原作品中的建筑描写及其内涵意义 …………………………………… 张　佳(124)
浅析《楚辞·九章》的"道""路"意象 ……………………………………… 赵　爽(132)

屈原思想、精神及其影响研究

屈原"法立"与法治价值观的中国传统文化基础 ………………………… 方　铭(135)
屈原爱国精神的阐发历程
　　——以《楚辞》辑注为中心考察 ………………………………………… 龚红林(151)
早期儒学对屈原作品之影响研究 ………………………………………… 柏晓彤(159)
唐代诗人对《史记·屈原列传》的接受 …………………………………… 戴永新(169)

汨罗渡口放忠臣
　　——试释王士性的屈骚精神与洞庭情怀……………………………………何方形(176)
祖绍楚骚高远引,越名任心自风流
　　——论嵇康对屈原的接受与背离……………………………………………余　霞(183)
唐诗歌中的屈原形象研究……………………………………………………陈瑶瑶(194)

域外楚辞学研究

日本在20世纪50—80年代的《楚辞》研究…………………………………王海远(202)
关于龟井昭阳"楚辞玦"抄本的若干问题……………………………………野田雄史(213)
论霍克思的《楚辞》翻译与研究………………………………………………陈　亮(217)
欧美当代《楚辞》研究述评……………………………………………刘　萍　童　利(232)
论儿岛献吉郎楚辞研究的科学方法与理性精神……………………………施仲贞(242)
李奎报的屈原观…………………………………………………………………李　燕(253)

宋玉研究

从先秦"风占"习俗看宋玉《风赋》创作的社会文化因素……………………刘　刚(263)
关于宋玉《高唐》《神女》赋的两个问题………………………………………金荣权(270)
《九辩》中的道意与李白对宋玉的缅怀………………………………………张思齐(276)
宋玉《笛赋》与王褒《洞箫赋》之比较…………………………………………张英伟(304)
新世纪宋玉研究的新进展………………………………………张庆利　郭梦婕(313)
宋玉赋身体类核心词及其运用艺术……………………………吴广平　雍寒清(323)

楚史与楚文化研究

"帝高阳之苗裔兮"补说
　　——《离骚》作者族源考之一…………………………………………黄耀堃(340)
楚怀王代称考
　　——兼谈《诗经》所谓"古之人"………………………………………黄人二(350)
汨罗最先为屈原立祠祭祀的历史考察………………任　远　常　勇　徐蔚明(358)
论萧云从《离骚图·天问图》第一图"日月三合九重八柱十二分图"………鲁瑞菁(368)
论《天问》文学与图像的关系…………………………………………………何继恒(387)
"二湘图"文献研究………………………………………………………………陶丹丹(398)

屈原生平与事迹研究

屈原第二次放逐时间和路线考

《职大学报》编辑部　周秉高

2017年初以来，重读汤炳正先生的遗著《屈赋新探》及其他一些骚学前贤的论著，再次研究在屈原第二次放逐的时间和路线问题上的诸多争议和误判，深感尽快解决此问题已是十分必要。因为诚如汤炳正先生所说："屈原的流亡路线，这不仅仅是时地的考证问题，而且对进一步理解屈原作为伟大爱国主义诗人的内心世界、精神面貌，也是很重要的。"① 此问题如果一直存在诸多争议和误判，必将严重影响屈原研究的深入发展，故作此考证，以冀骚界能尽快就此问题取得比较接近的共识。

首先是屈原第二次被迁逐的时间问题。汤炳正先生以为：

> 参与它篇如《楚世家》等，则屈子被放起程，当在顷襄王二年之春。即元年之末被放，二年的"仲春"起程。②

汤先生采用的是清人戴震《屈原赋注》所附《音义》中的观点。戴氏曰：

> 屈原东迁，疑即当顷襄王元年，秦发兵，出武关，攻楚，大败楚军，取析十五城而去。时怀王辱于秦，兵败地丧，民散相失。③

汤先生赞同此说，并进一步释曰：

> ……只有《音义》之说颇与当时形势相吻合。(《史记·楚世家》载秦取析之战在襄王元年，"斩首五万"，未纪月；《六国年表》亦未纪月；《秦本纪》未载取析之战。疑此役当在顷襄王元年岁末，故二年"仲春"犹有局势紧张之感，民多逃走。)当时，屈原就是在怀王被拘于秦，秦又大败楚军之际，混在"离散"的民众一起沿江东下，

---

① 汤炳正：《屈赋新探》，济南：齐鲁书社，1984年，第83—84页。
② 汤炳正：《屈赋新探》，济南：齐鲁书社，1984年，第65页。
③ 戴震：《屈原赋音义》（下），光绪辛卯七月广雅书局刊。

开始了他的流亡生活。①

以上两段话中都标有"疑"字,看来,戴震和汤先生都对自己的判断存在疑虑。其实,彼等将《哀郢》开篇3句解释成兵灾就很不靠谱。关于《哀郢》开篇"皇天之不纯命"一句的解释,王逸注曰:"言皇天不纯一其施,则万物夭伤。"尽管他以为此乃"兴君",言"人君不纯一其政",但"万物夭伤"一句明显是指"天灾"②。朱熹沿此说并引申曰:"屈原被放时,适会凶荒,人民离散,而原亦在行中。"③王、朱二人注为"天灾"还是正确的。因为古代训诂家们著有明注:"皇天"即指天,指大自然。所谓"天有五号,尊而君之,则曰皇天。"④又,"命者,天之令也。"⑤"不纯命",指大自然不正常,即发生了天灾。人们本应沿着王、朱二人正确的注释来深入解读《哀郢》,但是,到了明代汪瑗,却始释为兵灾,其曰:"昔秦昭王遣将白起攻楚,遂拔郢,赦罪人而迁之于东。屈原久遭罪废,亦在行中,闵其流离,因以自伤,无所归咎,而叹恨皇天之不纯命,不能佑我国家,相协民居,而使国亡君败,民遭此荒流离之苦也。"⑥他将"皇天之不纯命"一句解释为战乱、兵灾,甚至还说是秦人将屈原赦迁离郢而非《史记》所载"顷襄王怒而迁之"!如此奇谈谬论,居然今天还有人相信并采纳之,真是不可思议!战国时期,"上无天子,下无方伯,力功争强,胜者为右,兵革不休,诈诡并起"⑦。故一旦将《哀郢》开篇释为兵灾,说法必然五花八门:汪瑗⑧、王夫之⑨等人释为顷襄王二十一年白起破郢,姜亮夫先生⑩和谭戒甫⑪等人释为楚怀王二十八年的"庄蹻之乱",戴震和汤先生等人则释为顷襄王元年秦楚析之战,等等。于是,屈原第二次被逐的时间问题就被后代一些学者弄得说法纷纭,莫衷一是,简直成了一团乱麻。

实际上,屈原第二次被迁的时间,史籍中有明确记载,绝不容后人胡乱推测。《屈原列传》载曰:

---

① 汤炳正:《屈赋新探》,济南:齐鲁书社,1984年,第65页。
② 洪兴祖:《楚辞补注》,北京:中华书局,1983年,第132页。
③ 朱熹:《楚辞集注》,上海:上海古籍出版社,1979年,第81页。
④ 孙毂:《古微书》(卷三),北京:商务印书馆,1959年,第48页。
⑤ 段玉裁:《说文解字注》,上海:上海古籍出版社,1981年,第57页。
⑥ 汪瑗:《楚辞集解》,北京:北京古籍出版社,1994年,第172页。
⑦ 刘向:《战国策》,上海:上海书店,1987年,序第2页。
⑧ 汪瑗:《楚辞集解》,北京:北京古籍出版社,1994年,第172页。
⑨ 王夫之:《楚辞通释》,见黄灵庚:《楚辞文选丛刊》(第45册),北京:国家图书馆出版社,2014年,第168页。
⑩ 姜亮夫:《楚辞今译讲录》,北京:北京出版社,1981年,第64页。
⑪ 谭戒甫:《屈原〈哀郢〉的研究》,《四川大学学报》,1957年第2期。

>（怀王）亡走赵,赵不内。复之秦,竟死于秦而归葬。长子顷襄王立,以其弟子兰为令尹,楚人既咎子兰以劝怀王入秦而不反也……令尹子兰闻之大怒,卒使上官大夫短屈原于顷襄王。顷襄王怒而迁之。①

这则史料明确指出,"顷襄王怒而迁之"的重大背景是楚怀王"竟死于秦而归葬"等重大历史事件。而这些历史事件发生的时间有多则史料证实。《楚世家》明载:

>顷襄王三年,怀王卒于秦,秦归其丧于楚。楚人皆怜之,如悲亲戚。②

《六国年表》亦明确记载:

>楚顷襄王三年,怀王卒于秦。③

《秦本纪》亦明确记载:

>秦昭王十一年(楚顷襄王三年),楚怀王亡之赵,赵不受,还之秦,即死,归葬。④

以上几则史料相参,十分确凿地证明,屈原是在顷襄王三年被"怒而迁之"的。

《尚书·皋陶谟》"何迁乎有苗"句下注曰:"尧畏其乱政,故迁放之。"⑤ 由此可知,"迁"是一种刑罚,所谓"宥五刑"⑥的一种手段。古代一些关于刑法的典籍证明,古代朝廷判决罪犯一般都在秋天。《礼记·月令》有载云:孟秋之月,"命有司修法制,缮囹圄,具桎梏,禁止奸,慎罪邪,务搏执……戮有罪,严断刑,天地始肃,不可以赢";仲秋之月,"乃命有司,申严百刑,斩杀必当",⑦ 等等。据此可知,屈原被"顷襄王怒而迁之"的时间应当是在秋天。而《哀郢》有云:"民离散而相失兮,方仲春而东迁。去故乡而就远兮,遵江夏以流亡。"据此又可知,屈原第二次放逐,只能在翌年(即顷襄王四年)"仲春"启程。史料凿凿,不容置疑。

其次,汤先生以为,屈原第二次放逐的路线是:"(1)先从郢都沿江东下,到达'泸

---

① 司马迁:《史记》,北京:中华书局,1959年,第2484—2485页。
② 司马迁:《史记》,北京:中华书局,1959年,第1729页。
③ 司马迁:《史记》,北京:中华书局,1959年,第737页。
④ 司马迁:《史记》,北京:中华书局,1959年,第210页。
⑤ 阮元校刻:《十三经注疏》,北京:中华书局,1980年,第138页。
⑥ 阮元校刻:《十三经注疏》,北京:中华书局,1980年,第128页。
⑦ 阮元校刻:《十三经注疏》,北京:中华书局,1980年,第1373页。

江''陵阳';(2)再溯江而上,溯汉而行,直达汉北;(3)又沿江而下,西南溯沅,直抵溆浦,最后又东济资、湘,到达汨罗。"① 汤先生上边那些推测与《哀郢》等诗篇所载根本不相符合。

1. 汤先生所谓"先从郢都沿江东下,到达'泸江''陵阳'"中的"江"是指长江,因为此段文字之前,汤先生解释《鄂君启节》时写道:"……再回折而东南,是以长江为干线,直达'彭蠡''泸江'流域"②。这就是说,汤先生以为屈原第二次放逐是从郢都出发,沿着长江,直达"陵阳"的。此说属于误判。因为《哀郢》明确载曰:屈原"去故乡而就远兮,遵江夏以流亡。"何谓"江夏"?《汉书·地理志》"江夏郡"条下应劭注曰:"沔水自江别至南郡华容为夏水,过郡入江,故曰江夏。"③"应劭《十三州记》又曰江别入沔为夏水源。夫夏之为名,始于分江"④。故《哀郢》所载"遵江夏以流亡",是说屈原遵夏水流亡,而非汤先生所谓的"沿江东下"。

至于屈原"东迁"是否最终抵达"陵阳",在楚辞研究史上也是一个十分有争议的问题。对于《哀郢》中"当陵阳之焉至兮,淼南渡之焉如"句中"陵阳"一词,王逸注曰:"意欲腾驰,道安极也。"⑤ 王逸《哀郢》"章句"的后半篇均用七言句式,故似乎语意含混,但将"陵阳"释作大波之意还是清楚的。洪兴祖补注则曰:"前汉丹阳郡,有陵阳仙人。陵阳,子明所居也。"⑥ 这个补注,吞吞吐吐,闪烁其词,他似乎有意将"陵阳"注为地名,但不肯定,只是旁敲侧击。朱熹面对王、洪相互矛盾之说,不予表态,注曰:"陵阳,未详。"⑦ 不过,明人汪瑗鲜明表态,赞同王逸之说,而对洪氏之说大加反驳:"洪氏解此,又引仙人陵阳子为说,是亦过求之弊也……盖言已乘此陵阳之波,淼然南渡大江矣,果将何所归而何所往耶?"⑧ 到清代,蒋骥、王夫之两人又力主"陵阳"为地名,且反复申说,成为屈原放逐至"陵阳"说的开山鼻祖。而蒋、王二人之说颇多臆测成分,实在不可信据。如,蒋骥《山带阁注楚辞》在《哀郢》注的后序中写道:

> 旧说顷襄迁原于江南而不著其地。今按发郢之后,便至陵阳。考前后汉志及《水经注》,其在今宁池之间明甚。以地处楚东极边,而奉命安置于此,故以九年不复为伤也。然其末年,遂历庐江、鄂渚,涉湘沅,过梦泽,而至辰阳,已复出龙阳,适长沙,

---

① 汤炳正:《屈赋新探》,济南:齐鲁书社,1984年,第66页。
② 汤炳正:《屈赋新探》,济南:齐鲁书社,1984年,第66页。
③ 班固:《汉书》,北京:中华书局,1962年,第1568页。
④ 郦道元:《水经注》,卷二十二,中国哲学书电子化计划 ctext.org/zhs。
⑤ 洪兴祖:《楚辞补注》,北京:中华书局,1983年,第135页。
⑥ 洪兴祖:《楚辞补注》,北京:中华书局,1983年,第135页。
⑦ 朱熹:《楚辞集注》,上海:上海古籍出版社,1979年,第82页。
⑧ 汪瑗:《楚辞集解》,北京:北京古籍出版社,1994年,第177页。

沉汨罗,傍徨踯躅,几遍大江以南。乃知原虽羁迹陵阳,实亦听其自便,所谓江与夏不可涉者,特逐之江外,不得越江而北耳。①

这段话振振有词,貌似有理,实际漏洞很多。如,其云"奉命安置于此",有何根据?蒋氏未能证明。后又云"实亦听其自便",则又与前"奉命安置于此"一说相矛盾。事实是,《尚书》等古籍中语早已讲清,"迁""放"本意是令迁臣"不知朝政"②"宥之以远"③"使之自活"④,根本不是什么"奉命安置"!另外,蒋氏在注《涉江》后序中云"涉江""当在既放陵阳之后"⑤,那么,既云屈原"东迁"之后"不得越江而北",而陵阳已在江南,又何能有《涉江》所写"余将济乎江湘""乘鄂渚而反顾"?《涉江》明云"乘舲船余上沅",而蒋非要说屈原是历鄂渚,"涉湘沅","上沅"与"涉沅"是两个不同的概念,读者究竟是听屈原本人的记述,还是听蒋骥两千年之后的推测?是非十分清楚,蒋说实属谬论。至于王夫之《楚辞通释》对《哀郢》的解读,更是一篇想当然之作。其否定《哀郢》乃屈原记述东迁经过及思想情感这一传统解说,竟然说《哀郢》是屈原写"顷襄畏秦弃故都而迁于陈""流亡者迫于强邻弃其故都倾国而行如逋逃"⑥的情景!此说乃古今楚辞研究之奇葩,仅此一家,不为众多骚学专家所采信。另外,他说顷襄王"东迁泛江而下,经江夏、陵阳,由江入淮以达于陈"⑦,在王夫之的笔下,"陵阳"并非屈原迁逐之地。可后代有些人还偏要据此说"陵阳"是屈原"东迁"的终极地,真是可笑。

关于"陵阳"是否地名这段公案,黄灵庚教授有一个说法很值得重视。他在解释王逸之所以将"当陵阳之焉至兮"释为"意欲腾驰迏安极也"时写道:

> 《章句》旧本字作"淩阳"。淩,乘也。阳,阳侯之波也。"淩阳",谓乘波也。今作"陵阳"者,后世因洪说而妄改也。⑧

窃以为黄教授此说可信,诸多追随蒋骥的"陵阳地名说"者很应该认真反思了。

---

① 蒋骥:《山带阁注楚辞》,上海:上海古籍出版社,1953年,第121页。
② 阮元校刻:《十三经注疏》,北京:中华书局,1980年,第152页。
③ 阮元校刻:《十三经注疏》,北京:中华书局,1980年,第163页。
④ 阮元校刻:《十三经注疏》,北京:中华书局,1980年,第1856页。
⑤ 蒋骥:《山带阁注楚辞》,上海:上海古籍出版社,1958年,第117页。
⑥ 王夫之:《楚辞通释》,见黄灵庚:《楚辞文选丛刊》(第45册),北京:国家图书馆出版社,2014年,第168—169页。
⑦ 王夫之:《楚辞通释》,见黄灵庚:《楚辞文选丛刊》(第45册),北京:国家图书馆出版社,2014年,第168—169页。
⑧ 黄灵庚:《楚辞章句疏证》,中华书局,2007年,第1421页。

总之,汤先生先将遵夏水流亡说成是"沿江东下",后又说其最后到达"陵阳"且滞留九年之久,实在有欠严谨。

2. 汤先生说屈原后来又从陵阳"再溯江而上,溯汉而行,直达汉北",更与《哀郢》所述背道而驰。《哀郢》载曰:"惟郢路之辽远兮,江与夏之不可涉。"这是说,屈原被迁之后,是不能再跨过长江与夏水了,即再也不能返回郢都参与朝政了。在这点上,蒋骥稍微高明些,他已看出,屈原写作《哀郢》时已经"不得越江而北"①。所谓"迁逐"(放逐),《尚书·太甲》"伊尹放诸桐"句下有注云:"不知朝政故曰放。"② 用今天的话说就是不允许再过问朝廷政务。这也就是《哀郢》"惟郢路之辽远兮,江与夏之不可涉"一句的真正含义。而汤先生却说屈原到了"陵阳"之后,还要"再溯江而上,溯汉而行,直达汉北"去"观察边疆动态""观察政局",云云,不仅与《哀郢》南辕北辙,而且汤先生似乎不知"迁逐"乃"不知朝政"!

汤先生放下《哀郢》所载来谈屈原第二次放逐的路线,依据的主要是《鄂君启节》。2018年11月在安徽池州召开的"中国屈原学会楚辞'陵阳''庐江'地望研究学术研讨会"上,有些朋友亦举出《鄂君启节》反复论证,以为这是屈原到过"陵阳"的力证。其实,硬将《鄂君启节》与屈原第二次放逐联系在一起的说法是牵强的。且不说此节中"还有不少地名至今未得到解决","'松阳'在何处,'爰阳'跟'陵阳'有无关系,学术界尚无定说",更何况此节仅仅是"当时官商通行的水(陆)路路线"③,并非平民百姓的水陆路线。江南水乡,河流众多,一叶扁舟,可随意行进,根本不会被《鄂君启节》所限。屈原被"迁"之后早已不是什么"官",而是"罪人",怎能套用《鄂君启节》? 事实上,《哀郢》《涉江》所载屈原的放逐路线,如"遵江夏以流亡""邸余车兮方林""乘舲船余上沅"等等,就不是按《鄂君启节》的路线图行进的。因此,《鄂君启节》不能证明屈原到过"陵阳"。

总之,汤先生勾勒的屈原第二次放逐路线很不可信。

在无更多其他资料参考的情况下,最可靠的当是屈原自己的作品中所写。统观屈原作品,可知其第二次流放可分三个阶段。

第一阶段:东迁江夏

《哀郢》中写道:

> 民离散而相失兮,方仲春而东迁。去故乡而就远兮,遵江夏以流亡。
> ……

---

① 蒋骥:《山带阁注楚辞》,上海:上海古籍出版社,1958年,第120页。
② 阮元校刻:《十三经注疏》,北京:中华书局,1980年,第163页。
③ 汤炳正:《屈赋新探》,济南:齐鲁书社,1984年,第66—82页。

> 过夏首而西浮兮,顾龙门而不见。
> ……………
> 去终古之所居兮,今逍遥而来东。
> ……………
> 背夏浦而西思兮,哀故都之日远。

这首诗明确指出,屈原第二次放逐的第一阶段是"东迁","遵江夏以流亡"。诗中的"江夏""夏首""夏浦"等水名、地名,揭示了屈原"东迁"的具体路线。

何谓"江夏""夏首"？前已引过,《汉书·地理志》"江夏郡"下应劭注曰:"沔水自江别至南郡华容为夏水,过郡入江,故曰江夏。"《水经》卷三十二载曰:"夏水出江津于江陵县东南,又东过华县南,又东至江夏云杜县,入于沔。"郦道元注曰:"江津豫章口东有中夏口,是夏水之首,江之汜也。屈原所谓'过夏首而西浮,顾龙门而不见'也。龙门,即郢城之东门也。……应劭《十三州记》曰:'江别入沔为夏水,原夫夏之为名,始于分江,冬竭夏流,故纳厥称,既有中夏之目,亦苞大夏之名矣。当其决入之所,谓之堵口焉。'……今按夏水是江流沔,非沔入夏。自堵口下,沔水通兼夏目,而会于江,谓之夏汭也。故《春秋左传》称吴伐楚,沈尹射奔命夏汭也。杜预曰:汉水曲入江,即夏口矣。"①《诗经·召南·江有汜》毛传曰:"决复入为汜。"笺云:"喻江水大,汜水小,然而并流。"②《尚书·禹贡》"嶓冢导漾,东流为汉"句下有"疏"曰:"汉水之尾变为夏水。"③ 周按:《尔雅·释水》曰:"决复入为汜。"郭璞注曰:"水出去复还。"要之,夏水从江陵县东南分江水向东流出,经监利县北,折东北至沔阳县附近注入汉水,全程五百里,最后又返回长江。正因为夏水从江水分出,后复注江,且与长江并行东流,故郦道元称夏水为"江之汜"。

何谓"夏浦"？蒋骥注云:"浦,水涯也。夏水东径沔阳入汉,兼流至武昌而会于江,谓之夏口。"④ 王夫之曾云:"江夏者,江汉合流也。汉水方夏水涨于石首,东溢合于江,故汉有夏名,其经流至汉阳,乃与江合,而汉口亦名夏口。"⑤ 或曰此"夏口",即今武汉之汉口;"夏浦"即汉口的水边。"背夏浦而西思兮,哀故都之日远。"是说背靠夏浦,面向西方,思念家乡,哀叹离开郢都越来越远。这两句诗确切地表明,屈原"东迁"的终点是"夏口",即今日之汉口。此正与下文将要讲到的《涉江》"登鄂渚"相合,组成一个完整的证据链。

---

① 郦道元:《水经注》,卷三十二,中国哲学书电子化计划 ctext.org/zhs.
② 阮元校刻:《十三经注疏》,北京:中华书局,1980年,第292页。
③ 阮元校刻:《十三经注疏》,北京:中华书局,1980年,第152页。
④ 蒋骥:《山带阁注楚辞》,上海:上海古籍出版社,1958年,第119页。
⑤ 王夫之:《楚辞通释》,见黄灵庚:《楚辞文选丛刊》(第45册),北京:国家图书馆出版社,2014年,第169页。

《哀郢》云:"忽若不信兮,至今九年而不复。"这说明屈原"东迁"的时间长达九年。也许有人问,既是罪犯,为什么没有人管他呢?这就是古代的刑法常识了。何谓"放逐"?《尚书·太甲》"伊尹放诸桐"句下有注云:"不知朝政故曰放。"①《左传·宣公元年》"晋放其大夫胥甲父于卫"句下有注云:"放者,受罪黜免宥之以远。"又注云:"受罪黜其官位,宥之以远者。"②《尚书·舜典》"放驩兜于崇山"句下有注云:"放者使之自活。"③ 将古人的这些解释结合起来可知,放逐这种刑罚,就是士大夫"有罪"之后,免去职务,取消待遇,再也不能过问朝政,而且被撵出京城,赶到遥远的地方去,任其自生自灭。又,屈原是"遵江夏以流亡",即遵夏水以流亡。而夏水,应劭《十三州》称其"冬竭夏流",屈子之舟在这五百里水路上当然也就只能是走走停停,停停走走,时间必然拖得很长了。

综上所述,屈原第二次放逐的第一阶段(东迁),是离开郢都后,先到夏首,后来乘舟沿着夏水流亡,经过今日之监利,最后抵达今日之武汉汉口,这段时间长达九年之久。

第二阶段:流放沅湘

《涉江》一诗记载了屈原第二次放逐第二阶段的具体路线:"乘鄂渚""余上沅""发枉渚""宿辰阳""入溆浦"。

此诗题目为"涉江"。涉,渡也。原意为"履石渡水",段玉裁曰:"引申为凡渡水之称。"④ 江,此处专指长江,因为诗中明言"登鄂渚而反顾"。洪兴祖补注考曰:"楚子熊渠封中子红于鄂。鄂州,武昌县地是也。"⑤ 此足证屈子"涉江"之"江",必是长江无疑。换言之,屈原是从长江北岸"涉江"登上南岸"鄂渚"的。那么,屈子由长江北岸何处"涉江"而"登鄂渚"的?蒋骥以为屈子"自陵阳入溆浦",纯为臆测。在这点上,汤炳正先生驳得有力:"如果像旧说,屈原是从陵阳直走辰、溆,则陵阳已在江之南,固然不必涉江"?⑥ 上文已证,屈原当是在顷襄王四年仲春,屈子被迫离开郢都。九年之后,他"东迁"至"夏浦"。前已引蒋骥考曰:"浦,水涯也。夏水东径沔阳入汉,兼流至武昌而会于江,谓之夏口。"⑦"夏口"即今之汉口,与"鄂渚"(武昌)隔江相望。《荀子·大略》篇"反绝以环"句下注曰:"古者臣有罪待放于境,三年不敢去。与之环则还,与之玦则绝。"⑧ 屈原"东迁"至"夏口",时间已长达九年,回去的希望是彻底破灭了。下一步去哪里?《涉江》一诗做

---

① 阮元校刻:《十三经注疏》,北京:中华书局,1980年,第163页。
② 阮元校刻:《十三经注疏》,北京:中华书局,1980年,第1865页。
③ 阮元校刻:《十三经注疏》,北京:中华书局,1980年,第129页。
④ 段玉裁:《说文解字注》,上海:上海古籍出版社,1981年,第556页。
⑤ 洪兴祖:《楚辞补注》,北京:中华书局,1983年,第129页。
⑥ 汤炳正:《屈赋新探》,济南:齐鲁书社,1984年,第78页。
⑦ 蒋骥:《山带阁注楚辞》,上海:上海古籍出版社,1958年,第119页。
⑧ 王先谦:《荀子集解》,石家庄:河北人民出版社,1986年,第322页。

了回答。由此可知,屈原是由江北夏口涉江而"登鄂渚"的。

"沅",沅水,《汉书·地理志》载:"武陵郡"有"临沅"县,应劭注曰:"沅水出牂柯。入于江。"① "枉渚",沅江上的一个地名。《水经注》:"又东历小湾,谓之枉渚。"② "辰阳",亦是沅江上的一个县名。《水经注·沅水》:"沅水又东径辰阳,东合辰水……辰水又径其县北,旧治在辰水之阳,故即名焉。《楚辞》所谓夕宿辰阳者也……辰水又右会沅水,名之为辰溪口。"③ 辰阳现为湖南省怀化地区的辖的一个县,名辰溪。"溆浦",亦当为地名,史无记载,故允许后人见仁见智,然屈子诗歌句子前后之关联表明,溆浦确为地名。如果"溆浦"如某些学者所谓之"水名",则"入溆浦"即为"入水中",焉有下文"深林杳以冥冥兮,乃猿狖之所居。山峻高以蔽日兮,下幽晦以多雨。……哀吾生之无乐兮,幽独处乎山中"等语?"山中"绝非"水中"! 今湖南省怀化地区有溆浦县,地处湘西,沅水中游,与辰溪比邻。屈原第二次放逐的最终活动地区当就在溆浦。《远游》有云:"春秋忽其不淹兮,奚久留此故居?""久留"二字证明,屈原应当是在溆浦生活了很长时间,《涉江》《九歌》《天问》《远游》《渔父》《悲回风》等诗篇就是在溆浦创作的。

第三阶段:自沉汨罗

《渔父》有云:"宁赴湘流葬于江鱼之腹中。"这句诗透露出两点意思:一是《渔父》写作之时,诗人仍在湘西;二是屈原自沉汨罗并非一时冲动,而是久有考虑,早在湘西时就已有此计划。

(一)屈原为何一定要自沉汨罗?

溆浦在湘西,汨罗在湘东北,两地相距甚远。汨罗有水,溆浦亦有水。屈原为何不在湘西自沉,而要远赴湘东北的汨罗去自沉? 蒋骥曾解释说,"湘水至清",屈原想在此自沉是为了"不忘清醒之意"。④ 这个说法是不能成立的,因为沅湘流域,清澈之水,所在多有,即如沅江,不仅水清,而且景美。《涉江》云:"朝发枉渚兮,夕宿辰阳。"而据《水经注》记载,从辰阳到枉渚,或"湾状半月,清潭镜澈,上则风籁空传,下则泉响不断";或"绿萝蒙幂,颓岩临水……其迭响若钟音,信为神仙之所居";枉渚附近,更是"修溪一百余里,茂竹便娟,披溪荫渚……"⑤ 如此水清景美似神仙所居之处,若为"不忘清醒之意",屈子根本不必舍沅赴湘,故蒋氏此说牵强,不能成立。不过,蒋氏其他一些说法还是可供借鉴的。我曾发表《屈原自沉汨罗考》⑥ 一文对此做过专门研究,认为有三条理由。第一,汨罗是楚

---

① 班固:《汉书》,北京:中华书局,1962年,第1595页。
② 郦道元:《水经注》,卷三十七,中国哲学书电子化十划 ctext.org/zhs.
③ 郦道元:《水经注》,卷三十七,中国哲学书电子化十划 ctext.org/zhs.
④ 蒋骥:《山带阁注楚辞》,上海:上海古籍出版社,1958年,第157页。
⑤ 郦道元:《水经注》,卷三十七,中国哲学书电子化计划 ctext.org/zhs.
⑥ 周秉高:《屈原自沉汨罗考》,《职大学报》,2010年第2期。

人的"先王故居"。《汉书·地理志》载:"长沙国……县十三:临湘、罗、连道……。""罗"即汨罗,应劭注曰:"楚文王徙罗子自枝江居此。"颜师古注曰:"盛弘之《荆州记》云,县北带汨水,水原出豫章艾县界,西流注湘。沿汨西北去县三十里,名为屈潭,屈原自沉处。"①"罗子"是熊绎之后裔,他们继承了熊绎的爵位。屈原选择到汨罗自沉,确如蒋骥所云:"原既放逐,不敢北越大江,而归死先王故居,则亦首丘之意。"② 第二,汨罗是熊绎后裔被迁之地,到此自沉,有政治共鸣之意,正好可以"下著其志",即再次表明"信非吾罪而迁逐"。第三,更重要的是,汨罗紧靠大都会长沙,信息流通快捷,自沉之后,有可能达到"上悟其君"(即"尸谏")的目的。

(二)屈原在汨罗没有待很长时间

《怀沙》有云:"滔滔孟夏兮,草木莽莽。伤怀永哀兮,汨徂南土。""怀"者,念思也。"沙",指长沙,当时称"长沙国",汨罗属于长沙国。王逸注曰:"汨,行貌。徂,往也。"③"南土",指洞庭湖之南的地方,此处专指汨罗。这四句诗表明,诗人思念长沙,思念汨罗。《渔父》云"宁赴湘流葬于江鱼之腹中",表明诗人此时还在湘西。屈原写作《怀沙》时在"孟夏",正要向汨罗赶。而南朝《续齐谐记》云:"屈原五月五日投汨罗水,楚人哀之,至此日,以竹筒子贮米投水以祭之。"④ 从孟夏到仲夏初(五月五日),不会超过一个月,此证屈原在汨罗时间不长。

结论

1. 关于屈原第二次放逐的时间和路线问题,骚学前贤的论著中存在若干误判。

2. 屈原第二次放逐的时间是在顷襄王三年秋,正式离郢东迁是翌年仲春。

3. 屈原第二次放逐的路线分三个阶段。第一阶段是沿着夏水流亡,最后抵达夏口(今汉口),时间长达九年;第二阶段是从夏浦"涉江""登鄂渚""余上沅""发枉渚""宿辰阳""入溆浦""久留"湘西;第三阶段是为了再次表明"信非吾罪而迁逐",他前往"先王故居"汨罗,自沉以达"首丘"和"尸谏"之目的。

---

① 班固:《汉书》,北京:中华书局,1962年,第1639页。
② 蒋骥:《山带阁注楚辞》,上海:上海古籍出版社,1958年,第119页。
③ 洪兴祖:《楚辞补注》,北京:中华书局,1983年,第141页。
④ 吴均:续齐谐记,见"国学导航",www.guoxue123.com/zhibu/0401/0100/107.htm。

屈原出使齐国考

中国政法大学　黄震云

屈学在我国一直是显学,但是,由于年代久远,文献缺乏,很多我们想知道的问题不能够知道。屈原出使齐国为史书所记载,是真实的历史事件,学界亦没有疑问。可是,屈原是什么时候去齐国的呢？又是走哪一条路线呢？迄今为止,学界竟无一篇文章涉及,成为美中不足。

《史记·屈原贾生列传》说：

> 明年,秦割汉中地与楚以和。楚王曰："不愿得地,愿得张仪而甘心焉。"张仪闻,乃曰："以一仪而当汉中地,臣请往如楚。"如楚,又因厚币用事者臣靳尚,而设诡辩于怀王之宠姬郑袖。怀王竟听郑袖,复释去张仪。是时屈平既疏,不复在位,使于齐,顾反,谏怀王曰："何不杀张仪？"怀王悔,追张仪不及。其后诸侯共击楚,大破之,杀其将唐眜。时秦昭王与楚婚,欲与怀王会。怀王欲行,屈平曰："秦虎狼之国,不可信,不如毋行。"怀王稚子子兰劝王行："奈何绝秦欢！"怀王卒行。入武关,秦伏兵绝其后,因留怀王,以求割地。[①]

根据《史记》的记载,张仪往返楚国时屈原已经受到行政处罚,也就是"不复在位",楚怀王派他出使齐国,时间应该比较长。秦昭襄王是公元前306年到公元前251年在位,楚怀王约前329年到前296年在位,张仪死于公元前309年,这些正史都有记载,那么屈原出使齐国和劝谏楚怀王必然在公元前306年到公元前309年之间这十几年时间内。

考《资治通鉴》卷三说：

> 秦王欲伐齐,患齐楚从亲,乃使张仪至楚,说楚王曰："大王诚能听臣,闭关决约于齐,臣请献商、于之地六百里,是秦女得为大王箕帚之妾,秦楚嫁女为妇,长为兄弟之国。"楚王说而许之。群臣皆贺,陈轸独吊……张仪乃朝,见楚使者曰："子何不受地,从某至某,广袤六里。"……春,秦师及楚战于丹阳,楚师大败,斩甲十八万,虏屈匄及列侯、执珪七十余人。遂取汉中郡。楚王悉发国内兵以复袭秦,战于蓝田,楚

[①] 司马迁：《史记》,北京：中华书局,2006年,第507页。

师大败。韩、魏闻楚之困,南袭楚,至邓。楚人闻之,乃引兵归,割两城以请平于秦。①

将《资治通鉴》的资料和《史记》的材料比较我们看出,关于六百里地骗局揭穿的时间在公元前313年岁末,秦楚丹阳和蓝田之战时间在公元前312年初。又考《战国策·楚策二》《资治通鉴》卷三:

> 秦惠王使人告楚怀王,请以武关之外易黔中地。楚王曰:"不愿易地,愿得张仪而献黔中地……"于是郑袖日夜泣于楚王曰:"臣各为其主耳,今杀张仪,秦必大怒,妾请子母俱迁江南,毋为秦所鱼肉也。"王乃赦张仪而后礼之。②

根据这条资料的记载,楚怀王释放张仪在公元前311年。那么,这时候屈原从齐国回来劝谏楚怀王的具体时间就是公元前311年,已经没有疑问了。至于屈原待在齐国多长时间,按照相关的仪式规定,不会超过一年。

屈原的作品中,只有一条资料涉及去齐国的路线。屈原《悲回风》诗中说:

> 吾冤往昔之所冀兮,悼来者之惕惕;浮江淮而入海兮,从子胥而自适。望大河之洲渚兮,悲申徒之抗迹;骤谏君而不听兮,任重石之何益?

按照屈原诗歌的叙述,他像伍子胥一样自适,带着一肚子怨气。这个自适,很值得玩味,是自己请求适,还是自由行走,无法搞清楚。但是浮江淮而入海兮,确实写实。也就是说他这次东行的路线是由长江入淮水。

从齐国到楚国道路很多,但是有一个大致的路线,因为国与国之间交往不是什么路都可以走的。《史记·秦始皇本纪》记载秦始皇从齐国往楚国的路线:

> 始皇还,过彭城,斋戒祷祠,欲出周鼎泗水。使千人没水求之,弗得。乃西南渡淮水,之衡山、南郡。浮江,至湘山祠。逢大风,几不得渡。上问博士曰:"湘君何神?"博士对曰:"闻之,尧女,舜之妻,而葬此。"于是始皇大怒,使刑徒三千人皆伐湘山树,赭其山。上自南郡由武关归。
>
> [正义]今荆州也。言欲向衡山,即西北过南郡,入武关至咸阳。
>
> [正义]括地志云:"黄陵庙在岳州湘阴县北五十七里,舜二妃之神。二妃冢在湘阴

---

① 司马光:《资治通鉴》,北京:中华书局,1982年,第92页。
② 司马光:《资治通鉴》,北京:中华书局,1982年,第94页。

北一百六十里青草山上。盛弘之荆州记云青草湖南有青草山,湖因山名焉。列女传云舜陟方,死于苍梧。二妃死于江湘之间,因葬焉。"按:湘山者,乃青草山。山近湘水,庙在山南,故言湘山祠。

<u>集解</u> 应劭曰:"武关,秦南关,通南阳。"文颖曰:"武关在析西百七十里弘农界。"
<u>正义</u> 括地志云:"故武关在商州商洛县东九十里,春秋时少习也。杜预云少习。商县武关也。"

《史记正义》解释南郡就是江陵,这是秦设置的,也就是说秦始皇由江陵经过南阳地,然后向西进入武关,至咸阳。南下的路线是西南方向渡淮河,经过衡山、江陵、渡江,到达洞庭湖。这样一个路线就是秦始皇由齐国入楚国行走的路线了。

《吕氏春秋》《晏子春秋》记载宁戚从楚国到齐国,扣角而歌。齐桓公发楚昭盟点兵,都说明楚国到齐国有两条路线,一是水路,一是陆路。汴水流,泗水流,流到瓜州古渡头。吴山点点愁则另外一条水路。

1957年安徽省寿县邱家花园出土的鄂君启节被认为是楚国文献的重器。根据武汉大学简帛研究中心发布的许学仁《鄂君启节》研究文献要目,论文50余篇,主要集中在舟节这一免税凭证中记录的行程路线与地名上,论文作者大多是文字学和考古学方面的研究人员。由于文中有大司马邵阳败晋师于襄陵之岁的具体时间表述,一般认为事情发生在公元前322年左右。这段时间楚怀王已经在位七八年了,屈原亦在楚国大夫任上。因此后来也引起楚辞学者,如四川的汤炳正和湖南的熊传新等人的注意。关于鄂君启节发表的文章数量并不大,但是争论不小,断断续续没有停下过。1958年殷涤非、罗长铭发表了《寿县出土的"鄂君启金节"》,郭沫若有《关于鄂君启节的研究》,商承祚有《鄂君启节考》。1963年8期《考古》刊载了于省吾《"鄂君启节"考释》不怎么同意郭沫若和萧涤非、罗长铭文章的看法。新时期以来,黄盛璋发表了《鄂君启节地理问题若干补正》进一步申述了自己的观点。朱德熙《鄂君启节考释(八篇)》(《朱德熙古文字论集》1989年)又从不同的角度发表了自己的看法。1972年3月,日本学者船越昭生发表了《鄂君启节考》一文。这些论文的发表虽然有一些争论,但大致皆认为舟船行驶在今湖北、河南境内,鄂君封邑大致在今湖北鄂州市。屈原《涉江》中有"乘鄂渚而反顾兮"的诗句。鄂州战国时又称东鄂,因此鄂君启节中的鄂指东鄂。也有的认为鄂渚指河南南阳,也就是战国时候的西鄂,案春秋战国是有四个地方叫鄂州。无论西鄂还是东鄂,屈原作品中常常提到的水名和鄂君启节中的水名对应的如沅、湘、澧等都是在今鄂豫交界一带。

《湖南师院学报》1982年第3期发表的熊传新、何光岳《鄂君启节舟节中江湘地名新考》认为,过去学者的研究皆有不当,屈原作品的地名在湖南地界可以找到,因此不能依此断定地名均在湖北。作为学术,每个人都可以有自由发表观点的权利,但是如果一旦涉入文化色彩,也就更容易引起争执。就荆楚与鄂的关系言之,荆楚范围比较大,包括湖南、安徽、河南、江苏等地,像秦末的项羽又名西楚霸王。鄂州到河南西南部都可称鄂,是有关地名如果按照今天行政区划论,应该说做到很困难,但不是完全没有可能。

鄂君启节中的舟节文字,经过几代人的考释,大致做出如下释读:

> 大司马昭阳败晋师于襄陵之岁,夏□之月,乙亥之日,王居于茂郢之游宫。大工尹□□铸金节。屯三舟为舿,五十舿,舿岁能返。自鄂往,逾湖,徒(涉)汉,庚邶,庚芑昜,逾汉,庚郢,逾夏,内□,逾江,庚□(彭)□,庚松昜,内浍江,庚爰陵,徒(涉)江,内湘,庚□,庚□昜,内□,庚鄙,内□,沅、澧、□,徒(涉)江,庚木关,庚郢。见其金节毋征,毋舍桴饲;不见其金节则征。如载马、牛、差以出内关,则征于大府,毋征于关。

其中,江夏、沅澧、湖湘为楚辞中常见的地名。但是,地名、水名、人名之类由于种种原因会变化和迁徙,所以按照舟节对应楚辞中的地名应该没有疑问,彼此同时,应该不会有误。但是,这样一来,问题就出现了,屈原与湖南也就不存在什么关联,而相关屈原与湖南的记载自然具有传说性质或者是失误了。

由出土文献引发的地理人文之争,不仅仅从鄂君启节开始。钱穆《先秦诸子系年》就有文章专门讨论:《屈原居汉北为三闾大夫考》《战国时洞庭在江北不在江南考》《屈原沉湘在江北不在江南辩》(见商务印书馆《先秦诸子系年》2002年版,根据1935年初版增定,第443—456页)。钱穆没有看到出土文献,他依据的资料主要是根据《抽思》《思美人》《湘君》确定屈原曾经在汉北写作作品。《河伯》《渔父》提到黄河,和《水经注》续证屈原曾经到达汉北生活,认为地名皆合。根据《史记·苏秦传》记录的时间,如夏水下江四天到达五渚、五日至郢,集解引《战国策》《韩非子》,取洞庭五渚江南,得出洞庭在江北的结论。而《水经注》资沅澧湘四水皆注洞庭,郢指的是宜城,又据《史记·楚世家》进一步证实,认为后期出现的一些混乱是因为《汉书·地理志》误记的原因。钱穆还根据《山海经》记载的方位确定洞庭湖确实在江北。

现在,我们看到还有部分地名河南和湖北、湖南确实重复。《鄂君启节》记录路线是从淮水出发,秦始皇是由泗水到淮河,那是走西边,屈原应该走东边走沭河沂河到达临淄。屈原由淮河向南,因为是出使齐国,应该走官道,和《鄂君启节》一致,即自鄂(今河南)往,逾湖,涉汉,逾夏(水),涉江,经过沅澧,涉江,到达淮水。

再论屈原的史官身份

深圳大学师范学院　林训涛

春秋战国,楚国巫风甚炽。许慎《说文解字》:"巫,祝也。女能事无形,以舞降神者也。"王逸《楚辞章句·九歌序》云:"昔楚国南郢之邑,沅、湘之间,其俗信鬼而好祠。其祠,必作歌乐鼓舞以乐诸神。"① 而《汉书·地理志》在记载汉时楚地风俗时亦云"信巫鬼,重淫祀。而汉中淫失(佚)枝柱,与巴蜀同俗"。风俗的形成往往有着长期的历史渊源,可见楚国巫风传承已久。屈原作品中对此亦有反映,无仑是《离骚》还是《九歌》,皆带有浓烈的巫的色彩。尤其是《九歌》,礼祀热烈,灵巫繁多,歌舞曼妙,人神相娱,以致后世学者多有从巫的角度来考察《九歌》者,认为以《九歌》为代表的楚辞作品体现了楚国的巫文化,甚至有学者认为屈原是楚国的大巫。

但屈原的作品不仅只有《离骚》和《九歌》,现代楚辞学者认为《天问》《九章》《招魂》等亦是屈原所作,而这些作品相较《离骚》和《九歌》,具有更多的理性色彩。从屈原的作品来看,既有借祭祀鬼神感慨遭遇之作,亦有冷静思考的理性之作,因此,有些前辈学者认为,仅从巫的角度来审视屈原及其作品是不全面的,屈原本身可能就是楚国史官。王汝弼先生在20世纪40年代发表《左徒考》一文,其将《礼记·玉藻》《汉书·艺文志》所记载的左史职责与《史记·屈原贾生列传》中有关屈原的职守联系起来,认为"左徒"即是"左史"。王先生还认为楚史《梼杌》之"梼杌"即是"徒"之缓音,因"徒"而得名。② 裘锡圭先生根据湖北随县曾侯乙墓出土的楚国文献中的"左徒""右𨈭",考证"左徒"为"左𨈭徒"之省,"右𨈭徒"也可省"右徒"。③ 陈松青则认为楚史官称为"𨈭徒",屈原的"左徒"一职并不是巫卜,其作为精英史官,即楚怀王的国务秘书,既不同于巫卜宗祝,也有别于一般修史的士大夫。④ 这些学者的论证皆言之成理,在某种程度上,屈原的作品确实体现出了史官职守的因素。屈原身份的确定,对于我们更好地理解他的作品具有关键的意义。在此,笔者主要围绕屈原三闾大夫的职守与先秦史官的职守之间的联系,来讨论屈原的身份问题,以及对屈原作品的影响。

---

① 洪兴祖撰,白化文等点校:《楚辞补注》,北京:中华书局,1983年,第55页。
② 王汝弼:《左徒考——屈赋发微之一》,《国立西北师范学院学术季刊》,1945年第2期。
③ 裘锡圭:《谈谈随县曾乙侯墓的文字资料》,《文物》,1979年第7期。
④ 陈松青:《从屈原的史官身份解读其创作》,《中州学刊》,2004年第3期。

"史"字甲骨文写作🗚(《乙》三三五〇)、🗚(《合》四二二)等。徐中舒《甲骨文字典》释"史"有四义：一、用如事，事业之意；二、任事者之称；三、用如使，令也；四、一期贞人名。因此，史实为事字之初文，后世复分化孳乳为史、吏、使等字。① 徐先生释"史"之第四义尤其值得我们注意，其所举甲骨文例是"丑卜史贞王🗚燕之日叀吉"(前六·四三·六)。《说文》："贞，卜问也。"《周礼·春官·占人》："凡卜筮，君占体，大夫占色，史占墨，卜人占坼。"又《卜师》："扬火以作龟致其墨。"郑玄注："扬犹炽也，致其墨者熟灼之，明其兆。"② 经过灼烧之后的龟甲上出现的裂纹即是"兆"。史官的职守之一正是根据灼龟之后的裂纹进行卜问。因此，我们将这里的"史"理解为职官，也是可以说得通的。卜辞中还有其他的例子，如"甲寅卜，史贞：多工无尤"(《合集》1148正)，同样可以将之理解为职官而非人名。

我们对史的认识，往往受《礼记·玉藻》(动则左史书之，言则右史书之)、《汉书·艺文志》(左史记言，右史记事)及《说文解字》(史，记事者也)等的影响，认为史的最主要职责是记言记事与修史。但从"史"的字源来看，史的本义最早是指"事"，是以对早期社会生产工具的象形来指代早期社会的生产，后来逐渐演变成为保障生产而开展的一系列活动之事，如原始宗教活动、观象制历等，再后来，随着社会政治、文化的发展，史成为一种职官，成为吏的一种，负责记录君王和国家大事，同时，又因为邦国的发展和分化，史又兼具了奉王令出使的职责。许兆昌说："事实上，从先秦文献及甲骨文、金文等资料来看，先秦时期史官的职责十分广泛，远非只是记事一职。除记事以外，举其大者，则有观象授时、卜筮占梦、典礼作相、策命布令，甚至领兵作战、会盟合约等等。"③ 卜筮占梦等原始宗教活动后来成为史官与巫祝交叉的职责，以至于陈梦家说"史亦巫也"④。

据司马迁《史记·楚世家》所载，楚之先祖出自帝颛顼高阳，高阳生称，称生卷章，卷章生重黎。重黎在帝喾时居火正，受命为祝融。重黎被诛后，其弟吴回继重黎位，还称祝融。吴回之孙季连，芈姓，楚之后也。⑤ 这与《离骚》屈原自述"帝高阳之苗裔兮"相一致。尽管重黎之名实史有歧义，但重黎无疑是古史上有名的大巫，另从其火正的职守来看，天文与历法等天官事务正是其应有之责。因此游国恩先生《屈赋考源》判断"楚国也是天文学家的后代"⑥。古代社会有职官世袭家传的传统，屈原家族的史官职责可能一直在传承，如占卜。《离骚》："皇揽揆余初度兮，肇锡余以嘉名。"⑦ 肇，一般释为始，但《诗经·大雅·生民》有"以归肇祀"，郑笺："肇，郊之神位也。"孔颖达疏："言神位之兆。肇，宜作兆。

---

① 徐中舒：《甲骨文字典》，成都：四川辞书出版社，2003年，第316—317页。
② 阮元校刻：《十三经注疏·周礼》，北京：中华书局，2009年，第1738、1736页。
③ 许兆昌：《先秦史官的制度与文化》，哈尔滨：黑龙江人民出版社，2006年，第4页。
④ 陈梦家：《商代的神话与巫术》，《燕京学报》1936年第20期。
⑤ 司马迁撰，裴骃集解：《史记》，北京：中华书局，1959年，第1689—1690页。
⑥ 游国恩：《屈赋考源》，《游国恩学术论文集》，北京：中华书局，1989年，第7页。
⑦ 洪兴祖撰，白化文等点校：《楚辞补注》，北京：中华书局，1983年，第4页。

春官小宗伯云:兆五帝于四郊是也。《商颂》笺读肇为兆,此从。"①《白虎通·姓名》引《礼服传》云:"子生三月,则父名之于祖庙。"《白虎通·蓍龟》又云:"筮画卦所以必于庙何?托义归智于先祖至尊,故因先祖而问之也。"②屈原所说的其父为其赐名之"肇",应该释为"兆",可能就是指其父在祖庙通过卜筮问于祖先而为屈原求名。这种求名的方式很可能源自屈原家族任史官的遗习。

屈原本身所担任的官职的职守也与史官职守有密切关系。司马迁《史记·屈原贾生列传》:"屈原者,名平,楚之同姓也。为楚怀王左徒。博闻强志,明于治乱,娴于辞令。入则与王图议政事,以出号令;出则接遇宾客,应对诸侯。"③可能王逸在撰写《楚辞章句》的时候受《史记》影响,其《离骚经序》云:"屈原与楚同姓,仕于怀王,为三闾大夫。三闾之职,掌王族三姓,曰昭、屈、景。屈原序其谱属,率其贤良,以厉国士。入则与王图议政事,决定嫌疑;出则监察群下,应对诸侯。"④尽管司马迁明确提到屈原在楚国所任的官职是左徒,但同时又在《史记·屈原贾生列传》中提到屈原的官职是三闾大夫。关于左徒一职,前述所引的王汝弼先生认为就是左史。而三闾大夫的职守,无论是《屈原贾生列传》还是《离骚经序》都有比较详细而相似的记载,大概有几方面的内容:

第一,负责昭、屈、景三姓的宗族事务。宗族事务包括收集、整理、保管三姓档案文献,也就是"序其谱属"。在早期社会血族时代的宗法制度之下,谱属是极其庄严又是非常重要的任务,审定贵族的系世,分别贵族谱系,为权力和财产分配提供血统依据,因此这是三闾大夫的首要职责。《国语·楚语上》申叔时在阐述教育太子的思路时提到"教之世,而为之昭明德而废幽昏焉,以休惧其动"。《鲁语上》亦云:"工史书世,宗祝书昭穆。"⑤"世"即是诸如《世本》之类的关于古代帝王统治和血统的由史官负责的专门记录,后世的《大戴礼记》中的《五帝德》《帝系》,《史记》中的《本纪》和《世家》,正是出于史官的一脉相承的职守规定。《周礼·小史》:"掌邦国之志,奠系世,辨昭穆。"⑥"奠"即定也,审定系世。《国语·晋语九》:"知果别族于太史为辅氏。"韦昭注:"太史,掌姓氏。"⑦三闾大夫的这一部分职守正与小史、太史相同。

第二,所谓"率其贤良,以厉国士",就是负责三姓子弟的教育。"率",即是率勉、引导。"厉",为"砺"的本字,意为磨刀石,引申为磨砺,《广雅》:"厉,磨也。"意即三闾大夫的职责是培养宗族中的贤良之人,经过磨砺和锻炼成为国士。《周礼·大行人》:"九岁属

---

① 阮元校刻:《十三经注疏·诗经》,北京:中华书局,2009年,第1144页。
② 陈立撰,吴则虞点校:《白虎通疏证》,北京:中华书局,1994年,第406、330页。
③ 司马迁撰,裴骃集解:《史记》,北京:中华书局,1959年,第2481页。
④ 洪兴祖撰,白化文等点校:《楚辞补注》,北京:中华书局,1983年,第1—2页。
⑤ 徐元诰撰,王树民、沈长云点校:《国语集解》,北京:中华书局,2002年,第485、165页。
⑥ 阮元校刻:《十三经注疏·周礼》,北京:中华书局,2009年,第1766—1767页。
⑦ 徐元诰撰,王树民、沈长云点校:《国语集解》,北京:中华书局,2002年,第454页。

瞽史,谕书名,听声音。"郑玄注:"九岁省而召其瞽史,皆聚于天子宫,教习之也。"①《大行人》所载的史官重要职责之一是负责教育贵族子弟读书和写字。《汉书·艺文志》:"史籀十五篇。"班固自注曰:"周宣王太史作大篆十五篇,建武时亡六篇矣。"又曰:"《史籀篇》者,周时史官教学童书也。"② 早期社会只有贵族子弟才有接受教育的机会,可见教育贵族子弟是古代史官的重要职责之一。这种教育职责与前面的"序其谱属"紧密联系。先秦史官运用他们所掌握的渊博知识和古史传说,审定贵族世系,通过对贵族子弟的教育,使得贵族子弟不仅生活在当下,而且生活在历史中,利用长时段的族群共同记忆,使得贵族子弟个人与族群形成了联系的纽带,获得了自我认同、自我完善的机会。先秦史官的教育职责,又与三闾大夫重合。屈原作为三闾大夫,正是在"序其谱属"、确定血统的基础上,负责楚国昭、屈、景三姓子弟的教育工作,增强他们的荣誉感,促使他们进取不懈,刻苦磨炼,成为楚国的优秀人才。

第三,博闻强记,明于治乱,提供咨询参考,参与政治决策。三闾大夫的这种职责同样是先秦史官的主要职责。古人很早就明白了"以史为鉴"的重要性。《尚书·说命下》载殷代名相傅说云:"学于古训乃有获。事不师古,以克永世,匪说攸闻……监于先王成宪,其永无愆。"③ 这种"监于先王成宪",就是依靠史官来完成的。史官往往博闻强记,如《国语·楚语下》:"又有左史倚相,能道训典,以叙百物,以朝夕献善败于寡君,使寡君无忘先王之业。"④《大戴礼记·保傅》引《明堂之位》云:"博闻强记,接给而善对者,谓之承。承者,承天子之遗忘者也。常立于后,是史佚也。"所说的正是史官侍奉在君王身后,经常为君王提供咨询的场景。《逸周书·史记解》载周成王惊梦,召三公、左史戎夫:"乃取遂事之要戒,俾戎夫言之,朔望以闻。"集注引孔晁曰:"集取要戒之言,月朔、望日于王前读之。"⑤ 就是说周王要求史官在规定时间讲历史的经验教训给自己听,监训自己言行,提供历史教训作为决策参考。《周礼·内史》:"掌叙事之法,受纳访以诏王听治……王制禄,则赞为之,以方出之。"郑玄注:"纳访,纳谋于王也。"⑥ 内史就是利用其博闻强记,讲述以前的故事,以经验教训为君王治理国家出谋献策,提供咨询参考。《左传·襄公三十年》季武子曰:"晋未可婾也……有史赵、师旷而咨度焉。"⑦《国语·楚语上》说:"临事有瞽史之导,宴居有师工之诵;史不失书,矇不失诵,以训御之。"⑧ 可以说,至少到战国时期,提

---

① 阮元校刻:《十三经注疏·周礼》,北京:中华书局,2009年,第1928—1929页。
② 班固撰,颜师古注:《汉书》,北京:中华书局,1962年,第1719、1721页。
③ 阮元校刻:《十三经注疏·尚书》,北京:中华书局,2009年,第372页。
④ 徐元诰撰,王树民、沈长云点校:《国语集解》,北京:中华书局,2002年,第526页。
⑤ 黄怀信、张懋镕、田旭东撰:《逸周书汇校集注》,上海:上海古籍出版社,2007年,第945页。
⑥ 阮元校刻:《十三经注疏·周礼》,北京:中华书局,2009年,第1770—1771页。
⑦ 阮元校刻:《十三经注疏·左传》,北京:中华书局,2009年,第4369页。
⑧ 徐元诰撰,王树民、沈长云点校:《国语集解》,北京:中华书局,2002年,第501页。

供咨询参考,参与政治决策仍然是史官的主要职责。

第四,监察群下。王逸提到屈原担任三闾大夫时还负责监察群下。监察群下同样是先秦史官职责之一。由于史官博闻强记,明于治乱,精通礼法,又加上负责掌管百官的职事档案,并常伴于君王身边,为君王提供咨询,参与政治决策,因此,对于百官的行为,史官天然具有监察作用。《诗经·小雅·宾之初筵》:"凡此饮酒,或醉或否。既立之监,或佐之史。彼醉不臧,不醉反耻。式勿从谓,无俾大怠。"朱熹注:"监、史,司正之属。燕礼乡射,恐有懈倦失礼者,立司正以监之,察仪法也。"① 史官以礼法为依据,监察群下。《周礼·内史》:"执国法及国令之贰,以考政事,以逆会计。"《管子·立政》载国君委托太史布宪,百吏受宪于太史,"太史既布宪,入籍于太府,宪籍分于君前……考宪而有不合于太府之籍,曰侈专制,不足曰亏令,罪死不赦。"颜昌峣云:"考宪,岁终考成也。"② 说的是史官根据国家的相关法令和百官的职事规定,对百官进行考核和监察。

第五,外交出使,应对诸侯。先秦史官还有一个职责,就是利用他们精熟礼法、精通典故、娴于辞令的优势,作为君王的代表负责外交事宜。如前面所举的"史"的本义中,"使"就是其中一项。《周礼·外史》:"掌达书名于四方。若以书使于四方,则书其令。"③ 聘使文书的书写就是由娴于辞令的史官负责,而外史这一名称更是直接指出了史官与外交之间的关系。

先秦史官体系庞大,仅是周代,据许兆昌统计,就九类二十九个,有大史、小史、冯相氏、保章氏、内史、作册、尹氏、命尹、内史尹、作册尹、作命内史、作册内史、内史尹氏、御史、柱下史、守藏室史、外史、女史、左史、右史、瞽史、工史、啬史、书史、中史、祝史、祝史、祭史、筮史等,如果加上不可知其具体职事的史官名称,则可达四十几种之多④。从传世文献和出土文献来看,先秦史官的职掌比较多,按照职务性质的差别可以分为五大类:一是天官事务,主要包括占卜、制历、祭祀、禳灾等;二是档案事务,主要收集、保管氏族和政府档案文献、契约文书、图书文献、户籍文书等;三是典礼事务,主要是主持各种仪式性的礼仪活动,如朝觐之礼、籍礼、射礼、丧礼、聘礼、郊庙之礼等;四是监察事务,包括记诵往事以监察、告诫君王言行和责任,同时负有监察臣民言行是否失礼之责;五是文史之责,主要是指文字、文书工作,包括记言、记事、起草及宣读文告、起草和保管契约盟誓、管理文字等。从这些职责来看,基本上都与《史记》和《楚辞章句》所载的三闾大夫一职有相同的地方。另外,因为先秦史官职责的复杂性,使得能够胜任此职的史官本身就必须具备忠诚执着、博闻强记、娴于辞令、精熟礼法和历代掌故、头脑清醒、明于治乱等特质。无

---

① 朱熹注:《诗集传》,南京:凤凰出版传媒集团,2007年,第192页。
② 黎翔凤撰,梁运华整理:《管子校注》,北京:中华书局,2009年,第66、72页。
③ 阮元校刻:《十三经注疏·周礼》,北京:中华书局,2009年,第1771页。
④ 许兆昌:《先秦史官的制度与文化》,哈尔滨:黑龙江人民出版社,2006年,第54—99页。

疑屈原正是具备了这些特质的优秀史官。

综上所述,屈原的祖先原本就是史官,而屈原家族可能一直担任史职,而从屈原所担任的职务和所履行的职责来看,无论是左徒还是三闾大夫,实际上就是楚国的史官。若从史官的这个身份来看待屈原的作品,则原本困扰我们的许多问题就可以迎刃而解。史亦巫也,先秦史官职事中多有与巫官交叉的地方,因此,屈原《离骚》《九歌》与《招魂》一类的作品,巫风色彩浓烈。同时,又因为史官本身掌管图书典籍和档案资料,再加上屈原博闻强记、明于治乱,正如《毛诗大序》所云"国史明乎得失之迹",所以其在冷静思考而激愤难平之下创作了蕴含丰富古史的《天问》。另外,史官记言记事的文字记录习惯让屈原在流放途中从容记录自己的心路历程,借以抒发情志,表明心迹,于是有了《九章》等作品。

屈原"自投汨罗而死"之我见

汨罗市屈原纪念馆 刘石林

司马迁《史记·屈原贾生列传》载：屈原"乃作《怀沙》之赋……于是怀石遂自投汨罗而死"。两千多年来，屈原投汨罗江而死已成定论，但他为什么要投江而死，却众说纷纭，主要有如下几说：

一曰愤世说：汉·王逸《楚辞章句》曰："屈原放在山野，复作《九章》，援天引圣以自证明，终不见省，不忍以清白久居浊世，遂赴汨渊，自沉而死。"[①] 班固、刘向等皆同此说。

二曰殉国说：宋·朱熹《楚辞集注》云："不忍见其宗国将遂危亡，遂赴汨罗之渊自沉而死。"[②] 清·王夫之，今人郭沫若、游国恩、詹安泰、后永品等皆从此说。

三曰洁身说：今人姜亮夫在《屈原赋校注》中说："盖不愿以己洁之身，复受衣冠之积垢……誓之以死，安能随俗推移，以蒙其垢乎！"[③] 今人潘啸龙等从此说。

四曰尸谏说：今人王之江认为屈原被放，无力促使楚王醒悟，只好采取尸谏之法，投汨罗而死。[④]

此外还有赐死说、谋杀说、救主说、殉道说、政治悲剧说、殉楚文化说、情杀说等等不一而足。归结一句话：屈原投汨罗江"自杀"了。多年来我对屈原这一悲剧结局，感到非常纠结，我总觉得，这背后还有很多未解之谜，有待我们去破解。本文试图做一次粗浅的探索，以就教于大方之家。

屈原没有自杀的理由

有些人为什么会自杀，从心理学角度解释，其原因主要是想从无助、绝望、悲痛、情感剥夺、受人遗弃等再也无法忍受的心理痛苦中解脱出来。从精神层面讲，认知狭隘。思想僵化、以偏概全、目光短浅等是自杀者共有的精神状态。自杀者通常认为自己非常脆弱，根本无力应对外在挑战，表现出焦虑障碍、心境障碍、精神分裂等症状，便在痛到极处时选择逃避生活、走向死亡。

---

① 吴平、回达强主编：《楚辞文献集成》，扬州：广陵书社，2008年，第12页。
② 朱熹：《楚辞集注》，扬州：广陵古籍刻印社，1990年，第6页。
③ 姜亮夫：《屈原赋校注》，香港：中华书局香港分局，1972年，第573页。
④ 王之江：《屈原之死刍论》，《辽宁大学学报》，1983年第6期。

两千多年来,都认为郢都被破,先王陵被焚,顷襄王东逃于陈,造成屈原无法解脱的痛苦,便选择投江殉国。我觉得这个理由是不能成立的。

首先,顷襄王并不完全是位无为之君。一般认为,顷襄王为太子时,与同父异母弟子兰曾是屈原的学生,在屈原的作品中,可以找到屈原对子兰的失望与不满,如《离骚》中:"余以兰为可恃兮,羌无实而容长。"写的就是屈原对子兰的评价。可是找不到对顷襄王的类似评价,而只有对顷襄王的思念。

《史记·楚世家》载:楚怀王二十六年"楚使太子入质于秦","二十七年,秦大夫有私与楚太子斗,楚太子杀之而亡归"。熊横在做太子时,曾作为人质到了秦国,不知为什么事与秦一位大夫发生了争斗,竟把秦大夫杀了,跑回了楚国。这件事说明两个问题:一是熊横有一定的武功,二是熊横是个有血性、有志气的男子汉。

《战国策·楚策四·庄辛谓楚襄王曰》记载:楚封君庄辛看到顷襄王"专淫逸侈靡,不顾国政",劝其戒淫靡,远小人,免亡国之祸,襄王不听,庄辛只得出走赵国。五个月后,郢都果为秦国所破,这是郑袖母子把持朝政的结果。襄王幡然醒悟,召回庄辛,倾听庄辛的劝戒,封他为阳陵君,一举收复了淮北之地,接着又收复了为秦所占的江旁十五邑,晚年还起用黄歇为左徒,说明顷襄王不是一位昏庸之君,应该在屈原所求"美人"之列。

其次,虽然郢都失守,但楚国也是瘦死的骆驼比马大,并没有一败涂地。公元前276年到前256年20年间,除了上面所说收复淮北和江旁十五邑外,楚国还先后灭掉了位于山东郯城一带的郯国,位于原山东滕县一带的邾国和小邾国,位于山东邹县一带的郳国,位于山东费县一带的费国和山东曲阜的鲁国。

那么,顷襄王又为什么要将自己尊敬的老师流放江南呢?《史记·屈原列传》讲得很清楚:顷襄王三年,楚怀王客死于秦,归葬时,众人如悲亲戚,"楚人既咎子兰,以劝怀王入秦而不反也"。屈原是极力反对楚怀王入秦的,这时肯定也会责怪子兰,已为令尹的子兰"闻之大怒,卒使上官大夫短屈原于顷襄王,顷襄王怒而迁之"。三年前楚怀王被秦扣留时,楚朝廷内部为谁继承王位的问题,有一场惊心动魄的斗争,以郑袖子兰母子为首的亲秦派极力主张子兰为王,受到昭雎、屈原等人的极力反对,昭雎"乃诈赴于齐"将在齐国做人质的熊横迎回登上王位,迫于压力,他任命子兰为令尹,所以朝廷大权都掌握在郑袖子兰母子手中,可以想见,顷襄王是在无奈之下,忍痛将屈原流放的。流放屈原以后,他只能"左州侯,右夏侯,辇从鄢陵君与寿陵君,专淫逸侈靡,不顾国政……"① 顷襄王的苦衷,屈原是心知肚明的,所以屈原不但没有责怪顷襄王,仍然将希望寄托在顷襄王身上。"楫齐扬以容与兮,哀见君而不再得。"这个"君"是谁?就是顷襄王!"羌灵魂之欲归兮,何须臾而忘返。""曼余目以流观兮,冀壹反之何时?"(《九章·哀郢》)屈原无时不

---

① 刘向:《战国策·楚策四·庄辛谓楚襄王》,乌鲁木齐:新疆人民出版社,1996年,第108页。

盼望自己这位已为君王的学生召自己回朝,师生共同奋斗,振兴楚国。

再次,屈原虽然被流放,只是远离了权力中心,无法参与朝政,他的王室血统和大夫身份是无法改变的,他的学生顷襄王给他的待遇还是不错的,这在文献中没有记载,但在屈原的作品中写得明明白白。《九章》一般认为是屈原流放沅湘的真实写照,那么就可以填补文献记载的缺失。《九章·涉江》中写道:"步余马兮山皋,邸余车兮芳林。乘舲船余上沅兮,齐吴榜以击汰。"可见他流放沅湘朝廷是给他配了车、马和船等交通工具的。有窗的船谓"舲船",可见朝廷给他配的船还不是一般的船,而是专门供达官贵人乘坐的舲船。"齐吴榜"给他配的划船手还不止一个两个,而是数个,逆沅江而上,所以大家要唱着号子齐心用力地划。

再看看他的人际关系,这在文献中也是没有记载的,在他的诗篇中提到了三个人:渔父、女婴和灵氛(还有郑詹尹,是灵氛一类的人物),虽然这三个人都是文学人物,不能坐实谁是谁,但是文学人物必在现实生活中有其原型,并且这个原型人物与作家的关系十分密切,作家才能写得出来。还有《九歌》、二《招》,都是在民间文学的基础上整理、提炼、再创作而成的,这一切都说明屈原流放沅湘,与群众的人际关系是非常好的,这在沅湘一带流传下来的民间传说中也可体现出来,限于篇幅就不列举了。

从上面这些事例分析,无论从心理层面还是精神层面,都不足以造成屈原走到自杀的地步。

再说,屈原如果真的要自杀,也不应该在破郢之时,而应该在顷襄王三年,即公元前296年楚怀王客死于秦,其遗体归葬楚国时。大家公认,屈原和楚怀王的关系,说通俗点儿就是现在说的"铁哥儿们"。楚怀王十分信任和依赖屈原,虽听信谗言,也只给了屈原一个降职处分,还委托他第二次出使齐国。"秘密事之载心兮,虽过失犹弗治。"(《九章·惜往日》)国家机密都在我们两个人(屈原与楚怀王)心里,我纵使有些小的过错,怀王也从不苛求追究。屈原十分清楚,没有怀王的支持,自己"美政"理想的实现,自己设计的改革大计,就无从谈起。因为他对商鞅因秦孝公死而遭车裂、吴起因楚悼王死而遭乱箭射杀的结局是了然于心的。然而这个时候他都没有自杀,遭遇其他挫折时就更不可能自杀了。但是贾宜和司马迁明明说屈原投汨罗江了啊!所以这个问题值得探讨。

从屈原在汨罗的岁月说起

郑振铎在《屈原传》中说:"他在汨罗江边一住九年……当地的人民是很敬爱他的。……(前278年)春天二月的时候,白起又一举而攻下了楚国的都城郢都,纵兵烧了楚国的王陵。……在这一年的夏天,五月初五那一天,(他)抱了石块,投到汨罗江里自杀了。"①

---

① 转引自孙作云:《楚辞研究论文集》,北京:作家出版社,1957年,第192页。

这实际上是朱熹的殉国说,当然没错,但为什么直到王陵被克半年多(《史记·楚世家》记载,秦克西陵是在顷襄王二十年即前279年)郢都被克近三个月才投江呢?窃以为这里面还应有更深层的原因。

大约在楚顷襄王十二年初夏,年过半百的屈原携爱女女媭①来到汨罗江下游南岸的南阳里,在江边一座不知名的破庙里住下。在这里他写下了《怀沙》,《怀沙》开篇就描绘了汨罗江初夏景象:"滔滔孟夏兮,草木莽莽。……眴兮杳杳,孔静幽默。""滔滔"王逸《楚辞章句》作"陶陶",明俞初注"盛阳貌也"。"孟夏"即农历四月,"莽莽""盛茂貌"。放眼望去,汨罗江两岸,草木茂盛,四野寂静无声。他在篇中叹道:"伤怀永哀兮,汨阻南土。……冤结纡轸兮,离愍而长鞠。……凤凰在笯兮,鸡鹜翔舞。"历来的注解都认为屈原这是在感叹自己像关在笼中的凤凰,无法实现自己强国家、固君王、富百姓的理想。这当然不错,但同时他又何尝不是在为他的得意门生顷襄王打抱不平呢?朝廷中郑袖子兰之流不顾家国,肆意妄为。顷襄王如关在笼中的凤凰,有翅难展。他预料国将有"大故",即会有大的灾难。他在结尾写道:"浩浩沅湘,分流汨兮。"说明汨罗江是湘江的支流,正是初夏涨水季节,湘、汨一片,浩渺无边,面对大好的河山,他深感无可奈何。

大约在次年夏,汨罗江山洪暴发,深夜屈原所居破庙被淹,成了汪洋中的一座孤岛,乡亲们披着月光,顶着洪流,用小船将屈原父女救出,送到玉笥山上,在乡亲们的帮助下,筑草庐于玉笥山东侧,汨罗江从草庐前流过,故宋人彭淮《玉笥山三闾宅》诗云:"吴山烟锁子胥祠,汨罗水绕三闾宅。"

安定下来以后,始作《惜诵》,以痛惜的心情对与楚怀王的交往和被顷襄王的放逐作了一次系统的回忆和申诉:"播江蓠与滋菊兮,愿春日以为糗芳。恐情质之不信兮,故重著以自明。矫兹媚以私处兮,愿曾思而远身。"

在玉笥山这几年,是屈原一生中生活最为安定、舒适的几年,因此得以完成前些年流徙途中就构思好或草就的巨著《离骚》和《天问》。郭沫若说:"像《离骚》这样的长篇大作,在作者必然要有精神上和体魄上的相当余裕才能产生。"②纵观屈原的一生,只有在汨罗的这几年,才为他的写作提供了这样的环境。台湾学者陈怡良先生也说《离骚》"其初撰或在屈原初放之时,为楚怀王二十四年,屈原年三十九岁,而后随诗人坎坷不平之际遇,波涛起伏之心路历程,不断增补与改窜,甚而不惜易稿数次,直至晚年,始成定本,绝非青年、壮年或短时间内所能一挥而就,其完成之期间,自是可能跨越怀、襄二王时代,而其创作地点,则自汉北而郢都,再自郢都而至江南,再由江南转回汨罗江畔矣。"③陈先生此论

---

① 关于女媭的身份历来众说纷纭,笔者采汨罗民间传说为屈原的女儿这一说。参看拙作《女媭考》,载《求索》1990年第1期。湖南溆浦亦传说女媭是屈原的女儿。
② 郭沫若:《屈原赋今译》,北京:作家出版社,1957年,第126页。
③ 陈怡良:《屈原文学论集》,台北:台湾文津出版社,2002年,第140页。

一语中的,像《离骚》这样的长篇巨构绝不可能一蹴即就。在玉笥山上,他还完成了《九歌》的创作,唐沈亚之《屈原外传》就说:"(屈)原因栖玉笥山,作《九歌》,托以风谏。"① 他在汨罗时时关注着国家局势的发展,这是他决定定居汨罗的原因之一,因为汨罗较溆浦而言,离郢都较近,交通比溆浦方便得多,消息也更灵通些。

楚顷襄王十九年"秦伐楚,楚军败,割上庸汉北地予秦。"(《史记·楚世家》)屈原得知这一噩耗,心急如焚,他深知上庸汉北是鄢郢的屏障,鄢郢又是楚都纪郢的屏障,楚都危矣! 但是秦的胃口远不是取得上庸、汉北能满足的。秦军继续挥师南下,意欲攻取鄢郢,鄢郢与楚都纪郢近在咫尺,是纪郢的北大门,秦军在这里遇到了楚军的顽强抵抗,久攻不克。于是秦将白起命兵士在城西于沔水上游筑坝,次年春雨使江河水涨,引水从城西灌到城东,鄢郢城内军民被淹死者数十万,尸体腐烂,臭气熏天,未死者,争先恐后由东门逃窜。这正是《哀郢》开篇所描述的:"皇天之不纯命兮,何百姓之震愆?民离散而相失兮,方仲春而东迁……" 鄢郢失守,纪郢危在旦夕!

这一连串的变故,使屈原焦虑不安。在惶惶的煎熬中度过了盛夏,转眼到了秋天。国事毫无起色,寒风凛冽的夜晚,他激愤地写下了《悲回风》,回风即旋风,诗人借用旋风的多变,暗喻时事的多变。篇中三次提到水死的彭咸、子胥和申徒狄,再次颂扬了古贤人介子推和伯夷。结尾写道:"骤谏君而不听兮,任重石之何益?"我多次向君王敬谏忠言而不被君王采纳,我即使抱着石头跳河,能扭转当前的危局吗?

屈原在悲愤和焦虑中度过了一个寒冷的秋天和冬天,迎来了又一个春天,春天本应是气温回暖、万物复苏的季节,可屈原听到的是比严冬更为令人心寒、更使人彻心扉的消息:秦军纵火,将去年攻克的楚西陵焚毁。西陵是楚历代君王的安葬之所,这等于是挖了屈原的祖坟啊! 紧接着又传来更坏的消息说郢都被秦军攻陷,顷襄王东逃陈城! 屈原被彻底地击垮了,他一反以往的写作风格,以比较浅显易懂的语调写下了他一生中最后的诗篇《惜往日》,对历史做一次抚昔感今的凭吊,最后平静地表示:"宁溘死而流亡兮,恐祸殃之有再。不毕辞而赴渊兮,惜壅君之不识。"在这里他将顷襄王冠以"壅君"之称,而不是"昏君","壅"者,壅蔽也,《韩非子·难四》:"臣闭其主曰壅",顷襄王被那些佞臣所包围,才造成了现在的结局。顷襄王登上王位后,他与顷襄王共事三年,对朝廷的情况了如指掌,深知顷襄王的处境。"不毕辞"就是话还没说完,就要"赴渊"了。这一年的五月五日清晨,屈原独自来到汨罗江畔的凤凰山,坐在临江的一块石头上,眼前是白茫茫水天一片,雾霭在江面浮游飘荡,浪涛拍岸,溅起阵阵水花。身后林莽莽幽深晦暗,树林上空不时传来一两声乌鸦凄厉的鸣叫。远处村子里锣鼓喧天,爆竹声阵阵,后生子们正在做划龙舟的准备,再过一阵子就要到江边来祭龙了,祭完龙就要划龙舟了。渐渐地锣鼓

---

① 胡文英:《屈骚指掌》,北京:北京古籍出版社,1979年,第1页。

声、爆竹声、喧哗的人声,在他的耳中演变成夏启自天庭盗来的《九歌》的丝弦之声,随着这仙乐,成群的鱼儿化成众多盛装的男女,在眼前银波浩瀚的水面欢跳着韶舞,远处金光四射,一片光明,一辆由四龙拉动,凤凰先导,装饰豪华的车辆自紫贝朱宫中向他飞驰而来……这不正是自己多年来苦苦寻求的境界吗?此时不去,更待何时!他猛地站起身,从容地融入了这欢乐的场面中。江面上激起一阵浪花,涟漪一圈圈向外扩散,接着咕咕的气泡涌出水面,片刻,江面又归于了平静。一颗巨星在汨罗江陨落,一个伟大的国魂,一位不朽的诗魄在汨罗江升起!

六十五年前(笔者认为屈原诞生于楚宣王二十七年,即公元前343年),屈原生于寅年寅月寅日,这是一个非常吉利的时日,自己的祖先又有辉煌的历史,屈原一生为此而自豪,所以,他在《离骚》中开篇就写道:"帝高阳之苗裔兮,朕皇考曰伯庸。摄提贞于孟陬兮,唯庚寅吾以降……纷吾既有此内美兮,又重之以修能。"六十五年后,他又选择楚人最为看重的祭龙之日,他要乘龙御凤,回到他生命的原点——那个光明的世界,他要到这个世界去寻找自己一生孜孜以求的"美人"同道,去实现自己精心设计的"美政"理想!他坚信在楚国的天空,有这么一片圣地存在!

屈原在《离骚》中两次遨游天界

现在我们再回过头来看看屈原对这片光明世界是如何苦苦探索和追寻的。这在他的代表作《离骚》中表白得明白无误。众所周知,屈原为了寻找实现自己"美政"理想的环境和与自己志同道合的"美人",曾两次遨游天界。

第一次是访求淑女(即美人)之旅,自"驷玉虬以乘鹥兮,溘埃风余上征"起,至"怀朕情而不发兮,余焉能忍与此终古!"屈原乘着四龙拉的凤车,有雷师为他准备,有鸾凤为他在前面开道,有月神望舒给他做向导,有风神飞廉作为他的后卫,他率领着五彩云霓,日行千里,他不惧路途遥远,决心上下求索,满怀信心来到天国,他要天帝的守门神"帝阍"为他打开天帝之门,他要去拜见神圣的天帝,可是天帝的守门人"倚昌阖而望予",冷漠地把他拒之门外,他"哀高丘之无女",觉得天界也是"世混浊而不分兮,好蔽美而嫉妒"。他在天帝的门外坚守到天亮,继续在天界遨游,云神为他驾起了五色的彩云,他决心要在天界"求索"到他理想中的美女。然而遇到的是徒有美貌,却瞧不起自己的伏羲的女儿宓妃。他只得"来违弃而改求",终于找到有娀部落的美女简狄,鸩却信口雌黄对简狄加以诋毁……第一次遨游天国可以说是以失败告终,"怀朕情而不发兮,余焉能与此终古!"他只好失望地回到人间。

第二次是远逝求合之旅,自"灵氛既告余以吉占兮,历吉日乎吾将行"起,至"仆夫悲余马怀兮,蜷局顾而不行"止。灵氛(巫)通过占卜给他选了个好日子,他折琼枝以做肴,磨玉屑以为粮,他乘着由八条"飞龙"驾驶的有美玉和象牙装饰的华丽的车子出发了,他举云霓作旗,有凤凰展翅以护,蛟龙舒展身躯为桥,少嗥引他渡河,夏启为他奏乐,传令众车在小道上等他,他集结了一千多辆车,浩浩荡荡,经流沙,涉赤水,绕过不周山,即将到达目的地——西海。此时"陟升皇之赫戏兮",他来到了一个五彩斑斓,阳光明媚的世界……此时他"忽临睨夫旧乡",回首下望,看到了灾难深重的祖国,"仆夫悲余马怀兮,蜷局顾而不行。"这时给他拉车的马也驻足不前,绐他赶车的仆夫也悲痛不已,不愿离开生养自己的故土。强烈的怀乡爱国之情驱使,他又回到了现实。

可以说屈原的两次飞升远行,都以美好的愿望始,壮丽的阵势行,失败的结果终。

大家会说屈原两次天界遨游(有学者说是三次,将第一次分为两次,笔者认为第一次中间没有回到现实再次飞升,所以作为一次),是屈原的浪漫主义创作手法的杰作。

"浪漫"一词,在我国本土的含义是放荡不羁,如苏轼《与孟震同游常州僧舍》诗云:"年来转觉此生浮,又作三吴浪漫游。"如果用作衡量文学作品的一杆标尺,却是来自西方的舶来品,又译为"罗曼谛克",如果一篇文学作品富有诗意、充满想象,就会评论说这篇文学作品富有浪漫主义特色。某个人如果喜奇思怪想,亦称此人富有浪漫色彩。

浪漫主义是在反映客观现实的基础上侧重从主观内心世界出发,抒发对理想世界的热烈追求,常用热情奔放的语言、瑰丽的想象和夸张的手法来塑造形象。

由此可见浪漫是有现实基础的,是在现实破灭,为追求自己的理想,展开想象的翅膀,任其飞翔而来,是在现实基础上拓展的产物。屈原这些浪漫的想象,正是自己的"美政"理想在现实中无法实现,在现实中找不到与自己志同道合的"美人",在烦闷和痛苦中拓展而来,它是对现实的提炼、寄托和升华!

从屈原两次遨游天界我们不难发现,每次都是借助龙和凤的力量。现实中有龙和凤吗?没有!(当然恐龙不在其列)它们是我们中华民族丰富想象力的产物,是对美好的寄托。但在科学不发达的古代,我们的先民坚信龙和凤的存在,不仅存在,而且威力无边,无所不能,屈原就坚信龙的威力。

屈原为何选择端午节投江

为了弄清这个问题,有必要先追溯一下汨罗端午节的初衷。汨罗的端午节本是先民祭龙的节日,因为这段时间,正是江湖涨水的季节,先民们不了解这种自然现象产生的原因,认为是想象中上天的龙神在操纵,为了祈求风调雨顺,五谷丰登。同时也是为了行舟安全,所以这个季节要祭龙。在汨罗凡是有江有湖的地方,以前必有龙王庙,就是为了方便祭龙。屈原对龙的威力也是深信不疑,他在《天问》中写道:"河海应龙,何尽何历?"应龙是有翼的龙,传说大禹治水时,有应龙以尾划地,即成河流,导泄洪水,助大禹治水成功。屈原在《离骚》中还写道:"驷玉虬以乘鹥兮,溘埃风余上征。朝发轫于苍梧兮,夕余至乎悬圃。"玉虬,无角的龙。鹥,传说中的一种凤鸟。他乘坐着四龙拉的凤车,早晨从苍梧（今湖南宁远之九嶷山，舜帝的葬所）出发，傍晚就到了极西的昆仑山顶，足见龙的威力之大。屈原的作品中多次写到龙，限于篇幅，在此就不一一列举了。

接下来我们还有必要再探讨一下楚人的生死观。与屈原几乎同时代的楚人庄子对生死的看法最具代表性，庄子认为人是"气"的一种存在形式，"人之生也，气之聚也，聚则为生，散则为死"，认为生死不过是形式的转化而已。所以，当他妻子去世，他还鼓盆而歌，说明他认为他妻子仍以另外一种形式而存在。

楚人更认为，世间存在天、地两界，地是现实世界，天是理想世界，人死是可以到理想世界去的。这在1973年出土于长沙子弹库1号楚墓的人物御龙帛画中表现得淋漓尽致。该画高37.5厘米，宽28厘米，画面中心一中年男子侧身挺立于一条龙舟之中，宽袍广袖，裙带飘拂，腰佩长剑，头戴峨冠，无疑是墓的主人。男子头上有一巨型华盖，男子手拉缰绳正驾御着龙舟升腾，下有祥云承托。龙舟龙首高昂，龙尾上翘，龙身平伏。龙尾上站立一只引颈长鸣的仙鸟。画的左下角即龙首的下方，一条鱼在向前游动，象征着这条龙舟正在水上游动。华盖上三缕缨络与墓主人的冠带一齐随风向后飘动，表现出墓主人御龙飞升前行的动势。画幅中人、龙、鱼均向左。楚俗上南下北，左东右西，显示楚人崇左崇东，墓主人灵魂正在向左前行。华盖和鱼的同时出现，也标示出楚人的空间观念，天上世界、地下世界的观念已十分明确。此画出土时平放在椁与棺之间的棺盖上，上端有竹轴，轴上有丝绳，为一幅可以垂直悬挂的幡，应是战国时期楚国墓葬中用于引魂升天的铭旌，学者们都认为这是一幅升天引导图，反映出楚人对人死后灵魂不灭，乘龙升天的一种愿望。郭沫若在见到这幅画时惊呼：俨然三闾再世！中间的男子与我们见到的古代屈原画像惊奇的吻合。

1949年在长沙市东南郊一座楚墓中出土了一幅龙凤帛画，画面上方绘一龙一凤，凤引颈昂首，展翅向上，作奋爪迈进，意欲奋飞之状。龙头生双角，身躯蜿蜒，呈欲腾跃之势。中部是一位高髻细腰、广袖长裙、合掌侧身而立的贵族女子，下方绘一弯月状物，学者们认为这是龙凤导引灵魂升天的"魂幡"，出殡时作为引导，下葬时覆于棺面。

这在现存汨罗民间的葬具中也可以找到痕迹，出殡时抬棺的一根涂成红色画有鱼鳞的大木杠，前端安装着雕刻精美的龙头，尾端安装着龙尾，称之为"龙杠"。中部挂着一副也是漆成红色，放置棺木的大木架，称为"龙床"。安放好棺木后，龙床上还要覆盖一床红色的绘有龙凤图案的专用布单，称为"龙被"。还有的雕了一只单足站立的精美的凤鸟，插在龙杠的中央。很早以前出殡时还打着龙旗凤旗在前方引导，其用意不言而喻，是企望亡者的灵魂在龙凤的引导下升入天国。

话题回到本小节的开头，汨罗的端午日是祭龙之日，汨罗的先民们认为，五月初五，所有的龙都会出来接受人们的祭飨，人们便在汨罗江边摆上饭团等祭品以祭龙，在汨罗江上划着想象中龙的形象的独木舟，借以娱龙。屈原选择这一天投江，显然就是要借助龙的威力，来一次——第三次实实在在的遨游天国，他要用自己躯体的消失，唤醒"壅君"

和群臣,挽救危在旦夕的祖国和处在水深火热中的人民。他要让自己的灵魂,借助龙和凤的威力,上升到天国,去寻找与自己志同道合的美人,去实现自己梦寐以求的"美政",去造福养育自己的人民。所以,屈原的投江,不是消极的抗争,更不是简单的自杀,他对于死亡,没有半点恐惧和无奈,而是怀着对美好未来的憧憬!

汨罗的先民出于对屈原的崇拜与爱戴,便把每年的五月五日以及这个日子里所有的习俗献给了屈原,使这个节日的文化内涵发生了一次质的飞跃,划龙舟娱龙演变成抢救屈原的龙舟竞渡,祭龙的饭团演变成祭祀屈原的粽子。就连人们为了防病治病在端午前后采集的菖蒲艾叶,也寄托了人们对屈原的思念,人们每年在端午插菖蒲艾叶时,还要用黄纸写上几句心里话贴在门上:"五月五日气,屈原骑艾虎。手持菖蒲剑,驱魔归地府"……也因为屈原,使这个节日又衍生出了许多新的民俗,比如每年端午到屈子祠祭屈祭龙的"朝庙"仪式。因为屈原是五月初五投江,据传五月十五遗体才被打捞上来,人们便在五月十五还要过一次端午以志纪念,称为大端午。还衍生了洗端午澡,挂香荷包,草划子竞渡等习俗。也因为有了屈原,汨罗江畔端午习俗终于得以进入世界人类非物质文化遗产名录。

屈原为何选择凤凰山作为自己的投江地点

郦道元《水经注》载:"汨水又西为屈潭,即汨罗渊也。屈原怀沙,自沉于此,故渊潭以屈为名。"① 宋范致明《岳阳风土记》亦载:"……其东汨水出焉,下有潭谓之屈原潭,屈原怀沙自溺之所。"那么这个屈潭或谓屈原潭在哪里呢? 就在凤凰山下,今名河泊潭。

凤凰山是汨罗山西延的余脉,距屈原居住的玉笥山只有四五公里的距离,汨罗江流经山下滔滔西去,在磊石山南麓汇入湘江,然后北去流入洞庭湖。1958年汨罗江尾闾围垦工程劈开凤凰山,堵住汨罗江,使汨罗江改道从磊石山北麓直接进入洞庭湖,汨罗江成了一条独立的河流。河泊潭一段河道与汨罗江分离,成为垸内的一段水域。

汨罗江在玉笥山前这段河道,有几处深渊,屈原为什么舍近求远跑到凤凰山投江呢? 要讲清这个问题,还要从凤凰山的一则传说说起。

凤凰山又称凤凰台,清《湘阴县图志·卷四》记载:"有凤凰台,旧志黄帝南巡,张乐洞庭之野,有凤凰十二鸣集于此,雌雄各六,以应律吕。"② 凤凰山由此而得名。这段话向我们提供了两个信息:一是黄帝,屈原的《离骚》开篇即写道:"帝高阳之苗裔兮",说明他是高阳帝的后代,《史记·楚世家》云:"楚之先祖出自帝颛顼高阳。高阳者,黄帝之孙,昌意之子也。"黄帝打败了炎帝,击杀了蚩尤,统一了中原,成为中华民族的英雄和始祖。屈

---

① 郦道元:《水经注》,长春:时代文艺出版社,2002年,第239页。
② 郭嵩焘:《湘阴县图志》,清光绪六年版。

原历来推崇历代使中华民族走向大一统的帝王,何况黄帝还是他始祖高阳的祖父!黄帝自然是他崇拜的对象。第二个信息是凤,楚人认为凤是本民族的保护神,屈原在其作品中对凤推崇有加。楚郢都纪南城所在地荆州市即以凤作为市标。屈原来到凤凰山,肯定听到县志所记载的传说甚至更多不见于记载的有关传说。使他对这里产生了一种特殊的感情,所以他经常来这里。至今这里还有许多有关屈原的传说和遗迹如河泊潭、笔架山、钓鱼台、沉沙港等。后人还在凤凰山上修建了屈子庙,以志纪念。

凤凰山南面是一片广袤的冲积平原,汨罗江在这片平原上分作数条河道流入湘江(战国时代洞庭湖比现在大得多,汨罗江是直接流入洞庭湖的),其中凤凰山下的河道是汨罗江主河道。农历四五月间正是江湖涨水季节,凤凰山南面一片汪洋,正是屈原在《九歌·河伯》中描述的景象"波涛涛兮来迎,鱼鳞鳞兮媵予。"汹涌而来的波涛似乎在迎接我,成片的鱼群好像都来陪伴随我远行!看来他对投江地点和投江时间的选择,是早就定好了的。河泊潭之名应该来自《九歌·河伯》,汨罗方言"伯""泊"不分,流传到今天就成了河泊潭。

屈原在溆水河边的居住地叫凤凰滩,在桃江资水边的居住地也叫凤凰山。在汉寿居住的地方也叫凤凰村,据说屈原在这里有凤凰载着他遨游天界。无独有偶,秭归新县城的屈原祠,就坐落在三峡大坝南端的凤凰山下,冥冥之中似乎是上天有意安排的。对于这些地名的由来,我没有深入考察,但可以肯定都与凤凰有关。屈原的凤凰情结,决定了他选择汨罗江边的凤凰山作为他投江升天之地的原因之一。这也从另一个侧面体现了他的爱国情怀。

综上所述,窃以为屈原在汨罗居住了八九年时间,这段时间是他一生中最为安定的时期,因此得以完成光辉著作《离骚》《天问》《九歌》,还创作了《怀沙》《惜诵》《悲回风》《惜往日》等诗篇。在汨罗的最后岁月,也是他一生中精神上最苦闷的岁月。他决定端午节投江,一是要用自己躯体的消失,唤醒君臣的良知,更重要的是他要借助这个祭龙的节日,在历史上曾有凤鸟为其祖先聚集鸣舞的地方,让自己的灵魂第三次乘龙御风去到天国,实现他前两次遨游天国未能达到的目的,寻找他梦中的"美人",实现他精心设计的"美政"理想。

屈原在汨罗江的惊天一跃,他的躯体消失了,他的精神却一直回荡在人世间,激励着后人,1953年世界和平理事会推崇他为世界四大文化名人之一。他大一统的理想——"美政"的理想已在中华大地实现。他终生寻找的"美人",也在中华大地上代有人出。屈原九天有灵,定会不赋骚歌赋颂歌!

屈原投江地的争论与考证

岳阳市人民政府　何林福

屈原是中国第一位伟大诗人,也是世界四大文化名人之一。关于他的流放及投江地点,最早的史料见于西汉贾谊《吊屈原赋》记载:"侧闻屈原兮,自沉汨罗。"从此,学术界普遍认为屈原投江地点在湖南汨罗江。2014年9月16日,《光明日报》以《屈原与郧阳》为标题,以整版的篇幅刊载了"屈原与郧阳"学术研讨会议纪要,重点报道了屈学专家讨论凌智民研究的新成果,即"屈原投江地点在湖北十堰境内的汉江",而非传世所说的湖南汨罗江。湖南平江的彭以达、陈砚发、巢湘平等人也撰文提出"屈原沉江地点在平江境内的汨罗江澄潭",又引发了新的争论。两千多年来,屈原投江地点究竟在哪里,是在汨罗江,还是在汉江?我按照古今结合的方法,由今索古,以史证今,运用屈原人生活动遗迹的文献记载与实地考察情况,对不同的说法做出考证,搞清楚屈原投江地点,对屈原研究、屈原文化建设和旅游开发具有很大的现实意义。

一、湖北十堰境内的汉江沉子河说

关于屈原投江地点在湖北十堰境内的汉江沉子河的说法,始于今人凌智民。2014年8月25日下午,北京语言大学教授、中国屈原学会会长方铭,组织北京大学、清华大学、北京师范大学、首都师范大学、中国传媒大学、中央民族大学、湖北文理学院、包头职业技术学院和郧县等屈原研究专家教授在湖北郧阳召开了"文化名人故里行——屈原与郧阳"学术研讨会议。会议的目的和意义,会议主持人方铭开宗明义地说:"这次中国屈原学会组织部分专家到郧县进行了实地考察,对郧阳地区有关屈原的遗迹及历史文化遗存有了客观的认识。今天我们郧县的有关领导和从事屈原文化研究的学者与会,与中国屈原学会的有关学者一道,就'屈原与郧阳'的主题进行探讨,希望通过对话与沟通,把屈原与郧阳的关系辨析清楚,为郧阳的文化建设提供学术支持。"在会上,凌智民发布了他的最新研究成果。2015年2月15日,《十堰秦楚网》又发表了凌智民的《屈原投江地点在十堰汉江》一文认为:"《史记》载屈原自沉汨罗,但未说汨罗就在湖南。至于汨罗在什么地方,由于有屈原的流放地在湖南一说,再加上屈原在《渔父》中有'宁赴湘水'之语,所以人们认为屈原的投江地点的大范围在湖南,具体地点就是湖南的汨罗。但是通过对《鄂君启舟节》的解读和《山海经》的记载,在屈原生活的年代,湘并不在湖南,而是汉江的丹江口到旬阳段,也就是说屈原的投江地点在湖北而非湖南。"他的主要依据有三点:

从理论上看,"我们说屈原自沉汨罗这句话本身没错,只是后人对汨罗、湘水的地理位置的理解发生了错误。"据有关历史书籍记载,古麇国和罗国都有多次迁徙过程。可以确定的是,古麇国在武王伐纣时,其国都在汉江流域是无疑的,因为在古文字中,"麇"通"微",而"微"在《尚书·牧誓》中有记载,是汉江的小国。在湖北郧县五峰乡挖掘的文物证实,古麇国的国都就在郧县五峰乡。2008年7月,清华大学收藏了一批战国竹简,被称为"清华简"。经碳14测定证实,清华简是战国晚期文物,文字风格主要是楚国的。根据对清华简《楚居》等文献的研究,楚国发源于丹江流域。也就是说,楚国灭亡罗国时,是处于鄂、陕、豫交界处一带的。在这一时期,楚国的势力范围根本没有到达湖南,所以楚文王不可能迁罗子到湖南。因此,应劭的这句话中"湘"不是湖南的"湘",而是我们在《鄂君启舟节》中考证的"湘",也就是汉水的上游。既然罗子迁"湘"是迁在汉江的上游,汨罗又是因罗子迁"湘"而得名,所以战国时期的汨罗应在汉江的上游。汨罗的位置定位了,那么司马迁所说的屈原自沉汨罗的位置也就重新得到了定位,也就是说,屈原的沉江位置在郧县的五峰安城、辽瓦、柳陂一带。司马迁说屈原自沉汨罗与屈原的投江地在汉江上游并不矛盾,只是后人对汨罗的地望理解出了错。

从实地调查看,凌智民等人对郧县的五峰安城、辽瓦、柳陂一带进行了重点调查,在这一带发现了屈原在此生活过和在这一区域投江的证据。比如,《敕建大岳太和山志》所记屈源河、屈源滩、曲源河等与现在的地址吻合。《辞源》云:"原又通源。"故这儿的"源"就是"原",与屈原有关。归乡河,当地村民认为是屈原姐姐居住的地方;还家洲,是因传说屈原曾居住于此洲上而得名;离家店,相传为送别屈原的地方;沉子河,位于汉江左岸还家洲的下游,离还家洲6公里,但直线距离不到2公里,相传为屈原沉江之处。奠子河,位于汉江左岸还家洲的上游,离还家洲不到1公里,相传为屈原投江后遗体出水的地方,也是人们祭奠屈原的地方。为什么沉子河在下游而奠子河在上游呢?这里面有一个民间故事,讲的是屈原五月初五投江后,沿江的老百姓自发地在屈原投江地的下游寻找,一直不见屈原的遗体,直到五月十五日,屈原的遗体出现在离屈原投江地10里外的汉江上游。原来屈原投江后,一条大鲤鱼想把屈原的遗体送回家,所以驮着屈原的遗体向上而行。人们发现屈原遗体后就在这个地方搭起祭台祭奠屈原,所以这个地方就叫奠子河。

从郧阳的习俗看,自屈原投江以后,这几个地方的村民都要在五月初五这一天聚集在汉水中的还家洲进行龙舟竞渡,这一习俗一直延续至今,从未间断。

那么,屈原为什么要选择投到湘流中去呢?凌智民认为这有深刻的历史渊源。首先,屈原投江地为屈氏的祖地。第二,传说中的娥皇、女英就是投入湘流而死的,成为湘水女神。屈原出于对其的崇拜。第三,湘水直通郢都。这些构成了屈原在此投江的原因。

从古到今的学者基本都认为屈原的活动地域在湖南的湘水、沅水区域,只有王船山、钱穆、石泉等学者认为屈原的活动在汉北。谈到近人钱穆的楚辞地理研究,据严海建《饶宗颐传》记载:"当时钱穆在《燕京学报》和《清华学报》发表了几篇有关古地理考证的文章,一是对周初地理的考证,一是对《楚辞地理的考证》。钱穆认为古史发生地应集中在中原地区,岂得先秦之世,已有如此美妙典则之民歌?"认为屈原的《楚辞》中出现的一些水名、地名,如洞庭、涔阳等不可能在湖南,应该在湖北和河南,甚至三苗也在河南。但是饶宗颐在1946年撰成出版《楚辞地理考》一书,针对钱穆先生有关楚辞地名的说法,提出了有力的批评,认为早在先秦楚地就是物产和文化较为发达的地方。现在湖南长沙马王堆汉墓出土了很多东西,楚文化之丰美已成为世人共识。饶宗颐认为,出现这样的错误认识是因为钱穆先生做学问不看考古材料。饶宗颐后来曾经提出三重证据法,即对于历史事实的确定要依据多重史料,包括文献资料、考古资料和域外材料。① 而今凌智民把它重新提出来,有少数学者认为无论是对战国历史的研究,还是对我们眼前的屈原研究都有极大的推进作用。事实上,凡熟悉《楚辞》的人,都知道屈原在楚怀王十六年至十七年期间被迫离开郢都来到汉北,其所游历的地方,至少可包括郧襄一带。在离开郢都即将踏上流放汉北之时,即怀王十六年,他忧愁幽思而作《离骚》;而在汉北期间,即怀王十七年,他创作《九章·抽思》中"有鸟自南兮,来集汉北"。我们也认为屈原到过汉北,这是肯定没有问题的。

但问题出在通过凌智民的田野调查和收集民间传说,多是捕风捉影,据其一点而无限引申扩大,认定屈原的投江地在郧县的汉江沉子河。我认为,这个说法虽然有新意,却感到问题颇多。主要体现在三个方面:

一是把神话传说充作信史,难以置信。神话、传说是文学传说中一种古老的口头艺术形式之一,两者既有联系,也有区别。神话是解释说明宇宙、人类、动物、生死、宗教、民俗习惯……以及一切带有神秘性事物起源的;内容虽然简单但为人们所相信的故事。传说,北京师范大学钟敬文教授在《传说的历史性》一文中说:"传说这个名词,是我们语文上所固有的,意思是口口相传的说法或故事。这些故事的主人翁大都是有名有姓,而且他们往往就是历史上有名的人物,他们活动的遗迹,大多数被联系到地方上的某些自然物(石、山、河流乃至树木、虫鸟等)、人工物(桥、井、庙、寺、钟等)以及民间的社会制度风习上面,使故事成了它们来历的一种说明。"传说是不是历史?从严格的意义上看,任何传说都具有一定的历史意义,因为它的产生都是具有一定的历史现实做依据的。"我们如果把它当作一定时期地点发生过的事件,那就是不正确的。至少对于大部分的情况来说是不恰当的。"② 比如,凌智民借用大鲤鱼驮屈原遗体的传说,解释沉子河在下游而奠子河在上游的位置问题,这就使人觉得把它绝对化了。如果把这种传说作为旅游景点

---

① 严海建:《饶宗颐传》,南京:江苏人民出版社,1912年。
② 钟敬文:《民间文艺谈薮》,长沙:湖南人民出版社,1981年。

的介绍和平时讲讲段子,增加一点游兴是可以的,把它作为论证材料做学问就太离谱了,没有一点可信度。从某种意义来说,各种传说有时反映了历史的影子,对于了解和研究当时的原始状况,有一定的参考价值,也有很大的局限,多属后人对极其遥远的过去一些朦胧的追忆,而记录者又多受所处时代的局限,往往以今纠古,将传说打上自己时代的印记,甚至加上许多主观臆断和牵强附会。所以对于反映原始时代的传说材料,研究者必须花大力气去辨别真伪,去伪求真。我们现在来研究传说时代的历史,就应该多去发掘和运用考古材料,而不是再囿于各种神话传说。

二是"以地(名)证史"和"以(古)诗证史"的绝对化。从凌智民关于屈原投江地研究来看,尽管有许多学者对他的研究给予了肯定。但我觉得他在"以地证史"和"以诗证史"这个研究层面上是有明显的缺陷的。

一个是片面的"以地证史"。所谓"以地证史",即从地名沿革和音义说明某些历史事实。我们必须把握古今文字音义的变化,不同语系、不同语种、不同方言的差别;每个地名本身产生的时代及固有含义。只有在这些前提下,才能利用地名科学地说明历史现象。而凌智民不是这样,他认为"汨"是"麋国"的"麋"音变而来,"屈源河""屈源滩""屈源河口滩",依《辞源》云:"原又通源。"故这儿的"源"就是"原"。我觉得对于历史地名,还应该搞清楚形成和变易的时间,才有说服力。不能只要有字相同的地名,或发音相同,甚至近似的地名,就肯定与传说中的屈原有关,甚至就依此串联起来,勾画出屈原投江路线、分布地域范围,来确定投江的地点。

另一个是唯一的"以诗证史"。所谓"以诗证史"就是用诗歌考证某一历史事件的真实性,凌智民在研究《楚辞》时也采用了这种方法。正如中国历史文献研究会秘书长、北京师范大学邓瑞全教授说:凌智民的《楚辞》研究"……特别是实地的考察,大量的利用屈原的作品,这叫作以诗证史,以屈原自己的作品证实自己的历程。"从凌智民重读《楚辞》来看,把"五渚""三澨""北渚""洞庭""湘""沅""澧""江"……汉北所涉及屈赋的地名逐渐成了体系,构成了凌智民屈原学说的词汇系统。在表面上看,这些结论,凌智民是用被研究对象的作品研究被研究对象的。但他把"以诗证史"作为唯一的史料来论证,忽略了相关历史地理文献资料的记载和现实中地理事物的客观存在,因此而获得的是个别历史事件的特殊性,而不是那一系列事件之间的内在联系。比如,古代地理名著《水经·湘水》载:"湘水左则澧水注之,世谓之武陵江。凡此四水,同注洞庭,北会大江,名之五渚。《战国策》曰:秦与荆战,大破之,取洞庭五渚者也。湖水广圆五百余里,日月若出没其中。"这里将湘、沅、澧入洞庭湖处与洞庭湖入长江处记为五渚。对这一点,可见"五渚"与汉江流域是没有任何干系的。从史学研究的角度说,"史"和"诗"是有本质的区别的。钱锺书认为,史料的优势在于把事情"叙述得比较详细",但诗歌"更集中、更具体、更鲜明,产生了又强烈又深永的效果。假如诗歌缺乏这种艺术特性,只是枯燥粗糙的平铺直叙,那么,虽然它在内容上有史实的依据,或者意可以补历史记录的缺漏,它也只是押韵的文件……因此,'诗史'的看法是个一偏见"。接下来,钱锺书进一步强调,"文学创作的真实不等于历史考订的真实"。客观地看,诗歌在有限的、谨慎的、经过批判和互证的基础上并非不可以作为史学研究的旁证材料,但决不能"求诗于史乎"?然而,陈寅恪的方法在于把古诗作为一种而非唯一的史料加以批判使用,并参与其他材料辩证。比如,在《长恨歌》中,陈寅恪由"春寒赐浴华清池,华清池滑洗凝脂"一句看到的是唐代"温汤疗疾之风气",并进一步依据其他史料指出本风气'本盛行于北朝贵族间",又由白居易《江南遇天宝乐叟》中"我自秦来君莫问,骊山渭水如荒村"看出"安史之乱"后唐帝国的凋敝。这种诗史互证和拓宽史料来源的尝试,对于古代文化和社会生活史研究是不无助益的,因为日常生活细节未必会记录在官修史书和档案中。① 这种"以诗证史"法并没有过时,应值得我们屈学研究借鉴。凌智民的屈学研究,无论是"以诗证史"还是"以地证史",其目的是把汉江作为一个"筐",把古籍记载的"湘、资、沅、澧、洞庭湖"都往里面装,无非是要佐证屈原过去活动区域及他投江的地方定在十堰境内的汉水流域"湘、沅、澧"上,由此进一步说明"汉江是屈原一生的守候",这似乎有很大的片面性和太绝对化了,从而引发不少学者对此提出反对意见和质疑,这怎么能丕原屈原的真实人生呢?

三是缺乏历史文献和考古资料的学术支撑。清华大学廖名春教授认为:"凌先生对《舟节》的地理研究,有的学者是很佩服的。从王夫之到钱穆到石泉先生都有相同的观点,但是他们只有纸上的东西,而没有现场的第一手材料。所以大家不认账,而凌智民的工作是基于一种新的证据材料和田野考察。可以说这是一种开创性的工作,是一种颠覆性的工作。"北京师范大学邓瑞全教授也说:"我曾说过,虽然《史记》记载屈原的投江地在汨罗,但屈原的真正投江地不一定在湖南。因为《史记》也有错漏的地方……凌先生的研究……对我来说是有认同感的。"而我却认为,凌智民只是提出了"屈原沉江地点在十堰汉江"的学术观点,却缺乏"纸上的东西"去引经据典,多重论证,真正能支撑学术观点的"铁证"材料一点都没有,缺乏任何考古的和历史文献记载的资料印证,很难找到一个有力的理论支撑点。

历史的研究是离不开地理的,如果你不了解历史事件的地理背景,你就不了解事件发生的真正原因。我们从屈原投江地在汨罗的地方看,湖南的湘、资、沅、澧四水已被凌智民移于郧县或淅川县的境内,湘君、湘夫人的庙宇也在郧阳的汉水边,真不知屈原的《湘君》"遭吾道兮洞庭"及《湘夫人》"洞庭波兮木叶下"中的"洞庭",又该移置于郧县或者淅川县的何处?关于"湘"的释地问题,明清之际的王船山在《楚辞通释》中释"怀沙"说:"怀沙者,自述其沈湘而陈尸于沙碛之中……司马迁云乃作《怀沙》之赋,遂自沉

---

① 伍国:《钱锺书对陈寅恪"以诗证史"的批评》,《书屋》,2017年第6期。

汨罗。"可见王船山是认可屈原在"湘"投汨罗江之说的,他只是没有阐明"湘"与"汨罗"地望的关系而已,已给后人留下了许多想象的空间。而凌智民通过破解《鄂君启舟节》,认为"湘水就是现在汉江丹江口到旬江段,沅水就是淅川县境内的淇河",就认为王船山所说的"湘"不在湖南。于是屈原投江就自然而然地到了"郧阳境内的湘水"。据成书于战国中晚期至汉代初期的《山海经·中山经》记载:"……又东南一百二十里,曰洞庭之山……帝之二女居之,是常游于江渊。澧沅之风,交潇湘之渊,是在九江之间,出入必以飘风暴雨。"郭璞注曰:"天帝之二女而处为神也。"王绂云:"帝之二女,谓尧之二女以妻舜者娥皇女英也。相传谓舜南巡狩,崩于苍梧,二女奔赴哭之,陨于湘江,遂成湘水之神,屈原《九歌》所谓湘君、湘夫人是也。"其中的洞庭山,又称湘山,即今君山,在洞庭湖中。这些历史文献明确记载湘、沅、澧在洞庭湖水域。从现代洞庭湖水系分布看,正符合今日洞庭湖之地理形势。

　　湖南汨罗地望的问题还涉及罗子国和汨罗江的关系。据北魏郦道元《水经注》卷三十八载:"湘水又北,汨水注之……汨水又西径罗县北,本罗子国也,故在襄阳宜城县西,楚文王移之于此,秦立长沙郡,因以为县,水也谓之罗水。汨罗又西径玉笥山,罗含《湘中记》云:'屈潭之左有玉笥山,道士遗言,此福地也',一曰地脚山。汨水又西为屈潭,即汨罗渊也。屈原怀沙,自沉于此,故渊潭以屈为名。昔贾谊、史迁尝径此,彺揖江波,投吊于渊。"汨罗与罗子国是一个什么样的关系?罗子国,是西周封爵国之一,疆域原在湖北枝江一带,后为楚国所逼,迁于汨罗江流域,建都码头曹(今汨罗屈原管理区境内)。战国时,楚灭罗,罗城并入楚国疆域。秦统一全国后,设罗县,都城改为罗县城,自秦到唐武德七年前,共845年,此地一直置罗县。古罗城是春秋战国时代罗子国的都城,原叫罗城。遗址在屈原管理区蚕种场一队,规模宏大。据唐《元和郡县志》云:"古罗城,亦有土城,凡七门——夹城、长乐、故城、城江城、白茅城、黄华城、赤竹城。七门四向,城墙高可二丈,围丕三里许。"据1957年湖南省博物馆在此进行文物考古发掘,发现其北面的城垣保持得较好,墙基宽14米,长高3米,用黄土分层夯筑而成。城址东西长490米,南北宽400米,面积20多万平方米。东面靠汨罗江,西、北、南三面城墙下有护城河,现存河面宽5—10米,深约2米以上。古罗城的护城河叫沧浪河。清郭嵩焘编《湘阴县图志》载:"古罗城南有汨水一支津,经罗城名沧浪河。"在城西南部有土台,长25米,宽7米,高0.6米。在呈现出房屋建筑基址上,出土有残缺的筒瓦、板瓦及绳纹陶片,它可能是官署所在地的建筑。城东有墓葬,出土有灰胎陶鬲、豆、罐及绳纹硬胎陶片和青铜剑。从古罗城的地理位置看,交通十分方便,是南北文化交流的枢纽,也是楚国江南政治、文化、军事的中心,古为兵家必争之地。据《湘阴县图志》载"湖以南历古为荆州地,而后渐沦为三苗,其地广大,春秋时尽入楚分。"这说明楚武王时,楚国的势力范围已达到了湘北一带。楚文王徙罗时,遵循灭国不灭祀的规则,保留了罗的子爵待遇,允许其在汨罗江南岸筑城起聚居,并留下了罗子国遗民在汨罗江一带活动的足迹。1956年和1983年先后将古罗城公布为省重点文物保护单位，现为全国重点文物保护单位，是汨罗江悠久历史和源远文化的最重要标志。1993年，在距罗子国城南两公里的高泉山发现了一座大型楚墓，出土的文物有鬲、罐、盂、豆、箭镞等春秋时的遗物，从而说明汨罗江下游的楚文化遗存，可以上溯到春秋早期，与历史文献记载完全吻合，印证了春秋早期楚文王徙罗于汨的历史事实。这怎么能说楚文王所徙之罗"具体地点在现郧县的辽瓦一带"呢？汨水又与汨罗江有什么关系呢？汨罗江，据《古今地名大辞典》记载："上游曰汨水"，"又西罗水自岳阳县西流来会，是为汨罗江。"汨水发源于江西省修水县的黄龙山，流经修水、平江在汨罗市大洲湾与发源于岳阳县渭洞乡桂峰村坳背里的罗水汇合，称为汨罗江。后流经周家坊、白塘湖、新塘湖至磊石山又与湘江汇合，注入洞庭湖。正如屈原在《怀沙》中写道："浩浩沅湘，分流汨兮。"即指汨罗江是湘江的一条支流。清钱澄之撰《屈诂》云："'汨'，水名，近长沙所谓汨罗江也。"清人蒋骥《山带阁注楚辞·怀沙》云："'沙'即今长沙之地，汨罗所在也"。"'汨'，行貌。'南土'，指所怀之沙言，今长沙府湘阴县汨罗江在焉，其地在湖之南也。"这些方位、方物、史事、行政区划等内容，正合今日汨罗市境内汨罗江的地理概貌，都说明"分流汨兮"的"汨"就是现在的汨罗江，是在湖南，而不是在湖北。如果像凌智民所说，像湘水、沅水原来在汉北，后来秦弃楚名，改到湖南，那么这些批量的改名，不是一条河的改名，而是自然地名的更易，这种情况到底是在什么情况下发生的，在屈原《九章》中有些地名在湖南都可以坐实，这些地名又是怎样变易过来的，却很少——探讨。至于屈原投江地点在湖北十堰汉江的证据资料就更不用说了。这些资料前后不能呼应，难以形成一个比较完整的证据链。

从屈原的投江时间看，目前学术界比较公认的屈原投江时间是楚顷襄王二十一年，即前278年，秦将白起拔郢（纪郢）之后。而顷襄王"十九年，秦伐楚，楚军败，割上庸、汉北地予秦"，在屈原投汨罗江时，郧阳一带的汉北不再属于楚，而是已属于秦的版图了，屈原怎么能跑到自己痛恨的敌国秦国去投江呢？

如此说来，凌智民提出"屈原沉江地点在十堰汉江"的说法，倘若作为一家之言，也还有待新的考证，不然是很难令人信服和站得住脚的！

二、湖南平江境内的汨罗江澄潭说

关于屈原投江地点在湖南平江境内的汨罗江澄潭的说法，始于今人彭以达。2016年8月，湖南教育音像电子出版社出版由彭以达主讲的《话说平江》一书，并做了现场录制。他在第四讲《屈原魂归平江》时说："从物证上看，我们这个县城附近有一个澄潭（在平江县城关镇澄潭村），为什么叫澄潭？我们过去对这个名字没产生过疑问，南京市有我们平江籍作家叫伍恒山，他在小说《寂寞城市》中间就提到，澄潭是因为屈原在这里沉潭而得名。恰恰就正好印证了屈原这个投江地方就在澄潭这个地方,确实很符合现在我们所讲的风俗习惯,合乎逻辑。屈原投河在这里,澄潭的水清澈得很,一个很平静的地方,离城不过四五里路,罗人在这里住人也比较多,在这里做屈原的归宿地是很自然的现象。所以我们可以考虑,澄潭就是屈原作为千古绝唱的一个地点。"

彭以达为了说明屈原投江地点在汨罗江澄潭,又进一步论证说:"第一,屈原投江以后百姓做了广泛的营救,有很多民俗,投粽子就是要使蛟龙不要伤害屈原的遗体,如果随捞起来了就不存在有这个习俗的出现。第二,我们平江的西乡这一带,浯口、时丰等还广泛地过两个端阳节,一直传承到如今有两千多年了。为什么要过两个端阳,五月初五是小端阳,五月十五日是大端阳。大端阳与小端阳之间相隔十天,就恰恰可以考虑,就是屈原投江以后遗体在十日之后才打捞上来。根据这些我们来猜测,应该是就在我们县城附近,他要与罗人做了广泛的交流以后再去投江,十天后遗体在汨罗江的下游(屈子祠西 7 里的汨罗江的江潭)打捞上来,他的投江地一定离出水的地方至少上百里之外,因为要十日的流速。根据汨罗江这个水情,每年的端午前后都是平江的多雨和涨水季节,河水比较丰满。所以在这个地方打捞是合乎逻辑的。"

为什么屈原要选择平江境内的汨罗江来作为生命的归宿地?彭以达认为,一方面,屈原有着要死到亲人怀抱里的强烈愿望。他本来流放地在沅湘之间,就是现在的湘西一带,他要跑到汨罗江来结束生命,历史文献上也缺乏这样的记载,但我们可以从屈原的著作中间去找到他的心志。屈原最后的绝笔诗是《哀郢》[①],是在楚国都城被攻陷以后写下的,诗云:"羌灵魂之欲归兮,何须臾而忘反。""鸟飞反故乡兮,狐死必首丘",这种愿望在他的心理上展示得特别强烈。而这个汨罗江两岸的罗人正满足了屈原的这个心志的愿望。另一方面,屈原死在汨罗江符合个人的性格和心志。从我们汨罗江来看,汨罗江是一条山河,两岸山清水秀,我们这条河流真正是清澈见底,很符合屈原这个人的心志,他所认为"宁付常流,葬于鱼腹之中,安能以察察之身,受世俗之尘埃",要跳的河流一定是清澈明亮的一条江,汨罗江恰恰满足了他的条件。一个是要选择死在罗人的怀抱里,一个是要选择清澈见底的一条山河,屈原在这里作为生命的归宿是他最理想的选择。

由于受彭以达的影响,平江籍的陈砚发也写有《屈原与平江》、巢湘平撰有《屈原是平江人的灵魂》。这两篇文章都属于彭以达一系,即认为"屈原投江地点在平江境内的汨罗江澄潭"。

我认为对彭以达在平江历史研究方面做了大量的工作,对流经家乡的汨罗江倾注了很多的精力,为今天的平江旅游开发,名胜游览奠定了坚实的基础,这是应该肯定的。然

[①] 《惜往日》被屈学界认定是屈原的绝笔诗。

而,彭以达、陈砚发、巢湘平等人把屈原沉江地点确定在平江境内的汨罗江澄潭的说法,也是难以经得起推敲的。彭以达等人除了像凌智民一样"以传说证史""以地名证史"以外,还多了一个"以小说证史"。他们把当代长篇小说《寂寞城市》解释"澄潭"是因为屈原在这里沉江而得名的,以此作为屈原投江地的主要依据,这不知道有多大的可靠性。作为虚构文体的小说写作,我看无可非议。如果我们把小说中的地名解释,当作治史的一种方法,根本不加任何考证,历史似乎完全变成了随心所欲的东西。汨罗江中的澄潭,本来是一个水很深、很清的深渊。彭以达在讲解"澄潭"地名的来历时,把发音相同的地名"澄潭"作"沉潭",把"澄"与"沉"混为一谈,望文生义,作为地名由来的依据,就怎么能肯定与屈原投江有关呢?又比如,彭以达在《屈原魂归平江》一文说"特别是五代后唐同光元年,改县名的时候,就以屈原的名平把他称为平江。……所以,从此千多年以来一直就以平江这个名称称颂于世,是对屈原永恒的纪念。……地以人传,平江为什么显赫,就是因为屈原而得名。"平江为什么叫平江,地名从何而来?历来有两说:一说以"江河平坦,有二十五里水不响"的说法而名平江。换言之,以县治周围地势平坦,江水至此平静无波而得名。据今人吴定邦撰《平江古今》记载:"公元 923 年,主宗同光元年,晋王李国昌即帝位,改国号为唐,史称后唐。这时昌江的'昌'字为避讳李国昌的'昌'字,改为平江县,因昌水和汨水会合后,在张市一带地坦水平,故称平江。"我们知道平江县原称汉昌县,是东汉灵帝熹平年间,划罗县东境为汉昌县,即现在的平江县全境,县治设在金观铺,今安定镇安永村。该县治所在地"因昌水和汨水会合后,在张市一带地坦水平",故名。这一说法在平江县广泛流传至今。另一说是"平江或因屈平名"。清咸丰五年,浙江俞凤翰在平江任知县,写有一副对联挂在县衙内,联曰:"是邦田少山多,介鄂湘两省上游,区爽挹君山,岳州本由天岳置;自古地以人传,吊汨罗千载呜咽,水魂依沙港,平江或因屈平名。"从这副对联的内容看,这位知县很有学识,所写极当,考虑历史上湘阴、汨罗、平江三地在行政区划上同属一个县,共饮一江水的渊源,选取屈原与汨罗江的故事入联,在联中着一"或"字,只用平江名称的来历的两说之一,是有意思地保存了两说并存,于包容中见精神。更重要的是在他看来"自古地以人传,吊汨罗千载呜咽,水魂依沙港"。这就明明地告诉我们,屈原是死在汨罗的沉沙港,而不是自沉平江。我想,彭以达引"平江或因屈平名"作为证据论证平江名称来历的依据,对联中的"吊汨罗千载呜咽,水魂依沙港"不是不理解,对屈原投江地不是不了解,而是心知肚明,为我所用罢了!因此,无论研究任何问题,说什么话,都必须尽可能地掌握一切第一手资料,辨析考证,每一立说,都要以大量史实和文献资料为依据,反对游说无根,应该把学术的真实性放在一个比较重要的位置上,只希望写的历史向真实靠近。在进行推论和做出结论都要实事求是,合情合理。既要客观而力戒主观情感的干扰,不能爱屋及乌,要用真实的事例支撑观点。否则,即使说得天花乱坠,也无济于事,这样的话不但不会有任何说服力,而且学者本身的权威性也会受到影响,大打折扣,也就失去了研究的科学性、严谨性。我们不难看出,"屈原投江在平江县境内的汨罗江澄潭"说的证据主要凭借民间传说,同音地名和今人的小说叙事,而这种说法无论在史料依据上,还是从科学考证上看,都很难自圆其说,没有可靠的文献依据论证,又怎么能证明屈原投江地在平江境内的汨罗江澄潭呢? 很显然,这一说法是不能成立的。

三、湖南汨罗境内的汨罗江河泊潭说

关于屈原投江地点在湖南汨罗境内的汨罗江河泊潭的说法,两千多年来已在学术界形成共识。这些年来,我为写作《永远的屈原:屈原与屈子祠》一书,多次到汨罗江考察屈原的遗迹和纪念物,收集到了不少有关屈原的文献资料,大量史实再次证明汨罗是屈原晚年居住、写作和投江的地方。从这个意义上说,我也是这一传统说法的认同者,仍坚持此说,并继续延伸自己的观点。其主要理由有:

第一,"屈平之放栖于此(玉笥山)","在汨罗江边一住九年"。从屈原的人生轨迹和放逐路线来看,第一次是流放到汉北地区。怀王二十四年,秦国与楚国结下的"黄棘之盟",楚国彻底投入了秦国的怀抱。由于屈原反对这个联盟,被逐出郢都,流放汉北地区为汉水的上游,今安康一带及汉水上游地区。公元前299年,秦又发兵攻打楚国,拿下了八个城。借着强大的军事实力,秦昭王又假意"邀请"楚怀王在武关(今陕西省商县东)相会。此时屈原已经从流放地汉北返回。第二次是流放到江南地区。公元前293年,顷襄王六年,秦国攻打韩国,大获全胜,斩首韩军24万人。秦王给楚顷襄王书信责备楚国的背叛,要率领诸侯讨伐楚国,决一胜负。屈原指出"楚顷襄王不忘欲反"的感情,又指出怀王客死他国的下场,都是因为"其所谓忠者不忠,而所谓贤者不贤也"。这些言语威胁了子兰,子兰就指使靳尚到顷襄王那里进献谗言,顷襄王大怒,将屈原流放到南方的荒僻地区。这次流放的路线,据《哀郢》分析,从郢都(湖北省江陵县)出发,先往东南方向顺江而下,沿途经过夏首(湖北省沙市东南)、遥望龙门(郢都的东门),到达洞庭湖,而后进入长江,经过夏浦(湖北省汉口),最后来到了陵阳(今安徽省青阳县南的陵阳镇)。据聂石樵在《屈原论稿》中说:"屈原大概在第二年春天(即楚顷襄王十二年),他离开了久住的陵阳,而远赴西南,经鄂渚(今武昌)入洞庭,溯沅水,至辰阳(今辰溪)达溆浦,便写了《涉江》表达自己已老,而弥笃的节操。……顷襄王十三年,他又由叙浦下沅水进路北次在沅湘汇流的地方,写了《怀沙》和《惜往日》,分别流露出自己的大限已近和沉江自杀的决心。"屈原在溆浦住了一段时间后,没想到秦国军队攻占了巫郡(今重庆巫山县),如果不赶紧离开就可能成为秦国的俘虏。在万不得已的情况下,他只好再顺沅水东下,入洞庭湖、渡湘水,最后走到了长沙东北的汨罗江畔。据司马迁《屈原贾生列传》记载:"屈原至于江滨,被发行吟泽畔,颜色憔悴,形容枯槁……乃作《怀沙》之赋。于是怀石,遂自投汨

罗以死。"又据司马迁《报任安书》云:"屈原放逐,乃赋《离骚》。"后来学者多从此说。今人任国瑞撰《屈原年谱》对屈原何时来汨罗,到底在岳阳生活了多久的问题做了考证,屈原自"楚顷襄王三年乙丑,前296年","屈原本年见迂,免去三闾大夫之职,而流放江南,屈原当从鄂城出发,坐船沿长江入洞庭,在君山住了一段时期"。可见,屈原来岳阳在顷襄王三年,然后在长沙住了2年,再"自长沙向沅水流域继续南行","溯沅水南上",在沅水流域、枉渚(今常德市郊)徘徊留滞了3年,在溆浦居住了3年。再"自叙浦乘船北返至枉渚",于"楚顷襄王十三年甲戌,前287年","屈原从枉渚乘船东过洞庭湖至汨罗江(又名洞庭湖北汊),居北岸南阳里(今汨罗市城北7里处)"。此后,他一直生活在汨罗江边,直到"楚顷王二十一年癸未(前278年)","屈原投汨罗殉国"。据此,屈原从公元前296年抵达洞庭君山,至公元前278年投汨罗江殉国,屈原在湖湘生活了18年,其中在岳阳生活了10年时间。这10年中,在汨罗江边一住九年①……当地人民很敬爱他。应该说,汨罗是屈原的第二故乡。屈原故宅在哪里?到汨罗江畔玉笥山考察,对屈原故宅目前有两种说法:一说在汨罗市楚塘乡双桥村南阳街,或称樟树园。据沈亚之《屈原外传》载:"屈原因栖玉笥山作《九歌》。"罗含《湘中记》也载:"屈潭之左玉笥山,屈平之放栖于此,今玉笥山有屈原宅。"宋人彭淮撰《玉笥山三闾宅》一诗云:"吴山烟锁子胥祠,汨罗水绕三闾宅",正是形象地描绘出屈原宅的地理位置。另一说在南阳寺。据清光绪《湘阴县图志》载:"屈原故宅,在翁家洲,今南阳寺。""大洲一名翁家洲,即故南阳里屈原旧祠也。"经实地考证,南阳寺遗址在今屈原农场翁家巷闸北500米,东大堤外300米处的河滩上。汨罗江尾闾围垦工程前尚存,进正门有"屈原故居"巨匾,寺前有巨樟,传说为屈原植,所以,具体位置在江南,南阳街也在江南。从南阳街和南阳寺两处"屈原故宅"分析,一般都认为"屈平之放栖于此",南阳街、南阳寺两个地方离玉笥山相距不到几公里,很可能都居住过。因汨罗江常常山洪暴发,翁家洲原是汨罗江下游的一个小洲,地势低,春夏大水之时,即为水中洲,翁家洲居民,包括屈原在内的迁徙也是正常的事了。

第二,汨罗江有屈原投江地点——河泊潭。河泊潭,古称罗渊,又名屈潭。在汨罗江口,距湘江、汨罗汇两江汇合处1.5公里,是汨罗江口的一个深潭。晋罗含《湘中记》云:"屈潭之左有玉笥山,道士遗言,此福地也,一曰地脚山。汨水又西为屈潭,即汨罗渊也。屈原怀沙,自沉于此,故渊潭以屈为名。昔贾谊、史迁尝径此,弭楫江波,投吊于渊。"这不仅记载了屈原在汨罗投江的地点,也记载了贾谊、司马迁来此凭吊屈原的情况。又据《一统志》载:"汨罗江分二水,至屈潭复合,今名河泊潭,去古罗城三十里。"《水经注》云:"汨水又西为屈潭,屈原怀沙自沉处,即罗渊也。"盛宏《荆州记》载:"汨水西流入湘,去(湘

---

① 禹经安在《屈原与溆浦》一书中说:"在屈原居住时间上,认为屈原《哀郢》中'至今九年而不复'句中的'九年',就是屈原放逐来溆浦再由溆浦北上投汨罗江时间的总和。"当然,也有很多学者认为这个"九年"的"九"字不是一个实数,如郭维森先生说"九"字是形容时间很长。

图 1 河泊潭石碑

阴)县城三十里,名屈原潭,即屈原沉处。"相传屈原放逐出江南后,行吟泽畔,颂《离骚》以答渔父,喧《天问》以对江河,慨叹国势之危急,哀怜民生之涂炭,每念及亡国之耻,遂起自尽之心,于公元前278年五月初五,骑着白马到河泊潭和衣葬身于水中。一颗巨星陨落在汨罗江,一位不朽的诗魂在汨罗江升起。后来,屈原在河泊潭投江时,恰逢洞庭湖水猛涨,湖水倒灌汨罗江,屈原的尸体逆水而上,费时10天,经30里浮至江潭,在五月十五日才被渔民打捞起来,陈列在江潭边上的一个土墩上。当地人将这个土墩称为"晒尸墩"。1981年1月13日,汨罗县(现汨罗市)人民政府将"河泊潭"列入县级文物保护单位,并竖有花岗岩石碑标志,上书"战国时代爱国诗人屈原,目睹楚国危亡,痛不欲生,遂于公元前278年农历五月初五日,在此处怀石沉江殉国。"这既是刻在汨罗江上的文化符号,又是一座屈原纪念碑。在屈原投江地附近,还有招屈亭、怀沙亭等地名与屈原投江有关。

至于说屈原投江自杀的动机是什么? 如果单纯用失意来说明,是无法说通的。宋代洪兴祖在《楚辞补注·离骚后叙》一书中,将屈原自沉的原因归结为两点:一为"同姓无可去之义,有死而已";一为"去则国而从亡",不忍离去。前者忠君,后为爱国,故"屈原虽死,犹不死也"。他还反复强调:"屈原之忧,忧国也。""长叹息而掩涕,故思国也"。这是屈原接受史上第一次将其提升到恋"国"的高度来认识,并赋予屈原"自沉"以浓重的殉宗国色彩。正如郭沫若所说:"屈原是一位理智很强的人,而又热爱祖国。从这些来推测,他的自杀必然有更严肃的动机。顷襄王二十一年的国难,情形是很严重的。当时,不仅郢都破灭了,还失去了洞庭、五渚、江南。顷襄王君臣朝东北逃难,在陈城勉强维持下来。故在当年,楚国几乎遭到了灭亡。朝南方流放的屈原,接连受到打击,一定是看到了国家的破碎和无法挽救,故才终于自杀了。"

那么,屈原为什么不辞辛苦远涉江湖,偏偏要从湘西辰溆跑到湘北汨罗江来自沉呢? 历史上最早提出这个问题并初作回答的是清人蒋骥。他在《山带阁注楚辞》中认为屈原选择汨罗自沉的原因有三条:一为"湘水至清",在此自沉,"不忘清醒之意";二为屈原自沉,目的是"下著其志,而上悟其君",而在辰溆则"死而无闻,非其所也",惟"长沙为楚东南之会,去郢未远,固与荒徼绝异";三为"熊绎始封,实在于此,原既放逐,不敢北越大江,而归死先王故居,则亦首丘之意"。除上述原因外,今人周秉高撰《屈原自沉汨罗江之研究》一文认为,"屈原选择到汨罗自沉,还有一个很重要的原因,就是政治共鸣。因为湖北枝江的熊绎嫡传后裔,是被当时的掌权者(楚文王)赶出世居之地,迁徙湖南汨罗来的。

这是宗族内部斗争的结果"。

屈原又为什么选择在端午这一天投江呢？这也是他受到湖湘文化影响后精心安排的。屈原投汨罗江的时间有多种说法，但是大多数学者认为是在"白起拔郢"的楚顷襄王二十一年农历五月初五。端午节是岳阳土著越族人民祭龙的日子，有一系列重要活动，屈原想借此深远的节日投江殉国，以唤起楚国臣民的爱国热情，完成复兴楚国大业。于是他选择这一天，"宁赴湘水，自沉汨罗江，葬身鱼腹之中"。屈原自沉汨罗，以一种极端的方式结束了他坎坷而忧愤的一生。然而，肉体的毁灭却正是辉煌精神和伟大人格诞生的标志，诗人以死的悲剧启迪着后人去思索生的价值和意义。这既是他的选择，也是他辉煌的悲剧。

简而言之，屈原自沉汨罗的原因，正如周秉高《屈原自沉汨罗江之研究》所说："汨罗确实也是楚人的'先王故居'，屈原在此自沉就能表现'首丘'之情；又是熊绎后裔被迁之地，到此自沉，正好可以'下著其志'；更重要的是，汨罗紧靠大都会长沙，信息流通快捷，自沉之后，很可能达到'上悟其君'的目的。这三条，就是屈原选择到汨罗自沉的原因。"

第三，楚人在"屈原投汨罗死"后"乃以舟楫拯救"，并形成"龙舟竞渡"风俗。据南朝梁人吴均撰《续齐偕记》载："楚大夫屈原遭谗不用，是日（农历五月初五）投汨罗死，楚人哀之，乃以舟楫拯救。端午竞渡，乃遗俗也。"南朝梁宗懔《荆楚岁时记》载"五月五日竞渡，俗为屈原投江日，伤其死，故并命舟楫以拯之。'久而久之，形成风俗，即端午祭屈原。《隋书·地理志》也追记说："屈原以五月望日赴汨罗，土人追至洞庭不见。湖大船小，莫得济者，乃歌曰：'何由得渡湖？'因尔鼓棹争归，竞会亭上。习以相传，为'竞渡'之戏……诸郡皆然，而南郡尤甚。"根据这一记载中的"土人追至洞庭不见"，说明屈原自沉的汨罗江是流入洞庭湖的一条河流，与汉水没有任何关系。每当五月初五和十五日，汨罗江畔的人民都要在汨罗江的南阳里和楚塘之间称为江潭一带的江面上，举行龙舟竞渡来纪念屈原。龙舟竞渡源于汨罗，逐渐流传外地，以致"诸郡皆然"。

第四，汨罗山有屈原墓，为全国重点文物保护单位。屈原墓有疑冢十二座，分布在汨罗市范家园和屈子祠两公里的汨罗山上。汨罗山又叫徽山、黑女岭和烈女岭。据唐代《元和郡县志》载："左徒屈平墓在（湘阴）县北七十一里。"它所指的地方是玉笥山。杜预《通典》载："罗江有屈原冢，今有石碑，文为'楚放臣屈大夫之碑'，其余字灭。"又据《明一统志》载："屈原墓在汨罗山上，汨罗山即今烈女岭，在汨水东北。"古代时，为了保护好屈原墓地，还设立了墓田。这里至今还广泛流传着"屈原十二疑冢"和"罗裙负土葬爷坟"的传说。传说屈原投江后，尸体打捞上来时有一边脸颊被鱼虾吃掉，女媭用平日在汨罗江淘洗积攒的沙金，为屈原配上了半边金脸，葬在汨罗江边上。顷襄王和公子子兰扬言掘墓鞭尸夺金脸。女媭的义举感动了天帝，天帝挥动山杖，一夜之间帮她筑起了11座疑冢。但历史上有人认为是为了秦兵进攻后掘墓鞭尸，罗子国贵族带领百姓筑墓以假乱真。1983年冬,中南五省文物培训班在此地进行了考古发掘,共发掘了东周、秦、西汉至南朝时期的中小墓葬101座,出土文物918件,无一墓是假,可见疑冢之说乃后人附会,屈原墓应为这众多墓葬中的某一座。这些墓与汨罗山隔江相望,是古罗子国故城,且相去不远,专家推测这里应为古罗子国贵族墓葬区。罗子国贵族与屈原同宗,屈原投江死后"就地安葬"也是合情合理的。因此,屈原十二疑冢于1956年公布为湖南省重点文物保护单位,2001年升为全国重点文物保护单位,是历史上湖湘楚墓的典型,具有极高的历史价值和文物考古研究价值。

第五,贾谊、司马迁等人到汨罗江凭吊屈原,肯定屈原投江汨罗。自屈原投江汨罗江100年后的汉代开始,贾谊、司马迁都曾记录自己到湘水后听说这里是屈原自沉的地方,感受屈原的伟大,作赋凭吊屈原,以寄托哀思。最早是汉初的贾谊(公元前200—公元前168年),他大约在汉文帝三年,因为权贵嫉妒,被贬为长沙王太傅,途经湘水,撰有《吊屈原赋》。开篇写道:"恭承嘉惠兮,俟罪长沙。侧闻屈原兮,自沉汨罗。造托湘水兮,敬吊先生。"贾谊离屈原的时代不过100多年,他本人又是汉王朝中心的政治文化名人,这对于证明屈原自沉汨罗江的真实性,是很有说服力的。清郭嵩焘撰《湘阴县图志》载县北凤凰局:"有贾谊吊屈原处,旧志在汨罗江,或谓谊舟行之长沙,停帆湘江,为赋以吊,则指汨罗(江)北岸。或谓谊为傅三年,羁处长沙,赋鹏长沙,故造湘流,敬吊三闾以寄概,则在汨罗(江)南岸,今两岸俱有土台,乡人彼此相夸,以为名胜。"这又表明贾谊在汨罗江吊屈原其事是真实的。在贾谊到汨罗吊屈原50年后,司马迁也亲自来到汨罗拜谒屈原沉身处,亦潸然泪下,曰:"……于是怀石,遂自投汨罗以死。……适长沙,过屈原所自沉渊,未尝不垂涕,想见其为人。"这篇《史记·屈原贾生列传》是一篇关于屈原最早的历史文献。人们对司马迁的《史记》学术价值,公认是一部非常严肃的历史著作,他所记载的往往都是经过实地考察的史事,是完全可以作为屈原投江汨罗的历史依据。从此,屈原投江的地方,便被后人固定下来,将河泊潭改称为"屈潭",成为中国人乃至世界人民所纪念屈原的特定时间(端午节),特定事件(屈原投江)、特定地点(汨罗江河泊潭)的一个地理标志和文化符号。到了唐永贞元年九月,柳宗元先被贬为邵州(今湖南邵阳市)刺史,还未过长江,即接到改贬永州(今湖南永州市)司马的诏令。在赴永州途中,柳宗元由洞庭湖上溯湘江,来到汨罗江畔,陈辞诉说衷肠,写有《吊屈原文》曰:"后先生盖千祀兮,余再逐而浮湘。求先生之汨罗兮,揽蘅若以荐芳。愿荒忽之顾怀兮,冀陈辞而有光。"唐宋时还有韩愈、戴叔伦、杜甫、朱熹等文人雅士来汨罗凭吊屈原,不一而举。关于屈原投江汨罗的历史记载和传说,作为屈原投江汨罗的佐证材料,从而说明这些文献的真实可靠,这些历史文献资料都是湖北郧阳和湖南平江所没有的。因此,在没有充分可靠的证据来说明屈原投江汉江和平江的情况下,人们没有理由去怀疑屈原投江地点在汨罗境内的汨罗江之说的存在。

以上情况完全可以构成一个证据链,来证明屈原投江地点在湖南汨罗江境内的汨罗江河泊潭,这是有充分证据和理由的。这正是:斯人已去遗迹在,汨罗江上万古愁!

四、结语

众所周知,今天许多地方争屈原投江地点,仅湖南一条汨罗江就有两个投江地的说法。我觉得屈原投江地在湖南汨罗、平江说,两种说法虽则有出入,在很多基本出发点上,又是相同的。相同处是同在一条汨罗江;相异处:一个是汨罗江中游中的"澄潭",一个是汨罗江下游中的"河泊潭"。从"汨罗说"来看,汨罗江畔有屈原居住的"屈原故宅";有独醒亭、骚坛、桃花洞、濯缨桥、绣花墩、望爷墩、弄珠台、剪刀池、藏经洞、女媭祠、钓鱼台、笔架山、落卷坡等传说是屈原在汨罗江畔留下的遗址;汨罗的河泊潭则是屈原的沉江处;"晒尸墩"是将屈原尸体打捞起来后的停放地;屈原墓是就地安葬屈原的地方;招屈亭,又叫屈原塔是屈原弟子宋玉、景差为屈原举行招魂仪式处;屈子祠,又称屈子庙,在汨罗江下游玉笥山上。据晋王嘉《拾遗记》载:"楚人为之立祠,汉末犹存。"北魏郦道元《水经注》载:"罗渊北有屈原墓,庙前有汉南太守程坚碑记。"这些说明屈子祠建筑始建于汉代,也是我国正史记载最早的屈子祠。历来是祭祀屈原神灵的场所,2001年公布为全国重点文物保护单位。今汨罗江畔有屈子祠,汨罗山有屈原墓就是历史见证。从"平江说"来看,平江县城距汨罗玉笥山有百余里,历史上又是同一个县的辖地。屈原在汨罗生活了9年之久,进入平江境内行吟是完全可能的。平江城里至今还保留有划船巷、脱衣亭、祭龙滩、屈家巷、屈原祠、三贤祠等,这些地名能传承下来,说明这不是短时间所形成的,自古以来就有之。这些屈原的遗迹和传说,则可以与屈原逐放汨罗的记载相互补充,互相印证。关于屈原晚年在汨罗江畔生活和沉江的情况,《湘阴县志》《汨罗市志》《屈原农场志》《平江县志》等地方志书也都有记载。汨罗、平江、湘阴县民间关于屈原与汨罗江的传说、故事和端午节祭祀屈原的习俗等重要的非物质文化遗产也比比皆是。从屈原"魂归于泉,尸归于坟,灵归于祠"等多方面的文化迹象来看,投江地点也在汨罗江。正因为如此,汨罗江畔才会有这么多屈原事迹流传和对屈原绵绵思念,更加证明汨罗江是屈原的流放地、行吟地和投江地,也是中国屈原文化主要遗存地。2017年5月29日,屈原文化传承与区域文化创意产业发展高峰论坛开讲,全国50余名知名屈学专家汇聚端午源头汨罗市,共论屈原传承与发展。中国屈原学会会长方铭在会上发言认为"汨罗是屈原晚年生活写作和投江殉国的地方,是世界公认的'端午源头,龙舟故里',是中华优秀传统文化的重要源头"。①

---

① 帅才:《全国屈原专家汨罗论道》,新华网 china.huanqiu.com/artide/9Cakrnk3axZ.,2017年5月29日。

从"屈原投江地点在湖北十堰汉水境内的沉子河说"来看,我们认为屈原不仅到过汉北,而且在汉北大约居住了五六年,留给当地珍贵的文化遗产,但不等于凌智民所说:"屈原投江地点在十堰汉江。"正如首都师范大学赵敏俐教授所说:"关于屈原的投江地的问题,如果把郧阳作为屈原投江地,这个提法要慎之又慎。这已不是一个学术问题,而是一个文化认同的问题。"① 又说:"关于屈原投江地的问题,这是一个复杂的问题,不仅仅是学术问题,还是一个文化问题,不能轻易推翻。当然,如果有确凿证据,颠覆了就是颠覆了,我们要有这样的心理准备。我认为目前证据尚有不足。"② 其"不足"的根本原因是有"颠覆性"的学术结论,而没有"颠覆性"的证据来证明,所以无法得到大家的公认。

这三处屈原投江地,谁更加有权威呢?我认为是湖南汨罗市境内的汨罗江河泊潭说。因为汨罗江畔有屈原留下的许多历史遗迹作证和贾谊《吊屈原赋》、司马迁的《史记》记载,肯定要比两千年以后的人们为《史记》作的注释、解读更可靠,更有权威。除屈原投江汨罗江河泊潭外,其他两个地方的"屈原投江地",都不符合屈原的人生轨迹、被逐放路线和正规史志的记载,有的是古代传说,有的是今人附会。随着地域文化的复兴和旅游业的发展,各地形成了强烈的竞争意识,出现了众多的"名人故里"之争,如今国内开始争屈原投江处,汨罗市和屈原管理区还要多方面提高知名度才好,还历史的本来面目。

---

① 《光明日报·国学版》编:《屈原与郧阳》,《光明日报》,2014年9月16日,第16版。
② 梅洁、善清:《屈原:魂兮归来》,《中国作家·纪实旬刊》,2016年第4期。

《楚辞》作品研究

《楚辞·天问》"阳离"解

苏州大学 三锺陵

恩斯特·卡西尔认为：原始人"对生命的不可毁灭的统一性的感情是如此强烈如此不可动摇，以致到了否定和蔑视死亡这个事实的地步。在原始思维中，死亡绝没有被看成是服从一般法则的一种自然现象。它的发生并不是必然的而是偶然的，是取决于个别的和偶然的原因，是巫术、魔法或其他人的不利影响所导致的。……那种认为人就其本性和本质而言是终有一死的概念，看来是与神话思维和原始宗教思想完全相斥的"[①]。大量的事实都说明卡西尔的这一意见是完全错误的。丧仪的存在，殉葬和人牺的酷习，以及死亡-复活的神话，都表明了原始人类不仅知道死亡，而且知道死亡的必然性。并且，伊甸园神话以及智者阿达帕的神话都表明希伯来民族和阿卡得人十分了解人类是没有永生的，虽然他们在原因上各有解释。正确的表述应该是说原始人类知道死亡但想超越之，而不是否定死亡，因为连续不断的个体之死亡，是时时在眼前发生的事，这是谁也不可能否认的。

原始人类极力想超越、克服死亡，其途径有下列四条：一是借助于将自然逻辑引入人类生命意识，做出死亡—复活的拟构；二是在图腾观念中，以图腾之绵长延续、以祖先在子孙身上的复活，克服个体死亡；三是以化生观念为基础，将死解释为转形，亦即是转化为另一种生命形式；四是灵魂的不朽与转世。这四点中，第一点是基础。狭义地说，所谓死亡—复活观念，是人或神死后仍以其原形、亦即人形复活；广义地说，则无论图腾延续、物化转形，还是灵魂重生，均为死亡—复活的不同方式。只要后三点中有任何一点存在，都说明了死亡—复活观念的存在。当然，在不同的民族中对于这样几点的侧重，可能也必然有所不同。这种情况正是在统一的原始人类的生死观中，不同民族具有各异的文化—心理特色的体现。将上述这四点综合起来，我们便可以对原始人类的生死观，把握到一个大略的轮廓。原始人类正是在这一生死观的基础上，耸立起了庞大繁复的原始宗教的意识体系的。

死亡—复活这一途径，似乎是最为理想的方案，这是唯一的自我以人身复活的构想，因而在许多地区的原始宗教中得到了广泛的传播。当奥西里斯崇拜被引入希腊后，便同

[①] ［德］恩斯特·卡西尔，甘阳译：《人论》，上海：上海译文出版社，1985年，第107页。

起源于色雷斯的酒神狄俄倪索斯混同一体,狄俄倪索斯也是植物神祇,也是暴死而后复活。奥西里斯—狄俄倪索斯的复活故事,成为向宗教信徒宣扬复活观念的重要根据。宗教信徒们认为在奥西里斯圣仪上得到封号,并能笃信和执行宗教戒规,死后便可复活获得新的生命。这一种崇拜曾强有力地抵制了基督教的传播。而在埃及金字塔建筑里的每个符号,则都使人想起生命和创造的起源,而根本不是想到死亡。"死亡"这个词在金字塔经文中从未出现过。这并不如卡西尔所引述的布列斯特的意见是申述死人活着的信念,而是想凭借生命和创造的巫术性符号使死者复活。这是对复活的热烈企盼,而不是对死亡的否定。

死亡—复活观念在古阿拉伯神话中,还产生了凤凰涅槃的形象。凤凰活到500岁(或1461岁,又或7006岁)时便在阿拉伯森林中自焚,然后又从灰烬中矍然跃起恢复青春。在烈火中死而后复生,是鸟和太阳两个意象组合的产物,这已是次生的较为复杂形态中的生死观了。

中国神话中,也有死而复生的灵禽。《天问》云:"天式纵横,阳离爰死?大鸟何鸣?夫焉丧厥体?"① 这里也说到了一个鸟在火中复生的神话。然而,《天问》此四句,历代注家均未得其真,反而因为重垒叠加的诠释使得诗句的真意愈益模糊,故本文予以详论:

此四句中"阳离"二字,王逸以"人失阳气则死也"② 相训,他并以王子乔化大鸟事释此四句。丁晏所诠有所不同:"言天有常法,阴阳相生,杀之则阳气离而身死矣,何由化为大鸟,而鸣声如鹄耶?既身化能鸣,何杀之而亦丧厥体耶?讶其生死之无常也。"③ 丁晏意谓此四句指钦䲹化大鹗、鼓化鵕鸟之类变化事,虽案事不同而释"阳离"二字可谓一脉相承。闻一多兼取王、丁二人意见,又详加发挥之:以天文仪器"栻"释此"天式"是取之丁晏,而本事则取王逸的王子乔化鸟之说。闻一多云:"'天式纵横'者,以天式喻万物生成之理,言天式以纵横交午而成,犹万物以阴阳和合而生也。《左传》昭七年:'人生始化曰魄,既生魄,阳曰魂。'《说文》:'魂,阳气也。''阳离爰死'者,犹言魂与魄离,则人死耳。'大鸟'二句注以为王子乔事,以汉世所传王子乔事证之,似无不合。"④ 可以说,王逸的意见到了闻一多这儿得到了最为周详的发挥。孙作云继曰:"'阳离爰死',言阳若离开了人,人就死亡,'阳'是对'阴'而言的,换言之,自然规律就是阴阳变化。这是一个概括的唯物的解释。他又说:在这阴阳二气之中,阳为主,阴为次。从这里可以看出屈原的相互的唯物论和辩证法思想。"⑤ 这完全是以时之流行意识加之于古人也,并且是将一个对于古

---

① 王逸:《楚辞章句》卷三,光绪(辛卯)十七年三馀草堂藏。
② 王逸:《楚辞章句》卷三,光绪(辛卯)十七年三馀草堂藏。
③ 丁晏:《楚辞天问笺》,广雅书局本。
④ 闻一多:《天问疏证》,北京:三联书店,1980年,第64页。
⑤ 孙作云:《天问研究》,北京:中华书局,1989年,第133页。

代神话的发问,说成了一种对自我思想的阐述。文中之"他",指屈原,然《天问》这两句中根本未见"阴"字,也更无论阴阳谁为主次了。其谬误十分显著。

姜亮夫不同意王逸说,标其异议曰:"此四语王逸以为王侨事,于古无征;且以化为大鸟释大鸟,于义已曲;何鸣云云,本发问之辞,而以化鸟而鸣释之,复失文义。丁晏引《山海经·西山经》钦䲹化大鹗事,于文义较王说为可通,而征验仍不足。余疑此仍指羿射十日事。"① 他和游国恩认为"解天式纵横,多望文臆测,而丁氏之说尤甚"② 的看法相反,认为"丁说极确"。姜亮夫又说:"阳字训天之气(见左昭七年传注),阳离爰死者,即经纬天气之式离绝也。""大鸟即日乌","鸣、当为'鸹'字之误……夫大乌之鸟,何其'工佳'肥,是为阳盛之时,夫何能丧其体哉!言羿何能以人力而一射九日?疑天道之不如是也。"姜亮夫并谓:"余说似较各家说稍当。王侨仙事,即在战国,亦不过视为寓言;天问多涉神异,而不及仙人;王以子侨事说之,后先倒置矣。"③

我以为释读《天问》此四句的关键在"阳离"一词。以上诸家虽义有相歧,然而在将"阳离"二字拆开解释上则是一致的,以阳气或天气释"阳",而训"离"如字,无乃曲折穿凿乎?

"阳离"二字除了王逸一线的解释外,还有多家释"阳"为"佯"者。黄文焕曰:"阳死者,佯死者。离者,魂离而魄堕。阳死之后,乃始化为大鸟。"④ 李陈玉亦曰:"离,伤也。阳为受伤而死,其实不须臾而复活也。"⑤ 周拱辰又曰:"阳死者,佯死也。化鸟飞鸣,夫岂厥体之丧而真死乎。"⑥ 钱澄之仍曰:"阳离爰死,言阳为遭伤而死也。"⑦ 林云铭同样认为"阳"为"佯死"⑧。其他如徐焕龙的《屈辞洗髓》、蒋骥的《山带阁注楚辞》、刘梦鹏的《屈子章句》、胡文英的《屈骚指掌》等,释"阳"字或为"阳神"意,或为"显"意,又或为"日",滋蔓纷纭,固无需具述也。

今人中又有二家提出新释。蒋天枢以"阳离"一词"喻楚",这似乎符合于神话思维采用象征的特点,然而《天问》乃屈原于楚宗庙见壁画呵而问之所作,岂有阑入时事以"隐

---

① 姜亮夫:《屈原赋校注》,北京:人民文学出版社,1957年,第320—321页。
② 游国恩:《天问纂义》,北京:中华书局,1982年,第248页。
③ 姜亮夫:《屈原赋校注》,北京:人民文学出版社,1957年,第321—322页。
④ 黄文焕:《楚辞听直》卷三,崇祯十六年刻,顺治十四年续刻本;《楚辞汇编》第3册,新文丰出版公司,1986年,第205—206页。
⑤ 李陈玉:《楚辞笺注》,康熙十一年武塘魏学渠刻本。
⑥ 周拱辰:《离骚草木史》,清初圣雨斋刻本,嘉庆(癸亥)八年周氏六世孙重刊本。
⑦ 钱澄之:《楚辞屈诂》,《庄屈合诂》后部,康熙间雌雄堂刊本。此书不分卷。引者按。
⑧ 林云铭:《楚辞灯》卷二,康熙(丁丑)三十六年西泠挹奎楼刻本。林注曰:"被击而分离其萦绕,乃佯死耳。"此注承对上句"白蜺婴茀"的解释而来,林释"蜺"为"云之有色似龙者",释"婴"为"萦绕也",释"茀"为"出之逶迤似蛇者"。林云铭是以王子乔化为白蜺的说法为据,来对诗句作曲折穿凿的解释的。引者按。

喻张仪诳楚事"①哉！《天问》仅问到吴王阖庐之"久余是胜"，孙作云并由此推定"屈原所参观的楚先王庙，就是楚昭王十二年迁都时所建的楚宗庙"②。楚昭王十二年为公元前504年，而张仪入楚诳怀王则在公元前313年，其间相隔190年之久，蒋天枢此释之谬误自不待言矣！且"阳离"二字，蒋亦未能释其本义。林庚谓大鸟为羿尸体所化，于文献无征，且《左传·襄公四年》已明言羿为"家众杀而烹之"③了，故林庚之说亦难以成立。

自古及今诸贤众矣，而不能索其真解者，乃因仅按文责意，而未能于原始人类的思想、风俗、文化、心理有更为广泛深入的了解，固不免捉襟见肘也。有志于治楚辞者，其功夫在诗外乎？

我以为"阳离"，即太阳鸟是也。《山海经·海外东经》郭注云："羿之铄明离而毙阳乌，未足为难也。"④"明离""阳乌"，均指太阳，其义甚明。"阳离"亦同于此。这里的关键不在"阳"字而在"离"字，若释"离"为"去"、为"分"，则自会释"阳"为"阳气"以至于"佯"也。此"离"字应为《周易·说卦》"离为火、为日"⑤意。无论是八卦之离，还是六十四卦之下离上离，均有火、日、明之义，则"阳离"一词指太阳明矣！郭璞"明离"一词实亦本之于易卦也。"明离"与"阳离"，径可视为同义词。

"阳离"二字的字义明了了，全句的意义就较易探究了。"天式"二字当如丁晏所释。《史记·日者列传》"旋式正基"⑥，《索隐》曰："式即栻也。旋，转也。栻之形上圆象天，下方法地，用之则转天纲加地之辰，故云旋式。"⑦"天式纵横"四字即云天道变化之意。"阳离"二字指太阳，上文已释。"爰死"者，则太阳之精是也，亦即下文所谓"大鸟"。"丧厥体"者，指大鸟丧失其体。此阳精之死因，应在文中"天式纵横"四字中而未及射也，故本章不取姜亮夫之释：一因姜释前二句与后二句不相贯通，二因羿射之说于本文无据。"天式纵横"，当为积年而变化也，果如是，则阳鸟之死当亦如凤凰之活到老而自焚。当然，书厥有间，我们还难以找到更多的文献资料以足资证，但历代关于"阳离"二字解释之错误，经过上文的说明已非常清楚。明乎此，也就可以有一个重新思考的基点。在《天问》这四句中大有可能隐含着一个类似凤凰涅槃的中国神话。这只要看《孔演图》所云"凤皇火精，生丹穴"一语，便可以明白中国上古必有鸟生于火的神话。

---

① 王泗原：《楚辞校释》，上海：上海古籍出版社，1989年，第212页。
② 孙作云：《天问研究》，北京：中华书局，1989年，第14页。
③ 杜预注，孔颖达疏：《春秋左传正义》卷二十九，阮元校刻：《十三经注疏》下册，北京：中华书局，1980年，第1933页。
④ 郭璞注，袁珂点校：《山海经校注》，上海：上海古籍出版社，1980年，第261页。
⑤ 王弼注，孔颖达疏：《周易正义》卷九，阮元校刻：《十三经注疏》上册，北京：中华书局，1980年，第95页。
⑥ 司马迁：《史记》卷一百二十七，第10册，北京：中华书局，1959年，第3218页。
⑦ 司马迁：《史记》卷一百二十七，第10册，北京：中华书局，1959年，第3218页。

我之所以多费笔墨于此，主要是为了说明中国上古神话的生死观念也是多样的。我们今日虽已难窥其全，但仍可借鉴于其他民族的神话和宗教心理，重新审视中国上古典籍以致思，因为特别在早期，人类意识发展的相同之处，是颇多的。

　　在原始人类中，死亡—复活观念是如此之强烈，以至于他们把这个原属冥世的遐想，变而为现世的仪典。在许多原始部落的成年礼中，有将孩子假装杀死又使他复活的礼仪。这种成年礼，弗雷泽以为是一种"人与其图腾交换生命的礼仪"，这样"孩子作为人而死去，作为一个动物又复生"①。原始人往往用礼仪形式来完成生活中的一些转变。成年礼是原始习俗中的重要组成部分，许多原始氏族、部落都以死亡—复活的仪式来使孩子完成向成年的变化。过去的我在仪式中死去，一个堂堂男子汉的我在仪式中新生。入族礼仪也这样，"没有哪位人种学家会不对全世界各种各样社会在把入族礼仪式加以概念化时所采用的共同样式感到惊讶。无论在非洲、美洲、澳大利亚，还是在美拉尼西亚，这些礼仪都遵循同样的程式：首先，把未入族者从他们的父母处带来，象征性地把他们'杀死'，并藏于森林或树丛中"，"当他们被送回生身父母身旁时，父母模拟新分娩时所经历的一切过程，并开始重新教育孩子，甚至包括喂食或穿衣等基本行为。"② 在古希腊，那些被误认为已死并为之举行过葬礼者，非得经过重新诞生的仪式才能被当作活人看待。在古印度，这种仪式首先是要在盛满油水混合液的木桶中，两手握拳，一言不发，就像婴儿在子宫中一样。此外，还要经过一个人长大过程中所有的仪式，特别是要娶一个妻子或与原来的妻子再举行一次婚礼③。死亡—复活的观念为原始人丰富多样的社会—人伦活动提供了意识和礼仪的基础。

　　生死观对于社会生活的这种普泛的浸润性，同原始人类对生命的直接性认识是一致的。比如他们捕杀鲑鱼后要把鲑鱼的骨头和内脏扔到海里，这样鲑鱼复活就有了依凭。吃了圣餐，便能获得生命力。接受了祭礼上牺牲之血的洗礼，也就获得了再生，以前的一切罪过即都已除去。生命是直接的，获得生命的方式也是直接的，加之对于宗教礼仪虔诚的笃信，于是原始人类便不仅借此企仰着植物般的来年复活，而且在现实的人生中也不断地以此更新着自己。生命的更新，即是生活的更始，原始人的人生在艰难中由此而开拓着向前的道路。并且，这种生命意识还整合了群的生命，对于入族者之类的仪式，其祓除作用的效果，便是在一种宗教要求下凝聚一个群的生命。进而，人的生命与自然界动、植物生命的协同与和谐，亦由此在阔大的规模上得到了实现。

---

　　① ［英］弗雷泽著，徐育新等译：《金枝》下册，北京：中国民间文艺出版社，1987年，第978页。
　　② ［法］列维-斯特劳斯著，李幼蒸译：《野性的思维》，北京：商务印书馆，1987年，第303页。
　　③ ［英］弗雷泽著，徐育新等译：《金枝》上册，北京：中国民间文艺出版社，1987年，第25页。

七祀之制与《大司命》《少司命》《国殇》的祭义*

陕西师范大学　曹胜高

关于《九歌》中《大司命》《少司命》的题旨及祭义，已有诸多论述，从王逸章句、洪兴祖补注而出，将之分别视为掌管寿夭及生育之神，然其神格，则异说纷呈，王逸等以其为文昌宫第四星①，王夫之笼统将之理解为天神②，闻一多则以其为玄冥③。后楚简帛出，学界遂根据所载祭祀情形，或将之视为司祸。④ 章太炎曾言："《祭法》言七祀五祀，则见楚有国殇、司命之祭也。"⑤ 认为国殇、司命与周秦间七祀、五祀之制有关，且包山、望山楚简亦涉及七祀、五祀之制。我们可以从司命之祀的祭义入手，观察司命之祀的形成及演生过程，对此前聚讼纷纭的二司命、国殇的祭义进行更为清晰的考察。

一、七祀与五祀的祭义

七祀、五祀之说均见于《礼记》。七祀之说载于《礼记·祭法》：

> 王为群姓立七祀，曰司命，曰中霤，曰国门，曰国行，曰泰厉，曰户，曰灶。王自为立七祀。诸侯为国立五祀，曰司命，曰中霤，曰国门，曰国行，曰公厉。诸侯自为立五祀。大夫立三祀，曰族厉，曰门，曰行。适士立二祀，曰门，曰行。庶士、庶人立一祀，或立户，或立灶。

王所立七祀、诸侯所立五祀，是为百姓所立，即与百姓一起祭祀。而王、诸侯自为之七祀、五祀，是为家族祈福，是与宗族一起祭祀。许慎《五经异义》言："王为群姓立七祀：一曰司命，主督察三命也；二曰中霤，王宫室居处也；三曰门，四曰户，主出入；五曰国行，主道路也；六曰大厉，主杀也；七曰灶，主饮食也。"都是居于民间司察过失的小神。其中，

---

* 本文系教育部哲学社会科学研究重大攻关项目"中华优秀传统文化的学理建构、价值认同与教育策略研究"（17JZD044）阶段性成果。

① 洪兴祖撰，白化文等点校：《楚辞补注》，北京：中华书局，1983年，第71页。
② 王夫之：《楚辞通释》，长沙：岳麓书社，2011年，第259—260页。
③ 闻一多：《神话与诗·司命考》，北京：中华书局，1956年，第139页。
④ 李零：《包山楚简研究（占卜类）》，《中国典籍与文化论丛》（第1辑），北京：中华书局，1993年，第425—448页。
⑤ 章太炎：《国故论衡》，上海：上海古籍出版社，2011年，第65页。

诸侯不祭户、灶,而庶人祭之,可知王之所立七祀,乃涵盖有诸侯、大夫、士、庶人所祀的百神,即泛祀所有的神灵。庶人立户之祀,是为门神;立灶之祀,是为灶神,只选取其一。诸侯国所立的司命、中霤、门、行、厉、户、灶的祭祀,实际是泛祀未列入专门祀典的百神①,以祈求家族平安。

五祀之说,见于《礼记·月令》,其言孟冬之月,"天子乃祈来年于天宗,大割祀于公社及门闾,腊、先祖、五祀"。郑玄注:"五祀,门、户、中霤、灶、行也。"显然五祀将司命与厉排除之外进行的祭祀。《白虎通·五祀》解释:"五祀者,何谓也?谓门、户、井、灶、中霤也。所以祭何?人之所处出入,所饮食,故为神而祭之。"

在周秦祭祀中,多采用五祀代称泛祀百神,从而形成了祭天、祀社、享祖、望祀、五祀五种相配的祭祀体制。②郑玄言:"五祀,门、户、中霤也。此者小神,居人之间,司察小神也。"五祀的祭主也是居于民间司祭过失的小神。

《礼记·曲礼下》又言:

> 天子祭天地,祭四方,祭山川,祭五祀,岁遍。诸侯方祀,祭山川,祭五祀,岁遍。大夫祭五祀,岁遍。士祭其先。③

周制,王及诸侯立社,王之公社为太社,私社为侯社;诸侯之公社为国社,私社为侯社。与王七祀、诸侯五祀类似。大夫以下置里社,是为公社,用以祭祀大夫、士、庶人居住的土地之主。而五祀,是为大夫以下祭祀百神的方式,其源于土地之祀。王充在《论衡·祀义》中言:"五祀初本在地,门、户用木与土,土木生于地,井、灶、室中霤皆属于地,祭地,五祀设其中矣,人君重之,故复别祭。必以为有神,是食已当复食形体也。"里社祀一方土地之主,若大夫、士、庶人用以禳除灾祸,为家人祈福,只能祀于中霤、门、户、灶、井等处。

五祀是祀地之制的延伸。刘炫云:"天子以下俱荷地德,皆当祭地,但名位有高下,祭之有等级。天子祭地,祭天地之神也。诸侯不得祭地,使之祭社也。家又不得祭社,使祭中霤也。霤亦地神,所祭小,故变其名。"④认为祭中霤是为祭地之法,从史前遗址考察来

---

① 《月令》所言的"其祀户""其祀灶""其祀中霤""其祀门"之类,便是依月来祀百神。
② 《礼记·礼运》:"祭帝于郊,所以定天位也;祀社于国,所以列地利也;祖庙,所以本仁也;山川,所以傧鬼神也;五祀,所以本事也。……故礼行于郊,而百神受职焉;礼行于社,而百货可极焉;礼行于祖庙,而孝慈服焉;礼行于五祀,而正法则焉。故自郊社、祖庙、山川、五祀,义之修而礼之藏也。"参见郑玄注,孔颖达疏:《礼记正义》卷二十二《礼运》,北京:北京大学出版社,1999年,第705—706页。
③ 郑玄注,孔颖达疏:《礼记正义》卷五《曲礼下》,北京:北京大学出版社,1999年,第153页。
④ 杜预注,孔颖达疏:《春秋左传正义》卷五十三《昭公二十九年》,北京:北京大学出版社,1999年,第1507页。

看,中霤是室中央的说法无误,①可以视为室中土地之神,以保佑家宅安宁。周制,在享祖礼中,士人以下不立庙,"士祭其先""庶人祭于寝";②在百神祭祀中,庶士、庶人只立一祀,或立户,或立灶。③即普通百姓不能祭天,也不能祭山川,仅能祭祖于家室,祭门神或灶神于门户之中。其若要禳除灾害,只能至于里社中,因此社便成为士庶禳除疾病、遍祀群神的场所。《管子·小问》载有蠹社献胙的祝辞:"除君苛疾,与若之多虚而少实。"蠹社目的主要在于祷疾,里社也由此成为地方百姓的护佑神,是百姓举行公祭之所。《礼记·郊特牲》言:"唯为社事,单出里;唯为社田,国人毕作;唯社,丘乘共粢盛。"每至举行社祀时,家家户户都要出工出力出祭品。尤其是"国有大故天灾,弥祀社稷祷祠",全国上下一起祀社祈祷。

五祀与七祀的区别,在于五祀出于祀地之制,而司命、厉祀非用于祀地。黄度言:"《祭法》七祀,《宗伯》五祀,司命、泰厉非地类,血祭者唯五耳。《月令》四时祀户、灶、门、行、中霤是也。"④由此来观察七祀与五祀的区别,五祀是用于祭祀土地之主之外的家中百神,而七祀是用于祭祀天、地、先祖之外的百神,包括司命之神、厉与地之百神。明邱濬言:

> 礼行于郊,而百神受职焉(谓风雨节,寒暑时)。礼行于社,而百货可极焉(谓地不爱宝,物无遗利)。礼行于祖庙,而孝慈服焉(谓天下皆知服行孝慈之道)。礼行于五祀,而正法则焉(谓贵贱之礼,各有制度)。⑤

五祀是按照贵贱等级而形成的泛祀百神的祭祀制度,用于祀居于家宅之神,属于地上百神。而司命之神作为天、地之外的神明,厉作为先祖之外的人鬼,与五祀之神合而祀之,泛指百神之祀。在包山简的系统中,五祀系统为"宫地主+行",天地合祀系统则为"太+后土+司命+大水+二天子+危山";在望山简系统中,"后土+司命+大水"也是土地之祀与七祀的合并⑥,显然司命不在五祀系统之中的,也就是说在楚祭祀系统中,司命之神是与天神系统并列的。

从《周礼》所载祭祀之法来看,司命之神与风师、雨师的祭法类似:"以禋祀祀昊天上

---

① 杨鸿勋:《明堂泛论:明堂的考古学研究》,《东京学报》第70册,日本京都:京都大学人文科学研究所,1998年,第1—95页。
② 郑玄注,孔颖达疏:《礼记正义》卷十二《王制》,北京:北京大学出版社,1999年,第382页。
③ 郑玄注,孔颖达疏:《礼记正义》卷四十六《祭法》,北京:北京大学出版社,1999年,第1305页。
④ 马端临:《文献通考》卷八十六《郊社考》,北京:中华书局,2011年,第2638页。
⑤ 邱濬:《大学衍义补·总论祭祀之礼》,北京:京华出版社,1999年,第480页。
⑥ 史培争、李立:《论包山楚简"司命"与〈九歌〉"二司命"的联系》,《古籍整理研究学刊》,2014年第2期。

帝,以实柴祀日、月、星、辰,以槱燎祀司中、司命、飌师、雨师,以血祭祭社稷、五祀、五岳,以貍沈祭山林、川泽,以疈辜祭四方百物。"① 槱燎是以牲体置柴堆上焚之,扬其光炎上达于天,是祭祀天神之法,显然列于天、日、月、星、辰之后的天神系统。在《周礼》系统中,司命位次天神之后地祇之前。而在《礼记》系统中,司命则位于天地、山川祭祀之后、五祀之前,此当为司命之神的神格在周秦间升降的体现。

对泰厉、公厉、族厉的祭祀,则具有惧祸祈福的用意。郑玄言:"'曰泰厉'者,谓古帝王无后者也。此鬼无所依归,好为民作祸,故祀之也。……'曰公厉'者,谓古诸侯无后者,诸侯称公,故曰'公厉'。……'曰族厉'者,谓古大夫无后者鬼也。族,众也。大夫众多,其鬼无后者众,故曰'族厉'。"②厉死而无后,是为夭殇者,无所祀则魂魄游荡,故帝王、诸侯、大夫分别祭祀同等级别的孤魂野鬼,以求其不作祟。其"五官皆有所食,无所食而有功者谓之厉。'泰厉'有功于天下,天子立之。'公厉'者有功于一国,诸侯立之。'族厉'者有功于一家,大夫立之"。③既有纪其功德的目的,又有惧其作祟的畏惧,是为人鬼之祀。④邱濬认为,明代所保留的春清明、秋七月望、冬十月朔对三厉的祭祀对象,为"尚念冥冥之中,无祀神鬼",⑤即把一切无祀之鬼神作为"三厉"进行祭祀。

司命与厉、五祀合祀,是为七祀。从应劭《风俗通义》卷八所载来看,司命之神常在春秋之月进行祭祀:"今民间独祀司命耳,刻木长尺二寸为人像,行者檐箧中,居者别作小屋,齐地大尊重之,汝南余郡亦多有,皆祠以猪,率以春秋之月。"有时则形成春祠司命而秋祠厉的方式:"司命与厉,其时不著。今时民家,或春秋祠司命、行神、山神、门、户、灶在旁,是必春祠司命,秋祠厉也。或者合而祠之。"⑥司命主长养,故祠在春。厉主杀害,故祠在秋。由此来看,司命之祀与厉祀是周秦以至秦汉通用的七祀之法。

二、司命祭义的演化

在《礼记》所载七祀制度中,只有天子和诸侯祭祀司命之神,大夫以下不立司命之神。在于司命之神为天神。《左传·襄公十一年》载亳城北之盟书:"或间兹命,司慎、司

---

① 《周礼注疏》卷十八《大宗伯》,北京:北京大学出版社,1999年,第451—456页。
② 《礼记正义》卷四十六《祭法》,北京:北京大学出版社,1999年,第1305页。
③ 黎翔凤撰,梁运华整理:《管子校注·轻重》,北京:中华书局,2004年,第1415页。
④ 《潜夫论·巫列》:"人有爵位,鬼神有尊卑。天地山川、社稷五祀、百辟卿士有功于民者,天子诸侯所命祀也。若乃巫觋之谓独语,小人之所望畏,土公、飞尸、咎魅、北君、衔聚、当路、直符七神,及民间缮治微蔑小禁,本非天王所当惮也。"参见王符撰,汪继培笺,彭铎校正:《潜夫论笺校正》,北京:中华书局,1985年,第306页。
⑤ 邱濬:《大学衍义补·国家常祀之礼》,北京:京华出版社,1999年,第530页。
⑥ 杜佑:《通典》卷五十一《礼》,北京:中华书局,1988年,第1418页。

盟,名山、名川,群神群祀,先王、先公,七姓十二国之祖,明神殛之。"杜预注:"二司,天神。"显然司命所司之命是由天而降的。人皆有寿夭,唯有天子、诸侯祀司命之神,司命之神的本原并非掌管寿夭者,当与"皇天授命"有关。

在上古的认知中,王或天子受命于皇天,诸侯受命于王。《国语·鲁语上》言:"天子祀上帝,诸侯会之受命焉。诸侯祀先王先公,卿大夫佐之受事焉。"便是言周秦时期的层层受命制度。其中,《尚书·仲虺之诰》所言的"帝用不臧,式商受命,用爽厥师",也是言商王受命于上天。《诗经·商颂·烈祖》:"以假以享,我受命溥将。"《商颂·玄鸟》:"商之先后,受命不殆,在武丁孙子。……殷受命咸宜,百禄是何。"歌颂商之先祖曾受命于天。同样,《尚书·大禹谟》所言:"正月朔旦,受命于神宗,率百官,若帝之初。"是为受舜禅让而为领袖。《尚书·泰誓上》中武王所言:"予小子夙夜祗惧,受命文考,类于上帝,宜于冢土,以尔有众,底天之罚。"是为受命于文王而为周王。《尚书·武成》言:"既生魄,庶邦冢君暨百工,受命于周。"是言诸侯请大夫受命于周,而成为周之附庸。《诗经·大雅·韩奕》言:"韩侯受命,王亲命之",《大雅·江汉》又有:"王命召虎:来旬来宣。文武受命,召公维翰。"言韩侯受命于周宣王,周宣王则受命于列祖列宗,从文王、武王而下相继受命,从而形成了周王室绵延不缺的王祚。

在七祀中,只有天子、诸侯立司命之神,作为天神的司命,其首要职责是保证天子、诸侯的受命永昌。如秦玉玺刻文曰:"受天之命,皇帝寿昌""受命于天,既寿永昌。"① 是谓秦王受命于天。其中所谓的"寿",是受命之长远,而所谓的"昌",是国运昌盛。作为传国玉玺中的"寿",显然包括秦始皇之寿,但不限于一皇一帝的长久,而是言秦祚永传。《随巢子》载受命之王治理天下时,需要司禄、司金、司命来守护国家:

> 昔三苗大乱,天命夏禹于玄宫,有大神,人面鸟身,降而福之。司禄益富而国家实,司命益年而民不夭,四方归之。禹乃克三苗,而神民不违。②

考察其中的"司命"职责,要将之与司禄、司金并列来看,司禄益食、司金益富显然并非指夏后启个人而言,而是言其受命之后,其所代表的整个国家、所有百姓能够增加食用、国家富足,故而"司命"亦绝非夏后启个人增寿,而是如秦玉玺刻文那样的"既寿且昌",夏祚绵长而百姓不至轻易夭折。

能够证明秦玉玺刻文与《随巢子》中所言的"司命益年"并非专指天子或者皇帝寿命的是《汉武故事》中所载的汉武帝与东方朔的对话:

---

① 严可均编:《全上古三代秦汉三国六朝文·全秦文》,北京:中华书局,1958年,第242页。
② 欧阳询撰,汪绍楹校:《艺文类聚》卷十《符命部》,上海:上海古籍出版社,1965年,第185页。

> 上祀大畤时,夜光明照长安城如月光。上以问东方朔:"此何神也?"朔曰:"此司命之神,总鬼神者也。"上曰:"祠之能令益寿乎?"对曰:"皇者寿命悬于天,司命无能为也。"①

这段话能够看出,至少在汉代,司命之神发生了两个认知上的分化:一是司命之神确实被赋予了掌管人寿命的含义,祀之可以益寿。二是皇帝受命于天,是司命之神无法掌管的。由此回过头来看七祀中,天子与诸侯立司命之神的目的,并非为了自己益寿,而是为了用以保全自己的"受命"。天子为群姓而立、诸侯为国而立的司命,显然是为了"受命于天,既寿永昌",期望能够王命永久,进而实现"司命益年而民不夭"的良好愿望。

从考古资料来看,东方朔所言的司命"总鬼神"之说断非小说家言。在楚地祭祀中,司命位次于天(太一)、地(后土)祭祀之后,在众鬼神之前。望山楚墓 54 号简言:"举祷太佩玉一环,后土、司命各一小环,大水佩玉一环。'望山 55 号楚简、望山 120—121 简、包山 212—215 简亦为太一、侯(后)土、司命、大水的排序。包山楚简 213—215 言:"赛祷太佩玉一环,后土、司命、司祸各一小环……太、后土、司命、司祸、大水、二天子、危山皆既城。"在葛陵简甲一 15、乙一 24 中,司命亦位次老童、祝融、穴熊等楚先祖之前。② 司命在天、地之后众神之前,故司命"总鬼神"的说法,正是概括了楚地司命的神格。由此来看,祭祀司命之神,实际是祭祀以"司命"为代表的诸多鬼神。也就是说,在楚地的祭祀系统中,司命是司祸、司慎、司盟等诸司之神的总代表。③

从现存的资料来看,司命之神在秦楚时逐渐被大夫以下的百姓祭祀,为民间泛祀之神。《史记·封禅书》言:"晋巫祠五帝、东君、云中君、司命、巫社、巫祠、族人、先炊之属,……荆巫祠堂下、巫先、司命、施糜之属。"晋、楚祭祀司命之神,其在东君、云中君、堂下、巫先之后,相对于七祀中列于众神之首,楚简中仅次于天地,在楚汉之际的司命之祀,地位已经下降。因此,汉代的司命之神,是在武帝时期随着"太一"祭祀的设置而开始泛化的。《史记·孝武本纪》载:

> 于是病愈,遂幸甘泉,病良已。大赦天下,置寿宫神君。神君最贵者太一,其佐曰大禁、司命之属,皆从之。非可得见,闻其音,与人言等。时去时来,来则风肃然也。

---

① 李昉等撰:《太平御览》卷八八二《神鬼部》,上海:上海古籍出版社,2008 年,第 736—737 页。
② 陈伟:《新出楚简研读》,武汉:武汉大学出版社,2010 年,第 116 页。
③ 《齐侯壶》铭文:"于二天子,用璧、玉备(佩)一司(笥);于大无(巫)、司折(慎)于(与)大司命,用璧、两壶、八鼎。"《史记·天官书》:"斗魁戴匡六星曰文昌宫:一曰上将,二曰次将,三曰贵相,四曰司命,五曰司中,六曰司禄。"参见《史记》卷二十七《天官书》,北京:中华书局,2014 年,第 1544 页。

居室帷中。时昼言,然常以夜。

这段话如果与《汉武故事》中东方朔之言对读,可知随着武帝对司命之神的重视,他成为汉代主管人之寿夭的主要神灵。《孝经纬·援神契》言:"命有三科,有受命以保庆,有遭命以谪暴,有随命以督行。受命谓年寿也。遭命谓行善而遇凶也。随命谓随其善恶而报之。"其中所言的"受命",显然是从天子、诸侯受命于天的内涵中延展而来,但在民间的解释中,命则被解释为"寿命",司命通过观察人的行为,根据其过失,对其长寿进行调节,从而形成"司命举过"的认知。《焦氏易林》中常以司命言人生得失祸福。如《临》中所言:"鬼守我庐,欲呼伯去。曾孙寿考,司命不许,与生相保。"《剥》:"行触大讳,与司命忤。执囚束缚,拘制于吏,幽人有喜。"《萃》:"司命下游,喜解我忧。皇母缓带,婴子笑喜。"《震》:"行触大忌,与司命忤。执囚束缚,拘制于吏,幽人有喜。"① 西汉间人甚至画出了司命之神的形象,《春秋纬·春秋佐助期》:"司命,神,名为灭党,长八尺,小鼻,望羊,多髭,癯瘦,通于命运期度。"② 王符《潜夫论·忠贵》言:"文昌奠功,司命举过,观恶深浅,称罪降罚。"③ 司命之神根据人的过失,对其受命之年限进行延长或者压缩,从而成为主管寿夭之神。

这种说法魏晋时期得到了强化,葛洪《抱朴子内篇·对俗》:"行恶事大者,司命夺纪,小过夺算,随所犯轻重,故所夺有多少也。"④《抱朴子内篇·微旨》又言:"是以每到庚申之日,辄上天白司命,道人所为过失。又月晦之夜,灶神亦上天白人罪状。……凡有一事,辄是一罪,随事轻重,司命夺其算纪,算尽则死。"⑤ 最终形成了司命之神督查人过而主寿夭的民间认知。

由此来看,七祀中的司命,最初并非是指一般的掌管寿命,而是掌管天子、诸侯所受之命,故大夫以下不祭祀司命之神。秦行郡县之后,诸侯不再受命,司命之神的原本祭义在封国消失,遂转化为一般意义上的益寿之神。随着武帝太一之祀的铺开,司命作为太一的属员成为掌管寿夭吉凶的小神,为民间所泛祀。原本不祭祀司命之神的百姓,也因此将灶神附益为司命的功能,其负责向天帝报告家主的凶善,以示奖惩,司命之神也由此成为民间百姓祭祀之神。

---

① 焦延寿撰:《焦氏易林》,北京:中华书局,1985年,第 97、105、184、287 页。
② 范晔:《后汉书》卷五十九《张衡列传》,北京:中华书局,1965年,第 1925—1926 页。
③ 王符撰,汪继培笺:《潜夫论》卷三《忠贵》,《潜夫论笺校正》,北京:中华书局,1985年,第114页。
④ 王明撰:《抱朴子内篇》卷三《对俗》,《抱朴子内篇校释》,北京:中华书局,1985年,第 53 页。
⑤ 王明撰:《抱朴子内篇》卷六《微旨》,《抱朴子内篇校释》,北京:中华书局,1985年,第 125—126 页。

三、厉祀与《国殇》的祭义

七祀之中天子祀泰厉、诸侯祀公厉、大夫祀族厉，是对凶死者或者无后者的祭祀。在周秦时期的观念中，厉为非正常死亡之鬼，被视为能够作祟者。《左传·昭公七年》记子产之言："匹夫匹妇强死，其魂魄犹能冯依于人，以为淫厉。"即便普通的老百姓死于非命，亦能以魂魄依附于人而作祟，故祭祀以安抚其不平。如杜主之祠源自西周而奉祀至汉代："雍菅庙亦有杜主。杜主，故周之右将军，其在秦中，最小鬼之神者。各以岁时奉祠。"① 杜主之祀便出于厉祭，司马贞《索隐》言："《地理志》杜陵，故杜伯国，有杜主祠四。《墨子》云'周宣王杀杜伯不以罪，后宣王田于圃，见杜伯执弓矢射，宣王伏弢而死也'。"② 周宣王杀杜伯，周人尊其鬼，以岁时奉祠。③

春秋时人对大厉的想象与恐惧，在《左传·成公十年》中有记载：

> 晋侯梦大厉，被发及地，搏膺而踊曰："杀余孙，不义！余得请于帝矣。"坏大门及寝门而入。公惧，入于室。又坏户。公觉，召桑田巫。巫言如梦，公曰："何如？"曰："不食新矣。"……六月，丙午，晋侯欲麦，使甸人献麦，馈人为之。召桑田巫，示而杀之。将食，张，如厕，陷而卒。小臣有晨梦负公以登天，及日中，负晋侯出诸厕，遂以为殉。

晋景公梦见大厉作祟，此大厉为晋景公所杀之人的先祖，对其进行报复，恐惧而问巫师。巫师居然能言出晋景公所梦的场景，并据此对其死生进行判断。也就是说，晋景公梦见所见的厉鬼作祟方式，在巫师看来，是经典的厉鬼报复方式。由此可以看出，春秋时期的巫师系统中，对厉鬼作祟的方式有着清晰的理解，桑田巫才能够直接描述出晋景公之梦的场景。晋史官将之记录在册，说明晋国的官方对此深信不疑；《左传》将之录入，亦在于认为此事之不虚。郑玄注："厉，主杀罚。"④ 认为厉鬼能够报复、惩罚在世之人。故而春秋时期王、诸侯、大夫祀厉鬼，正是出于对厉鬼作祟的恐惧和敬畏。

在屈原的作品中，厉被作为神灵进行礼敬。《九章·惜诵》言："昔余梦登天兮，魂中道而无杭。吾使厉神占之兮，曰有志极而无旁。"言自己梦见自己登天，却中途失去凭借无法飞升，便请厉神占卜，结论是自己有志而无辅佐。在屈原的心目中，厉鬼被作为神一样的存在，可见楚地有以厉为神的传统，此与西周立社主为神的做法一脉相承，是典型的

---

① 司马迁：《史记》卷二十八《封禅书》，北京：中华书局，2014年，第1654页。
② 司马迁：《史记》卷二十八《封禅书》，北京：中华书局，2014年，第1655页。
③ "周立寿星祠于下杜亳，时奉焉。又立杜主祠，因宣王杀杜伯射王，故周人尊其鬼，以岁时奉祠。"见马端临撰：《文献通考》卷九十《郊社考》，北京：中华书局，2011年，第2755页。
④ 郑玄注，孔颖达疏：《礼记正义》卷四十六《祭法》，北京：北京大学出版社，1999年，第1305页。

祭泰厉、公厉、族厉之法。

值得注意的是王逸注:"厉神,盖殇鬼也。"① 认为厉神源自前世的殇鬼。《逸周书·谥法解》:"短折不成曰殇,未家短折曰殇。"殇多为无后之人,其魂魄聚为无后之鬼。从楚简的记载来看,楚人有祭祀殇鬼的传统。如包山简225:"殇东陵连嚣子发"②,从简201—202、221—222中所在祭祀顺序可以推断出,东陵连嚣可能是昭佗叔父或者伯父。③ 显然东陵连嚣无后,按照殇鬼之祀祭之。包山楚简227:"以其故敓之;举祷祠一全豢;举祷兄弟无后者邵良、邵乘、縣貉公各冢豕、酒食犒之。"④ 其中的邵良、邵乘、縣貉公均为殇鬼。包山简249—250:"与祷于绝无后者,各肥(豕昔),馈之。"⑤ 其祷祠无后者,是为殇祭。

从楚简来看,楚地厉祀之法与周礼基本相似。一是诸侯下祭三世之殇,实际是祭祀嫡子嫡孙中的未成年而死之人。按照《礼记·祭法》所言:"王下祭殇五:适子、适孙、适曾孙、适玄孙、适来孙。诸侯下祭三,大夫下祭二,适士及庶人祭子而止。"王对五代之内的嫡子嫡孙夭殇者亦进行祭祀,诸侯祭祀嫡子、嫡孙、嫡曾孙之夭殇者;大夫祭祀嫡子嫡孙夭殇者;士及庶人只祭祀嫡子夭殇者。葛陵简乙四109载:"乙未之日,就祷三世之殇。"⑥ 三世之殇,是对三代之中的夭殇者进行祭祀。祷三世之殇,是对三世之内的夭殇者进行祭祀。二是庶子之夭殇者不专门祭祀,依附于祖而从祀。《礼记·丧服小记》:"庶子不祭殇与无后者,殇与无后者从祖祔食。"包山楚简222:"又敓见新王父殇,以其故敓之。与祷植牛,馈之。殇因其尝牲。"《尔雅·释亲》云:"父之考为王父。"王父即祖,是在祭祀新王父时,随同祭祀新王父庶子庶孙中的夭殇者。

周礼对殇鬼进行了分类,主张按照其文不缛的方式安排祭礼。《仪礼·丧服传》:

> 丧成人者其文缛,丧未成人者其文不缛,故殇之经不樛垂,盖未成人也。年十九至十六为长殇,十五至十二为中殇,十一至八岁为下殇,不满八岁以下为无服之殇。无服之殇以日易月,以日易月之殇,殇而无服。故子生三月则父名之,死则哭之,未名则不哭也。

未满八岁之殇不进行专门的祭祀,以日易月哀哭而已。孔颖达疏:"成人之丧,既葬,以轻服受之,又变麻服葛,缌麻者除之,至小祥,又以轻服受之,男子除于首,妇人除于带,

---

① 洪兴祖撰,白化文等点校:《楚辞补注》,北京:中华书局,1983年,第124页。
② 湖北省荆沙铁路考古队编:《包山楚简》,北京:文物出版社,1991年,第35页。
③ 彭浩:《包山二号楚墓卜筮与祭祷竹简的初步研究》,湖北省荆沙铁路考古队编:《包山楚墓》,北京:文物出版社,1991年,第555—563页。
④ 湖北省荆沙铁路考古队编:《包山楚简》,北京:文物出版社,1991年,第35页。
⑤ 湖北省荆沙铁路考古队编:《包山楚简》,北京:文物出版社,1991年,第37页。
⑥ 河南省文物考古研究所编:《新蔡葛陵楚墓》,郑州:大象出版社,2003年,第208页。

是有变除之数也。今于殇人丧,象物不成,则无比变除之节数,月满则除之。……今殇大功,亦于小敛服麻,散垂,至成服后,亦散不绞,以示未成人,故与成人异,亦无受之类,故传云盖不成也。"① 未成年人之殇,实际是当月袒之以丧服,月满则除,其服以大功以下为之,实则按照五服制度减损丧服祭祀未成年之亲长。

《国殇》的祀主,实为群祀为国而死且无后的将士。王逸注:"国殇,谓死于国事者。"② 按照周制,国殇者不入祖茔,安葬于坟域之外。《周礼·春官宗伯·冢人》:"凡死于兵者,不入兆域。"郑玄注"战败无勇,投诸茔外以罚之。"认为这种葬法是对战败者的惩罚,实际是为国而死者视为公厉,对其安葬祭祀之法,皆另有礼度,故而不按照正常死亡者进行祭祀。《淮南子·说林训》言:"战兵死之鬼憎神巫。"高诱注:"兵死之鬼,善行病人,巫能祝劾杀之。憎,畏也。"③ 战死之鬼的魂魄强大,常常依附于病人作祟,故而对兵死之人要进行祷念,按照厉鬼进行祭祀,其不入兆域而另行祭祀。

厉祀以安魄、礼魂为主。《国殇》皆为所言:"天时坠兮威灵怒,严杀尽兮弃原野。出不入兮往不反,平原忽兮路超远。带长剑兮挟秦弓,首身离兮心不惩。"正是描述将士为国捐躯的场景。结尾的"诚既勇兮又以武,终刚强兮不可凌。身既死兮神以灵,魂魄毅兮为鬼雄",则是对死于国事者的祭祀。"终刚强"所概括的,既是将士们临死不屈的豪情,也是对其死而不息而为厉的理解。而"神以灵",表明楚人将国殇者,尊崇为神,即屈原《惜诵》所谓的厉神,使之能总众鬼,而不再依附于人而作祟。

> 言国殇既死之后,精神强壮,魂魄武毅,长为百鬼之雄杰也。
>
> 〔补〕曰:《左传》曰:"人生始化曰魄,既生魄,阳曰魂,用物精多则魂魄强。"疏云:……魂魄,神灵之名,本从形气而有。附形之灵为魄,附气之神为魂。附形之灵者,谓初生之时,耳目心识,手足运动,啼呼为声,此则魄之灵也。附气之神者,谓精神性识,渐有所知,此则附气之神也。魄在于前,魂在于后。魄识少而魂识多。人之生也,魄盛魂强。及其死也,形销气灭。圣人缘生以事死,改生之魂曰神,改生之魄曰鬼。合鬼与神,教之至也。魂附于气,气又附形。形强则气强,形弱则气弱。魂以气强,魄以形强。《淮南子》曰:天气为魂,地气为魄。注云:魂,人阳神。魄,人阴神也。④

洪兴祖引经据典讨论魂魄之义,未能言明。《礼记·郊特牲》言:"魂气归于天,形魄归于地。故祭求诸阴阳之义也。殷人先求诸阳,周人先求诸阴。"祭祀依照阴阳之义设置,

---

① 郑玄注,贾公彦疏:《仪礼注疏》卷三十一《丧服》,北京:北京大学出版社,1999年,第600页。
② 洪兴祖撰,白化文等点校:《楚辞补注》,北京:中华书局,1983年,第83页。
③ 何宁撰:《淮南子集释》卷十《说林训》,北京:中华书局,1998年,第1198页。
④ 洪兴祖撰,白化文等点校:《楚辞补注》,北京:中华书局,1983年,第83页。

故祭天用燔柴,祀地沉埋。"《韩诗外传》又言:"人死曰鬼,鬼者归也。精气归于天,肉归于土。"① 概而言之,魂为阳气主使,阳气上升;魄为阴气主使,阴气入地,故人死之后,魂魄离散,魂升天而魄入地。② 强死的厉鬼,其阴魂不散,魄亦随之,是为魂魄刚毅,常依附于人而作祟,故需要举行祷祠仪式以使厉鬼的魂魄离散而安息。神由天降,故以"身既死兮神以灵"为祷辞,期望厉魂归于天,而魄入于地。

由此来看,《礼魂》便是以歌舞的方式礼送国殇者之魂升天:"成礼兮会鼓,传芭兮代舞,姱女倡兮容与。春兰兮秋菊,长无绝兮终古。"鼓以动阳,故春秋时以鼓救日、击鼓进军,春日以鼓动阳气,会鼓是以多种多面鼓齐奏,以求鼓荡天地的阳气,助阳魂升天。春兰生阳,秋菊滋阴,二者能安魂魄。《神农本草经·上经》言兰草之功效:"主利水道,杀蛊毒,辟不祥。久服益气,轻身,不老,通神明。"有助阳气升腾。《韩诗外传》言:"郑国之俗,三月上巳,之溱、洧两水之上,招魂续魄,秉兰草,祓除不祥。"③ 言春日采兰,实乃以药草而助阳气。《神农本草经·上经》言菊花:"久服利血气,轻身、耐老、延年。"九月采菊花入药,须阴干,以安阴气,故以之养老安息。《礼魂》中以春兰秋菊礼国殇者之魂,实则以春兰礼其魂之升天,以秋菊礼其魄之安息,以此赞美国殇者精神与天地永存。

《国语·楚语下》曾载楚王孙圉之言:"又有左史倚相,能道训典以叙百物,以朝夕献善败于寡君,使寡君无忘先王之业,又能上下说于鬼神,顺道其欲恶,使神无有怨痛于楚国。"以左史倚相为楚国之宝,在于其能够理顺百物使得政务通畅,又精通鬼神之道,通过祭祀鬼神,协调好人神关系,避免楚国天怨神怒。楚怀王在位时,楚国淫祀之风盛行,在这样的背景下,作为周制七祀中最为重要的司命之祀、厉祀,得到了隆重的祭祀。其中,司命分为大、小进行祭祀,而国殇者通过礼魂安魄进行国祭,不仅为七祀之法保留了最为清晰的文献记载,也使我们更为直观地理解礼制的文学表述。

---

① 李昉等撰:《太平御览》卷八八三《神鬼部》,上海:上海古籍出版社,2008年,第743页。
② "浑言之,人死曰鬼,鬼谓之魂魄。析言之,魂有知者也,魄无知者也。……凡民之魂,不能上升乎天,或东西北南以游。招魂之礼,升屋而号,告曰:皋某复。必仰而求之上者,何也?不敢以凡民待其亲也。屈原、宋玉之词,则求之上,求之下,求之东西北南,夫亦善知凡民之情状者也。月之生曰明,其死曰魄,假借之义也。魂有知,故礼有招魂,楚巫有礼魂;魄无知,故周礼不墓祭,墨氏薄葬。道家者流,言以魂属善,以魄属不善,求之孔、墨,具无其义。小说家言人遇鬼于墟墓,然则魂有恋魄而悲死者矣。孰达孰悲吾弗知。"参见龚自珍撰:《定庵文集补编》卷三《释魂魄》,北京:商务印书馆,1929年,第329页。
③ 范晔:《后汉书》志第四《礼仪上》,北京:中华书局,1965年,第3111页。

《天问》"呵壁说"再检讨

四川师范大学　王志翔

　　作为楚辞中的重要篇章,《天问》全篇 374 句、1553 字,共提 172 问。自长诗诞生之初,《天问》便带来一系列扑朔迷离的疑问,尤其是王逸《〈天问章句〉序》所说的"呵壁之说",是研究《天问》创作问题的起点。王逸《楚辞章句》称:"何不言问天? 天尊不可问,故曰天问也。"① 以释《天问》之名。有学者说包括《天问》在内的楚辞作品,是秦始皇三十六年 70 位博士奉命而作的仙真人诗,而汉人恶秦,遂将楚辞之作假托给屈原,以论《天问》作者。② 胡适说:"《天问》文理不通,见解卑陋,全无文学价值。我们可以断定此篇是后人杂凑起来的。"③ 以说《天问》之真伪。苏雪林《天问正简》一书,以考察《天问》之文本。冯沅君云:"《天问》一篇,已足为古代神话之大渊薮。"④ 以论《天问》之神话价值。诸如此类,两千年来,争执不息。尽管前人说法不尽相同,但学者仍承前启后,推陈出新。自 20 世纪以来,《天问》研究中产生出许多具有代表性的作品,如闻一多《天问释天》、孙作云先生《天问研究》、林庚先生《天问论笺》等书,对《天问》的研究多有创见;再如姜亮夫、汤炳正、赵逵夫等先生皆于楚辞研究中卓有成就,对前人的疑误做了详尽的论证与阐释。但相比来看,就《天问》文本与图像之间关联的考证,前辈学者尚较少关注。故本文拟就以此为角度,抛开经史成见,对此问题做尝试性探索。

一、《天问》"呵壁说"述考

　　作为楚辞中的重要篇章,《天问》的成书向来为学人所关注。尽管之前廖平及胡适等学者认为《天问》或非屈原所作,为后世杂凑而来,不过这一观点在今日看来并不可靠。游国恩、郭沫若、孙作云、苏雪林等学者认为《天问》有错简⑤,但汤炳正先生认为《天问》

---

① 洪兴祖:《楚辞补注》,北京:中华书局,1983 年,第 85 页。
② 谢无量:《楚辞新论》,《谢无量文集》(第七卷),北京:中国人民大学出版社,2011 年,第 363—364 页。
③ 胡适:《胡适古典文学研究论集(上)》,上海:上海古籍出版社,1988 年,第 347 页。又游国恩:《楚辞概论》,北京:商务印书馆,1930 年,第 110 页。
④ 冯沅君:《楚辞之祖祢与后裔》,《北京大学研究所国学门月刊》,1926 年第 2 期。
⑤ 参郭沫若:《屈原赋今译》,北京:人民文学出版社,1953 年,第 84 页。孙作云:《楚辞研究》,开封:河南大学出版社,2003 年,第 542—575 页。苏雪林:《天问正简》,武汉:武汉大学出版社,2007 年。

有其自身顺序,内容繁复且段落秩序不紊①。杨义也认为,尽管"《天问》难免存在'错简',但不能在没有可靠证据的情况下一味地'正简',而应去深入探究《天问》本来的、也是诗歌史上独特的美学机制,从而为上古诗学史补上属于屈原《天问》的思维方式和诗学机制的一页。"②同理,我们也认为,除了不能一味地"正简"之外,还需深入探究《天问》以及《天问》描摹图像的性质,从而为《天问》为何会呈现出文本错简现象以及早期图像史的作用与性质对文本形成的影响做出探究。

关于《天问》的来源,就文献记载看,东汉王逸于《楚辞章句》中最早对《天问》提出解释,他说:"屈原放逐,忧心愁悴。彷徨山泽,经历陵陆。嗟号昊旻,仰天叹息。见楚有先王之庙及公卿祠堂,图画天地山川神灵,琦玮僪佹,及古贤圣怪物行事。周流罢倦,休息其下,仰见图画,因书其壁,呵而问之,以泄愤懑,舒泻愁思。楚人哀惜屈原,因共论述,故其文义不次序云尔。"③王逸认为《天问》是屈原被放逐之后参墙壁之图所作,且屈原参照的图像来源,是楚国"先王之庙及公卿祠堂",作《天问》"以泄愤懑,舒泻愁思"。这是《天问》呵壁之说的来源。但是,关于逸序称《天问》是"呵壁"之作,学界之人或信或疑。怀疑者认为若参照壁画而作,则《天问》会受限于壁画篇幅,不易以图像方式展示出来。赞同呵壁说者则通过各种考证,用以证实呵壁之说可信。

具体来看,赞同者在古代中国继王逸之后有唐人柳宗元《天对》、宋人洪兴祖《楚辞补注》、清代蒋骥《山带阁注楚辞》、屈复《楚辞新注》等。如柳宗元在《天对》中说:"有萍九岐,厥图以诡","胡日化七十,工获诡之",意思是说壁画与画工骗人,但是,也反映出柳宗元是相信逸序所言"呵壁说"的。近人如张硕城和杨义皆赞同"呵壁说"。1984年,张硕城《〈天问〉是否呵壁之作》中说:"由'画'感触生情,想到平日种种不可解之事,一发而不可收,写下《天问》,实在是顺理成章。岂不见《天问》题目,便是以'天'起兴吗?私意以为,呵壁一说可以成立。"④而杨义在讨论《天问》的诗学机制和结构形态时则指出其最重要的特征"在于它(《天问》)汲取了楚国祠庙壁画表现形式的养分,创造了一种处于有序与无序之间的双构性诗学结构形态"⑤。明确指出《天问》是对楚国祠庙壁画的汲取。此外,1992年,赵梅《呵壁之作?问天之作?——读〈天问〉王逸序》一文讨论呵壁之作,也说王逸之说未必尽然是向壁虚构。⑥

否认者如王船山,他说:"逸谓书壁而问,非其实矣。"⑦廖平说:"试问画壁图者何处得

---

① 汤炳正:《楚辞类稿》,成都:巴蜀书社,1988年,第279页。
② 杨义:《〈天问〉:走出神话和反思历史的千古奇文》,《中国社会科学》,1998年第1期。
③ 洪兴祖:《楚辞补注》,北京:中华书局,1983年,第85页。
④ 张硕城:《〈天问〉是否呵壁之作》,《学术论坛》,1984年第1期。
⑤ 杨义:《〈天问〉:走出神话和反思历史的千古奇文》,《中国社会科学》,1998年第1期。
⑥ 赵梅:《呵壁之作?问天之作?——读〈天问〉王逸序》,《镇江师专学报》,1992年第1期。
⑦ 王船山:《楚辞通释》卷三,第46页。

此蓝本？"① 郭沫若说："这篇相传是屈原放逐之后看到神庙的壁画而题在壁上的。这完全是揣测之词。任何伟大的神庙，我不相信会有这么多的壁画，而且画出了天地开辟以前的形象。"② 此外，如徐英也说《天问》据壁而作不可靠，是妄人之言。③ 他们认为"呵壁之说"不可信。

另有中间协调派如姚小鸥与孟祥笑，在他们的文章《〈天问〉文体与屈原"呵壁"说再检讨》中，他们承认王逸之言有合理之处，但是"与《天问》的创作过程并不完全契合"④。

在我们看来，否定"呵壁"的原因主要有两点，一即屈原在流放过程中是否到了楚国先王之庙与公卿祠堂？二是受限于宫室祠堂的面积，墙壁是否存有足够的空间去呈现画像。三即王逸为汉时人，其说战国末之屈原，是否可信？我们认为东汉王逸的说法不可轻易否定。就第一个疑问看，尽管清代有学者曾提出质疑。胡文英在《天问》篇注说："屈子既已经斥远，安得复至先王庙中。"⑤ 之后如胡濬源、陆侃如等皆有此观点。⑥ 但经过孙作云、林庚、路百占、⑦ 陈子展、徐英⑧ 等学者考证，认为屈原在放流中到过先王之庙及公卿祠堂当无疑义。且出土文献清华简《楚居》篇的发现，言及楚国都城称作"郢"的，先后有十余处⑨，这既说明传世文献的记载不全面，也说明前人否定屈原行至公庙祠堂的考证存有漏洞。因此，我们需要关注对第二个疑问的讨论，即宫庙祠堂墙壁是否有图画且是否符合《天问》写作的结构。这也是前人争论的焦点所在。

综上所述，前人的研究是针对王逸呵壁之说的可信与否，通过证实或证伪的研究方法来开展研究。但是，前人在讨论中所依据的材料，除了《楚辞章句》之外却鲜有创见。因此使对该问题的讨论聚讼纷纭。换言之，"呵壁"之说之所以见仁见智，很大的因素在于未发现或未使用除逸序以外的其他证据。这无疑是最大的限制。我们认为呵壁之说可信，无论是早期文献记载，抑或楚汉考古图像，皆可证"呵壁"之说自有渊源。也正因此，后世方有将《天问》反复做图像之事。如明清易代之际画家萧云从的《天问图》。且不仅是《天问》，像楚辞中的《九歌》《卜居》《渔父》等，亦或为后世画家钟爱的画题。结合古

---

① 廖平：《楚辞讲义》第九课，成都：四川存古书局刊六译馆丛书本，1915年。
② 郭沫若：《天问解题》，《屈原赋今译》，北京：人民文学出版社，1953年，第85页。
③ 徐英：《楚辞札记》，南京：钟山书局，1935年，第83页。
④ 姚小鸥，孟祥笑：《〈天问〉文体与屈原"呵壁"说再检讨》，《学术界》，2015年第7期。
⑤ 胡文英：《屈骚指掌》，北京：北京古籍出版社，1979年，第79页。
⑥ 高秋凤：《〈天问〉研究》，《古典诗歌研究汇刊》第四辑，新北市：花木兰文化出版社，2008年，第43页。
⑦ 参孙作云：《天问研究》，北京：中华书局，1989年，第52页。林庚《〈天问〉论笺》，北京：人民文学出版社，1983年，第1页。路百占《〈天问〉发微》，《许昌师专学报》（社会科学版），1989年第2期。
⑧ 陈子展《〈天问〉解题》，《复旦学报》（社会科学版），1980年第5期。徐英《楚辞札记》，南京：钟山书局，1935年，第85—87页。
⑨ 李学勤主编：《清华大学藏战国竹简（壹）》，上海：中西书局，2010年，第180—181页。

代制度与考古发现,我们得知早期中国中出现有一些图像,便可作为对此问题考证的参考,以证文献中《天问》为呵壁之说具有可信性。以下具体论之。

二、早期文献记载可证"呵壁说"可信

要对《天问》"呵壁说"可信与否进行说明,需要解决的问题实际两个:一是屈原所处的战国时期是否有如此宏大的壁画;二是如何看待"文义不次序"(张硕城语。)搜集整合文献,我们发现不仅是屈原所处的战国时期有关于图像制作的记载,且在早于屈原和屈赋诞生之前的三代时期,已经有成熟的图绘技术,这足以证明屈原《天问》"呵壁"而作的可能性。此外,"文义不次序"的情况,亦当与"呵壁"相关。

今人温肇桐通过对"白蜺婴茀,胡为此堂?""女娲有体,孰制匠之?"等《天问》记载的分析,认为"王逸《〈天问〉序》说屈原'仰见图画',是可以相信的"①。在我们看来,屈原《天问》为呵壁之作可信。通过对早期文献记载的整理和排查,即可知先秦之时存有图像叙事的现象,这也是《天问》呵壁说可备参考的文献证据。

第一,《左传》有记载夏初建国有禹铸九鼎之事。《左传》宣公三年称:"昔夏之方有德也,远方图物,贡金九牧。铸鼎象物,百物而为之备,使民知神奸。"②记载夏代初年,统治者将远方图物绘制于青铜鼎上,是知夏时即已经有通过图像叙事的现象存在。有学者认为《左传》之言是说:"早在遥远的夏代,统治阶级便将图像刻铸于青铜器之上,用来对臣民进行劝诫教化。"③表现出这一时期的图像还具有劝诫教化的功能。夏初"铸鼎象物"的传说流传甚广。毕沅在《山海经新校正序》中说《山海经》:"《海外经》四篇、《海内经》四篇,周秦所述也。禹铸鼎象物,使民知神奸。案其文有国名,有山川,有神灵奇怪之所际,是鼎所图也。"④清人阮元亦称:"禹鼎不可见,今《山海经》或其遗象欤?"⑤鼎亡于秦,故其先秦时人尤能说其图以著于册。这就说明仅按《山海经》来说,先贤认为成文之《山海经》晚于成图之《山海图》,《山海经》文本是鼎亡图亡之后,先秦时人描摹鼎图而作。以《天问》成书看,《山海经》亦当"呵图"之作。尽管《山海经》是否为九鼎消失之后方才出现还有待商榷,但经考古发现的三代青铜器上多有珍奇异物神怪图像,而殷商甲骨卜辞中也有《山海经》相关文本的存在,可证《山海经》存有缘图而作的可能。沈钦韩《山海经补注》说:"今《山海经·海内》《大荒》等篇,即后人录夏鼎之文也。"结合今日之考古发

---

① 温肇桐:《屈原〈天问〉与楚国壁画》,《江汉论坛》,1980年第6期。
② 杜预注,孔颖达等正义:《春秋左传正义》,《十三经注疏》,上海:上海古籍出版社,1997年,第1868页。
③ 何继恒:《论〈天问〉文学与图像的关系》,《云梦学刊》,2018年第2期。
④ 毕沅:《〈山海经新校正〉序》,《山海经集释》,成都:巴蜀书社,2019年,第567页。
⑤ 阮元:《刻山海经笺疏序》,《山海经笺疏》,北京:中国致公出版社,2016年,第6页。

现,夏鼎有《山海经》文本的记载当非真实,但确能证实前人多认为禹鼎有图像,且是《山海经》文本出现的参照。另据《吕氏春秋·先识》篇载:"夏太史终古见桀迷惑,载其图法奔商。"① 亦可知先秦时期有图像文本的存在,这是夏时期的证据。

第二,文献中亦有关于商王朝时期庙堂图像绘画的记载。如《墨子》载:"纣为鹿台糟邱,酒池肉林,宫墙文画,雕琢刻镂。"② 写及殷纣王时期众所周知的鹿台糟邱、酒池肉林,也言及宫墙图画。宫墙图画就说明商代宫室、宫祠上绘有图画。另外,《吕氏春秋·谕大》篇引《商书》曰:"五世之庙,可以观怪。"也是说商代用以祭祀的祠庙中绘画有神怪之物。这一现象的存在,说明不仅是屈原所处的楚国、屈原所处的战国时期的先王之庙与公卿祠堂中有墙壁之画是可能的,且早在屈原之前一千多年的商代,祠庙绘图之俗已经形成。汤炳正先生也指出:"据此说,似绘怪物于庙壁,其来久远。"③ 先生之说可信,因为至少在商时期,便可见这一现象。据 1975 年安阳殷墟发掘报告可知,在 1949 年前发掘过的殷商宫殿基址 C 区南边缘相距 50 米处,考古出土有壁画残块。报告称:"在一块残长 22 厘米、宽 13 厘米、厚 7 厘米涂有白灰面的墙皮上发现绘有红色花纹和黑圆点。残片上的纹饰似由对称图案组成,线条较粗,转角圆钝,应是主题中的辅助花纹。"④ 尽管该壁画图像属于殷商建筑物的附属部分,但它存在的装饰作用及美化功能,既是对这一时期人类掌握绘画形式的说明,也无疑是对文献的印证。且据最新考古发现,在距今四千三百年至一千九百年间的陶寺遗址中也发现有壁画,可证文献记载自有来源。

第三,文献中亦有周代图像的有关记载。如《淮南子·主术训》篇曰:"文王周观得失,遍览是非,尧舜所以昌,桀纣所以亡者,皆著于明堂。"高诱注说:"著,犹图也。"是说周初文王之时(距今 3600 年前),周人明堂中亦图画有前朝君王成败之图像。言"观",亦可证明堂之上绘有图像。言尧舜桀纣之事,则说明此时明堂之图像即有与汉画像描述相同的图画。这是对周文王时期图像的记载。此外,《论语·八佾》云:"子入太庙,每事问。"⑤ 子入太庙,所问何事? 刘宝楠《正义》说:"事谓牺牲服器及礼仪诸事也。"伏俊琏先生认为孔子所问,当不只这些。他说:"周公庙中应当有诸多壁画,这也是孔子问的范围。"⑥ 我们认为此说正确,且有夏商时期的图像作为证据。此外,《孔子家语》卷三"观周"条文献也载:"孔子观乎明堂,睹四门墉有尧舜之容,桀纣之象,而各有善恶之状,兴废之诫焉。又有周公相成王抱之负斧扆南面以朝诸侯之图焉。孔子徘徊而望之,谓从者曰:此周之

---

① 许维遹:《吕氏春秋集释》,北京:北京市中国书店,1985 年,第 24 页。
② 孙诒让:《墨子间诂》附《墨子佚文》,上海:世界书局,1935 年,第 9 页。
③ 汤炳正:《楚辞类稿》,成都:巴蜀书社,1988 年,第 272 页。
④ 中国科学院考古研究所安阳发掘队:《1975 年安阳殷墟的新发现》,《考古》,1976 年第 4 期。
⑤ 何晏等注,邢昺疏:《论语注疏》,上海:上海古籍出版社,1997 年,第 2467 页。
⑥ 伏俊琏:《上古时期的看图讲诵与变文的起源》,《敦煌文学文献丛考》,北京:中华书局,2011 年,第 24 页。

所盛也。"① 又云："独周公有大勋,劳于天下,乃绘像于明堂。" 就《孔子家语》的文献真伪看,在过去一段时间多被疑为伪书。但据1973年河北定县八角廊汉墓和1977年安徽阜阳汉墓出土有与《孔子家语》内容形式相关的书,李学勤先生认为出土文献为《家语》的祖本②,伏俊琏先生则说:"可知《孔子家语》最晚到西汉前期已经流行,因而今传《家语》所记史事大都可信。"③ 说明无论是周初文王周公之时,或春秋孔子之时,于明堂祠庙绘画前朝兴亡之事,已经是普遍存在的现象。据《周礼·考工记》载,明堂"五室"④,即古寝庙之制。可推古代寝庙明堂皆有殿堂壁画,那么楚国宗庙祠堂自然不是例外。

且据诸子文献,也可知周时图画之技艺已然成熟。如《庄子·田子方》记录了一个画史"解衣磅礴"之事,其文曰:"宋元君将画图,众史皆至,受揖而立,舐笔和墨,在外者半。有一史后至者,儃儃然不趋,受揖不立,因之舍。公使人视之,则解衣盘礴,裸袖握管。君曰:'可矣,是真画者也。'" 这是当时艺术家画技熟练的表现,而将画师称作"史",也说明早期中国史官职掌之复杂。此外,《韩非子·外储说左上》写有齐王和客就画犬马与画鬼魅难易问题的对话以及客为周君画筴的故事。《新语·杂事》则记载了叶公好龙,"门亭轩牖,皆画龙形",皆可证周人创作壁画的技艺已然成熟。此皆当时之技术,亦可旁证楚国庙堂有壁画。

此外,周代出土文献中的记载亦可作为旁证。郭沫若《矢毁铭考释》说周初铜器《矢毁》上有铭文,记录着周初图画之事。郭沫若考证周初彝器铭文说:"隹四月辰在丁未,□□武王、成王伐商图,遂省东国图。" 郭沫若指出:"两图字当即图绘之图。古代庙堂中每有壁画,此所画内容为武王、成王二代伐商并巡省东国时事。"⑤ 另外,周厉王时《善夫山鼎铭文》曰:"隹卅又七正月初吉庚戌,王在周,各(格)图室。" 宣王时《无专鼎铭文》:"隹九月既望甲戌,王各于周庙,述(遂)图室。" 据曲英杰《西周王庙考》指出金文常见的"大室",因中有先王先公图像,故又称"图室"⑥ 可见在传世文献与出土文献的记载中,自周初文王武王时期、周公成王时期,甚至是春秋战国时期,皆有绘图于明堂的现象。

第四,秦祚短暂,但汉时之宫祠图像,见于文献记载。汉代王延寿《鲁灵光殿赋》称:"图画天地,品类群生,杂物奇怪,山神海灵,写载其状,托之丹青。千变万化,事各缪形,

---

① 伏俊琏:《上古时期的看图讲诵与变文的起源》,《敦煌文学文献丛考》,北京:中华书局,2011年,第24页。
② 李学勤:《简帛佚籍与学术史》,台北:台湾时报文化出版企业有限公司,1994年,第9页。
③ 伏俊琏:《上古时期的看图讲诵与变文的起源》,《敦煌文学文献丛考》,北京:中华书局,2011年,第24页。
④ 郑玄注,贾公彦疏:《周礼注疏》,《十三经注疏》,上海:上海古籍出版社,1997年,第928页。
⑤ 郭沫若:《文史论集》,北京:人民出版社,1961年,第308—309页。
⑥ 曲英杰:《西周史论文集》,西安:陕西人民教育出版社,1993年。

随色象类,曲得其情。"① 通篇自天地而下,涉及对珍奇异兽、三皇五帝、忠臣孝子、烈士贞女的描述,与楚辞《天问》所对之宫祠壁画场面相当。且尽管王延寿为东汉时人,但《鲁灵光殿赋》是描绘汉景帝时鲁恭王宫殿图像,作图时为西汉,据楚国覆灭或楚汉战争未远。由此可知汉时宫祠图像制作当是对前朝的继承。另外,《后汉书·西南夷传》称:"是时,郡尉府舍,皆有雕饰,画山神海灵,奇禽异兽,以眩耀之。"② 于此可见当时墙壁绘画之一斑。而由汉代壁画之壮观,我们亦可推知先秦壁画之大概。

要之,无论是文献中对《天问》成书于屈原"呵壁"的记载,抑或文献中关于夏商周三代的图像记载,皆表明屈原"呵壁"之说有历史的真实性。萧云从在《画〈天问图〉总序》中说:"画家之工于堵壁,其楚先王之庙之遗乎? 古者尸居监观,以为天道人事之正,象物而动,神禹铸鼎,文周勒钟,其来远矣。"③ 指出《天问》的诞生与楚先王庙堂壁画图像间存有关联,是源图而作。且自夏禹至周,图像绵延不绝,可谓对文献记载证据的最好总结。

三、以楚汉画像结构为例谈呵壁之说

作为屈原创作的一首长篇诗,《天问》通篇提问,以一问到底的方式谈及宇宙天体、神话传说、历史故事等前后172问,成为《楚辞》中最为复杂的篇章。且由于《天问》文本在流传过程中或有佚散错简之嫌,故更加增加了后人理解《天问》的难度。前文已证三代有图像作品,且多于宫室宗庙所见,其上所绘内容与《天问》相似,这就提供给我们理解《天问》的材料。如若从早期图像结构入手,我们能够对此观点再做证明。

(一)出土楚汉时期墓葬及祠堂图像结构

春秋战国之后,秦统一六国,一匡天下。但由于秦祚极短,且之后汉承秦制,而汉朝统治者又以楚人为主。因此,汉画像中的图像表达结构至少在逻辑上可说是对楚地图像的继承,故可用以研究战国楚地的《天问》图像。清人丁晏于《楚辞天问笺》也说:"壁之有画,汉世犹然。汉鲁殿石壁,及文翁《礼殿图》,皆有先贤画像。武梁祠堂有伏羲、祝融、夏桀诸人之像。《汉书·成帝纪》甲观画堂画九子母,《霍光传》有《周公负成王朝诸侯图》,《叙传》有《纣醉踞妲己图》,《后汉书·宋宏传》有屏风画《列女图》,《王景传》有《山海经》《禹贡》图。古画皆征诸实事。"这是对汉时有壁画的记载。另据魏时曹植《画赞序》说:"观画者见三皇五帝,莫不养戴;见三季暴主,莫不悲惋"等记载,可知汉世有画,于魏犹存。武梁祠即是汉代画像的代表,以武梁祠画像图像结构为例,我们可一窥《天问》图像之大概。

武梁祠位于山东省嘉祥县纸坊镇,是东汉晚期的家族祠堂遗存,于公元151年建立。

---

① 赵逵夫主编:《历代赋评注(汉代卷)》,成都:巴蜀书社,2002年。
② 范晔撰,李贤等注:《后汉书》,北京:中华书局,1965年。
③ 萧云从:《离骚图》,《楚辞文献集成第29册》,扬州:广陵书社,2008年,第20623页。

武梁祠祠内墙壁及屋顶中装饰有大量完整精美的画像,是具有代表性的汉代画像石。这些画像包括男女众人、神怪精灵、祥瑞之类,成为学界研究汉画像的重要参考材料,具有极高的艺术价值和画像意义。对武梁祠画像的关注,始于宋代,但宋代金石学家也仅仅是将其录入图籍,未做深入研究。1786年,清代学者黄易建立了一座保管室,来安置挖掘出的武梁祠画像石。这次行动也被今日学者称为"中国历史上第一次有计划的考古发掘"①。1936年,容庚出版黄易所拓《汉武梁祠画像录》,为后人研究武梁祠提供了便利。到了1989年,巫鸿《武梁祠》一书被费慰梅视作为武梁祠建立起的一座"新的'保管室'"②。统观巫鸿《武梁祠》一书,其中包含了作者对武梁祠相关资料的搜集整合,以及针对这些材料的创造性发现和发明。尤其是对武梁祠图像的全方位讨论,有助于我们今日之研究。具体来看,巫鸿在前人黄易、冯云鹏、关野贞、费慰梅等学者研究武梁祠原貌的基础之上,揭示出此地有武梁祠、左石室、前石室以及第四石室。在复原的基础上,巫鸿对武梁祠画像石做了系统的分析,他认为武梁祠宇宙之图像可分为三个部分,即屋顶的上天征兆、山墙的神仙世界、墙壁的人类历史。以实物的形式表现出对《鲁灵光殿赋》"图画天地"现象的印证。如屋顶的上天征兆,即世人所说的"祥瑞石一"和"祥瑞石二",尽管受到损坏,但尚能确认出24个祥瑞图像,据巫鸿先生考证,其中有麒麟、黄龙、白虎、六足兽、比翼鸟、比目鱼等图像。而山墙的神仙世界则以刻于西壁的西王母及东壁的东王公为核心。墙壁的人物历史的上部则包括自伏羲女娲起的十一位古帝王、七位烈女、十七个孝子故事。"所有动态较大的人物和动物无一例外地向右边运动。一些加重的'强音',他们突出了整体画面的动势。"③下部为对刺客、忠臣等事迹的描刻。整体来讲,武梁祠整体图像是对汉代史学观的展示。也就是说,武梁祠是通过东汉美术展现出的汉人宇宙观,屋顶、山墙、墙壁代表着天界、仙界、人间。尤其是对历史人物的图像表达,在巫鸿来看,这与汉时司马迁《史记》设《本纪》《世家》《列传》的归类标准极为相似,表现出这种结构是时人共认的层次结构。由于汉人统治者以楚人为主,故这种思想观念极有可能是对楚人风俗习惯的继承。

  如若因武梁祠汉画像是东汉时期的图像遗存而不以为然,那么我们再取西汉帛画为例,谈汉代墓葬及宫祠图像结构。1972—1974年,湖南长沙马王堆汉墓出土有5幅帛画,为西汉时期(公元前2世纪)的作品。尤其是1号墓出土的帛画,被称作"非衣"。帛画整体结构也分为三层,分别是天界、死者及侍从和祭祀死者、阴间。天界以人首蛇身神和日月图像为主,中部死者则是对人间社会的写照,阴间则以鸱龟等神怪动物为主。另外,山东临沂金雀山还出土有一件公元2世纪早期的帛画,亦有金乌蟾蜍表现的日月作为天界、

---

① [美]巫鸿:《武梁祠》,北京:三联书店,2006年,第12页。
② [美]巫鸿:《武梁祠》,北京:三联书店,2006年,第3页。
③ [美]巫鸿:《武梁祠》,北京:三联书店,2006年,第3页。

舞蹈悼念和劳作表现的人间、神怪表现的阴间，展示出时人的思想观念。

更往前溯，则是屈原所处时地的楚国画像。或由于楚地祠堂的制作材料与汉画像石有别，或是由于后人的破坏等因素，目前我们尚未见到楚国宗祠壁画，但不能说有着三代文献记载以及两汉实物证据的祠堂壁画于楚地不存在。俞剑华在《中国壁画》中说："战国楚国的先王庙里和公卿祠堂里，也画有天地山川神灵琦玮僪佹以及古贤圣怪物行事的壁画。这虽然是王逸的推想，楚先王庙里，有没有这些壁画，并无确实根据。但是楚国绘画很发达，在长沙最近发现的楚国墓里的漆器和一张绘画史上最古帛画①，就可以证明，先王庙里有壁画是很可能的。"②楚地墓葬中出土的图像，以《凤夔人物帛画》（BC300）和《御龙人物帛画》（战国中晚期）最为著名。由于二图作时与屈原生活时间一致，故可一窥屈原时代楚地的图绘技艺。据学者考证，二幅帛画为引导死者"灵魂升天"的铭旌，与西汉马王堆非衣性质相同。就图像结构来看，也包括龙凤、人物等，造型简洁生动，用色讲究，画面和谐。可知屈原时代楚地图绘技艺之成熟。郭宝钧说："今观长沙楚墓发掘，信阳楚墓发掘，所出的漆器之绚美，绢帛之旖旎，如果用它把住室装饰起来，应真个是富丽堂皇，令人心惊目眩。楚人有此工巧及珍贵的物质资料，他们岂能只为填充幽宫，而不用以装潢住室，丹漆楹楣么？"③

以此可见，无论屈原《天问》"呵壁"之楚先王公卿祠堂以画像石为主要材质，抑或以图画墙壁为主要方式，我们通过考古发现皆可证明古人不仅有装饰房屋祠堂之能力，且有装饰之习惯。因此，除了为屈原"呵壁说"可信再添证据之外，楚汉墓葬及祠堂图绘结构等亦可使我们对《天问》文本有新的认识。

（二）《天问》文本结构

关于《天问》的段落划分结构，楚辞研究学者的看法不一。统计来看，至少有二分法、三分法、四分法、五分法等四种。二分法如马其昶，将《天问》分为天地山川和人事往古两部分。④梁启超从神话角度入手，分《天问》为宇宙开辟神话和历史神话两部分。⑤三分法源于明人李陈玉《楚辞笺注》："《天问》当分作三大段，自'曰遂古之初'起，至'曜灵安臧'止为上段，共四十四句，是问天上事许多不可解处。自'不任汩鸿'至'乌焉解羽'止，共六十八句为中一段，是问地上事许多不可解处。自'禹之力献功'起，至末'忠名弥彰'止，共二百六十一句为后一段，是问人间事许多不可解处。"而后刘桂荣也将《天

---

① 图集1949年湖南长沙楚墓出土的《凤夔人物帛画》，与1973年长沙子弹库楚墓出土的《御龙人物帛画》。
② 俞剑华：《中国壁画》，北京：中国古典艺术出版社，1950年。
③ 郭宝钧：《中国青铜器时代》，北京：三联书店，1963年，第140页。
④ 马其昶：《屈赋微》，《续修四库全书集部楚辞类》，影印清光绪三十二年集虚草堂刻本，第671页。
⑤ 梁启超：《饮冰室合集》，北京：中华书局，1988年，第49—69页。

问》分为自然现象、人类历史、楚国现实这三个部分。① 四分法则如陈子展,将《天问》分为宇宙起源、自然现象、古史神话、楚国之事,以此以"曜灵安藏""乌焉解羽""薄暮雷电"划分。② 五分法如苏雪林,将《天问》分为"天文、地理、神话各四十四句,夏、商、周三代历史各七十二句,乱辞二十四句",也就是天文、地理、神话、历史和乱辞。③ 而温肇桐将《天问》分为自然界、夏禹治水、夏末与商朝的兴亡、西周史、春秋战国之事五部分。④ 刘兆伟则将《天问》分成谈天、谈地、谈神怪、谈人事历史、谈楚事五个部分。⑤ 可以看出,无论是二分法、三分法、四分法、五分法,学界对《天问》的结构划分,是基于对《天问》文本内容的认识基础上开展的研究。但统观前人对《天问》的结构划分,具体分成自然和人事两部分是没有问题的,而进一步分成天地人或夏商周楚,则是对自然与人事的细致划分。

在我们看来,尽管各家就《天问》段落的划分不一,但总体认识却基本一致,即《天问》文本具有一定的结构性。若结合楚汉出土图像是按照宇宙天体、神话传说和历史兴亡进行归类划分的现象,我们认为,将《天问》文本大体归于三类,是没有问题的。第一部分即对远古时期自然界的描绘。如经温肇桐考证的"白蜺婴茀,胡为此堂?"⑥ 以及《天问》开篇"遂古之初,谁传道之? 上下未形,何由考之""冥昭瞢闇,谁能极之? 冯翼惟象,何以识之""圜则九重,孰营度之""斡维焉系,天极焉加? 八柱何当,东南何亏""日月安属? 列星安陈"等,皆可视作是楚祠堂对自然界(即天界)现象的描绘。第二部分即神怪世界。在《天问》中的表现如"昆仑悬圃,其尻安在? 增城九重,其高几里?""日安不到? 烛龙何照? 羲和之未扬,若华何光?""雄虺九首,儵忽焉在?"等。第三部分则为神话历史故事"登立为帝,孰道尚之? 女娲有体,孰制匠之?""尧不姚告,二女何亲?""舜闵在家,父何以鳏?""鸱龟曳衔,鲧何听焉? 顺欲成功,帝何刑焉? 永遏在羽山,夫何三年不施? 伯禹愎鲧,夫何以变化? 纂就前绪,遂成考功。""启代益作后,卒然离蠥。""启棘宾商,九辩九歌。何勤子屠母,而死分竟地?""羿焉彃日? 乌焉解羽?""桀伐蒙山,何所得焉? 妹嬉何肆,汤何殛焉?""简狄在台,喾何宜? 玄鸟致贻,女何喜?""汤谋易旅,何以厚之?""稷维元子,帝何竺之? 投之于冰上,鸟何燠之?"等等,皆是屈原就壁画历史人物所发之问。

综上所述,无论是楚汉墓葬中反映的天人观念或汉代祠堂中的上天征兆、神仙世界、

---

① 刘桂荣:《"伯强何处"与"伯林雉经"辨析:依据结构解读〈天问〉》,《山西师大学报》,2010 年第 1 期。
② 陈子展:《楚辞直解》,南京:江苏古籍出版社,1988 年,第 122—156 页。
③ 苏雪林:《天问正简》,武汉:武汉大学出版社,2007 年,第 294 页。
④ 温肇桐:《屈原〈天问〉与楚国壁画》,《江汉论坛》,1980 年第 6 期。
⑤ 刘兆伟:《〈天问〉的结构与析义》,《锦州师院学报》,1983 年第 1 期。
⑥ 温肇桐:《屈原〈天问〉与楚国壁画》,《江汉论坛》,1980 年第 6 期。

人类历史的结构,通过我们对《天问》文本的分析,可知二者具有一定的相似性。《天问》据逸序记载,是由屈原"呵壁"而来,《天问》内容有对自然现象及天地生成的发问,亦有对神怪世界和仙界的描述,也有对人间神话和历史故事的表达。由此可见,无论是早期文本对三代图像及宫室祠堂壁画图像现象的记载,抑或出土早期祠堂图像的存在,都证明屈原生活的战国末期楚王室亦当有绘画祠堂的可能,且《天问》文本本身结构能够与楚汉祠堂墓葬壁画结构相对应。因此,我们至少可以得出结论:屈原"呵壁"之说不能轻易否定;祠堂尽管空间小,但也能够"图画天地";楚先王公卿祠堂的形制及图像方位,我们也可有所认识。即屋顶为自然界图像、山墙为神怪仙界图像,墙壁或分层为人类神话和历史故事的描绘。当然,本文也只是通过出土早期图像对《天问》结构的分析而产生的一点推测,相信今后的考古发现会对这一推测的正确与否再做验证。

屈原《橘颂》作于三闾大夫时期考

山东师范大学　张世磊

屈原《橘颂》作为我国早期文人咏物诗,在文学史上的地位是重要的。但就是这样一篇重要的颂诗,时至今日,限于文献资料的匮乏,对于其创作时间、作品性质等问题,仍没有达成共识。结合上博简《桐颂》与郭店楚墓漆耳杯铭文,并联系《橘颂》文本内容,我们以为《橘颂》当作于屈原任三闾大夫时期,是为教育贵族子弟而创作的一篇颂物象志诗。

一、《橘颂》作时争议简述

《橘颂》收在《九章》中,王逸在《楚辞章句·九章序》中说:"《九章》者,屈原之所作也。屈原放于江南之野,思君念国,忧心罔极,故复作《九章》。"① 率先提出了《九章》作于江南说,屈原放逐江南是在楚顷襄王时期,显然在王逸看来,《橘颂》是作于楚顷襄王时期。王逸此说得到后世不少学者的认同,也有学者提出不同的认识,如此一来,有关《橘颂》作时的问题,成为楚辞研究讨论的一个热点。

如清人蒋骥认为:"(《橘颂》)作文之时不可考,然玩卒章之语,愀然有不终永年之意焉,殆亦近死之音矣。"② 蒋骥将《橘颂》看作是屈原将死之作。姚鼐认为:"鼐疑此篇伺在怀王朝初被谗时所作,故首言'后皇',末言'年岁虽少',与《涉江》年既老之时异矣。"③ 姚鼐则将《橘颂》的创作时间定在初被谗时。吴汝纶认为:"此篇(《橘颂》)疑屈子少作,故有幼志及'年岁虽少'之语,未必已被谗也。"④

到了当代,学者们将《橘颂》的创作时间论证得更加具体,游国恩先生认为:"《橘颂》写作的时代表面上是看不出的,从'生南国兮'一语看来,似乎这橘树就是屈原在江南途中所见。所以《橘颂》这篇短短的咏物诗也很可能是再放时所作。"⑤ 汤炳正先生认为"(《橘颂》)作品当写于顷襄王元年屈原遭谗被流放而犹未启行时"⑥,赵逵夫先生则说:"我以为这是屈原行冠礼时所作,具体时间,应在公元前334年(屈原生于公元前353年,

---

① 洪兴祖:《楚辞补注》,北京:中华书局,1983年,第121页。
② 蒋骥:《山带阁注楚辞》,上海:上海古籍出版社,1984年,第139页。
③ 姚鼐、王先谦编:《古文辞类纂》,杭州:浙江古籍出版社,1998年,第231页。
④ 见李诚、熊良智主编:《楚辞评论集览》,武汉:湖北教育出版社,2003年,第454页。
⑤ 游国恩:《楚辞论文集》(下卷),上海:古典文学出版社,1957年,第300页。
⑥ 汤炳正等注:《楚辞今注》,上海:上海古籍出版社,2012年,第167页。

即楚宣王十七年)。"① 由此不难看出,有关《橘颂》创作时间问题目前尚未达成一致认识,且争议比较大。

我们以为《橘颂》作于屈原首次被疏任三闾大夫一职时期。依王逸所说,"三闾之职,掌王族三姓,曰昭、屈、景。屈原序其谱属,率其贤良,以厉国士"②,《橘颂》应是屈原为教育国士而创作的咏物颂,目的在于使国士效法,以笃其志。同时又有屈原被小人谗害后,向楚怀王表一己忠贞的意味。

二、出土文献与《橘颂》作时新论

进入21世纪以来,上海博物馆藏战国楚简的释文陆续出版,在第八册中,有几篇文学色彩较强的文献,即《李颂》《兰赋》《有皇将起》和《鹠鷅》。其中在《有皇将起》篇的说明中,整理者曹锦炎指出:"从内容看,诗人系楚国上层知识分子,因担任教育贵族子弟的保傅之职,有感而作。作者'惟余教保子',希望'思游于爱','能与余相惠'。"③ 若依曹先生之说,那么上博简这些文献的主人是一位保傅,即贵族子弟的老师。可惜的是上博简并非来自考古发掘,而是购买于香港文物市场,对于诗篇主人保傅的身份,得不到其他相关文物材料的辅助证明。

根据马承源先生的介绍:"由于这些竹简是劫余截归之物,出土的时、地已经无法知道,当时传闻来自湖北"④。可知,上博简来自盗墓,而地点则指向湖北。巧合的是,就在上博简出现的前几个月,荆门郭店一号墓开始正式考古发掘,并出土了很多竹简,根据《荆门郭店一号楚墓》一文的介绍:"1993年8月23日,郭店一号墓被盗掘至椁板。10月中旬该墓再次被盗,盗墓者挖出已回填的泥土,在椁盖板东南角(头箱南端)锯开0.4米×0.5米的长方形洞,并撬开边箱,盗取文物,致使墓内器物残损、混乱,雨泥浸入椁室内。"⑤ 这表明郭店一号楚墓在正式发掘之前,已经遭到两次严重偷盗,文物丢失严重。李学勤先生曾介绍说"(郭店一号楚墓)竹书原置放在头箱中,一部分被盗取,保留下来的经清理有804支"⑥。那么从香港文物市场购回的上博简是否就是被盗的郭店楚墓竹简呢?

裘锡圭先生在《新出土先秦文献与古史传说》一文中曾指出:

这批楚竹书(上博简)在1994年春出现在香港古玩市场上,出现时间距郭店一

---

① 赵逵夫:《谈〈橘颂〉的创作时间》,《文史知识》,1996年第3期。
② 洪兴祖:《楚辞补注》,北京:中华书局,1983年,第2页。
③ 马承源主编:《上海博物馆藏战国楚竹书》(八),上海:上海古籍出版社,2011年,第271页。
④ 马承源主编:《上海博物馆藏战国楚竹书》(一),上海:上海古籍出版社,2001年,第2页。
⑤ 湖北省荆门市博物馆:《荆门郭店一号楚墓》,《文物》,1997年第7期。
⑥ 李学勤:《荆门郭店楚简中的〈子思子〉》,《文物天地》,1998年第2期。

号墓的清理很近,可能是盗墓者获知郭店一号墓出简的消息之后,在临近地区的一个楚墓中盗掘出来的。这批竹书中并有两篇跟郭店墓所出竹书相重。看来两批竹书抄写的时间不会相距很远,上博简竹书也应是战国中期物。①

据此可知上博简是1994年春天出现在香港文物市场,而郭店楚墓被盗的时间是在1993年秋季,而且两者都属于战国中期楚简,还具有相同的篇章,并且上博简是盗简,而郭店楚墓竹简被盗,根据李学勤先生的介绍,被盗的头箱正是存放竹书的。这些很容易使人猜测上博简即是郭店一号楚墓被盗之简,即使这不能确定,但至少也应如裘锡圭先生所说,是在与郭店一号楚墓相近的一个墓中盗掘出来的。

根据《荆门郭店一号楚墓》一文的介绍,郭店一号楚墓还出土一只漆耳杯,杯底刻有铭文,荆门市博物馆释之为"东宫之杯",也有学者将之释为"东宫之师",如李学勤先生说:"郭店一号墓所出漆耳杯,有'东宫之币(师)'刻铭,看来墓主人曾任楚太子师傅。他兼习儒、道,是一位博通的学者,故藏有《老子》《子思子》等抄本,或即用为太子通读的教材。"②准此,则郭店简的墓主人可以确定是一位保傅。而凭上博简与郭店简之间如此紧密的关系,那么曹锦炎先生在上博简《有皇将起》说明中所指出的作者很可能是一位教育贵族子弟的保傅,便多了一个强有力的佐证。上博简的主人也应是一位保傅,或其与郭店简同属于一位主人,也极有可能。

值得庆幸的是,《上博简》中有一篇与《橘颂》非常相似的作品,整理者题为《李颂》,不少研究者根据其文本内容认为应题为《桐颂》。《桐颂》一文不论是在内容上还是艺术形式上和屈原《橘颂》都很相似。如在文本体征上,二者句式大致皆为四言,每一句的后半句末用"兮"字,形式固定。如《桐颂》"相吾官树,桐且怡兮。断外置中,众木之纪兮",《橘颂》"后皇嘉树,橘徕服兮。受命不迁,生南国兮"。二者皆用韵,且用韵方式近似,大致每两句用一韵。如下所示:

《桐颂》	《橘颂》
相吾官树,桐且怡兮。	后皇嘉树,橘徕服兮。
断外置中,众木之纪兮。(之部)	受命不迁,生南国兮。(职部)
寒冬之旨沧,燥其方落兮。	深固难徙,更一志兮。
鹏鸟之所集,俟时而作兮。(铎部)	绿叶素荣,纷其可喜兮。(之部)
木斯独生,榛棘之间兮。	曾枝剡棘,圆果抟兮。

---

① 裘锡圭:《中国出土文献十讲》,上海:复旦大学出版社,2004年,第19页。
② 李学勤:《荆门郭店楚简中的〈子思子〉》,《文物天地》,1998年第2期。

互植兼成,今欠其不还兮。(元部) 青黄杂糅,文章烂兮。(元部)
…………① …………②

从内容上看,二者题材相同,都是咏物诗,皆赞美所咏之物的美好品质。《桐颂》赞美梧桐的形象及其品质;《橘颂》赞颂了橘树的形象及品质。而且二者文中还有非常相像的文句,如《桐颂》"深利终逗,夸其不贰兮"与《橘颂》"深固难徙,更壹志兮";《桐颂》"乱木曾枝"与《橘颂》"曾枝剡棘"。这表明在屈原之前,楚地已存在一种与《橘颂》相类似的诗歌文体。

与《橘颂》不同的是,《桐颂》篇后还有一些评点式的文字,"氐古圣人兼此,和物以李人情。人因其情,则乐其事,远其情……"③意思是说以前圣人教育子弟也是这样的,用物之善性比人之善性,使人效仿。这里"因"和"远"的意思应是相对的,即是"效"与"不效",而"效法"与"不效法"定然是两种不同的结果,虽然"远其情"后出现简白,但可以推想得到。

由此我们以为《桐颂》就是其主人创作的一篇教育贵族子弟的诗篇。曹锦炎先生在同为《上博简》(八)中的《有皇将起》一文的说明中所说的"诗人系楚国上层知识分子,因担任教育贵族子弟的保傅之职,有感而作",对于我们的这一推论是一个很好的佐证。

其实在传世文献中,也有关于楚国教育的记载。如《国语·楚语上》载楚庄王为教太子,找到太子傅士亹,士亹向申叔时请教如何傅太子。申叔时在论傅太子之道时说:

教之春秋,而为之耸善而抑恶焉,以戒劝其心;教之世,而为之昭明德而废幽昏焉,以休惧其动;教之诗,而为之导广显德,以耀明其志;教之礼,使知上下之则;教之乐,以疏其秽而镇其浮;教之令,使访物官;教之语,使明其德,而知先王之务用明德于民也;教之故志,使知废兴者而戒惧焉;教之"训典",使知族类,行比义焉。若是而不从,动而不悛,则文咏物以行之,求贤良以翼之。④

据此可见,申叔时向士亹推荐了很多书目,并介绍各种书籍在教育上的功用。这里我们更看重申叔时所说的最后那句话,"若是而不从,动而不悛,则文咏物以行之",即是说,如果这般教育,太子仍不听从,行动有错而不知悔改,那么师傅就要以诗文咏颂事物

---

① 马承源主编:《上海博物馆藏战国楚竹书》(八),上海:上海古籍出版社,2011年,第231页。
② 洪兴祖:《楚辞补注》,北京:中华书局,1983年,第153—154页。
③ 马承源主编:《上海博物馆藏战国楚竹书》(八),上海:上海古籍出版社,2011年,第245、246页。
④ 上海师范学院古籍整理组校点:《国语》,上海:上海古籍出版社,1978年,第528页。

来引导他。而申叔时的这句话与《桐颂》最后所言,"氏古圣人兼比,和物以李(理)人情。人因其情,则乐其事",意思是非常相近的。"和物以理人情"与"文咏物以行之",都是在讲通过咏颂美好的物象来树立榜样以引导人、规范人,这应是古代楚地流行的一种教育方式。

由此可以证明,《桐颂》就是通过咏颂桐树之美好品质,来引导学生学习,为他们树立一个榜样。那么与《桐颂》如此近似的《橘颂》,我们以为也应当是通过咏颂橘树来引导学生,从而希望他们养成美好的品质,《橘颂》应是为教育贵族子弟而作的一篇颂物象志诗。关键是屈原确实担任过教育贵族子弟的三闾大夫一职,并且在《离骚》中,屈原曾以"滋兰树蕙"来比喻自己教育子弟,因此,《橘颂》最有可能是屈原遭谗被贬为掌教育贵族子弟的三闾大夫一职时所作,其性质是一篇咏颂物象而明志的诗,这也能从《橘颂》篇章内容中得到证明。

三、《橘颂》文本中的一些内证

为了便于论说,现将《橘颂》全文转录如下:

> 后皇嘉树,橘徕服兮。受命不迁,生南国兮。
> 深固难徙,更一志兮。绿叶素荣,纷其可喜兮。
> 曾枝剡棘,圆果抟兮。青黄杂糅,文章烂兮。
> 精色内白,类可任兮。纷缊宜修,姱而不丑兮。
> 嗟尔幼志,有以异兮。独立不迁,岂不可喜兮?
> 深固难徙,廓其无求兮。苏世独立,横而不流兮。
> 闭心自慎,不终失过兮。秉德无私,参天地兮。
> 愿岁并谢,与长友兮。淑离不淫,梗其有理兮。
> 年岁虽少,可师长兮。行比伯夷,置以为像兮。①

阅读全文不难发现,屈原在《橘颂》中通篇写橘赞橘,而不是写自己,《橘颂》全篇没有第一人称"余""吾""朕"等称谓,而是用了"尔"或人称代词"其",这与《离骚》以及《九章》中的其他篇章都不同。

全诗以"纷缊宜修,姱而不丑兮"一句为界,可分为前后两部分,前一部分从正面写橘树,既赞美其"受命不迁,生南国兮。深固难徙,更一志兮"之内质禀性,又赞美其叶绿、花白、果圆、肉美;后一部分则将橘树拟人化,写其所具有的美好品质,如"独立不迁""横

---

① 洪兴祖:《楚辞补注》,北京:中华书局,1983年,第153—154页。

而不流""秉德无私""淑离不淫"等。那么屈原咏颂橘树,且写出其这么多美好品质做什么?

结合全诗最后两句"年岁虽少,可师长兮。行比伯夷,置以为像兮"来看,显然就是为给人树立一个学习、效仿的榜样,这两句也表明了此诗的写作意图,而且屈原所着重强调的,诸如"受命不迁""深固难徙""苏世独立""横而不流""秉德无私""淑离不淫",也正是他所坚持和践行的品质节操。因此从文本内容上看,将《橘颂》看作是屈原为教育贵族子弟而"文咏物以行之"的颂物象志诗,更符合《橘颂》的实际,所以《橘颂》的创作时间应在屈原担任教育贵族子弟的三闾大夫时期。

好谏而招忧、发愤以抒情

——也说《惜诵》"惜诵以致愍"兼及古文注释的若干原则

湖北大学文学院　何新文　邹福清

"惜诵以致愍兮,发愤以抒情",是《楚辞·九章·惜诵》开篇的名句,也是篇名的出处。历来对于"惜诵"以及"惜诵以致愍"诗句的不同解释多达二十余种。这种异说纷纭的情形已经影响到一般读者和研究者对于《惜诵》的题义、创作意图和主题的正确理解。因而,本文拟在梳理现有研究成果的基础之上再做一番深入考辨,以求得出对于《惜诵》诗题、主题有较为周全的解释。

一、当代《楚辞》选注及论著对于"惜诵"的不同解释

关于当代《楚辞》选注或研究论著对于"惜诵"一词及"惜诵以致愍"句意的解释,情况比较复杂。既有对于"惜""诵"及"致愍"等字词的不同理解,也有对于"惜诵"一词含义认知的差异,还有对于"惜诵以致愍兮"诗句的解释的分歧。现就笔者所见,先大致归纳学界对于"惜诵"一词的几种不同解释如下:

（一）释"惜诵"为"以悼惜的心情称述过去的事实"

这是较有代表性的一种解释。持此说者,当是参酌《说文解字》"惜,痛也"和戴震《屈原赋注》"诵者,言前事之称"诸说。解"惜"字为"悼惜""痛惜",释"诵"字为"称述"或"陈述往事"。马茂元《楚辞选》说:

"惜",是悼惜的意思,称述过去的事情叫作"诵"。"惜诵",是说以悼惜的心情来称述过去的事实。……"惜诵以致愍",以悼惜的心情,称述往事来表达忧苦之思。①

此后,解"惜"为"痛惜"者多。如陈子展《楚辞直解·惜诵解》说:

何为"惜诵"？旧注都不甚惬当,甚至注释错了。……只有洪兴祖、王夫之、蒋骥三说比较合适,尤以蒋说较为近是。鄙意"惜诵"之"惜",和《惜往日》之"惜"同义,

---

① 马茂元选注:《楚辞选》,北京:人民文学出版社,1953年,第119—120页。

有痛惜的意思；诵，有进言或论说的意思。①

陈子展先生只是将"诵"字解释为"进言"，而不强调"称述往事"。霍松林主编《辞赋大辞典》也说"惜诵，就是以沉痛悼惜的心情，来称述因直言进谏而遭谗被疏之事"②。直至21世纪初，仍有如文见贤撰《屈赋通释》谓"惜诵，是说以悼惜的心情来称述过去的事实"③，殷光熹著《楚辞注评》说"惜诵，以痛惜的心情陈述往事。惜，痛惜。诵，陈述"④。他们仍承袭着马茂元先生的说法。

（二）"惜诵"为悼惜地"诵读古训"

持此说者，据《国语》"矇诵"之文以及王夫之《楚辞通释》"诵"乃"诵古训以致谏"之说，以"诵"为"诵读古训"或在楚王左右"诵"谏的"官名"，因而解释"惜诵"为悼惜地"诵读古训以致谏"。如姜亮夫先生《屈原赋校注》说：

> 《周语》有瞍赋、矇诵之制，盖古之谏官也。古巫史实掌谏纳之事，屈子为怀王左徒，入则图议国事，出则应对诸侯，其职实与汉之太常宗正相类，故得自比于古之瞍矇也。言已悼惜，因古训以致谏。⑤

后来至80年代，姜亮夫先生在为全国高校教师"楚辞进修班"讲授《楚辞·九章·惜诵》时又说：

> 屈原降为三闾大夫，管楚宗亲三姓，有资格在楚王左右"诵"，所以此文叫《惜诵》，内容是教楚王做个好的君王。……这个"诵"不要当作动词，而应当名词，是官名。⑥

此后，如袁梅《屈原赋译注》和《屈原宋玉辞赋译注》均注释说："惜，悼惜。诵，'诵读古训以致谏'。意谓：回忆从前在朝之时，悼惜国事蜩螗，常常诵读古训以进忠谏，用来表达忧国忧民的赤心。"⑦

（三）"惜诵"是痛惜地"赋诗、作诗、作诵诗、诉讼"

持此说者力证所谓"诵"是"讼"或"诵诗、诗歌"等文体名，因而释"惜诵"为痛惜地

---

① 陈子展撰述：《楚辞直接》，南京：江苏古籍出版社，1988年，第546页。
② 霍松林主编：《辞赋大辞典》，南京：江苏古籍出版社，1996年，第618页。
③ 文见贤撰：《屈赋通释》，长沙：岳麓书社，2011年，第153页。
④ 殷光熹著：《殷光熹文集》，昆明：云南大学出版社，2015年，第152页。
⑤ 姜亮夫校注：《屈原赋校注》，北京：人民文学出版社，1957年，第376页。
⑥ 姜亮夫著：《楚辞今译讲录》，北京：北京出版社，1983年第2版，第82页。
⑦ 袁梅：《屈原赋译注》，济南：齐鲁社，1983年，第133页；又《屈原宋玉赋译注》，济南：齐鲁书社，2008年，第220页。

"赋诗、作诗、作诵诗、诉讼"等义。如蒋骥《山带阁注楚辞》谓：

> 惜，痛也。诵，公言之也，通作讼……《惜诵》，惜诉言不见察而作也。《史记·高后纪》"未敢讼言诛之"，《汉书》作"诵言"。古讼、诵相通。①

受蒋骥"讼、诵相通"说的影响，当代学者多有承之并扩而言之以"诵"为文体之名者。如潘啸龙1999年撰文指出："惜诵"是"以悼惜的心情赋诗"，"致愍"是"表达忧苦之思"②；潘啸龙又出版《楚辞导读》一书，仍坚持"诵"是"称述往事以谏的诗歌"，"惜诵"是"痛惜地进诵"③的观点。还有赵逵夫主编《历代赋评注》据《国语·楚语》"宴居有师工之诵"及韦昭注"诵谓箴谏"等，认为"惜诵"此处指"作诵诗"以痛切进谏，并详解"惜，悼惜、痛惜。诵，作诵诗以箴谏"④。

(四)《惜诵》"是喜欢谏诤的意思"

最早提出这种解释的是游国恩先生，其于1926年出版的《楚辞概论》第三编"屈原"第五章"九章"说"'惜诵'就是好谏的意思，(王逸解作'贪论'，殊觉不通；朱子谓是'爱惜其言'，更不成语)因为他欢喜谏诤，所以遭此忧愍。他可恨王听不聪，所以发誓以明自己所言之忠。"⑤后来，在发表于1953年6月15日《光明日报》的《屈原作品介绍》一文中，逐篇介绍屈原的23篇作品，也说《惜诵》是喜欢谏诤的意思"⑥。又，陆侃如等《楚辞选》注释《惜诵》也有类似的观点："惜是爱好，诵有谏义，惜诵即好谏。"⑦

然而，自20世纪六七十年代以后的三十余年间，游国恩先生这一颇具创意的解说似乎并没有引起学界的重视。现笔者所见较早征引者有金开诚等《屈原集校注》，该书重新介绍了游国恩先生的旧说，并认为戴震所主"以痛惜的心情叙述往事"和游国恩"《惜诵》就是好谏"的说法都可通，"二说可并存"⑧。聂石樵《楚辞新注》也以"喜好进谏"注释了"惜诵"一词⑨。

综合上述几类解释，我们得出以下几点认识：

第一，前面三类解释对于"惜""诵"及"致愍"之"致"等单字的解释，虽然差强人意，

---

① 蒋骥撰：《山带阁注楚辞》，上海：上海古籍出版社，1984年，第111、218页。
② 潘啸龙：《〈惜诵〉鉴赏》，《先秦汉魏六朝诗鉴赏辞典》，西安：三秦出版社，1999年，第317页。
③ 潘啸龙：《楚辞导读》，北京：中国国际广播出版社，2008年，第67页。
④ 赵逵夫主编：《历代赋评注》(先秦卷)，成都：巴蜀书社，2010年，第168、170页。
⑤ 游国恩：《楚辞概论》，《游国恩楚辞论著集》(三)，北京：中华书局，2008年，第102页。
⑥ 游国恩：《楚辞论文集》，上海：古典文学出版社，1957年，第297页。
⑦ 陆侃如、高亨、黄孝纾选注：《楚辞选》，上海：古典文学出版社，1956年，第48页。
⑧ 金开诚、董洪利、高路明：《屈原集校注》，北京：中华书局，1996年，第436页。
⑨ 聂石樵注：《楚辞新注》，北京：商务印书馆，2004年，第86页。

但仍有证据不足的改字之训和单文孤证之例,前者如以"惜"为"昔"乃改字之训且没有提供必要的论据,后者如以"诵"字为"陈述往事"也有单文孤证之嫌。

第二,若用这些单字的解释之义,串讲全句时仍有抵牾不合之处。例如,以"痛惜"之"惜"和"诵"并不能组成一个文从字顺的词,再加上把"致愍"之"致"不恰当地解释为"表达",而构成"以悼惜的心情称述往事来表达忧苦之思"的解说,不仅与下文"发愤以抒情"构成同义反复,其中以"悼惜"释"惜诵"之"惜"、以"言前事之称"释"惜诵"之"诵",均觉根据不足;若以"诵"字为"讼、诵诗、诗歌、官名"等文体或官职名称,解释"惜诵"为痛惜地"赋诗、作诗、作诵诗、诉讼"等,更有叠床架屋、语气不畅之病,如果不增添大量离开原文的字词则不能够使所注诗句一气贯通。

第三,相比较而言,上述三类解释中以赵逵夫先生之说比较接近原意,他既引《国语》"师工之诵"及韦昭注解释"诵"为"箴谏"之意,又以"招致忧患"解释"致愍"一词,都不为无据。遗憾的是,他又将此"箴谏"之"诵"转训为"作诵诗以痛切进谏",则似乎失之于深。说屈原是"作诵诗进谏",而且特别强调屈原是"痛切地"作诗进谏,从"惜诵"一词及"惜诵以致愍"之句以及已知屈原行事中找不到证据和令人信服的理由。

第四,笔者以为,由游国恩先生首倡的《惜诵》是喜欢谏诤"之说最具创意,也最接近原意。当代《楚辞》注释和研究者应该充分了解和运用这一成果,以获得对于《惜诵》题义及其主题的正确认识。

二、"惜诵以致愍"即"好谏而招忧"考辩

对于"惜诵以致愍"的解释,虽然自王逸《楚辞章句》把"惜、诵"二字解作"贪、论"之后,洪兴祖、朱熹、林云铭、蒋骥、戴震诸家均不取其说而各自注解;当代学者如陈子展、徐仁甫教授等又认为"旧注都不甚惬当"甚至"皆不可通"[①]。但是,如果今天的研究者能够突破已有的思维定式,另辟蹊径地回到屈原的时代和诗篇文本去探究思考,同时也注意吸取已有研究成果所给予的教训和启示,或许仍然可以找到新的答案。

(一)"惜诵"是"好谏、贪谏"之意

1. "惜"是"爱"或"爱惜、贪惜、爱好"之义。《说文解字》解释"惜"字,只列入"惜、痛也"[②]这一个义项,故古今学者多囿于许慎的这一解释而把"惜诵"之"惜"解为"痛"或"痛惜""悼惜""叹惜",明汪瑗《楚辞集解》、清林云铭《楚辞灯》、蒋骥《山带阁注楚辞》、戴震《屈原赋注》以及现当代的许多著名《楚辞》选本论著,莫不如此。

然而,古代"惜"字远不止"痛"这一义项。比如,古今诗文及民众口语中常常出现的

---

① 徐仁甫著:《古诗别解》,上海:古籍出版社,1984 年,第 34 页。
② 许慎撰:《说文解字》,北京:中华书局,1963 年,第 220 页。

"爱惜""珍惜""惜身""惜死""惜花""惜命""惜阴""惜玉怜香"之类的词语,就表明"惜"自最基本的含义就是"爱好""喜好""喜欢"。如《中文大辞典》所载"惜"字,首先解释为"痛",接着即有"哀""爱""贪""怜"等多个义项。其中"爱"的义项下,引《广雅·释诂一》曰"惜,爱也",又引《陈书·姚察传》"卿宜自惜"、《吕氏春秋·长利》"为天下惜死"及《注》"惜,爱也"①等佐证。在先秦秦汉以来的文献中,"惜"字也常常是"爱惜""珍惜""喜好"等义。例如:

  夫惜草茅者耗禾穗,惠盗贼者伤良民。(《韩非子·难二》)
  国士也,为天下惜死;子,不肖人也,不足爱也。(《吕氏春秋·长利》)
  《九章·怀沙》:"知死不可让,愿勿爱兮。"王逸注曰:"愿勿辞让,而自爱惜之也。"(《楚辞章句》卷四)
  汤死……上惜汤,稍迁其子安世。(《史记·酷吏列传》)
  身死有益于国,不敢自惜;臣窃为国惜贤。(《汉书·何武王嘉师丹传》)
  人君惜其官,人民爱其身。(《论衡·辩祟》)
  数蒙宠异之恩,岂敢爱惜垂没之年?(《后汉书·杨震列传》)

以上七例中,或者"爱惜"并称,或者"爱"与"惜"相对而言,"惜"字多有"爱惜"之义,《楚辞章句》还以"爱惜"注释屈原"愿勿爱兮"之"爱"。据此可知,自楚汉以来"惜"有"爱"及"爱惜"之义,已是普遍认知。

或许正是在这样认知的基础之上,王逸《楚辞章句》注"惜诵"说:

  惜,贪也。诵,论也。言己贪忠信之道可以安君,论之于心,诵之于口,至于身以疾病而不能忘。②

王逸把"惜"解作"贪",又说"惜诵"是屈原"言己贪忠信之道可以安君"才"论之于心、诵之于口"的。与此相类,《楚辞章句》卷十六《九叹·惜贤》"惜往事之不合"王逸注亦以"贪惜"释"惜",而认为屈原是"贪惜以忠事君,而志不合,故欲横渡汨水以自沉没也"。可知王逸所谓"贪",就是"贪惜",就是过分执着地相信、喜爱、喜好之意。正因为屈原过分相信甚至贪爱"忠信之道可以安君",才喜欢屡屡"论之于心、诵之于口",以至于"身以疾病而不能忘"。

---

① 中文大辞典编纂委员会编纂:《中文大辞典》,台北:中国文化研究所,20世纪60年代,第13册第126页。
② 洪兴祖撰、白化文等点校:《楚辞补注》,北京:中华书局,1983年,第121页。

此后，朱熹注释《惜诵》时亦以"爱"与"爱惜"注"惜"字云：

> 惜者，爱而有忍之意。诵，言也。言始者爱惜其言，忍而不发，以致极其忧愍之心，至于不得已而后发愤懑以抒其情。①

尽管朱熹对"惜诵"的理解与王逸颇有不同，但他以"爱"和"爱惜"解释"惜"字，与王逸以"贪惜"解释"惜"字，有异曲同工之妙：二者都看到了此"惜诵"之"惜"是"贪惜""爱惜""爱好"②的意思。至清代王夫之《楚辞通释》解释"惜诵"时曰：

> 惜，爱也。诵、诵读古训以致谏也。……言己爱君而述古训以致谏。③

王夫之遥承王逸、朱熹的解释而做了进一步的论说，给此后的研究者有益的启迪。

2. "诵"是"讽谏、箴谏"或"谏言"。关于"惜诵"之"诵"字的解释，历来分歧最大。如清蒋骥说：《惜诵》之诗"旧解颇多谬误，皆由未得'诵'字之意"④。当代学者既有以戴震"诵者，言前事之称"为据解释为"称述"的，也有解释为"赋诗"或"诵诗""讼言"，甚至是与古代谏官相类似的"官名"的，但均无法取信。其实，应该关注"诵"字的另一重要的义项即"讽"或"箴谏"。如《说文解字》曰"诵，讽也，从言甬声"，"讽，诵也，从言风声"。又《国语·周语》记载"天子听政，使公卿至于列士献诗，瞽献曲，史献书，师箴、瞍赋、矇诵、百工谏"，《国语·楚语》上记载曰："倚几有诵训之谏，居寝有亵御之箴，临事有瞽史之导，宴居有师工之诵。史不失书，矇不失诵"，韦昭解曰"诵，谓箴谏也"。这说明其时"诵"与"谏"字义近，"诵"也是向天子讽谏的方式之一，故王夫之《楚辞通释》释此"惜诵"之"诵"字为"诵古训以致谏也"。当代学者徐仁甫《古诗别解》也以为："诵"，谏也，"诵"是谏之一种。⑤张松如主编《中国诗歌史》(1988年)载王锡荣教授撰第五章《屈原与楚辞》也持"诵是谏言"⑥的认识。

诚如上述，"惜诵"之"诵"可如《国语》"矇诵、百工谏""诵训之谏"及韦昭"诵谓箴谏"直接解释为"谏"；而徐仁甫释"诵"为"谏"、王锡荣说"诵是谏言"，均可取信。

---

① 朱熹：《楚辞集注》，上海：上海古籍出版社，1979年，第73—74页。
② 王逸既以"贪惜"解"惜"，亦以"爱"释"好'，如《惜诵》"晋申生之孝子兮，父信谗而不好"，王逸注曰："好，爱也"，又曰"父信谗而不爱也"（见《楚辞补注》，北京：中华书局，1983年，第127页）。
③ 王夫之：《楚辞通释》，上海：上海人民出版社，1975年，第66页。
④ 蒋骥曰"诵，通作讼"；《惜诵》，惜诉言不见察而作也。《史记·高后纪》'未敢讼言诛之'，《汉书》作'诵言'。古讼、诵相通。"载《山带阁注楚辞》，上海：上海古籍出版社，1984年，第111、218页。
⑤ 徐仁甫：《古诗别解》，上海：古籍出版社，1984年，第34页。
⑥ 张松如主编：《中国诗歌史》(先秦两汉)，长春：吉林大学出版社，1988年，第193页。

3. "惜诵"即"爱谏""好谏"。如上所述,"惜诵"之"惜"可解作"爱"或"贪""爱惜""爱好""喜爱";"诵"可以解作"讽""谏""讽谏""箴谏"。那么,将"惜诵"一词解释为"爱谏""好谏"甚或是"贪谏",从文字训诂的角度就顺理成章了。从词的构成因素分析,"爱谏""好谏"是动宾结构,不仅与后面的"致愍"相对应,而且也在"惜诵以致愍、发愤以抒情"的句式中形成了上下两句均为"○○以○○、○○以○○"的两两对称格式,读来节奏明快,通畅无碍。

更为重要的是,将"惜诵"解释为"爱谏""好谏"甚或是"贪谏",也与屈原的经历和诗歌创作动机相符。明于治乱的屈原以屡屡向楚王"直谏""骤谏"著称,如其《离骚》《九章》等诗反复诉说:"余故知謇謇之为患兮,忍而不能舍也";"余虽好修姱以鞿羁兮,謇朝谇而夕替"(王逸注"谇,谏也");"骤谏君而不听兮、重任石之何益"(王逸注"言己数谏君而不见听,虽欲自任以重石,终无益于万分也")。还有,王逸《九叹》云:"犯颜色而触谏兮,反蒙辜而被疑"。这里的"朝谏""骤谏""犯颜触谏"等等,正是诗人"爱谏、好谏"甚至是"贪谏"的形象写照。

惟其如此,司马迁、王逸等人也纷纷称颂屈原"讽谏"的言行和意义。如《史记·太史公自序》肯定《离骚》"作辞以讽谏,连类以争义";王逸《楚辞章句》认为《离骚》因"中心愁思,尤依道经,以风谏君",《九歌》"上陈事神之敬,下见己之冤结,托之以风谏"等。因此,游国恩先生说《惜诵》的篇名是"喜欢谏诤"的意思,就是最为客观、本色的解释。

(二)"致愍"之"致"是"遭"或"招致"而非"表达"

如上文所述,将"惜诵以致愍"句的"致愍"解释为"表达忧苦",即将"致"字注为"表达",也是当代很多《楚辞》选注者的常用做法。如有《楚辞选》解释"惜诵以致愍"时,明确地把"致"字解为"表达",然后串通句意道:"以悼惜的心情,称述往事来表达忧苦之思。"这样一来,就很明显地与下句"发愤以抒情"构成了同义反复。于是,选注者不得不进一步解释道:下句"发愤以抒情"的"情",就是指这种忧苦之情。

其实,古代的"致"字,除了所谓"表达"之意外,通常的含义还有"遭"和"招致"。如《说文解字》曰:"致,送诣也",段玉裁注云"《言》部曰'诣,候至也。'送诣者,送而必至其处也。引申为召致之致"①。

以"致"为"遭"或"招致",在一般的先秦文献及《楚辞章句》中也可以找到例证,如:《左传》襄公二十五年"司徒致民",《春秋左传正义》即解释为"司徒招致民人";如《楚辞·九叹》"招贞良与明智",王逸就注解为"招致幽隐明智之人",可见王逸是"招""致"互训的。因此,我们以为:"致愍"之"致",解释为"遭"或"招致",比"表达"更为妥帖。

---

① 许慎:《说文解字》,北京:中华书局,1963年,第220页。

（三）"惜诵以致愍"即"好谏而招忧"

当将"惜诵"解释为"爱谏"或"好谏"（"贪谏"），将"致愍"解释为"遭致"或"招致"忧患，把"惜诵以致愍",理解为"好谏而招忧"或"爱谏而遭忧"，就不仅于文字训诂有据，全句文从字顺、语意通畅，而且符合《惜诵》的具体语境，与屈原主要的思想、行事也自相吻合，融会贯通。

屈原生当楚国由盛转衰之时，却有着举贤授能、改革图强的美政理想。因此，他在现实政治生活中屡屡向楚王陈言进谏，也在《离骚》等诗篇中，诉说着自己屡屡进谏而楚王不听的忧愤："不抚壮而弃秽兮，何不改乎此度"；"荃不察余之中情兮，反信谗而齌怒"；"余固知謇謇之为患兮，忍而不能舍也"；"余虽好修姱以鞿羁兮，謇朝谇而夕替"；"亦余心之所善兮，虽九死其犹未悔"。于是，屈原才会在《九章·惜诵》中，开篇即言"惜诵以致愍兮，发愤以抒情"：因为自己爱好箴谏国君而招致忧患啊，所以要做此诗以抒发内心愤懑的情思。

如果回到《楚辞》作品本身，这里的"惜诵以致愍"，还可以与其他由"离尤""离忧""离愍""蒙辜"等词语构成的诗句同义，例如：

> 进不入以离尤兮，退将复修吾初服。（《离骚》）
> 郁结纡轸兮，离愍而长鞠。（《九章·怀沙》）
> 独历年而离愍兮，羌凭心犹未化。（《九章·思美人》）
> 离忧患而乃寤兮，若纵火于秋蓬。（《七谏·沉江》）
> 犯颜色而触谏兮，反蒙辜而被疑。（《九叹·怀沙》）

面对"王听之不聪，谗谄之蔽明，邪曲之害公，方正之不容"的黑暗政治环境，屈原"正道直行，竭忠尽智以事其君"，却因"谗人间之"，遭到"信而见疑、忠而被谤"的悲惨命运，"能无怨乎？"因而，王逸在《楚辞章句》里，对于上引的屈原诗句客观而深刻地解释道：屈原"言己诚欲遂进，竭其忠诚，君不肯纳，恐归重遇祸，故将复去修吾初始清洁之服也"；"言己愁思，心中郁结纡屈，而痛身遭疾病，长穷困苦，恐不能自全也"；"修德累岁，身疲病也，愤懑守节，不易性也"；"言君信任佞谀，不虑艰难，卒遭忧患，然后乃觉，若放火于秋蓬，不可救制也"；"犯颜色而触谏兮，反蒙辜而被疑"，"言己以犯君之颜色，触禁而谏，反蒙罪辜而被猜疑，不见信也"。——这就是"惜诵以致愍"，亦即"好谏而遭忧"。

三、"惜诵以致愍、发愤以抒情"：《惜诵》的主题

关于《惜诵》的主题内容，王逸说："此章言己以忠信事君、可质于神明，而为谗邪所

蔽,进退不可,惟博采众善以自处而以"①;朱熹则说:"此篇全用赋体,无它寄托,其言明切,最为易晓。而其言'作忠造怨、遭谗畏罪'之意,曲尽彼此之情状。为君臣者,皆不可以不察"②。虽然表述有所不同,但二人在《惜诵》是作者抒写自己忠信事君却遭谗致罪的认识却是一致的。

我们以为,正可以用"惜诵以致愍、发愤以抒情"这开首两句诗来概括《惜诵》的内容,也构成了贯穿全诗的基本线索。对于这一点,可以从两个层面来具体理解:

其一,从《惜诵》的表现方式来看。作品一面叙写"惜诵以致愍"之事,一面也在"发愤以抒情",而"惜诵以致愍"也正是"发愤以抒情"的重要内容。例如,我们看到,在开头揭出"惜诵以致愍"一句之后,诗里几乎随处可见诗人如此这般的倾诉:"竭忠诚以事君兮,反离群而赘肬","疾亲君而无他兮,有招祸之道也","忠何罪以遇罚兮,亦非余心之所志","吾闻作忠以造怨兮,忽谓之过言"。一方面,是诗人竭尽忠诚,屡屡陈言进谏;一方面,是"反离群而赘肬","纷逢尤以离谤",乃至于"作忠以造怨"。于是,忧从中来、怨从中来:"忠何罪以遇罚兮?""疾亲君而无他兮,有招祸之道也!""终危独以离异兮,曰君可思而不可恃";"恐情质之不信兮,故重著以自明"。而这就是《惜诵》开篇的"夫子自道":"惜诵以致愍兮,发愤以抒情。"

其二,从《惜诵》的结构来看,全诗一千一百余字,按其内容可大致分为前后两大部分,前半部自开头至第三段"中闷瞀之忳忳",主要是"惜诵以致愍",即主要叙写诗人忠君讽谏而遭受忧患的经历;后半部分自"昔余梦登天"至诗末,即"发愤以抒情",主要是诗人对于"君可思而不可恃"的原因及对未来道路的思考和抒发"作忠以造怨"的愤懑幽怨之"情"。下面是从结构的角度分析:

(一)"惜诵以致愍":前半部是叙写屈原因好谏国君反而招致忧患的政治经历和不幸遭遇。这既是屈原对自己"信而见疑、忠而被谤"政治历程的总结,也是屈原之所以创作此诗"发愤以抒情"的重要原因。

诗篇开头一段八句,以"惜诵以致愍兮"句领起,表明诗人本为忠君进谏却因谗佞而招忧致愍,于是怀着满腔冤屈,祈求天地神祇主持是非公道,期望能够对质其事,证明自己的清白无辜。正文的内容就循着这一线索逐渐展开:

第二段,从"竭忠诚以事君兮,反离群而赘肬"至"疾亲君而无他兮,有招祸之道也"。主要内容是写"吾"与"君"的关系:诗人原本将自己的政治理想寄托在国君身上,所以他"竭忠诚以事君兮""待明君其知之""吾谊先君而后身兮",甚至"专惟君而无他"。但是却事与愿违:由于众人谗言相害,结果是"反离群而赘肬""羌众人之所仇""又众兆之所

---

① 洪兴祖撰、白化文等点校:《楚辞补注》,北京:中华书局,1983年,第121页。
② 朱熹:《楚辞集注》,上海:上海古籍出版社,1979年,第78页。

雠也",对于国君的忠诚谏言,竟然成了自己的"招祸之道"!

第三段,自"思君其莫我忠兮,忽忘身之贱贫"至"申侘傺之烦惑兮,中闷瞀之忳忳"。除继续叙写自己"怎君莫我忠、事君而不二"的忠贞之外,还进而提出了"忠何罪以遇罚"的反问,将自己"陈志而无路"的原因明确指向了楚王,从而抒发了"情沉抑而不达兮,有蔽而莫之白"的悲怨情绪。

(二)"发愤以抒情":后半部主要是对于以往经历和未来道路的理性思考,抒发"君可思而不可恃"与"作忠以造怨"的愤懑之情。

后半部分自第四段开始,诗人以"昔"字领起,借"登天无杭"的梦境和与"厉神"的占对之词,思索造成自己"终危独以离异"处境的原因,抒发对于"君可思而不可恃"和"众口铄金"的愤懑不平情绪。

接着是第五段,又以"吾闻作忠以造怨兮,忽谓之过言。九折臂而成医兮,吾至今而知其信然"四句开头,总结过去听不进"作忠以造怨"的忠告,直至屡经打击迫害得到了沉痛教训之后,至今才确信这并非夸大不实之言。对于这段抒写,清人蒋骥有很精辟的分析:屈原"申言己之始终遇困,皆由于竭忠也"。而其所谓"今"则是指"'诵以致愍'之后言"①。在蒋骥看来,诗人在经历"九折臂而成医"即所谓"惜诵以致愍"的多次打击挫败以后,才真正认清楚国君臣昏庸、忠贞之士反而"作忠以造怨"的黑暗现实。而诗人"欲高飞远集"而"君罔谓女何之","欲横奔失路"又"坚志而不忍":最终只能是陷入深深的苦痛之中,"心郁结而纡轸"。

最后八句,可看作是《惜诵》之"乱"。前承上段"高飞远集"之意,表明"远身"自处的设想,结出全诗"惜诵以致愍,发愤以抒情"的创作目的。所谓"此序抒情之由,而归于洁身以避患也","恐君终不信我之忠,故前诵言虽不见察,而复著此篇,以自抒其情也"②。

四、余论:古代诗文注释考辨的若干原则

在阅读或研讨古代诗文的过程中,常常会遇到一些晦涩难懂的字、词乃至文句。为了探求这些字、词或文句的本来意义,以求得上下贯通无碍的正确理解,古今学人往往会不遗余力地对之进行分析考辨、训诂解释。有时对于某个字、词的不同解释,会有数十种之多,但仍然是见仁见智、各执一词,少有能较有共识的通达之论。造成这种现象的原因是复杂的,但我们以为:如果在训诂考辨的过程中,持论者能够遵循一定的基本原则或标准来要求自己的工作,或许就可能多一些仔细的理性思考,最终得出持之有故、言之成理的结论。为此,我们才不揣简陋,提出关于考辨古代诗文字词的几点原则如下,供学界同

---

① 蒋骥:《山带阁注楚辞》,上海:上海古籍出版社,1984年,第113页。
② 蒋骥:《山带阁注楚辞》,上海:上海古籍出版社,1934年,第114页。

仁批评指教：

第一，解释字词之义要于文字训诂有据，这是基本的要求和前提。持论者可以根据一般的训诂条例，采取"声训""形训"或"义训"等合适的方式释义，但穿凿附会、增字（或减字）解经、随意破字，或单文孤证却不可取。如本文所列关于"惜诵"之"惜"，依据文献所载文字释义及实际运用之例解释为"痛""爱"及"悼惜""痛惜""爱惜""贪惜""喜好"之类，均不为无据；但若以"惜"为"昔"且未提出必要的论据，则有随意破字改字之嫌。

第二，置于上下文即具体语境中要文意贯通无碍。新的解释于文字训诂有据是基本前提，但是光有这个前提是不够的，还要将新的字词释义置于具体的上下文或整个句段中能够文意贯通，串讲句段时语意通畅无碍。例如，本文前引以"惜诵"之"诵"为某种特定文体名甚至官职名称，于文字训诂不为无据，但若置于"惜"字之后构成复合词"惜诵"，解释为"痛惜地写作诵体（诵文、讼文、诵诗、诵官）"就牵强附会了。显然，在《惜诵》诗具体的语境里，将"诵"解释为文体或"官名"，是不周全的。

第三，要与文本的创作意图及作者的主要思想、行事相符。对于古文某些难解字词的重新释义，还要符合文本的创作意图及作者的主要思想行事，否则也不能令人信服。例如，前引马茂元先生《楚辞选》"以悼惜的心情称述往事来表达忧苦之思"的解释，把"惜"解作"悼惜"、以"称述往事"解"诵"字、以"表达忧苦"解释"致愍"，可以说于文字训诂不为无据，将其置于"惜诵以致愍"的原句中也大致贯通，故而也得到当代不少《楚辞》注本的采用；但是，似这样平铺直叙的解释，与屈原"信而见疑、忠而被谤"的不幸遭遇和《惜诵》"发愤以抒情"的创作动因并不贴切。而当我们将"惜诵"解为"爱谏、好谏"，将"致"解为"招致"，把"惜诵以致愍"理解为"好谏而招忧"，就不仅于文字训诂有据，置于"惜诵以致愍、发愤以抒情"两句上下文中能文意贯通，与屈原因屡屡"直谏""骤谏"而招致忧患的思想行事相符，而且在《惜诵》本诗中也能找到诸如"竭忠诚以事君兮、反离群而赘肬"，"疾亲君而无他兮、有招祸之道也"等可以互训的诗句。

《九章·哀郢》之"阳侯"考

陕西师范大学　金建萍

《九章·哀郢》中"凌阳侯之泛滥兮,忽翱翔之焉薄"一句,提到了"阳侯"一词。而对于"阳侯"一词,古籍文献中各注家持论不一,众说纷纭,莫衷一是,使人相当困惑,进而影响了人们对于屈原的认识及其作品的解读。因此,考证"阳侯"一词的准确含义显得很有必要。纵观前人之研究,有部分学者认为"阳侯"即"陵阳国侯",通过陵阳之地望考察来解释"阳侯"这一历史人物的存在;也有学者认为"阳侯"为大波之神,是楚国极富有影响力的水神,通过《九歌·河伯》中相关记述和描写,辅之以传说中阳侯生平的对比分析,证实《九歌》中的河伯乃是楚国传说中的"阳侯"。综上所述,前人之研究成果虽都在史籍记载的基础上对"阳侯"一词予以解释,但并未就此达成一致的认识,分歧颇深。同时,也尚未对"阳侯"在屈原诗作中的象征意义做出辨析与阐释。故笔者拟根据相关文献资料,并结合前人研究成果,对"阳侯"加以辩证考论,进而阐释其在屈作中的象征意义。

一、历史文献中的"阳侯"

"阳侯"一词,在历史文献中记载颇多。笔者结合相关古籍与数据库统计整理得出,"阳侯"一词共有6188条数据记载。其中,石刻记载200条,工具书记录452条,籍合文库985条,整理本古籍4528条,还有善本记录3条,书目记载20条。通过对比分析可知(主要参照整理本古籍之记载),"阳侯"一词共有两种基本释义。其一为历史人物陵阳国侯的专称,是古之诸侯之一。《淮南·览冥训》载:"武王伐纣,渡于孟津,阳侯之波,逆流而击,疾风晦冥人马不相见。"注云:阳侯,陵阳国侯也。其国近水,溺死于水,其神龙为大波,有所伤害,因谓之阳侯之波也。[1]《淮南·氾论训》又云:"阳侯杀蓼侯而窃其夫人,故大飨废夫人之礼。"关于"阳侯杀蓼侯"这一记载,史上确有其事,有学者考证出此历史事件可能发生于商代。其二指楚国极具影响力的水神,为大波之神。屈原《哀郢》:"凌阳侯之泛滥兮,忽翱翔之焉薄。"王逸注:"阳侯,大波之神。"[2] 此种释义流传广泛,认可度较高。还有学者在此基础上提出了《九歌》中的"河伯"即为"阳侯"的说法。总之,以上两

---

① 王充:《论衡校释》,北京:中华书局,1990年,第187页。
② 洪兴祖:《楚辞补注》,北京:中华书局,1983年,第134页。

种解释,均脱胎于历史典籍中关于"阳侯"的记载,后世研究者多以此为基础钻研探讨,新说频出。可以看出,"阳侯"确有其人,这一历史人物的存在有其可信度。然而"阳侯"与陵阳或者说陵阳国究竟关系如何,且陵阳究系何方是值得进一步探讨的问题。此外,作为楚国历史传说中水神的"阳侯"与"河伯"的关系也依然扑朔迷离有待考证。下面笔者将一一展开论述。

二、"阳侯"考辨

(一)"阳侯"为陵阳国侯说

将"阳侯"释为陵阳国侯的说法肇始于《淮南·览冥训》及高诱注。那么,陵阳是否确有其地?陵阳国又究系何处?这个问题历来众说纷纭,争议颇大。我们来看史书记载。

《春秋》:"闵二年春王正月,齐人迁阳。"杜注曰:"阳,国名。"①

《十六国春秋》:"石虎好猎,自灵昌津南至荥阳,东极郧都为猎场。又永和九年,段龛据青州,置徐州于阳都,以王腾为刺史。十二年,燕慕容恪围广固,腾降于燕,徐州刺史荀羡救龛,攻阳都,克之。"

《水经注》:"沂水南径阳都县古城东,县故阳国城。"

此外,《读史方舆纪要》中亦有记载称:"阳都城在县南。古阳国,齐利其地而迁之。"这与《春秋》中的记载相辅相成。俞樾也表示:"阳陵自是汉侯国。"因此,通过以上材料来看,古代阳国确实存在,而且后来演变成汉代的县级行政单位,随着历史地理的变迁名字有所改变。古之阳侯,当此阳国之侯。但是,阳国与陵阳国是否为同一指称?答案是可以肯定的。这个问题与古代著名的"陵阳国侯"神话息息相关,不可分割。

《论语·摘辅象》曰:"阳侯司海。"宋均注:"阳侯,伏羲之臣,盖大江之神者。"

《九章·哀郢》"凌阳侯之泛滥兮,忽翱翔之焉薄。"王逸注:"阳侯,大波之神。"②

《战国策》:"塞漏舟而轻阳侯之波,则舟覆矣。"③

《淮南·说山训》:"祭之日而言狗生,取妇夕而言衰麻,置酒之日而言上冢,渡江河而言阳侯之波。"④

《淮南·氾论训》又云:"阳侯杀蓼侯而窃其夫人,故大飨废夫人之礼。"⑤

《淮南·览冥训》:"武王伐纣,渡于孟津,阳侯之波,逆流而击,疾风晦冥人马不相见。"高诱注云:"阳侯,陵阳国侯也。其国近水,溺死于水,其神能为大波,有所伤害,因谓之阳

---

① 杨伯峻:《春秋左传注》,北京:中华书局,1995年,第261页。
② 洪兴祖:《楚辞补注》,北京:中华书局,1983年,第134页。
③ 黄起宏:《"河伯"与阳侯的传说》,《第一师范学报》,1993年第3期。
④ 刘安:《淮南子集释》,北京:中华书局,1998年,第1162页。
⑤ 刘安:《淮南鸿烈集解》,北京:中华书局,2013年,第427页。

侯之波也。"①

《论衡·感虚篇》云："传书言，武王伐纣，渡孟津，阳侯之波，逆流而击。"

洪兴祖《楚辞补注》："引'应劭曰：阳侯，古之诸侯。有罪自投江，其神为大波。'"②

上述大量历史文献的记载，无不向我们传运了阳侯即为陵阳国侯的信息，其原为一诸侯，后溺死于水，其神灵幻化为大波，又称为"阳侯之波"。后来汉代扬雄的《反离骚》云："陵阳侯之素波兮"，即承袭和模拟了《哀郢》中的"凌阳侯之泛滥兮"一句。因此，"阳侯"，又称"陵阳国侯"或"阳国侯"。但是以上的材料中也出现了两个问题，值得关注。其一是阳侯身死后其神灵幻化为大波，后世注家遂视其为"阳侯之波"，那么，阳侯究竟是如何死亡的？其二为陵阳国所在地陵阳究竟在哪儿？

首先，根据以上材料记载，"阳侯"之死有两种说法。一是因为陵阳国近水，阳侯溺死于水。二是阳侯作为古之诸侯，有罪自沉于江。我更倾向于第二种说法，认为"阳侯"是由于身受罪名以致投江而死的。那么，阳侯所犯何罪？这当如上面《淮南子》中"阳侯杀蓼侯"的记载一样。

据《淮南子》中的记载来看，"阳侯"这一历史人物，应该至少生活于武王伐纣之前，即商代。而且，陵阳国近水，阳侯又"自投江而死"，可以看出陵阳国位于长江流域，阳侯是长江流域的诸侯，再据谭其骧《中国古代历史地图集》记载看，此处隶属于楚国，因此，可以看出"阳侯"应为商代时期生活于长江流域的楚国人。

"阳侯杀蓼侯而窃其夫人"，说明"阳侯"曾杀死蓼侯，并夺其夫人，此事史上确有其记载。"蓼国"，从文献记载来看，是中国历史上春秋时代的诸侯国，但此时期内却有两个同名的蓼国。据《春秋左氏传·桓公十一年》记载，公元前701年，即楚武王四十年，"郧人军于蒲骚，将与蓼、绞、州、随伐楚师。"③此蓼国位于今河南省唐河县，姒姓。又据《春秋左氏传·哀公十七年》记载，春秋末期的楚国大夫曾追溯先君楚武王克州国和蓼国的功业，此时州国和蓼国并提，那么蓼国应该指的是楚武王四十年曾经和州国随国等联合讨伐楚国的蓼国。而另一蓼国，是《春秋左氏传·文公五年》中所载的。公元前622年，即楚穆王四年，"楚公子燮灭蓼"，后楚公子设蓼邑，隶属于楚。此蓼国位于今河南省固始县，据考古遗址情况看，今多认为此为古蓼国所在地。那么商代"阳侯"何以杀死春秋时代的"蓼侯"呢？合理的解释只有此"蓼侯"乃为商代"蓼侯"。据史书记载，上古颛顼帝之后裔叔安封于飂（也写作"蓼"），是夏商时代的侯国，后被周朝所灭。春秋时期，又被楚国所灭，如《左传》所载。因此，阳侯杀"蓼侯"这一历史事件应该发生于商代。有学者认为此事与《诗经·商颂·殷武》中的"挞彼殷武，奋伐荆楚。深入其阻，裒荆之旅"以及"维

---

① 刘安：《淮南鸿烈集解》，北京：中华书局，2013年，第193页。
② 洪兴祖：《楚辞补注》，北京：中华书局，1983年，第134页。
③ 洪亮吉：《春秋左传诂》，北京：中华书局，1987年，第225页。

女荆楚,居国南乡"的记载不谋而合。一方面,阳侯是商代时期的历史人物,生活于长江流域,地处荆楚地区,即后来的楚国所在地。另一方面,殷武为何"奋伐荆楚"？据《毛诗正义》载,是由于"高宗(殷武)前世,殷道中衰,宫室不修,荆楚背叛"。① 我认为此处"荆楚背叛",无疑指"阳侯杀蓼侯而窃其夫人"一事,而此事造成的直接后果就是商人"大飨废夫人之礼",影响之巨大也是显而易见的。而且,据地图资料显示,"蓼"距离商代都城"殷"仅有几百公里,可以说阳侯的这次叛逃直逼京都,对商代构成了极大的威胁,阳侯被称为有罪也在所难免,而这也与应劭所言的"有罪"相一致或者说吻合。因此,殷武势必会大举派兵镇压"荆楚"叛逃者,即阳侯。双方经过激烈战斗,最终以阳侯的失败而告终,应劭所说的阳侯"自投江而死",就是殷武同阳侯激烈斗争的结果。经过以上分析考证,可以看出,阳侯乃"有罪"而死,而不是仅仅单纯地因陵阳国近于水而溺死于水的。

接下来,我们来看陵阳国之所在地"陵阳"究系何处？关于"陵阳",在屈原的作品中,直接或间接涉及的至少有《哀郢》《招魂》《远游》三篇。古代注家及后世学者的分歧之处主要在于是否将"陵阳"释为地名予以考察。

一种说法为"陵阳"不指地名,而是指"阳侯之波",即"大波之神",以王逸的注解为代表。《九章·哀郢》载:"当陵阳之焉至兮",王泗原认为,按句法,"焉至"前应该有表示行动的动词,如"忽翱翔之焉薄"中的"翱翔"以及下句"南渡之焉如"中的"南渡"。如此则"陵"为动词,"陵阳"犹言"升高"。故王注说:"意欲腾驰,道安极也。陵,一作凌。"② 很显然,王逸并未视陵阳为地名,相反他是站在"阳侯之波说"的立场来注解的。朱熹注"陵阳,未详",也不以为地名。按照王泗原的说法,"当陵阳之焉至""淼南渡之焉如"应该属于同一句式。如此则"当"不可解。这句之前的"忽翱翔之焉薄",其中"淼""何""忽"均作副词,但是古汉语中"当"还没有此种用法。若以"当陵阳之焉至"之"陵阳"为"阳侯",即"大波",而"当"为"面对",则该句在意义上也可解:面对着洪波难知去路,大水茫茫我怎能南渡？亦可通。后来,清人戴震说:"上云凌阳侯之泛滥,此言当陵阳,省文也。"③亦是将陵阳当作阳侯之波。还有钱澄之,他说:"此陵阳,即前阳侯之波。"总之,此派意见虽然提出较早,但从者不多,而且,一个突出问题是后来注家大都忽视了"陵,一作凌"这后半句。王逸作《楚辞章句》并非没有汲取前人之说,他曾在《离骚后叙》中表明自己是"复以所识所知,稽以旧章,合以经传,作十六卷章句"④,这说明其在注解《离骚》时,曾征引过旧说。但是否对《九歌》《九章》做出注释王逸并未说明,据《楚辞章句》中有关《九歌》《九章》部分来看,王逸通常在做出自己的解释后又附之以"或曰"或者"一作",这表明他

---

① 阮元:《十三经注疏》(清嘉庆刊本),北京:中华书局,2009年,第1354页。
② 王泗原:《楚辞校释》,北京:中华书局,2015年,第170页。
③ 戴震:《屈原赋注》,北京:中华书局,1999年,第97页。
④ 王逸:《楚辞章句》,上海:上海古籍出版社,2017年,第36页。

尊重并保留了前人的观点和看法。实际上,"凌"与"陵"音同形近,极易混淆。但在不同的句子和语境下,意义有所不同,不可混为一谈。

另一说认为陵阳是地名,南宋洪兴祖首创此说,后世从者甚众,并以此地名来考证屈原的流放行迹。洪兴祖在《楚辞补注》中对王逸的注作以新补,他说:"前汉丹阳郡,有陵阳山人。陵阳,子明所居也。"①《大人赋》云:"反大壹而从陵阳。"在此处,洪兴祖对王逸所提的"阳侯之波"说做以纠正,并且又提出新的依据证明了陵阳当为地名的说法。一是子明所居之地;二是司马相如《大人赋》中的记载。洪氏此说较王逸之说而言得到了更多的支持,且后世学者的考证更加细化了关于"陵阳"的地望考察。王夫之云:"陵阳,今宣城。南渡,舟东南行也。焉如,不知所栖泊也。"②而蒋骥在《山带阁注楚辞》中说:"陵阳,在今宁国池州之界,《汉书》:丹阳郡陵阳县是也,以陵阳山而名。至陵阳,则东至迁所矣。南渡者,陵阳在大江之南。"③陆时雍《楚辞疏》云:"陵阳,楚地,卞和封为陵阳侯,即此。"④此说中又提出了卞和封侯于陵阳的说法。游国恩《屈原》云:"《哀郢》中说:'去故乡而就远兮,遵江夏以流亡。'以下他历述经过的地方有夏首、龙门、洞庭、夏浦、陵阳等处。夏浦即今汉口,陵阳现在不可考(有人说即今安徽省青阳县南六十里的陵阳,当大江之南,庐江之北。但屈原行踪未必至此)。看他所走的路线是从郢都顺流而下,一直到陵阳为止。"⑤姜亮夫先生则说:"陵阳,王夫之以为今宣城。按《汉书》丹阳郡陵阳县是也,以陵阳山而名,在今安徽东南青阳县南六十里,去大江南约百里,而在庐之北。陵阳山在今县南。"⑥他对王夫之和蒋骥的观点做了更为细致的综合与补充,也赞成陵阳是为地名的说法。此外,《姜亮夫全集》中曾就《楚辞》展开了精辟的考论,尤其在《屈子年表》中,他明确指出:"顷襄王二年,令尹子兰短原于顷襄王,王怒而迁之江南陵阳。"⑦关于屈原是否被迁陵阳,历来也争议颇多,不少学者认为陵阳确实为屈原的放逐之地,且屈原被迁于陵阳九年而后涉汇入辰溆,并依此来考察《哀郢》的创作时地,还有学者认为古陵阳就是今之九华山,但也有人赞成游国恩的说法,认为陵阳今已不可考,应保留阙疑的态度。总之,无论陵阳是否指九华山,也无论屈原是否有能力或精力行至九华山一带,这些材料都无不是陵阳作为地名说的补充。还有胡念贻《楚辞选注及考证》云:陵阳,以释作地名为妥。《汉书·地理志》丹阳郡有陵阳,原注云:"桑钦言,淮水出东南,北入大江。"《后汉书·郡国志》丹阳郡有陵阳,李贤注:"陵阳子明得仙于此县山,故以为名。"李贤注根据《水

---

① 洪兴祖:《楚辞补注》,北京:中华书局,1983年,第135页。
② 王夫之:《楚辞通释》,上海:上海人民出版社,1975年,第75页。
③ 蒋骥:《山带阁注楚辞》,上海:上海古籍出版社,2019年,第213页。
④ 陆时雍:《楚辞疏》,明末辑柳堂刊本。
⑤ 游国恩:《屈原》,上海:三联社,1953年。
⑥ 姜亮夫:《屈原赋校注》,北京:人民文学出版社,1957年。
⑦ 姜亮夫:《姜亮夫全集》,上海:上海古籍出版社,1984年。

经注》。① 所谓因陵阳子明得名之说,洪兴祖也提出过这一说法,但显系附会,虽南朝陈顾野王《舆地志》云:"陵阳山,陵阳令窦子明,于溪侧钓鱼。一日钓得白龙,子明怜而放之。后数年,又钓得一白鱼,割其腹中乃有书,教子明烧炼食饵之术。三年后,白龙来迎,子明遂得上升。其溪环绕山足,今有仙坛,醮祭不绝。又,九子山,其山上有九峰,千仞壁立,周回二百里,高一千丈,出碧鸡之类。"② 但《汉书·地理志》并无此说。地名可能很古。陵阳当是因陵阳山而得名,窦子明居陵阳山,陵阳山之名早就有了。蔡邕《琴操》说楚卞和封于陵阳,或亦有据,可供参考。

然而,除此以外,一些考古资料也不容忽视,它们同样为此说提供了强有力的佐证。如安徽寿县出土的《鄂君启节·舟节》。其铭文中有"彭弓芍,庚松阳,内浍江,庚爱陵"等内容,与屈原《哀郢》《招魂》《远游》的地名恰好相吻合。如"庚爱陵",谭其骧以为汉宛陵,爱、宛一声之转。其主编的《中国地史地图集》,在第一册《战国·楚越》图中,长江南岸标有"彭弓芍""陵阳""蠡泽""爱陵""浍江"等地名;在长江北岸标有"松阳""橐皋""昭关""广陵"等地名。在第二册《西汉·扬州刺史部》图中,长江南岸标有"彭泽""陵阳""黝县""歙县""泾县""庐江""宣城""宛陵""丹阳郡""春谷""芜湖""石城""丹阳""秣陵"等地名;长江北岸标有"松兹""湖陵""皖县""居巢""枞阳""临湖""襄安""橐皋""阜陵""历阳""全椒""建阳""广陵"等地名。③《辞海》解释:宛陵,古县名,汉初置,治所在今安徽宣城。而诚如上文多种材料表明,古陵阳,应在宣城一带,这与屈原《哀郢》等文献资料莫不符合。还有陵阳山区的石台县横渡镇出土的郢爰以及青阳县关于先秦时期的一些宝贵文物遗存等,都为陵阳地名说提供了充分的证明。总之,陵阳为地名说支持者众多,不论是历史文献还是出土资料,均有较为可靠的证据,但陵阳确系何处,依然有待考证。

综合以上说法,可以看出,阳侯系为商代时生活于长江流域的楚国人,具体来看,是为陵阳国侯,又称为阳国侯,因杀蓼侯而获罪,遂自沉而死。

(二)"阳侯"为河伯说

河伯,本源自于《九歌·河伯》。历来各注家在阐释河伯的历史渊源时,无一例外的将其与黄河之神相联系。王逸最早提出了这一说法。他的《楚辞章句》在"与女游兮九河"后注:"河为四渎长,其位视大夫。""九河:徒骇、太史、马颊、覆釜、胡苏、简、絜、钩磐、鬲津也。"④ 还有黄寿祺的《楚辞全译》:"河伯是黄河之神";"九河,黄河的总名。"可以看出,前人的解说一以贯之地认为河伯是黄河之神。问题在于阳侯与黄河之神河伯之间如

---

① 胡念贻:《楚辞选注及考证》,湖北:岳麓书社,1984年,第392页。
② 顾恒一:《舆地志辑注》,上海:上海古籍出版社,2011年,第286页。
③ 谭其骧:《中国历史地图集》,北京:中国地图出版社,1982年。
④ 王逸:《楚辞章句》,上海:上海古籍出版社,2017年,第76页。

何建立了千丝万缕的联系，以至于部分学者持阳侯为河伯说。

楚国历来"好巫鬼而重淫祀"，是一个极富有浪漫主义色彩的诸侯国，该地区民众具有出众的想象力和创造才能，各种神话传说竞相迸发。在河伯之前，楚国实际上已有极富有影响力的水神，诚如王逸所言，视阳侯为大波之神。而王逸之前，就已有阳侯为大波之神的相关神话传说。如上文所引《淮南·览冥训》及高诱注。后来洪兴祖《楚辞补注》亦引应劭曰："阳侯，古之诸侯。有罪自投江，其神为大波。"前文已论证了阳侯的具体身份，作为古之诸侯的阳侯，杀蓼侯获罪而自沉于江。但是必须明确的是阳侯的"有罪"是有其针对性的，处于不同的立场下，对阳侯的具体评价也有所不同。阳侯杀蓼侯的叛逃行为对殷商而言构成了不小的威胁，是为"有罪"，然而对于楚国而言，阳侯的行为乃为国捐躯的壮烈之举，其与殷武展开激烈斗争后虽失败，但并未妥协求全而是毅然决然选择投水而死以成全自己的爱国之心，因此，在楚人眼中，阳侯是极富有爱国精神的英雄，是值得被歌颂的。而楚人始终抱有"身既死兮神以灵，子魂魄兮为鬼雄"的神灵观念，想象着阳侯身死之后依然如怒吼汹涌的波涛一样保卫家乡与子民，就如同他曾捍卫祖国山河一样，所以楚国盛行阳侯死后神灵依然幻化为大波之神的神话传说，可以看出阳侯事迹在楚国确实产生了深远的影响。而屈原《哀郢》的"凌阳侯之泛滥兮，忽翱翔之焉薄"其实是对祖先功烈的深情缅怀，也是对楚国"渡江河而言阳侯之波"风俗的再现。

但是作为黄河之神的河伯何以被称为阳侯呢？有学者根据文献记载对阳侯与河伯做了对比分析。他们认为二者神职相同。前文已说明河伯是为黄河之神，而阳侯，不论是《战国策》还是《淮南子》中的记载，都认为其为大波之神。还有近人张国荣曾在考察"陵阳"的地望问题时表明古籍中之阳侯（陵阳国矣、阳国侯）的历史神话实际与奇相神话（《蜀典》"奇相"条：'《蜀机》曰：'古史云：震蒙氏之女，窃黄帝玄珠沉江而死，化为奇相，即今江渎神是也。'"《广雅·释天》说："江神谓之奇相。"）十分接近且相似[①]，他一方面对《鄂君启节》中铭文"江"进行了周密考释，另一方面对"阳侯"的"阳"姓与"奇相"的"相"姓进行了姓氏考察，从而认为"阳侯"就是"奇相"，即"大江之神"和"大波之神"。他的说法综合了神话传说与考古资料，考论详尽，也为阳侯为大波之神说提供了立论支撑。而洪注也持阳侯投江而死的观点，认为其身死后神为大波。然而投"江"而死的"阳侯"为何又与"河"纠缠不休？实际上，诚如宋均所注："阳侯，伏羲之臣，盖大江之神者。"[②]也就是说，"阳侯"本为上古神话中的人物，但他如文献中"祝融"是火的代名词一样，在秦汉时期也演变成了"波浪"的代名词，至此与江河息息相关，密不可分。但是，笔者认为这并不足以证明"阳侯"即为"河伯"。只能说'阳侯"可能就是类似于"河伯"的水神，

---

① 张国荣：《〈哀郢〉中的陵阳究系何方》，《青海师专学报》，2001年第5期。
② 王充：《论衡校释》，北京：中华书局，1990年，第187页。

二者的神职具有一定的内在一致性。实际上,就地望而言,河伯是北方的黄河之神,而阳侯,上文已证明其生活于长江流域一带,二者从地域上来看已然有别。虽然有人指出"河伯"之"河"并不是先秦时期指代黄河的专有名词,而是指所有河流的总称,但从《河伯》的文本出发来看,此说显得单薄。李陈玉笺注《河伯》篇云:"河伯,水神。楚乡祀江亦称河者,统名耳。此章描写水神情状,极荡漾倏忽之致",又谓:"河伯即洞庭、江、汉之神合,江楚之人,凡水具名河伯",此论大谬①。其实正如李陈玉所言,楚国有祀江之风习,亦可称河。但《河伯》中"与女游兮九河"的"九河"并不是与"黄河"平行的九条河,实为黄河的九条支流,释"河伯"为黄河之神是妥当的。因此,阳侯作为大波之神并非指河伯,只能说他是类似于河伯的水神而已。笔者不支持阳侯为河伯说这一观点。

但是需要注意的是,文献资料中有如冯夷、冯迟、冰夷、无夷等名词屡见不鲜。屈原《远游》云:"令海若舞冯夷。"王逸注:"海若,海神名也。冯夷,水仙人。《淮南》言冯夷得道,以潜于大川也。"②此处冯夷,实际上也是指大川之神。这与《庄子·大宗师》中"冯夷得之,以游大川"中的冯夷,十分接近。而且楚国的屈原在一定程度上受到了庄子的影响,其笔下的冯夷,应都为大川之神,也即阳侯在发展演变过程中的民间别称。若从音韵的角度来看,"冯夷"为"阳侯"这一说法较为可信。据王力的《楚辞韵读》的"协声表"来看,"冯"属于"蒸部"韵,与"阳"所属的"阳部韵"相协韵。而"夷"为"脂部韵",与"侯"所在的"侯部韵"相协韵。因此,不难看出"冯夷"实际上为"阳侯"的协韵声转。后来的冰夷、冯迟等,亦是"阳侯"协韵声转的产物。

总之,"阳侯"可能是类似于"河伯"的水神,但阳侯为河伯说并不成立。而"冯夷"虽在不同历史时期与作品中呈现出不同的形态,但其实是"阳侯"协韵声转的产物,也是阳侯另一种形式的民间别称。

三、"阳侯"于屈原诗作中的象征意义

屈原善用比兴而自成一体,形成了独具魅力的象征体系,除了我们最耳熟能详的香草美人系统外,人事意象系统也不容小觑,它对屈原作品的意义旨趣和屈原精神的揭示都功不可没。"阳侯"一词,据历来注家解释,虽不乏神话传说色彩的笼罩,但它仍旧是人事意象系统中的重要一环。据上文考证,阳侯又称为陵阳国侯或阳国侯,有罪而自投江而死,其神灵幻化为大波之神,又被称之为阳侯之波。屈原运用"阳侯"这一意象,笔者认为其象征意义在于屈原内心希望自己也能如阳侯一样保家卫国,为国捐躯。阳侯的英雄事迹可歌可泣,其精神亦令人动容。屈原创作《哀郢》时,虽并未真正说明他离开郢都

---

① 顾恒一:《舆地志辑注》,上海:上海古籍出版社,2011年,第286页。
② 王逸:《楚辞章句》,上海:上海古籍出版社,2017年,第173页。

的因由,但却详尽描绘了离郢之际的情形。"皇天之不纯命兮,何百姓之震愆。民离散而相失兮,方仲春而东迁。"对此句诗的解说,历来争议颇多,莫衷一是。不论是王逸与洪兴祖的放逐说,还是朱熹的凶荒战乱说,抑或是王夫之的白起拔郢说,他们都捕捉到了一个共同点:国家临难,百姓离散,苦不堪言。因此,屈原借用阳侯意象,实则也是希望自己能如阳侯般保国安民,这也是屈原强烈爱国主义精神的表现。

然而,洪氏的《补注》在注解"凌阳侯"一句时,引《淮南子》注"其神龙为大波",而应劭注"其神为大波"。前者并不合理,要么"龙"为衍字,要么"龙"为"化"点校之误。但从繁体字来看,"龙"和"化"几乎无相近之处,因此古本不可能写错。而且,先秦时期有一个典型的现象:吴楚之地,沉江常见;中原之地,投河鲜有。不论是伍子胥"浮江",还是陵阳侯"有罪自投江",在屈作中均可见。更令人费解的是屈原本人最后也以此为结局,那么,"投江"是不是自证清白的典型方式呢?其实藤野岩友的《巫系文学论》中指出屈作是巫系文学的观点是有道理的,"投江"这一行为就具有祭祀仪式感。所以,即便伍子胥是楚国的仇敌,屈原也依然反复提及,对其的态度也并非全然批判。一则因为他同为忠臣而遭谗见弃;二则他的"浮江"结局对屈原也有所启发。而"阳侯"亦是如此。此名词最早见于楚辞,不见于《山海经》,很可能属于楚地的原始神话系统。我们也不能轻易用《淮南子》和《山海经》中的内容去考量屈原。实际上,屈原在《天问》中的质疑表明他对原始神话系统是持一种理性态度的,之所以在文学作品中又反复采用这些意象,是出于增强作品艺术魅力的目的。这是一种文学创作上的自觉意识。而屈原艺术创作的特质之一就是用原始神话元素来包装现实愤和世俗情,这里面体现的理性觉醒和艺术认同并不矛盾。总之,"阳侯"事迹在屈原心中留下了不可磨灭的烙印,阳侯的投水而死亦对屈原沉江有不可估量的影响。某种程度上,"阳侯"之投水与"彭咸"之沉江实际上也有一定的联系。这无不是对屈原日后投江而死的一种影响。同时也是屈原浓烈的爱国精神的一种深刻昭示。

结合上文的考论,从综合系统的角度来看,可以得出以下结论:阳侯本为长江流域楚国人,是为陵阳国侯,由于杀蓼侯获罪而自沉于江,因其行为对楚国人民而言是保家卫国的义举,其事迹遂广为流传,并在楚国浓郁的神灵文化氛围中不断发酵。最终,阳侯之神灵幻化为大波之神,而阳侯本身,成了爱国英雄的典范,为楚人所广泛传颂,他也与楚地的神话息息相关,丰富了屈作的内容,影响了屈原的行为。但"阳侯"并不是黄河之神"河伯",只能说是类似于"河伯"的水神而已,二者不可混为一谈。

屈原《九章》人物典故研究*

周口师范学院 唐旭东

屈原《九章》用了许多人物典故,其人物典故可以分为神话人物典故与历史人物典故两类,而以历史人物典故为主,但目前尚未见到对《九章》的人物典故进行文体研究的专门成果。兹不揣浅陋,在前贤认识成果的基础上对这一问题做一探讨,以就教于诸位方家。

一、《九章》的神话人物典故及其情理表达

《九章》神话人物主要典故主要涉及五帝、六神、重华、丰隆和高辛氏等。其中五帝、六神:"令五帝以折中兮,戒六神与向服。"(《惜颂》)"五帝",通常认为指"五方神":东方为太皞,南方为炎帝,西方为少昊,北方为颛顼,中央为黄帝。六神,王逸认为:"六神,谓六宗之神也。《尚书》:'禋于六宗。'"① 洪兴祖《楚茨补注》则列举很多异说:"《孔丛子》曰:'宰我问禋于六宗,孔子曰:'所宗者,六埋少牢于太昭祭时也。祖迎于坎坛,祭寒暑也。主于郊宫,祭日也。夜明祭月也。幽禜,祭星也。雩禜,祭水旱也。禋于六宗,此之谓也。'孔安国、王肃用此说。又一说云:六宗,星、辰、风伯、雨师、司中、司命,一云乾坤六子,颜师古用此说。一云天地四时。一云天宗三:日、月、星辰;地宗三:太山、河、海。一云六为地数,祭地也。一云天地间游神也。一云:三昭三穆,王介甫用此说。一云六气之宗,谓太极冲和之气,苏子由云:'舍祭法不用,而以意立说,未可信也。'"② 从五帝、六神之名来看,当皆为神明。此句前文为:"惜诵以致愍兮,发愤以抒情。所作忠而言之兮,指苍天以为正",是说自己本诗所言,皆出于忠正,其忠信可指苍天以为证,可以让五帝来公平判断,让六神来对证,足见其对于自己的忠正足信具有高度的自信,这种自信使他可以指令五帝六神,显然是作者浪漫的想象与夸张,为作者充分的自信与浪漫精神有机结合的产物。谨按:五帝、六神当属中原神话人物谱系。

重华:"吾与重华游兮瑶之圃。"(《涉江》)谨按:重华,即帝舜,传说帝舜双瞳子,故曰重华。作为帝舜的历史人物属于中原历史人物,而作为神话人物的重华属于昆仑神话文化谱系。此句前文为:"余幼好此奇服兮,年既老而不衰。带长铗之陆离兮,冠切云之

---

* 本文系国家社科基金 2016 年度一般项目"先秦汉魏晋南北朝文体理论整理与研究"(16BZW033)的研究成果。

① 洪兴祖:《楚辞补注》,北京:中华书局,1983 年,第 121 页。
② 洪兴祖:《楚辞补注》,北京:中华书局,1983 年,第 121—122 页。

崔嵬。被明月兮佩宝璐。世溷浊而莫余知兮,吾方高驰而不顾。驾青虬兮骖白螭,吾与重华游兮瑶之圃。"后文云:"登昆仑兮食玉英,吾与天地兮同寿,与日月兮同光。""吾与重华游兮瑶之圃"与"驾青虬兮骖白螭""登昆仑兮食玉英"为作者想象中的瑶圃之游的场景。虽说重华(帝舜)也是历史人物,但这里重华是作为神话人物而出现在《涉江》中的,因为诗中写到"昆仑""瑶圃"和"玉英",显然是将重华与昆仑神话、昆仑出美玉神话联系在一起,将这一人物纳入昆仑诸神谱系的。昆仑产美玉这一神话观念在中国产生很早,《尚书·胤征》中"火炎昆冈,玉石俱焚"之辞即这一观念在夏前期作为典故出现在重要政治人物的讲话中。王逸《楚辞章句》:"言已想佐虞舜,游玉圃,犹言遇圣帝,升清朝也。"① 想象自己以超凡脱俗的形象而受到帝重华的赏识,与现实形成鲜明对照,暗示与反衬作者此时不受楚王重视与重用之现实。当然,这里主要表达作者傲视群丑,特立独行而不改的精神。

丰隆与高辛:《思美人》:"愿寄言于浮云兮,遇丰隆而不将。……高辛之灵盛兮,遭玄鸟而致诒。"吴广平:"我想借浮云捎信,云神丰隆不肯答应。……帝喾高辛多么神灵,遇到燕子给他送蛋来。"② 前句写作者思念美人,却"媒绝路阻",于是求告于浮云与"归鸟",但要么不肯答应,要么飞得又高又快,根本不给说话的机会。这种情形正是屈原遭遇谗佞陷害却求告无门的情境的生动表达。云神丰隆正是当时胆小怕事者甚至置身事外、处心冷漠者的象征。高辛典故涉及帝喾妃简狄吞玄鸟之卵而生商人始祖契的神话,当属典型的中原神话。谨按:在《离骚》中作者亦涉及高辛氏与简狄神话:"望瑶台之偃蹇兮,见有娀之佚女。吾令鸩为媒兮,鸩告余以不好。雄鸠之鸣逝兮,余犹恶其佻巧。心犹豫而狐疑兮,欲自适而不可。凤凰既受诒兮,恐高辛之先我。"谨按:"有娀之佚女"即帝喾之妃简狄,在《离骚》中,"我"还只是担心高辛氏比"我"先获得简狄的芳心,而在《思美人》中,简狄已经归属于高辛氏,并且得玄鸟之卵而怀孕了商人始祖契。本文首段先言思美人,然后说多方委托人带信给美人却无人愿意帮助和搭理自己。然后言及高辛氏得玄鸟致诒,然后又说不愿、不想、不能"变节以从俗",似以高辛氏所作所为和所得为不屑和不齿。

二、《九章》的历史人物典故及其情理表达

(一)作者理想的圣帝明君

1. 圣帝的典型,后王的榜样:三五③

"三五"一词出现在《抽思》中,仅一见:"望三五以为像兮,指彭咸以为仪。"关于

---

① 洪兴祖:《楚辞补注》,北京:中华书局,1983年,第128页。
② 吴广平:《楚辞》,长沙:岳麓书社2011年,第188页。
③ 赵逵夫以为当为"三王"之误。吴广平认为"三王"即《离骚》之"三后",即夏禹王、商汤王、周文王。见吴广平:《楚辞》,长沙:岳麓书社,2011年,第171—172页。

"三五",王逸解为"三王五伯",解为"三王五伯,可修法也"。① 然此以为"三五"未必不可指"三皇五帝"。三皇五帝至后代已经成为德行和功业的文化符号,"德隆三皇,功侔五帝"作为后代对帝王的赞誉,显示了"三皇五帝"作为后代文化标杆、政治榜样对后世帝王的巨大示范作用。不管是三王五伯,还是三皇五帝,都是中原历史人物谱系。从前句"愿荪美②之可完"来看,"望三五以为像"句当承上句,从君王的角度表达希望楚王以三皇五帝或者三王五伯为榜样的迫切之情。而"指彭咸以为仪"句则从臣的角度表达尽忠于王的心愿。

2. 作者理想的明君:重华、汤禹、伯乐

(1)重华:《怀沙》:"重华不可遻兮,孰知余之从容。"洪兴祖:"从容,举动也……言圣辟,重华不可逢遇,谁得知我举动欲行忠信也。"③

(2)汤禹:《怀沙》:"汤禹久远兮,邈而不可慕。"王逸《章句》:"慕,思也,言殷汤、夏禹圣德之君,明于知人,然去久远,不可思慕而得事之也。"④

(3)伯乐:《怀沙》:"伯乐既没,骥焉程兮。"王逸《章句》:"言骐骥不遇伯乐,则无所程量其才力也,以言贤臣不遇明君,则无所施其智能也。"⑤ 这里,伯乐的一言一行将决定一匹马的生命走向,伯乐对于一匹马无疑具有决定性的作用和力量,就如一国之君可以决定一个人的命运,故此处伯乐于马的决定意义具有了类似于君王对于一个臣子、一个人才的决定作用。

这些历史人物皆为中原历史人物,都是作者想象中的理想明君的典型代表,此三句相连,言重华、汤禹、伯乐皆已成为久远的历史,意谓自己生不逢时,时无明君,抒发的是世无知音、无人赏识重用的悲哀。既是抒情,也是说理,把人才得以施展才能要依赖于统治者慧眼识人的道理生动地表现出来。

3. 慧眼识人的商汤、周文王、齐桓公、秦穆公

《惜往日》:"闻百里之为虏兮,伊尹烹于庖厨。吕望屠于朝歌兮,宁戚歌而饭牛。不逢汤武与桓缪兮,世孰云而知之?"

洪兴祖《补注》:"晋献公虏虞君与其大夫百里傒,以百里傒为秦缪公夫人媵。百里傒亡秦,走宛,楚鄙人执之,缪公闻百里傒贤,以五羖羊皮赎之,释其囚,与语国事,缪公大

---

① 洪兴祖:《楚辞补注》,北京:中华书局,1983年,第138页。
② 楚辞常以"荪"比喻楚王。如《九章·哀郢》:"数惟荪之多怒兮,伤余心之忧忧。"王逸《章句》:"荪,香草也,以喻君。""言惟思君行,纪数其过,又多忿怒,无辜受罚,故我心忧忧而伤痛也"。又"兹历情以陈辞兮,荪佯聋而不闻",显然以"荪"比喻楚王。王逸《章句》:"君耳不听若风过也"。"愿荪美之可完",王逸《章句》:"想君德化可兴复也",皆以"荪"喻君,以"荪"喻楚王。
③ 洪兴祖:《楚辞补注》,北京:中华书局,1983年,第144页。
④ 洪兴祖:《楚辞补注》,北京:中华书局,1983年,第144页。
⑤ 洪兴祖:《楚辞补注》,北京:中华书局,1983年,第145页。

说,授之国政,号曰'五羖大夫'。"① 可知百里奚原为虞国臣,虞亡,为晋献公所俘,作为秦缪公夫人媵臣陪嫁到秦。百里奚逃走到宛,被楚边防军抓获,秦穆公用五张羊皮把他赎回来,委以国政,成就一番功业。秦穆公之于百里奚,可谓知遇之恩。伊尹也曾经作为媵臣被陪嫁到商汤那里,任庖厨之务,在仆役之列,后以滋味说汤,受汤赏识重用。吕望即姜太公,传说在遇到周文王之前,曾从事过许多行业,皆一事无成。后隐居磻溪,直钩垂钓而遇周文王,被重用,建功立业。宁戚尝为齐桓公养牛,歌而饭牛,得齐桓公赏识而重用。此数子者,皆以受明君赏识而被重用。此数君者,可谓能识人、用人者,作者以他们为典故,实即强调了明君对于人才能否得到发挥自己才能的舞台之决定性作用。正如作者所言:如果不是遇到了这些圣帝贤君,世人谁会知道他们呢? 意即,如果不是遇到了这四位圣帝贤君,他们早都被埋没到历史的烟云中去了,谁还会记得他们呢? 这四位贤君,是慧眼识人的明君的代表,是作者理想君王的代表,作者借此强调明君识人对人才的重要作用,表达的是对明君的憧憬和渴望,隐含着国无贤君、不遇明君的悲愤与哀伤。

(二)作者的榜样:彭咸、伯夷

彭咸是作者人生走向终点过程中在辞作中提到的最多的历史人物。仅在《离骚》中就明确提到两次,《悲回风》中明确提到三次。"望三五以为像兮,指彭咸以为仪。(《抽思》)彭咸:作者的榜样。仪:模范。王逸《楚辞章句》:'先贤清白,我式之也'"②,是说作者以彭咸的清白为榜样,此以为此句表明作者主动的榜样选择:彭咸坚持直谏的精神、宁死不屈的斗争精神。彭咸是作者在《九歌》中提到次数最多的古人先贤。除了《抽思》之外,作者还在《悲回风》中三次提到彭咸:"夫何彭咸之造思兮,暨志介而不忘。" 意思是说:"己见谗人倡君为恶,则思念古世彭咸,欲与齐志节而不能忘也"③ "孰能思而不隐兮? 昭彭咸之所闻。"王逸《章句》:"谁有悲哀而不忧也? 睹见先贤之法则也。"④ 又 "凌大波而流风兮,托彭咸之所居"王逸《章句》:"从古贤俊自沉没也",表现的仍是继承彭咸并光而大之的愿望。可以说,彭咸就是作者的榜样和偶像,作者在人生遇到上不得君王的理解,下遭谗言诋毁的情况下,学习效法彭咸直谏不回、宁死不屈的斗争精神就成为作者必然的选择。

伯夷,也是作者在《九章》中提到两次,也是提到次数比较多的历史人物。其中《橘颂》"行比伯夷,置以为像兮",王逸《章句》:"像,法也。伯夷,孤竹君之子也。父欲立伯夷,伯夷让弟叔齐,叔齐不肯受,兄弟弃国,俱去之首阳山下。周武王伐纣,伯夷、叔齐扣

---

① 洪兴祖:《楚辞补注》,北京:中华书局,1983年,第151页。
② 洪兴祖:《楚辞补注》,北京:中华书局,1983年,第138页。
③ 吴广平认为此句的意思是:"我为何追怀古贤彭咸? 愿像他志坚不变立场。"吴广平:《楚辞》,长沙:岳麓书社,2011年,第207页。
④ 吴广平认为此句的意思是:"谁能想到这些不隐痛? 我终于明白了彭咸的作为。"吴广平:《楚辞》,长沙:岳麓书社,2011年,第207页。谨按:前句为"孤子吟而抆泪兮,放子出而不还",吴广平对"孰能思而不隐兮"的理解是正确的。

马谏之曰：'父死不葬，谋及干戈，可谓孝乎？以臣弑君，可谓忠乎？'左右欲杀之，太公曰：'不可。'引而去之，遂不食周粟而饿死。屈原亦自以修饰洁白之行，不容于世，将饿馁而终，故曰以伯夷为法也。"① 洪兴祖《补注》引韩愈说："伯夷者，特立独行，亘万世而不顾者也。屈原独立不迁，宜与伯夷无异。乃自谓近于伯夷，而置以为像，尊贤之词也。"② 王逸认为屈原以伯夷为像是因为其结局及其原因近似，实非；洪兴祖认为屈原以伯夷为像是因为伯夷之言行可为自己的榜样，故以之为榜样，屈原以伯夷为榜样的做法是由于对前贤的敬仰，故此以为洪兴祖之说当是。

（三）跟作者有相似遭遇的人物

1. 遭谗言诬陷而被迫自杀的申生

《惜颂》"晋申生之孝子兮，父信谗而不好。"王逸《章句》："申生，晋献公太子，体性慈孝。献公娶后妻骊姬，生子奚齐，立为太子。因误申生使祭其母于曲沃，归胙于献公。骊姬于酒肉置鸩其中，因言曰：'胙从外来，不可信。'乃以酒赐小臣，以肉食犬，皆毙。姬乃泣曰：'贼由太子。'于是申生遂自杀。故曰：'父信谗而不爱'也。"③ 洪兴祖《补注》："《礼记》曰：'晋献公将杀其世子申生，公子重耳谓之曰：'子盍言子之志于公乎？'世子曰：'不可，君安骊姬，是我伤公之心也。''然则盍行乎？'曰：'不可，君谓我欲弑君也，天下岂有无父之国哉？吾何行如之？'使人辞于狐突曰：'申生有罪，不念伯氏之言也，以至于死。申生不敢爱其死。虽然，吾君老矣，子少，国家多难，伯氏不出而图吾君，伯氏苟出而图吾君，申生受赐而死，再拜稽首。'乃卒，是以为恭世子也。"④ 应该说，就原始文献而言，不管是在《左传》中，还是在《国语》中，申生都是一个孝子、忠臣的形象，申生的被迫自杀，主要原因在于其父晋献公的糊涂和骊姬用心的险恶，这一切归结到一点，就是他是嫡长子，是世子，挡住了骊姬的儿子奚齐的上升之路，正所谓"君子无罪，怀璧其罪"。他以忠臣孝子的美好德行而惨遭谗害，被迫自杀的故事和结局令人愤懑、令人痛心，故而屈原以申生的典故来表达自己相似的遭遇，来寄托自己遭受谗害的愤懑之情，亦在情理之中。

2. 因直谏被被迫自杀的伍子胥

伍子胥是屈原在《九歌》中提到的除彭咸之外最多的历史人物。《涉江》："伍子逢殃兮"王逸《章句》："伍子，伍子胥也，为吴王夫差臣，谏令伐越，夫差不听，遂赐剑而自杀。后越竟灭吴，故言'逢殃'。"⑤ 洪兴祖《补注》："子胥，伍员也。《史记》：'越王勾践率其众以朝吴，吴王喜，惟子胥惧曰：'是弃吴也。'谏，不听，赐子胥属镂之剑以死。将死，曰：

---

① 洪兴祖：《楚辞补注》，北京：中华书局，1983年，第155页。
② 洪兴祖：《楚辞补注》，北京：中华书局，1983年，第155页。
③ 洪兴祖：《楚辞补注》，北京：中华书局，1983年，第125页。
④ 洪兴祖：《楚辞补注》，北京：中华书局，1983年，第155页。
⑤ 洪兴祖：《楚辞补注》，北京：中华书局，1983年，第131页。

'抉吾眼置吴东门之上,以观越之灭吴也。'《庄子》曰:'伍员流于江。'邹阳曰:'子胥鸱夷。'"① 除了《涉江》,《惜往日》:"吴信谗而弗味兮,子胥死而后忧。"《悲回风》:"浮江淮而入海兮,从子胥而自适。"伍子胥虽本为楚人,但在家国认同与情感认同上,已经认为自己是吴国人了。伍子胥以忠正之心行直谏之事,最后遭谗毁而被赐剑自杀,与屈原有的遭遇有很大相似,传说伍子胥自杀前表示愿悬头吴门,以见越师灭吴。《惜往日》:"吴信谗而弗味兮,子胥死而后忧"所咏叹的就是伍子胥宁死不灭的忧国之心。虽死而不灭忧国之心,与屈原的忠君忧国之心亦大有相似。屈原在《涉江》中以"伍子逢殃"为典进行咏叹,亦为寄托自己遭受谗害的愤懑之情、至死不灭的忧国之心。而《悲回风》:"浮江淮而入海兮,从子胥而自适"则表现的是作者在理想彻底破灭之后,愿效法前贤投水自杀,顺从自己的心意的想法。当然,这种选择也是所有希望彻底断绝之后的无奈之举。作者此处并列提到伍子胥、介子推的目的,正如吴广平所言:"(作者)列举了前世得贤则兴与信谗则亡的事例,谴责了谗人蒙蔽君王、陷害忠良的罪恶行径。"②

3. 以直谏而被杀的比干

《涉江》:"比干菹醢"王逸《楚辞章句》:"比干,纣之诸父也。纣惑妲己,作糟丘、酒池长夜之饮,断斩朝涉、刳剔孕妇,比干正谏。纣怒曰:'吾闻圣人心有七孔。'于是乃杀比干,剖其心而观之,故言菹醢也。"③ 吴广平认为,这里用接舆、桑扈、伍子胥、比干等历史人物的典故是"以历史人物的遭遇抒发自己的悲愤心情。"④ 比干对商纣失德失政的举措正面提出批评,其直谏之举与屈原有很大相似。其被杀的结局亦与屈原之被迫自杀有很大的相似。屈原提到这四位历史人物,除了抒发自己的悲愤之情,表达自己对他们的同情和自己的自顾自怜之情也是其中的应有之义。

4. 有大恩于晋文公却被烧死的介子推与饿死首阳山的伯夷

介子推是屈原在《九歌》中提到的除彭咸和伍子胥之外最多的历史人物。《惜往日》"介子忠而立枯兮,文君寤而追求。封介山而为之禁兮,报大德之优游。"王逸《楚辞章句》:"介子,介子推也。文君,晋文公也。寤,觉也。昔文公被骊姬之谮,出奔齐、楚,介子推从行,道乏粮,割股肉以食文公。文公得国,赏诸从行者,失忘子推。子推遂逃介山隐。文公觉寤,追而求之,子推遂不肯出。文公因烧其山,子推抱树烧而死。故言'立枯'也。……文公遂以介山之民封子推,使祭祀之。又禁民不得有言烧死以报其德,优游其灵魂。"⑤ 洪兴祖《补注》曰:"《史记》:晋初定,赏从亡,未至隐者介子推,推亦不言禄,禄亦不及。介子推

---

① 洪兴祖:《楚辞补注》,北京:中华书局,1983年,第131页。
② 吴广平:《楚辞》,长沙:岳麓书社2011年,第198页。
③ 洪兴祖:《楚辞补注》,北京:中华书局,1983年,第131页。
④ 吴广平:《楚辞》,长沙:岳麓书社2011年,第156页。
⑤ 洪兴祖:《楚辞补注》,北京:中华书局,1983年,第151页。

从者乃悬书宫门。文公出,见其书,曰:'此介子推也,吾方忧王室,未图其功。'使人召之,则亡,遂求其所在,闻其入绵上山中,于是文公环绵上山中而封之,以为介推田,号曰'介山','以记吾过,且旌善人。'《庄子》曰:'介子推,至忠也。自割其股以食文公,公后背之。子推怒而去,抱木而燔死。'《淮南》曰:'介子歌龙蛇而文君垂泣也,封介山而为之禁者,以为介推田也。逸说非是,优游大德之貌。"① 作者感慨介子推"忠而立枯"的结局,为这样一位忠臣的遭遇而感到愤懑不平。当然,咏史是为了叹今,作者咏叹介子推的遭遇,实际上是隐曲地表达个人遭际的悲愤。《悲回风》:"求介子之所存兮,见伯夷之放迹",作者于想象中去寻访介子推隐居的遗迹,去探访伯夷饿死的首阳山,实际上也是"表明了自己决意效法前贤、伏节而死"②的决心。

5. 所行婞直却被杀的鲧

《惜颂》:"行婞直而不豫兮,鲧功用而不就。"王逸《章句》:"婞,很也。豫,厌也。鲧,尧臣也,言鲧行婞,很劲直,恣心自用,不知厌足,故殛之羽山,治水之功以不成也。屈原履行忠直,终不回曲,犹鲧婞很,终获罪罚。"③ 由此可见屈原与鲧秉性与遭遇的相似之处。洪兴祖《补注》:"申生之孝,未免陷父于不义。鲧绩用不成,殛于羽山,屈原举以自比者,申生之用心善矣,而不见知于君父,其事有相似者。鲧以婞直忘身,知刚而不知义,亦君子之所戒也。"④ 洪兴祖虽然对申生和鲧在一定程度上进行了批评,但也承认他们人格中某些闪耀着人性光辉之处。从某种意义上说,鲧的确是一个一腔热血的人,所以他的被杀就蒙上了一层悲剧色彩。

6. 虽有美容却被取代的西施

《惜往日》:"虽有西施之美容兮,谗妒入以自代。""谗妒",当指因嫉妒而说人坏话的小人。西施,越国美女。此处当为作者之自比,以西施的美貌比喻屈原自己的美德与才干,以取代西施的谗妒小人以比朝中以谗言迫害屈原的上官大夫、靳尚等人。西施遭谗言而被疏远,而谗妒小人却凭着谗言中伤的手段取而代之,正与作者原本有美好的品德和高超的才干,却被谗妒小人说坏话而被疏远,谗妒小人取代自己进入朝廷受到楚王的万千宠爱,西施的遭遇与作者的遭遇有相当多的相似,作者以西施的遭遇以比自己的遭遇,以西施的遭遇而激发读者对西施以及自己的同情和对奸佞小人的痛恨之情,以抒发自己对谗佞小人和现实遭遇的愤懑之情。当然,这里作者所言西施曾因被谗而被疏远是否属实尚有待商榷。就战国中后期文学创作而言,假借历史人物名称,虚拟人物事迹,为诸子百家所习用,屈原采用这一手法,似亦无可厚非。

---

① 洪兴祖:《楚辞补注》,北京:中华书局,1983年,第151页。
② 吴广平:《楚辞》,长沙:岳麓书社2011年,第214页。
③ 洪兴祖:《楚辞补注》,北京:中华书局,1983年,第126页。
④ 洪兴祖:《楚辞补注》,北京:中华书局,1983年,第126页。

7. 忠正却投水自杀的申徒狄

《悲回风》:"望大河之洲渚兮,悲申徒之抗迹。骤谏君而不听兮,重任石之何益?"王逸《章句》:"申徒狄也,遇闇君,遁世离俗,自拥石赴河,故言'抗迹'也。"① 洪兴祖《补注》:"《庄子》云:'申徒狄谏而不听,负石自投于河。'《淮南》注云:'申徒狄,殷末人也。不忍见纣乱,自沉于渊。'"② 吴广平将此两句译为:"我遥望着黄河的沙洲,悲伤申徒狄品行高尚。一再劝谏君王不听从,抱石沉江又有何用场?"③ 从王逸章句和洪兴祖补注来看,吴广平的理解是对的。尽管屈原怀疑申徒狄这样做的意义,但从"浮江淮而入海兮,从子胥而自适"两句来看,其借伍子胥和申徒狄的典故'抒发以死明志的决心'④ 的目的还是很清楚的。

8. 被假设不遇的历史人物:倕

《怀沙》:"巧倕不斵兮,孰察其拨正?"王逸《章句》:"倕,尧巧工也。斵,斫也。"洪兴祖《补注》:"《书》曰:垂,汝共工。《庄子》曰:工倕旋而盖规矩。《淮南》曰:周鼎著倕,使衔其指。"⑤ 王逸《章句》:"言倕不以斤斧斲斫,则曲木不治,谁知其工巧者乎?以言君子不居爵位,众亦莫知其贤能也。"⑥ 此处是假设倕得不到展示自己的机会,则谁也不知道他擅长木工之务。亦即是说,其想要表达的真实意思是:"人才要通过试用才会发现。"⑦ 这里,屈原更多的是想借此说明一个道理:要给人才展示自己才能的机会和舞台,不能仅凭他人(主要是身边的宠臣)的话就轻易做出判断和不予任用的决定。这实际上也是借假设的倕的遭遇来抒发自己遭谗被弃置不用的悲愤之情。

9. 明察秋毫之末却被认为"无明"的离娄

《怀沙》:"离娄微睇兮,瞽以为无明。"王逸《章句》:"离娄,古明目者也。孟子曰:'离娄之明,睇眒之也。'"洪兴祖《补注》:"《淮南》曰:'离朱之明,即离娄也。黄帝时人,明目,能见百步之外秋毫之末。……言贤者遭困厄,俗人侮之,以为痴也。"⑧ 吴广平:"离娄:人名,又叫离朱,传说为上古时代视力很好的人,在上百步远的地方就能看清秋天鸟兽身上新长的细毛。黄帝遗失了玄珠,他帮找回。"离娄,是像屈原一样的能干者的象征,而瞽则是不能察人、识人的昏君的象征,明察秋毫之末的离娄被瞽者认为"无明",正如吴广平所

---

① 洪兴祖:《楚辞补注》,北京:中华书局,1983年,第161页。
② 洪兴祖:《楚辞补注》,北京:中华书局,1983年,第161页。
③ 吴广平:《楚辞》,长沙:岳麓书社2011年,第216页。
④ 吴广平:《楚辞》,长沙:岳麓书社2011年,第216页。
⑤ 洪兴祖:《楚辞补注》,北京:中华书局,1983年,第142页。
⑥ 洪兴祖:《楚辞补注》,北京:中华书局,1983年,第142页。
⑦ 吴广平:《楚辞》,长沙:岳麓书社2011年,第179页。
⑧ 洪兴祖:《楚辞补注》,北京:中华书局,1983年,第143页。

言:"这两句是比喻真才被错看。"① 作者以离娄被"瞽"认为"无明"表达了自己被诬枉、被冤屈的悲愤之情。

10. 曾遭遇困厄的百里奚、伊尹、吕望与宁戚

《惜往日》"闻百里之为虏兮,伊尹烹于庖厨。吕望屠于朝歌兮,宁戚歌而饭牛。不逢汤武与桓缪兮,世孰云而知之?"百里、伊尹、吕望和宁戚皆有曾经遭遇困厄的经历,当他们遭遇困厄的时候,与作者的经历皆有相似之处。作者写到他们,一方面对他们的困厄经历寄予同情,但最主要的还是感慨明君对于人才的重要甚至决定性作用,抒发的主要是作者不遇明君的悲哀。

11. 被谗人说坏话的尧舜

《哀郢》:"尧舜之抗行兮,了杳杳而薄天。众谗人之嫉妒兮,被以不慈之伪名。"洪兴祖《补注》:"尧舜与贤而不与子,故有不慈之名。《庄子》曰:'尧不慈,舜不孝。'言此者以明尧舜大圣,犹不免谗谤,况余乎?"② 吴广平:"被:加在身上。不慈:对子女不慈爱。伪名:捏造的罪名。传说尧认为自己的儿子丹朱不贤,便把帝位传给舜。舜认为自己的儿子商均不肖,便把帝位传给禹。这本是值得歌颂的'抗行',但后世宗法观念很深的人却指责他们对自己的儿子不慈爱。例如《庄子·盗跖》即说:'尧不慈,舜不孝。'又《吕氏春秋·当务篇》说:'尧有不慈之名,舜有不孝之行。'"③ "唐尧和虞舜德行高尚,如日月经天光被四表。众多小人谗害嫉妒贤能,竟诬蔑'尧不慈、舜不孝'。"④ 作者借此主要表现对谗佞小人谗害忠良的不满和愤恨。

12. 自狂怪行的接舆与桑扈

《涉江》:"接舆髡首兮,桑扈臝行。忠不必用兮,贤不必以。"接舆与桑扈一向被视为狂怪悖晦之人,接舆号称"楚狂",事迹见于《论语》,这也是《九章》中为数不多的楚人形象。王逸《章句》:"接舆,楚狂。接舆也,髡剔也。首,头也。自刑身体,避世不仕。"洪兴祖《补注》:"《论语》曰:'楚狂接与歌而过孔子。'杨子曰:'狂接舆之被其发也。'"⑤ 据吴广平说,"接舆:春秋时楚国的隐士,即《论语·微子》篇所说的'楚狂'。髡首:剃去头发,是古代的一种刑罚。古人认为头发受之于父母,所以剃去头发,是一种耻辱。相传接舆最初披发假装疯癫,后来又自动将头发剃去。这是用异常的举动表示坚决不与统治者合作。"⑥ 至于桑扈,王逸《章句》:"桑扈,隐士也。去衣裸裎,效夷狄也。言屈原自伤不容于

---

① 吴广平:《楚辞》,长沙:岳麓书社2011年,第180页。
② 洪兴祖:《楚辞补注》,北京:中华书局,1983年,第136页。
③ 吴广平:《楚辞》,长沙:岳麓书社2011年,第166—167页。
④ 吴广平:《楚辞》,长沙:岳麓书社2011年,第167页。
⑤ 洪兴祖:《楚辞补注》,北京:中华书局,1983年,第131页。
⑥ 吴广平:《楚辞》,长沙:岳麓书社2011年,第156页。

世,引此隐者以自慰也。"① 吴广平:"桑扈:人名,古代隐士,即《庄子·大宗师》中所说的'子桑户'。裸行,裸体而行。《孔子家语》说桑扈'不衣冠而处',也是一种玩世不恭的行为。"② 但屈原这里咏叹他们,不是因为他们狂怪的行为,而是认为他们都是忠臣贤士,所同情和怨愤的是他们以忠君之节、贤能之才而不得重用,反而不得不佯装狂癫,故下文说出"忠不必用兮,贤不必以"这样愤激的话。作者明为感伤同情接舆和桑扈,实际上也是借他人之酒杯,以浇自己心中之块垒,表达自己虽具忠君之心、贤能之才:"博闻强志,明于治乱,娴于辞令。入则与王图议国事,以出号令;出则接遇宾客,应对诸侯"③,却不得重用的愤怒与悲哀。

(四)谗巧小人的象征:嫫母

《惜往日》:"妒佳冶之芬芳兮,嫫母姣而自好。虽有西施之美容兮,谗妒人以自代。"嫫母,是传说中相貌奇丑的丑女,洪兴祖《补注》:"西施,越之美女。《越绝书》曰:'越王勾践得苎萝二女西施、郑旦,以献吴王。'"④ 这四句的意思是说,"嫉妒美人的馥郁芳香,丑妇嫫母竟扭捏作态,自以为美好。即使有西施一样的美貌,谗佞小人也要钻营取代。"⑤ 作者显然是借美人自比,以丑女比谗巧小人,表达的是对谗巧小人的愤恨和自己遭遇谗佞小人诽谤陷害的悲愤之情。

(五)对自己的自信

1. 对自己忠正的自信与迫切心情的寄托:咎繇(皋陶)

《惜诵》:"俾山川以备御兮,命咎繇使听直。"王逸《章句》:"咎繇,圣人也。言己愿复令山川之神备列而处,使御,知己志。又使圣人咎繇听我之言忠直与否也,夫神明照人心,圣人达人情,故屈原动以神圣自证明也。"⑥ 咎繇(皋陶),在历史上以执法公正严明而著称,作者"命咎繇使听直",表现了作者对自己的忠诚正直充分的自信,也表现了诗人急于向楚王证实自己的忠信、急于为国效力的迫切心情。

2. 对自己才能的自信:造父

《思美人》:"勒骐骥而更驾兮,造父为我操之。"王逸《章句》:"举用才德,任俊贤也。""御民以道,须明君也。"洪兴祖《补注》:"《史记》:秦之先造父,以善御幸于周缪王,得骥、温骊、骅骝、騄耳之驷,西巡狩。"⑦ 谨按:此句前句"车既覆而马颠兮,蹇独怀此异路"上下四句的意思是:"尽管车已翻马又跌倒,我依然望着前途。让骏马重新驾车,请造父

---

① 洪兴祖:《楚辞补注》,北京:中华书局,1983年,第131页。
② 吴广平:《楚辞》,长沙:岳麓书社2011年,第156页。
③ 司马迁:《史记》,北京:中华书局,1959年,第2481页。
④ 洪兴祖:《楚辞补注》,北京:中华书局,1983年,第152页。
⑤ 吴广平:《楚辞》,长沙:岳麓书社2011年,第200页。
⑥ 洪兴祖:《楚辞补注》,北京:中华书局,1983年,第122页。
⑦ 洪兴祖:《楚辞补注》,北京:中华书局,1983年,第147页。

当我车手。"尽管自己遭受挫折,但依然不悔,依然高度自信、满怀信心。拉车的马是"骐骥",驾车的是最优秀的御者造父,这都表现了作者对自己才能的高度自信。正是由于这种高度自信,所以作者即使遭遇挫折,依然百折不回!

　　总的来说,《九章》的人物典故具有如下特点:《九章》人物典故多为中原人物典故,多为儒家典籍提到的人物的典故,多为儒家所肯定和赞扬的人物的典故。这反映了屈原的历史文化结构主要还是中原历史文化,由此亦可管窥中原文化对楚文化的巨大而深刻的影响。早期由史官记录的历史故事主要是为了给当代和后代统治者提供治国理政的历史经验教训,《逸周书·史记解》记录了左史戎夫奉命给周穆王讲述历史上的兴亡故事以提供治国理政经验教训的借鉴的生动实例。后来,文化逐渐普及和下移,官方以经过精心选择的历史文献教育贵族子弟(未来的各级官员和统治者),目的也是为了为未来的统治者提供理政的历史经验教训的借鉴,这些文化精英在掌握了这些历史典故之后,在个人的文学创作中也借用这些历史典故来说理抒情,这反映了从史官以提供历史的借鉴为目的到文学作品的以抒情说理为目的的转变。另外,作为典故而出现在《九章》中的人物,已经化作寄寓着作者思想情感的艺术形象,在《九章》中视为人物典故固无不可,视为人物意象亦无不可。

《楚辞·九怀》的远游描写和王逸注

东北大学　矢田尚子

前言

作品主人公(叙述主体)的远游是楚辞文学特征之一。除了为一般所知的《离骚》和《远游》中的神游以外,《九章》《九辩》,还有汉代拟骚作品《惜誓》《七谏》《哀时命》《九怀》《九叹》《九思》皆含远游。

其中,被认为是西汉宣帝期的宫廷诗人王褒所作的《九怀》,其乱辞以外的九篇,每篇都描绘远游。《楚辞学通典》亦指出远游占《九怀》全本的不少部分,其云:

> 在结构上,《九怀》中的九篇作品大体都是一种创作模式,每篇开头写现实生活之黑暗,贤者不容于世,因而愤世而远游。妾着便是种种远游场面及所见所闻的具体描写。最后部分是思念君王而自伤。前后两部分都较短,着墨最多的是中间部分的远游之描写。这种结构实际和《楚辞·远游》篇类似。①

那么,含有这么多远游场面的《九怀》,在《楚辞》研究史上被认为是怎样的作品?先看东汉王逸的《楚辞章句》:

> 九怀者,谏议大夫王褒之所作也。怀者,思也。言屈原虽见放逐,犹思念其君,忧国倾危而不能忘也。褒读屈原之文,嘉其温雅,藻采敷衍。执握金玉,委之污渎,遭世溷浊,莫之能识,追而愍之。故作九怀,以裨其词。史官录第,遂列于篇。②

王逸认为王褒为了补充说明被放逐后还思念怀王、不忘忧国的屈原的心情而作《九怀》,也就是说,它是王褒代替屈原所作。

再看南宋朱熹《楚辞辩证》中的叙述。他说由于《九怀》等汉代拟骚作品不值一看,不需收录进他的《楚辞集注》。

---

① 周建忠、汤漳平主编:《楚辞学通典》,武汉:湖北教育出版社,2003年,第61页。
② 王逸:《楚辞章句》,台北:艺文印书馆,1974年,第388页。文中凡征引王逸《楚辞章句》原文,均据此书。如遇文字讹误,则依《四部丛刊》本径改,以下不具体注明。

七諫、九懷、九歎、九思,雖為騷體,然其詞氣平緩,意不深切,如無所疾痛而強為呻吟者。就其中,諫、歎猶或粗有可觀,兩王則卑已甚矣。故雖幸附書尾而人莫之讀。今亦不復以累篇表也。①

朱熹还说"其七谏以下,无足观者,而王褒为最下"②,认为不值一看的汉代拟骚作品中,《九怀》最粗劣。由于受到朱熹的这样评价,又没收录于《楚辞集注》,《九怀》从宋代一直到近代都没有机会被收录于各种《楚辞》注释书。

至于近代,有几本《楚辞》注释书和全译书,开始收录包含汉代拟骚作品的所有《楚辞》作品,随之,对《九怀》的评价也有些变化。比如,黄寿祺等《楚辞全译》根据上述《章句·九怀序》,作《九怀·解题》,叙述如下:

　　这九篇作品,都是政治抒情诗。它们强烈的政治性、浓重的抒情意味与《离骚》基本相似。在表现手法上也多效法《离骚》,采用幻想夸张的手法,很少纪实之辞。语言流畅、生动、形象,篇章结构跌宕有效,诚笃的爱国思想与丰富的想象相结合,是这组诗歌的主要特色。③

此中"采用幻想夸张的手法,很少纪实之辞",似乎指出作品不少部分为远游之描写。尽管如此,《楚辞全译》认为从《九怀》中可以看出屈原的"爱国思想",而高度评价它的文学价值。

不过,汤炳正等《楚辞今注》却对于《章句·九怀序》的说明提出异议。

　　然考九壤,似非专为悯屈,乃是读屈赋而"赴曲相和",以表个人怆怆自怜之情。王褒志在讽谏,故第一章匡机似取"正概机"之意,强调"修近理内",乱辞更是疾呼圣贤之君。正如作者的圣主得贤臣颂所谓:"故世必有圣知之君,而后有贤明之臣"。④

《楚辞今注》认为,王褒读屈赋,与屈原有同感,把他自怜性情表述于作品,所以从《九怀》可以看出王褒对宣帝的讽谏之意。

如此可见,对于《九怀》有两种解释;其一就是《章句》以来的传统解释,认为叙述主体为屈原,作品表现屈原的爱国思想。其二认为叙述主体为王褒,表现王褒对宣帝诉说

---

① 朱熹:《楚辞集注》,台北:华正书局,1974年,第319—320页。
② 朱熹:《楚辞集注》,台北:华正书局,1974年,第403页。
③ 黄寿祺、梅桐生:《楚辞全译》,北京:北京联合出版公司,2018年,第238页。
④ 汤炳正、李大明、李诚、熊良智:《楚辞今注》,上海:上海古籍出版社,1996年,第312页。

的讽谏之意。

然而,姜亮夫《楚辞通故》却说,议论叙述主本是屈原还是王褒,根本没意义。

> 王逸《章句》曰……于文皆不甚贴切。依褒言,则全为屈子立言,而照以全文,实多作者发抒之词,亦或不能别测,其为熟思,故亦不能固执一端,即如乱辞总结全文曰"皇门开兮照下土,株秽除兮兰芷睹;四佞放兮后得禹,圣舜摄兮昭尧绪,孰能若兮愿为辅"云云。此古大臣辅弼之所同愿,以为屈原之怀固可,以为作者探屈原之怀亦可,以为作者自怀亦无不可。盖褒为谏议大夫,以文学侍从,至得意,本无悲戚可言,不过文人拟作,兴到笔随,本无可说,故其文只见拼扯,不见真宰,盖与东方、叔师之作,同一无病呻吟者耳。①

姜亮夫认为《九怀》是宫廷诗人王褒拼凑而作,所以它只不过是"无病呻吟",作品中没有屈原的心情,也没有王褒的心情。这似乎继承了朱熹的意见:汉代拟骚作品乃"无所疾痛而强为呻吟者"。不过,值得注意的是,"呻吟"的评价似乎只关注《九怀》各篇开头和末尾描写的忧愁,可那只是远游以外的较短的部分。为了能够正确评价《九怀》,更须注意其主要的远游部分,因为反复出现的远游场面一定对作品的成立和主题有重要意义。

由许多幻想场面构成的作品群中,能否看出屈原的爱国思想或者王褒的讽谏之意?若如姜亮夫所说,《九怀》是拼凑词语的模拟作品,那么,作品中为何反复出现远游场面?本文由此观点重新考察《九怀》各篇的内容。

一、《九怀·匡机》的考释

《九怀》包括《匡机》《通路》《危俊》《昭世》《尊嘉》《蓄英》《思忠》《陶壅》《株昭》九篇,九篇之后,加上一个"乱曰"的部分作为乱辞。首先,以首篇《匡机》的全文为例,确认各篇共通的模式,同时和王逸注语对照而进行考证。以下1、2等数字为《九怀》文本,(1)、(2)等有括弧的数字为王逸的八言注语。

    1 极运兮不中　　　　(1)周转求君,道不合也。
    2 来将屈兮困穷　　　　(2)还就农桑,修畜植也。
    3 余深愍兮惨怛　　　　(3)我内愤伤,心切剥也。
    4 愿一列兮无从　　　　(4)欲陈忠谋,道隔塞也。

---

① 姜亮夫:《楚辞通故》,《姜亮夫全集》三,昆明:云南人民出版社,2002年,第669页。

在文本开头,叙述主体悲叹、忧伤他自己的不幸,但没有明确表示不幸的具体内容。然而,王逸注语以1的"极运"为"周转求君",以2的"屈""困穷"为"就农桑""修播植"等,添加文本中没有提到的要素。关于王逸注语的牵强附会,朱熹早就指出①,而且,日本学者小南一郎亦指出:王逸注语,尤其用八言(四言+四言)句形式时,附会程度特别显著②。据《章句·九怀序》,王逸认为《九怀》的叙述主体是屈原,所以就把主体忧伤的原因归于他不见容于怀王,附会屈原。

在文本中,叙述主体忧伤悲叹之后,忽然开始神游,王逸注语亦脱离文本,附会屈原。

5 乘日月兮上征	(5)想托神明,升天庭也。
6 顾游心兮鄗酆	(6)回眄周京,念先圣也。
7 弥览兮九隅	(7)历观九州,求英俊也。
8 彷徨兮兰宫	(8)遊戏道室,诵五经也。

尽管文本没有提及主体远游的目的,王逸注语却说"想托神明""求英俊",还以"兰宫"为"道室",又以文本中没提及的"诵五经"作为主体行为。

接着,文本用各种各样的香草来描写远游路上出现的楼阁。然而,王逸注语把这些香草楼阁当作表现屈原高洁品格的比喻。

9 芷闾兮药房	(9)居仁履义,守忠贞也。
10 奋摇兮众芳	(10)动作应礼,行馨香也。
11 菌阁兮蕙楼	(11)节度弥高,德成就也。
12 观道兮从横	(12)众人瞻望,闻功名也。

在《离骚》中,王逸注语亦以各种香草为表示屈原高洁品质的比喻③,与《九怀》的这些注语态度几乎是如出一辙。

文本描绘楼阁之后,继续言及洋溢黄金宝石、芳香溪流、神圣生物等的幻想情景。

---

① 朱熹:《楚辞集注》,台北:华正书局,1974年,第5页:"……而独东京王逸章句与近世洪兴祖补注并行于世。其于训诂名物之间、则已详矣。顾王书之所取舍与其题号、离合之间,多可议者。而洪皆不能有所是正。至其大义、则又皆未尝沈潜反复、嗟叹咏歌、以寻其文词指意之所出、而遽欲取喻立说、旁引曲证、以强附于其事之已然。是以或以迂滞而遂于性情,或以迫切而害于义理、使原之所为抑郁而不得申于当年者、又晦昧而不见白于后世"。
② [日]小南一郎:《楚辞とその注釈者たち》,京都:朋友书店,2003年,第305页。
③ 比如,对于《离骚》"余既滋兰之九畹兮,又树蕙之百畮",王逸注语说:"言己虽见放流,犹种莳众香,循行仁义,勤身勉力,朝暮不倦也",对于"畦留夷与揭车兮,杂杜蘅与芳芷",说:"言己积累众善,以自洁饰,复植留夷、杜蘅,杂以芳芷,芬香益畅,德行弥盛也"。

13 宝金兮委积	（13）志意坚固，策谋明也。
14 美玉兮盈堂	（14）懿誉光明，满朝廷也。
15 桂水兮潺湲	（15）芳流衍溢，周四境也。
16 扬流兮洋洋	（16）洁白之化，动百姓也。
17 蓍蔡兮踊跃	（17）蓍龟喜乐，慕清高也。
18 孔鹤兮回翔	（18）畏怖罗网，升青云也。

然而，王逸注语认为这些描写都为暗示主体屈原的出色言行、能够感化众人的道德品质。其中，文本 17、18 描写神龟神鸟欢乐飞翔的样子，主语"蓍蔡"和"孔鹤"，动词"踊跃"和"回翔"是对偶。但王逸注语不反映这些对偶，虽然"蓍蔡"解释为"蓍龟"，但是没有解释"孔鹤"的意思，以动词"回翔"为"升青云"，并且为了说明"孔鹤""升青云"的理由，添加原文不提及的"畏怖罗网"。由于添加说明理由的语句，结果八字注语中似乎无法容纳主语"孔鹤"的译词。

在文本末尾，叙述主体又悲叹忧伤，但与作品开头一样，他没有明确表示忧伤的原因，作品在此就结束。王逸注认为叙述主体为屈原，"远望"的对象为"楚郢"，忧伤原因乃是屈原对于怀王的思念。

19 抚槛兮远望	（19）登楼伏楯，观楚郢也。
20 念君兮不忘	（20）思慕怀王，结中情也。
21 怫郁兮莫陈	（21）忠言蕴积，不列听也。
22 永怀兮内伤	（22）长思切切，中心痛也。

综上所述，在《匡机》文本，叙述主体没有具体表明忧伤的原因和游行的目的就启程，远游于虚构的幻想境界，最后又诉说忧伤，但他忧伤的原因仍然暧昧，没有具体说明。由于文本中没有对叙述主体的具体描写，我们不能特定他是什么样的人物。尽管如此，王逸注语脱离文本内容，大量添加文本没提及的要素，断定远游的动机和目的，强行把叙述主体说成屈原。

二、《九怀》各篇开头的考释

《九怀·通路》以下的八篇作品亦含叙述主体的远游描写，但对于那些描写，王逸注语没有如《匡机》那样做脱离文本的说明，然而，在各篇开头部分，王逸注语还是添加文本中没有提及的要素。如下所示，在《通路》文本开头部分，叙述主体对溷浊的俗世发泄悲伤。

1 天门兮地户	(1)金闱玉闼,君之舍也。
2 孰由兮贤者	(2)谁当涉履,英俊路也。
3 无正兮溷厕	(3)邪佞杂乱,来并居也。
4 怀德兮何睹	(4)忠信之士,不见用也。

　　王逸注语以 1 的"天门""地户"为"金闱玉闼",并认为此处就是"君之舍",认为只有"英俊"能够"涉履"此处而进身朝廷,但实际上许多"邪佞"干扰,因而"忠信之士"不见登用。由于《九怀》之外,西汉诗文中没有"天门"和"地户"成对出现的用例,我们不能确认王逸有什么依据而这样解释。

　　日本学者松村巧的一篇论文《天门地户考》,广泛涉猎先秦两汉的道家文献,关于道教的"天门"和"地户"概念形成过程进行考释。据松村说,"天门"和"地户"的对偶概念是汉代以后才形成的。

　　　　在汉代,以天地或者阴阳两气的循环、交用来说明四时变化的自然学之中,"天门"和"地户"对偶概念才形成。其中"天门"被认为是天的阳气所发生之处,位于西北方向,而"地户"被认为是地的阴气所发生之处,位于东南方向。①

　　据松村说,汉代以后,"天门"和"地户"对偶概念被引进神仙术,成为汉代"遁甲之术"之中的,避开危难、隐遁躲藏的技术的重要概念。所谓"遁甲之术"是依据干支纪年纪日中的干支组合,以及干支表示的方位,确定吉凶,再推演出避凶之法②。由于重视有"甲"的"甲子""甲戌""甲申""甲午""甲辰""甲寅"的"六甲",它亦被称为"六甲之术"。

　　　　总之,逃避现实危难或隐匿身形的六甲之术中,"入地户"、"去天门、地户"之类的说法应该包含通过"天地之门户"由现实世界逃往另一个世界这样一种意思。③

　　若汉代的"天门""地户"有这样的意思,《通路》文本 1、2 便可以释为"天门还是地户,贤者通过哪个门户而离开俗世?",表现了叙述主体的"要离开现实世界而逃到另一个境

---

　　① ［日］松村巧:《天门地户考》,《中国古道教史研究》,京都:同朋舍出版,1992 年,第 162 页。
　　② ［日］松村巧:《天门地户考》,《中国古道教史研究》,京都:同朋舍出版,1992 年,第 162 页。该论文也指出由于《汉书·艺文志·数术略》有《风鼓六甲》二十四卷、《文解六甲》十八卷,可见西汉期已有这样方术。还有《后汉书·方术传序》有"其流又有风角、遁甲、七政、元气、六日七分、逢占、日者、挺专、须臾、孤虚之术,及望云省气、推处祥妖,时亦有以效于事也"之记述,范晔注曰:遁甲,推六甲之阴而隐遁也。今书《七志》有《遁甲经》。
　　③ ［日］松村巧:《天门地户考》,《中国古道教史研究》,京都:同朋舍出版,1992 年,第 164 页。

界"的愿望。这样解释,与以后的忧伤俗世溷浊的悲叹和其后的远游描写从逻辑上也说得通。而且,这样解释若有妥当性,王逸注语可以说在此也仍脱离文本,添加君臣关系的要素,勉强把文本和屈原的悲剧联系起来。

在《危俊》文本的开头部分,叙述主体用鸣蝉的比喻来发泄对于俗世的不满,然后,开始远游。

1 林不容兮鸣蜩	(1)国不养民,贤宜退也。
2 余何留兮中州	(2)我云诸夏,将远逝也。
3 陶嘉月兮总驾	(3)嘉及吉时,驱乘驷也。
4 搴玉英兮自修	(4)采取琼华,自修饰也。
5 结荣茞兮逶逝	(5)束草陈信,遂奔迈也。
6 将去烝兮远游	(6)违离于君,之四裔也。

王逸注语以1的"林"为"国",以6的"烝"为"君"。关于此等解释,黄灵庚《楚辞章句疏证》指出如下。

  案:章句"国不养民"云云,林之为国,因尔雅释诂"林,君也"。非也。尔雅林之为君,读作群,谓众也。属"二训同条"例。此言不为众所容也。①

  案:章句未引尔雅,有尔雅"林烝君也"以下一九字,后所增益。释诂林、烝之君为君,非君王之君,犹群也。前条谓之"二训同条"。言去众而远游也。烝训君、古书无征。②

在《章句》的几本版本中,王逸注语"违离于君,之四裔也"的八字后还有"尔雅曰,林、烝,君也。或曰,烝,进也。言去日进而远也"的十九字,但据黄氏说,这十九字是后人增益的。也许是由于王逸注语以"烝"为"君",后人在《尔雅》中找寻其根据而增益的。据黄氏所说,《尔雅》在此说的"君"指的是"群",因此"林""烝"亦指"群",就是"众人"的意思。所以文本1的意思是"不见容于众人",6的意思是"离开群众而远游"。王逸注语提及楚国、君王(怀王),把叙述主体与屈原联系起来,因此脱离原文,结果以"林"为"国",以"烝"为"君"。

在《昭世》开头,两句之后,叙述主体就开始远游。

---

① 黄灵庚疏证:《楚辞章句疏证》(增订本),第四册,上海:上海古籍出版社,2018年,第2383页。
② 黄灵庚疏证:《楚辞章句疏证》(增订本),第四册,上海:上海古籍出版社,2018年,第2385—6页。

1 世溷兮冥昏	（1）时君暗蔽，臣贪佞也。
2 违君兮归真	（2）将去怀王，就仁贤也。

　　文本两句说明远游的原因就是俗世的溷浊，远游的目的是离开俗世而"归真"。王逸注语以游行目的为楚国宫廷的腐败，目的为离开怀王而去仁贤之处。然而，"归真"如见于班固《东都赋》的"遂令海内弃末而反本、背伪而归真"①，有"回复原来的自然状态"的意思。黄灵庚《楚辞章句疏证》也说："案：归真，谓僊去也。章句'就贤人'云云，非也"②。还有，由于此句置于远游场面之前，"归真"在此似有离开俗世，逃到仙界的意思。王逸注语可以说是牵强附会。

　　综上所述，在《九怀》文本的各篇开头部分，叙述主体简单地说明为何他要远游，其实其动机是"不见于众人""俗世的溷浊"等的暧昧内容，主体遭受怎样的危害，根本没有具体说明。虽然如此，王逸注以叙述主体为屈原，排除此等暧昧的内容，把文本和忠臣屈原的传说连接起来。

三、《九怀》各篇末尾部分之考释

　　下面，对于《九怀》各篇末尾部分的文本和王逸注语的关系继续进行解释。在《通路》文本开头部分之后，有一段幻想远游情节，最后主体叙述如下。

29 纫蕙兮永辞	（29）结草为誓，长诀行也。
30 将离兮所思	（30）背去九族，远怀王也。
31 浮云兮容与	（31）天气瀹溶，乍东西也。
32 道余兮何之	（32）来迎导我，难随从也。

　　主体离开"所思"，跟随浮云不知走向何方，但王逸注语附会屈原传说，以"所思"为"九族""怀王"，把远游目的解释为离开故乡、怀王。文本31、32中主体只无意中问"浮云道余何之"，而王逸注语却说"来迎导我，难随从也"，从此句看出屈原对故国和怀王的不能斩断的思念，但这样思念是文本中却没有提及的。

　　最后，在文本末尾部分，叙述主体又悲叹忧伤，但在此仍然看不出他忧伤的具体原因，只描绘黑暗中雷声隆隆的阴沉情景来暗示主体的忧郁心情。

---

① 范晔：《后汉书·班彪列传》，北京：中华书局，1965年，第1368页。
② 黄灵庚疏证：《楚辞章句疏证》（增订本），第四册，上海：上海古籍出版社，2018年，第2397页。

33 远望兮仟眠	(33) 遥视楚国，瞕未明也。
34 闻雷兮阗阗	(34) 君好妄怒，威武盛也。
35 阴忧兮感余	(35) 内愁有伊，害我性也。
36 惆怅兮自怜	(36) 怅然失志，嗟厥命也。

然而，王逸注语附会屈原，说 33 的"远望"对象为"楚国"，说 34 的"雷"为"君"的愤怒的比喻。

《尊嘉》说了如下几句后，叙述主体远游四方，所以能看出主体对贤才遭难的浊世感到绝望而远游。

7 伊思兮往古	8 亦多兮遭殃
9 伍胥兮浮江	10 屈子兮沉湘
11 运余兮念兹	12 心内兮怀伤

因为在 10 从第三人称的视点提及屈原的自沉，所以至少在这段，叙述主体不会是屈原。

在文本的末尾部分，河神欢乐迎接主体，但他却"顾念旧都""怀恨艰难"，于是"窃哀"随波荡漾的"浮萍"似的自身。

25 河伯兮开门	(25) 水君俟望，云府寺也。
26 迎余兮欢欣	(26) 喜笑迎已，爱我善也。
27 顾念兮旧都	(27) 还视楚国，思郢城也。
28 怀恨兮艰难	(28) 抱念恚恨，常欲还也。
29 窃哀兮浮萍	(29) 自比如蘋，生水濒也。
30 汎淫兮无根	(30) 随水浮游，乍东西也。

王逸注语以 27 的"旧都"为"楚国""郢城"，还加上"常欲还"的词语而表示文本没有提及的主体的望乡之念。

综上所述，在《九怀》文本各篇的末尾部分，叙述远游场面之后，主体突然诉说忧伤，悲叹自己无依无靠的处境。然而，王逸注语把主体的忧伤解释成屈原对楚国和怀王的思慕之念。

上文所提的《楚辞学通典》也指出，《九怀》各篇的结构与《楚辞·远游》类似。《远游》开头云"悲时俗之迫阨兮，愿轻举而远游"，能看出叙述主体远游的具体原因与《九怀》各篇一样没有清晰表示，远游的目的也是离开俗世。因此，与《离骚》不同，《远游》和屈原传说的融合性很低。所以《章句》为了把两者结合起来,特意强调主体的望乡之念,附会屈原对楚国和怀王的思慕之念。比如,《远游·序》说:

> 远游者,屈原之所作也。屈原履方直之行,不容于世,上为谗佞所谮毁,下为俗人所困极,章皇山泽,无所告诉。乃深惟元一,修执恬漠,思欲济世,则意中愤然,文采铺发,遂叙妙思。托配仙人,与俱游戏,周历天地,无所不到。然犹怀念楚国,思慕旧故,忠信之笃,仁义之厚也。是以君子珍重其志,而玮其辞焉。

还有,远游路上主人公透露的望乡之念和其王逸注语如下:

137 涉青云以汎滥游兮	(137)随从丰隆、而相伴也。
138 忽临睨夫旧乡	(138)观视楚国之堂殿也。
139 仆夫怀余心悲兮	(139)思我祖宗、哀怀王也。
140 边马顾而不行	(140)骓骖徘徊、睨故乡也。
141 思旧故以想像兮	(141)恋慕朋友、念兄弟也。
142 长太息而掩涕	(142)喟然增叹、泣沾裳也。

屈原谓、修身合道、得遇仙人、托与俱游、周历万方、升天乘云、役使百神、而非所乐、犹思楚国、念故旧、欲竭忠信、以宁国家。精诚之至、德义之厚也。

在《九怀》中,王逸注语亦把各篇开头和末尾的叙述主体的忧伤和望乡之念与楚国或者怀王联接起来,把作品全体与屈原的悲剧重合,再次复述屈原的忠君爱国故事:受到谗害而见疏于君王,但不忍离开祖国和君王,不能远走异乡,也不能离俗登仙。

如上文所说,近代以后对《九怀》的评价可分为三种:其一认为作品表现屈原的爱国思想,其二认为表现王褒对宣王的讽谏之意,其三认为是模拟之作,只不过是"无病呻吟"。其中,前两者都似全面依据王逸注语而解释《九怀》。若清除王逸注语,重新审视各篇文本,容易发现《九怀》是以希望逃避俗世、游行于幻想境界的人物为叙述主体的,以游行表现为中心的作品群。

四、形形色色的远游

以上所述,在《九怀》文本中,关于叙述主体,我们能得到的信息只限于他是个希望脱离现实社会而逃避于幻想世界的人物,此外没有具体的人物印象。因此,如姜亮夫所说,我们不能特定主体是屈原还是王褒。不过,我们若听从朱熹或姜亮夫,把《九怀》当作"无病呻吟"而弃之不顾,就永远不能真正理解《九怀》。因为《九怀》的要点不在于开头和末尾的"呻吟",而在于中间的远游情节。若详细考释各篇的远游描写,我们就能发现那些远游场面展开于天界、水中、山中等各种各样的舞台上。

比如,《通路》《危俊》《昭世》《陶壅》如下仿效《离骚》和《远游》中的语句,铺叙驾龙飞升、周游八荒的远游历程。

《通路》:
11 乘虬兮登阳　　　12 载象兮上行
13 朝发兮葱岭　　　14 夕至兮明光
15 北饮兮飞泉　　　16 南采兮芝英
17 宣游兮列宿　　　18 顺极兮彷徉

《危俊》:
9 聊假日兮相伴　　　10 遗光燿兮周流
11 望太一兮淹息　　　12 纡余辔兮自休
13 晞白日兮皎皎　　　14 弥远路兮悠悠
15 顾列孛兮缥缥　　　16 观幽云兮陈浮

《昭世》:
3 乘龙兮偃蹇　　　4 高回翔兮上臻
5 袭英衣兮缇蜷　　　6 披华裳兮芳芬
7 登羊角兮扶舆　　　8 浮云漠兮自娱

《陶壅》:
5 驾八龙兮连蜷　　　6 建虹旌兮威夷
7 观中宇兮浩浩　　　8 纷翼翼兮上跻
9 浮溺水兮舒光　　　10 淹低佪兮京沚

《思忠》也铺叙天上世界,但其远游与上四篇不同,穿梭各种星宿之间,展开夜空中的远游情节。

17 登华盖兮乘阳　　　18 聊逍遥兮播光
19 抽库娄兮酌醴　　　20 援瓟瓜兮接粮
17 登华盖兮乘阳　　　18 聊逍遥兮播光
19 抽库娄兮酌醴　　　20 援瓟瓜兮接粮

《尊嘉》的远游与此等不同,多用《九歌》的《湘君》《湘夫人》《河伯》中的语句,铺叙水中世界的情景。

  15 榜舫兮下流　　　16 东注兮磕磕
  17 蛟龙兮导引　　　18 文鱼兮上濑
  19 抽蒲兮陈坐　　　20 援芙蕖兮为盖
  21 水跃兮余旌　　　22 继以兮微蔡

《匡机》《株昭》皆铺叙山林美景中的远游。

  《匡机》:
  9 芷闾兮药房　　　10 奋摇兮众芳
  11 菌阁兮蕙楼　　　12 观道兮从横
  13 宝金兮委积　　　14 美玉兮盈堂
  15 桂水兮潺湲　　　16 扬流兮洋洋
  《株昭》:
  19 鹔鸼开路兮　　　20 后属青蛇
  21 步骤桂林兮　　　22 超骧卷阿
  23 丘陵翔儛兮　　　24 鸡谷悲歌

可见,在《九怀》各篇主要的远游描写上,尤其历程和修辞上,具有各种独创性。总之,《九怀》可以说是聚焦《楚辞》中的远游描写,并将其发展深化的"楚辞派生作品"。

小结

司马相如《大人赋》也有与楚辞作品类似的远游描写[①]。据《史记·司马相如传》,相如奏完《大人赋》后,武帝高兴地说:"飘飘有凌云之气,似游天地之间意"。或许听完朗诵后的武帝觉得自己成了作品中的"大人",自由自在地飞翔于天地之间[②]。

如此,叙述主体的远游引起作品鉴赏者的共鸣,让他感觉到他自身远游于虚构的作

---

① 关于《远游》与《大人赋》远游描写的异同,详见于拙论《楚辞「远游」と「大人赋」—天界行モティーフを中心として—》,《集刊东洋学》第 94 号,2005 年,第 21—40 页。

② 关于在西汉期辞赋作品通过朗诵方式享受的情况,详见于[日]釜谷武志:《赋に难解な字が多いのはなぜか—前汉における赋の读まれかた—》,《日本中国学会报》第 48 集,1996 年,第 16—30 页。

品世界中。《九怀》和其他的楚辞作品中重复出现的远游或许也有那样的效果。鉴赏者主要关心的不是远游的种种原因、远游的目的地,而只是挑起他的想象力的、让他精神爽快的远游铺叙。因此,作品中并不需要详细说明具体动机或者目的地,只要在开头或者末尾简单地提及就罢了。叙述主体的作用只是联系作品和鉴赏者之间,所以主体并不需要有具体背景的特定人物。在《九怀》各篇中,叙述主体没有具体的人物形象,是因为《九怀》乃是以鉴赏远游铺叙为主要目的而创作的作品。

屈原作品中的建筑描写及其内涵意义

南通大学　张　佳

建筑描写是中国古典诗词的重要内容。以建筑入诗，或酣笔描摹，点墨成势，或因寄所托，志之哲理，诗人的笔端总少不了与生活息息相关的建筑。建筑物在现实生活中是人类居住、生活之所，在文学中凭借诗歌的主观表达，也能变得具有象征性、文化性，寄托作者情志，反映诗歌情态。《楚辞》的建筑描写也承担了屈辞创境、表意的文艺功能，具有一定的艺术张力。

一、屈原所写建筑类型

从不同的叙述视角来看，《楚辞》中的建筑属于三维空间分布：天界、地面和水中。天、地、水实际代表了楚人的空间观。据《招魂》和长沙马王堆 M1、M2 所出两幅汉初文景时期的帛画，此时楚人已把世界明确分为天上、人间、地下三部分"①。《离骚》中阊阖、春宫和瑶台是诗人上征求女所经过的三处建筑物，虽然还不是天宫，但确是诗人向天帝诉衷、向上寻求理想的象征性建筑。《九歌》中的建筑多是祭堂的文学化，其中《湘君》《湘夫人》《河伯》等篇专祀河神，故而《九歌》建筑意象多筑于水中，《湘夫人》云"筑室兮水中"，《河伯》言"鱼鳞屋兮龙堂，紫贝阙兮朱宫。灵何为兮水中？"而《招魂》《大招》里的建筑则为作者"内崇楚国之美"之一部分，以招魂"还反楚国，居旧故之处，安乐无忧也"②。故建筑多为人世间最豪奢、华丽的建筑宫殿，以此招诱孤魂。《楚辞》建筑意象就分布在天、地、水的空间意念中。

从建筑学上看，木构架为主的中国建筑体系，以"间"为单位构成单座建筑，再以单座建筑组成庭院，进而以庭院为单元，组成各种形式的组群。而群体建筑又有庭院与组群之分。③《楚辞》充满神幻诡谲的神话因素，神话中的建筑多为单体建筑，其中以台、宫为主。《离骚》"溘吾游此春宫兮，折琼枝以继佩""望瑶台之偃蹇兮，见有娀之佚女"，《远游》"集重阳入帝宫兮，造旬始而观清都"；此外，"门"在楚辞中也经常单独出现，《离骚》"吾令帝阍开关兮，倚阊阖而望予"、《九章·哀郢》"出国门而轸怀兮，甲之鼂吾以行""曾

---

①　俞伟超：《古史的考古学探索》，北京：文物出版社，2002年，第159页。
②　洪兴祖撰，白化文等点校：《楚辞补注》，北京：中华书局，1983年，第213页。
③　刘敦桢：《中国古代建筑史》，北京：中国建筑工业出版社，1984年，第8—11页。

不知夏之为丘兮,孰两东门之可芜"。《九歌·湘夫人》中有一段水室的描写,是湘君为迎接湘夫人而建,其内而外依次有室、堂、院、门。而《招魂》中的宫室则包括高堂邃宇、层台累榭,川谷径复,纵横交贯,规模巨大。

从建筑意象出现的性质而言,《楚辞》建筑又分神话、理想与现实三种。《离骚》中的建筑意象集中在诗歌后半部,朱自清云:"《离骚》里说到周游上下四方,驾车的动物,驱使的役夫,都是神话里的。"① 不惟动物役夫,其周游所经的建筑物也都带有神话性。而有"小离骚"之称的《九章》,以及《招魂》《大招》等,隐含屈原事迹,有现实感兴,正所谓"望丰屋知名家,睹乔木知旧都"②。《湘夫人》里的唯美水宫,建材均为芳草异木,是作者想象中的理想居室,象征着纯洁无瑕的美好感情。

二、招魂之居:现实·人世·组群建筑

《招魂》中两段关于建筑的详细描写,旨在"内崇楚国之美",通过华丽奢美的宫室来招诱怀王之魂③,故其大肆铺张描绘殿室台榭、离馆别苑,而且追求"形似",以写实之笔追述楚宫室的华丽精奢,反映了当时楚国建筑和物质水平的发达。汤炳正云:"《招魂》乃屈子招怀王之魂,而所描写者又皆王者宫廷实有之常事,并非设想,亦非夸大。""正可借以窥见当时楚国统治者的生活风尚。"④

(一)精致的楚王宫室

《招魂》对楚宫殿的描述先从外部结构着手,再刻画建筑内部的布局和陈设,中间又以外景描写为过渡,错落有致:

外部结构:高堂邃宇,槛层轩些。层台累榭,临高山些。网户朱缀,刻方连些。冬有突厦,夏室寒些。

外景:川谷径复,流潺湲些。光风转蕙,泛崇兰些。

内部布局与陈设:经堂入奥,朱尘筵些。砥室翠翘,挂曲琼些。翡翠珠被,烂齐光些。蒻阿拂壁,罗帱张些。纂组绮缟,结琦璜些。室中之观,多珍怪些。

(二)精美的园囿馆群

屈原不仅将怀王之魂引向正宫,还带领着魂主畅游园囿别馆,让魂主充分享受生前

---

① 朱自清:《经典常谈》,北京:中华书局,2003年,第39页。
② 王充:《论衡》,上海:上海人民出版社,1974年,第314页。
③ 《招魂》的作者是谁,所招之魂又是谁?一直是《招魂》研究的主要问题,几千年来聚讼纷纭。本文采取当今学界较为公认的说法,即主《招魂》为屈原招怀王亡魂说。
④ 汤炳正:《楚辞类稿》,成都:巴蜀书社,1988年,第420页。

所有的一切。此处所写建筑均为现实中的苑囿形制,其中以堂、榭为主体建筑。《招魂》:"离榭修幕",这些建筑又以雕饰着翡翠之羽的帱帐张设于高堂,堂壁以红白垩色,以丹砂饰轩,以黑玉为梁,雕梁画栋。水、木乃一园之核心。《招魂》所绘之园囿,亦有池、木之精巧布局。如人工开凿的曲池,蒋骥云:"前言川谷径复,以自然之形势言,此则于堂前凿为曲池。故坐堂而即临水,亦园囿之制也。"① 园内不仅风景秀美,而且保卫坚固,穿着虎豹条纹、佩戴异彩之饰的武官守卫在殿堂之外;而文官则随侍左右,"步骑士众,罗列而陈,俟须君命"。

《招魂》中的建筑描写如实勾勒出当时楚国宫殿、园林的规模和形貌,客观上是对诗人早期被委以重任时宫廷生活的追述,而主观上也隐含着他的哀怨之情和讽谏之义。《招魂》序曲里说明了此次招魂的目的,即自己行忠被妒,而"上无所考此盛德兮,长离殃而愁苦",因愁苦而作辞。而在乱辞中又说:"目极千里兮,伤春心。魂兮归来,哀江南!"满含着无奈、悲痛之感。

1. 过于奢美的宫殿建筑是国家衰亡的征兆。《招魂》对繁奢的楚宫、别墅和苑囿极尽描述,隐含了诗人对怀王平庸无能的极大讽谏,这种讽谏因楚王客死、楚国衰亡的现实又增添了更深层次的哀恸。春秋以来,楚国建筑日益繁盛,楚灵王建章华台,精美绝伦;顷襄王有兰台及阳云之台;怀王时据《招魂》所写亦是层台累榭、巧丽豪奢。而灵王、怀王与顷襄王当政时楚国均走向衰颓。繁华的宫室园囿是怀王昏庸的写照,也是对顷襄王不思治国、骄奢淫逸的讽刺。张裕钊《古文辞类纂》批语云:"《招魂》,招怀王也。屈子深痛怀王之客死而顷襄宴安淫乐,置君父仇耻于不顾,其词至为深痛。"②

2. 建筑生命的兴衰与人生离合、国家成败相互应和。建筑与人生一样有着盛衰的生命轨迹,所以周大夫有黍离之悲。《招魂》中的华丽宫室和别馆因主人怀王的一时荣耀而有富丽的景象,车水马龙的活动,因主人的失败而归于沉寂,终因岁月之磨蚀,无人照料而破败。正应和人生的悲欢离合、民族的荣辱兴衰。《哀郢》描述屈原离郢的情景:"曾不知夏之为丘兮,孰两东门之可芜?心不怡之长久兮,忧与愁其相接。"王逸注云:"怀王信用谗佞,国将危亡,曾不知其所居宫殿当为墟也。"

3. 建筑意象与美人意象的双重叠加,凸显荣华易逝的衰颓之感。《招魂》两段建筑描写之间还穿插了对侍女的描述,其中有"二八侍宿""九侯淑女",皆仪态优雅、夺目出众。与建筑意象一样,"美人"之被取为象征,不仅因其华美可作诗人理想的寄托,还因其生命短暂、韶华易逝而成为诗人理想幻灭的体现。所以有"及荣华之未落兮,相下女之可诒"的急迫,"惟草木之零落兮,恐美人之迟暮"的感叹。

---

① 蒋骥:《山带阁注楚辞》,上海:上海古籍出版社,1984年,第164页。
② 张裕钊著,王达敏校点:《张裕钊诗文集》,上海:上海古籍出版社,2007年,第527页。

三、迎神之屋:理想·水中·庭院建筑

《九歌》是一组祭祀乐歌,由原始的巫术祭歌发展为中原夏代《九歌》,楚人继承了这一组歌舞,作为祈雨求丰、降神祭鬼的仪式性乐舞,屈原删定其词,成为《楚辞·九歌》。

(一)祭典的场所——坛、堂

《九歌》中多次出现"堂"建筑,凡六处。堂作为礼制性建筑,其主要作用是举行祭祀活动。三代时即有明堂制,用来祀天、祭祖以及诸侯朝觐,但最重要的用途还是祭祀。《九歌》之"堂"均为所祭祀之神的祭堂,但屈原所述祭堂不仅是庄严肃穆的建筑,而是诸神居住的宫室,着重表现人神交往的"乐"与"哀"。这里芳香高洁,美人相伴:"灵偃蹇兮姣服,芳菲菲兮满堂"(《东皇太一》)、"满堂兮美人,忽独与余兮目成"(《少司命》);又有花草密布,流水环绕:"鸟次兮屋上,水周兮堂下"(《湘君》)、"秋兰兮麋芜,罗生兮堂下"(《少司命》);堂内饰以香草:"荪壁兮紫坛,匊芳椒兮成堂"(《湘夫人》)、"鱼鳞屋兮龙堂,紫贝阙兮朱宫"(《河伯》)。

举行祭典的场所除了明堂之外还有坛庙,"古代宗教建筑,祭祖先的便建庙,崇拜自然的便建坛"①。《楚辞·九歌》所祭对象可分为天神、地祇和人鬼三组,除《国殇》一篇,其余皆祀自然神,尤以水神最为生动,朱季海《楚辞解故续编》"水周兮堂下"条云:"河伯水神,将与之遇,乃为坛场大水之上,湘君、湘夫人既湘水之神,礼亦宜之。是知《九歌》:《湘君》之堂、《湘夫人》之室、《河伯》之堂屋、宫阙,亦水上坛场之比,盖皆当时迎神之实景云尔。"②

(二)神境的想象——水室

《湘夫人》中的水室,苏雪林称之为"神境的想象","好像安徒生童话里'小人鱼'的龙宫"③。这座水中"宫殿"构造与地面建筑无异,顶、栋、梁、楣等构件一应俱全,但用以建造房舍的材料全是芬芳馥郁的香草。以香草装饰自己的生活空间,比喻自我品质的贞洁在屈原作品中运用得已臻化境。众芳已然化入衣、食、住、行各方面之中。诗人穿戴的是香草,"扈江离与辟芷兮,纫秋兰以为佩"、"制芰荷以为衣兮,集芙蓉以为裳";饮食也是香草,"朝饮木兰之坠露兮,夕餐秋菊之落英";连居所也要用香草建构铺设,将满堂的芬芳充溢其间:中堂"播芳椒兮成堂",椒即芳椒,古代后妃多居于椒房,取其温而香也;室内"疏石兰兮为芳",石兰,香草;庭中则"合百草兮实庭",百草意谓多种香草;屋门"建芳馨兮庑门",王逸云:"馨,香之远闻者,积之以为门也。"④香气四溢是整栋水室的独特风格,同时也是理想化的诗歌意境。

---

① 毛心一、王璧文:《中国建筑史》,北京:东方出版社,2008年,第18页。
② 朱季海:《楚辞解故》,上海:上海古籍出版社,1980年,第229页。
③ 苏雪林:《屈赋论丛》,武汉:武汉大学出版社,2007年,第94页。
④ 洪兴祖撰,白化文等点校:《楚辞补注》,北京:中华书局,1983年,第67页。

《湘夫人》的水室构造，与《招魂》相比不以规模取胜，而以讲究的建材、精致布局和绮丽风情为要。这座水室的"设计方案"如下：

(1) 荷、芷——屋顶："葺之兮荷盖""芷葺兮荷屋"。以荷叶盖屋，既满足外观审美，也是南楚的民俗遗留①。芷，吴仁杰《离骚草木疏》引洪庆善曰："白芷，一名芳香，以此沐浴，濯洁之谓也。"

(2) 荪——室壁："荪壁兮紫坛"。荪，俗名石菖蒲。《吕氏春秋·任地篇》："冬至后五旬七日，昌始生，昌者，百草之先生者也。"荪生于百草先，生性耐寒坚韧，墙亦抵御之用。

(3) 桂树——屋梁、兰木——屋橑："桂栋兮兰橑"。桂、兰既是珍木、香木，《山海经·南山经》："招摇之山，临于西海之上，多桂"，《吕氏春秋·本味》："和之美者，阳朴之姜，招摇之桂"，又是古代宫殿主要架构材料，如汉代未央前殿就以木兰为棼橑，文杏为柱梁。

(4) 辛夷——门梁、白芷——卧室："辛夷楣兮药房"。辛夷，著名的香花植物，高数丈。药，即白芷。药房，以白芷装饰卧房。辛夷、白芷都是芳香之物，营造出"芳菲菲兮满堂"的效果。

(5) 薜荔——帷帐："罔薜荔兮为帷"。薜荔其实并无香味，但《楚辞》常把它引述为香草，《湘君》"薜荔柏兮蕙绸"，王逸云："薜荔，香草。"薜荔四时不凋，常栽种在屋垣、墙角或石阶作为绿化植物。

(6) 蕙草——帷幔："擗蕙櫋兮既张"。櫋，朱季海释为"幔"，"此文上言结帷，下云张幔，语本相承"②。蕙，《楚辞》中主要的香草，随身佩戴可散发香味。《艺文类聚》引《广志》云："蕙草绿叶紫华，魏武帝以为香烧之。"③

(7) 白玉——镇席："白玉兮为镇"。白玉性韧温润，在古代是君子的象征。

(8) 杜衡——屋外："缭之兮杜衡"。杜衡亦含香，可随身佩带作香料。《尔雅》郭璞注云："杜衡，似葵而香。"王念孙《广雅疏证》引《名医别录》云："杜衡香人衣体。"

这座水室绝非现实之居，而是诗人理想世界的水中宫殿。它的构造以现实为基础，但建材以香草美木为主，取其芳香、纯洁之意，在艺术上具有奇妙的审美效果，飘逸幽美，富有诗意。梁启超说："写客观的意境，便活给他一个生命，这是屈原绝大本领。"④而在意义层面，水中筑室也含有特定的指向。《九歌》中的二《湘》描写了一段优美而富于戏剧性的爱情故事，这段爱情因掺入舜与二妃的传说而显得缠绵悱恻，哀怨深杳。《湘夫人》

---

① 李大明《九歌论笺》云："近世湘西民俗，男女相爱交好时，筑室于山野，且用芭蕉叶覆盖这临时性的交欢室屋。此盖古风之遗。"成都：四川大学出版社，1992年，第80页。
② 朱季海：《楚辞解故》，上海：上海古籍出版社，1980年，第98页。
③ 王念孙：《广雅疏证》，南京：江苏古籍出版社，1984年，第314页。
④ 梁启超：《屈原研究》，《梁启超学术论著集》（文学卷），上海：华东师范大学出版社，陈引驰编，1998年，第256页。

写湘君赴会在水中筑室,他用香花异木建筑铺饰,表现出对爱人的思念、对爱情的渴求和对约会的完美想象。但湘君、湘夫人的这场幽会却因种种误会而终归失败。水中宫室毕竟只是意念中的遐想,用香草搭建的水中梁栋随着赴会的失约而破碎消失,承载着佳期不遇后的痛苦与忧伤。周拱辰《离骚草木史》言"种荷盖壁、坛堂、栋橑、帷橑、镇屋、庭实、庑门,非筑室水中,乃筑室于意中耳"。水室既表现了湘君、湘夫人之间刻骨铭心、执着深沉的爱恋,同时作为虚幻之境,也暗示了最终的无缘会合以至爱情的幻灭。《湘君》《湘夫人》所展示的就是这样悲剧式的爱情故事。

四、求女之所:神话·天界·单体建筑

"文学家采用神话,不能不推屈原为首。"① 而《离骚》神话世界仍以现实为基础,实质是诗人对政治理想的探索。"诗人所展现的虚幻世界又是对现实世界表现上的一个补充,诗人借以更充分地表现他那整个天地之间都难以容纳的忧愁、哀伤、悲愤。"② 阊阖、春宫、瑶台就是屈原对神话材料的一种现实运用,三处神话建筑在意义层面上具有与现实建筑相似的特点与象征性。

(一)神话世界里的建筑形制

"阊阖"的注解,文献中存在两个系统的解释。其一,指天宫之门,即"天门"。其二,"门"之通称。《说文·门部》:"阊,阊阖,天门也,从门,昌声。楚人名门曰阊阖。"《文选》注云:"阊阖,天门也。王者因以为门,屈原亦以阊阖喻君门也。"其实,屈原笔下的"阊阖"更倾向于现实中"门"的形制与作用。首先,作为"天门"的阊阖本来就不是天宫之门,而是接近天宫、通向天宫却尚处人间之门,只是具有神话色彩,故以"阊阖"名,与一般的"门"相区别。《淮南子》高诱注云:"阊阖,始升天之门也。天门,上帝所居紫微宫门也。"表明阊阖与天门并非一物,阊阖作为"始升天之门"应不在天宫。其次,阊阖门乃春秋时建筑实物。《吴越春秋》记吴王阖闾命伍子胥筑城,伍子胥乃"立阊门者,以象天门,通阊阖风也"。屈原所述"阊阖"更具现实宫门或城门的形制和作用,诗人以此比喻君门难入。门,作为内外世界的分界点,既有沟连的作用,亦有关闭堵塞之义。在文学创作中,门多代表着"关闭"与"隔绝",象征着作者"意有所郁结,不得通其道"的情感状态。屈原"吾令帝阍开关兮,倚阊阖而望予"正是对其有门难进、有言难诉的愁闷的抒发,此处"阊阖"只是"阻止""隔绝",将诗人与理想隔绝,表现了诗人理想的破灭。"叩阍求见"本来就是门建筑衍生出的一种社会形式,是古代社会百姓向执政者直诉的一种方式,屈原叩阍不得见,实质上就是对现实中"门"直诉文化的一种神话表述。

---

① 茅盾:《茅盾说神话》,上海:上海古籍出版社,1999年,第5页。
② 赵逵夫:《屈骚探幽》,成都:巴蜀书社,2004年,第3页。

同样,现实里美丽奢华的瑶台在屈原笔下则成了神话世界中奇幻悱恻的空中高台。"望瑶台之偃蹇兮,见有娀之佚女",王逸注引《吕氏春秋》云:"有娀氏有美女,为之高台而饮食。"李善注亦引之云:"有娀氏有二佚女,为九成之台。"此处"高台""九成之台"在《离骚》中成了美丽的"瑶台"。瑶台实为高台之名,秦汉古籍每有道及。屈原以现实之高台名神话中的高台,不仅使神话中的建筑物显得具体可感,而且具有一定喻意。朱冀《离骚辨》云:"瑶台,比高位","盖其人位望素高,不为人下"。屈原将现实里的瑶台借用为神话里的高台,目的就是以建筑之美喻所求之女的尊贵和美丽,进而象征其理想的纯洁和高尚。如果说瑶台体现着建筑之美,那春宫则具有政治意义。春宫是帝王之居,非世俗之所。王逸说春宫为"东方青帝舍也"。东方青帝乃上古五帝之一,地位崇高,所以春宫也就具有了相应的政治意义,是地位、威仪的象征。《尔雅义疏·释宫》:"古者贵贱同称宫,秦汉以来,惟王者居称宫焉。"其实从孟子以来,"宫"多为君王所建并用为居所,到屈原时代"宫"已经成为王权象征。春宫,作为屈原的折枝之处,不仅是东方青帝之所,而且在形制上也具有了"宫"的政治意义。屈原游春宫所折的琼枝,是他政治理想的象征;以琼枝作为求女的信物,正是以自己的美政来劝谏楚王、寻求知音。

(二)时空维度间的跨越交融

《离骚》"上征叩阍"一段,诗人以空间跨越为主体背景进行时间序列的叙述。从"驷玉虬以乘鹥兮,溘埃风余上征"至"吾令帝阍开关兮,倚阊阖而望予",是一段空间路程的描述,而中间则按时间顺序展开叙述,以"朝—暮"之间的时光流逝代替空间行程的急速转换。上征至"阊阖"而止,"吾令帝阍开关兮,倚阊阖而望予"二句可以说是时空双线的交点。《说文》云:"阍,常以昏闭门隶也,从门从昏。"门在时间上常与黄昏相联系,又古代有祭门之礼,其时在入秋之季。所以,阊阖作为门意象在时间上是黄昏之门、秋天之门。门本是通畅的,但阊阖之门却将诗人的行程阻绝,而此时在时间上又是黄昏、秋天,因此诱发了诗人的人生之悲。阊阖在时空上是屈原求索受挫的象征,说明他在现实里无法实现的理想在虚幻的想象里依然归于失败。

"四方求女"一段则是以时间过渡为主体背景进行空间跨度的描述。本段以"朝吾将济于白水兮"为始,诗人用一个昼日的时间记叙了"周流乎天余乃下""聊浮游以逍遥"的空间游历。"春宫"如穹窿般广阔,代表屈原横向空间里的探索;瑶之高,是诗人纵向求索的象征。两所建筑一广一高,使空间立体化,表现了整个求索空间的宽广和苍茫,烘托出诗人汲汲求索的形象,反衬了诗人求索的艰难和渺小。在这里,诗人对时间的紧迫感和对空间探求的渴求相互融合,通过时间和空间意象,屈原把自己在神话世界里的"上下求索"生动细致地描述出来,表现了他在求索过程中的悲凉、忧愁和痛苦。

(三)精神探索中的灵魂栖居

屈原跨越时空的游历乃虚设的神话场景,亦为内心情感的真切流露。吴世尚《楚辞疏》说:"白日梦境,尘世仙乡,片晷千年,尺宅万里,实情虚景,意外心中,无限忧悲,一时都尽,而遂成天地奇观、古今绝调矣。"虚幻缥缈的神话建筑,并不是诗人的空中楼阁,而是诗人求索的具体坐标,正所谓"实情虚景"也。

阊阖,作为一种门意象,具有门的象征意义。《说文》云"阖"为"门扇也,一曰闭也",又解释"户"为"护也,半门曰户"。因此,门在人心中有休养生息、避难躲害之意。"门在象征层次里把人类生存空间划分成家园与世界两个部分,人们漂泊于世界之中却无时无刻不向往家园。"① 屈原上征叩阍,希望进入阊阖之门正是他对家园向往之情的流露,他的目的是进门诉说自己的衷情,得到片刻的安谧。如果以阊阖为界,门外就是诗人平时所处的社会,而门内就是他的精神家园,是他心灵的栖居之所。从这点来看,屈原的飞升绝不是离开楚国,而是更加接近楚国,那个屈原精神追求中的理想国度。

阊阖寄托了屈原的家园之思,春宫、瑶台也同样寄寓着诗人的特殊情感和美好愿望。姜亮夫说:"屈原对四方的态度不一样:东方,因为是太阳升起的地方,有好感;对西方、南方的感情最深厚。……西方则是追念祖先、寄托感情的地方,因为楚国的发祥地在西方。"② 春宫与瑶台,一个在东方,一个在西方,是屈原感情最深最真的地方。鲁笔《楚辞达》云:"春宫,青帝太皞之宫。"《淮南子·天文训》"东方木也,其帝太皞",高诱注云:"太皞,伏羲氏有天下号也,死托祀于东方之帝也。"③ 则春宫为太皞伏羲之宫,位于东方。东方,太阳升起,一日之始,气候温和,万物始生,充满生机与活力,因而伏羲又是一位春之神。屈原对春宫充满着向往和期待,他要折取春宫的琼枝去做求女的信物,象征着他坚贞的信仰和对楚国的忠诚、对理想的执着。瑶台则是诗人穷而返本的情感流露。洪兴祖补注引《诗经》曰:"有娀方将,帝立子生商。"毛传:"有娀,契母也。将,大也。契,生商也。"郑笺:"帝,黑帝也。" 黑帝即颛顼高阳氏,而商即高阳之后。在多次的失败后,屈原内心焦灼,痛苦不堪,他要向先祖高阳氏哭诉,因为他是"帝高阳之苗裔兮",但"高阳邈以远兮,余将焉所程",于是他去瑶台寻求"有娀之佚女",去离他稍近的高阳之后商族始祖简狄那里去哭诉、寄托,在那里他的灵魂才能得到些许的安慰和平静。

当屈原身处现实,目中所见的是奢靡浮华的宫廷生活,心里感受到的是韶华易逝的时间意识;当接触到生动优美的民间故事,则幻想起芳香、清新的水室仙境,但处江湖之远的诗人仍然忧其君、虑其国,于是爱情的离合与君臣遇合相应,仍然是挫折与哀怨的基调;而一旦把自己置于广袤的穹宇之中,在天地之间飞升邀游,目光与天光相接,诗人又瞬间摆脱了现实的苦恼,暂时获得了心灵的慰藉。《招魂》《九歌》《离骚》中的建筑描写表现了丰富的内涵意义。

---

① 傅道彬:《晚唐钟声——中国文学的原型批评》,北京:北京大学出版社,2007年,第168页。
② 姜亮夫:《楚辞今绎讲录》,北京:北京出版社,1991年,第29页。
③ 何宁:《淮南子集释》,北京:中华书局,1998年,第183—184页。

浅析《楚辞·九章》的"道""路"意象*

北京语言大学 赵 爽

一、"道""路"意象之义

"道",《说文》云:"道,所行道也。……一达谓之道。"达,本义为通达。《尔雅·释宫》:"一达谓之道路。"意为通往一个方向的长道。金文从行、从止、从首,象人行走于道路之上,本义为道路。"路",《说文》云:"路,道也。从足,从各。臣铉等曰:'言道路人各有适也。'"《字源》:"形声字从足、各声。……各甲骨文作🔥或🔥,足至坎中,会达到之意。路本义为道路。"路为行走之意。

《楚辞》中有很多关于"道""路"的诗句,如《离骚》中"乘骐骥以驰骋兮,来吾道夫先路! 昔三后之纯粹兮,固众芳之所在。杂申椒与菌桂兮,岂惟纫夫蕙茝! 彼尧、舜之耿介兮,既遵道而得路。何桀纣之猖披兮,夫惟捷径以窘步。惟夫党人之偷乐兮,路幽昧以险隘"。汪瑗《楚辞集解》指出:"从乘骐骥以驰骋兮至此,大概俱以道路为喻,读者亦不可不知。"①《楚辞·九章》各篇被视作屈原放逐时期或后人模仿屈原放逐经历所作,创作非一时一地,其中所涉及的道路的内涵更为丰富。姜亮夫《楚辞通故》指出:"道与路两字为考见屈子思想之重要用词。"②

姜亮夫《楚辞通故》将屈赋中"道"的用法归纳为四种:"一作导之借,二作道路引申之义,三则普通道路字,四则以道为一切事物内质外形运行变化之总原则。"③举《离骚》为例,"道"有疏通之义"导"的"来吾道乎先路",也有引申为仁政的"周论道而莫差",为臣之道的"夫孰异道而相安",描写现实道路的"遭吾道夫崑仑";"路"有写现实路途和仕途难行的"路幽昧以险隘""路曼曼其修远""路修远以周流""路修远以多艰"等。在《九章》中,"道"有指治国正道的"羌中道而回畔兮""董道而不豫兮";"路"除了写现实路途和仕途的,还有指事君之道的"同极而异路兮",代指气节操守的"欲横奔而失路兮",等等。

---

*   本文系北京语言大学研究生创新基金(中央高校基本科研业务费专项资金资助)项目成果,项目批准号 18YCX046。

①   汪瑗、汪仲弘著,熊良智、肖娇娇、牟歆注释:《楚辞集解》,上海:上海古籍出版社,2018 年,第 43 页。

②   姜亮夫:《楚辞通故》第 2 辑,济南:齐鲁书社,1985 年,第 348 页。

③   姜亮夫:《楚辞通故》,山东:齐鲁书社,1985 年,第 347 页。

总的来说，"道"寄托了屈原亲于正道、与君共治的美政理想，"路"则指向理想途中所遇的具体或抽象的情况，而除个别"遵道而得路"，在现实中的难行之路也多比喻理想难圆。

二、"道""路"是屈原内心情感的体现

《楚辞·九章》依王逸《楚辞章句》的次序是：《惜诵》《涉江》《哀郢》《抽思》《怀沙》《思美人》《惜往日》《橘颂》《悲回风》。这9篇的作者，王逸都定为屈原。《哀郢》《抽思》《涉江》《怀沙》4篇，"都有明确的诗句反映屈原流放远程中的曲折经历和心情，可以大致勾勒出他被流放的行踪。"[①] 除了这四篇，《惜诵》《思美人》《惜往日》《橘颂》《悲回风》五篇也多有对道路的描写。作者在反复申述前路道阻且歧、楚王中道回畔，来抒发心中的郁结之感，我们可以从中分析屈原内心郁结之所在。

（一）异路离群之孤独

屈原曾梦到登天，而独自一人，无舟共济。"昔余梦登天兮，魂中道而无杭。吾使厉神占之兮，曰有志极而无旁"，占梦之后，得到寓意——"有志极而无旁"，《楚辞补注》中写道："人梦登天无以渡，犹欲事君而无其路也。但有亏极心智，终无辅佐。"这种孤独，一方面是楚王的不信任，另一方面是朝堂之上没有与之坚志同行的同伴。"众骇遽以离心兮，又何以为此伴也？同极而异路兮，又何以为此援也？"不管是在朝为官，抑或是远离朝堂，都没有"良媒"来帮助自己，让楚王回心转意，而多得是"心不与吾心同"的旁人。"既惸独而不群兮，又无良媒在其侧。"不仅如此，'何灵魂之信直兮，人之心不与吾心同。理弱而媒不通兮，尚不知余之从容"。面对困境，屈原"知前辙之不遂兮，未改此度。车既覆而马颠兮，蹇独怀此异路"，内心承受了孤独，但并没有变成"众人"的样子迎合君王，而是想要通过自己的忠诚重新获得楚王的任用。

（二）中道回畔之郁结

屈原的内心始终是矛盾的。他重新得到楚王的任用相当困难。一方面，屈原怨君"中道而回畔""反既有此他志"，一开始约定好的君臣共治的美好理想，"曰黄昏以为期"，隐隐指出楚王逐渐忘记当初的约定"道卓远而日忘兮，原自申而不得"，最后只能自己"蹇蹇之烦冤兮，陷滞而不发"，深陷对家国的担忧和气愤之中。另一方面，屈原虽对楚王及群臣心怀怨愤，身虽处朝堂之外，却时刻心系国家存亡，"一心而不豫兮，羌不可保也。疾亲君而无他兮，有招祸之道也"，担心楚王这样亲贤臣、远小人的喜好会导致国家祸患。虽身处放逐路途之中，却一直思君念国，不肯离去。

屈原曾反复想过离家国而去，抑或是自我放弃，怀石自沉，"世溷浊莫吾知，人心不可

---

① 刘毓庆、方铭主编：《诗骚分类选讲》，高等教育出版社，2007年，第287页。

谓兮。知死不可让,愿勿爱兮。明告君子,吾将以为类兮"。但他心里一直有这样的纠结,"不毕辞而赴渊兮,惜壅君之不识"。离国去君,内心不忍;忠言进谏,不为所用;亲君巧言,性不能为;退而深渊,无益社稷。实际上,屈原认识到投渊实为下下策,既不会引起楚王悔改,自己死后更无人敢于进言,无益于社稷。唯一能让屈原放手一搏的原因,怀着对楚王最后一次希望,期盼楚王能够通过自己的死得到警醒,这是通过他深思熟虑选择的道路。

(三)董道不豫之决绝

面对困境,屈原曾试想过屈服。"欲横奔而失路兮,坚志而不忍。背膺牉以交痛兮,心郁结而纡轸",但他的气节操守不容忍这样,"余将董道而不豫兮,故将重昏而终身",与君王中道回畔不同,他决定坚持正道而至终身。他也曾历数前朝往事自我安慰,"与前世而皆然兮,吾又何怨乎今之人",尧舜、殷商无数贤人不得为用,遭受排挤的事例,让屈原清醒地认识到自己将面临的结局,悲伤无奈之后逐渐接受现实。

《九章》中"道""路"意象的使用,展现了屈原理想与现实之路的矛盾。"道"指的是与君共治、任贤举能的美政理想之路,"路"指的是仕途之路和为人之道。"道"是本义指没有岔口的通途,又可以引申为治国的方法。通过楚王任用屈原,施行屈原的美政理想,就可以走向国家富强、长治久安。而"路"就偏向于个人体验,屈原近君为官之路难、离君放逐之路难,"浩浩沅湘,分流汨兮。修路幽蔽,道远忽兮""惟郢路之辽远兮,江与夏之不可涉""登石峦以远望兮,路眇眇之默默。入景响之无应兮,闻省想而不可得""车既覆而马颠兮,塞独怀此异路"。

三、"道""路"意象为后世仕人所用

《诗经》中也有很多关于行路的描述,但只是涉及描述性的话语。而在《楚辞》中大量关于"道""路"词语的使用,不仅抒发屈原郁结的心情,也达到了相当的感染力,使得后世历代不为君王所用、怀才不遇的臣子采用。汉代的蔡邕的述行赋"降虎牢之曲阴兮,路丘墟以盘萦。勤诸侯之远戍兮,侈申子之美城",魏晋阮籍的"穷途之哭","驱马复来归。反顾望三河。黄金百镒尽。资用常苦多。北临太行道。失路将如何","湛湛长江水。上有枫树林。皋兰被径路。青骊逝骎骎。远望令人悲。春气感我心。三楚多秀士。朝云进荒淫。朱华振芬芳。高蔡相追寻。一为黄雀哀。泪下谁能禁"。以至于唐代一些边塞诗、杜甫、南宋陆游、辛弃疾等等,面对国破家亡的沉痛现实,无数次申述自己的苦闷。

四、结语

《楚辞·九章》中使用的"道""路"意象谕旨非常丰富,表达了屈原对理想与现实的矛盾的情感感受,形成了有关现实"道路"喻仕途之路的意象,对后世仕途文人有很大影响。

屈原思想、精神及其影响研究

屈原"法立"与法治价值观的中国传统文化基础

北京语言大学 方 铭

《史记·赵世家》载赵武灵王说："虑戏、神农教而不诛,黄帝、尧、舜诛而不怒。及至三王,随时制法,因事制礼。"①《隋书·裴肃传》裴肃上书北周高祖,有"古先圣帝,教而不诛"之句。②"教而不诛""诛而不怒"是上古圣贤为我们留下的宝贵法治文化遗产,而伏羲、神农氏的"教而不诛"观念,更是我们传统法治文化的基石,也是为孔子及原始儒家所忠实继承的法治原则。

一、法治释义

《尚书·舜典》匡虞舜说："皋陶,蛮夷猾夏,寇贼奸宄。汝作士,五刑有服,五服三就。五流有宅,五宅三居。惟明克允!"③士即法官。《史记·五帝本纪》载,"皋陶为大理,平,民各伏得其实"。④因为皋陶治狱公正清明,所以后代传说皋陶得神兽廌的帮助,廌即獬豸,是独角兽。《说文解字·廌部》说："廌,解廌,兽也。似山牛一角。古者决讼,令触不直。"⑤《后汉书·舆服志》说："獬豸神羊,能别曲直。"⑥《异物志》载："东北荒中,有兽名獬,一角,性忠,见人斗,则触不直者;闻人论,则咋不正者。"⑦三充《论衡·是应》说："觟䚦者,一角之羊也,性知有罪,皋陶治狱,其罪疑者,令羊触之。有罪则触,无罪则不触,斯盖天生一角圣兽,助狱为验。"⑧这些记载所要表达的意愿,都是期待能有神圣能力或者超能力保证刑罚的公正性。

虽然依法治国是中国古代人的理想,但是,中国古代的"法"和"律"的概念比我们现在所说的"法"和"法律"的概念内涵狭窄。桓宽《盐铁论·刑德》曰："法者所以督奸也。"⑨

---

① 司马迁撰:《史记》,北京:中华书局,1959年,卷43,第1810页。
② 魏征等撰:《隋书》,《四部备要》,上海:中华书局,1936年,卷62,第469页。
③ 孔安国传,孔颖达疏:《尚书正义》,《十三经注疏》,北京:中华书局,2009年,卷3,第275页。
④ 司马迁撰:《史记》,北京:中华书局,1959年,卷1,第43页。
⑤ 许慎撰:《说文解字》,北京:中华书局,1963年,卷10上,第202页。
⑥ 范晔撰,李贤等注:《后汉书》,北京:中华书局,1965年,志30,第3667页。
⑦ 杨孚撰,曾钊辑:《异物志》,上海:中华书局,1936年,第5页。
⑧ 王充:《论衡》,《四部备要》,北京:中华书局,1989年,卷17,第152页。
⑨ 桓宽撰:《盐铁论》,《四部备要》,北京:中华书局,1989年,卷10,第67页。

《盐铁论·诏圣》"法者刑罚也,所以禁强暴也。"① 督奸禁暴,就是惩处犯罪,其内容相当于今日之刑法。

"法"本写作"灋",省为"法"。《说文解字·廌部》说:"灋,刑也。平之如水。从水。廌,所以触不直者,去之,从去。"② 中国早期文献中,"法"的本义是刑罚之意,而公正是其基本特征,所以以水之平为其基本价值。也正因此,早期多称为"刑"。如《尚书·虞书·舜典》说:"象以典刑,流宥五刑,鞭作官刑,扑作教刑,金作赎刑。"③《尚书·夏书·胤征》说:"其或不恭,邦有常刑。"④《尚书·商书·伊训》说:"敷求哲人,俾辅于尔后嗣,制官刑,儆于有位。"⑤ 夏朝有禹刑,商朝有汤刑,周朝有吕刑,皆不称为"法"。

《尚书·周书·吕刑》说三苗效法蚩尤,专任刑罚,"苗民弗用灵,制以刑,惟作五虐之刑曰法,杀戮无辜,爰始淫为劓、刵、椓、黥"。⑥ 也就是说,周穆王时,"刑"与"法"即可通用。战国初期,李悝著《法经》,即以"法"称"刑"。《尔雅·释诂》说:"法,常也。""刑,常也。""刑,法也。"又说:"宪,法也。""律,常也。""律,法也。"⑦《尔雅·释训》说:"宪宪、泄泄,制法则也。"⑧ 因此,不但法、刑通用,法还可以称为"宪""律"。《史记·屈原贾生列传》说战国时屈原受楚怀王委托造为"宪令",此"宪令"即法令。

至商鞅在秦变法,则称法为"律",嗣后,有秦律、汉律、为律、晋律、隋律、唐律、明律、清律等,宋称刑统,元称典章。《管子·七臣七主》说:"夫法者,所以兴功惧暴也;律者,所以定分止争也;令者,所以令人知事也。法律政令者,吏民规矩绳墨也。"⑨ 法律政令皆为规矩。《史记·律说》说:"王者制事立法,物度轨则,壹禀于六律。六律为万事根本焉。"⑩《说文解字·彳部》说:"律,均布也"。⑪ 均布是古代用竹管或金属管制成的定音仪器,段玉裁《说文解字注》说:"律者,所以范天下之不一而归于一,故曰均布。"⑫《礼记·礼运》有"五声六律十二管"之说,⑬ 古人根据音的高低分六律和六吕,合称十二律。律是音乐的规矩,因此,也可以引申为人类的行为法则,即天下应该一致遵循的格式、准则。

---

① 桓宽撰:《盐铁论》,《四部备要》,北京:中华书局,1989年,卷10,第71页。
② 许慎撰:《说文解字》,北京:中华书局,1963年,卷10上,第202页。
③ 孔安国传,孔颖达疏:《尚书正义》,《十三经注疏》,北京:中华书局,2009年,卷3,第270页。
④ 孔安国传,孔颖达疏:《尚书正义》,《十三经注疏》,北京:中华书局,2009年,卷7,第332页。
⑤ 孔安国传,孔颖达疏:《尚书正义》,《十三经注疏》,北京:中华书局,2009年,卷8,第345页。
⑥ 孔安国传,孔颖达疏:《尚书正义》,《十三经注疏》,北京:中华书局,2009年,卷19,第526页。
⑦ 郭璞注,邢昺疏:《尔雅注疏》,《十三经注疏》,北京:中华书局,2009年,卷1,第5585—5586页。
⑧ 郭璞注,邢昺疏:《尔雅注疏》,《十三经注疏》,北京:中华书局,2009年,卷4,第5635页。
⑨ 黎翔凤撰,梁运华整理:《管子校注》,《新编诸子集成》,北京:中华书局,2004年,卷17,第998页。
⑩ 司马迁撰:《史记》,北京:中华书局,1959年,卷25,第1239页。
⑪ 许慎撰:《说文解字》,北京:中华书局,1963年,卷2下,第43页。
⑫ 许慎撰,段玉裁注:《说文解字注》,上海:上海古籍出版社,2000年,卷2,第77页。
⑬ 郑玄注,孔颖达疏:《礼记正义》,《十三经注疏》,北京:中华书局,2009年,卷22,第3081页。

《庄子·徐无鬼》说:"法律之士广治,礼教之士敬容。"①《管子·七法》说:"论功计劳,未尝失法律也。"②《管子·法法》说:"令重于宝,社稷先于亲戚,法重于民,威权贵于爵禄。故不为重宝轻号令,不为亲戚后社稷,不为爱民枉法律,不为爵禄分威权。"③《史记·田敬仲完世家》载战国时邹忌说:"请谨修法律而督奸吏。"④《韩非子·饰邪》说:"舍法律而言先王明君之功者,上任之以国。"⑤《史记·李斯列传》载赵高说:"严法而刻刑,令有罪者相坐诛,至收族,灭大臣而远骨肉;贫者富之,贱者贵之。尽除去先帝之故臣,更置陛下之所亲信者近之。此则阴德归陛下,害除而奸谋塞,群臣莫不被润泽,蒙厚德,陛下则高枕肆志宠乐矣。计莫出于此。二世然高之言,乃更为法律。于是群臣诸公子有罪,辄下高,令鞫治之。杀大臣蒙毅等,公子十二人僇死咸阳市,十公主矺死于杜,财物入于县官,相连坐者不可胜数。"⑥《史记·五宗世家》说汉景帝之子彭祖"为人巧佞卑谄,足恭而心刻深。好法律,持诡辩以中人"。⑦以上事例说明,"法律"一词的形成,最晚在战国时期。

二、法治与礼治

在原始儒家的思想体系中,比"法"更接近现代"法"的概念的,是"礼"的概念。而强调"礼"的重要性,即在突出神农"教"的意义。

《史记·太史公自序》说:"夫礼禁未然之前,法施已然之后。"⑧"礼"主要讨论的是有关权利和义务的内容。在现存文献中,《周礼》可以看作是组织法,《仪礼》则包含有实体法和程序法的内容,《礼记》既有实体法和程序法的内容,还有讨论立法原则的论述,这些关于立法原则的论述,包含有现在宪法等根本法的气象。《大戴礼记·本命》云:"妇有七去:不顺父母去,无子去,淫去,妒去,有恶疾去,多言去,窃盗去。不顺父母去,为其逆德也;无子,为其绝世也;淫,为其乱族也;妒,为其乱家也;有恶疾,为其不可与共粢盛也;口多言,为其离亲也;盗窃,为其反义也。"⑨又云:"妇有三不去:有所取无所归,不去;与更三年丧,不去;前贫贱后富贵,不去。"⑩这里既规定了夫妻仳离的七个要件,又规定了三种不可以仳离的原则。又《礼记·曲礼上》云:"侍食于长者,主人亲馈,则拜而食;主人不亲馈,

---

① 郭庆藩撰,王孝鱼点校:《庄子集释》,《新编诸子集成》,北京:中华书局,2012年,卷8中,第828页。
② 黎翔凤撰,梁运华整理:《管子校注》,《新编诸子集成》,北京:中华书局,2004年,卷2,第112页。
③ 黎翔凤撰,梁运华整理:《管子校注》,《新编诸子集成》,北京:中华书局,2004年,卷6,第306页。
④ 司马迁撰:《史记》,北京:中华书局,1959年,卷46,第1890页。
⑤ 王先慎撰,钟哲点校:《韩非子集解》,《新编诸子集成》,北京:中华书局,1998年,卷5,第132页。
⑥ 司马迁撰:《史记》,北京:中华书局,1959年,卷87,第2552页。
⑦ 司马迁撰:《史记》,北京:中华书局,1959年,卷59,第2098页。
⑧ 司马迁撰:《史记》,北京:中华书局,1959年,卷130,第3298页。
⑨ 戴德:《大戴礼记》,《四部丛刊初编》,上海:商务印书馆,1929年,卷13,第86页。
⑩ 戴德:《大戴礼记》,《四部丛刊初编》,上海:商务印书馆,1929年,卷13,第86页。

则不拜而食。共食不饱,共饭不泽手。毋抟饭,毋放饭,毋流歠,毋咤食,毋啮骨,毋反鱼肉,毋投与狗骨。毋固获,毋扬饭。饭黍毋以箸。毋嚃羹,毋絮羹,毋刺齿,毋歠醢。客絮羹,主人辞不能亨。客歠醢,主人辞以窭。濡肉齿决,乾肉不齿决。毋嘬炙。卒食,客自前跪,徹饭齐以授相者,主人兴辞于客,然后客坐。侍饮于长者,酒进则起,拜受于尊所;长者辞,少者反席而饮。长者举未釂,少者不敢饮。长者赐,少者、贱者不敢辞。赐果于君前,其有核者怀其核。"① 这里,对于和长者饮食的礼节规定得具体而微,甚至连食不出声这样的细节也考虑到了。

《礼记·礼运》说,自夏禹而后,"天下为公"变为"天下为家","各亲其亲,各子其子,货力为己,大人世及以为礼,城郭沟池以为固,礼义以为纪,以正君臣,以笃父子,以睦兄弟,以和夫妇,以设制度,以立田里"。② 这是说,礼是"天下为家"时代的产物,目的是为了调节"天下为家"时代"大人世及"的秩序,其内容包括有关君臣、父子、兄弟、夫妇、制度、田里关系的规范性文件。

关于"礼"产生于家天下时期的看法,也可以在道家思想家的著作中找到相同的表述。《道德经·德经》说:"故失道而后德,失德而后仁,失仁而后义,失义而后礼。夫礼者,忠信之薄,而乱之首。"③《庄子·知北游》说:"道不可致,德不可至。仁可为也,义可亏也,礼相伪也。故曰失道而后德,失德而后仁,失仁而后义,失义而后礼。礼者,道之华而乱之首也。"④《道德经》没有说明这句话的出处,《庄子》则明确说明这句话出自黄帝。按照《礼记·礼运》记载的孔子的论述,五帝时代属于"天下为公"时代,是"大道之行"的时代;五帝之后"天下为家",三王时期属于"大道既隐,天下为家"的第一时期,"德治"是其特征;春秋时期礼崩乐坏,孔子倡导"仁政",就是为了补救"德治"的缺失。⑤

由于礼与法的密切联系,因此,礼法经常连接在一起。《周礼·春官宗伯》中小史"大祭祀,读礼法","凡国事之用礼法者,掌其小事"。⑥《庄子·天道》有"礼法度数"⑦ 一词,《列子·周穆王》说"礼法相持",⑧《荀子·修身》说:"故非礼,是无法也。"又说:"故学也者,礼法也。"⑨《荀子·王霸》说:"农分田而耕,贾分货而贩,百工分事而劝,士大夫分职而听,建国诸侯之君分土而守,三公揔方而议,则天子共己而已。出若入若,天下莫不平

---

① 郑玄注,孔颖达疏:《礼记正义》,《十三经注疏》,北京:中华书局,2009年,卷2,第2689—2691页。
② 郑玄注,孔颖达疏:《礼记正义》,《十三经注疏》,北京:中华书局,2009年,卷21,第3062页。
③ 朱谦之撰:《老子校释》,北京:中华书局,1984年,第152页。
④ 郭庆藩撰,王孝鱼点校:《庄子集释》,《新编诸子集成》,北京:中华书局,2012年,卷7下,第728页。
⑤ 郑玄注,孔颖达疏:《礼记正义》,《十三经注疏》,北京:中华书局,2009年,卷21,第3061—3063页。
⑥ 郑玄注,贾公彦疏:《周礼注疏》,《十三经注疏》,北京:中华书局,2009年,2009年,卷26,第1767页。
⑦ 郭庆藩撰,王孝鱼点校:《庄子集释》,《新编诸子集成》,北京:中华书局,2012年,卷5中,第472页。
⑧ 杨伯峻撰:《列子集释》,《新编诸子集成》,北京:中华书局,2013年,卷3,第109页。
⑨ 王先谦撰:《荀子集解》,《新编诸子集成》,北京:中华书局,1988年,卷1,第34页。

均,莫不治辨,是百王之所同也,而礼法之大分也。"① 礼法联系在一起,所要表达的意思,正与今日所言法律接近。

三、立法与法治

中国古代的法治观念,其基本思想仍然是来源于孔子。概括孔子及原始儒家的法治观念,首先是强调立法一心为民,制定善法。《管子·七臣七主》说:"法律政令者,吏民规矩绳墨也。夫矩不正,不可以求方;绳不信,不可以求直。法令者,君臣之所共立也;权势者,人主之所独守也。故人主失守则危,臣吏失守则乱。"② 立法工作的重要性,在整个法律活动中,毫无疑问是首要的。

《易传·坤卦·象辞》说:"君子以厚德载物。"③《易传·坤卦·文言》说:"积善之家必有余庆,积不善之家必有余殃。"④《尚书·虞书·舜典》说:"眚灾肆赦,怙终贼刑。钦哉,钦哉,惟刑之恤哉!"⑤《尚书·虞书·大禹谟》载皋陶说:"帝德罔愆,临下以简,御众以宽;罚弗及嗣,赏延于世。宥过无大,刑故无小;罪疑惟轻,功疑惟重;与其杀不辜,宁失不经;好生之德,洽于民心,兹用不犯于有司。"⑥《尚书·虞书·皋陶谟》载皋陶曰:"宽而栗,柔而立,愿而恭,乱而敬,扰而毅,直而温,简而廉,刚而塞,彊而义。彰厥有常,吉哉!"⑦"天聪明,自我民聪明。天明畏,自我民明威。达于上下,敬哉有土!"⑧《论语·八佾》说"尽善""尽美",⑨《论语·八佾》载孔子说:"人而不仁,如礼何?人而不仁,如乐何?"⑩《论语·泰伯》载孔子说:"好勇疾贫,乱也;人而不仁,疾之已甚,乱也。"⑪《礼记·大学》说"止于至善",⑫《孟子·公孙丑上》说:"故君子莫大乎与人为善。"⑬ 制定善法就是要体现仁心,执法时体现宽容,面临疑惑时不作有罪推定。桓宽《盐铁论·刑德》说:"法者,缘人情而制,非设罪以陷人也。故《春秋》之治狱,论心定罪。志善而违于法者免,志恶而合于法者诛。"⑭ 汉代倡导的"春秋决狱",原情定罪,也是为了最大限度地保证刑罚的善意。

---

① 王先谦撰:《荀子集解》,《新编诸子集成》,北京:中华书局,1988年,卷7,第214页。
② 黎翔凤撰,梁运华整理:《管子校注》,《新编诸子集成》,北京:中华书局,2004年,卷17,第998页。
③ 王弼注,孔颖达疏:《周易正义》,《十三经注疏》,北京:中华书局,2009年,卷1,第32页。
④ 王弼注,孔颖达疏:《周易正义》,《十三经注疏》,北京:中华书局,2009年,卷1,第33页。
⑤ 孔安国传,孔颖达疏:《尚书正义》,《十三经注疏》,北京:中华书局,2009年,卷3,第270页。
⑥ 孔安国传,孔颖达疏:《尚书正义》,《十三经注疏》,北京:中华书局,2009年,卷4,第285页。
⑦ 孔安国传,孔颖达疏:《尚书正义》,《十三经注疏》,北京:中华书局,2009年,卷4,第291页。
⑧ 孔安国传,孔颖达疏:《尚书正义》,《十三经注疏》,北京:中华书局,2009年,卷4,第293页。
⑨ 何晏集解,邢昺疏:《论语注疏》,《十三经注疏》,北京:中华书局,2009年,卷3,第5362页。
⑩ 何晏集解,邢昺疏:《论语注疏》,《十三经注疏》,北京:中华书局,2009年,卷3,第5356页。
⑪ 何晏集解,邢昺疏:《论语注疏》,《十三经注疏》,北京:中华书局,2009年,卷8,第5401页。
⑫ 郑玄注,孔颖达疏:《礼记正义》,《十三经注疏》,北京:中华书局,2009年,卷60,第3631页。
⑬ 赵岐注,孙奭疏:《孟子注疏》,《十三经注疏》,北京:中华书局,2009年,卷3下,第5853页。
⑭ 桓宽撰:《盐铁论》,《四部备要》,北京:中华书局,1989年,卷10,第68页。

《史记·孝文帝本纪》载,孝文帝元年十二月,汉文帝说:"'法者,治之正也,所以禁暴而率善人也。今犯法已论,而使毋罪之父母妻子同产坐之,及为收帑,朕甚不取。其议之。'有司皆曰:'民不能自治,故为法以禁之。相坐坐收,所以累其心,使重犯法,所从来远矣。如故便。'上曰:'朕闻法正则民悫,罪当则民从。且夫牧民而导之善者,吏也。其既不能导,又以不正之法罪之,是反害于民为暴者也。何以禁之?朕未见其便,其孰计之。'有司皆曰:'陛下加大惠,德甚盛,非臣等所及也。请奉诏书,除收帑诸相坐律令。'"① 这是汉文帝积极修正恶法,建立善法的义举。

有了善法,就要依法治国。《论语·季氏》载孔子说:"天下有道,则礼乐征伐自天子出;天下无道,则礼乐征伐自诸侯出。自诸侯出,盖十世希不失矣;自大夫出,五世希不失矣;陪臣执国命,三世希不失矣。天下有道,则政不在大夫;天下有道,则庶人不议。"② 礼乐征伐自天子出,就是为了强调法律的普遍性原则。《论语·子路》载,子路曰:"卫君待子而为政,子将奚先?"孔子曰:"必也,正名乎!"子路曰:"有是哉?子之迂也。奚其正?"孔子曰:"野哉,由也!君子于其所不知,盖阙如也。名不正,则言不顺;言不顺,则事不成;事不成,则礼乐不兴;礼乐不兴,则刑罚不中;刑罚不中,则民无所措手足。故君子名之必可言也,言之必可行也。君子于其言,无所苟而已矣。"③ 孔子在这里提出的"正名"措施,就是为了纠正礼崩乐坏的体制下,法律严肃性所面临的挑战。正名关系言顺、事成、礼乐之兴、刑罚之中,而最终可以落实到使民可"措手足",即让人民有规矩可依之目的。《论语·颜渊》载,颜渊问仁,孔子说:"克己复礼为仁。一日克己复礼,天下归仁焉。为仁由己,而由人乎哉?"颜渊说:"请问其目?"孔子说:"非礼勿视,非礼勿听,非礼勿言,非礼勿动。"颜渊曰:"回虽不敏,请事斯语矣。"孔子提出"非礼勿视,非礼勿听,非礼勿言,非礼勿动"④ 也就是说领导人应该克制自己专制的冲动,一切行为都应该在法律规定的范围内活动。

《史记·张释之冯唐列传》载,汉文帝行出中渭桥,有一人从桥下走出,乘舆马惊。廷尉张释之认为一人犯跸,当罚金。汉文帝怒曰:"此人亲惊吾马,吾马赖柔和,令他马,固不败伤我乎?而廷尉乃当之罚金!"张释之说:"法者天子所与天下公共也。今法如此而更重之,是法不信于民也。且方其时,上使立诛之则已。今既下廷尉,廷尉,天下之平也,一倾而天下用法皆为轻重,民安所错其手足?唯陛下察之。"良久,汉文帝说:"廷尉当是也。"后有人盗汉高祖庙坐前玉环,张释之案律盗宗庙服御物者为奏,奏当弃市。汉文帝大怒,说:"人之无道,乃盗先帝庙器,吾属廷尉者,欲致族之,而君以法奏之,非吾所以共承宗庙意也。"张释之免冠顿首谢曰:"法如是足也。且罪等,然以逆顺为差。今盗宗庙器

---

① 司马迁撰:《史记》,北京:中华书局,1959年,卷10,第418—419页。
② 何晏集解,邢昺疏:《论语注疏》,《十三经注疏》,北京:中华书局,2009年,卷16,第5477页。
③ 何晏集解,邢昺疏:《论语注疏》,《十三经注疏》,北京:中华书局,2009年,卷13,第5445页。
④ 何晏集解,邢昺疏:《论语注疏》,《十三经注疏》,北京:中华书局,2009年,卷12,第5436页。

而族之,有如万分之一,假令愚民取长陵一抔土,陛下何以加其法乎?"①

四、司法与法治

司法活动是法律实施的主要环节,《盐铁论·刑德》说:"执法者国之辔衔,刑罚者国之维楫也。故辔衔不饬,虽王良不能以致远;维楫不设,虽良工不能以绝水。"② 善法还需要善良的执法者去实施才能释放出善意来。如果执法者是酷吏,则必然造成徇私枉法、深文周纳、上下其手的情况。孔子反对屠戮百姓,主张要把维护法律严肃性的任务主要寄托在领导人带头遵守和积极教化人民的基础上。

《尚书·虞书·大禹谟》说:"皋陶,惟兹臣庶,罔或干予正。汝作士,明于五刑,以刑五教。期于予治,刑期于无刑,民协于中,时乃功,懋哉。"③《论语·颜渊》载,季康子问政于孔子曰:"如杀无道,以就有道,何如?"孔子对曰:"子为政,焉用杀?子欲善而民善矣。君子之德风,小人之德草,草上之风,必偃。"④ 又《论语·尧曰》载孔子说:"不教而杀谓之虐,不戒视成谓之暴,慢令致期谓之贼。犹之与人也,出纳之吝,谓之有司。"⑤ 不教而诛,不戒视成,慢令致期,都是残害人民的行为。

《礼记·缁衣》载孔子说:"夫民,教之以德,齐之以礼,则民有格心;教之以政,齐之以刑,则民有遁心。故君民者,子以爱之,则民亲之;信以结之,则民不倍;恭以莅之,则民有孙心。"⑥ 又《论语·为政》载孔子说:"道之以政,齐之以刑,民免而无耻。道之以德,齐之以礼,有耻且格。"⑦ 孔子认为只有以德执政,以礼教化,人民才会知道荣辱。反之,人民虽然畏惧于刑罚,却不知是非。《道德经·德经》说:"民不畏死,奈何以死惧之?"⑧《管子·立政九败》说:"然则礼义廉耻不立,人君无以自守也。"⑨《文子·下德》说:"礼义廉耻不设,万民莫不相侵暴虐。"⑩ 这些论述,都是说的不知礼义教化的危害性。

在迫不得已用刑罚的时候,孔子强调刑罚和法律面前人人平等。《论语·阳货》载孔子认为仁人必须行恭、宽、信、敏、惠五道于天下:"恭则不侮,宽则得众,信则人任焉,敏则有功,惠则足以使人。"⑪《孔子家语·始诛》载孔子赞扬西周成康之世四十余年"威厉而

---

① 司马迁撰:《史记》,北京:中华书局,1959年,卷102,第2754—2755页。
② 桓宽撰:《盐铁论》,《四部备要》,北京:中华书局,1989年,卷10,第68页。
③ 孔安国传,孔颖达疏:《尚书正义》,《十三经注疏》,北京:中华书局,2009年,卷4,第285页。
④ 何晏集解,邢昺疏:《论语注疏》,《十三经注疏》,北京:中华书局,2009年,卷12,第5439页。
⑤ 何晏集解,邢昺疏:《论语注疏》,《十三经注疏》,北京:中华书局,2009年,卷20,第5509页。
⑥ 郑玄注,孔颖达疏:《礼记正义》,《十三经注疏》,北京:中华书局,2009年,卷55,第3575页。
⑦ 何晏集解,邢昺疏:《论语注疏》,《十三经注疏》,北京:中华书局,2009年,卷2,第5346页。
⑧ 朱谦之撰:《老子校释》,北京:中华书局,1984年,第289页。
⑨ 黎翔凤撰,梁运华整理:《管子校注》,《新编诸子集成》,北京:中华书局,2004年,卷21,第1193页。
⑩ 杜道坚:《文子缵义》,《四部备要》,北京:中华书局,1989年,卷9,第62页。
⑪ 何晏集解,邢昺疏:《论语注疏》,《十三经注疏》,北京:中华书局,2009年,卷17,第5485页。

不试,刑错而不用",批评当世的"乱其教,繁其刑,使民迷惑而陷焉,又从而制之,故刑弥繁而盗不胜也"。①

《礼记·曲礼上》说:"礼不下庶人,刑不上大夫。"②《白虎通义》卷八《五刑》说:"刑不上大夫何? 尊大夫。礼不下庶人,欲勉民使至于士。故礼为有知制,刑为无知设也。庶人虽有千金之币,不得服。刑不上大夫者,据礼无大夫刑。或曰:挞笞之刑也。礼不下庶人者,谓酬酢之礼也。"③《论衡·辨祟》说:"刑不上大夫,圣王于贵者阔也。圣王刑贱不罚贵,鬼神祸贵不殃贱。"④ 把刑不上大夫解释为尊大夫,显然违背孔子赞扬汤武革命的价值观,不是孔子本意。《汉书·司马迁传》曰:"传曰'刑不上大夫',此言士节不可不厉也。"⑤《孔子家语·五刑解》载孔子说:"是故大夫之罪,其在五刑之域者,闻而谴发,则白冠氂缨,盘水加剑,造乎阙而自请罪,君不使有司执缚牵掣而加之也。其有大罪者,闻命则北面再拜,跪而自裁,君不使人捽引而刑杀,曰:'子大夫自取之耳,吾遇子有礼矣。'以刑不上大夫,而大夫亦不失其罪者,教使然也。所谓礼不下庶人者,以庶人遽其事而不能充礼,故不责之以备礼也。"⑥ 大夫理应带头遵守法律,如果犯罪,自裁是唯一选择。而庶人未受教化,不应该被强求以礼。如此,"刑不上大夫"之"上"可以以尊宠解,"礼不下庶人"之"下"可以贬斥解。

孔子也强调程序正义的重要性。《论语·泰伯》载孔子说:"立于礼。"⑦ 立于礼即一切行为应该按照规矩来做。《论语·子罕》载孔子说:"可与共学,未可与适道;可与适道,未可与立;可与立,未可与权。"⑧ 可与立即立于礼,就是要保证追求道的过程的正义性。

五、战国早期法家与法治

《庄子·天下》说,孔子之后,"天下大乱,贤圣不明,道德不一,天下多得一察焉以自好",但六经之学"其数散于天下而设于中国者,百家之学时或称而道之"。⑨ 战国时期,诸子之中,有一个流派是法家。《汉书·艺文志》说:"法家者流,盖出于理官,信赏必罚,以辅礼制。《易》曰:'先王以明罚饬法。'此其所长也。及刻者为之,则无教化,去仁爱,

---

① 王肃注:《孔子家语》,《四部备要》,北京:中华书局,1989年,卷1,第6页。
② 郑玄注,孔颖达疏:《礼记正义》,《十三经注疏》,北京:中华书局,2009年,卷3,第2704页。
③ 陈立:《白虎通疏证》,北京:中华书局,1994年,第441—443页。
④ 王充:《论衡》,《四部备要》,北京:中华书局,1989年,卷24,第208页。
⑤ 班固撰,颜师古注:《汉书》,北京:中华书局,1962年,卷62,第2732页。
⑥ 王肃注:《孔子家语》,《四部备要》,北京:中华书局,1989年,卷7,第46页。
⑦ 何晏集解,邢昺疏:《论语注疏》,《十三经注疏》,北京:中华书局,2009年,卷8,第5401页。
⑧ 何晏集解,邢昺疏:《论语注疏》,《十三经注疏》,北京:中华书局,2009年,卷9,第5411页。
⑨ 郭庆藩撰,王孝鱼点校:《庄子集释》,《新编诸子集成》,北京:中华书局,2012年,卷10下,第1062—1064页。

专任刑法而欲以致治,至于残害至亲,伤恩薄厚。"① 司马谈《论六家要旨》说:"法家严而少恩,然其正君臣上下之分,不可改矣。"又说:"法家不别亲疏,不殊贵贱,一断于法,则亲亲尊尊之恩绝矣。可以行一时之计,而不可长用也。故曰'严而少恩'。若尊主卑臣,明分职不得相逾越,虽百家弗能改也。"② 《隋书·经籍志》云:"法者,人君所以禁淫慝,齐不轨,而辅于治者也。《易》著'先王明罚饬法',《书》美'明于五刑,以弼五教'。《周官》,司寇'掌建国之三典,以佐王刑邦国,诘四方';司刑'以五刑之法,丽万民之罪'是也。刻者为之,则杜衷矜,绝仁爱,欲以威劫为化,残忍为治,乃至伤恩害亲。"③ 法家之命名,正以其崇法之故。

战国时期的法家代表人物,有李悝、商鞅、韩非子等人。李悝是战国时魏文侯相,著有《法经》,一是"重地力之教",即重视农业;二是强调君主集权;三是重刑而轻罪。《法经》是《商君书》的直接源头。《商君书》是重要的法家著作,它系统地反映了商鞅的变法思想。首先是"明法"。《定分》说:"故圣人为法,必使之明白易知。""万民皆知所避就。"④ 人人明白法律,还需要强调法的重要性。《开塞》曰:"夫利天下之民者,莫大于治,而治莫康于立君。立君之道,莫广于胜法。胜法之务,莫急于去奸。去奸之本,莫深于严刑。故王者以赏禁,以刑劝,求过不求善,藉刑以去刑。"⑤《更法》曰:"法者,所以爱民也;礼者,所以便事也。"⑥ 商鞅以"胜法"作为"利天下之民"的手段,强调君主求过不求善,以刑去刑,出发点虽不能说不好,但立君以治民,君主专权,未曾去奸,其实奸民。

商鞅主张严刑,《去强》说:"行刑重轻,刑去事成,国强;重重而轻轻,刑至事生,国削。"⑦ 即对轻微犯罪处以重刑。《汉书·五行志》称"秦连相坐之法,弃灰于道者,黥"⑧,即可见一斑。《汉书·刑法志》云:"秦用商鞅,连相坐之法,造参夷之诛。"⑨ 参夷就是夷三族。在具体刑罚上,则增加肉刑、大辟,有凿颠、抽肋、镬烹之刑。极端地违背人道的原则。商鞅还主张在人们将要犯罪之时予以宣罚。《开塞》说:"刑加于罪所终,则奸不去。赏施于民所义,则过不止。刑不能去奸,而赏不能止过者,必乱。故王者刑用于将过,则大邪不生。赏施于告奸,则细过不失。"⑩ 又令告奸,《赏刑》云:"守法守职之吏,有不行王法者,罪死不赦,刑及三族。周官之人,知而讦之上者,自免于罪。无贵贱,尸袭其官长

---

① 班固撰,颜师古注:《汉书》,北京:中华书局,1962年,卷30,第1736页。
② 司马迁撰:《史记》,北京:中华书局,1959年,卷130,第3291页。
③ 魏征等撰:《隋书》,《四部备要》,上海:中华书局,1936年,卷34,第314页。
④ 商鞅著,严万里校:《商君书》,《四部备要》,北京:中华书局,1989年,卷5,第145页。
⑤ 商鞅著,严万里校:《商君书》,《四部备要》,北京:中华书局,1989年,卷2,第19页。
⑥ 商鞅著,严万里校:《商君书》,《四部备要》,北京:中华书局,1989年,卷1,第5页。
⑦ 商鞅著,严万里校:《商君书》,《四部备要》,北京:中华书局,1989年,卷1,第12页。
⑧ 班固撰,颜师古注:《汉书》,北京:中华书局,1962年,卷27中之下,第1438页。
⑨ 班固撰,颜师古注:《汉书》,北京:中华书局,1962年,卷23,第1096页。
⑩ 商鞅著,严万里校:《商君书》,《四部备要》,北京:中华书局,1989年,卷2,第19页。

之官爵田禄。"① 严惩不告奸之人,而告奸者则可免罪,并受重赏。《史记·商君列传》也载,商鞅"令民为什伍,而相牧司连坐。不告奸者腰斩,告奸者与斩敌首同赏,匿奸者与降敌同罚"。② 这样一来,"使天下必为己视听之道也"。③ 君主的耳目已明,天下百姓却人人自危,互为仇寇。《赏刑》曰:"自卿相将军以至大夫庶人,有不从王令,犯国禁,乱上制者,罪死不赦。有功于前,有败于后,不为损刑;有善于前,有过于后,不为亏法。忠臣孝子有过,必以其数断。"④《史记·商君列传》载太子犯法,商鞅以"法之不行,自上犯之",而"将法太子",虽最终"刑其傅公子虔,黥其师公孙贾"⑤,以代替君嗣之刑,未能施刑太子,却也可见出商鞅变法所具有的突破礼制等级贵贱秩序的一种"平等"意识。可惜,商鞅的刑罚有勇气针对太子师傅,却在立法的时候就把君主凌驾于法律之上,惩罚太子,是为了维护太子父亲的权威,而不是维护社会所有人的公平,这样的刑罚,只标明在维护君主尊严的原则上人人平等,而不是真正意义上的人人平等,所以,商鞅的平等,是建立在维护不平等制度的立场上的,当然是违反平等和公平的。

《史记·商君列传》载:"孝公既用卫鞅,鞅欲变法,恐天下议己。卫鞅曰:'疑行无名,疑事无功。且夫有高人之行者,固见非于世;有独知之虑者,必见敖于民。愚者暗于成事,知者见于未萌,民不可与虑始而可与乐成。论至德者不和于俗,成大功者不谋于众。是以圣人苟可以强国,不法其故;苟可以利民,不循其礼。'孝公曰:'善!'"⑥ 商鞅之所以能倡导变法,在于他一方面对自己才能、行为充满自信,而对民众的才智有一种卑视;另一方面,他又以强国利民为己任,认为变法能强国、利民,所以,不惜抛弃故法,不循旧礼,实行变革。商鞅之变法,实际包含了个性之中的自信与创新意识,以及强国、利民的现实目的。商鞅奖励耕战,正是由于强国之目的,所以,《商君书·农战》曰:"国之所以兴者,农战也。"⑦"国待农战而安,主待农战而尊。"⑧ 又废除世卿世禄制度,以军功为爵禄分赏的主要根据;取消分封制,推行郡县制,把行政机构一直设置到每一个住户,五家为伍,十家为什,连坐告奸,全民皆兵,对秦国集权统治的加强,国力的富强无疑起到了重要作用。

早于《韩非子》的战国法家,尚有《申子》《慎子》数种,其书皆佚,今人虽有辑本,但已难窥其全貌。《史记·老子韩非列传》曰:"申不害者,京人也,故郑之贱臣,学术以干韩昭侯,昭侯用为相。内修政教,外应诸侯,十五年。终申子之身,国治兵强,无侵韩者。申

---

① 商鞅著,严万里校:《商君书》,《四部备要》,北京:中华书局,1989年,卷4,第32页。
② 司马迁撰:《史记》,北京:中华书局,1959年,卷68,第2230页。
③ 王先慎撰,钟哲点校:《韩非子集解》,《新编诸子集成》,北京:中华书局,1998年,卷4,第109页。
④ 商鞅著,严万里校:《商君书》,《四部备要》,北京:中华书局,1989年,卷4,第31页。
⑤ 司马迁撰:《史记》,北京:中华书局,1959年,卷68,第2231页。
⑥ 司马迁撰:《史记》,北京:中华书局,1959年,卷68,第2229页。
⑦ 商鞅著,严万里校:《商君书》,《四部备要》,北京:中华书局,1989年,卷1,第8页。
⑧ 商鞅著,严万里校:《商君书》,《四部备要》,北京:中华书局,1989年,卷1,第9页。

子之学本于黄老而主刑名。著书二篇,号曰《申子》。"①《申子》二篇已佚,清人严可均有辑本,包括《君臣》《大体》等篇名。《韩非子·定法》曰:"今申不害言术……术者,因任而授官,循名而责实,操杀生之柄,课群臣之能者也。此人主之所执也。"②

《汉书·艺文志》曰:慎子"名到,先申、韩,申、韩称之"。③《史记·孟子荀卿列传》曰:"慎到,赵人。……皆学黄老道德之术,因发明序其指意。故慎到著十二论。"④应劭《风俗通义·姓氏》云:"慎氏。慎到为韩大夫,著《慎子》三十篇。"⑤《慎子》四十二篇,已佚。清人钱熙祚辑有七篇,包括《威德》《因循》《民杂》《知忠》《德立》《君人》《君臣》等,其精粹在于倡导"势"之重要,《威德》曰:"贤不足以服不肖,而势位足以屈贤矣。"⑥"法虽不善,犹愈于无法,所以一人心也……法制礼籍,所以立公义也。凡立公,所以弃私也。明君动事分功必由慧,定赏分财必由法,行德制中必由礼。"⑦慎到的法律思想,强调法维持社会秩序的作用,但并未把法强调到极端化的程度,多多少少还包含着人情礼义德治的成分。

六、韩非子与法治

韩非子导法、术、势相结合的法律思想。《定法》批评了商鞅、申不害等割裂法术二者的作法,认为商鞅讲法,"然而无术以知奸,则以其富强也资人臣而已矣"⑧,结果是"战胜则大臣尊,益地则私封立"⑨;"申不害不擅其法,不一其宪令,则奸多"⑩;无法无术,都不足以维护君主的统治,"君无术,则弊于上;臣无法,则乱于下。此不可一无,皆帝王之具也"⑪。所谓法,即法令;所谓术,指君主驾驭群臣的权术,如果没有明法则不能治民防奸,若明法而无术,就难以防止大臣发展自己的势力范围。法术又必须借重于"势",所谓势,就是君主的独尊地位。《难势》云:"尧为匹夫不能治三人;而桀为天子,能乱天下。"⑫势实际上是行法与权的重要条件。《扬权》之言:"一家二贵,事乃无功,夫妻持政,子无适从"。⑬又云:"事在四方,要在中央。圣人执要,四方来效。"⑭一家二贵,则势不独专;圣人执要,则四方

---

① 司马迁撰:《史记》,北京:中华书局,1959年,卷63,第2146页。
② 王先慎撰,钟哲点校:《韩非子集解》,《新编诸子集成》,北京:中华书局,1998年,卷17,第433页。
③ 班固撰,颜师古注:《汉书》,北京:中华书局,1962年,卷30,第1735页。
④ 司马迁撰:《史记》,北京:中华书局,1959年,卷74,第2347页。
⑤ 应劭撰,王利器校注:《风俗通义校注》,北京:中华书局,2010年,第545页。
⑥ 慎到撰,钱熙祚校:《慎子》,《四部备要》,上海:中华书局,1936年,卷1,第3页。
⑦ 慎到撰,钱熙祚注:《慎子》,《四部备要》,上海:中华书局,1936年,卷1,第4页。
⑧ 王先慎撰,钟哲点校:《韩非子集解》,《新编诸子集成》,北京:中华书局,1998年,卷17,第434页。
⑨ 王先慎撰,钟哲点校:《韩非子集解》,《新编诸子集成》,北京:中华书局,1998年,卷17,第434页。
⑩ 王先慎撰,钟哲点校:《韩非子集解》,《新编诸子集成》,北京:中华书局,1998年,卷17,第433页。
⑪ 王先慎撰,钟哲点校:《韩非子集解》,《新编诸子集成》,北京:中华书局,1998年,卷17,第433页。
⑫ 王先慎撰,钟哲点校:《韩非子集解》,《新编诸子集成》,北京:中华书局,1998年,卷17,第423页。
⑬ 王先慎撰,钟哲点校:《韩非子集解》,《新编诸子集成》,北京:中华书局,1998年,卷2,第55页。
⑭ 王先慎撰,钟哲点校:《韩非子集解》,《新编诸子集成》,北京:中华书局,1998年,卷2,第47页。

臣服。

关于法、术、势的具体内容,韩非基本继承了他的前辈的看法。《定法》曰:"法者,宪令著于官府,刑罚必于民心,赏存乎慎法,而罚加乎奸令者也。"① 法律是由官府体察民心,而行赏罚的工具,慎法者赏,奸令者罚。在执行法律之时,要法律面前人人平等,严刑峻法,《有度》所谓"法不阿贵,绳不挠曲。法之所加,智者弗能辞,勇者弗敢争。刑过不避大臣,赏善不遗匹夫"。②《韩非子·内储说上》曰:"使吾法之无赦,犹入涧之必死也,则人莫之敢犯也。"③《六反》曰:"吏用威严而民听从。"④ 韩非以法为"名",主张刑合于名,即以名行刑,法律是赏罚的根据,所以《二柄》曰:"审合刑名。"⑤ 而术,主要是隐蔽的手段,《难三》曰:"术者,藏之于胸中,以偶众端,而潜御群臣者也。故法莫如显而术不欲见。"⑥ 法欲明,术欲隐。《定法》以术者,因任而授官,循名而责实,可操生杀之柄,课群臣之能,为人主之所执。术作为君主控制群臣的隐蔽手段,其内容极其丰富,有所谓"参观""明威""信赏""一听""诡使""挟知""倒言",乃至于采取人质、禁锢以及特务、间谍、监视、暗杀等活动。《难势》曰:"夫势者,名一而变无数者也。势必于自然,则无为言于势矣。吾所为言势者,言人之所设也。"⑦ 势是人为所设,作为普通君主,"抱法处势则治,背法去势则乱"⑧。韩非尽管一生遭遇坎坷,其身便是被秦法所害,但他的法术势相结合之思想,其实质是为维护君主一人的集权。《五蠹》以文学为害虫,《八说》主张"息文学而明法度",⑨ 正是基于愚民专制之必要。当然韩非之主张革新,以为"圣人不期修古,不法常可,论世之事,因为之备"。⑩ 即以求实的态度服务于现实,不盲目迷信古人,无疑有进步意义。这种实事求是的态度,体现出了韩非不盲从的主体意识。韩非子还肯定社会的变化,《五蠹》指出:"上古竞于道德,中世逐于智谋,当今争于气力。"⑪ 这是一种承认社会进化的历史观点。战国时代,以实力为基础以争战,所以,韩非主张以法强国,这是适应了现实需要的。

韩非子的法律思想,因为是建立在维护君主统治的立场上,所以,具有反人民的性质。但是,他直言不讳地为我们揭示了君臣、父子、夫妻、朋友之间所存在的一种利害关

---

① 王先慎撰,钟哲点校:《韩非子集解》,《新编诸子集成》,北京:中华书局,1998年,卷17,第433页。
② 王先慎撰,钟哲点校:《韩非子集解》,《新编诸子集成》,北京:中华书局,1998年,卷2,第41页。
③ 王先慎撰,钟哲点校:《韩非子集解》,《新编诸子集成》,北京:中华书局,1998年,卷9,第239页。
④ 王先慎撰,钟哲点校:《韩非子集解》,《新编诸子集成》,北京:中华书局,1998年,卷18,第456页。
⑤ 王先慎撰,钟哲点校:《韩非子集解》,《新编诸子集成》,北京:中华书局,1998年,卷2,第43页。
⑥ 王先慎撰,钟哲点校:《韩非子集解》,《新编诸子集成》,北京:中华书局,1998年,卷16,第415页。
⑦ 王先慎撰,钟哲点校:《韩非子集解》,《新编诸子集成》,北京:中华书局,1998年,卷17,第426页。
⑧ 王先慎撰,钟哲点校:《韩非子集解》,《新编诸子集成》,北京:中华书局,1998年,卷17,第428页。
⑨ 王先慎撰,钟哲点校:《韩非子集解》,《新编诸子集成》,北京:中华书局,1998年,卷18,第464页。
⑩ 王先慎撰,钟哲点校:《韩非子集解》,《新编诸子集成》,北京:中华书局,1998年,卷19,第484页。
⑪ 王先慎撰,钟哲点校:《韩非子集解》,《新编诸子集成》,北京:中华书局,1998年,卷19,第487页。

系,这对于我们深入地认识专制社会关系的本质,无疑是有积极意义的。《六反》指出:"君上之于民也,有难则用其死,安平则尽其力。"① 因为君主对人民是不存在"恩爱之心"的。《显学》说:"不恃赏罚而恃自善之民,明主弗贵也。"②《外储说右下》说:"彼民之所以为我用者,非以吾爱之为我用者也,以吾势之为我用者也。"③ "主卖官爵,臣卖智力。"④《难一》说:"臣尽死力以与君市,君垂爵禄以与臣市。君臣之际,非父子之亲也,计数之所出也。"⑤ 因此,《六反》说:"用法之相忍,而弃仁人之相怜也。"⑥ "君不仁,臣不忠,则不可以霸王矣。"⑦

韩非认为,臣民之所以不犯上,并不是不愿犯上,而是没有能力犯上,《扬权》曰:"臣之所不弑其君者,党与不具也。"⑧ 这种振聋发聩的方论,把儒家笼罩在君臣关系上的那层脉脉温情,彻底揭破了。又《备内》曰:"故舆人成舆,则欲人之富贵;匠人成棺,则欲人之夭死也。非舆人仁而匠人贼也,人不贵则舆不售,人不死则棺不买。情非憎人也,利在人之死也。"⑨《外储说左上》举雇农力耕,不是出于对主人之爱,而是可以多得报酬;主人对雇农善待,也不是由于爱护之心,而是欲求雇农之力耕。推而广之,子弑父,妻犯夫,朋友相离,无不缘于利益相对立,你死则我活。

韩非把社会关系的实质归结为人的自私之心,并承认这种自私之心的合理性,而设为法、术、势以驾驭。虽然自私之心未必可以概括一切社会关系,而法、术、势也未必能防止自私之"恶",但韩非子以自己独特的认识,而发布此一观点,表明韩非子所具有独立思考的创造性思维特征,以及对个人权利合理性的维护。《解老》曰:"聪明睿智,天也;动静思虑,人也。人也者,乘于天明以视,寄于天聪以听,托于天智以思虑。"⑩ 韩非子一方面肯定天的伟大,同时肯定人作为动静思虑的主体,可以能动地运用"天"的聪明睿智能以开创自己的事业,这种对人的能动性的肯定,是他倡导人为政治,独立思考的动力。也正因此,《亡征》把抛弃对人的能力的崇敬,而"用时日,事鬼神,信卜筮而好祭祀者",⑪ 当作亡征之一,《饰邪》曰:"龟筴鬼神,不足举胜……然而恃之,愚莫大焉。"⑫《解老》曰:"人处

---

① 王先慎撰,钟哲点校:《韩非子集解》,《新编诸子集成》,北京:中华书局,1998年,卷18,第456页。
② 王先慎撰,钟哲点校:《韩非子集解》,《新编诸子集成》,北京:中华书局,1998年,卷19,第505页。
③ 王先慎撰,钟哲点校:《韩非子集解》,《新编诸子集成》,北京:中华书局,1998年,卷14,第365页。
④ 王先慎撰,钟哲点校:《韩非子集解》,《新编诸子集成》,北京:中华书局,1998年,卷14,第367页。
⑤ 王先慎撰,钟哲点校:《韩非子集解》,《新编诸子集成》,北京:中华书局,1998年,卷15,第383页。
⑥ 王先慎撰,钟哲点校:《韩非子集解》,《新编诸子集成》,北京:中华书局,1998年,卷18,第457页。
⑦ 王先慎撰,钟哲点校:《韩非子集解》,《新编诸子集成》,北京:中华书局,1998年,卷18,第456页。
⑧ 王先慎撰,钟哲点校:《韩非子集解》,《新编诸子集成》,北京:中华书局,1998年,卷2,第54页。
⑨ 王先慎撰,钟哲点校:《韩非子集解》,《新编诸子集成》,北京:中华书局,1998年,卷5,第123页。
⑩ 王先慎撰,钟哲点校:《韩非子集解》,《新编诸子集成》,北京:中华书局,1998年,卷6,第147页。
⑪ 王先慎撰,钟哲点校:《韩非子集解》,《新编诸子集成》,北京:中华书局,1998年,卷5,第117页。
⑫ 王先慎撰,钟哲点校:《韩非子集解》,《新编诸子集成》,北京:中华书局,1998年,卷5,第131页。

疾则贵医，有祸则畏鬼。……夫内无痤疽瘅痔之害，而外无刑罚法诛之祸者，其轻恬鬼也甚。"① 这也反映了一种独立思考的精神。

战国法家，自李悝《法经》，及《商君书》，其思想都来源于改革实践，而韩非所著书，虽不是来自作者治国实践，却最能集中代表法家思想的精粹。法家思想，准确地抓住了人性的弱点，并最终认识到只有法、术、势结合，用冷冰冰的法律手段，才能彻底击灭一切被道德伪装起来的人欲。也只有彻底击灭普通人的欲望，才能保证君主欲望的完全实现。这种认识，随着秦的统一，被证明是符合战国时代需要的最切合实际而行之有效，可以富国强兵的法宝。《史记·商君列传》载商鞅入秦，见秦孝公，相谈良久，而孝公"时时睡，弗听"，是缘于商鞅说以"帝道"；后来，商鞅又以"王道"说孝公，孝公仍不喜欢；商鞅第三次以"霸道"说孝公，孝公以为可与语，而不足用。商鞅终于明白孝公之意，而说以"强国之术"，如此，孝公"不自知膝之前于席也。语数日不厌"，其原因正像孝公所言，三王五帝之术"久远，吾不能待。且贤君者，各及其身显名天下，安能邑邑待数十百年以成帝王乎"。也正是缘于秦孝公这样的君主的急功近利之实用目的，所以，不免如商鞅所言，"然亦难以比德于殷周矣"②。

七、法治与近代中国革命

《论语·卫灵公》载孔子云："君子固穷，小人穷斯滥矣。"③ 战国时期，儒家坚守仁政思想，不为穷达而有改变，而如法家之商鞅、李斯，以及纵横家如苏秦等，为了自己的功名富贵，而变易自己的主张，与时俱进，虽能显名一时，但对社会发展和社会正义，负面影响是难以估量的。

《管子·法法》说："不法法，则事毋常；法不法，则令不行。令而不行，则令不法也；法而不行，则修令者不审也；审而不行，则赏罚轻也；重而不行，则赏罚不信也；信而不行，则不以身先之也。故曰：禁胜于身，则令行于民矣。"④ "法法" "赏罚不信"是司法问题，"法不法"涉及立法问题，"令不法"是依法行政问题，"心而不行"是法律公平问题。《史记·商君列传》载，商鞅变法一年，秦国民言商鞅之法不便者以千数，这时太子犯法，商鞅说："法之不行，自上犯之。"⑤ 欲惩处太子，但因太子是君嗣，施刑毁容，破坏国体，因此，刑太子傅公子虔，黥太子师公孙贾。《野叟曝言》第六十七回有"王子犯法，庶民同罪"⑥ 的俗语，

---

① 王先慎撰，钟哲点校：《韩非子集解》，《新编诸子集成》，北京：中华书局，1998年，卷6，第151—152页。
② 司马迁撰：《史记》，北京：中华书局，1959年，卷68，第2228页。
③ 何晏集解，邢昺疏：《论语注疏》，《十三经注疏》，北京：中华书局，2009年，卷15，第5467页。
④ 黎翔凤撰，梁运华整理：《管子校注》，《新编诸子集成》，北京：中华书局，2004年，卷6，第293页。
⑤ 司马迁撰：《史记》，北京：中华书局，1959年，卷68，第2231页。
⑥ 夏敬渠撰，黄克校点：《野叟曝言》，北京：人民文学出版社，1999年，第811页。

正是说的刑罚必须建立在公正的基础上。

法治即以法治国,即依据法律治理国家,其内容包括法律至上,颁布宪法、立法、司法、行政权分置,以法律保障公民的自由权利。法治是近代文明的重要成果,是与"专制"相对应的一个词汇。即法治国不允许有专横独断的行政权,一切权力的行使必须以法律的授权为依据。卢梭在《社会契约论》第六章《论法律》指出:"凡是实行法治的国家——无论它的行政形式怎样——我就称之为共和国;因为只在这里才是公共利益在统治着,公共事物才是作数的。"① 又说:"一切合法的政府都是共和制的。"中华人民共和国的政体属于共和制,因此,中国也理应是法治国家,社会主义核心价值观包含有"法治"内容,正是体现了共和制政体的必然选择。

依法治国是现代文明的基本价值,也是体现中国传统文明的价值观。屈原《楚辞·离骚》说:"彼尧舜之耿介兮,既遵道而得路。何桀纣之猖披兮,夫唯捷径以窘步。"② "固时俗之工巧兮,偭规矩而改错。背绳墨以追曲兮,竞周容以为度。"③ 唐尧、虞舜遵道得路,就是依法行政;夏桀、商纣猖披,时俗工巧,所以背离规矩绳墨,即随心所欲,作威作福。《楚辞·九章·惜往日》说:"奉先功以照下兮,明法度之嫌疑。国富强而法立兮,属贞臣而日娭。"④ 这里的"法立"即强调的是维护法律的尊严,含有依法治国之意。

自戊戌变法以来,中国人民一直在致力于建设一个法治国家。辛亥革命胜利以后,1912年3月11日,民国政府即公布了《中华民国临时约法》,规定了"主权在民"的共和理念,1913年,中华民国第一届国会在国民党的主导下,提出了《中华民国宪法草案》,该草案又称"天坛草案",因该宪章不利于袁世凯专制,袁世凯解散国会,并于5月1日公布了《中华民国约法》即"袁记约法"。袁世凯称帝矢败,民国政府又重新开启了制宪建设,1919年,民国政府制定了《中华民国宪法草案》,即"八年草案";1923年,民国政府公布了《中华民国宪法》,即"曹锟宪法";1925年,民国政府制定了《中华民国宪法草案》,即"十四年草案"。民国政府制定的各种宪法草案,都基本上贯彻了"共和"的民主理念。

1919年10月10日,孙中山将中华革命党改组为中国国民党,至1924年1月,中国国民党在广州举行第一次全国代表大会,宣布党内改组完成,正式进入中国国民党阶段。1925年,蒋介石率领黄埔军校生发动东征战争,平定广东。1925年7月1日,中国国民党在广州成立国民政府,1928年开始北伐。北伐胜利后,1928年10月3日,中国国民党中央常务委员会通过了《训政纲领》,1931年5月5日国民大会通过了《中华民国训政时期约法》,同年6月1日开始实行。这部约法确定以民治民有民享的三民主义作为

---

① 卢梭:《社会契约论》,北京:商务印书馆,2003年,卷2,第35—36页。
② 洪兴祖撰,白化文等校点:《楚辞补注》,北京:中华书局,1983年,第8页。
③ 洪兴祖撰,白化文等校点:《楚辞补注》,北京:中华书局,1983年,第15页。
④ 洪兴祖撰,白化文等校点:《楚辞补注》,北京:中华书局,1983年,第149—150页。

国家基本思想和行政、立法、司法、考试、监察五权分立的国家组织方法。1936年5月5日，国民政府公布《中华民国宪法草案》，即"五五宪草"，预定1936年召开之制宪国民大会通过，1938年秋，国民政府成立国民参政会，成立包括国民党、共产党、民盟在内的宪政期成会修改五五宪草，即"期成宪草"，逐渐向三权分立模式转变，增加国民大会议政会为国民大会闭会期间的政权机关。1943年，国民党五届十一中全会决定成立宪政实施协进会再度修改五五宪草。抗战争胜利后，国民政府依据《国民政府建国大纲》着手推进宪政的实施。1945年10月10日，国民党和共产党在重庆签署"双十协定"，确定以军队国家化、政治民主化、党派平等、地方自治为基础的和平民主建国路线，决定尽速召开政治协商会议，商讨制宪事宜。1946年1月10日至31日，国民党8人、共产党7人、民主同盟9人、青年党5人、无党派人士9人，共38位代表在重庆召开政治协商会议，通过政府改组案、和平建国纲领案、军事问题案、国民大会案、协定五五宪草的修改原则12项，并决定组织宪草审议委员会。依照政协决议，国民大会成为无形机构，立法院直接民选产生，监察院职权扩大，且地方制度称为联邦体制，省可制定省宪。政协会议闭幕后，依决议成立宪草审议委员会，民社党张君劢主持起草了《中华民国宪法草案》，保留了三民主义的基本思想并贯彻政协宪草决议案内容，落实民有民治民享之民主共和国，以及内阁制之民主宪政等精神。

在中国现行的法律体系中，有宪法性法律和普通法律的区别。《中华人民共和国宪法》是国家的根本大法，一切法律的制定和执行都必须遵从宪法原则。普通法律则又区分为基本法律和法律两种，基本法律由全国人民代表大会制定，而法律由全国人民代表大会常务委员会制定。其来源依赖于宪法，效力低于宪法。在普通法律中，涉及国家机关的组织与活动的是组织法，涉及国家、社会、经济生活等事实关系的权利和义务的是实体法，保障实体法实施的法律是程序法。依法治国就是国家保障法律面前人人平等；确认和保障公民的自由权利不受侵犯；设定和约束国家的权力，一切权力机构依据宪法及其他法律的授权行使权力，不得滥用权力。

现代法律概念包含有权利和义务两种，法律体现了意志的普遍性和对象的普遍性，即法律体现全体国民的意志，适用于全体国民。有一个阶段中国的一些法学家强调法律的阶级性，这明显是违背法律的普遍性原则的，也是与我们今天依法治国的基本精神背道而驰的。

屈原爱国精神的阐发历程

——以《楚辞》辑注为中心考察*

湖南理工学院 龚红林

20世纪三四十年代屈原被定位为"人民的爱国诗人"。如,1930年郭沫若发表《人民诗人屈原》(《人物杂志》1930年6月),1946年王璞发表《屈原——人民的诗人》(《人物杂志》1946年二卷6期),等等。1949年后,屈原的"人民性"被再次得以肯定,屈原是"爱国诗人""人民诗人"基本成定论。[①] "1949年后……历史上曾被推崇为爱国爱民之典范的屈原,经过'五四'以来,特别是抗日战争以来对其爱国主义作了高度的肯定和赞扬之后,自然而然地成了新中国人民所热爱的历史人物。报刊上大量地介绍了屈原的事迹,充分地宣传了屈原爱国爱民的思想。"[②] "屈原奠定了爱国主义传统"[③] "祖国最伟大的爱国诗人"[④] 等观念影响深远。那么,屈原是如何一步步被定性为伟大的爱国诗人的?本文拟以《楚辞》辑注为中心考察屈原爱国精神的阐发历程。

历代辑注《楚辞》较著者,有《楚辞章句》《楚辞补注》《楚辞集注》《山带阁注楚辞》《楚辞通释》等。将各类"楚辞"版本稍稍翻阅,即会发现,虽均名"楚辞",所辑作品却不尽相同,篇目排列、注释考辨、篇章旨意,也各有心得。细微的变化,有时正是一部《楚辞》文献辑注的独到心得,体现了著者对屈原作品思想理解的创造性发现。古语"知微知彰"(《易·系辞下》),两千多年来"楚辞"辑注的细微变化,为我们了解屈原爱国精神的彰显路程提供了可能。

一

现存最早的"楚辞"辑注本、东汉王逸《楚辞章句》的叙录与注释,时见对屈原"忠信"的阐发与褒扬:

---

* 本文系湖南省社科成果委员会项目(项目编号 XSP18YBC050)成果。

① 这方面的研究成果有:井方《屈原的阶级立场及其革命性》(《人物杂志》1951年),文怀沙《人民诗人屈原》(《光明日报》1952年5月),游国恩《屈原文学作品的人民性》(《新建设》1953年6月),唐弢《人民的诗人屈原》(《文艺月报》1953年),何剑熏《伟大的人民诗人屈原》(《重庆日报》1953年)等。

② 蔡靖泉:《屈原思想研究四十年》,《江汉论坛》,1989年11月,第50页。

③ 孙作云:《在历史教学中怎样处置屈原问题》,《历史教学》,1954年1月,第22页。

④ 闻宥:《屈原作品在国外》,《新华月报》,1953年第7号,第225页。

"伯庸,字也。屈原言我父伯庸,体有美德,以忠辅楚,世有令名,以及于己。"(《离骚经章句》"朕皇考曰伯庸"句)

"言我欲谏争者,非难身之被殃咎也,但恐君国倾危以败先王之功。"(《离骚经章句》"恐皇舆之败绩"句)

"屈原放于江南之野,思君念国,忧思罔极,故复作《九章》。章者,著也,明也。言己所陈忠信之道甚著明也。"(《九章叙》)

……

这些阐发屈原作品意蕴的解释,一方面源于屈原作品本身客观存在"忠信"的表达,另一方面也是王逸对屈原这位"同乡"的深刻理解。

何谓"忠信"?《左传·昭公元年》:"临患不忘国,忠也。思难不越官,信也。""忠""信"是人臣的重要素质和品德,为儒家所提倡:"夫子之道,忠恕而已矣。"(《论语·里仁》)"人而无信,不知其可也。"(《论语·为政》)作为楚之同姓,屈原用自然界的朴实现象表达了自己对宗国之"忠":"鸟飞返故乡兮,狐死必首丘。"(《哀郢》)"受命不迁,生南国兮"(《橘颂》);屈原同样珍惜与楚王彼此的"诚信":"约黄昏以为期兮"(《离骚》)"指九天以为正兮,夫惟灵修之故也。"(《离骚》)故,刘向赞其"念社稷之几危兮","思国家之离沮兮"。(《九叹》)王褒赞其"念君兮不忘"。(《九怀》)司马迁领略到死有轻于鸿毛重于泰山,盛赞屈原心有国君、不忘兴国的执着:"其存君兴国,而欲反覆之,一篇之中,三致志焉。"(《史记·屈原贾生列传》)颂扬屈原"忠信"之品格:"竭忠尽智,以事其君……信而见疑,忠而被谤。"(《史记·屈原贾生列传》)等。这些阐发饱含士大夫家国情怀,一直是人们阅读《楚辞》作品的精神动力。

王逸之前,淮南王刘安提出"骚兼风雅"①,而班固《离骚序》则批评屈原怨愤国君、露才扬己、专营求进而不明智,以致"忿怼不容;丽辞巧语"皆非法度之政"。② 王逸指出,班固所谓"露才扬己"是对屈原人格的贬损。并阐发道:屈原忠贞高洁,直言谏君,是"绝世之行",其目的是为"冀君觉悟,反于正道"。(《离骚经章句·叙》)针对班固所言屈原作品为"虚无之语",王逸提出"依《诗》取兴,引类譬谕"象征说,肯定《离骚》"其词温而雅,其义皎而朗"。(《离骚经章句·叙》)并明确屈原作品精神的实质与儒家经典一致,他说:

---

① 班固《离骚序》:"昔在孝武,博览古文,淮南王安叙《离骚传》,以'国风好色而不淫,小雅怨悱而不乱,若《离骚》者,可谓兼之矣。蝉蜕浊秽之中,浮游尘埃之外,皭然泥而不滓。推此志,虽与日月争光可也'。"

② 班固《离骚序》:"今若屈原,露才扬己,竞乎危国群小之间,以离谗贼。然责数怀王,怨恶椒兰,愁神苦思,强非其人,忿怼不容,沉江而死,亦贬絜狂狷景行之士。多称昆仑,冥婚宓妃,虚无之语,皆非法度之政,经义所载。谓之'兼诗风雅'而'与日月争光',过矣。然其文弘博丽雅,为辞赋宗……虽非明智之器,可谓妙才者也。"

"夫《离骚》之文,依托五经以立义焉。"(《离骚经章句·叙》)

王逸是南郡宜城(今湖北宜城)人,故称"逸与屈原,同土共国,悼伤之情,与凡有异。"(《九思叙》)他自信对屈原作品有与众不同、高出凡俗的解读。今天看来,王逸言中自有深意。不仅仅是因为他和屈原是"同乡",还在于他们面临相似的国运。王逸生活在东汉安、顺帝时期。此时,外戚宦官乱政,皇权式微,政治秩序混乱。史料记载,安帝刘祐十三岁继位,顺帝刘懿约十一岁继位。幼帝继位,政务大权落在邓太后、阎太后和外戚手中。《楚辞章句》大约成书于安帝元初四年左右①。王逸时任校书郎:"王逸,字叔师,南郡宜城人也。元初中,举上计吏,为校书郎。顺帝时,为侍中。"(南朝宋·范晔《后汉书》卷一百十上"文苑列传"第七十上)"元初"是安帝刘祐的年号,其时内忧外患、民不聊生。饥荒、地震、水涝、干旱、兵火等灾害不断。"(元初)二年春,以郡国被灾赈粟贫民,自上即位至于是年,频有水旱之灾,百姓饥馑……七月,百羌犯境。……冬十一月庚申,郡国十一地震。""三年春二月,郡国十地震。……冬十一月……郡国九地震。四年,春二月……壬戌,武库火。""五年……八月,鲜卑寇代郡。是岁,郡国十四地震。六年,春正月乙巳,京都郡国三十二地震。水泉涌出,坏城郭宇舍压杀人。……夏五月,京师旱。七月,鲜卑入塞。冬十二月……郡国八地震。是岁,北单于与车师后部王攻敦煌。"(晋·袁宏《后汉纪》卷十六"孝安皇帝纪")看到水深火热中的国家、百姓,有良知的士大夫奋起抗争。史料记载:"永初元年,(杜根)举孝廉,为郎中。时和帝邓后临朝,权在外戚。根以安帝年长,宜亲政事,乃与同时郎上书直谏。太后大怒,收执根等,令盛以缣囊,于殿上扑杀之。执法者以根知名,私语行事人使不加力,既而载出城外,根得苏。……因得逃窜,为宜城山中酒家保。积十五年,酒家知其贤,厚敬待之。及邓氏诛,左右皆言根等之忠。……根方归乡里,征诣公车,拜侍御史。"(南朝宋·范晔《后汉书》卷八十七)杜根直谏抗争折射出朝政危机,杜根奇迹般存活则反映了当时民心所向,而安帝的抚恤则彰显了时代"忠君"的呼唤。

从这个意义上看,王逸彰显屈原"忠信于君国",实质亦是东汉中后期儒家士大夫忠君存国的体现。在王逸看来,传播屈原作品就是对屈原精神的教传,他说:"楚人高其行义,玮其文采,以相教传。"(《楚辞章句叙》)所以,他也通过辑注来传播屈原"行义":"今臣复以所识所知,稽之旧章,合之经传,作十六卷章句。虽未能究其微妙,然大指之趣略可见矣。"(《楚辞章句·叙》)其"大指之趣"就是"忠信于君国"。

显然,屈原之后,文人儒士对屈原精神的认识经历了一个重要的探讨时期,中间也不

---

① 《钦定四库全书》集部一楚辞类《楚辞章句》提要:"臣等谨案,楚辞章句十七卷,汉王逸撰。逸,字叔师。南郡宜城人。顺帝时,官至侍中。事迹具《后汉书·文苑传》。旧本题校书郎中,盖据其注是书时,所居官也。"

乏针锋相对。但最终,"忠信"之说获得广泛共鸣,屈原不弃君国之德备受推崇,特别以司马迁、王逸为代表。王逸继承司马迁以来的"忠信"说,用"忠贞""忠信""忠厚""念国忧国""思君""念君""以忠辅楚"概括屈原作品内在的精神"电波",认为屈原:昏君不悟而不弃,国家危亡而不弃,忠信于君国,有"忠信"之德。

二

作为"《楚辞》不祧之祖"①,《楚辞章句》影响深远。"呜呼,叔师一笺,朦发万古。"(明·汪瑗《楚辞集解序》)"叔师"即王逸。《章句》通过各种文献渠道启发后代辑注者。最显者,属宋代洪兴祖《楚辞补注》、朱熹《楚辞集注》。

洪兴祖《补注》先列王逸注,再标"补曰"申述己说。王逸《章句》有三个版本系统:文选本;补注本;单行本。②宋代以后流传的几乎都是"补注本"系统。可见,"洪补"传播《章句》贡献甚巨。朱熹《集注》虽批评王、洪,但对二人注释仍时有爨栝。

洪兴祖特别突出屈原的"爱君之诚"。阐发屈原"爱其君,眷眷而不忘",提出屈原之流放自沉与比干之因谏被杀戮的精神是一致的,均是因为他们心中有一颗"忠臣爱君"之心:

> 忠臣之用心,自尽其爱君之诚耳,死生毁誉所不顾也。故比干以谏见戮,屈原以放自沉。……使百世之下,闻其风者,虽流放废斥,犹知爱其君,眷眷而不忘,臣子之义尽矣。(《楚辞补注·序》)

洪氏还关注了历史上人们对屈原其人其行的某些"误读":

> 后之读其文,知其人,如贾生者,亦鲜矣,然为赋以吊之,不过哀其不遇而已。余观自古忠臣义士,慨然发愤,不顾其死,特立独行,自信而不回者,其英烈之气岂与身俱亡哉?……扬子云作《反离骚》,以为:"君子得时则大行,不得时则龙蛇。遇不遇,命也。何必沉身哉?"(《楚辞补注·序》)

贾谊、扬雄对屈原自沉多有惋惜和批判,甚至认为屈原太看重"被君王任用"的问题,导致最后因为怀才不遇而沉身,如扬雄说:"遇不遇,命也。何必沉身哉?"对此,洪兴祖认为,屈原之死乃忠臣义士的本色,"慨然发愤,不顾其死,特立独行,自信而不回者,其英

---

① 姜亮夫:《楚辞通故·叙目》,《楚辞通故》,济南:齐鲁书社,1985年。
② 马骏鹰:《王逸〈楚辞章句〉文献研究》,中国优秀博硕士学位论文全文数据库(硕士),2002,(02)。

烈之气岂与身俱亡哉？……"认为屈原"英烈之气"会浩然永存："屈原虽死，犹不死也。"（《楚辞补注·序》）

洪氏还赋予了屈原精神新的阐释，认为屈原精神是"忧国乐天"。用忧乐哲学注解屈原："屈原之忧，忧国也。"并别出新意，认为屈原有乐："其乐，乐天也。"（《楚辞补注序》）宋代理学注重对"忧乐"观的探讨，如周敦颐教授学生首先要思考什么是孔子、颜回的快乐："昔受学于周茂叔，每令寻颜子、仲尼乐处，所乐何事。"（《程氏遗书》卷二上）北宋名臣范仲淹、欧阳修在《岳阳楼记》《醉翁亭记》里都提到儒家士大夫的"先忧后乐"观。显然，洪氏阐发屈原精神时也思考了屈原的快乐。

总体而言，洪兴祖《楚辞补注》，继续王逸"依五经立义"思路，以屈原为"圣贤"典范，将其与孔子、司马迁并称"三仁"："太史公作传，……斯可谓深知己者。""屈子之事，盖圣贤之变者，使遇孔子当与三仁同称。"（《楚辞补注·序》）

三

"忠"是儒家所倡人臣基本素质："臣事君以忠"（《论语·八佾》）。所以，朱熹和洪兴祖一样突出宣扬屈原不忘君恩的"忠臣"之心，认为屈原身处罹患却仍能感念君恩，直言忠谏，可贵之处，苍天明鉴。朱熹在《楚辞后语》卷二的批语中说："屈原之心，其为忠清洁白，固无待于辩论而自显。"其《楚辞集注·离骚经》"余固知謇謇之为患兮"句下，朱熹注曰：

> 謇謇，难于言也。直词进谏，己所难言，而君亦难听，故其言之出有不易者，如謇吃然也。舍，止也。言己知忠言謇謇必为身患，然中心不能自止而不言也。九天，天有九重也。正，平也。灵修言其有明智而善修饰，盖妇悦其夫之称，亦托词以寓意于君也。此又上指九天，告语神明，使平正之，明非为身谋及，为他人之计，但以君之恩深而义重，是以不能自己耳。

"三纲"，即君臣、夫妇、父子，是儒家最基本的伦理体系，也是封建"忠君"的哲学依据。朱熹从理学纲要出发，认为屈原作品是"增夫三纲五典之重"的典籍："原之为书，……岂不足以交有所发，而增夫三纲五典之重？此予之所以每有味于其言，而不敢直以词人之赋视之也。"（《楚辞集注序》）我们可以看到，王逸阐发屈原的"忠信"，到宋儒处明确为"忠君"；王逸阐发屈原"忧国"，被宋儒转化为"爱国"纳入"忠君"体系。朱熹《楚辞集注》在洪氏"爱君之诚"中，加入"爱国之诚心"，合称"忠君爱国之诚心"。其《楚辞集注序》说："原之为人，其志行虽或过于中庸，而不可以为法，然皆出于忠君爱国之诚心。"

至此，屈原作品的核心价值，被明确阐释为"忠君爱国"，屈原"忠臣"楷模形象被进一步强化。汉、宋文人儒士彰显屈原之"忠",形成了楚辞辑注史上的一大亮点,直接影响着后世对屈原的认识。如明人注释时感叹:"千古忠臣,当推屈子为第一。"(明·黄文焕《楚辞听直》)同时,也促进了屈原作品在以儒家思想为核心的汉语文化圈中的深度传播和接受。如"楚辞"传播到韩国,其李朝著名诗人金时习有《汨罗渊赋》:"事虽往于千载兮,形若存而不亡。令人依稀于面目兮,宛若在乎其旁。然后知忠臣义士之大节兮,迹愈久而名愈芳。"①

四

元明时期,"楚辞"辑注虽多,但大都难超汉宋。在屈原作品的解读中,汉宋时期的阐发影响深远,正如明·汪瑷所言:"今读《骚》者,率祧叔师而跻考亭。"(《楚辞集解序》)"叔师""考亭"即王逸、朱熹。

到了明末清初,王夫之《楚辞通释》,借注释屈原辞赋,寄托故国之思,影响深远。他强调:"蔽屈子以一言曰:忠"(《楚辞通释·序例》),且乃"千古独绝之忠"(《楚辞通释·离骚》)。

王夫之一边抗清复明,一边隐居山中注《楚辞》,清康熙二十四年《楚辞通释》完成。常以屈原自比:"有明王夫之,生于屈子之乡,而遘闵戢志,有过于屈者。"(《九昭·序》)自题堂联:"芷香玩水三闾国,芜绿湘西一草堂。"②据学者年谱传记可知,"王夫之自明崇祯十六年张献忠部队陷衡州起,至清康熙十四年筑湘西草堂定居衡阳石船山侧30多年期间,一直过着患难流亡生活。"③ 有此患难经历,使得王夫之十分注重"楚辞"文本自身传达的情感:"作者既杳,亦孰与正之……舍本事以求情","希达屈子之情于意言相属之际。"(《楚辞通释·序例》)

王夫之《楚辞通释》十四卷,前七卷为屈原作品,后七卷为宋玉等人作品。王夫子将《七谏》以下五篇删除,增江淹《山中楚辞》《爱远山》,并附己作《九昭》。为何辑江淹作品?一方面,应与江淹崇拜屈原有关,江淹曾言:"屈原才华,……恨不得与之同时,结佩共绅。"(《灯赋》)另一方面,应与江淹忠直爱国有关。《梁书·江淹传》载,江淹作御史中丞时,不惧权贵,直言敢谏,大胆弹劾高级官吏,使朝廷内外政风肃然:"诸郡二千石并大县官长,多被劾治,内外肃然。"成为"忠直"楷模:"明帝谓淹曰:'宋世以来,不复有严明中丞,君今日可谓近世独步。'"(《梁书·江淹传》)故,辑江淹作品,正是对屈原爱社稷民生的忠直精神的一种间接强调。

---

① 转引自吴文善《比较视野中的金时习汉诗研究》"第二章金时习与屈原的文学关系",中央民族大学博士学位论文,2009年。
② 衷尔钜著:《大儒列传 王夫之》,长春:吉林文史出版社,1997年,第118页。
③ 衷尔钜著:《大儒列传 王夫之》,长春:吉林文史出版社,1997年,第104页。

王夫之特别屈原临患不忘国之"忠",解释屈原作品《哀郢》道:

> 哀故都之弃捐,宗社之丘墟,人民之离散,顷襄之不能效死以拒秦,而亡可待也。原之被逸,盖以不欲迁都而见憎益甚。然且不自哀,而为楚之社稷人民哀。怨悱而不伤,忠臣之极致也。(王夫之《楚辞通释·哀郢》)

与宋儒强调"忠君"不同,王夫之的"忠"强调"为楚之社稷人民哀",王夫之将"为楚之社稷人民哀"称为"忠臣"之最高境界。这无疑为后世发现屈原爱民、爱"大我"之精神开启了门径。

稍后,林云铭提出屈原"忧国忧民":"读《楚辞》要先晓得屈子位置,以宗国而为世卿,义无可去。缘被放之后,不能行其志,念念都是忧国忧民。"(《楚辞灯·凡例》)又在阐释《离骚》时称赞:"屈原全副精神,总在忧国忧民上。"

五

随着封建君主专制的逐渐瓦解,特别是"辛亥革命"推翻君主专制后,"忠君"成为故旧,所以,"五四"以来,"楚辞"辑注阐发屈原作品精神意蕴时,"忠"字逐渐被"爱国"代替。如,彭泽陶作《离骚今译校注与答问》提出"屈子爱国精神"的概念:"屈子爱国精神,与夫富贵不能淫、贫贱不能移、威武不能屈之大丈夫气节,得以宛然复见于世。"①

国家多事之秋,国难当头之时,屈原作品是鼓励辑注者和读书人的精神食粮。"今观其辞,宗国之念至切,发扬蹈厉,深入人心,足以鼓舞其遗民志士报仇雪耻之义气,真天地间不可少之文也。"(游国恩《楚辞注疏长编·序》)

在"维新变法"时期,屈原的爱国热情曾影响一批湖湘地区的维新救国之士。如"戊戌六君子"之一谭嗣同青年时期曾以屈原为偶像:"我亦湘中旧词客,忍听父老说怀王。"(《武关七绝》)看到晚清政府风雨飘摇心中忧愁而愤懑:"帝子不来山鬼哭,一天风雨写《离骚》。"(《画兰》)"汀洲芳草歇,何处赋离忧?"(《洞庭夜泊》)"生于骚国,流连往躅,水绝山崩,靡可拟似。成挽歌八章,命曰《湘痕词》。"(《湘痕词八篇并叙》)② 正是在屈原爱国精神感召下,生于骚国的谭嗣同决定用自己的生命警醒国人。③

---

① 彭泽陶:《离骚今译校注与答问·自叙》,崔福章编著《楚辞书目五种续编》,上海:上海古籍出版社,1993年,第176页。
② 参见李元洛:《楚辞一脉 谭嗣同〈画兰〉新赏》,《长沙晚报》,2008年10月12日。
③ 梁启超:《谭嗣同传》记载:"被逮之前一日,日本志士数辈苦劝君东游,君不听。再四强之,君曰:'各国变法,无不从流血而成。今中国未闻有因变法而流血者,此国之所以不昌也。有之,请自嗣同始!'卒不去,故及于难。"

抗日战争期间,屈原再次成为鼓励中华儿女保家卫国的精神支柱,郭沫若依据屈原作品创作历史剧《屈原》,他说:"根据我自己现实生活的经历,我具体地体验了屈原流放生活的滋味及其热爱祖国的心情。"(《屈原》日文版《作者的话》)吴烈发表《忧国诗人屈原》(《国民文学》第4期,1935年1月),鼓舞当时的国民尤其是青年学生投身抗日救国前线。

突出"忠"的以儒注骚传统及民族存亡的现实压迫,使屈原作品在不断"重读"中显示其思想艺术魅力,成为中华民族优秀传统文化中的经典爱国诗歌。今天,用"人民诗人""伟大的诗人""爱国诗人"等来称屈原已成人民自觉心声。

两千年的"楚辞"辑注历程,呈现了一条清晰的屈原爱国精神的阐发路线:忠信于君国——忠君爱国——忧国忧民——爱国精神。汉代以来,历代《楚辞》辑注文献记录下了后世文人学者对屈原精神的敬仰与怀念,奠定了屈原精神解读中的"核心价值",屈原作品由此逐渐被公认为爱国文学经典。

早期儒学对屈原作品之影响研究

北京语言大学　柏晓彤

　　屈原作为我国文化史与文学史上的重要人物,其文学作品与人格魅力都对后世有极其深远的影响。在汉代王逸的《楚辞章句》与刘向《楚辞》中所收录的25篇屈作是其精神世界的传神写照,其中充分展现了屈原在楚国由盛而衰的历史阶段中的感情与人生经历,体现出了作者独特的人格操守、政治思想与高超的文学创作手法,司马迁曾评价其为人"志洁行廉",其作品"与日月争光可也"。

　　在屈原作品伟大雄毅的人格精神和瑰奇华丽的文学魅力背后我们还可以发现其作品中与早期儒学的深远关系。在屈原大部分作品中都可以体现出儒家思想的色彩,这主要表现在人格思想、政治理想、创作方法三方面。战国时期楚地具有不同于中原的文化与风俗特色,而身为楚国贵族的屈原在文学作品中展现出了中原地区的儒家文化色彩其背后必然存在着较为深远的成因。同时,这种经屈原加工发展的儒家文化也在后世影响着一代又一代的士大夫文人。

　　有关于屈原作品的一些问题至今都存在较大的争议。最为代表的是汉代扬雄、班固与王逸的楚辞学争论。以扬雄和班固为首的经学家从屈作文风以及审美特色等方面认为屈原的作品与早期儒家思想并无直接的关系。王逸则以儒家思想对屈原作品进行了解释,认为屈原作品"依托五经以立义"。虽然王逸以"五经"立意解读屈原作品有一定偏颇之处,但是他从根本上肯定了屈原作品与早期儒学存在关系的事实。同时,屈原作品中的儒家思想更是文学发展史和儒学南传史上的重要部分。因此,我们便从这个具有争议与意义的问题出发,主要从屈原作品中的早期儒家思想之体现、屈原作品中的早期儒家思想倾向的成因以及屈原作品中儒家思想倾向的影响三个方面来剖析屈原作品与早期儒学之关系,也可以就此大致地了解当时的文化交流情况。

一、屈原作品中早期儒家思想之体现

　　在屈原作品中充分地体现出了屈原在人格思想、政治理想与文学作品比德传统上对儒家思想的继承与发展。这在以《离骚》与《九章》为代表的作品中最为突出。作品中体现的美政理想与儒家的大同之治不谋而合;其次,"坚毅高洁、尚义慕仁"的人格思想与儒家的"士"思想以及君子之道也殊途同归;最后,屈原创造性地借鉴了儒家传统的"比德"创作模式,形成了香草美人传统。屈原在作品中体现的儒家思想特色提升了作品的思想内涵和感染力,使屈原形象更加鲜明地跃然纸上。

(一)尚仁慕义、坚毅高洁的人格思想

早期儒学对屈原的影响首先体现在屈原作品中表现出的人格思想。屈作中主要体现了屈原坚毅奋进、苏世独立、尚仁慕义的人格思想,司马迁在《屈原贾生列传》之中评价屈原道:"博闻强志,明于治乱,娴于辞令。入则与王图议国事,以出号令;出则接遇宾客,应对诸侯。王甚任之。"①又称其"志洁行廉"。孔子及其弟子以成为具有仁德、志向、学识、忠信勇敢等品质与极高外交才能的"士"而自勉,这种"士"人格的理念得到了战国时期文学之士的强烈认同,屈原的作品中充分体现了这种儒家的人格修养特点。"内美修能"也是在屈原人格形成之中不可忽略的一个因素,王逸对此句的注解为:"内含天地之美气,又重有绝远之能。"②而"内美"也可以作忠贞之意,屈原的这种人格修养方式与早期儒家的"性善论"、终身修养学习的观念以及"内圣外王"、"诚意、正心、修身、齐家、治国、平天下"在本质上是相同的③。而这种人格修养和学习又是符合"内美"的忠贞,早期儒家的人格修养方式与屈原对自身人格的修养方法趋同,这就必然使屈原的人格极大地体现出了早期儒家特点。

屈原作品中体现出了屈原尚仁慕义的人格思想,屈原对自身君子品质的修养,为国为民的精神及其对正义的坚守体现出了儒家"仁义"的思想特质。"君子义以为质,礼以行之,逊以出之,信以成之,君子哉!"④在儒家思想中,君子以"尚仁慕义"为塑造人格的基石,这种对"道义"的追求在屈原作品中有极其鲜明的体现。"仁"是儒家思想的核心,《橘颂》中作者成功塑造了橘树光华的外表,同时也表现出作者追慕的可贵品质,"行比伯夷,置以为像兮。"作者以伯夷为学习的榜样,孔子称伯夷为"古之贤人",认为他是求仁而得仁之人⑤,这便充分展示出了屈原在修养自身的方面对儒家"仁"的追求。而屈原"哀生民之多艰""竭忠诚以事君",心系国家兴亡,关怀人民生命,也是儒家"仁"的体现。与此同时,屈原坚持正道与法度,贬斥奸佞小人,"屈平疾王听之不聪也,谗谄之蔽明也,邪曲之害公也,方正之不容也,故忧愁幽思而作《离骚》。"《离骚》贯穿着屈原的愤懑不平,坎壈咏叹之情,文中怨君:"不抚壮而弃秽兮,何不改乎此度?"批判无德臣子:"众皆竞进以贪婪兮,凭不厌乎求索。"哀痛国之政治:"固时俗之工巧兮,偭规矩而改错。背绳墨以追曲兮,竞周容以为度。"⑥体现出了他对正义的坚守以及对荒唐邪恶的深恶痛绝。屈原

---

① 司马迁:《史记》,北京:中华书局,2006年,第1119页。
② 洪兴祖:《楚辞补注》,北京:中华书局,1983年,第4页。
③ 汤一介:《中国儒学文化大观》,北京:北京大学出版社,2001年,第337页。
④ 刘宝楠:《论语正义》,北京:中华书局,2017年,第629页。
⑤ 汤一介:《中国儒学文化大观》,北京:北京大学出版社,2001年,第7页。
⑥ 聂石樵:《楚辞新注》,上海:上海古籍出版社,1980年,第3页。

至死也未曾离开宗国,未曾因世道而放弃他对心中正义的追求,这正符合儒家"不随物流,不为境转,顺逆一如"的对道义之坚守。

屈原作品中体现着上下求索的坚毅与苏世独立的高洁品质,其作品中表现出了具有儒家色彩的"仁以为己任"的坚毅与社会责任感,驱动着他为圣主贤臣理想和高洁自守的人格追求而不断奋斗。在屈原作品之中这种坚毅奋进的体现比比皆是,《离骚》中"路漫漫其修远兮,吾将上下而求索","及余饰之方壮兮,周流观乎上下"①。自女媭劝说作者开始,作者向重华哭诉,上下求索,周游求女,一番受挫之后,仍未改变他对高洁情操的追求。儒家的人格修养观念强调"自强不息","发愤忘食,乐以忘忧"的奋斗精神,孟子云"吾善养吾浩然之气",曾子云"士不可以不弘毅",都指出了君子任重而道远,要有坚定的信念和浩然正气并为自己的美好目标奋斗前行,这在屈作中都得到了完美的展示。同时,屈原作品中也表现出对苏世独立、志洁行廉之品质的不懈追求。《史记·屈原贾生列传》中评价屈原:"其文约,其辞微,其志洁,其行廉,其称文小而其指极大,举类迩而见义远。"②屈原遗世独立,坚贞高洁的品质与早期儒家思想中保持自我操守、自尊自爱、追慕高洁的观念是十分契合的。《悲回风》中"鸟兽鸣以号群兮,草苴比而不芳。鱼葺鳞以自别兮,蛟龙隐其文章。故荼荠不同亩兮,兰茝幽而独芳"③,体现出屈原独立不群的人格操守。在屈原作品中表现出了作者宁死不愿与世俗同流合污的高洁志向,"其行廉,故死而不容",投江殉节是屈原命运的终结,也是是作者对高洁情操追求的极点。"安能以身之察察,受物之汶汶者乎。"在屈原作品中透露了较多坚贞高洁的"死志",屈原为志为节而死,以此来成全生命的精神价值和美德,与早期儒家思想中对君子"志"与"节"的强调与重视相同。

(二)忠君爱国、圣主贤臣的美政理想

屈原是楚国贵族,为怀王左徒,"入则与王图议国事,以出号令;出则接遇宾客,应对诸侯"。其一生的主要活动是围绕着政治展开,政治思想是屈原思想之中极为重要的部分,而其感情活动也都是因政治上的挫折而进行。在屈原的作品之中其政治思想得到了充分的展示,屈原的宗国观念十分强烈,正因为这种强烈的爱国意识以及对故土的眷恋驱使着屈原做出了自我终结的人生抉择。在政治上,《离骚》中集中体现了以"美政"为代表的屈原治国理政之理念,而这与早期儒学有着莫大的联系,应该被视为是早期儒学影响之下的产物。

屈原作品中体现其"治国理政,拱卫宗国"的政治思想,屈原博闻强识,娴于辞令,具有较强的政治才能,同时,其作品中显示了他极强的政治抱负和治国理政的愿望。"乘

---

① 洪兴祖:《楚辞补注》,北京:中华书局,1983年,第27页。
② 司马迁:《史记》,北京:中华书局,2006年,第1119页。
③ 聂石樵:《楚辞新注》,上海:上海古籍出版社,1980年,第5页。

骐骥以驰骋兮,来吾道夫先路!"这种感情一方面是直接的宣泄,另一方面表现为"因谗被疏"的愤懑不平,《离骚》中:"岂余身之殚殃兮,恐皇舆之败绩!"其表现出了屈原强烈的政治责任感。早期儒家思想之中强调君子应当"修身、齐家、治国、平天下"的人生志向,"古之欲明明德于天下者,先治其国"①,传统儒家思想认为君子应该是积极参与到现实生活中来的,应该有强烈的政治责任感,应通过治理自己的国家来逐步促进天下向大同的方向发展,而屈原强烈的政治理想与抱负与早期儒家思想之中强调的君子治国理政的理念不谋而合。

屈原作品中也体现了其举贤任能的政治思想与"美政"理念,屈原的"美政"理想可以被视为是"圣主贤臣共同拱卫楚国","美政"理想集中体现了屈原的治国理政之理念,这其中主要体现了"举贤任能""先王之道""厚生爱民"思想。

屈原在作品中重视对于贤才的培养与任用,在《离骚》之中,屈原"余既滋兰之九畹兮,又树蕙之百亩","冀枝叶之峻茂兮,愿俟时乎吾将刈"。而这与儒家的"尚贤"思想极为契合,《子张》云:"君子尊贤而容众,嘉善而矜不能。"② 在儒家思想之中,"君子"尊重有才之人也泛爱才能不足之人,而屈原更是将这种思想践行到自己的政治活动之中,他不仅举贤任能赏识贤才,更是亲自培养有能之士,这便体现了儒家尚贤的思想。

屈原在《离骚》之中反复强调了"先王之道"的重要性,屈原在《离骚》之中反复地赞美了"尧舜禹大同之治",首先他以"尧舜禹"之治与"桀纣"之治进行了对比,用以劝谏楚王,表现出"唐尧之道"对于政治建设的重要性,在文章的后半部分屈原向重华致辞,从尧舜禹进行追述,无不体现这屈原对先王之道的赞同与向往,而儒家思想的终极目的就是实现尧舜禹时期的"大同之治",《论语·泰伯》云:"大哉! 尧之为君也。巍巍乎! 唯天为大,唯尧则之。荡荡乎! 民无能名焉。巍巍乎其有成功也,焕乎其有文章。"③ 孔子把尧舜看做是圣君的最高代表,对其进行了无可附加的赞誉,而屈作之中的这种倾向无疑是对早期儒学的继承。

屈原作品之中还体现了强烈的爱民忠君思想,屈原为楚王的"不明是非"而忧患愤懑,这种感情的根源来自屈原强烈的爱国意识。《离骚》中云:"余固知謇謇之为患兮,忍而不能舍也。指九天以为正兮,夫惟灵修之故也。""怨灵修之浩荡兮,终不察夫民心。"屈原之忠君爱国,并不是狭隘的贵族宗国主义,他的爱国主义之核心是"爱民",其生于战国动乱之际,忧虑国家,在遇到挫折之时,仍不忘记自己对楚国的关怀,在《离骚》与《哀郢》之中集中地表现了其爱国主义,"长太息以掩涕兮,哀生民之多艰","皇天之不纯命兮,何百姓之震愆"。屈原厚生爱民的情怀溢于言表,而厚生爱民思想历来都是儒家的核

---

① 孙希旦:《礼记集解》,北京:中华书局,1989年,第159页。
② 刘宝楠:《论语正义》,北京:中华书局,2017年,第737—738页。
③ 刘宝楠:《论语正义》,北京:中华书局,2017年,第287页。

心思想。《论语》中大部分体现了孔子对生命的珍惜以及对民众的关怀,孔子推崇"有博施于民而能济众"的仁人,而其后学孟子继承了其"仁"的学说,继承发扬了"仁政"的思想,这两者都与屈原作品中厚生爱民的思想相同。

(三)香草美人的比德传统

早期儒学对屈原产生了较大影响,这就使屈原作品之中不仅仅体现着儒家思想内核,作品在艺术特色方面更是吸取着以六经为主的儒家经典的创作特点和儒家主要代表人物的创作观念,自《诗经》始,我国文学创作便离不开"比兴手法",在儒家代表作品之中经常用具有优秀自然品质的物来比喻君子优秀品质,屈作吸收借鉴了这种儒家"比德"手法,创造性地形成了后世沿用的"香草美人传统"。

《楚辞章句》中说道:"《离骚》之文,依《诗》取兴,引类譬谕,故善鸟香草、以配忠贞。"而孔子在《论语·阳货》:"诗可以兴、可以观、可以群、可以怨。迩之事父,远之事君,多识与鸟兽草木之名。"在《论语》等儒家经典之中用美好属性的物象比德的现象已经十分常见,"瞻彼淇奥,绿竹猗猗。有匪君子,如切如磋,如琢如磨","岁寒,然后知松柏之后凋也"。屈原的"香草美人"传统,吸收了楚地独特的巫祭文化与中原儒家的文学创作手法,巧妙地用属性不同的动植物来比喻善与恶两种对立的属性和人物,使屈原以《离骚》为代表的作品之中形成了意境混融之美和哀怨清丽的作品特色。

"其志洁,故其称物芳。"屈原之志洁行廉,表现为对个人行为操守的自守,这是屈子崇德尚礼的体现,屈原在《离骚》与《九章》之中处处都在强调修养与道德的重要之处,作者在作品之中反复强调具有德行修养,慕好高义的君子,"善鸟香草以配忠贞,恶禽臭物以比谗佞"。屈原独创的香草美人传统正是对具有高尚道德的君子之赞颂,"君子义以为质,礼以行之,孙以出之,信以成之。君子哉!"儒家强调"君子",重视忠信与仁义,坚守于道德,并运用"美玉""芝兰"等意象来形容君子之德行,从这一方面可以看出屈作之中的中心思想与早期儒家思想强调的人格理念的核心也是相同的。

总之,屈原作品中集中体现的人格思想、政治理念,以及香草美人的比德传统都体现出了屈原作品与早期儒学的密切关系。

二、屈原作品中早期儒家思想倾向的成因

屈原作品中的早期儒家思想倾向的成因是多方面的,这种关系的形成具有深厚的历史积淀,首先是楚国与周王室的关系以及征战、人员往来,自楚人受封之后,中原礼乐文化和儒家思想就开始从各个方面渗入楚国,楚国作为周王朝的附属国,周遣太史入楚也在一定程度上促进了上层贵族对中原文化乃至儒学的向往与认同,战国时期人口的迁徙,战争的吞并,也都是造成入学南下影响屈原的重要因素,周王子朝与敬王夺位失败奔入楚携带了大量的文学典籍,也是周文化的一次不可忽视的南移;其次,学术的往来更是

直接因素,《论语》中记载了孔子在楚国的传学活动与孔门弟子入楚为官的事实,同时楚人陈良与屈原也北上学习中原文化。

(一)孔子与其弟子以及其他学派学者入楚之影响

孔子与其弟子的传学活动是楚地儒家思想传播的直接渊源。孔子的思想源自周代的礼乐文明,《礼记·曾子问》与《史记·孔子世家》都曾记载孔子入周学礼的事实。孔子寻访列国是中国历史上一次意义重大的教育活动与政治活动,孔子之"周游"见载于《孔丛子·记问》:"孔子作《操》曰:'周道衰微,礼乐凌迟,文武既坠,吾将焉师?周游天下,靡邦可依。'"孔子周游列国,自55岁弃官离鲁,到68岁自卫返鲁,前后在外凡14年。先后到过卫、陈、宋、曹、郑、蔡、楚等国。在《史记·孔子世家》中对孔子入楚和楚昭王对孔子的礼遇等做了记叙。在《论语·微子》中对孔子在楚地遇楚狂接舆与长沮、桀溺都有直接体现。

孔子之学术与思想在楚地得到传播的直接证据是楚地出土的记载着儒家经典的竹简,楚人对儒家作品有自觉地的保存与流传,郭店楚简中《缁衣》的内容与传本《礼记·缁衣》大体相合,有学者论证,郭店简《缁衣》《五行》出自子思,其他《性自命出》《唐虞之道》等也与曾子、子思一系有关系,甚至不妨视为《子思子》。马王堆帛书整理者指出,《五行》属于思孟学派,此次两篇著作同出于一墓之中,或暗示当时思孟学派在楚地流传甚广。上博简《孔子诗论》中表现出《诗经》和孔子之儒家学说在楚国的传播与发展,而郭店楚简《唐虞之道》等篇目中体现的政治思想在屈原《离骚》中也体现为其美政理想。孔子即没,孔门弟子继承并发展了他的学说,扩大了儒学的影响,使其在战国时期便成为当世之显学,在孔门弟子中对扩大儒学影响力有较大贡献的当数子夏和子贡,与此同时其二人与澹台灭明、任不齐、荀卿等儒学学者一同对早期儒学传入楚地,乃至于儒学的继续南渐起了极其关键的作用。最早入楚地的孔门弟子是子贡,但那时子贡入楚是为求援,以解困于陈蔡的孔子之厄,匆忙间不可能传播儒学,但其南下吴越之间进行政治游说,往往根据儒家经义立论,谈论仁义礼智信,也促进了儒学在南方地区的发展。

战国之时,百家争鸣,各种学术思想相互驳斥也相互浸染,除儒士的传学活动之外,受早期儒家思想影响的其他学派学者对促进儒学在楚地的深入也起了重要的作用。吴起一般被看做兵家和早期法家的代表人物,但其学术思想却源于儒家,是精于研究《春秋左氏传》的大家。《史记·孙子吴起列传》中记载:"常学于曾子",《吴子·图国第一》中也记载吴起身着儒服参见魏文侯的事实,此外吴起以"内修文德,外治武备"等具有儒家色彩的观念游说魏武侯,在楚国任职之时所推行的一定也是偏重于曾子一系的内省修德的儒学和与儒学有着血缘关系的重信守诺、信赏必罚的法家思想[①],其更是将《左传》之

---

① 何成轩:《儒学南传史》,北京:北京大学出版社,2011年,第55页。

学传于子期,后经铎椒与赵卿传至荀子,而铎椒曾任楚威王太傅,依据《左传》做《铎氏微》四十章(又名《左传抄撮》)提供给威王作为治国借鉴。同时,吴起与屈原的祖父有过交往,也正因为如此才导致了儒家思想在屈原骚赋中的渗透。

(二)楚人对儒家思想文化的接纳和自觉学习

据《史记·楚世家》,楚自熊绎封丹阳后,于西周之世熊渠自称蛮夷,自认不受西周礼乐文化约束,楚武王更是断然僭越自立为王。楚国地处偏远,由于地理位置和文化交流等因素综合影响,周王室一直难以对楚地产生绝对的控制,楚国在诸国之中具有较强的独立性,形成了地域特色的楚文化,但其作为周王朝的附属国又难以逃离中原文化礼乐的影响,并在政治思想与社会制度方面与中原文化产生了很大的趋同性,楚人在对待以儒家思想为代表的中原文化之时大多数都是报以自觉学习的态度,而屈原其北上齐国,学于稷下学宫,这也直接促成了儒家思想对屈原作品创作的影响。

在周文化南移的过程之中,中原的礼乐文化一直在楚国也有很高的地位,在战国楚墓中也出土了大量的儒家文学典籍,这种礼乐政治理念对以楚王为中心的上层贵族产生了深远的影响,晋楚邲之战中,楚庄王"止戈为武"的观念就符合中原传统礼乐政治观念中对战争"禁暴""安民"功能的定位。同时,楚国产生了大量的自觉接受、学习、运用早期儒家思想的现象,楚君主卿士在议事时大量引用《书》《诗》,比如楚国出现了儒学家申叔时等精通儒家文化之人,申叔时主张以《诗》《书》《春秋》等儒家典籍作为楚太子的教科书,并一一点明其有益于人格和政教之处。此后的陈良、屈原等人北上中原学习,《孟子·滕文公上》中记载:"吾闻用夏变夷者,未闻变于夷者也。陈良,楚产也,悦周公、仲尼之道,北学于中国。北方之学者,未能或之先也。彼所谓豪杰之士也。"①陈良为楚国人士,北上学习中原礼乐之道、孔子之学,受到了孟子的极高赞誉,其思想也在楚地得到了发展,《孟子·许行》之中所记的陈相、陈辛便做过陈良的弟子,这在一方面可以反映出陈良一派在楚国已经成为具有一定规模的儒学派别。②屈原曾因政治原因"联齐抗秦"北上齐国,关于屈原是否到过稷下学宫,史书虽无明确记载,而三次出使中有两次都处在稷下学宫学术活动最盛的齐宣王时期,且稷下学宫是先秦文化史上存在时间最长、参与学者最多、影响范围最大的学术活动中心,当时各学派的著名学者都曾受其影响,《史记·孟子荀卿列传》记载孟子与荀子都曾在稷下学宫处于学术领袖的地位,而荀子更是"最为老师"。屈原受学于稷下学宫,必然会被早期儒学所影响,以至于在行为与思想方面或多或少地表现出儒家倾向,所以屈原受稷下学宫中儒家思想的影响也是无可厚非的,另一方面,《文心雕龙·时序》篇中有记:"唯齐楚两国,颇有文学,齐开庄衢之第,楚广兰台之

---

① 杨伯峻:《孟子译注》,北京:中华书局,2008年,第35页。
② 何成轩:《儒学南传史》,北京:北京大学出版社,2011年,第59页。

宫。……屈平联藻于日月,宋玉交彩于风云。"① 楚怀王效仿齐国稷下学宫设兰台,倡导文人进行学术和"治乱"的研究,这也表明了稷下学宫对屈原之影响。

三、屈原作品中儒家思想倾向的意义与影响

屈原作品对后世的影响主要体现在两方面,首先是其尚仁慕义、苏世独立、坚毅不凡的人格,其次是其作品中独有的文学魅力和高超的创作艺术。东汉的王逸在《楚辞章句》之中对屈原有极高的称赞,《楚辞章句序》中记载:"人臣之义,以中正为高,以伏节为贤。故有危言以存国,杀身已成仁。""今若屈原,膺忠贞之质,体清洁之性,直若砥矢,言若丹青,进不隐其谋,退不顾其命,此诚绝世之行,俊彦之英也"。②《淮南子》中认为屈原之文章集《国风》《小雅》两者之大成。司马迁对屈原赞叹非常,称其为"倜傥非常之人",其文章与日月齐光。屈原作品为以宋玉、唐勒、景差为代表的作家所继承发展,但其作品中蕴含的早期儒学因素,分别在思想精神和文学艺术领域对后世的士大夫文人产生了极大的影响,屈原精神激励着他们不断地修身养德,并为构建"圣主贤臣"的社会而奋发努力。

(一)屈原精神对后世士大夫人格思想的影响

屈原作品之中处处透露着"志洁行廉""苏世独立""上下求索"的以儒家思想为底色的屈原精神,后世文人对这种"屈原精神"推崇备至,"屈原精神"就是屈原砥砺不懈、特立独行的节操,以及在逆境中敢于坚持真理,敢于反抗黑暗统治的精神。屈原的遭遇是中国封建社会时期的正直士人所普遍经历的,因此这种精神力量能对其发出巨大的感召力。

首先,屈原尚仁慕义的人格操守与志洁行廉的品质对后世士大夫人格修养产生了莫大的影响。在屈原的影响之下,"义"与"志"的色彩更加浓厚,增强了后世士大夫文人的"气节",在后世的许多文学作品之中都有这种表现,于谦《石灰吟》中:"粉身碎骨浑不怕,要留清白在人间。"文天祥《过零丁洋》中:"人生自古谁无死,留取丹心照汗青。"这些都体现了这种舍生取义以实现自己人生理想、保持自己志向和情操之高洁独立的感情倾向。同时,屈原精神也一定程度上引领着士大夫重新审视"死亡",重新衡量其与道义之间的轻重关系,这极大地促进了我国传统士大夫对道义的重视与坚持,培养了他们主动承担历史责任的勇气。

其次,后世文人继承了屈原坚毅不屈、不畏艰辛的探索精神。"路漫漫其修远兮,吾将上下下而求索。"中国古代无数士大夫文人都终身践行着这句箴言,而司马迁在其中最为突出,清代学者章学诚曾在其《文史通义·知难》中指出:"人知《离骚》为词赋之祖矣,

---

① 刘勰:《文心雕龙》,北京:中华书局,2012年,第498页。
② 王逸:《楚辞章句》,北京:中华书局,2017年,第2页。

司马迁读之而悲其志,是贤人之知贤人也。夫不具司马迁之志而欲知屈原之志……则几乎罔矣。"可见司马迁受屈原影响之深,对屈原人格精神的认同,而司马迁在受到宫刑的折磨之后仍然未曾放弃自身"究天人之际,通古今之变,成一家之言"的理想与抱负,而作者在《史记》创作之中体现的坚毅砥砺的求索精神更是对屈原精神的复归和对后世文人的进一步启发。

最后,屈原"圣主贤臣"的美政理想、强烈的政治抱负与政治关怀被后世士大夫文人继承发展并形成中国的一种独特的政治文化理想。屈原在作品之中追慕先王之治,贬斥暴君奸臣,为后世士大夫著就了社会理想的观照维度,而这种对理想社会的追求促使传统士大夫文人跳脱出儒家"明哲保身"的传统,社会责任感得到了空前的增强,形成了中国古代社会士人"忠君爱国""鞠躬尽瘁死而后已"的政治操守。韩愈"欲为圣明除弊事,肯将衰朽惜残年",白居易在早期"志在兼济",针砭时弊。至宋代,张载曾将自己的平生志向归结为四句话:"为天地立心,为生民立道,为往圣继绝学,为万世开太平",范仲淹《岳阳楼记》云:"居庙堂之高则忧其民,处江湖之远则忧其君""先天下之忧而忧,后天下之乐而乐",这种强烈的政治关怀与政治责任感更是后世文人构建理想社会的宣言。

(二)"香草美人"的比德传统对后世文学作品的影响

屈原作品之中"依诗取兴,引类譬喻"形成了独特的香草美人传统,"善鸟香草以配忠贞,恶禽臭物以比谗佞。""其辞温而雅,其义皎而朗,凡百君子,莫不慕其清高,嘉其文彩,哀其不遇,而愍其志焉。"[①] 屈原作品中的这种象征手法影响着后世士大夫文人文学创作中的"比德"思想,他们都选用美人或外形美丽寓意美好的物象来比喻自身高洁之志、伟岸之理想或者美好的情操道德。

在汉代张衡的《四愁诗》中便用美人比喻君子,魏晋时期文学作品更加追求美感,屈原作品中的象征手法被广泛地运用,刘桢在《赠从弟》中用"萍藻""松柏""凤凰"三种有美好品性和外形的意象来形容从弟的品质,嵇康"息徒兰圃,秣马华山"一句中,通过兰花来描述出超凡脱俗的生活,体现出其兄长高洁的情操。在曹植的作品中,《美女篇》用形态美好、怀瑾配芳的美人自比,点明其自身志向高洁以及"盛年处房室"的悲哀。在其《洛神赋》之中也将这种创作手法运用到极致。香草美人传统与其中蕴含的"比德"思想在后世一直被广泛地运用于各种文学作品的创作,直至清代,屈大均与王夫之创造性地运用香草美人传统比喻复兴故国的坚毅之志,而蒲松龄将这种手法移植到小说创作中,《聊斋自志》中云:"知我者,其在青林黑塞间乎?"其笔下的狐鬼花妖世界明显受到了香草美人传统道德影响。

---

① 洪兴祖:《楚辞补注》,北京:中华书局,1983年,第3页。

结语

屈原作为中国传统文化之中重要的代表性人物,而屈原作品更是与《诗经》并称对后世文人的创作产生了极其深远的影响。儒学是中国国学之核心,其在战国时代便已蔚为大宗成为当世之显学,对中华文明的形成与发展乃至中华民族的壮大与延续都起着至关重要的作用。通过对屈原作品中儒家思想倾向的发掘与研究不仅能使我们体悟到屈原身上蕴藏的人格操守与可贵精神,从而提升自我修养与弘扬传承传统文化,其更能促使我们把握中国传统士大夫人格修养、政治操守、文学创作的发展脉络,在传统上追根溯源。

同时,屈原作品中的儒家思想倾向更是儒学南传史上的宝贵证据,对于我们研究把握屈原与中原之交流,儒学在当时对其他地区的影响情况以及战国时期的学术氛围乃至地理交通情况都有很强的借鉴意义。

唐代诗人对《史记·屈原列传》的接受

聊城大学　戴永新

　　《屈原列传》节选自《史记·屈原贾生列传》,是迄今发现的传世文献中记载屈原生平经历、理想信念、文学成就最早、最完整的著作,也是后世学者研究屈原的第一手资料。在这篇传记中,司马迁以文系人,以人系史,塑造了一位才学卓著、耿介忠贞,却因谗被逐,以自沉汨罗而保持高洁品格的仁人志士形象。全传紧紧围绕屈原的"怀才不遇"这一主线,运用夹叙夹议的手法,一唱三叹,表现出作者对屈原的无比崇敬和赞美,也传达出对其多舛命运的深切同情和悲叹,对当政者不能知人善任、嫉贤妒能者当道的极大愤慨之情。无论是叙事还是抒情,无不彰显了司马迁的高超技艺,对后世产生了较大的影响。随着三家注的产生和"三史"入科举而带来《史记》地位的攀升,《屈原列传》中司马迁的观点也被更多文人所接受。他们在诗中或对屈原人生遭际表现出无限的同情;或对楚王的执迷不悟表示了极大的愤慨;或对奸佞小臣表现出极端的鄙夷;或对屈原的崇高品格表示了由衷地赞美。在对屈原的评价中,寄寓了诗作者的人生价值观。

一

　　屈原是中国文学史上第一个伟大的诗人,后世对他的批评随着时代的不同而展示出不同的特色。"武王爱骚,而淮南作传",刘安的《离骚传》最早论述了《离骚》的思想内容和艺术特色。司马迁《屈原列传》则"依据前代的相关资料"以及"他的亲身经历和实地考察"[①],较为详细地叙述了屈原"博闻强志,明于治乱,娴于辞令"而被重用,又因"心纯庞"(《惜往日》)而遭谗被疏的人生际遇,并在刘安《离骚传》的基础上,从创作原因、思想内容、艺术风格、作品主旨等方面进一步总结了屈原《离骚》的成就,在对作品的评述中,作者推崇屈原"正道直行,竭忠尽智以事其君"的高尚品格。"读《离骚》《天问》《招魂》《哀郢》,悲其志。观屈原所自沉渊,想见其为人。"司马迁不仅悲叹屈原大志未能实现,惋惜其自沉汨罗,更表达出对屈原的理想、人格的赞叹。屈原的才华和品格,唐代诗人给予了很多赞美。有的直接赞美屈原声名远播:"屈子生楚国,七雄知其材。"(孙郃《古意二首(拟陈拾遗)》其一),以至于"不必伊周地,皆知屈宋才。"(杜甫《秋日荆南述怀三十韵》)孙郃和杜甫都盛赞屈原才华出众。杜甫在《最能行》中,为了说明秭归县百姓的气量狭

---

① 熊良智:《司马迁〈屈原贾生列传〉的一家之言》,《文学遗产》,2013年第1期。

窄不是因地理环境决定,而是因为缺乏教育时,更是以屈原为例:"若道土无英俊才,何得山有屈原宅?"对归州拥有这样值得骄傲的英俊才子大加赞颂。

《屈原列传》曰:"其志洁,故其称物芳;其行廉,故死而不容。自疏濯淖污泥之中,蝉蜕于浊秽,以浮游尘埃之外,不获世之滋垢,皭然泥而不滓者也。"司马迁认为屈原志趣高洁,在《离骚》中多用香花香草以比喻美好事物,屈原行为方正而不苟且,至死而不为世俗小人所容。为了保持高洁志趣,他只能远离肮脏的世俗,不为世俗所玷辱。唐代诗人中对屈原高洁的志趣也频频赞美。杜光庭的《怀古今》诗中有"君不见屈大夫纫兰而发谏"的诗句,作者用"纫兰"盛赞屈原的高洁志向;陈子昂《感遇诗·三十一》"箕山有高节,湘水有清源"的诗句,把品行高洁的屈原和隐居箕山保持节操的许由对举,表达了作者无比崇敬之情。杜牧《赠渔父》中的"月夕烟朝几十春,不曾逢着独醒人",感叹像屈原一样的"独醒"之人,几十年难以遇到,从而表达了对经纶之才缺失的遗憾之情。周昙在《春秋战国门·屈原》更是慨叹"满朝皆醉不容醒,众浊如何拟独清"。用询问的方式表达了对屈原不为世俗所玷污,保持"独清"的高洁志趣的赞美。(《题屈原祠》)洪州军将更是提倡"行客谩陈三酹酒"来祭奠屈原这位"独醒"之人。

屈原的因谗被贬、自沉汨罗是历史之痛。刘威的《三闾大夫》表示山河流水都感到了这种痛:"三闾一去湘山老,烟水悠悠痛古今。青史已书殷鉴在,词人劳咏楚江深。"屈原虽身亡但名垂青史,其作品传达的精神将成为古今的鉴戒。王鲁复准确地阐明了这一点:

万古汨罗深,骚人道不沉。明明唐日月,应见楚臣心。(《吊汨罗》)

诗中所说的屈原之道,即就是《屈原列传》中所言:"(离骚)上称帝喾,下道齐桓,中述汤武,以刺世事。明道德之广崇,治乱之条贯,靡不毕见。"屈原称赞古代圣君贤相,以他们的丰功伟绩来讽喻现实,通过反复抒情,阐明了以法治国、举贤授能、励精图治的政治主张。屈原之道,不因时代变迁而被埋没;屈原之精神如日月同辉,永远照耀。

唐代诗人也沉浸在这种精神之下:"迟迟恋屈宋,渺渺卧荆衡。"(杜甫《送覃二判官》)杜甫和屈原一样心念国事:"直道其如命,平生不负神。"(顾况《酬唐起居前后见寄二首》)顾况像屈原一样行正直之道,不辜负圣明;泛舟三湘水的孟郊,"观涛壮枚发,吊屈痛沉湘。魏阙心恒在,金门诏不忘。"(孟郊《自浔阳泛舟经明海》)如"虽放流,眷顾楚国,系心怀王"的屈原,虽身泛舟江湖,仍心系朝廷,不忘圣恩。元稹屡次被贬却能"退不苟免难,进不曲求荣。在火辨玉性,经霜识松贞。展禽任三黜,灵均长独醒。"(白居易《和答诗十首·和思归乐》)和屈原一样具有人生高洁志向。"遥知布惠苏民后,应向祠堂吊汨罗。"(刘复《送黄明府晔赴岳州湘阴任》)诗中刘复对于像屈原一样舍生取义的人充满了深深的感激之情。

有唐一代,统治者都十分注重对历史的关注,建史馆修国史蔚然成风,其目的是总结历史的经验教训,以古鉴今。重史崇史之风,使得诗人在历史中寻找切入点,在盛赞圣君贤臣、批判昏君奸臣中,为现实提供鉴戒。作为中国古代耿介忠贞的士大夫的代表的屈原,自然受到唐代诗人的青睐。而较为详尽记载的《屈原列传》也成为诗人们评论屈原的主要依据。但是书前解读《离骚》时还有向左的意见,即班固在《离骚序》所言:"今若屈原,露才扬己""责数怀王,怨恶椒、兰""贬絜狂狷景行之士"。① 这种观点在唐诗中也有显现。孟郊《旅次湘沅有怀灵均》:"名参君子场,行为小人儒。骚文炫贞亮,体物情崎岖。三黜有愠色,即非贤哲模。"批判屈原名列君子领域,但却是追求个人名望的儒者。三次被放逐,有恼怨的神情也不是圣贤所应有的。其《离骚》也是为了炫耀自己的忠贞诚信。"怀沙灭其性,孝行焉能俱。"对自沉汨罗而不得尽孝的行为予以批判。对于自沉汨罗为国殉难的行为,有人颇有微词。如李白《笑歌行》:"赵有豫让楚屈平,卖身买得千年名"(《笑歌行》),李贺《箜篌引》"屈平沉湘不足慕,徐衍入海诚为愚。""从来不爱三闾死,今日凭君莫独醒。"(刘得仁《赠从弟谷》)也表现出对于屈原自沉的批判。但是崔涂认为屈原自沉汨罗是为了坚守祖邦,并非因怨恨怀王的狂狷之举:"谗胜祸难防,沈冤信可伤。本图安楚国,不是怨怀王。"孟郊在《答卢仝》中也表现出和《旅次湘沅有怀灵均》中不同态度:"楚屈入水死,诗孟踏雪僵。直气苟有存,死亦何所妨。"对屈原虽自沉汨罗但浩然正气长存给予了赞美。

由此可见,对屈原的评价也因诗人的不同、时间的不同、立意的不同而产生一定的差异。这种差异为我们进一步研究屈原形象的传播提供了更丰富的资料。

二

《屈原列传》中司马迁笔下的屈原"博闻强记,明于治乱,娴于辞令",才华卓越,又是一位高瞻远瞩、足智多谋的政治家,以至于"入则与王图议国事,以出号令;出则接遇宾客,应对诸侯",而且人品高洁"竭忠尽智以事其君"。但是由于"王听之不聪也,谗谄之蔽明也"而被疏。屈原"虽放流,眷顾楚国,系心怀王,不忘欲反,冀幸君之一悟",但是怀王昏庸不悟,听信上官大夫、令尹子兰之言,从而"兵挫地削,亡其六郡,身客死于秦"。之所以造成这样的结果,司马迁认为是因为君主"不知忠臣之分",从而使得"忠者不忠""贤者不贤",而导致"亡国破家"的局面。作者把矛头指向了古今所有的昏庸君主,一针见血地指出正是由于他们的"不知人",才使得贤臣有志难伸而陷入困境,奸佞之臣充斥朝堂而扰乱朝政。"王之不明,岂足福哉!"正是作者对昏庸治者的控诉。

李白诗歌中对昏肩楚王也进行了批判。在其《古风·五十一》中诗人写道:"殷后乱

---

① 郭绍虞:《中国历代文论选》,上海:上海古籍出版社,2004年,第89页。

天纪,楚怀亦已昏。夷羊满中野,菉葹盈高门。比干谏而死,屈平窜湘源。虎口何婉娈,女嬃空婵媛。彭咸久沦没,此意与谁论。"李白指出:楚怀王听信谗言,放逐屈原,奸佞之臣充斥朝堂。作者认为暴君之门不能顾恋思慕。此诗表现了对暴君的憎恨和对贤臣不得好报的惋惜之情。孟郊《湘弦怨》:"昧者理芳草,蒿兰同一锄。狂飙怒秋林,曲直同一枯。"诗中把蒿草比喻佞臣、兰花比喻贤臣,表达了对于统治者不辨忠奸、不明善恶的批判。中晚唐还有很多诗人在诗歌中表达了自己的看法:

怀王独与佞人谋,闻道忠臣入乱流。今日登高望不见,楚云湘水各悠悠。
(戴叔伦《湘川野望》)
楚怀放灵均,国政亦荒淫。彷徨未忍决,绕泽行悲吟。
(白居易《读史五首》其一)
襄王不用直臣筹,放逐南来泽国秋。自向波间葬鱼腹,楚人徒倚济川舟。
(胡曾《咏史诗·汨罗》)
秦陷荆王死不还,只缘偏听子兰言。顷襄还信子兰语,忍使江鱼葬屈原。
(周昙《春秋战国门·顷襄王》)

这些诗歌无一例外地写到楚王不分忠奸,不辨真伪,听信谗言,不采纳利国的谏言,使得奸臣当道,忠臣自沉,以至于国政荒淫,最终自身客死秦地。诗人们对"王之不明"表现出极端愤慨之情,对忠臣葬身江水表示悲叹。

除了对昏庸楚王的批判之外,唐代诗人对于谗言乱政的行为给予了深刻地揭露。李德裕大中二年南贬潮州途中,路过洞庭湖西,写诗凭吊屈原:"远谪南荒一病身,停舟暂吊汨罗人。都缘靳尚图专国,岂是怀王厌直臣。"(《汨罗》)诗歌中指出,屈原之所以"信而被疑",主要是奸臣靳尚图谋朝中大权,向怀王进谗言,从而使得原本受重用的屈原被放逐。同样,孟郊《湘弦怨》"嘉木忌深蠹,哲人悲巧诬。灵均入回流,靳尚为良谟"的诗句,更是直言屈原自沉汨罗,就是因为靳尚的"良谋",这里用反讽的手法痛斥奸臣谗言给贤明有智慧的人带来了极大哀痛。除了痛斥靳尚谗言乱政之外,唐人在诗中还痛斥另一个佞臣令尹子兰:"静思屈原沈,远忆贾谊贬。椒兰争妒忌,绛灌共谗谄。谁令悲生肠,坐使泪盈脸。"韩愈从被贬的阳山北还经过岳麓山时,静思屈原、贾谊分别被司马子兰、绛侯周勃、颍阴侯灌婴进谗言加害,而泪流满面,真是"谗胜祸难防,沉冤信可伤"(崔涂《屈原庙》)。由于嫉贤妒能,奸臣对于屈原不断打压,李群玉《湘中古愁三首·其一》形象地描绘到:"蕙兰委皓雪,百草一时死。摧残负志人,感叹何穷已。"胸怀大志的屈原最终被别有用心者摧残致死。(《离骚》)陆龟蒙读《离骚》后为屈原才华折服而声讨佞臣:"岂知千丽句,不敌一谗言",曹邺则大声疾呼:"三闾有何罪,不向枕上死"(《放歌行》)为屈原鸣

怨。而对于靳尚等人谗言迫害屈原,徐凝更是直言:"欲慰灵均恨,先烧靳尚祠。"(《浙西李尚书奏毁淫昏庙》)

三

司马迁是最早给屈原立传的人,从《屈原列传》序言:"余读《离骚》《天问》《招魂》《哀郢》,悲其志。适长沙,观屈原所自沉江,未尝不垂涕,想见其为人"来看,其被屈原作品中表达"存君兴国"之志所感动,又翻检"石室金匮之书",多次到长沙搜集、考查、核验有关屈原的传说和史料最终形成传记。列传中司马迁悲叹屈原怀才不遇、一生坎坷,在为屈原鸣不平的同时,也抒发了作者对自己命运的慨叹。正如清代李景星所言:"通篇多用虚笔,以抑郁难遏之气,写怀才不遇之感,岂独屈、贾两人合传,直作屈、贾、司马三人合传读可也。"① 屈原"竭尽忠智以事其君","信而见疑,忠而被谤",两次被流放,终以"怀石遂自沉汨罗以死",这和司马迁"绝宾客之知,忘室家之业,日益思竭其不肖之材力,务一心营职,以求亲媚于主上"(司马迁《报任安书》),换来的却是遭受宫刑的经历极其相似。由此,司马迁所作《屈原列传》应会渗透着自身的生活背景。同样,唐诗中也渗透着作者本人的生活背景。

唐诗涉及屈原的诗歌中,有的是诗人途经荆湘之地而凭吊屈原。如戴叔伦《过三闾庙》:"沅湘流不尽,屈宋怨何深",汪遵《招屈亭》:"招屈亭边两重恨,远天秋色暮苍苍",直接屈原被放逐自沉的怨恨;崔涂《屈原庙》:"谗胜祸难防,沉冤信可伤。本图安楚国,不是怨怀王。庙古碑无字,洲晴蕙有香。独醒人尚笑,谁与奠椒浆。"则认为屈原虽被谗言所伤,但其以心系国安,不怨怀王,虽然庙碑无字,但是屈原留给世人的却如蕙兰一样四溢清香。

有的是吊古伤今,感慨时事,寄托怀才不遇之感慨。如杜牧唐文宗开成四年,途经武关时有感而作:

> 碧溪留我武关东,一笑怀王迹自穷。郑袖娇娆酣似醉,屈原憔悴去如蓬。山墙谷堑依然在,弱吐强吞尽已空。今日圣神家四海,戍旗长卷夕阳中。(《题武关》)

杜牧才华横溢志向远大,诗人忧心于晚唐虽然统一但宦官专权、藩镇割据,民不聊生的局面,站立武关前,思绪万千,通过追溯楚王昏庸,郑袖惑主、屈原被逐这段令人伤怀的历史,来告诫晚唐的统治者能吸取教训分辨忠奸、知人善任、励精图治、力挽狂澜。张碧秋登岳阳楼也即景抒情:"屈原回日牵愁吟,龙宫感激致应沈。贾生憔悴说不得,茫茫烟

---

① 杨燕起、陈可青、赖长杨:《历史名家评〈史记〉》,北京:北京师范大学出版社,1986年,第618页。

霭堆湖心。"诗人也托古伤今,以屈原自沉、贾谊作赋自喻,表达自己屡试不第、壮志难酬的不幸遭遇。

唐代咏怀屈原的诗歌多是诗人被贬时的诗作。贬谪现象是唐代一个较为普遍的现象,唐五代340多年间,有姓名可考贬官共2828人次。[①] 南方的荒蛮之地是唐王朝流贬官员的主要地区,因此这些贬官有更多的机会途经湘水。而他们或因直谏被逐,或因谗言被贬,和屈原被放逐原因极其相似,因此他们往往通过对屈原的凭吊来表达被贬谪的无奈和悲伤,如李嘉祐至德、乾元年间谪居鄱阳,夜闻江南赛神之事,感慨自己如屈原一样被逐贬谪而悲伤不已:"逐客临江空自悲,月明流水无已时。听此迎神送神曲,携觞欲吊屈原祠。"(《夜闻江南人家赛神,因题即事》)白居易回忆从元和二年到长庆二年的十四年中,六年被贬谪。通过多次凭吊屈原,来抒发自己的无奈和悲凉:"遂师庐山远,重吊湘江屈。夜听竹枝愁,秋看滟堆没。"还有一些诗人送别被贬官到荒远偏僻荆湘地区的朋友,诗作寄寓他们的思想。如王维《送杨少府贬郴州》"长沙不久留才子,贾谊何须吊屈平",希望朋友不必过于自伤,可以效仿贾谊去凭吊,以表示对同样坚守理想而被放逐的屈原的敬仰之情;宋之问《送杜审言》"别路追孙楚,维舟吊屈平",诗歌把被贬为吉州司户参军的杜审言比作恃才傲物,不容于时的西晋名士孙晋和屈原,表示对他们的同情;许浑的《寄郴州李相公》:"功高恩自洽,道直谤徒侵"和《太和初靖恭里感事》:"清湘吊屈原,垂泪撷蘋蘩。谤起乘轩鹤,机沉在槛猿。乾坤三事贵,华夏一夫冤",则是诗人对和屈原一样功高耿直的被贬李相公和因奸臣王守澄构陷而死的宋申锡的遭遇,表示了极大的愤慨不平。还有的诗人拜托友人代替自己去祭奠屈原:"天南不可去,君去吊灵均"(吴融《旅中送迁客》),"游吴经万里,吊屈向三湘"(刘长卿《送从弟贬袁州》),抒发了对屈原的悼念之情。

值得注意的是在咏怀屈原的诗人群体中,还有一些远在红尘之外的文僧禅师,他们大都出生在江南地区,长期受到荆楚文化的熏染,为屈原作品中高洁志趣所感染,因此多有诗歌凭吊屈原。如江南诗僧护国的《归山作》"靳尚那可论,屈原亦可叹。至今黄泉下,名及青云端",回顾历史虽然靳尚得势,屈原被放逐而自沉汨罗,但诗人认为和屈原名垂青史相比,靳尚不值得一提,从诗中可见对屈原的赞誉。贯休《晚泊湘江作》中也赞叹屈原的精神万古长存:"一轮湘渚月,万古独醒人。"文秀《端午》"节分端午自谁言,万古传闻为屈原。"则告诉世人,人们设端午节更是为了使屈原精神千古永流传。被称为"会稽二清"的浙江诗人皎然和清江,漫游到潇湘,睹物思人,都留下了凭吊诗行。皎然《吊灵均词》云:"天独何兮有君,君在万兮不群。既冰心兮皎洁,上问天兮胡不闻。"诗歌中在盛赞屈原的独立于世、玉洁冰清的高尚品格同时,又用反问的方式痛斥统治者没有识人之能,最终使得"光茫荡漾兮化为水,万古忠贞兮徒尔为。"清江《湘川怀古》:"浪势屈原

---

① 尚永亮:《唐五代贬官之时空分布的定量分析》,《上海大学学报》,2007年第6期。

冢,竹声渔父歌。地荒征骑少,天暖浴禽多。脉脉东流水,古今同奈何。"用湘水的波浪翻滚,来缅怀这位沉冤的忠臣,用默默无言的东流水,展现出古今的无奈。

在僧人中咏怀屈原作品最多的是齐己,共十一首。齐己,湖南长沙人,俗姓胡,名得生。由于其尝居长沙道林寺"十年邻住听渔歌",在游方途中多次经过湘水。而且齐己虽出家遁入空门,思想上也打上了佛禅烙印,但是他仍关心社会、关心现实,其咏屈原诗歌中更多地是在抚今追昔中对残酷腐败的政治的批判和对屈原的同情。《湘中寓居春日感怀》:"江禽野兽两堪伤,避射惊弹各自忙。头角任多无獬豸,羽毛虽众让鸳鸯。"诗歌以动物都各自避难表现屈原生逢乱世,用一角能辨是非曲直的异兽獬豸,感慨世上缺少能明辨是非曲直的人。《行路难》中"未似是非唇舌危,暗中潜毁平人骨。君不见楚灵均,千古沉冤湘水滨",更是直斥奸臣暗中谗言陷害忠良,致使屈原含冤自沉湘水的卑劣行径。《吊汨罗》中"我欲考鼋鼍之心,烹鱼龙之腹。尔既唊大夫之血,食大夫之肉。千载之后,犹斯暗伏",更是把谗言陷害屈原者用"鼋鼍"作比,诗人表示只有"烤鼋鼍之心,烹鱼龙之腹"才能一解心头之恨。齐己的咏怀凭吊屈原的诗歌,皆流露出对屈原不幸遭遇的悲叹之情。

护国、文秀、贯休、皎然、清江、齐己等文僧,皆出生于江南,且在江南出家,江南汪洋江湖的烟波浩渺,钟灵山川的深深滋养,促使这些僧人形成浪漫情怀,再加上这些僧人饱读经书史籍,具有极高的文化修养,以史入诗,即成了他们具有的特色。这些僧人虽身居方外,但他们又游方天下,无法完全脱离社会,他们之间多有来往,和文人也多有酬唱:如文秀与郑谷、齐己交往甚多,关系融洽;齐己与贯休、方干、曹松、尚颜为诗友;贯休与李频、吴融、韦庄、罗隐、齐己等多有交往唱酬,诗名甚著;皎然则结交了大批官宦名家,与陆羽、颜真卿、韦应物酬唱。更重要的是,这些僧人潜心佛法,佛禅思想让他们不舍众生,也促使其身在红尘之外,仍关心社会,关注政治。因此当游方到湘水,他们自然会凭吊屈原,盛赞其精神的同时,也表达出对屈原因谗被放而自沉汨罗的悲叹。

纵观唐代诗人咏怀屈原的作品,不管是在特定的时间和地点由屈原而抒发的一种人生感悟,还是送客南游,借用屈原的某些特征表达现实生活的感慨,诗人大都在司马迁《屈原列传》记载的基础上,并结合自己的人生经历、情感体验加以发挥,以诗歌的形式表达对屈原形象的接受和认知。当然,诗人身份各异,经历不同,修养不同,其对同样一个事物的看法也会产生一定的差异,即便是同一个人对事物的看法也会因时间不同而不同,因此在对屈原的评价上形成或褒或贬的态度。这些立意不同的诗作,将带给人们更多的思考,也成为我们研究屈原形象在后世传播的重要资料。

汨罗渡口放忠臣

——试释王士性的屈骚精神与洞庭情怀

台州学院　何方形

王士性(1547—1598)是中国古代杰出的人文地理学家,字恒叔,号太初,又号元白道人,浙江临海人。明神宗万历五年进士,历任礼科给事中、四川参议、云南澜沧兵备副使、河南提学、山东参政等,官终南京鸿胪寺卿。有《五岳游草》《广志绎》《广游志》等作品传世。谭其骧先生指出:"王士性在人文地理学方面的成就,比之于在他以后约四十年的徐霞客对自然地理的贡献,至少是在伯仲之间,甚至可以说有过之而无不及。"[①]

屈骚精神

刘长卿《南楚怀古》称:"独余湘水上,千载问《离骚》。"实际上,千百年来,过湘水而"问《离骚》"者众,明代的王士性就是其中之一。王士性行经潇湘吟咏期间,屈骚精神往往内化为驱动力,代表性作品有《梦游楚中,因绎为楚歌》四首,多坦露心灵之句,思致亦深。之一:"六千大楚压江滨,吞吐风云几万春。鹦鹉矶头诛敖吏,汨罗渡口放忠臣。"[②]屈原一生独挺于流俗之中,面对社会陵谷变迁,痛感复国无望之际,不是弃世独善,而是选择自沉汨罗江,几乎定格成一个时代的象征,正如张说《过怀王墓》所慨叹的"一闻怀沙事,千载尽悲凉"。王士性敬仰屈原光明俊伟的人格,为其难尽其才而叹息,情切意悲。《采石》诗缅怀李白时说:"茫茫此碧落,百代沉《风》《骚》。酹君一杯酒,江水日滔滔。"同为中国历史上能够使得"山川生气色"(《桃源行》)的人品与诗文谐和的人物,不禁令人慨然有怀。《梦游楚中,因绎为楚歌》其他几首多融深情于景物描写中,思致幽细,精于用事,但总体风调并不哀怨凄迷。之二:"黄鹤高楼几度过,一声铁笛傍渔歌。夕阳倒处波心动,明月来时树影多。"之三:"湖湘千里洞庭开,一发君山天际来。驾鹤仙人蓬岛去,牧羊神女泾阳回。"之四:"舟过夷陵第七滩,棹歌声在白云端。巴心明月猿啼远,石首清风郢调单。"诗歌有诸多虚幻意象的处理,顺作遁世之想。吟味此诗,王士性敬仰、感叹等丰富、复杂的情怀充分地展示在人们面前,诗意诗情亦近于生活实际,不是一味的凄艳伤怨。

---

①　谭其骧:《积极开展历史人文地理研究》,《复旦学报》,1991年第1期。
②　朱汝略点校:《王士性集》,杭州:浙江古籍出版社,2013年,第178页。以下所引王士性著作原文及有关赠序等内容,皆出此书,不再一一出注。

具体而言，王士性创作中的屈骚精神呈现出较为丰富生动的历史信息，反映人类共同心理，值得探究，也许能够体现出文史研究的深度融通。

首先，弘扬屈骚精神中的为国尽忠思想。这又表现为：第一，生活中高标大道，提升自我品德修养，工作中费尽心力，执着于对百姓生存立命问题的关注，对时事的批判，痛斥世弊意气淋漓。《明史·王宗沐传附王士性传》载：王士性"言朝廷要务二：曰亲章奏，节财用；官司要务三：曰有司文网，督学科条，王官考核；兵戎要务四：曰中州武备，晋地要害，北寇机宜，辽左战功。疏凡数千言，深切时弊，多议行。诏制鳌山灯，未几，慈宁宫火。士性请停前诏，帝纳之。杨巍议出丁此吕，士性初劾巍阿辅臣申时行，时行纳巍邪媚，皆失大臣谊。寝不行。时行，士性座主也。久之，疏言：朝廷用人，不宜专取寄身缄默、缓急不足恃者。请召沈思孝、吴中行、艾穆、邹元标、贲道瞻、蔡时鼎、闻道立、顾宪成、孙如法、姜应麟、马应图、王德新、卢洪春、彭遵古、诸寿贤、顾允成等。忤旨不报。……士性端亮有雅度，立朝矜尚名节，为士类所称。"而在"信而见疑，忠而被谤"（司马迁《史记·屈原贾生列传》）这一点上，王士性也有与屈原一样的遭遇。《明史·王宗沐传附王士性传》载："河南缺巡抚，廷推首王国，士性次之。帝特用士性，士性疏辞，言资望不及国。帝疑其矫，且谓国实使之，遂出国于外，调士性南京。久之，迁鸿胪卿。"第二，王士性少有豪志，为人重气节，不屈权势，与友人交者多为诤友，如汤显祖、艾穆、邹元标等，固然为高才博学，更是个性傲岸，意气相投，体现了传统知识分子的品格。环视当时知识界，在世风日下、人心不古的背景下，王士性及其周边友人还是一如既往地坚持传统精神，均以品节之高自许。汤显祖《答恒叔并忆梦白、伯符》称赞王士性："多君正直能玄史，今日南中美无此。"

其次，以虔敬态度歌颂历史上为国事尽忠者。王士性《过樵夫亭（樵夫死革除难）》："鼎湖龙去未应还，敢谓乌号尚可攀。抱石有心甘楚泽，采薇无路觅商山。一言大义明霄汉，万死馀生直草菅。姓字不传尘迹在，至今俎豆出人间。"在《台中山水可游者记》一文中，王士性也提及"革除樵夫"一事："东湖，在城东偏。东无山，故凿池以当之，广袤百顷，堤分内外，通三桥，祀革除樵夫于中，亦月夜泛舟之一适也。"《明史》卷一百四十三《陈思贤列传附台温二樵列传》载："又台州有樵夫，日负薪入市，口不二价。闻燕王即帝位，恸哭投东湖死。"俞樾《春在堂随笔》卷六说："杭州有西湖，台州有东湖。东湖之胜，小西湖也。出东郭一里而近，四山环抱，一水如镜，有堤以分里外湖。外湖之中，有湖心亭，杰阁三层，颇极轩敞。亭后一平桥，曲折以达。于堤桥之半，亦有小亭，署曰'半句（勾）留处。'东湖书院，面湖而建，有小楼三楹，足揽全湖之胜。其后即里湖，有东湖樵夫祠，建文时殉难者也，不知姓名，彼中人私谥曰忠逸先生。"抱石：屈原在饱尝了人性之恶后抱石自沉于汨罗江，樵夫也因较为接近的因素沉于东湖。此处既把东湖想象为楚泽，更把东湖樵夫与屈原相提并论，情神兼到。《桂岭守岁效李长吉体》意同："苍梧梦断紫筠斑，石堕湘流去不还。"俎豆：祭祀。尾联是说东湖樵夫即使连姓名都没有留下，但他的忠义精神仍然值得人们永久珍藏,怀念及仰望油然而生。何宽《东湖樵夫祠碑记》亦论及:"自古易命之际,立人之朝,反面以事二君何限,犹有称功劝进,恬然不以为耻者,而夫寄迹邱樊,身业樵采,捐躯慷慨,就义乃若此,其有道不仕托于樵以逃焉者欤?抑希踪首阳,耻时周之粟者欤?何其死之决而壮也!悲哉烈矣!"王士性《复王胤昌》:"至于唐玉潜、谢皋羽诸人,与夫东湖樵夫、雪庵和尚,灭姓与氏,眷焉《黍离》宗国之伤,一不幸即以死继之,可谓身名俱置者矣。"《广志绎》卷四中,王士性叙述方孝孺死节的时候,强调:"自古节义之盛,无过此一时者":"方正学先生生台之宁海,故靖难之际,吾台正学先生姨与其夫人皆死节,而先生门人则卢公元质、林公嘉猷、郑公智,又黄岩王公叔英与其夫人,仙居卢公迵、郑公子恕并其二女,临海郑公华。今之八忠则祠,五烈未词。又有东湖樵夫。自古节义之盛,无过此一时者。"作者自己的高尚志节也得以显现。

　　王士性赞美岳飞,应该说既有历史关怀,也有现实寓意。《游梁记》:"未至尉氏四十里,则朱仙镇,有祠,祠岳鄂王。思王之冤,又不觉黯然欲泪。"于是,有《朱仙镇谒岳鄂王》一诗:"金牌不诏黄龙志,泪洒西风落照迟。大将十年空汗马,书生此日立旋师。烟埋庞骑干戈满,月挂胡天鼓角悲。愁断当年诸父老,中原秋草绿离离。"朱仙镇:以朱亥故里而得名。首句突出岳飞忠贞之心,尾句从赵孟頫《谒岳鄂王墓》"鄂王坟上草离离,秋日荒凉石兽危"中化出。又如景仰文天祥。《台中山水可游者记》:"仙岩去城东百里,滨海一巨石如屏,下有窍,可建五丈旗,坐千人。宋文信国航海卜宿焉,遂俎豆于中。"仙岩洞在今三门县。宋恭帝德祐二年,元军攻取临安(今杭州)。文天祥起义兵抗元,从元营脱身后曾一度寓于台州仙岩,后人建有文信国祠,遗迹犹存。又有《游仙岩谒文信国诸公像》:"鸡鸣犬吠白云中,共指三山有路通。缥缈层楼疑海气,谽谺一窍倚天风。长安日落孤航杳,故国魂招大泽空。天为群公留胜概,登高极目恨无穷。""故国魂招大泽空"隐含《楚辞》寓意。

　　《浣花草堂》极力称赞杜甫的精神境界:"万里桥西路,百花潭水流。落花随去水,潭影日悠悠。忆昔侨居客,思归江汉头。笳悲白帝急,木落锦城幽。病骨缘诗瘦,奚囊足旅愁。春秋三史在,风雅百年留。楚蜀俱陈迹,乾坤只浪游。伶俜头早白,摇落兴先秋。老去诗千首,吟成土一抔。贞元人继死,大雅欲谁收。"诗歌肯定杜甫一生"风雅百年留"。杜甫《咏怀古迹五首》,其中有专门缅怀屈宋者,真情实意,是谓真诗。

　　再次,叹息怀才不遇。屈原在作品中往往自伤迟暮,王士性《五丈原》则联结诸葛亮的忠心与不济:"汉相北出师,魏军受巾帼。本畏顿兹原,讹言安市陌。屯田杂渭滨,兵农两安宅。图谋已万全,恢复无遗策。将星忽无光,化作营前石。死者已旋旆,生者尚夺魄。天意不佑汉,忠良腕空扼。兴刘与帝魏,往事俱陈迹。寂寞登古原,黯黯土花碧。""忠良腕空扼",可谓千古一叹。《广游志》卷下《杂志下》之《功德》:"功德世世在人者。……诸葛孔明平南,七擒七纵,滇人至今如天威在,极缅忙莽万里,犹立其碑,藉口称汉地。"《谒柳柳州祠墓》七首无限感叹,如其四:"魅魍蛟螭作比邻,强开阊阖就阳春。耐可呼天作知己,讵知天意难具论。"其七:"浔水南流即旧津,黄蕉丹荔伏犹新。手披蔓草荒祠下,余亦东西落魄人。"

屈赋神采

除了屈骚精神的承继与弘扬外,王士性创作中也吸收《楚辞》技艺,形成较为浓郁的楚骚风味。楚湘神秘瑰丽的山水和缠绵凄美的神话传说给人以深刻影响,历史情怀颇为久远。莅临其境,人们的身心状态亦多少受到感染,创作中有明显的宗师屈宋现象。恽敬《游罗浮山记》:"《三百篇》言山水,古简无余词。至屈左徒而后,瑰怪之观,远淡之境,幽奥朗阔之趣,如遇于心目间。"欧阳修《黄溪夜泊》:"楚人自古登临恨,暂到愁肠已九回。"王士性固然非专力琢磨诗艺者,但一些作品颇具屈赋神采,其中《寄题九疑山酬李十二使君以图示》可谓经典:"洞庭南来几千里,九点苍山凝暮紫。云是重华古帝陵,夕阳明灭浑相似。王辇何年去不还,湘娥泪尽箨衣斑。白云一片苍梧远,木落湘江杳佩环。山鬼跳前狖啸后,暝烟历乱浮云走。金支翠翁不复御,九山黛色无寻处。苦竹丛头叫鹧鸪,帝子不知春已去。风雨寒崖荐绿蘋,千年陈迹总留君。披图若听山灵语,制锦于今有美人。"此篇有浓郁的屈骚风味,构思婉曲,语言精纯,颇堪吟味。又如《巫山》:"朝云不归山,暮雨不近墼。连翩十二峰,苍翠莽参错。山川自朝暮,秋空澹如漠。奈何劳梦思,钟情寄寥廓。洛浦环佩杳,湘筠泪痕落。楚客竟修辞,在所咨谐谑。遂令姑射山,妄作妖女托。我来思美人,寨芳羞杜若。云雨不堪疑,青冥迥犹昨。"诗歌暗用巫山神女的历史传说,化用屈原、宋玉等有关作品以及《庄子》、曹植《洛神赋》艺术意象,把这些富于文化含义的存在与自我构想浑然化为一体。相比于范成大《吴船录》卷下《巫峡》的平实语言所记,明显可以看出诗文之间的差异性:"巫峡山最嘉处,不问阴晴,常多云气,映带飘拂,不可绘画。余两过其下,所见皆然。岂余经过时偶如此,抑其地固然,'行云'之语,亦有所据依耶?世传巫山图,皆非是,虽夔府官廨中所画亦不类。余令画史以小舡泛中流摹写,始得形似。今好事者所藏,举不若余图之真也。"

又如《送王茂洪观察衡永序》:"盖闻山川之在宇内,靡不以人而胜者。夫扶舆清淑之气,玄黄诡异之观,聚成归物。道气钟美,溢于寰区,自溟涬来,已非一日。第显晦殊辄,声实异趋。遐僻者或彰,巨丽者反湮。则贤人君子之过化,繄实使之。吾固谓茂洪之楚游,未尝不为楚之山川增胜云。……又或三闾憔悴于江潭,宋玉悲吟于秋兴,气吞日月,词挟风云。后世羁臣逐客,孤儿怨妇,一歌一咏,莫不宣泄于兹。"《送王茂洪观察之衡永》:"南国登临及早秋,祝融峰顶望齐州。皂囊忽忆趋金马,玄圃今来跨赤虬。月满九疑瑶佩冷,星明七泽剑光浮。虞卿剩有穷愁骨,早晚相随作楚游。"写实与想象、用典等充分融合,曲尽人情。《与刘忠父》也提及:"冬春间好伪言者,谓将军或寻灵均辈于三湘七泽。"

王士性偶有游仙诗,也吸取《楚辞》有关精髓。《赋得紫霄崖》意象迷离,其中:"羽人之子调碧笙,玄鹤朝唳猿夜惊。"即源于屈原《远游》:"仍羽人于丹丘,留不死之旧乡。"至于《海衢生挟邀仙之术过朗陵索赋》,又是另一番景象:"匹马春城落日斜,名山何地不为家?花明别院琴心古,月满前床鹤梦赊。彩笔凌空悬鸟迹,香风入幄引灵槎。凭君更向瑶池上,召取仙人萼绿华。"

为了更好地表情达意,王士性一些作品直接使用《楚辞》方面的典故,风味自生。这又可以分为三个方面。第一,典出屈词者。《迟陈思俞中泉桃花之约,过五月不至》:"楚泽鱼龙来竞渡,梁园宾客剩张罗。三泉明月空洲渚,一夜熏风长芰荷。""芰荷"语出屈原的心血凝结之作——《离骚》:"制芰荷以为衣兮,集芙蓉以为裳",后多指隐者之服以喻高洁。《携儿自滇游还途中即事寄子行,因忆吴惟良、陈良卿、陈大应、邓子昌俱已化去》:"避世好裁荷芰服,呼儿且典鹔鹴裘。"此处因受平仄限制,倒"芰荷"为"荷芰"。《金谷园》尾句:"虞姬原上草,千秋兰与芷。"出《离骚》:"扈江离与辟芷兮,纫秋兰以为佩。"又如"薜荔"。《宿灵岩寺》:"几向岩阿裁薜荔,好凭玉女自吹箫。"屈原《山鬼》最早出现"薜荔"物象:"若有人兮山之阿,被薜荔兮带女萝。既含睇兮又宜笑,子慕予兮善窈窕。"又《尤大夫行(送子辉年丈之南户部浙江司)》:"长剑峨冠意气孤。"《登岱宗观海行,送邹尔瞻南游》:"长剑峨冠跨赤螭,梁园之客石城子。"《江楼八景为甘征甫公题》之《螭石回澜》:"三星飞堕水,怒激起盘涡。五月瞿塘口,鱼龙不敢过。"屈原《涉江》:"带长铗之陆离兮,冠切云之崔嵬。"《涉江》又有:"驾青虬兮骖白螭,吾与重华游兮瑶之圃。"王士性《华顶太白堂觞别王承父山人(是天台万八千丈处,时朗陵刘孟玉在坐)》:"寒江水落木叶波,烟树山山互明灭。"屈原《九歌》之《湘夫人》:"嫋嫋兮秋风,洞庭波兮木叶下。"

第二,典出宋赋者。《送黄临汝寅丈谪永丰丞》:"长剑倚天空自啸,浮云傍日为谁生?"宋玉《大言赋》:"方地为车,圆天为盖。长剑耿介,倚天之外。"《金陵怀古》(二首)之二:"江左偏安昔未收,披襟此日羡皇州。""披襟"语出宋玉《风赋》:"楚襄王游于兰台之宫,宋玉、景差侍。有风飒然而至,王乃披襟而当之,曰:'快哉,此风!寡人所与庶人共者邪?'"《将入滇寄子行》:"骯髒未能消白日,婆娑应已厌青袍。"宋玉《神女赋》:"既婐婳于幽静兮,又婆娑于人间。"注:婆娑犹盘姗也。婆娑,即盘旋与停留之意。《与刘元承入蜀至荆门执别》(二首)之一:"云连栈阁三千里,雨暗阳台十二峰。"阳台十二峰,在重庆巫山县。《余得调去蜀入粤,叔明程先生亦自蜀来,共话山川,凄然兴感,赋此短章》:"暮雨阳台杳,秋风锦水遥。""阳台""暮雨",均出宋玉《高唐赋》:"妾在巫山之阳,高丘之阻,旦为朝云,暮为行雨。朝朝暮暮,阳台之下。"《越游注》:"时方夕阳返照,四山林木如披绣,恍然身在巨鳌背上,乃望东海三山,招安期、羡门不至。归宿洞中,盖欲未明观日,乃凌晨暨而下。"羡门,古代传说中的仙人。宋玉《高唐赋》:"有方之士,羡门高溪。上成郁林,公乐聚谷。"《梦游楚中,因绎为楚歌》四首之四最后一句:"石首清风郢调单。"郢调,指优美歌曲。宋玉《对楚王问》:"客有歌于郢中者,其始曰《下里》《巴人》,国中属而和者数千人。其为《阳阿》

《薤露》,国中属而和者数百人。其为《阳春》《白雪》,国中有属而和者,不过数十人。引商刻羽,杂以流徵,国中属而和者,不过数人而已。是其曲弥高,其和弥寡。"

第三,典出淮南小山者。如"招隐"。《除夕舟泊吴阊门,寄怀王承父伯仲》:"青山眼底无招隐,白首江干有伐檀。"招隐,意出《楚辞》之〈招隐〉篇,指征招隐者出仕。《晚过申伯台》:"怅望嵩高何处是,几回芳草忆王孙。"后一句典出淮南小山《招隐士》:"王孙游兮不归,春草生兮萋萋。"《黄上仲读书委羽洞》:"自挼青藜下洞天,鹤归仙去几多年。津迷谷口无惊犬,石挂苔痕有暝烟。海气远从瑶岛上,霞标高与赤城连。王孙岁暮归来晚,为我长吟桂树篇。""王孙"如前,"桂树"则出自《远游》:"嘉南州之炎德兮,丽桂树之冬荣。"

《送王茂洪观察之衡永》与《巫山》近似,也以杂取典故为主。

王士性也有直接的骚体创作。如《江楼歌》:"若有人兮江之干,抱危石兮俯长湍。麟凤郊游兮,鸿鹄敛翰。牵萝带荔兮,硕人之宽。南山有薇兮,北山有蕨。倚江楼而日暮兮,神缥缈其飞越。云谁之思兮美人,隔千里兮共明月。明月皎兮如沐,怅幽人兮其独。时飒飒兮风松,又萧萧兮雨竹。风雨倏兮何常,四时春兮如簌。登兹楼以归来兮,何詹尹之可卜。"总之,王士性的诗歌创作是在社会崇尚与学习屈骚精神的文化环境下镕铸古昔,为我所用,艺术表现较为成熟,在屈骚精神的传承与新变领域做出了一定的贡献。

洞庭情怀

孟郊在《游韦七洞庭别业》中赞叹"洞庭如潇湘,叠翠荡浮碧",纵游天下的王士性自然产生极为浓郁的洞庭情怀。万历十七年(1589),王士性赴川北任。奉命改广西参议,离四川入两广。一路南下,登庐山后,欣赏了天高水远、无边无垠的洞庭湖胜景,有《过洞庭》诗五首记其事,然后沿沅江、湘江逆流而上,继续往南来到衡阳,得以游南岳衡山。《寄陈伯符》:"独此二十二朔中,尚得观日岱宗,问天太华,啮雪峨眉,寻真玄岳,入栈出峡,走齐、梁、燕、赵、陇、蜀、荆、襄之郊。问奇吊古,无冥不搜;望远登高,无险不涉。游情于境外,偷闲于忙中。足下竟当红尘我耶?青山我耶?且今又当舣武夷,上匡庐,骑黄鹤,醉岳阳,泛洞庭、彭蠡,而后至蜀。则不佞足迹几遍天下名山川,差胜两生闭关掩卧斗室自多耳。"在对旅程描述之时,也有人生意义的思考。《广游志》卷下《胜概》也提及:"水则长江汹涌,黄河迅急,两洞庭浩淼,巴江险峭。"江盈科《〈五岳游稿〉引》称:"王恒叔先生自玉堂香案吏谪居人间,负才瑰玮,寄情超旷,盖身都轩冕,脩然有烟霞云水之志。爰及弱冠,宣猷四方,车辙马迹,遍于秦、楚、齐、梁、燕、赵、吴、蜀、滇、粤诸国,其间名区胜地,如岱,如嵩,如华,如衡,如恒,如匡庐、太和、峨眉、剑阁,太行、五台,夷门、广武,洞庭、彭蠡,漓江、鸡足之属,无不穷其高广、探其阃邃。"

王士性《过洞庭》(五首)为历经沧桑之后的感悟,多楚骚情怀,整体艺术建构比较完美,堪称佳制。之一:"楚天牢落楚江秋,枫叶芦花伴客愁。三十六湾凉夜月,雁声远度岳阳楼。"诗人的所有兴发感想都以"楚天"为立足点,以"客愁"为基调,作品中的意象也多已超出其本身的物体概念而成为情感的载体。之二:"天际孤帆载白云,一空烟水半江分。九疑日落瑶华远,哭断潇湘不见君。"之三:"紫箨萧萧染泪痕,鹧鸪声里几黄昏。龙堆草色春心暮,望断谁招帝子魂。"之四:"洞箫吹月起江波,响彻君山绕黛螺。白苎满船秋露湿,不堪清怨月明多。"之五:"七泽三湘逗客槎,酒香亭畔结渔蓑。若为旅思逢归雁,一夜乡心到薜萝。"这些多是由《楚辞》文化而引发的自然联想。六朝以后,"潇湘"等词都进一步符号化,成为人们怀想屈宋、抒发情思的代名词。王士性的诗歌本身都是意蕴深厚的作品,而没有情感的创作不具生命力。汤显祖《岭外初归,读王恒叔点苍山寄示〈五岳游〉,欣然成韵》也把"潇湘桂水出晴岚"作为王士性创作重要的组成部分加以突出。

王士性其他一些作品也涉及洞庭湖,如《赋得祝融峰》:"潇湘如丝渺天末,欲尽不尽过洞庭。"《忆贞父》:"洞庭木落水云长,鸿雁南归忆故乡。"《还自粤途中即事》(二首)之二:"三湘石出洞庭波,聚散浮云奈尔何。"前举《迟陈思俞中泉桃花之约,过五月不至》"楚泽鱼龙来竞渡"句,写到洞庭湖龙舟竞渡状况。

在触处是美的天下名楼中,王士性的感受迥异流俗,特别称美岳阳楼。在比较中突出"岳阳更雄""岳阳为上"。《楼阁》:"自古有名者仲宣楼,在荆州城上,所见惟平楚,亦非其旧址也。太白楼在济宁州城上,济汶、泗水横络其前,帆樯千百,过酒楼下,时有胜致。及登南昌滕王阁,章、贡大水西来注北,阁与水称,杰然大观。然不若武昌黄鹤楼,虽水与滕王来去不殊,而楼制工巧奇丽,立黄鹄矶上,且三面临水,又西对晴川楼、汉阳城为佳。总之又不若岳州岳阳楼,君山一发,洞庭万顷,水天一色,杳无际涯,非若滕王、黄鹤眼界可指,故其胜为最。三楼皆西向,岳阳更雄。"《广志绎》卷之四《江南诸省》:"楚有四楼。仲宣楼在当阳城上,倚曲沮,夹清漳。今荆州城上楼,乃五代高季兴建望沙楼故址也,宋陈尧咨更今名晴川楼,南对黄鹤,从武昌望之佳。黄鹤以制胜,如莲瓣垂垂,洲渚掩映。岳阳以境胜,八百里洞庭,一发君山,眼界奇绝。总之,岳阳为上,黄鹤次之,晴川、仲宣又次之。"又称:"洞庭水浅,止是面阔。括风惊涛软浪,帆樯易覆,故人多畏之。湖中有数蛟,有喜食糟粕者,遇舟中携糟物过,出而夺之;有喜食朱砂者,遇舟中携朱砂过,出而夺之。夺则涛兴浪起,或危舟楫,赍此物者,或重裹以犬羊之鞭。余以端午过洞庭,风浪大作,时儿女或以朱砂涂耳鼻者,舟人亦请弃之。余笑谓,老蛟乃窃此分文之余乎?已而风息,类藉口如是。"由此可见,王士性与天台先贤戴复古一样,也可以说是"诗情满天地,客梦绕潇湘"(《长沙道上》)了。

就内在自由创造力量处于相对衰退时期的明代来说,王士性的诗文艺术是极为珍贵的,应该引起人们足够重视;人们应逐渐改变平日多关注传统视野所认定的大家名作的现象,不断扩大学术研究视域。当然,上述视角不可避免的具有诸多局限性,万望各位指教!

祖绍楚骚高远引,越名任心自风流
——论嵇康对屈原的接受与背离

湖南科技大学 余 霞

在中国文学史上,战国屈原(前353年?—前283年?)与三国嵇康(223—262)生活前后相距五百余年,时地不同,环境有异,却同为悲剧人物。他们的生命因残酷现实的逼迫戛然而止,精神和人格却益发高扬凸显,卓世独立,震撼古今。他们同为文学史和思想史上的巨人,为后世崇敬的文学典范和精神高标,影响深远。从思想和文学接受史来看,嵇康无疑是屈原的学习者和崇拜者,其人格精神和文学创作与屈原及楚辞有着千丝万缕的联系。然而,嵇康在追踪屈原及楚辞的过程中又同中有异,从而成就了自己一代文化领袖的地位。

一、嵇康与屈原总体特征之异同

嵇康与屈原都属于封建士大夫,修养、学识、才干兼具,生长于政治昏暗之世,都曾有成就一番事业的雄心壮志。屈原和嵇康在语言修养上都极有天赋。屈原曾作为"娴于辞令"的楚国左徒出使齐国。嵇康作为魏晋清谈领袖,"有奇才俊辩"[①]。但是从与政治的关系上来看,二者有很大的区别。屈原与楚王同姓,是楚国中心集团的上层贵族。嵇康虽然也出生士族,"家世儒学",父亲嵇昭曾在曹魏担任"治书侍御史"[②],属于中下层官吏,且嵇康与曹魏结为姻亲,但是他一直没有进入政治的核心,仅有散官闲职"中散大夫",属于普通士族阶层。屈原的一生大起大伏,既有出入王廷,应对诸侯的辉煌时刻,又大半生放逐于偏远地区,可谓经历了政治的风云变幻。嵇康生活在曹魏与集团司马集团暗中角力的时代,虽然他也曾有"弃彼佞幸""唯贤是授"(《太师箴》)的美政理想,但他很快看清了司马氏觊觎皇权的现实,对于波谲云诡的政治斗争避之犹恐不及,更无由施展自身的政治抱负。屈原"博闻强识、明于治乱",是个才干超群的政治家。嵇康"好老、庄","不修名誉","常修养性服食之事"(《晋书·嵇康传》),是典型的竹林名士。屈原虽遭受沉重的政治打击,却拳拳不忘楚国和楚君,"虽九死其犹未悔",是一个具有高尚爱国情操的

---

① 《世说新语·德性》注引王隐《晋书》,见刘义庆著,刘孝标注,余嘉锡笺疏:《世说新语笺疏》,北京:中华书局,2007年第2版,第58页。

② 《三国志·王粲传》注引《嵇氏谱》,见陈寿撰、裴松之注:《三国志》,北京:中华书局,1982年第2版,第605页。

政治诗人。嵇康追踪老庄而远离名位,"越名教而任自然"(《释私论》),后期对于朝廷和朋友的政治召唤无动于衷,甚至以绝交相威胁,是魏晋名士的精神领袖。因此,从总体的思想趋向来看,屈原向往在政治上实现美政理想,施展才干,振兴邦国以求国运永昌。嵇康则是力图挣脱政治的牢笼,远离残酷恐怖的权力斗争,以求身心的自由和超脱。

从文学特征与形象来看,嵇康与屈原也有极大的不同。屈辞心系国家与君王,上下求索,以深沉的爱国精神光耀千古,如黄钟大吕,荡气回肠。嵇康诗赋以洞见生命玄奥为旨归,遗落世事,心系泉林,似古琴悠扬,玄妙高远。屈辞怨恨于君王之"不察",众小之"嫉妒",嵇康诗文则痛心于道德之虚伪、人心之欺诈。屈辞多报国无门、怀才不遇的愤懑,嵇诗多隐逸避世、羽化登仙的洒脱。屈辞求国家治乱之路,以国家富强为己任,嵇文论宇宙和谐自由之理,与天地精神相往来。屈辞乃具有鲜明地方特色的新诗体,以文采见长,"精彩绝艳,难与并能",《离骚》尤为鸿篇巨制,词彩华茂。嵇康诗、赋、文兼长,诗歌以四言居多,效仿《诗经》,雅润精练,论说文说理推陈出新,富有辞彩,从总体来说,其文学推崇自然清新,"以恬淡为至味"(《答难养生论》)。从文学形象来看,屈原行吟泽畔,枯槁憔悴,矢志美政,愁苦哀怨,念念不忘以"死"明志,嵇康服食导引,养生全真,"目送归鸿,手挥五弦",纵心肆志,对"生"怀有无限眷念。二人创作的方式也有极大的区别,屈辞"惜诵以致愍,发愤以抒情",从心灵感发的力量而成文,具有鲜明的感性特征。嵇康《琴赋序》云:"顾兹梧而兴虑,思假物以托心",表达了一种"体物""兴虑",借物明志的创作路径,富有强烈的理性色彩。

东晋王恭云:"痛饮酒,熟读《离骚》,便可称名士。"(《世说新语·任诞》)此语不难看出东晋名士借《离骚》以附庸风雅的虚伪情态,亦可看出《离骚》与魏晋文人的亲密程度。嵇康作为魏晋名士的代表,《离骚》及屈原精神已然成为其文化阅历的一部分,其《答二郭三首》(其二)有云:"朔戒贵尚容,渔父好扬波",表明对屈辞意蕴的深刻理解。同时,嵇康有《卜疑》一文,在形式和内容上与屈原《卜居》极为相似,因此清代严可均与当代学者均认为这是嵇康模拟屈原的作品。嵇康与屈原同属乱世,又同样有着远大的理想和深邃的社会观察力,在人格精神和艺术追求上有着相当的一致性。

首先,嵇康与屈原都有着高洁的人格理想。屈原天赋"内美",又重视外在修养,餐菊饮露,昭示精神的高洁,佩兰纫蕙,追求灵魂的芬芳。"好修以为常",至死而不渝。嵇康也是一个众人倾慕的美男子,所谓"风姿清秀""龙章凤姿",东晋庾阐《孙登赞》论及嵇康:"嵇子秀达,英风朗烈。"虽然嵇康"土木形骸,不自澡饰",自称"头面常一月十五日不洗",但其内心对高洁人格的追求和向往与屈原并无二致。二者郁抑孤独、期待知己,渴求同道。屈原多次表达自己孤郁烦惑、陈志无路的愤懑。"国人无人莫我知兮,又何怀乎故都?"(《离骚》)"世幽昧以昡耀兮,孰云察余之善恶?""世溷浊莫吾知,人心不可谓兮。"(《九章·怀沙》)"退静默而莫余知,进号呼又莫吾闻。"(《九章·惜诵》)嵇康人格亦孤高拔俗、曲高和寡，每每在诗文中感慨知音难求。《赠兄秀才入军诗》曰："郢人逝矣，谁与尽言？"《卜疑》曰："郢人既没，谁为吾质？"《四言诗》曰"钟期不存，我志谁赏"。二者厌恶世俗沉浊、不愿同流合污、追求精神的远游。屈原"悲时俗之迫阨兮，愿轻举而远游。"（《远游》）"欲高飞而远集"（《九章·惜诵》），"高驰而不顾"（《九章·涉江》）。嵇康精神的洁癖亦让他难以忍受人世的污秽，"何为秽浊间，动摇增诟尘？"因此他梦想"慷慨之远游"，"轻举翔区外"，在他看来，"琴诗自乐，远游可珍"，只有诗琴艺术和远游高举，才能得到心灵的逍遥自足。嵇康高洁自珍，不齿与奸诈伪善之人为伍，冷落钟会①，绝交吕巽②，坦荡见底，真纯赤城。罗宗强在《玄学与魏晋士人心态》中深入地剖析了嵇康死因之后，由衷地赞美嵇康"如竹如松如荷之高洁，又如雪之晶莹"③，对嵇康人格的崇敬溢于言表。

其次，嵇康与屈原都是富有斗争精神的勇士。屈原和嵇康的作品都充分展现了强烈的个体生命意识、高昂的主体精神，以及独立的价值判断，正所谓"举世皆浊我独清，众人皆醉我独醒。"现代学者鲁迅先生研究中国古代文史，最为推崇的作家就是嵇康和屈原④。鲁迅1907年作《摩罗诗力说》云："惟灵均将逝，脑海波起。……茫洋在前，顾忌皆去。怼世俗之浑浊，颂己身之修能，怀疑自遂古之初，直至百物之琐末，放言无惮，为前人所不敢言。"⑤对屈原诗歌的创造性、战斗性大加赞赏。鲁迅对嵇康的挚爱更是无以复加。资料表明，"鲁迅自从一九一三年九月至一九三六年去世为止，陆续校勘《嵇康集》十多次，长达二十多年之久"⑥，可谓殚精竭虑，被誉为千百年后嵇康的"知己"⑦。他在《魏晋风度及文章与药及酒之关系》说："嵇康的论文……思想新颖，往往与古时旧说相反。"对于嵇康文章在思想界的开创价值予以充分的肯定。嵇康与屈原都有激烈的斗争精神，正道直行，对黑暗的现实毫不妥协。屈原"放言无惮，为前人所不敢言"，而嵇康则是更进一步，"非汤武而薄周孔"（《与山巨源绝交书》）、"越名教而任自然"（《释私论》），将统治阶层假道行的虚伪"面纱"统统戳穿，在儒家"有道则显，无道则隐"的处世哲学和"达则兼济，穷则独善"的权变主义背景下，屈原、嵇康一往无前的斗争精神实在难能可贵。

---

① 《三国志·王粲传》注引《嵇氏谱》，见陈寿撰、裴松之注：《三国志》，北京：中华书局，1982年第2版，第606页。
② 嵇康有《与吕长悌绝交书》，指责吕巽加害其弟吕安，乃"包藏祸心"。
③ 罗宗强：《玄学与魏晋士人心态》，杭州：浙江人民出版社，1991年，第126页。
④ 周作人《鲁迅与中学知识》一文云："他（鲁迅）爱《楚辞》里的屈原诸作，其次是嵇康和陶渊明"。见张明高、范桥编：《周作人散文（三）》，北京：中国广播电视出版社，1992年，第522页。笔者认为，从鲁迅的诸多论述来看，鲁迅最爱的是嵇康，其次是屈原、陶渊明等。
⑤ 鲁迅著，洪治纲主编：《鲁迅经典文存》，上海：上海大学出版社，2005年，第19页。
⑥ 李文生：《心泉集》，北京：作家出版社，2008年，第42页。
⑦ 曹聚仁：《中国学术思想史随笔》曰："他（鲁迅）是千百年后的嵇康、阮籍的知己。"北京：生活·读书·新知三联书店，1986年，第179页。

另外,嵇康与屈原均对后世产生了深远的影响。屈原、嵇康离世后,都成为后世社会讨论的焦点,被后人深切敬仰与同情。从贾谊《吊屈原赋》开始,有汉一代的文学家和史学家,大多对屈原的人格和文学成就给予了崇高的评价。司马迁《史记》颂扬屈原《离骚》:"其文约,其辞微,其志洁,其行廉","虽与日月争光可也"。王逸《楚辞章句》盛赞屈原的影响:"凡百君子,莫不慕其清高,嘉其文采,哀其不遇,而愍其志焉。"哪怕是批评屈原"露才扬己"的班固也认为《离骚》"弘博丽雅,为辞赋宗"。以屈辞为主体的《楚辞》与《诗经》并称为"诗骚",不仅对于汉代文学影响巨大,而且对整个中国文学史都影响深远,正如刘勰《文心雕龙·辨骚》云:"其衣被词人,非一代也。"嵇康则堪称魏晋名士的精神高标,他的人格魅力对魏晋文人的影响也是极为深长的。嵇康离世时,三千太学生为之请愿求情,当时的社会影响之大可见一斑。西晋夏侯湛《猎兔赋》中直接袭用嵇康《赠秀才入军》诗第十四首成句"息徒兰圃,秣马华山。目送归鸿,手挥五弦"入赋,表现了对嵇康诗文的激赏。东晋丞相王导是著名的玄学大家,他南渡过江后,只道"声无哀乐""养生""言尽意"三理(《世说新语·文学》),其中前二理乃因嵇康而闻名中国哲学史的辩论论题,嵇康学术思想的影响可见一斑。史料记载,东晋明帝司马绍有画《息徒兰圃图》即取意于嵇康《赠兄秀才入军》的"息徒兰圃,秣马华山"之句①。另外,东晋史道硕、戴逵、南朝宗炳、毛慧远均有嵇康及其作品相关的画作传世②,表明嵇康对东晋南朝影响十分深远。屈原、嵇康虽生于异代,但二者独立高扬的主体精神以及文采和哲思兼具的文学作品深深影响了后世人们。

二、嵇康诗文对屈辞的接受与模仿

第一次将嵇康与屈原相提并论是在东晋,《晋书·谢万传》载谢万:"叙渔父、屈原、季主、贾谊、楚老、龚胜、孙登、嵇康四隐四显为《八贤论》。"③谢万作《八贤论》的目的是跟孙绰讨论士人的出处行藏问题,认为"处者为优,出者为劣"。孙绰的观点则是"体公识远者则出处同归",鲜明表现了玄学后期儒道合流的思想倾向。谢、孙二人的讨论,虽未将屈原、嵇康作专门比对,但却表明二者在东晋人心中都属于古代士人的典范与贤才。到了当代,将屈原与嵇康视为同调的是鲁迅,前文已经提及,鲁迅一生最爱屈、嵇二人。从精神实质上看,屈原、嵇康与鲁迅是有共通性的,那就是"举世皆浊"的清醒意识、不屈不挠的"硬骨头"性格和强烈决绝的反抗精神。当代研究鲁迅的一些学者,亦参与了对屈原和嵇康的论争,房向东认为屈、嵇都是"崇高的""忧国忧民者"④,蔡仲德认为屈原与

---

① 张彦远撰:《历代名画记》,北京:中华书局,1985年,第170页。
② 张彦远撰:《历代名画记》,北京:中华书局,1985年,第193、200、211、231页。
③ 房玄龄等撰:《晋书》,北京:中华书局,1974年,第2086页。
④ 房向东:《嵇康为何而死》,《中华读书报》,1998年6月17日。

嵇康"志趣完全不同","气象"也"判然有别"。屈原"对君王以妻妾自居,怨而不怒,因而其作品弥漫阴柔之气","为中国文化提供了君国不分的爱国典型、忠奸之争的悲剧模式";嵇康"始终与恶势力抗争","公然拒绝与司马氏合作","可谓尚气任性,慷慨激烈,有阳刚之美",因此屈原重在忧国,嵇康重在忧民(人)"①。还有一些学者对屈原《卜居》与嵇康《卜疑》进行了深入地比较研究,后面将专门提及。

虽然后世人们将嵇康和屈原进行比对的情形并不多见,但是屈骚对于魏晋文学的影响着实深远,因此,嵇康的文学创作在很多方面都与屈辞是一脉相承的。

首先看总体风格。嵇康现存诗歌五十多首,四言诗占一半以上,其余为五言、六言和杂言,五言诗十余首②。梁钟嵘《诗品》把所见前代五言诗分为源出《楚辞》《国风》《小雅》三系,钟嵘《诗品》评嵇康:"其源出于魏文";评魏文帝曹丕:"其源出于李陵";评李陵:"其源出于《楚辞》",嵇康五言诗即属于楚辞系③。钟嵘的评鉴谱系虽有未公失当之处,但嵇康诗歌的总体风格与屈辞着实有不小的关联。其中最重要的是一种浪漫主义特征。无可否认,嵇康的论难文章逻辑清晰,辞达理畅,其诗赋在写作主题上也是有一种说理的倾向,但其对理想世界的追求和向往却表现出一种浪漫主义的特征。班固《离骚序》曾批评《离骚》云:"多称昆仑冥婚宓妃虚无之语,皆非法度之政,经义所载。"这正是屈辞浪漫主义风格的基本特征。王逸注《远游》主旨,谓屈原不容于世,欲济世而不得,故"托配仙人,与俱游戏,周历天地,无所不到",嵇康诗歌无疑也有这样的特点。嵇康有《游仙诗》,想象自己与王乔驾六龙、游玄圃、家板桐、采神药、奏《九韶》,又《秋胡行》,"徘徊钟山,息驾于层城","遂升紫庭,逍遥天衢",追求纵心肆志、超脱尘世的理想境界,与屈原《远游》的远逝自疏与《离骚》的驾虬乘鹥周流上下的自由精神、瑰丽想象是非常相似的。

其次是诗歌意象。首先看轻举远游的意象,屈原《远游》一诗,对嵇康的影响是非常大的④。在《远游》中,屈原所追慕的两个仙人是赤松和王乔,"闻赤松之清尘兮,愿承风乎遗则。""轩辕不可攀援兮,吾将从王乔而娱戏。"二人也是嵇康的精神偶像,"俗人不可亲,松乔是可邻。""思与王乔,乘云游八极"(《秋胡行》),"结好松乔,携手俱游"(《赠兄秀才入军》),《卜疑》中有:"宁与王乔、赤松为侣乎?"的生命追问,甚至在《琴赋》中亦有:"天吴踊跃于重渊,王乔披云而下坠"的奇特想象。另外是草木意象,屈辞的草木植株是非常

---

① 蔡仲德:《关于嵇康的死因及其他》,《中华读书报》,1998年9月16日。
② 据《嵇康集译注》(夏明钊译注,哈尔滨:黑龙江文学出版社,1987年)统计,嵇康诗歌一共60首,其中四言诗30首,五言诗12首,六言10首,七言楚辞体1首,杂言7首。
③ 钟嵘撰,张朵、李进栓注释:《诗品》,郑州:中州古籍出版社,2010年,第113、109、67页。
④ 《远游》一诗的作者归属至今仍尚有争议,此文认为,东汉王逸《楚辞章句》明确认定此诗是屈原作品,而嵇康与王逸生活时期相距不过百年,因此在嵇康生活时期,《远游》属于屈原作品是没有问题的。从文后的"嵇康作品出自屈辞统计表"可以看出,嵇康创作对屈原《远游》因袭尤多,如今暂未见证明嵇康受某位汉代作家影响尤深的证据,或可进一步证明《远游》为屈原作品。

富有象征性的意象,俯拾即是,形象生动,意蕴丰富,使楚辞清香弥漫,富有浓郁的楚国文学的特色。嵇康的诗歌也时常可见此类意象。"弃此荪芷,袭彼萧艾"(《赠兄秀才入军》)表明对兄长未来处境的担忧。屈原《离骚》云:"恐鹈鴂之先鸣兮,使夫百草为之不芳。"嵇康道:"嗟我殊观,百草俱腓。心之忧矣,谁识玄机?"(《四言诗十一首(其五)》)他与屈原对政治及人生的焦虑何其相似!

另外,驱车赶路的意象也来自屈辞。屈原驱车为王道导夫先路,又上下求索,寻求各种通向美政之路,这种驱车起路的意象对嵇康的创作也产生了很大的影响。嵇康《赠兄秀才入军》云:"息徒兰圃,秣马华山"虽是想象兄长军旅途中的景况,但其文字根源于楚辞。屈原《离骚》曰:"步余马于兰皋兮,驰椒丘且焉止兮。"又《涉江》曰:"步余马兮山皋,邸余车兮芳林。"嵇康《赠兄秀才入军》云:"朝发太华,夕宿神州","朝游高原,夕宿兰渚"与《离骚》"朝发轫于苍梧兮,夕余至乎县圃","朝发轫于天津兮,夕余至乎西极",《远游》"朝发轫于太仪兮,夕始临乎于微闾",《湘夫人》"朝驰余马兮江皋,夕济兮西澨"之驱车赶路朝发夕宿的想象内容基本相通。

屈辞句式的因袭。嵇康《思亲诗》表达了对逝去母亲和兄长的思念。其中句云:"奄失恃兮孤茕茕,内自悼兮欷失声","嗟母兄兮永潜藏,想形容兮内摧伤",可谓情真意切,声泪俱下。该诗在句式形制上明显脱胎于屈原《九歌》。《山鬼》诗云:"若有人兮山之阿,被薜荔兮带女罗。"《少司命》诗云:"悲莫悲兮生别离,乐莫乐兮新相知。"《九歌》中的这种"○○○兮○○○,○○○兮○○○"句式,正是嵇康此诗之所本。而嵇康《思亲诗》肝肠寸断的哀痛和《九歌》诸诗歌所表现的深沉的感喟和浓烈的情思又是极为相似的。嵇康颇负盛名的《琴赋》也有因袭楚辞之处。其开篇赞美琴桐生长环境的高峻以及吸纳日月精华的美质,与后文并不类同。文云:"惟椅梧之所生兮,托峻岳之崇冈。披重壤以诞载兮,参辰极而高骧。含天地之醇和兮,吸日月之休光。"篇后乱云:"愔愔琴德,不可测兮;体清心远,邈难极兮;良质美手,遇今世兮。"乐器赋并非三国时期仅有,西汉时期就已经繁盛起来,西汉王褒有名篇《洞箫赋》也是采用这样的句式和体制,因此嵇康《琴赋》在句式和体制上并无新创,其文学源头自然也是楚辞。《离骚》中的"帝高阳之苗裔兮,朕皇考曰伯庸",形成了《楚辞》最常见的"○○○○○兮,○○○○○"句式。嵇康《琴赋》开篇的颂赞即本于此。屈原《九章》诸篇之"乱"以及《橘颂》等篇正文的"○○○○,○○○兮"句式就是《琴赋》"乱"之所本。由此可见,嵇康的创作在形制上可能是模拟了汉代文学作品,但是其根源还是来自楚辞。嵇康还有《声无哀乐论》一文,与他人辩论声音有无哀乐情感的问题。该文设置了"秦客"和"东野主人"两个辩难人物。这一对问形式的设置与西汉对问体文章一脉相承,但其根源都来自屈原《渔父》《卜居》以及宋玉《对楚王问》等楚辞作品。

屈辞主题的模拟。嵇康对于屈辞的接受,最明确的例子就是《卜疑》对于《卜居》的模拟。严可均在辑订《全三国文》时在嵇康《卜疑》文后下按语云:"此拟《卜居》"。崔富章先生认为"在形式上,《卜疑》明显地受到《卜居》的影响。"① 叶当前认为二者都是中国古代卜筮文化的产物,二文形成一种互文的相互阐释的效应。② 从题目上看,《卜疑》对《卜居》的模拟关系即一目了然。从形式看,二者均采用对问体,设置卜筮和问卜二人物,通过对问阐明主题。从内容上看,《卜居》设问表达了屈原人生道路的困惑和正道直行的坚定,《卜疑》设问亦表达了嵇康对于生命何去何从的追问以及最终不愧己心的选择。二者卜筮的结果也相类似,《卜居》中的太卜郑詹于最终放弃卜筮并云:"用君之心,行君之意,龟策诚不能知此事。"《卜疑》中的太史贞父也只能说"至人不相,达人不卜",表示不能给出答案。从句式看,《卜居》主要用"宁……乎?将……乎?"的句式来设问,《卜疑》亦如是。

嵇康是《诗经》的忠实继承者,他清新俊逸的四言诗就很多化用《诗经》成句③。但他对屈原及楚辞的学习也是全方面的,不仅在人格精神上,也在作品创作中体现出来。后世黄庭坚提出模仿前人诗文的创作理论:"点石成金"和"夺胎换骨",在嵇康对楚辞的模仿中也可适用。从下表可以看出,嵇康对屈原《远游》情有独钟,有些词语未加改换,痕迹是很明显的。嵇康对《九歌》的作品也时有借鉴,体现了嵇康诗文的浪漫主义倾向。

表 1 嵇康诗文用词出自屈辞统计表

屈原作品		嵇康作品	
《远游》	朝濯发于汤谷兮,夕晞余身兮九阳。	《琴赋》	夕纳景于虞渊兮,旦晞干于九阳。
《远游》	餐六气而饮沆瀣兮,漱正阳而含朝霞。	《琴赋》	餐沆瀣兮带朝霞,眇翩翩兮薄天游。
《远游》	吸飞泉之微液兮,怀琬琰之华英。	《琴赋》	含天地之醇和兮,吸日月之休光。
《远游》	往者余弗及兮,来者吾不闻。	《述志诗》	往事既已谬。来者犹可追。
《远游》	步徙倚而遥思兮,怊惝怳而乖怀。	《赠兄秀才入军》	瞻望弗及,徙倚彷徨。

按,嵇康诗文多次化用屈辞同一诗句处,只录屈辞一句。此表中屈原作品均录自《屈原赋通释》(吴广平著,南京:南京大学出版社,2017 年),嵇康作品均录自《嵇康集译注》(夏明钊译注,哈尔滨:黑龙江文学出版社,1987 年)。

---

① 崔富章:《屈原〈卜居〉与嵇康〈卜疑〉》,《云梦学刊》,1997 年第 2 期。
② 叶当前《屈原〈卜居〉与嵇康〈卜疑〉的互文性解读》,《武林学刊》2015 年第 4 期。
③ 据吴可《嵇康四言诗源于"国风"论》统计,嵇康四言诗明显截取或化用《诗经》成句达 26 次,吴文见《名作欣赏》,2010 年第 23 期。

续表

屈原作品		嵇康作品	
《远游》	轩辕不可攀援兮,吾将从王乔而娱戏。	《赠兄秀才入军》	结好松乔,携手俱游。
《远游》	张《咸池》奏《承云》兮,二女御《九韶》歌。	《游仙诗》	临觞奏《九韶》,雅歌何邕邕。
《远游》	悲时俗之迫阨兮,愿轻举而远游。	《五言诗三首》(其三)	何为秽浊间,动摇增诉尘?慷慨之远游,整驷俟良辰。
《远游》	夜耿耿而不寐兮,魂茕茕而至曙。	《思亲诗》	奄失恃兮孤茕茕,内自悼兮啾失声。
《九歌·湘君》	时不可兮再得,聊逍遥兮容与。	《赠兄秀才入军》	俯仰慷慨,优游容与。
《九歌·云中君》	浴兰汤兮之沐芳,华采衣兮若英。	《秋胡行》	上荫华盖,下采若英。
《九歌·少司命》	悲莫悲兮生别离,乐莫乐兮新相知。	《述志诗》	浮游泰清中,更求新相知。
《九章·思美人》	愿寄言于浮云兮,遇丰隆而不将。	《赠兄秀才入军》	仰讯高云,俯托轻波。
《九章·抽思》	望南山而流涕兮,临流水而太息。	《思亲诗》	望南山兮发哀叹,感机杖兮涕汍澜。
《离骚》	余既滋兰之九畹兮,又树蕙之百亩。	《赠兄秀才入军》	咀嚼兰蕙,俯仰悠游。
《离骚》	朝发枉渚兮,夕宿辰阳。	《赠兄秀才入军》	朝发高原,夕宿神洲。
《离骚》	何昔日之芳草兮,今直为此萧艾也。	《赠兄秀才入军》	弃此荪芷,袭彼萧艾。
《离骚》	杂申椒与菌桂兮,岂惟纫夫蕙茝!	《四言诗十一首》(其十)	左佩椒桂,右缀兰茝。
《离骚》	恐鹈鴂之先鸣兮,使夫百草为之不芳。	《四言诗十一首》(其五)	嗟我殊观,百草不腓。
《离骚》	驾八龙之婉婉兮,载云旗之委蛇。	《四言诗十一首》(其十)	云盖习习,六龙飘飘。
《离骚》	进不入以离尤兮,退将复修吾初服。	《古意》	安得反初服,抱玉宝六奇。
《河伯》	日将暮兮怅忘归,惟极浦兮寤怀。	《赠兄秀才入军》	驾言出游,日夕忘归。
《惜诵》	惜诵以致愍兮,发愤以抒情。	《述志诗》	愿与知己遇,舒愤起其微。
《怀沙》	浩浩沅湘,分流汨兮	《赠兄秀才入军》	浩浩洪流,带我邦畿。

嵇康对屈原及屈辞的深入接受与效仿,与时代及个人因素有着密切关系。嵇康处于政治黑暗的魏末,司马氏集团把持朝政,铲除异己,"天下多故,名士少有全者"。无论是从一个正直士人的角度,还是从曹魏家族女婿这一敏感的身份,嵇康内心都是不安宁的。嵇康本人又"刚肠嫉恶,遇事便发",这种"龙性难驯"的性格,又加据了他与政治及周围环境的紧张关系,强烈的孤独感与屈原的孤独感是相通的。

三、嵇康诗文对屈辞的发展与背离

无可否认,屈原及屈辞是嵇康精神生活的重要资源,然而这些资源也仅仅是嵇康丰富生命形态的成因之一。嵇康之所以成为魏晋名士的精神领袖和后世魏晋风尚的代言人,乃是基于嵇康自身特点以及时代风尚的推扬。

就浪漫主义风格而言,二者的文学创作都充满了瑰丽而神奇的想象,但二者同为乘龙驾凤,飞腾升天,却仍有不同。屈原作品有一个总的譬喻系统,即王逸所说"引类譬喻","《离骚》用男女爱情暗喻君臣契合,用求女来表现灵君,是其'男女君臣之喻'整体构思的表现。"① 而嵇康的游仙,则与其修习养生之术密切相关。嵇康服膺老庄,"智之所知,未若所不知者众矣"(《难宅无吉凶摄生论》)。认为世人的智慧终究不能穷尽宇宙之无穷。从《养生论》和《答难养生论》可以看出,嵇康认为西汉以来的登仙不死等神仙思想固然虚妄,但"上获千余岁,下得数百岁,可有之耳"。因此嵇康对养生延寿抱着极其真诚的态度。且看嵇康《四言诗十一首》(其十):"羽化华岳,超游清宵。云盖习习,六龙飘飘。左佩椒桂,右缀兰苕。凌阳赞路,王子丰轺。婉娈名山,真人是要。齐物养生,与道逍遥。"诗中虽然袭用了屈辞的语句,但是并没有沿用其譬喻系统,因此具有魏晋游仙诗共有的特点,即纯粹的心灵幻想和对神仙世界的向往。

《卜疑》被认为是对《卜居》亦步亦趋的作品,但是仔细研究,他们仍有很大的不同。由《卜居》"屈原既放,三年不得复见"可知,《卜居》作于屈原被疏远放期间,此时屈原离政治权力相对较远。而《卜疑》作于嵇康希望在政治上有所作为期间,离政治的距离较近②,二者的心态是很不一样的。叶当前认为:"在开放文本状态下重新理解屈原、嵇康的人格精神,不难看出两人在政治态度、处事思维、行为方式上的区别:屈原态度坚决,一往

---

① 吴广平:《屈原赋通释》,南京:南京大学出版社,2017年,第27页。
② 《卜疑》的系年至今仍未有定论,笔者认为,《与山巨源绝交书》乃是此文系年的重要突破口。童强《嵇康年表》认为《绝交书》作于景元元年,嵇康年38岁。信中云"前年从河东还"吕安等告知山涛想推举嵇康做官,信后有"自卜已审"云云,而《卜疑》中有"内不愧心,外不负俗;交不谋利,仕不谋禄",可以推知嵇康在得知山涛第一次想推举自己为官时,内心有过挣扎。而甘露五年,也就是景元元年五月,高贵乡公曹髦奋起反抗司马昭被杀,年不足20岁。嵇康此时看清了司马集团极为残忍歹毒之手段以及欺瞒天下的虚伪,内心开始与司马集团完全决裂,写下了《绝交书》。因此,《卜疑》很可能作于甘露三年或甘露四年,此时的嵇康还没有完全断绝入仕的念头。

无前,与邪恶势力不两立;嵇康思想矛盾,徘徊在显隐之间,嫉邪憎恶却无能为力。"①此说颇有道理,《卜疑》虽在题材形式上套用了《卜居》,但是其思想内容却有着很大的不同。嵇康此作有其真实的心灵苦闷,比屈原的矛盾更为幽微复杂,不只是有显与隐的矛盾,还是直与屈、身与心、名与利、得与失以及老与庄等多重困惑。《卜居》的问卜并非没有答案,屈原假借卜辞,以自明心志,警戒世人,正如清王夫之云:"屈原设为之辞,以彰己之独志也","托为问之蓍龟,以旌己志"②,清吴楚材、吴调侯《古文观止》亦云:"中间请卜之词,以一'宁'字、'将'字到底,语意低昂,隐隐自见。"《卜疑》的问卜则大多不见作者的抉择之意。例如:"宁如老聃之清净微妙,守玄抱一乎?将如庄周之齐物,变化洞达而放逸乎?"由此可见,《卜居》乃屈原一人心灵之抉择,嵇康的《卜疑》代表了魏晋时期知识分子心灵迷惘的普遍性。

嵇康与屈原一样都是勇于抗争的斗士,厌恶污浊的世俗,鄙弃浇薄的人心,但是他们抗争的内容仍有不同。班固批评屈原"竞乎危国群小之间"(班固《离骚序》),倒是有几分道理。屈原在诗中反复申述"惟赋党人之偷乐"、"众女嫉余之蛾眉",与结党营私、嫉妒贤才的奸臣对抗,不惧自己遭殃身死,只是"恐皇舆之败绩",多次以死作谏,希望当权者醒悟,一腔赤诚忠心于家族与王权,正如朱熹所说:"皆出于忠君爱国之诚心。"③嵇康作为一个中下层士人,"越名教而任自然",对抗的是脱离了儒家思想原义的整个虚伪狡诈的现实,"非汤武而薄周孔"抨击一切不合理的武力,包括司马氏皇权,甚至曹魏皇权④。罗宗强在分析嵇康死因时,认为嵇康对自己反对的内容过于"认真""执着",是个不折不扣的"世俗的敌对者"。因此,从对抗双方的力量对比来看,嵇康所面对的对手要比屈原的对手强大得多。同为与现实人生对抗的斗士,屈原的悲剧或可避免,而嵇康的悲剧则是不可避免。嵇康的悲剧是中国古代高扬精神自由、对抗一切不合理因素的知识分子命运的典型代表。有路可走而殉以生命,屈原即成为神话似的理想主义的殉道者;一心求生却无路可逃,嵇康就成了笑话似的现实主义的前车之鉴⑤。但是从人类思想革新以及推进士人个体生命自主性的角度来看,嵇康对传统思想的革新力度,要比屈原大得多,这也是鲁迅最崇敬嵇康的最重要原因。

就对后世的影响来看,屈原是一个天才特出、卓绝千载的文学家,他开创的楚辞,对后世文学的影响是全方位的,所谓"才高者菀其鸿裁,中巧者猎其艳辞,吟讽者衔其山川,

---

① 叶当前:《屈原〈卜居〉与嵇康〈卜疑〉的互文性解读》,《武陵学刊》,2015 年第 4 期。
② 王夫之:《楚辞通释》,上海:上海人民出版社,1975 年,第 115 页。
③ 朱熹:《楚辞集注》,上海:上海古籍出版社,2001 年,第 2 页。
④ 李清照《咏史》诗云:"两汉本绍继,新室如赘疣。所以嵇中散,至死薄殷周。"见孙秋克:《李清照诗词选》,郑州:中州古籍出版社,2011 年,第 150 页。
⑤ 《颜氏家训·勉学篇》:"嵇叔夜排俗取祸,岂和光同尘之流也?"见(北齐)颜之推撰,贾二强校点:《颜氏家训》,沈阳:辽宁教育出版社,2001 年,第 22 页。

童蒙者拾其香草。"(刘勰《文心雕龙·诠赋》)"明儒博达之士,著造词赋,莫不拟则其仪表,组式其模范,取其要妙,窃其华藻。"(王逸《楚辞章句》)有汉一代辞赋的繁盛得益于屈原及楚辞,而后世各类文学都受到不同程度的沾溉。西汉刘向整理前代楚辞及模拟楚辞的作品,《楚辞》一书形成。楚辞在汉代文人传播过程中,逐渐经典化。东汉王逸《楚辞章句》中已将《离骚》称《离骚经》,可见屈辞在汉代受到的崇高的礼遇。其后,研究《楚辞》的学者层出不穷,代不乏人,形成了绵延悠久、影响深远的专门的"楚辞学"。

嵇康对后世的文学影响不及屈原,但是他预身其间的玄学风气却逐渐改变了中国古代诗歌的方向,"正始明道,诗杂仙心"(《文心雕龙·明诗》)嵇康的诗歌创作已经开始显出玄言诗的倾向。南朝宋檀道鸾《续晋阳秋》云:"正始中,王、何好《老》《庄》,而世遂贵焉。至过江,佛理尤盛……而《诗》《骚》之体尽矣。"①嵇康在接续楚辞之时,也在削弱《诗》《骚》的影响,而自铸新意,使"发愤抒情"的诗歌传统转向谈玄说理,崇尚虚无。且看《六言诗十首》(其四):"名与身孰亲?哀哉世俗殉荣,驰骛竭力丧精,得失相纷扰惊,自贪勤苦不宁。"此诗表达了身贵名轻的老庄思想,告诫世人不要以身殉名。全诗纯然说理,是一首典型的玄言诗。王钟陵《中国中古诗歌史》评云:"嵇康诗预兆了'玄淡'的美学趣味之在后世的发展,同时也预兆了玄言诗时代的来到。"②

嵇康终究是一个思想家,而并不专以文学名世。他对于宇宙、社会、人生都有深入的思考,他在《释私论》中提出"无措是非""越名教而任自然"等观念,提倡人生不为欲望驱使,回归自然本性,不以教条化的名教观念为唯一判断标准,实在是针对汉末以来矫饰伪善、贪婪争竞的风气,找到一条"真正通往道德高尚的道路"③。嵇康追求养素全真,著《养生论》,却不能真正做到全身远害,因此在后世受到质疑,《颜氏家训·养生篇》云:"嵇康著《养生》之论,而以傲物受刑。"④唐代杜甫亦云:"何必走马来为问,君不见嵇康养生遭杀戮。"(《醉为》)在以儒家思想为主体的传统文化中,嵇康对文化的革新价值逐渐淹没在历史的洪流中,但是他遗世独立、敢于怀疑的精神终究不会消亡,终于在20世纪上半叶,鲁迅将之挖掘出来并加以倡扬,嵇康的精神才得以重放异彩。

总体来看,嵇康与屈原都是中国知识分子的典型代表,志向高远、精神高洁,不与世俗同流。虽然在不同的时代,他们表现出不同的生命形态,但他们对社会黑暗面的激烈批判,以及追求精神目标的坚定执着,都深深影响了后代中国知识分子。他们是孤独而彷徨的反抗者,并因此而殒命,但是他们的生命却唤起了更多的共鸣和回应,他们的影响力是穿越时代的,他们的精神也是永不刊灭的。

---

① 穆克宏主编:《魏晋南北朝文论全编》,上海:上海远东出版社,2012年,第174页。
② 王钟陵:《中国中古诗歌史》,北京:人民出版社,2005年,第204页。
③ 童强:《嵇康评传》(下),南京:南京大学出版社,2011年,第313页。
④ 颜之推撰,贾二强校点:《颜氏家训》,沈阳:辽宁教育出版社,2001年,第40页。

唐诗歌中的屈原形象研究

南通大学 陈瑶瑶

翻开浩如烟海的文史典籍,《楚辞》始终是熠熠生辉的那一篇章;走过中国文学的历史人物长廊,屈原一贯是备受景仰的代表。其无与伦比的人格魅力与文学成就征服了后代无数文人才子,成为其笔下的典型艺术形象。历代书写屈原的诗词文赋不计其数,这其中又以诗歌数量居多,诸家对其个人形象的塑造也因时、因人而异。

文学史上的中唐"一般是指唐代宗大历元年(766)到唐文宗太和九年(835)"[1],这一时期的诗坛由于安史之乱的影响,呈现出求新求变的探索趋势,诗歌创作也因此而呈现出旺盛的生命力。以《全唐诗》收录的42863首诗歌为准,据初步统计,中唐诗歌中与屈原相关的诗作计60余首。从表现形式上而言,其中直咏屈原、援引屈骚意象、化用楚辞诗句题目、沿袭楚辞句式的作品兼有之,尤以白居易、孟郊为创作先锋,刘禹锡、韩愈、柳宗元、元稹等亦有多首相关作品纳入其中。从诗歌内容上体察,该时期诗歌对屈原形象的塑造有褒有贬,然总体上有迹可循,基本可概括为三种类型,即名人形象、臣子形象及士人形象。

一、永垂竹锦的名人形象

"中华诗祖"屈原开创的"骚体诗",使中国诗歌的发展进入了一个全新的纪元,对后代诗歌的创作具有潜移默化的影响。屈原以其难以企及的人格范式与巨大的艺术魅力,征服了古往今来的文人骚客。作为被载入史册的文化名人,屈原的形象经久不衰、流芳百世。

(一)旧地游历的哀悼对象

在文学创作中,特定的场景往往容易引起作者的相关联想。中唐诗歌中,有不少诗歌乃触"景"生情而作,作于与屈原相关的地点,借以表达对屈原的哀悼、吊念之情。

此类诗歌多从诗题即可窥见所咏之人,如《谒三闾庙》《湘中怀古》《湘南即事》《过三闾庙》《湘川野望》《湘中》《汨罗遇风》《旅次湘沅有怀灵均》《涉沅潇》等。屈原曾任三闾大夫一职,掌王族三姓,三闾庙即为奉祀屈原所设,在长沙府湘阴县北(今汨罗县境内);沅、湘则是屈骚中常常咏叹的两条江流,《离骚》有"济沅湘以南征兮"[2]句,《湘君》

---

[1] 葛晓音:《中唐文学的变迁》上,《古典文学知识》,1994年第4期。
[2] 文中楚辞例句皆引自《楚辞章句》(王逸:《楚辞章句》,上海:上海古籍出版社,2017年),不再一一出注。

中言:"令沅湘兮无波,使江水兮安流。"《涉江》曰:"旦余济乎江湘",《怀沙》中亦有"浩浩沅湘,分流汨兮";汨罗乃屈原最后生命的归宿地。兹皆诗人故地游历,联想到屈子之遭际,由此引发对屈原的悼念。

其中有些诗作含蓄蕴藉,如戴叔伦《过三闾庙》(卷274):

沅湘流不尽,屈宋怨何深。日暮秋烟起,萧萧枫树林。①

此诗乃作者途经屈原庙宇,有感于屈宋而作。开篇以沅湘水为引,因景起情,以沅湘喻屈原千年幽怨,绵长且深重。恰如李锳《诗法易简录》所言:"咏古人必能写出古人之神,方不负题。此诗首二句悬空落笔,直将屈子一生忠愤写得至今犹在,发端之妙,已称绝调。"②接着诗人避而不谈其怨,将笔触生发到眼前景物之上,化用屈原《招魂》中"湛湛江水兮上有枫"之句,以一幅萧瑟秋风、枫林摇落之景作结,抚今追昔,更添无尽的伤情,余韵绵远,引人深思。施补华《岘佣说诗》评此诗"并不用意,而言外自有一种悲凉感慨之气,五绝中此格最高"③。诗作以一"怨"字统摄全篇基调,既体现了诗人对屈原的无尽追忆悼念,又引发读者念及屈原之悲剧命运,极尽含蓄蕴藉、气脉悠永之妙。

此外,亦有诗篇单刀直入,如刘复《送黄晔明府岳州湘阴赴任》(卷305)言:"应向祠堂吊屈原",用最直白简洁的语言述悼念之哀。

(二)端午习俗的被纪念者

端午节乃中华民族传统节日,从古至今一直备受重视。《民俗学概论》言:"端午节俗的初始之意,当是驱蕴、除邪、止恶气,到了汉末魏晋之时,便增加了纪念历史人物内涵,山西一带为纪念介子推;吴越传说为纪念伍子胥;会稽以此纪念曹娥;南方楚地为纪念屈原。由于屈原的爱国精神和高尚人品为人所共仰,所以此说很快取代了其他诸说,并产生广泛而深远的影响。"④诸多民间传说对端午习俗亦有所记载,《岁时记·尔雅翼》:"屈原以夏至日赴湘流,百姓竞以食祭之。常苦为蛟龙所窃,以五色丝和楝叶缚之。"⑤兹皆将端午的主人公指向了屈原。

历代文人逢此节日难免会忆起屈原,褚朝阳《五丝》即描写端午节以五丝系粽的习俗,"但夸端午节,谁荐屈原祠? 把酒时伸奠,汨罗空远而"。深切表达了百姓对屈原的怀

---

① 文中中唐诗歌皆引自《全唐诗》(彭定求:《全唐诗》,上海:上海古籍出版社,1986年),不再一一出注。
② 李锳:《诗法易简录》,清道光二年刻本。
③ 施补华:《岘佣说诗》,清光绪十三年乌程朱毓广刻本。
④ 钟敬文:《民俗学概论》,上海:上海文艺出版社,2009年,第142页。
⑤ 潘自牧:《记纂渊海》,卷二。

念之情;竞渡亦为端午祭祀屈原之俗,刘禹锡《竞渡曲》即描绘了人们赛龙舟的情景,"沅江五月平堤流,邑人相将浮彩舟"。

然此类诗作并不仅局限于对端午习俗的简单描绘,元稹《表夏十首其一》言:"灵均死波后,是节常浴兰。彩缕碧筠粽,香粳白玉团。逝者良自苦,今人反为欢。哀哉徇名士,没命求所难。"诗中描绘了屈原死后众人反以此节为欢的情景,两相境况的鲜明对比,更显诗人的深切悲哀。其《竞舟》一作,更是直斥这种竞舟恶习,言百姓为了竞舟荒废农作,只为一时欢呼,实乃费时费财,发出"节此淫竞俗,得为良政不"的感叹痛惜,透过端午习俗,诗人展现的是对社会、对国家的忧虑。

(三)成就斐然的文学名人

"中国文学家的老祖宗"①屈原,他所开创的楚辞新诗体,实现了中国诗歌由《诗经》时代的集体创作向个人创作的转变,其作品中的浪漫主义成为中国诗歌优良传统的一大源头,影响着后代诗词文赋的发展,仅就文学成就而言,屈原是当之无愧的"文学名人","其影响于后来之文章,乃甚或在三百篇以上"②。

中唐时期,诸多学士对屈骚持肯定态度,韩愈曾将屈原与孟柯、司马迁同称为古代"豪杰之士",柳宗元在《答韦中立论师道书》中谈及为文之道时言:"参之《离骚》以致其幽。"③在诗歌中,这种对屈原的认同与崇拜就体现为对楚辞的高度赞赏与模仿。

从元稹《送东川马逢侍御使回十韵》"旋吟新乐府,便续古离骚"、韩愈《潭州泊船呈诸公》"客子读离骚"之句,便可窥见《离骚》乃当时文人必读的诗篇之一;窦常《谒三闾庙》在悼念屈原的同时亦发出"文衰不继骚"的感叹,极言屈骚之文盛;欧阳詹《送潭州陆户曹之任(户曹自处州司仓除)》"大家闻屈声",将屈原视为文学大家;权德舆《送山人归隐》"工为楚辞赋",视楚辞为"工"之佳作。

司空曙《迎神》一作则是对《楚辞》形式的灵活运用:

> 吉日兮临水,沐青兰兮白芷。
> 假山鬼兮请东皇,托灵均兮邀帝子。
> 吹参差兮正苦,舞婆娑兮未已。
> 鸾旌圆盖望欲来,山雨霏霏江浪起。
> 神既降兮我独知,目成再拜为陈词。

"山鬼""东皇""灵均""帝子"等均为《楚辞》意象,全诗更是化用《九歌》中"吉日

---

① 梁启超:《屈原研究》,《饮冰室合集·文集》之三十九,北京:中华书局,1989年。
② 鲁迅:《汉文学史纲要》,《鲁迅全集》(第十卷),上海:上海科学技术文献出版社,2016年。
③ 见柳宗元:《柳河东集》卷三十四,上海:上海古籍出版社,2008年。

兮辰良"(《东皇太一》)、"浴兰汤兮沐芳""灵皇皇兮既降"(《云中君》)等相关诗句,实乃屈骚的异代再抒写。

屈原对后世的影响是无可取代、难以比拟的,尤其是在中唐这样一个诗歌高度繁荣的历史背景中,他的光辉照耀在每一位诗人文士的心中。"他的时代的确是群星丽天的时代,而他在这个时代中尤其是有异彩的一等明星"[①]。

二、遭际不遇的臣子形象

中唐时期,文人贬谪现象普遍存在,据尚永亮先生统计,中唐被贬人数高达289人次[②],被贬荆湘一带的亦不在少数。诗人在屈原身上看到了自己的影子,作为臣子,始终忠心为国、先君后己,却落得被贬谪流放的悲剧命运,屈原的遭际引发了文人的异代同悲之鸣。

(一)忠君爱国的忠贤人臣

在这种对家国故土深切的眷恋与挚爱中,君王是国家的象征,更是屈原实现政治理想的主要依托,因此屈原早期的诸多作品都表现了其忠君爱国之志,如《东皇太一》一诗便是"愿神之欣说安宁,以寄人臣尽忠竭力,爱君无已之意"[③]。《惜诵》更是字里行间都体现出恳以述忠、期冀明君的心迹,透过诗歌中高昂激动的情绪,我们看到的是一个急切地想回归故土、向国君表白心迹的诗人形象。

中唐诗人在塑造屈原形象时亦多次提及其"忠心"之性,元稹的《楚歌十首》(卷399)言:"楚人千万户,生死系时君。"戴叔伦《湘川野望》道:"怀王独与佞人谋,闻道忠臣入乱流。"钱起《送毕侍御谪居》称屈原"忠荩不为明主知"。孟郊《旅次湘沅有怀灵均》曰:"旧称楚灵均,此处殒忠躯。"白居易《效陶潜体诗十六首》(卷428)亦言"楚王疑忠臣",此皆强调屈原之"忠",然虽为忠君之贤臣,却"不为明主知"、遭疑被疏、"入乱流",诗人又何尝不是借屈原之忠贤表达自己对君主的忠诚,渴望得到国君的赏识与重用呢?在为屈原鸣不平道冤屈的同时,又何尝不是为自己之遭际寻寄托呢?

(二)遭谗被疏的落魄逐臣

屈原的忠君并不是盲目的,他渴望尧舜那般贤明的国君,因此他以先导自任,殚精竭虑,谏君不止。但他不谙官场的明枪暗箭,一心驰骋在自己的理想世界中,却忽略了理想与现实的鸿沟。屈原的政治主张触及朋党集团的利益,必将遭遇嫉恨与阻碍。因此导致了朝臣"争宠而心害其能"[④](《史记·屈原贾生列传》),怀王信谗而既疏。屈原的直言进谏,

---

① 转引自周建忠:《楚辞讲演录》,桂林:广西师范大学出版社,2007年,第47页。
② 尚永亮:《唐五代逐臣与文化研究》,武汉:武汉大学出版社,2007年,第76页。
③ 朱熹:《楚辞集注》,上海:上海古籍出版社,2015年,第43页。
④ 司马迁:《史记·屈原贾生列传》,北京:中华书局,2014年,第3009页。

不但没有得到楚王的采纳,连他自身也因屡次触怒君心而被疏远、流放。据《楚世家》、屈原本传以及相关材料记载,继楚怀王怒而疏屈原后,屈原因谏怀王合秦被贬至汉北。后怀王客死秦国,屈原又因谗毁被顷襄王放逐至江南地区,最终自沉于汨罗江,至此结束短暂的一生。

中唐诗中单是对屈原落魄逐臣形象的直接描绘,即有颇多笔触,孟郊《旅次湘沅有怀灵均》言其"胸襟积忧愁,容鬓复凋枯"。白居易《读史五首》描绘了屈原"彷徨未忍决,绕泽行悲吟"的神情,其《和万州杨使君四绝句·竞渡》有"自经放逐来憔悴"之句,《郊陶潜体诗十六首》再言屈原"憔悴泽畔行",从这些诗句中便可勾画出屈原行吟江畔的形容枯槁、失意憔悴之貌。当然,此类诗歌并不只是为了描绘屈原的形象而作,深入阅读之下,藏在文字背后的往往是诗人的同病相怜之感、异代同命之悲。

贞元十九年,韩愈因论事遭李实等谗害被贬阳山,后又因谏迎佛骨一事被贬至潮州,为官期间屡遭贬谪,写下诸多抒发仕途失落之作。其《陪杜侍御游湘西两寺独宿有题一首,因献杨常侍》一诗言:"静思屈原沈,远忆贾谊贬。椒兰争妒忌,绛灌共谗诒。"在游湘江之时,诗人忆起了和自己遭际相同的屈原,以屈原被子椒、子兰妒嫉谗毁喻自己因小人陷害被贬。

柳宗元永贞革新失败后被贬为邵州刺史,在赴任途中更被加贬为永州司马,此永州恰与屈原被流放之地相接,于是诗人因事因地感怀,写下《界围岩水帘》:"楚臣昔南逐,有意仍丹丘。今我始北旋,新诏释缧囚。"诗人之遭际与屈原是何其相似,二度被贬之境遇,激荡起其内心强烈的情感共鸣,因此诗人又发出"神明固浩浩,众口徒嗷嗷。投迹山水地,放情咏离骚"(《游南亭夜还述志七十韵》)之感叹,言自己备受奸佞之臣的"嗷嗷"谗毁,只能借以山水释怀,以屈原自喻,托屈骚以抒感慨。

元和五年,元稹因受排挤打压被流放荆蛮,在途经阳城驿之时有感于自身遭遇写下了《阳城驿》一诗,以"问公何能尔,忠信先自修。发言当道理,不顾党与雠"句,借阳城之直言进谏、不顾豪权,抒发自己的志节坚守,又以"今来过此驿,若吊汨罗洲"句,将之与屈原的品行节操相联系,言"同是天涯沦落人"之悲。

诗人自身的正直、志节之气,与官场的相互倾轧、结党营私多少有些相悖,无法与之同化的结果就是遭受政治上的不公与排挤。孟郊《商州客舍》即以"四望失道路,百忧攒肺肝"言自己仕途失道之忧愁,以"泪流潇湘弦,调苦屈宋弹"喻己之苦楚;刘禹锡亦是借《谪居悼往二首》抒发了自己遭贬之悲痛与抑郁不得。

屈原是"博闻强志,明于治乱,娴于辞令"的爱国诗人,但也是一个起点很高、前景灿烂却半途夭折的失败政治家。中唐的诸多诗人亦有怀才不遇、官场失意之相似遭际,坎坷仕途带来的激烈情感起伏在他们的诗歌中留下了深刻印记,于是他们借异代知音——屈原之形象与经历抒己之怀抱与情思。

三、褒贬不一的士人形象

历史上对屈原的评价并不是一味地正面赞誉,早在东汉时期,班固便站在儒家传统思想立场上对屈原展开激烈的批评,言:"今若屈原,露才扬己,竞乎危国群小之间,以离谗贼。然责数怀王,怨恶椒、兰,愁神苦思,强非其人,忿怼不容,沉江而死,亦贬絜狂狷景行之士。"① 在班固看来,屈原"责数怀王、怨恶椒兰"的行为违背了儒家维护封建统治的需要,"忿怼不容"的狂狷行为亦不符合儒家的中庸之道;其后,王逸以道义、品性本质的角度发表了不同看法:"今若屈原,膺忠贞之质,体清洁之性,直若砥矢,言若丹青,进不隐其谋,退不顾其命,此诚绝世之行,俊彦之英也"。② 可见,文人对屈原的评价往往因为时代背景、个人立场等因素而产生差异,中唐时期对屈原士人形象的态度亦展现出两极分化的倾向。

(一)正气直存的硬汉斗士

在黑白颠倒的朝堂之中,尔虞我诈的奸佞党人飞黄腾达,贤德的有志之士却受到疏远而愈发远离。《离骚》中屈原不顾路途遥远,驾飞龙、乘凤凰、历昆仑、游神山、叩天门,求仕女,他在求索什么呢?他想以此来唤醒君王,从而扭转国家危亡的命运。但是"世溷浊而嫉贤兮,好蔽美而称恶"。面对庸君佞臣把持权柄,伟大的诗人超然世外,卓立不群。因此他收起自己的委屈,决心要像勇猛的鸷鸟一样,与这伙腐朽力量展开殊死的斗争。

中唐诗歌中多处提及了屈原之"直",白居易《偶然二首》言:"楚怀邪乱灵均直";李德裕《汨罗》道:"岂是怀王厌直臣";蒋冽《经埋轮地》将屈原与张纲相系,旌扬张纲的埋轮献直与屈原的正直、不畏死亡;皇甫冉《途中送权三兄弟(一作送权骅)》以"由来濯缨处,渔父爱沧浪"之句,谈及《渔父》中"举世皆浊我多清"的屈原遗世独立之形象,皆体现了屈原与世俗抗衡的斗志。

然而并非所有诗人都欣赏屈原这种不屈不挠的反抗与以死明志的斗争精神,顾况在其《酬唐起居前后见寄二首》中言:"欲作怀沙赋,明时耻自沉。"柳宗元《弘农公以硕德伟材屈于诬枉左官三岁复为大僚》曰:"恋恩何敢死,垂泪对清湘。"诗人怀着对统治者的殷切希望,期冀有一天能够重回朝堂,因此对屈原沉江的过激行为并不赞同。

韩愈《感春四首其二》以"屈原离骚二十五,不肯哺啜糟与醨。惜哉此子巧言语,不到圣处宁非痴"两联言及屈原的反抗精神,对屈原的此番作为持怀疑痛惜的态度。

白居易同样否定屈原"独醒"之态,其《效陶潜体诗十六首》曰:

楚王疑忠臣,江南放屈平。
晋朝轻高士,林下弃刘伶。

---

① 洪兴祖:《楚辞补注》,北京:中华书局,1983年,第49页。
② 洪兴祖:《楚辞补注》,北京:中华书局,1983年,第48页。

> 一人常独醉,一人常独醒。
> 醒者多苦志,醉者多欢情。
> 欢情信独善,苦志竟何成。
> 兀傲瓮间卧,憔悴泽畔行。
> 彼忧而此乐,道理甚分明。
> 愿君且饮酒,勿思身后名。

诗中将屈原与刘伶相比较,一个是"独醒",落得"苦志""憔悴"之貌,一个却"独醉",反而"欢情""独善"其身,孰忧孰乐,亦以明晰。所以诗人更加倾向于自我调适、勿思功名的旷达生活态度,这与白居易后期独善其身的处世思想相符。其《咏怀其四》"长笑灵均不知命,江蓠丛畔苦悲吟"与《咏家酝十韵》"独醒从古笑灵均,长醉如今学伯伦"皆表达了这种人生追求。

孟郊《旅次湘沅有怀灵均》则表达了对屈原品格更为激烈的批判:

> 名参君子场,行为小人儒。
> 骚文衒贞亮,体物情崎岖。
> 三黜有愠色,即非贤哲模。
> 五十爵高秩,谬膺从大夫。
> 胸襟积忧愁,容鬓复凋枯。
> 死为不吊鬼,生作猜谤徒。
> 吟泽洁其身,忠节宁见输。
> 怀沙灭其性,孝行焉能俱。

诗人说屈原为"小人""非贤哲""不吊鬼""猜谤徒",评其文章实为炫耀,自沉行为泯灭人性,不顾孝行,缺乏忠节,对屈原的品性、创作、行为皆作了一番直接批评。但不难发现,孟郊对屈原的批判完全是出于对封建社会的正统维护,完全对立的立场导致了这一极度负面的评价,与班固所言何其相似,如此看来也便不足为奇了。

(二)好修为常的高洁志士

王国维认为:"三代以下之诗人,无过屈子、渊明、子美、子瞻者。此四子者,苟无文学之天才,其人格亦自足千古。"[①] 对志节操守的追求,始终是屈原一生的坚持。《涉江》中"余幼好此奇服兮,年既老而不衰。带长铗之陆离兮,冠切云之崔嵬"之句,显然是屈原追

---

① 王国维:《人间词话·文学小言》,北京:中华书局,2009年。

求"内美外修"的彰显;《橘颂》中借赞颂橘"纷缊宜修,姱而不丑"的外美与"独立不迁""深固难徙"的内美,来反映其不同凡俗的追求;《惜诵》言:"梼木兰以矫蕙兮,繫申椒以为粮。播江离与滋菊兮,愿春日以为糗芳。"木兰、蕙草、申椒、江离、菊都是美好品德的象征,可见诗人对美好道德的不懈追求。

在中唐关于屈原的诗歌中,出现了大量《楚辞》中的香草类意象,如芳草、嘉木、蒿兰、江蓠等,此皆塑造了屈原好修为常的高洁操守。钱起的《江行无题一百首》言:"沙上独行时,高吟到楚词。难将垂岸蓼,盈把当江蓠。"孟郊《湘弦怨》化用《楚辞》诸多意象,"昧者理芳草,蒿兰同一锄。狂飙怒秋林,曲直同一枯。嘉木忌深蠹,哲人悲巧诬"。亦展屈原高洁之貌;其《桐庐山中赠李明府》中有"即此佳志士,精微谁相群。欲识楚章句,袖中兰茝薰"句,同样是对屈原高洁人格的赞扬。

诗人对屈原的评价与其所处的社会背景、人生追求等密切相关,个人立场的不同导致的评价偏颇是文学史中存在的普遍现象。但我们并不能因此否定屈原的伟大人格,"他没有因为年老而希图安宁,为安宁而屈伏在卑不足道的旧贵族党人面前;而是用了自己的诗篇乃至生命,维护了他那热爱祖国、坚持理想追求的独立不迁准则和信念"。①

结语

荣格曾说:"一个用原始意象说话的人,是在用千万个人说话。"② 屈原所创造的各种意象,展现了其独立不迁的人格魅力,代表了历代文人骚客的共同心声。屈原是成就斐然的卓异诗人,是忠君爱国的典范,是好修为常的高洁之士。他的形象时而是卓然的、高大的;时而是失意的、落魄的;时而是激愤的、抗争的;时而是绝望的、无力的。一个时代有一个时代之思想,一个时代有一个时代之主题。而屈原,就是他那个时代永垂不朽的巨人。

中唐诗歌中的屈原,是大唐王朝历经风波后文人心中竖起的一盏明灯,给予了这个王朝的文人继续行走的力量。他们通过对屈原的吟咏及其作品的接受,成为了屈原的异代知音,也使得屈原的人格魅力继续绽放出光彩!

---

① 潘啸龙:《屈原与楚文化》,合肥:安徽文艺出版社,1991年,第211页。
② [瑞士]荣格:《心理学与文学》,北京:生活·读书·新知三联书店,1987年,第122页。

域外楚辞学研究

日本在20世纪50—80年代的《楚辞》研究*

苏州科技大学　王海远

一、概貌综述

从20世纪50年代开始日本的中国古代文学研究走出了低谷,《楚辞》研究也大抵如此。当然这其中有着一些个别的原因,日本国学院大学的浅野通友教授对此曾有过解释,"《楚辞》这种文学,人们一向不太熟知。但是最近突然受到极大的关注。而且,原先从史学的角度主张楚国是日本人的故乡这一学说也引起人们的思考。既然日本人的故乡是楚国,祖先是楚民族,而且其文学史是《楚辞》。那么,《楚辞》受到重视则是理所当然的了。就是在这种情况下,前年田中首相访问中国,毛泽东主席将《楚辞》注本——南宋朱熹的《楚辞集注》作为礼品赠送田中首相。可以说以此为转机,一时引起了对《楚辞》的高度关心。"1955年,以郭沫若为团长的中国史学访问团访日,就中国的历史分期问题和日本历史学界进行交流,对于日本的汉学研究起了一定的推动作用,从此一度完全中断的中日学术界恢复了交往,并相互影响。日本的战后汉学研究就是在这样的时代和历史背景下展开的。

这一阶段的日本学者的楚辞研究特点有以下几项:

第一,用和中国人相同的思考方法与感受方式来理解中国。这一时期的日本汉学家大抵有着深厚的汉学功底,对于当时中国学术界的研究方向和动向相当了解,与中国学者又多有联系,并相互之间时常探讨切磋,因此能够以中国人的思考与感受方法来理解《楚辞》。据吉川幸次郎回忆,20世纪二三十年代京都大学凡是与中国学相关专业的毕业生,原则上都被派往中国留学,这已经成了一种传统。吉川幸次郎说:"留学的最大收获是懂得了中国人的价值观,在学术范围内来说,就是知道了中国人推崇什么学术,看不起什么学术,对此取不取同调是另外一回事,至少我是在认同这样的价值下而开展自己的研究的。"①

第二,实证主义的治学方法。严绍璗在其《日本中国学史》一书中指出:"在对中国

---

* 本文系国家社科基金项目"日本楚辞学研究"(15BZW054)研究成果。
① ［日］吉川幸次郎:《我的留学记》,钱婉约译,北京:光明日报出版社,1999年,第3—4页。
注:本论文中凡引用之日文文献除注出翻译者外,其余均为笔者所译。

文化的研究中,强调确实的事实,注重文献的考订,推行原典的研究。"① 这一时期的日本学者强调要发现能与原有的文献资料相印证的新实物和新文献,并且他们对新出土文献资料的重视程度远远高于我国学者。

第三,在处理和分析资料的时候重归纳而不善于演绎。他们注重尽可能地详尽收集和自己研究主题相关的各种研究材料,尤其是新发现的文物文献资料以及一些能够提供佐证的民俗学资料,然后通过整理、归纳,得出他们认为真实可信的研究结论。所以这一时期的日本汉学家们治学方法大致是:发现新材料——对原有文献进行考订——对材料重新分类归纳——得出结论,而其中"发现新材料"则是最为关键的环节,是整个研究的立足点。相对于归纳来说,很多日本汉学家并不善于演绎,演绎是一个具有"创造性"和"发明性"的工作,如果做得不好,容易得出自以为正确、实际上却是错误的结论。现在的日本学者重归纳、轻演绎的治学态度,一方面是他们严谨的治学态度所导致的,但是另外一个方面多少也表明了他们对中国文献及新出土资料的把握和理解能力尚有所不足。

第四,在研究时,注重对个别史料的研究而忽视对整体的把握。具体表现为,在对某一时代的某一事件及其产生的具体原因,以及某一制度的具体演变过程的研究上,日本学者能够显示出其深厚的功力和良好的考据水平,并获得中国学界的一致赞赏。但是一旦涉及到总体把握时,就显示出日本学者的不足了。当然也有一些日本学者是具有统领全局的学术研究能力的。

正是在这一时代大背景之下,《楚辞》研究又一次成为中日两国学者所共同关心的一个热点问题,并产生了一批高质量的研究成果。也正是在这一时期,日本学者在研究《楚辞》的时候,开始不满足于沿着中国乾嘉传统前进,希望能够走出一条有着日本学者自我特色的研究之路。二是很多日本学者开始尝试利用新的资料、使用新的方法对《楚辞》加以研究。

二、步履维艰《楚辞》研究之渐变

在这一时期日本的《楚辞》研究相比于以前可谓得到了长足发展。首先研究范围被大大地拓宽了,他们不仅对楚辞作品本身进行研究,还对屈原的身世和人生经历、楚地的风俗民情和文化历史、屈原及楚辞对于后世的垂范,甚至还对中国历史上历代有影响的《楚辞》注本进行述评;其次以新的研究视角和新的材料为基石尝试对《楚辞》进行全新的解释,并取得了一批研究成果;再次在从事《楚辞》研究的学者中,有相当一部分是在日本汉学界执牛耳者。如青木正儿、目加田诚、藤野岩友、星川清孝、吉川幸次郎、赤冢忠、竹治贞夫、白川静、黑须重彦、大宫真人、三泽玲尔、浅野通有以及小南一郎、石川三佐男、

---

① 严绍璗:《日本中国学史》,南昌:江西人民出版社,1991年,第373页。

稻畑耕一郎等。

　　这一时期的日本《楚辞》研究,从研究成果的表现形式上来看,大致可以划分为三种表现方式,一、在编写中国文学史著作的过程中涉及与《楚辞》相关的章节;二、对于《楚辞》注译本以及对于屈原本人的研究;三、专论著作的出现。

　　在编写中国文学史过程中涉及《楚辞》而用力较多者当属青木正儿[①]、吉川幸次郎[②]等。青木正儿对于自己的《楚辞》研究历程做过详细的说明:"我最初开始读《楚辞》,是在第五高等学校(现熊本大学的前身)的学生时代,选入汉文教科书的《九歌》和《九章》等几篇。当时很感兴趣,想读到其他部分,到旧书店寻找,结果找到了线装本的《楚辞灯》。马上开始阅读,但感到晦涩难懂,便到学校图书室阅览《集注》的线装本,非常易懂。记得再到熊本的旧书店找《集注》却没有结果,只好频繁地到图书室去借阅《集注》。后来做教师,到如今为止,讲读过四次《楚辞》。第一次在东北大学用的《集注》,第二次在京都大学用的《山带阁注》,第三次在立命馆大学用的《王注》,综合以上经验,觉得《集注》最好,所以第四次在山口大学还是用的《集注》。《集注》最好的部分是对《离骚》《九歌》《九章》的批注,而《天问》《远游》《招魂》《大招》等部分几乎没有超出《王注》《补注》的地方。总之先从《集注》入门,然后往上走到《王注》和《补注》,再后涉猎群注,这就是我的学习《楚辞》的历程,我觉得对后进诸君也是最好的方法。"[③]

　　青木正儿原本以研究戏曲而见长,其博士论文的题目则是《中国近世戏曲史》。故其在《楚辞》研究中,除了他对《楚辞》文本的理解之外,还加入了其《戏曲史》一书中的见解。青木正儿另有题为《楚辞九歌的舞曲式结构》的论文,其中观点也与《戏曲史》中的见解相关,青木正儿说自己是"以读后代戏曲的心态来提出自己的见解"[④]的。在文章中,作者从中国古代的民间歌舞祭祀为切入点,通过引述中国历代多家《楚辞》注本的研究成果,最终作者认为《九歌》当为祭神之歌舞,主要显示了祭神者对神的至诚和有关神的事迹习性等。值得一提的是,作者对《九歌》各篇的旨意按上述两类内容作了区分:第一类,向神致以祭者的至诚者,其中,表现宗教至诚的,共三篇——《东皇太一》《云中君》《礼魂》;

[①] 青木正儿(1877—1964)是昭和初期中国文学研究者,山口县出生,字君雅,别号迷阳。酷爱中国的文学与文化,对狩野君山、内藤湖南等建立的京都中国学派的发展做出很大贡献。著作有《中国文学思想史》《中国文学艺术考》《中国近世戏曲史》《北京风俗图谱》《中华名物考》《中国饮酒诗选》《李白》等,译注有《新译楚辞》《元人杂剧》《芥子园画传》等。遗著有《青木正儿全集》十卷。

[②] 吉川幸次郎(1904—1980)是日本战后研究中国文学影响最大的学者之一,他担任过京都大学教授、文学部长,日本中国学会会长。1928—1931年留学中国,结识了黄侃、张元济、周作人等许多中国知名学者。主要著作有《吉川幸次郎全集》三十二卷、《尚书正义》四册、《中国学的问题》《中国人的古典及其生活》《元杂剧研究》《制度通》《汉武帝》《新唐诗选》《杜甫诗注》《中国文学史》等。

[③] 石川三佐男:《二十世纪日本楚辞著作目录解题》,未刊本,第35页。

[④] 青木正儿:《楚辞九歌的舞曲式结构》,《青年界》,1933年第3卷第4期。

表现恋爱情感至诚寄托的,也是三篇——《湘君》《湘夫人》《少司命》;第二类,演示神的事迹习性者,其中,显示宗教教训目的者,是《大司命》《国殇》二篇;显示宗教的兴味与目的者,共三篇——《东君》《河伯》《山鬼》。① 同时,作者也指出《九歌》深受楚国巫风的影响,并按照歌舞剧的形式将《九歌》中的篇章来加以展示,这和闻一多的《九歌古歌舞剧悬解》② 一文颇为相似,显示了中日楚辞学者在对《九歌》理解和阐释上的一致性。

吉川幸次郎热爱中国文化,年轻的时候喜欢穿中国服装,说中国话,自称是"段玉裁之徒、钱大昕之徒、18 世纪清儒之徒",与当时日本普遍蔑视中国的潮流相对立。吉川幸次郎和青木正儿一样,专业也是以戏曲为主。他的《中国文学史》是一个名叫黑川洋一的学生在毕业 26 年后,根据他对吉川幸次郎的讲课内容的记录,丰富、扩充而成③。其中涉及《楚辞》的部分,仅是第三章的第三小节《楚辞文学》,共计千余字左右。但其另专门撰写了《诗经与楚辞》一文,其文首先对先秦时代及其历史条件做了详尽的论述,作者明确指出这是一个不完整的历史时代,因为历史文献中传说的成分较多;是一个文献大多无作者的时代;是一个因政治权力分散而造成多种区域文化并存的时代;是一个尚未有稳定词汇和语法的时代;同时也是一个文学价值尚未被充分认识的时代。有鉴于此,作者进一步指出:由于战国的纷乱导致中国北方地区人们对诗歌的兴趣大不如从前,而《楚辞》能够兴起,正是因为它处在南方文化圈内;《楚辞》有着比《诗经》强烈得多的感情色彩,《楚辞》的文学主题是个人与社会之间的矛盾冲突,它比《诗经》的怨刺来得更为深沉而忧郁,但其都表现了同一种精神——不甘心屈服于命运的支配以及作者认为《楚辞》的最大特征是其具有着一种政治性的表现特质。吉川幸次郎其在中国古代文学研究领域涉及广泛,著述丰富,是日本汉学界的大师级学者,其《楚辞》研究虽用力不多,但其见解确有独到精辟之处。

对于《楚辞》注译本以及对于屈原本人的研究,当以目加田诚④、竹治贞夫⑤ 为代表。目加田诚本身并不是研究《楚辞》的,他对《诗经》用力较多,有很多成果。他的《楚辞》研究正是承接《诗经》研究而来,他研究《楚辞》的著作《定本楚辞译注》是根据他在九州

---

① 徐志啸:《日本楚辞研究论纲》,北京:学苑出版社,2004 年,第 28 页。
② 闻一多:《闻一多全集·楚辞编》,武汉:湖北人民出版社,1993 年,第 397 页。
③ [日]吉川幸次郎、黑川洋一:《中国文学史·序》,东京:岩波书店,2002 年。
④ 目加田诚(1905—1994),九州岛大学名誉教授、日本学士院会员。山口县出生,东京帝国大学中国文学科毕业,文学博士。历任九州岛大学、早稻田大学教授。曾到中国留学,在北京大学学习中国古代文学,师从黄节、杨树达等人,又在杭州、上海与郁达夫、鲁迅相识。著作有《风雅集——中国文学的研究与杂感》《杜甫物语》《洛神赋——中国文学论文与随笔》《屈原》《唐诗散策》《目加田诚著作集》全八卷,译注有《诗经》《诗经·楚辞》《唐诗选》《杜甫》《杜甫寺集》等。
⑤ 竹治贞夫:德岛大学教授,当代日本的《楚辞》名家。著述甚丰,多独到之见。他不仅撰写了《忧国诗人屈原》,编了《楚辞索引》,还出版了分量很重的论文集《楚辞研究》,该书可谓集大成之作,集中阐述了他对楚辞的一系列精辟见解,为学术界所赞誉。

岛大学多年做《楚辞》讲座的讲稿写成的。在此之前，目加田诚曾出版过中国古典文学全集《诗经·楚辞》①。作为其改订版，又出版了中国古典文学大系《诗经·楚辞》②。该书正是以上述平凡社版本的旧版为底本，加入了翻译和大量的个人批注增补而成。书名中的"定本"二字即由此而得。此书从楚辞的句型、音节、用韵、句法等诸多方面对《楚辞》的形式做了探讨。《定本》一书收录的《楚辞》译注，包括《离骚》《九歌》《天问》《九章》《卜居》《渔父》《招魂》《大招》《远游》诸篇，长短共二十七篇。《定本》一书和另外刊行的《屈原》③一起，以其优美流畅的译文广受欢迎。

竹治贞夫在楚辞研究上可以算是一个成果丰硕的学者，他所做的屈原传记非常具有特色，他以屈原的家族史为切入口，将屈原的人生分为六个时期：修学时代、宫廷时代、失脚时代、汉北配流、江南流谪、忧愤的晚年，并且将屈原的作品按照作者自己的理解判断归入各个时期当中，如将《天问》《橘颂》归入修学时期，《九歌》归入宫廷时期，《离骚》归入失脚退隐时期，《抽思》归入汉北配流时期，《哀郢》《涉江》归入江南流谪时期，《怀沙》《招魂》归入忧愤的晚年时期。虽然我们目前对于屈原的作品分期问题尚没有一个统一的定论，但其将作品和个人的生平有机结合的写法，亦不失为一种有效的处理方法。

随着楚辞研究的推进，楚辞研究的专论性著作逐步开始出现。这一阶段当以赤冢忠④、藤野岩友⑤、竹治贞夫、黑须重彦、小南一郎⑥等人为代表。

赤冢忠同《楚辞》相关的著作是《中国古代的宗教与文化》⑦，另外其《赤冢忠著作集》⑧第六卷的全部内容都是《楚辞》研究方面的。在这其中赤冢忠分别论述了：哲学与文学的关系；《离骚》的意义；《离骚》的形式；《楚辞·九歌》的构成及其在文学史上的意义；《楚辞·天问篇》的文学意义；《楚辞·天问篇》的新解释以及《楚辞·九章》的研究——从抒情到戏曲等多个问题。

赤冢忠首先表达了这样的文学史观：在中国，哲学与文学拥有同样的源头，然后通过

---

① ［日］目加田诚：《诗经·楚辞》，东京：平凡社，1960年。
② ［日］目加田诚：《中国古典文学大系》，东京：平凡社，1965年。
③ ［日］目加田诚：《屈原》，东京：岩波新书，1967年。
④ 赤冢忠（1914—1983），文学博士，茨城县出生，东京帝国大学中国哲学科毕业，研究领域主要是中国古代思想。其先后任职于神户商业大学预科、东京大学文学部副教授、教授、二松学舍大学教授。著作有《古代中国的宗教与文化》《书经·易经（节译）》《庄子》《石鼓文》《新字源》《研究汉文》等。遗著有《赤冢忠著作集》全七卷。
⑤ 藤野岩友（1898—1984）是香川县人，文学博士，历任明治大学预科教授、国学院大学教授，《楚辞》研究家，著作有《巫系文学论》《中国的文学与礼俗》等，译注有《楚辞》。
⑥ 小南一郎（1942— ），京都大学大学院中国文学科毕业，文学博士，京都大学教授。著作有《楚辞》《楚辞与其注释者研究》。
⑦ ［日］赤冢忠：《中国古代的宗教与文化》，东京：角川书店，1963年。
⑧ ［日］赤冢忠：《赤冢忠著作集》（第6卷），东京：研文社刊，1982年，第7页。

分离、交错、背反而各自发展。从这一文学史观出发，作者不同意将《离骚》认定为屈原吐露忧愁之情的长篇抒情诗这样的旧说，认为《离骚篇》是哲学与文学开始明确分离时期的文学作品，是"歌舞剧"，是"悲剧"。并进一步将《离骚篇》分为主角与男女随从的歌，并附上口语翻译，为使这个诗剧的情节更好理解，将其排列成剧本的形式。而且作者将主人公灵均的灵界游行和战国诸子的思想关联起来，提出"灵界"是诸子向往的"天"的体现这样一个新观点。①

赤冢忠认为《天问篇》中有很多重要问题并没有得到解决。赤冢忠从校订和复原《天问篇》诗句的序次作为出发点，他认为《天问篇》中蕴含着某种统一的主张，《天问篇》的目的，是立足于一定的历史记述或传说的基础之上，提出设问，以探求对有关问题的更为详细的答案。赤冢忠又将《天问篇》与屈原的其他作品进行比较，从二者的表现中看到的事实的内容、构思的一致，于是赤冢忠得出结论认为，《天问篇》的作者是屈原，作品成立的时期与《九章·哀郢篇》为同一时期。作者又探讨了《天问篇》在文学史上的位置，结论是《天问篇》属于古叙事诗的最后阶段。②

另外值得一提的是赤冢忠从《天问篇》中存在很多错简这个现象出发，尝试将句子作出各种各样的排列。③ 对《天问篇》做重新排列的尝试在中国以台静农的《楚辞天问新笺》④ 最为出名，但赤冢忠的尝试远远超过了台静农，这一部分内容是赤冢忠该书中最长的部分，甚至可以说是全书最为重要的部分。

黑须重彦著作有《〈楚辞〉与〈日本书纪〉》⑤ 一书。在该书中其重点考察了以下三个问题：《楚辞》成立的过程、《楚辞》的古典化以及《楚辞》是翻译文学的一个证据。

黑须重彦认为《史记》以前没有"屈原、楚辞"之语，和"楚歌"一词相比，"楚辞"一词较新，在"楚歌"一词消失的同时，"楚辞"一词出现了。这也就意味黑须重彦并没有把《史记·酷吏列传》叙述朱买臣的部分中，首次出现的"楚辞"一词当作作品集来看待，而是视其为"楚语、楚的语言"之意，认为精通楚语的朱买臣和严助同为刘安向武帝进献《离骚传》的中心人物。读了这个进献的《离骚传》的司马迁，在《史记·屈原列传》中还载入了《怀沙赋》及作为其序词的《渔父》，并明言他读过《离骚》《天问》《招魂》《哀郢》，算下来共计六篇是司马迁读到的作品。那么从屈原到《史记》之间的约二百年间，"楚辞"与"屈原"到底以什么形式存在于什么地方？从这一研究视角出发，黑须重彦认为，楚辞是用楚语吟诵的作品，被精通楚语的朱买臣或严助翻译成了汉语的。

---

① ［日］赤冢忠：《赤冢忠著作集》（第 6 卷），东京：研文社刊，1982 年，第 52 页。
② ［日］赤冢忠：《赤冢忠著作集》（第 6 卷），东京：研文社刊，1982 年，第 126 页。
③ ［日］赤冢忠：《赤冢忠著作集》（第 6 卷），东京：研文社刊，1982 年，第 136 页。
④ 台静农：《楚辞天问新笺》，台北：艺文出版社，1972 年。
⑤ 黑须重彦：《〈楚辞〉与〈日本书纪〉》，东京：武藏野书院，1999 年。

还有一个问题,司马迁读到的六篇以外的作品,到底是怎样出现的? 黑须重彦推测是由西汉王褒和九江被公等人通过合作将旧楚地口头传诵下来的作品翻译成汉语的。黑须重彦并且推论,后来刘向也加入其中,将司马迁没读到的《九歌》《九章》等作品整理完成,《楚辞》中的主要作品就是这样成立的。也就是说,从楚语到汉语的翻译工作,最终是由王褒、刘向在西汉末年完成的。

作为证实以上翻译过程存在的证据,黑须重彦举例说,"娭""月光"等绮言丽语是翻译词汇;将少数民族土语歌谣翻译成现代汉语时,代名词的区别使用在汉语中很难表达好。经过与中原的《书经》《诗经》《论语》《孟子》《左传》等等的比较,发现"原楚辞"中代名词丰富,且其相互间有着微妙的区别,相当于第二人称"君"的代名词"荪"在中原汉语中无法表达。第一人称"我"的使用方法,在司马迁读到的六篇作品中,《天问》《渔父》《招魂》是作为主格来用的,《离骚》中没有主格的用法,而西汉末年成立的《九歌》《九章》的歌群中存在这种用法。所以可以认为,司马迁读到的《怀沙》的主语"吾"本来是"我"。黑须重彦提出,从代名词用法和中原文献的不同来看,在屈宋作品成立和解释的过程中,必须考虑从古代楚语到古典汉语的"翻译",即从"声音"传承文化到文字文化传统这一要素。还值得特别提到的是,黑须重彦认为作为篇名的"天问"二字本来和文中起首的"曰"字连为一体,这样"天问"可以按本来语序解释为"天帝发问"。①

而小南一郎的《楚辞与其注释者研究》则重点讨论了《楚辞》作品的内容与成立年代和《楚辞》的注释者们及其注释态度这一问题。

小南一郎放弃了传统的将《楚辞》作品和屈原个人生平联系起来解释的方法,而是将其理解为战国后半期到汉代这一激荡的历史时期中"楚人们"在苦恼中创造的文艺。作者要求将《楚辞》作品"放回其形成的时代和社会环境中来理解"②。

在绪论《楚辞文艺的编年》中,作者根据作品的形式与内容来认定其产生的年代。他提出,《九歌》《招魂》是在楚国进入战国后半期以前就已经形成的楚辞文艺的前期作品,《离骚》《天问》是战国末期到汉代初年的激荡时期形成的楚辞文艺的中期作品,剩下的《九章》《远游》等则是在秦汉时代创作的楚辞文艺的后期作品。③

为了证明自己的这个认定,小南一郎以《九歌》和《离骚》中的时间意识的差异为中心,参考了伊利亚德的时间论,对两作品的前后关系进行了讨论。同时小南一郎以《天问》的疑问句形式不同于神话部分和历史部分为线索,指出前者的背景中存在巫觋集团的知识传承仪式,后者的背景中存在楚人对天命的不信任。由此小南一郎得出结论认为:《天

---

① [日]吉富透:《论〈楚辞·天问篇〉与战国楚简类的历史认识》,《中国出土学会会报》,2008年第30号。
② [日]小南一郎:《楚辞与其注释者研究》,京都:朋友书店,2003年,第53页。
③ [日]小南一郎:《楚辞与其注释者研究》,京都:朋友书店,2003年,第89页。

问》成立于人们的关心从众神移向人的命运的时期。

在该书的后半部中,小南一郎讨论了王逸《楚辞章句》、朱熹《楚辞集注》、汪瑗《楚辞集解》诸书,从各人对屈原作品的注的态度,来考察他们是如何看待《楚辞》的。作者认为王逸他不仅仅是一个注释者,同时也是楚文化圈的一员,与楚辞文艺的传承有着深切关联,朱熹晚年后期的著作《楚辞集注》和当时他不得志之境遇的关系是密不可分的,而汪瑗则是从"自由精神"这一角度来重新阅读《楚辞集解》的注释。

三、重构研究框架的努力与研究方法之革新

藤野岩友(1898—1984)是香川县人,文学博士,历任明治大学预科教授、国学院大学教授,楚辞研究家,著作有《巫系文学论》《中国的文学与礼俗》等,译注有《楚辞》。

藤野岩友在大学期间,师从于民俗学家折口信夫教授和《楚辞》学专家西村时彦及古城坦堂两位先生,正是有着这样的从学经历,藤野岩友觉得可以从民俗学以及文学史的角度来对楚辞进行研究、考察。从这一角度出发,藤野岩友写下了《巫系文学论》一书。该书是在其博士学位论文基础上完成的。当年折口信夫对于藤野岩友博士论文审查的结论是:"以民俗学的方法来研究中国古代文学,在至今为止的《楚辞》研究中创立起新的鉴识方法,提出了中国上代文学的宗教起源说,其功绩甚大。"① 作者关于《楚辞》的基本观点如下:

文学起源于祭祀,祭祀需要巫,以进行人和神之间的语言交流。同时巫还要占卜,和这些相关的文辞经过变形,成为我们今天能看到的东西。《楚辞》的《离骚》《天问》《九章》《卜居》《渔父》《远游》等,都是这样产生的。其次,巫有舞歌。《九歌》便是这个系统。再其次,巫进行招魂。《招魂篇》《大招篇》属于此类。在进行这些祭祀仪式时,不能确认巫是否和文辞相关。应该说是由祝和史来司职文辞的。在这个意义上,祝的文学和史的文学也有必要研究。但虽说巫出于祝,史则和巫起源不同,史也可能以执掌文辞之职担当巫职。综上所述,楚辞文学溯源地看是发生于巫的系统的。因此本书以《巫系文学论》为书名。②

该书另外还附有图表以及作为增补的《楚辞相关论文》数篇。正是因为该书具有极高的独创性,故在日本文学界引起很大的反响,并风靡一时。该书具有首次脱离王逸以来传统《楚辞》学的开创性。藤野岩友的论述是完全从巫这一原始宗教现象上展开的,在他看来,中国早期文学的产生、发展甚至连分类都和巫有着密不可分的关联,《楚辞》也是如此。虽然,先秦时代的楚国是一个巫风很盛的国度,这在《周礼》《仪礼》《国语·楚

---

① [日]藤野岩友:《巫系文学论·序言》,东京:角川书店,1973年,第3页。
② [日]藤野岩友:《巫系文学论·序言》,东京:角川书店,1973年,第5页。

语》《左传》《汉书·地理志》等书中均有记载。但如果将一切现象都归纳于"巫",则难免给人以以偏盖全的感觉。众所周知,楚辞在形成过程中是受到多重影响的,第一是受北方文学的影响,第二是受南方文学的影响,包括"二南"中的诗歌以及《孺子歌》《接舆歌》等,第三是巫系文化的影响。但是,不可否认的是,藤野岩友的《巫系文学论》在日本的楚辞研究史上是具有重要的意义的。

石川三佐男①的《楚辞》研究,构成了一个自成一家的体系,在日本的楚辞研究界堪称独树一帜。

石川三佐男在利用古典文献的基础上,大量运用考古资料,同时他还利用民俗学、民族学、文化人类学、宗教学、社会学、考古学以及图像学等理论方法,从而使得他的《楚辞》研究呈现出一个新的境界。

石川三佐男氏认为,在《楚辞》研究史上,大多数研究者都是先验的将《楚辞》与儒家典籍视为同类,从政治的伦理化和理想的现实化上来对其加以阐述,而忘记了它作为中国古代南方诗歌的这一事实。其次,楚辞是二千多年前流传下来的古老文献,应该用什么样的材料来解释,才能够更加接近楚辞的原始真实面貌,这是一个非常重要的问题。石川三佐男认为从时间上来看,当以夏、商、周时代的材料为佳,以及后续的战国及前汉时期的材料。例如:马王堆汉墓出土的升仙图、子弹库楚墓出土的人物御龙图和近年在河南发现的楚城遗址等。从空间上来看,当以运用和楚辞在同一地域上孕育而生的、和汉民族有着千丝万缕联系的以及和楚辞时代相当接近的三苗歌谣为佳。同时石川强调如果单是从歌谣这一角度对楚辞进行研究,虽可以发现一些问题,但也存在着很大的危险,因为这样很容易将《楚辞》研究单一化、简单化。②

在材料的具体运用上,石川三佐男非常重视利用新出土的考古文献和资料,并重视对于以往的材料的利用和发掘。譬如,历来我们对楚辞《九歌》十一篇的理解大约有以下四种:一、楚地祭神乐歌,二、湘江民族的祭祀用辞,三、楚地的神祭祝辞,四、相连续的歌舞剧诗,所以前辈学者们往往是从屈原和楚王的关系、屈原和鬼神的关系、神人相恋、神巫相恋等视点来解释这一问题的。石川三佐男从长沙马王堆汉墓出土的升仙图、天公行出镜以及河南省出土的天公行出镜等资料出发,将以上三图中的众神灵和楚辞中所出现的神灵加以对照比较,得出了新见解。

石川三佐男认为,《九歌》有可能是一组有着众多神灵将死者的魂魄送入天界并希望死者的魂魄能够得到永生的群歌。《九歌》十一篇,是在《仪礼》和《礼记》中所不能看到

---

① 石川三佐男(1945—2014),日本秋田县出生,二松学舍大学毕业,文学博士,秋田大学教育文化学院教授。2010年退休,任秋田大学名誉教授。长期致力于《诗经》《楚辞》研究,相关论文60余篇,而尤以楚辞研究用力甚勤,著有《楚辞新研究》一书。
② [日]石川三佐男:《楚辞新研究》,东京:汲古书院,2002年,第16页。

的代表着楚地独特的葬送文化的文学升华。①

石川三佐男所利用的佐证材料,从时间上来看压倒多数的是战国时代和前汉时代的材料,从空间上来看压倒多数的是楚地周边出土的考古资料。同时,石川三佐男氏还对《山海经》和《庄子》特别重视,一是因为上述二书和《楚辞》都留有着原始宗教的影子,同时它们所表现出的创造力也是如此地相近。

对考古出土资料的重视,是石川三佐男《楚辞》研究的一大特点,他对考古出土资料的占有量之大是非常惊人的。举例来说,在《关于在中国葬送习俗中的司命神》一文中,石川三佐男氏为了对中国葬送习俗中的司命神的本质加以解释,利用了长沙马王堆汉墓出土的帛画,巫山县汉墓出土的棺饰用铜镜,巫山县淀粉厂出土的棺饰用铜镜,巫山县江东嘴小沟子出土棺饰用铜牌:(1)巫山县江东嘴小沟子出土棺饰用铜牌,(2)巫山县土城坡南井坎出土的棺饰用铜牌、简阳县汉墓出土的石棺侧板书像、洛阳北魏帝王陵出土的石棺侧板升仙图、固原北魏墓出土的漆棺盖升仙图等考古出土资料,由此我们可以看到,石川三佐男对出土资料的占有量之大及其熟悉的程度。不仅在日本学者中,而且在中国学者中,都很难有人能够做到这一步。

另外一个方面,石川三佐男对古典文献也是非常熟知的。从《〈楚辞〉九歌研究——从考古出土资料看九歌的成立时期》一文中,我们就可以很明显地看出这一点来。石川三佐男为了将太一神的意义以及其在历史上的变化轨迹说明清楚,引用了《淮南子》一书中的《天文训》《精神训》《本经训》《诠言训》《主术训》《要略训》,《史记》中的《天官书》《封禅书》,与《鹖冠子·泰鸿篇》《越绝书》卷十一、《前汉记·孝武皇帝记》《易纬乾凿度》《乐稽曜嘉》《乐叶图征》,以及《汉书》中的《礼乐志》《郊祀志》《天文志》,还有《楚辞章句·九歌叙》《列子·天瑞篇》《抱朴子·论仙篇》、扬雄《甘泉赋》,《乐府诗集》中的《汉郊祀歌天地篇》《汉郊祀歌天马篇》等众多的文献资料。②

我们可以看到,石川三佐男的研究,极端重视实证,运用王国维两重证据法,在将已有书面文献与地下考古发现的文献加以对照上,下了大功夫,其功力之深达到了惊人的程度。

四、总结

要之,这一阶段日本学者的《楚辞》研究比之20世纪初,表现了明显的进步,如同上文已说,他们已不满足于沿着中国乾嘉传统前进,希望能够走出一条有着日本学者自我特色的研究之路。在方法上,更重视地下文物的发现,用之以与典籍文献对照,还十分注

---

① [日]石川三佐男:《楚辞新研究》,东京:汲古书院,2002年,第289页。
② 王海远:《近当代日本楚辞研究之鸟瞰》,《苏州科技学院学报》(社会科学版),2005年第1期。

意从民俗学的角度出发来进行研究,可谓三重论证。在观点上,日本学者力图从哲学、社会学、宗教学、人类学等角度、力求阐发个人的见解。更进一步的是,有些学者还作出了具有整体性的论述,体现出一种宏观性的眼光与一种建立体系的雄心。他们的见解未必都正确,但却标志了他们已经从仅仅将《楚辞》作为一种文化客体作局部研究的阶段,进入见解迭出,并力图上升到整体性理解的程度了。日本《楚辞》研究的进步是明显的。

我们可以看出,这一阶段的日本《楚辞》研究,确实展开了新的气象:第一,日本学者本着笃实的作风以及首先需要读懂作品的需要,本能地倾向于中国的乾嘉传统,现在,在引进中国古代的及日本学者自己撰著的注释著作已经相当丰富的情况下,他们希望能够走出一条有着日本学者自我特色的研究之路了。第二,日本学者的《楚辞》研究更多地是注意细小的、个别的、局部的问题,而不像许多中国学者对《楚辞》进行宏观的、整体的、全面的研究,这同他们努力将小事做精细的民族性格是一致的。

关于龟井昭阳 "楚辞玦" 抄本的若干问题

长崎外国语大学　野田雄史

我以前曾探讨过龟井昭阳《楚辞玦》五种抄本的系统问题。其中指出了五种抄(图1)本里有两个系统。现在试通过逐字对比，来探讨其他的抄本问题。

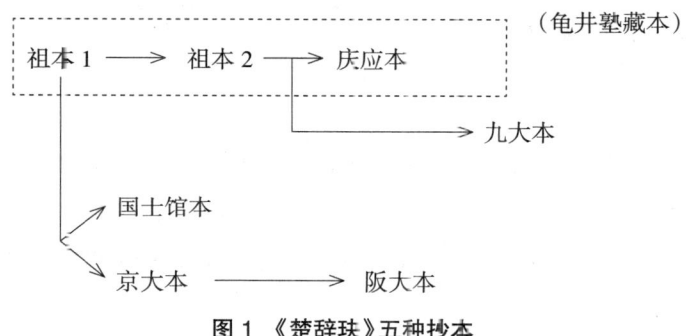

图1　《楚辞玦》五种抄本

庆应本为底本。五种中最正确。

有近代排版印刷的校正，比如指示空白、批改文字等。但是那校正终止于离骚。

九大本与庆应本最像。明治二十五年抄的。

宗盛年的旧藏书。经九州大学图书馆判断，是由宗盛年抄下来的。

国士馆本题辞部分与庆应本不同。注文却很相似。

雷山古刹旧藏书。

京大本与庆应本相比，明显缺少很多批注。

河野铁兜旧藏书。

阪大本与京大本相似。

经大阪大学判断，是大正时期抄的。

首先是有关阪大本的性格问题。阪大本是直接从京大本抄写下来的，我推测西村天囚派自己的书生抄写了京都大学所藏的河野铁兜旧藏书。因为阪大本的有些错误是明显地根据京大本的写法特征而产生的。(图2)我曾经看出过这些例子，这次再补充三个例子。

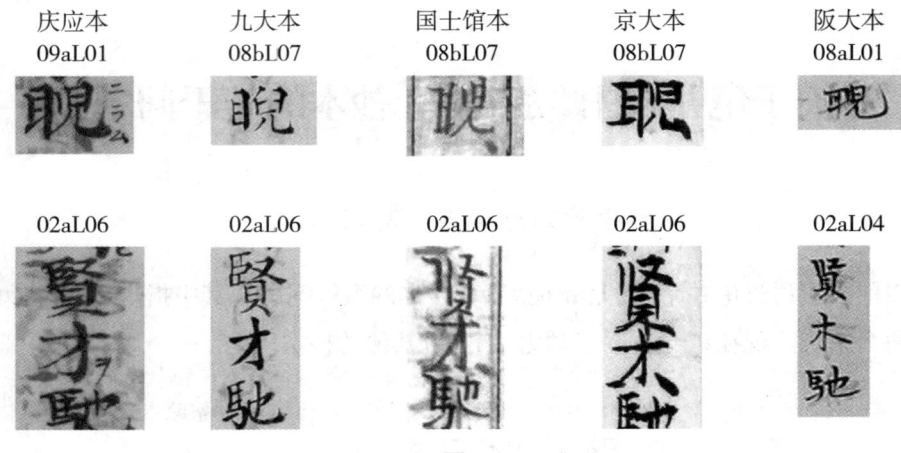

图2

第一个例子请看图3。京大本抄写者在抄写"有箘桂李时珍"时,写完"李"字后发现漏写了"桂"字。所以在写完这行最后一字"如"后,补上了"桂",并在旁边注明"桂"字应挟在"箘"、"李"两字之间。由于阪大本抄写者没注意到这种情况,所以产生了这一错误。

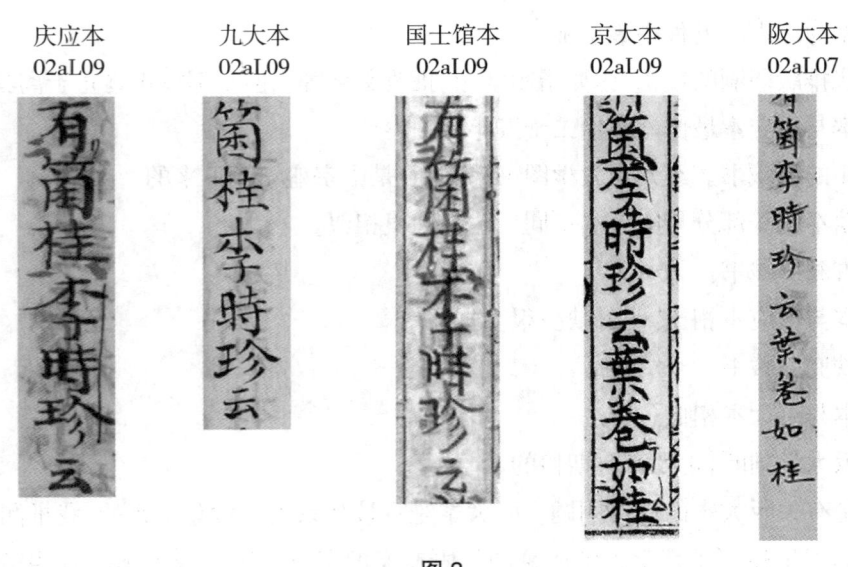

图3

第二、第三个例子请看图4。在第二个例子中,京大本抄写者在写完"开"字时发现忘写了"不"字。所以在"开"字下补写了"不"字,并在"不"字旁边注明两字要前后颠倒的记号。阪大本抄写者没注意到这种情况,所以产生了这一错误。第三个例子也是完全一样的,京大本"至"字旁边标有记号。

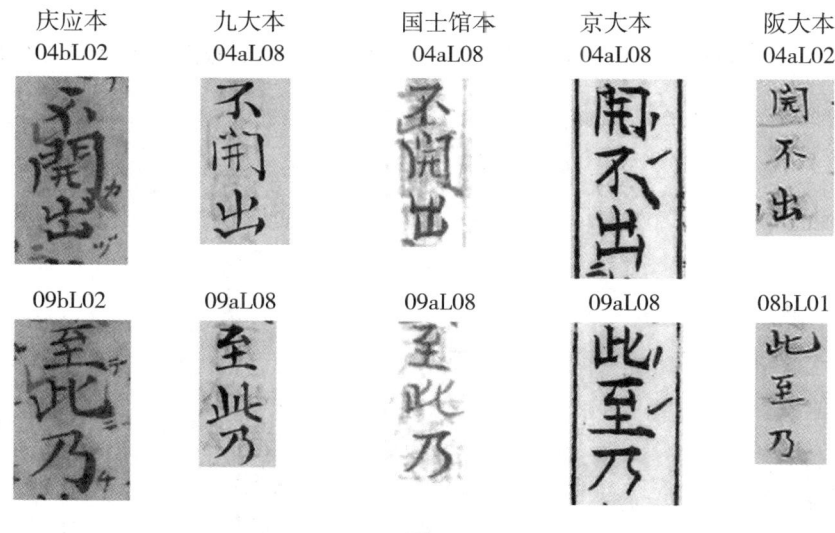

图 4

下面探讨一下五种抄本的鲁鱼亥豕问题。每种抄本单独抄错的数量如下所示。

庆应本　　　9
九大本　　　9
国士馆本　　11
京大本　　　0
阪大本　　　7

京大本没有单独抄错的地方,但这并不意味着京大本是没有错处的好抄本。阪大本是直接从京大本抄写下来的,所以京大本抄错的话,阪大本也就抄错。京大本和阪大本相同的错误有10处,原本都是京大本的错处。

两三种抄本相同的错误还有几处。其中国士馆本、京大本、阪大本三本相同的错误有3字,比较多。这与抄本系统有关,三本同属于一个系统,所以这3字的错误,也许在共同祖本中已经产生了。其中一个错处很有意思。(图5)国士馆本、京大本一般都没有文字的阙落。

庆应本　　　0
九大本　　　4
国士馆本　　0
京大本　　　2
阪大本　　　3

因为两个抄本抄写者照着原本一模一样的抄写,所以如果产生文字阙落的话容易发现自己的错误。像刚才指出过的图3。京大本有两处阙落,都是很短一行,所以没能发觉错误。

然而图5这处,国士馆本、京大本都产生了文字的阙落,而且这一段比较长,共有两行。

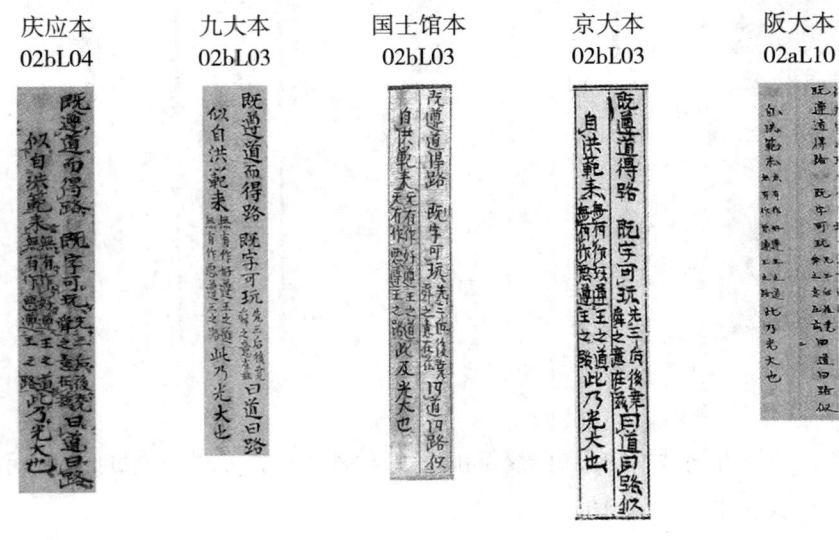

图5

如果共同祖本没有阙落的话,第二行由"似"字开始。(实际上庆应本和九大本"似"字开始)如果共同祖本的第二行由"似"字开始的话,国士馆本、京大本的抄写者不可能不发觉自己的错误。由此可以推测共同祖本中已经没有"而"字了。

而另外一个系统的庆应本和九大本相同的错误一处也没有。庆应本的9个错字,九大本1个也没有承续。九大本抄写者宗盛年并没有看庆应本或者其后续本,而一定是看到庆应本之前的抄本。所以可以推测宗盛年自己去龟井塾查看了龟井塾相传的抄本。

以上,从探讨各种抄本的异同,来阐明每个抄本的性格特征。而通过这些探讨分析,可以为解明从江户后期至大正时期知识遗产的继承情况提供重要的线索。

论霍克思的《楚辞》翻译与研究

南通大学 陈 亮

一、引言

霍克思(David Hawkes,1923—2009)是20世纪英国著名汉学家和翻译家。他出生于伦敦东区,1941年考入牛津大学基督教堂学院,学习古典学,中途由于第二次世界大战的关系,转到伦敦学习军事日语。其间,他显示出在东方语言方面的天赋,很快成为一名给情报特工和破译员讲授如何分析日军战役报告的教师。在此期间,他与担任英国情报部(British Ministry of Information)通信检查员的著名汉学家魏理(Arthur Waley,1889—1962)相识,后者激发了他对中国文学的兴趣,他开始阅读从中文翻译过来的作品。

战后回到牛津大学,霍克思要求改换专业,在当时牛津大学唯一的汉学教师修中诚(Ernest Richard Hughes,1883—1956)的指导下学习中文。牛津大学的中文专业主要学习四书五经,霍克思毕业之后发现自己还不会讲一句白话,所以不顾中国局势动乱,毅然于1948年前往北京大学留学。在北京期间,他不仅提高了语言能力,还接触到闻一多等人的楚辞研究成果。从1948年他在英国时开始翻译《离骚》,到1948—1951年他在北大留学期间翻译了大部分《楚辞》,其间旅途颠簸、战争动荡没有阻挡住他。他还把未婚妻Jean接到北京,多次到区政府软磨硬泡,终于获准登记结婚。正当他准备留下来专心做学问时,朝鲜战争爆发,夫妇俩"被非常强烈地建议"回国,他只好带着怀孕的妻子离开了中国。

他于1951年重返牛津大学做研究生,此时牛津的教授已经换作另一位传教士出身的德效骞(Homer Hasenpflug Dubs,1892—1969)。1953年霍克思研究生毕业留校,继续研究《楚辞》,1955年以博士论文《楚辞的年代与作者问题》(The Problem of Date and Authorship in Ch'u Tz'u)通过答辩,成为英语世界第一位以楚辞研究取得博士学位的学者。他在博士论文翻译部分的基础上加以修订补充,于1959年在牛津大学出版社出版了《楚辞:南方之歌》(Ch'u Tz'u: The Songs of The South)。霍克思用十余年时间,第一次把西方学者历来称为难懂的《楚辞》全部译成英文,该书精确优雅的译文在汉学界好评如潮,使他一举成名。同年,他接替德效骞出任牛津大学汉学教授,而这个职位最初是为另一位《楚辞》翻译者理雅各(James Legge,1815—1897)所设立,就连西方人也认为这样的巧合是一个"好兆头"。①

霍克思和他的中国同事吴世昌一起,开设了相对现代的中文课。到20世纪50年代末,明清小说和鲁迅短篇小说已经纳入牛津本科生的学习内容,霍克思通过这些课程向英国学生生动展示了中国和中国人的活力和人性。1966年休假期间,霍克思本打算回到中国,但就在此时,"文革"开始了,这使他非常沮丧。他还去了伦敦的中国使馆,抗议他的学长杨宪益(1915—2009)和戴乃迭(Gladys Yang,1919—1999)遭受监禁。霍克思和杨氏夫妇都是牛津的毕业生,戴乃迭也师从修中诚,算得上霍的师姐,他们都曾翻译过《楚辞》和《红楼梦》,至今仍被人相提并论。霍克思为了能够专心翻译《红楼梦》,曾做出震惊汉学界的决定,在1971年辞去牛津大学教授职位。《红楼梦》翻译获得巨大成功,使霍克思在汉学界的声誉如日中天,但就在成功之时,他与妻子Jean搬到了威尔士的乡间,在那儿买了一处农舍,养鸡取蛋,养羊取奶,顺便修订他的《楚辞》译著。1985年企鹅版《楚辞:南方之歌》的扉页上,我们还能看到"他现在退休住在乡间"的说明。

此外,霍克思还发表了两篇重要的《楚辞》研究论文和一篇书评。第一篇是1967年发表的《神女之探寻》,认为楚辞以及后来的汉赋,都受到古代巫术和宗教仪式的影响;②第二篇是1983年发表的《高阳之苗裔》,认为在不断兼并扩张的历史过程中,楚人祖先神的名称和内容曾发生过一系列变化。③第三篇是对于美国汉学家施奈德(Laurence A. Schneider)《楚国狂人——忠与谏的中国神话》(*A Madman of Ch'u: The Chinese Myth of Loyalty and Dissent*)的评论,指出该书在缺乏扎实的文献解读基础上凭空建立起一座结构主义批评大厦,在某种程度上成为屈原研究资料汇编。④ 与此相对比,霍克思在细读文本和史料的基础上,熟练地使用神话原型批评和文化人类学的方法,追溯楚文化的发展源头,提出了不少很有价值的观点,至今对我们仍有启发意义。

二、最早的英译《楚辞》全本

最早英译《楚辞》全书的译者,是牛津大学中国文学讲座教授霍克思。他于1955年在牛津大学完成博士学位论文《〈楚辞〉的年代与作者问题》(*The Problem of date and authorship of Ch'u Tz'u*),1959年又修订其论文中的翻译部分并在牛津大学出版社出版了

---

① Dobson, W. A. C. H., "Review: *Ch'u Tz'u: The Songs of the South, An Ancient Chinese Anthology*", Journal of the American Oriental Society, Vol. 79, No. 2 (Apr.-Jun., 1959), p. 146.

② Hawkes, David, "The Quest of the Goddess", Asia Major, New Series, Vol. XIII, Prats 1-2 (1967), pp.71-94.

③ Hawkes, David, "The Heirs of Gao-yang", T'oung Pao, Second Series, Vol. 69, Livr. 1/3 (1983), pp. 1-21.

④ Hawkes, David, "Review: *A Madman of Ch'u: The Chinese Myth of Loyalty and Dissent*", Chinese Literature: Essays, Articles, Reviews (CLEAR), Vol. 4, No. 2 (Jul., 1982), pp. 245-247.

第一部《楚辞》全译本——《〈楚辞〉:南方之歌——中国古代诗歌选集》(*Ch'u Tz'u, The Songs of the South: An Ancient Chinese Anthology*①)。除前言和目录外,全书包括总论、题解、译文、校注、附录和索引;在附录中,有作者所撰《〈楚辞〉英译史》一篇,追溯了《楚辞》的英译史,并认为庄延龄的《离骚》是最早的《楚辞》英译作品。②其实,这个观点是不正确的。1962年,该书在波士顿灯塔出版社平装再版;1985年,霍克思在牛津版及灯塔版的基础上加以修订,以我国现行的汉语拼音替换古旧的威妥玛—翟理斯式拼音,并在英美两国同时出版,书名为《〈楚辞〉——中国古代诗歌选集》(*The Songs of the South: An Ancient Chinese Anthology of Poems by Qu Yuan and Other Poets*)。

1985年企鹅丛书本是霍克思英译《楚辞》的大成之作,具有较为显著的学术性研究特点。其一,除了序言和拼写注解外,译本有长达52页的总论,洋洋万言,比1959年版原有的总论足足多了33页。总论共分为四个部分,即北方与南方《楚辞》、巫术与"楚辞"、屈原。第一部分内容涉及先秦历史,对中国诗歌的源头(北诗南辞)、楚国在南方的崛起、楚国与北方周王朝的关系、《诗经》对"楚辞"创作的影响等问题做了较为详细的介绍。第二部分论述了《楚辞》的编纂及其成书过程、著作权争议以及形式与韵律等问题,并进行了较为深入的探讨,值得思考。例如,霍氏认为《九章》的汇编与音乐需求有关,而与著作权无关;《远游》是一首道家诗,它与司马相如《大人赋》有诸多相似之处,因此作者不可能是屈原等。第三部分探讨了巫术文化与"楚辞"的创作艺术,对巫术的起源与发展、巫术在"楚辞"中的表现方式、"楚辞"的诗歌特点及其对汉赋的影响等问题做了大量研究。第四部分专门述叙了屈原生平与思想研究以及端午节的由来和传说。霍氏认为司马迁《屈原列传》是一件不太成功的、叙述有矛盾的拼缀作品,乃至在有些情况下,明显不符合历史事实,有历史演义的成分。关于抗战时期提出的"屈原是一位伟大的爱国诗人"之说,霍氏认为"教化"古代诗人的这些现代尝试是不合时代的,屈原被推为爱国诗人的观念是源于对其传记的误解;又指出,民族主义之观念在屈原的时代还完全闻所未闻,他展示的只是一种侠义的、贵族的忠诚,并且这种忠诚在公元前4世纪的"自由"世界是极其过时的。关于端午祭,霍氏引用瑞典人类学家艾吉莫(Göran Aijmer)的观点认为,端午节本来是"稻米丰收节",而龙才是人们的祭祀对象,龙头船首代表龙的慈爱力量,赐予稻谷的丰收;如今,端午节共祭屈原(之前可能是纪念伍子胥或曹盱),是后世儒家文人的"拿来"与"吸收"。其二,正文部分由导读、译文和注释构成,篇目顺序依照王逸《楚辞章句》十七卷本,即《离骚》《九歌》《天问》《九章》《远游》《卜居》《渔父》《九辩》《招魂》

---

① 该译本被列入联合国教科文组织的中国文学翻译丛书(UNESCO Collection of Representative Works Chinese Series)。

② See David Hawkes, *Ch'u Tz'u, The Songs of the South: An Ancient Chinese Anthology*, Oxford University Press, 1959, p. 215.

《大招》《惜誓》《招隐士》《七谏》《哀时命》《九怀》《九叹》和《九思》。各篇导读要言不烦，融入了译者的研究心得，值得注意。如霍氏在《离骚》篇的题解中指出全诗的关键在第一节和最后一节，由此我们可以理解那个变化无常的"美人"就是懦弱且优柔寡断的楚王；屈原的"求女"是一次讽喻性的政治选择的调查，其结果是"天下乌鸦一般黑"，他唯一的选择就是死亡。正文译作采用无韵体诗的形式，分行，分节，与原文基本对应，介于直译与意译之间，形似之余更求神似。每篇译文后均有注释，阐述相关历史、典故、名物、制度等，比较翔实。其三，附录部分由名称表、历史年表（夏至东汉中期）和地图构成。地图共附有5张，即现代中国省区图、公元前6世纪主要邦国图、战国时期主要王国图、楚国地域图和汉初诸侯王国图。

霍克思在英译《楚辞》过程中深受前辈魏理的帮助与鼓励，视其为启蒙恩师。他继承了魏理关于巫术文化的研究专长，同时在翻译之外还参考了古今各家注本及人类学著作，其中闻一多、陆侃如的研究成果以及詹姆斯·弗雷泽(Sir James George Frazer, 1854-1941)的代表作《金枝》(*The Golden Bough*)对其启发最大。霍译本是最早的《楚辞》全译本，也是迄今世界唯一的英语全译本 ①，可谓《楚辞》西译的扛鼎之作，极大地丰富了世界文学宝库，促进了中外文学及历史文化的交流。

三、霍克思的《楚辞》翻译

在霍克思之前，《楚辞》17卷中约有10卷已被翻译成英文，这些翻译散见于各种期刊和文集当中。他对此前《楚辞》西译的历史做过一番调查，撰写了一篇《〈楚辞〉英译史》作为《楚辞：南方之歌》的附录，简要追溯了此前庄延龄(Edward Harper Parker, 1849—1926)、翟理斯(Herbert Allen Giles, 1845—1935)、理雅各、叶乃度、鲍润生、林文庆、白英(Robert Payne, 1911—1983)、杨宪益夫妇、魏理等学者翻译情况，并有简短的评论。他在研究西方楚辞学史的基础上，广泛参考了各家的翻译成果，所以能够后出转精，推陈出新。

翻译是一种跨文化的交流，《楚辞》独具特色的句式和名词让几代翻译家费尽心思去探寻更合适的表达。严复的名言"一名之立，旬月踟蹰"为译界熟知，可见名词、术语翻译之难。篇名是对作品内容最大程度的浓缩，如何传达出篇名的寓意和内涵，更见译者们的着力之处。所以我们在此举出霍克思对《九歌》各篇的译名，与之前的译家列表比较：

---

① 《楚辞》的全译本迄今仅有两个，其中一个是霍克思的英语全译本，另外一个是马蒂厄(Rémi Mathieu)的法语全译本。

表1 霍克思《九歌》各篇译名与诸家译名比较统计表

篇名	白英译本	杨宪益夫妇译本	魏理译本	霍克思译本
东皇太一	The Great Unity, The Sovereign of the East	The Great Emperor of the East	The Geat Unique	The Great One, Lord of the Eastern World
云中君	The Lord Who Dwells in the Clouds	The Lady of the Clouds	The Lord Amid the Clouds	The Lord Within the Clouds
湘君	The Lord of Hsiang	The Goddess of the Hsiang River	The Princess of the Hsiang	The Princess of the Hsiang
湘夫人	The Lady of Hsiang	The Lady of the Hsiang River	The Lady of the Hsiang	The Lady of the Hsiang
大司命	The Senior Arbiter of Fate	The Great Fate	The Big Lord of Lives	The Greater Master of Fate
少司命	The Junior Arbiter of Fate	The Young Fate	The Little Lord of Lives	The Lesser Master of Fate
东君	The Lord of the East	The God of the Sun	The Lord of the East	The Lord of the East
河伯	The God of The River	The God of the Yellow River	The River God	The God of the Yellow River
山鬼	The Spirit of The Mountain	The Spirit of the Moutains	The Mountain Spirit	The Mountain Goddess
国殇	The Patriots Who Died in Battle	For Those Fallen for Their Country	Hymn to the Fallen	The Spirits of the Fallen
礼魂	The Sacrifice	The Last Sacrifice	--	The Ritual Cycle

上表中的四种翻译分别来自1947年白英编写的《白驹集：中国古今诗选》(*The White Pony, an Anthology of Chinese Poetry from the Earliest Time to the Present Day*)，1953年杨宪益夫妇翻译的《〈离骚〉和屈原其他诗歌》(*Li Sao and Other Poems of Ch'u Yuan*)，1955年魏理的《九歌：中国古代的巫术研究》(*The Nine Songs: A Study of Shamanism In Ancient China*)和1955年霍克思的《楚辞：南方之歌》。这里，我们按时间的顺序，以各书的初版为准，因为各家再版时内容常有修改。

通过比较，可以发现霍克思对《湘君》《湘夫人》《东君》和《河伯》的译名，可以在前面的译本中找到，可见前面译者尤其是魏理对他的影响。除了此三处译名与魏理相同，霍克思翻译的《天问》(*The Heavenly Questiongs*)、《九章》(*The Nine Declarations*)、《招魂》(*The Summons to the Soul*)、《大招》(*The Great Summons*)篇名也与魏理相同。① 魏理是霍克思走上汉学之路的引路人，对他的研究工作曾给予很大的帮助和鼓励，同时霍克思也曾给魏理的《九歌：中国古代的巫术研究》提过许多有益意见。这两位学者情同师生，在

---

① Waley, Arthur, *The Temple and other Poems*, London: G. Allen & Unwin, 1923, pp. 20-24.

各自著作的序言中都向对方表示了感谢,虽然他们并未透露两人交往的细节,但从这些细节亦可看出他们在学术上的承继。

霍克思高度评价魏理的《九歌》翻译提供了相应的人类学信息,他认为这是一个里程碑式的著作,后人若没有进一步研究这些诗歌的背景和功能,就不能更好地翻译《楚辞》。① 他在《楚辞》译文前面写有一篇总序,介绍这部作品的产生背景。他把《楚辞》作品分为两个类型:一种是歌体诗,如《九歌》;另一种是骚体诗,如《离骚》。这个两种诗体的韵律有所差异,骚体诗是从歌体诗发展而来,而歌体诗是从《诗经》发展而来的。从《诗经》作品演变成《楚辞》的歌体诗,可能是与公元前5世纪末周代音乐发生的重要变革有关。② 歌体诗是"五言诗"的祖先,骚体诗后来发展成为"赋",都对中国文学产生了巨大影响。除了总序之外,在每篇翻译之前都有一段小序,用来论述该诗的作者,解释篇章和特色。这些序言得到了很高评价,美国学者杰弗里·R. 沃特斯(Geoffrey R. Waters)称霍克思在总序中对《楚辞》文本和内容的历史的描述是最好的,加拿大汉学家杜百胜则赞扬他的导论和每篇小序都表现出"博学、敏锐、文雅和幽默"。③

在总结前面前人翻译成果时,霍克思很看重译文的可读性和文学性,这一点也是受到魏理的影响。他认为自己的翻译介于直译与意译之间,而在篇名的翻译方面更趋向自由度较大的意译一些。实际上,他的所有译文都经过了反复推敲,采用各种可能的英语修辞手法,有时也会牺牲部分形式特征,以能够传达原诗的精髓,追求神似而不是形似。他在《前言》中说:"我虽然没有总是成功,但还是通过使用押韵和叠韵等修辞方法,尽可能传达出原文的一点读音效果。不过总体而言,意义总是优先于读音的。"④

这一原则在霍克思的译本中得到很好体现。例如,他翻译《九辩》开篇一段为:

表2 霍克思《九辩》翻译统计表

Alas for the breath of autumn!	悲哉,秋之为气也!
Wan and drear! flower and leaf fluttering fall and turn to decay.	萧瑟兮,草木摇落而变衰。
Sad and lorn! as when on journey far one climbs a hill and looks down on the water to speed a returning friend.	憭慄兮,若在远行。登山临水兮,送将归。

---

① Hawkes, David, *Ch'u tz'ŭ: The Songs of The South, An Ancient Chinese Anthology*, Oxford: The Clarendon Pr., 1959, p. 217.

② Hawkes, David, *Ch'u tz'ŭ*, 1959, pp. 3-7.

③ See: Waters, Geoffrey R., *Three Elegies of Ch'u: an introduction to the traditional interpretation of the 'Ch'u Tz'u'*, Madison, Wisconsin: The University of Wisconsin Press, 1985, p. 14. Dobson, W. A. C. H., "Review: Ch'u Tz'u, The Songs of the south, An Ancient Chinese Anthology", Journal of the American Oriental Society, Vol. 79, No. 2 (Apr.-Jun., 1959), p. 146.

④ Hawkes, David, *Ch'u tz'ŭ*, 1959, p. vii.

霍克思认为《九辩》那忧郁庄严的风格、繁复丰富的语言和巧妙使用叠韵所共同产生出一种难以形容的艺术效果,在翻译过程中是无法再现的。但是,这段译文把原文的悲秋伤怀的情感,错落变化的语言,情景交融的意境,都很好地表达出来,无论在内容和形式上都有较好的对应,再现了作品的文学之美。

其实,在20世纪20年代,翟理斯和魏理曾经围绕《大招》展开过一场如何翻译《楚辞》的讨论。论争双方虽各执己见,但是基本上都同意不能单纯使用直译或意译方法,而要结合起来使用。这场争论在一定程度给后来的翻译家提供了宝贵的经验和教训,霍克思也概莫能外。

这场争论还涉及《楚辞》中草木鸟兽之名的翻译问题。《楚辞》历来被称为"香草美人"之辞,王逸《〈离骚〉序》云:"《离骚》之文,依《诗》取兴,引类譬喻,故善鸟香草,以配忠贞;恶禽臭物,以比谗佞;灵修美人,以媲于君。"[①] 可见其中的各种草木鸟兽包含着丰富的文化内涵,因此这种翻译不仅是语言学层面的,而且是文化层面的。魏理认为,对于这些专有名词的翻译,不应采用"学名",而应该去寻找"可以与诗歌风格一致的对应词",如果这些词与汉语不完全一致,那也只能顺其自然。[②] 翟理斯对此表示同意,因为若对汉语中的典故采用直译的方法,会使外国读者无法看懂,要具体问题具体对待。[③] 霍克思对花草名称的处理方法就体现了具体问题具体对待的原则,他有时候根据汉语字面意义创造新词,如将"揭车"译作cart-halt;有时候借用某个拉丁语名称加以英语化,如将"蕙"译作melilotus;有时候他明知某些传统译名是错误的,但由于它们已经沿用已久,为了方便起见仍会采用,如将"兰"译作orchid;有时候在英语植物种类名称前面加上一个修饰词,创出新名称,如将"留夷"译作sweet lichen。霍克思承认他这种做法是不科学的,但也是不可避免的。正如魏理所言,"我是在翻译诗歌,而不是在翻译自然史著作"[④],可能世界本来就不存在"科学的"诗歌翻译,这也从侧面反映了霍克思对文学性的重视。

翻译毕竟不同于创作,忠实是翻译必须遵循的原则,翟理斯和魏理的翻译之争,就是围绕着"忠实"这个中心展开的。翟理斯说:"汉学家首要的、最根本的任务在于忠实、正确地翻译中国文本。"[⑤] 只有准确的理解才有准确的翻译,准确理解原文是忠实翻译的基础。《楚辞》素称难解,即使现代中国学者将它们翻译成白话文都有很多困难,何况西方译者要克服语言、文化障碍?即使像翟理斯和魏理那样对彼此的译文针锋相对地挑

---

① 洪兴祖:《楚辞补注》,北京:中华书局,1983年,第2页。
② Waley, Arthur, "*Notes on the Lute—Girl's Song*", The New China Review, vol. II, 1920. p. 596.
③ Giles, Herbert Allen, "*Mr. Waley and 'the Lute Girl's Song'*", The New China Review, vol. III, no. 4, August 1921, p. 287.
④ Waley, Arthur, "*Notes on the Lute—Girl's Song*", The New China Review, vol. II, 1920. p. 596.
⑤ Giles, Herbert Allen, "*The Remains of Lao Tzŭ*", The China Review, 1886, xiv, p. 356.

错,也难免还会留下许多误解之处。如《大招》"代秦郑卫,鸣竽张只"句,魏译为"Reed-organs from the lands of T'ai and Ch'in And Wei and Chēng gladden the feasters"①,翟译为"The reed-organs of Tai, Ch'in, Chēng, and Wei, shall be blown"②,二人皆认为此处是写宴会上吹奏代、秦、郑、卫等地制作的竽,然王逸注曰:"言代、秦、郑、卫之国,工作妙音,使吹鸣竽簏,作为众乐,以乐君也",朱熹注曰:"代、秦、郑、卫,当世之乐也",蒋骥注曰:"代、秦、郑、卫,四国之乐也",可知"代、秦、郑、卫"是指四国的音乐,而不是四国的乐器。霍克思译作:"Musicians from Tai, Ch'in, Cheng and Wei are ready with their pipes",③亦能自圆其说,较前译通达。

又如《史记》记载屈原"博闻强志,明于治乱,娴于辞令",霍克思曾将"博闻强志"译作"of wide learning and strong purpose"(1959, p. 11),后来又改译为"of wide learning with a good memory for what he had learned"(1985, p. 54),纠正了之前理解的错误,提高了自己的翻译质量。

《楚辞》经过历代传抄,难免会出现衍脱倒误等异文错简。霍克思参考了多家注本,考虑到诗歌的句法特点和相似语句现象,也参考闻一多等学者的意见,对原文进行了校勘。这些校勘大多可信,有的地方还有独到见解。不过有时他在没有版本依据的情况对原文的改动过于大胆。如对《九歌·东君》最后 6 句校勘结果:

表 3 《九歌·东君》最后 6 句校勘结果统计表

句次	原文	魏理	霍克思
20	举长矢兮射天狼。	撰余辔兮高驼翔,	操余弧兮高驼翔。
21	操余弧兮反沦降,	举长矢兮射天狼。	举长矢兮射天狼。
22	援北斗兮酌桂浆。	援北斗兮酌桂浆。	援北斗兮酌桂浆。
23	撰余辔兮高驼翔,	操余弧兮反沦降,	撰余辔兮反沦降,
24	杳冥冥兮以东行。	杳冥冥兮以东行。	杳冥冥兮以东行。

在霍克思之前,魏理已经发现原文第 20—23 句难以理解,并推测此处文字有错乱。他将原文第 20 句调成自己的第 21 句,原文的第 21 句调成第 23 句,原文的第 23 句调成 20 句。魏理解翻译说,这是巫师再一次高飞上天,射杀邪恶的天狼星,然后以北斗星作杓子饮用桂浆,最后他拿着弓跳入深渊,在地下向着日出之地归去。④霍克思继承并发展

---

① Waley, Arthur, *More Translations from the Chinese*, London: G. Allen & Unwin, 1919, p. 16.
② Giles, Herbert Allen, "A Re-Translation", The New China Review, Vol.2, no. 4, August, 1920. p. 329.
③ Hawkes, David, *Ch'u tz'ǔ*, 1959, p. 111.
④ Waley, Arthur, *The Nine Songs: A Study of Shamanism in Ancient China*, London: G. Allen & Unwin, 1955, p. 46.

了魏理的观点,也认为此处有错简。他的处理办法是将原文第 20 句调到自己的第 21 句,将原文第 21 句中的"反沦降"与第 23 句中的"高驼翔"相置换,以表示太阳没有"高驼翔",而是降到地下,走上了他的黑夜之旅。①

诚然,这段文字的确有费解之处,但是在没有版本依据的情况下,仅仅依据上下文意调整句子的顺序和词语的位置,实在是难以让人信服。而且各家在具体调整意见上的不同,也容易造成理解的混乱。在没有确切版本证据的情况下,《楚辞》翻译还是应该尊重原文的顺序。

四、霍克思的《楚辞》研究

与前辈学者魏理相似,霍克思不断修订自己的翻译和观点,以至于我们在把握他的研究结论时有点困难。在霍克思完成博士论文的同一年,魏理出版了《〈九歌〉——中国古代的巫术研究》(*The Nine Songs: A Study of Shamarism In Ancient China*)一书,作者感谢霍克思给该书提出许多宝贵意见,并对后者正在从事的研究工作加以揄扬。他说:"关于《九歌》的作者以及它们与《楚辞》其他篇章的关系,我慎重地保持缄默。我保证有两位对此颇有研究的年轻学者将来会讨论它们。"② 这里提到的两位年青学者,其中一位就是指霍克思,因为他的博士论文题目正是《楚辞的年代与作者问题》。《楚辞》各篇的作者问题,历来就存在不少争议。清末民初,廖平、胡适等人又提出对《屈原列传》和屈原生平的怀疑,在 20 世纪 20 年代和"抗战"期间引发了多次争论,当时第一流的《楚辞》学者陆侃如、游国恩、闻一多、郭沫若等都参与了论争。③ 刚踏上《楚辞》研究之路的霍克思对此也深感兴趣,他的博士论文综述了此前关于《楚辞》篇章著作权的争论,并讨论了关于屈原有无其人的正反两方面证据。

霍克思认为,屈原是一位真实的历史人物,《史记》中有关他的列传虽然部分地方有些混乱,在叙述他作为政治家的地位方面有些夸张,但大致可靠。屈原列传本身并不特别启人疑窦,因为它并没有太多内容,而某些学者根据列传和那些所谓的屈原诗歌构想出详细的屈原生平活动叙事,甚至还包括他的生卒日期,则让人生疑。霍克思指出,这些构拟的漏洞在于他们事先已经假定了《楚辞》中的哪些诗歌是屈原的作品。霍氏并不相信司马迁、刘向和王逸在确定《楚辞》篇章作者方面的准确性,所以他决定亲自去探究一番。

《离骚》的作者,司马迁、王逸以来一直认为是屈原,对此霍克思没有异议。不过,他仍然提醒读者,《离骚》的作者与司马迁笔下的屈原既有相似也有区别。其相似之处在于,

---

① Hawkes, David, *Ch'u tz'ǔ*, 1959, p. 186.
② Waley, Arthur, *The Nine Songs: A Study of Shamanism In Ancient China*, p.17.
③ 周建忠:《楚辞考论》,北京:商务印书馆,2003 年,第 238—274 页。

《离骚》作者也是楚国贵族,也是谣言诽谤和君主昏聩的受害者,还有他的荣誉感和纯洁使他在社会走向堕落时成为另类人物。其不同之处在于,《离骚》的作者是一位乘着飞车向西方仙境旅行、命令神灵前来侍候的巫师。霍克思认为,屈原把施展巫术作为诗歌的中心主题,这一事实可以证明他熟悉甚至精通巫术。霍氏又进一步推测,可能是屈原听过楚国巫师叙述他们如何在天界旅行的情况,从中获得创作《离骚》所需要的主题和形式。

关于《九歌》,王逸认为是屈原根据江南沅湘流域民间祭歌创作而成,其中寄托了冤结、讽谏之意。霍克思部分认可王逸的理论,即《九歌》是根据前代原始材料经过文学加工而成,但是他认为《九歌》的作者并不是屈原,而是一位在屈原之后不久、熟悉屈原作品的楚国诗人。霍氏如此判断,与他对《九歌》性质的认识有关。他认为《九歌》是用于宫廷的宗教歌舞剧表演,因为这组诗歌里的最高神是"东皇太一",而把"东皇"作为民族最高神来祭祀,应该是在楚国迁都于陈(前278—前241),更有可能是迁都于寿春(前241—前223)之后的事情。基于以上原因,他认为《九歌》的编定者是楚都寿春王宫里的诗人。

《天问》的作者,司马迁、王逸认为是屈原,霍克思表示有这种可能,但更倾向认为它的创作时间比《离骚》早一个世纪,屈原读过《天问》并受到它的影响。他不同意当时流行的"《天问》作于汉代说",因为考古发现的证据已经表明《天问》作者对于商代历史的了解比汉代作家更多,而且这种古体文风也不大可能模仿。

关于《九章》各篇,王逸认为是屈原在流放江南期间所作,霍克思则表示,它们不仅不是屈原所作,而且也不是同一个作家创作的。它们在写作方法和语言运用方面不同于《离骚》,而且有些篇章明显有抄袭《离骚》的痕迹。《哀郢》可能是它们之中最早的一篇,完成于公元前3世纪中叶的《九辩》抄袭了《哀郢》和《离骚》,这说明《九辩》写作之时仅有这两首骚体诗可供借用。《悲回风》与《九辩》某些段落极为相似,可能顺理成章地推断它们属于同一个作者。除此以外,《九章》其他各篇的作者,可能与《九辩》作者时代相同。这九篇作品本是各自成篇,后人将它们编在一起,并加了个总标题"九章"。对于这位最早的编辑者,霍克思起先认为是《楚辞》的编者刘向,后来又改称《离骚传》的作者刘安更有可能。

《远游》的作者,自王逸以来一直认为是屈原。清代胡濬源《楚辞新注求确》怀疑《远游》"系汉人所作"之后,学术界遂对此争讼不已。否定论者主要认为《远游》提到汉代道教人物和修炼成仙法术与屈原的思想不符,而且《远游》不仅大量抄袭《离骚》,还有许多字句与汉代司马相如的《大人赋》相同。霍克思认为《大人赋》是司马相如根据一位无名作家的《远游》改写而成。这位无名作家可能是淮南王刘安手下的门客,因为这个诗人和哲学家群体的一个特点正是结合了道教神秘主义和楚国诗歌的热情。

《卜居》和《渔父》，王逸认为是屈原所作，清代以来有些学者疑为伪作。霍氏认为这两篇作品都不可能是屈原所作，但是它们看起来比汉代的作品更熟悉屈原的情况，所以他推断它们都大约完成于公元前3世纪中叶。

经过这一番考证，我们惊奇地发现，霍克思虽然承认历史上真实存在过屈原，但这位伟大诗人名下的作品已被剥夺得只剩下一篇《离骚》，不禁让人怀疑他的文学地位是否依旧那么伟大。作者似乎要通过如此方式提醒读者记住："屈原仅仅是诗人群体中的一员。当我们开始通过考古学家了解到这个庞大而不幸的楚国的艺术，显而易见，早期诗歌《楚辞》不是一个孤立而无法解释的文学现象，而是一种非凡而迷人的文明所绽放出来的花朵。"①

五、总结

自1852年奥地利汉学家费兹迈尔（August Pfizmaier）译介《楚辞》以来，欧洲汉学家对屈赋的著作权一直没有异辞。莱比锡学派的孔好古、叶乃度（Eduard Erkes）和鲍润生（Franz Xaver Biallas）等还驳斥过胡适、陆侃如等人对屈原作品真伪的质疑。②霍克思吸收了众多怀疑论者的观点和论据，否定屈原对《楚辞》大多数篇章的著作权，因此有人称他是"在此问题上最大的怀疑论者和最渊博的西方学者"。③自霍克思之后，怀疑论者逐渐抬头，甚至占据了汉学界主流话语权。陈炳良在美国俄亥俄州立大学的博士论文《楚辞与中国古代的巫术》就受到霍克思观点的启发，认为《九歌》可能是宫廷巫乐师所作。④法国汉学家Mathieu Rémi在2004年出版的《楚辞》（Élégies de Chu）也受到霍克思的启发，推测《九章》中的《哀郢》《怀沙》《橘颂》是刘安所作。⑤

虽然霍克思的推理看起来颇有诱惑力，但也无法掩盖他在方法论和证据方面的不足。霍克思之所以关注《楚辞》的作者与创作时间问题，这与当时的学术思潮息息相关。20世纪20年代初，受到西方实验主义思想影响的胡适发起"整理国故运动"，得到顾颉刚、钱玄同、童书业、杨宽等人呼应，他们对古代经史子集进行了浩繁的考证辨伪工作，形

---

① Hawkes, David, *Ch'u tz'ǔ: The Songs of The South*, An Ancient Chinese Anthology, Oxford: The Clarendon Pr., 1959, p. 19.

② Conrady, August, *Das älteste Dokument zur chinesischen Kunstgeschichte T'ien—Wên: Die "Himmelsfragen" des K'üh Yüan*. Leipzig: Verlag Asia Major G.M.B.H., 1931, p. 9.
Biallas, Franz Xaver, "K'üh Yüan's 'Fahrt in die Ferne'(Yüan—Yu)", Asia Major 4, 1927, pp. 73—78.

③ Walker, Galal Leroy, *Toward A Formal History of The Chuci*. Ph.D., Cornell University, UMI, 1982, p. 75.

④ Chan, Ping—leung, *Ch'u Tz'ǔ and Shamanism in Ancient China*. Ph.D., The Ohio State University, 1972, pp.171—172.

⑤ Mathieu, Rémi, *Élégies de Chu, Chu ci: attribuées à Qu Yuan, Song Yu et autres poètes chinois de l'Antiquité IVe siècle av. J.—C. — IIe siècle apr. J.—C.* Paris: Gallimard, 2004, p.111.

成了一个在国内外有广泛影响的"古史辨派"。彭明辉教授曾描述其盛况："从民国十五年《古史辨》第一册出版到民国三十年《古史辨》第七册下编成书(1926—1941),古史辨运动乃为当时史学界的主流。换句话说,这段时期的文史学者,不管赞成不赞成,都多多少少受到这个疑古气候的感染,而学术界疑古气温之高升,也使得其余史学思潮隐而不彰。"① 曾在"古史辨运动"发源地北京大学留学的霍克思也受到这种疑古思潮的影响,当他看到胡适、陆侃如等质疑屈原的生平及作品曾经引发巨大争议,不禁对这个问题产生了兴趣,他在进行博士论文的选题研究时,也不免受到这种思潮的影响。无独有偶,另一位与霍克思经历非常相似的西方楚辞学者已经领先一步,他就是40年代初来北京留学的美国汉学家海陶玮(James Robert Hightower)。海陶玮也倾向于屈原实有其人的看法,但是却否定了《远游》《卜居》和《渔父》是屈原所作,并对《九歌》和《天问》作者有所怀疑。② 霍克思和海陶玮都曾研究过中国现代楚辞研究史,前者还曾将自己1985年企鹅版《楚辞》题献给后者。从霍氏《高阳之苗裔》等论著可以看出,他对古史辨派学说也很熟悉。霍克思在归纳与参考中外"屈原否定论"的观点和方法之后,既拥有胡适、海陶玮大胆怀疑的精神,又有陆侃如等小心求证的功夫,所以在某种意义上他成了怀疑论的集大成者。

但是,古史辨派学说自身的缺陷在霍氏的著作中也同样存在。第一,霍克思不承认司马迁、刘向和王逸在确定《楚辞》篇章作者方面的权威性。司马迁的《屈原贾生列传》是现在关于屈原最早的传记史料,刘向是《楚辞》一书辑录编纂者,王逸《楚辞章句》是现存最早的《楚辞》注本,这些都是研究楚辞作者和年代的最早也是最重要依据。司马迁在《史记·屈原贾生列传》中曾说过:"余读《离骚》《天问》《招魂》《哀郢》,悲其志。"班固在刘向、刘歆父子编辑的《七略》基础上修改而成的《汉书·艺文志》著录有"《屈原赋》二十五篇"。王逸《楚辞章句》对各篇作者都有认定。这些都是屈原作为《楚辞》主要作家的重要证据,而霍克思在没有举出有力反证的情况下,就轻率地宣称前人的观点是错误的。霍克思还认为,某些学者对屈原生平活动的构拟启人疑窦,因为他们的漏洞在于事先已经假定《楚辞》中的哪些诗歌是屈原的作品。在霍克思看来,这些作品凡是不能证明是屈原的,就不是屈原的,这种论证方法与古史辨派学者相似,只要找不到有关某种文献产生的足够证据,便否定之。这种方法,有的学者曾批评为"默证法",认为是不科学的。③ 霍克思一开始就假设《楚辞》各篇不是屈原所作,除非找到确证,这种论证方法简直就是反客为主,强人所难,尤其是经过秦火之后,大量典籍湮灭烧毁,用此默证法就更

---

① 彭明辉:《疑古思想与现代中国史学的发展》,台北:台湾商务印书馆,1991年,第247页。
② Hightower, James Robert, *Topics in Chinese Literature: Outlines and Bibliographies*. Cambridge: Massachusetts: Harvard University Press, 1950. pp.22—27.
③ 张荫麟:《评近人对于中国古史之讨论》,《学衡》,1925年第40期。

成问题。

第二，霍克思过分依赖语言学和文体学方法确定作品的作者及年代。首先是他对《楚辞》语句重复现象的判断非常奇特。霍克思确定《离骚》是屈原所作，凡是与《离骚》部分字句相同的篇章，他都认为属于其他作家，例如《天问》影响了《离骚》，《九章》和《远游》抄袭《离骚》，所以皆不是屈原作品。这种证据很难成立，《楚辞》语句重复情况非常普遍，美国学者吴伟克(Galal Leroy Walker)博士论文《楚辞形式的历史》专辟一章讨论此现象。① 清末"屈原否定论"始作俑者廖平也曾发现这个问题，他的《楚辞讲义》认为《楚词》"著录多人，故词重意复，工拙不一，知非屈子一人所作"，又说："《楚词》之最不可解者，莫过于词意重犯，一意演为数十篇，自来说者皆不能解此大惑。今定为秦始使博士作，如学校中国文一题，而缴数十卷，以其同题，词意目不免于重犯"。② 廖、霍二人解释问题的方向有所不同，廖认为词意重复是由于同题应制，霍认为是由于抄袭他人造成的。不过，霍克思的观点同样经不起推敲，因为在他认为是同一作者创作的《九歌》组诗中，《湘君》《湘夫人》同以"聊逍遥兮容与"句结尾，岂不是自相矛盾？他唯一承认的屈原作品《离骚》也两次出现"纷总总其离合兮"，又作如何解释？幸好对于相同句子，他用英语翻译过后已经完全不同了，否则他可能就只好学习廖平那样把《离骚》分成数人合作了。另一方面，他又因为《悲回风》与《九辩》某些段落相似，而推测它们属于同一个作者，不知为什么此处不认定为抄袭？

在更多的情况下，霍克思依靠辨别文体来确定作者和年代。例如，他之所以推测《天问》可能比《离骚》早一个世纪而不是晚一个世纪，是屈原受它影响而不是相反，大概跟他认为《天问》这种古体文风不大可能模仿有关。又如，他认为《九章》不是屈原所作，是因为它们在写作方法和语言运用方面不同于《离骚》。但是，依据各个时期的文体与文风特点来确定作品的作者和年代，也并不是一个可靠的方法，即便身为疑古派发起人之一的胡适也曾指出："这个方法也是很危险的，因为:(1)我们不容易确定某种文体或术语起于何时;(2)一种文体往往经过很长期的历史，而我们也许只知道这历史的某一部分;(3)文体的评判往往不免夹有主观的成见，容易错误。"③ 近代文献学的发展历程和经验教训告诉我们，纯粹的语言学证据从来都不能完全解决某个作品的作者问题。霍克思动辄指称某些《楚辞》作品与后来作品相似，过高估计了语言学和文体学的论据。屈原作为一位广泛汲取文化养分并且具有创造力的作家，他的作品并不一定只会限制在一种文体，

---

① Walker, Galal Leroy, "Toward A Formal History of The Chuci". Ph.D., Cornell University, UMI, 1982, pp. 109—227.

② 吴平、回达强:《楚辞文献集成》，扬州:广陵书社，2008年，第12529—12548页。按:此本"秦始"后疑缺一"皇"字。

③ 罗根泽编:《古史辨》，上海:上海古籍出版社，1982年，第393页。

一种风格,霍氏在论证此问题时已经先验地认定只有《离骚》才是屈原的风格,是检验是否为屈原作品的试金石,这在一定程度上否定了屈原思想和文风的多样性、变动性,是站不住脚的。

在证据不足的情况下轻易否定传统的说法,无疑会引起不少批评。例如华人学者柳无忌就反对霍克思关于《九歌》是后来的楚国宫廷诗人作品的观点,他说:"依我们看来,除非有确凿的反面证据,否则任何设想这些歌曲属于屈原以外的任何人所作,都是毫无意义的,因为屈原与这些作品长期以来一直是联系在一起的。"① 可能由于这些批评,加上证据和材料的不足,霍克思也曾对自己的研究方法产生了怀疑和反思:

> 我们机械地运用语言标准的方法,对韵律、诗的特殊结构等等进行的统计研究,能否获益良多,则尚有疑问。笔者本人亦曾尝试用过这些方法,结果表明,这些方法完全可能提供不少有价值的材料,却不可能对这些材料作出精确的估价。它们充其量只能指出作品的共同特征或一作品区别于另一作品的特殊用辞。应当承认,根据这些推断出确切的编年,跟靠那些伪科学的吸引力都匮乏的不甚高明的方法得出的结论,一样是武断的,臆测的。②

大概由于这个原因,霍克思的博士论文一直没有全部整理出版。后来他甚至认为对于《楚辞》作者问题的无聊论争,耗费了当代楚辞专家们太多的时间和精力。③ 我们或许可以把他这些思考当作是这位机智而幽默的绅士对自己观点所持的保留态度吧!

霍克思第一次将《楚辞》全部篇章都译成英文,他注重考证,大量参考前人研究成果,译文准确流畅,注释详略得当,既适合普通读者,也适合于学术研究,在西方影响很大。《楚辞:南方之歌》在初版之时,就被列入联合国教科文组织(UNESCO)的中国翻译丛书(The Chinese Translations Series),成为汉籍西译的一部经典作品。《楚辞》在欧美世界经历一百余年的传播之后,终于产生了一座里程碑式的著作,为西方读者提供了一个完整的权威的参考译本,对推动楚辞学走向世界具有重要意义。该书的出现如同夜空中诞生了一颗夺目的新星,引起了西方汉学家们的格外重视,法国的吴德明(Yves Hervouet)、捷克的雅罗斯拉夫·普实克(Jaroslav Prusek)、英国的惠特克(K. P. K. Whitaker)、北美的沙迪克(Harold Shadick)、杜百胜(W. A. C. H. Dobson)、日本的竹治贞夫和华裔学者杨联陞都曾专门写过文章加以评介。1963年,霍克思因此获得汉学研究最高荣誉"儒莲奖",可见西方汉学界对其《楚辞》译本的高度肯定。它的光芒,足以让同时代任何一种同类译作

---

① Liu, Wu Chi, *An Introduction to Chinese Literature*, Bloomington: Indiana University Press, 1966, p.27.
② 莫砺锋:《神女之探寻:英美学者论中国古典诗歌》,上海:上海古籍出版社,1994年,第28页。
③ Hawkes, David, *Ch'u tz'ǔ*, 1985, p. 38.

黯然失色，可怜的美国学者杰拉·约翰逊(Jerah Johnson)也在同年出版了一本《离骚：屈原解除痛苦的诗》(Li Sao: A Poem on Relieving Sorrows by Ch'ü Yüan)，立即被评论家批评为二流作品，甚至有人说，只要再加两个先令，就能够买到高质量的霍克思全译本。① 霍译本很快成了编选家的渊薮，翻译者的标杆，汉学家从事研究的基本文献，甚至被谱成乐曲演奏歌唱，它的影响广泛而深远，从此，欧美楚辞研究步入了"霍克思时代"。

---

① Snyder, Gary, "*Review: Li Sao: a Poem on Relieving Sorrows*", The Journal of American Folklore, Vol. 74, No. 291 (Jan.-Mar., 1961), pp. 82-83.

欧美当代《楚辞》研究述评*

湖南理工学院　刘　萍　童　利

欧美当代楚辞研究主要包括译介、文本研究、文献考据、屈原思想及社会背景研究等多个方面。截至目前,《楚辞》在欧美已经被译为英、法、德、意、俄等多个语种。早期《楚辞》的西译多为节译和选译,以屈原的诗篇居多,且基本上是对诗篇的翻译,部分提供少量原作者等相关材料方便读者理解。20世纪中期以后,欧美更加深入接触到中国古典文学,《楚辞》被更多的欧美研究者所关注,研究楚辞的学者逐渐增多。这个时期,译介方面率先出现了《楚辞》的俄语、英语全译本;研究方面,欧美研究者从不同的角度进行了相关研究,包括《楚辞》诗篇中的诗句、意象、主题,诗篇的社会背景、文化内涵以及从美学、人类学、文化学、哲学的角度研究等。从国别上看,德国学者最早翻译并研究《楚辞》,其次是英、法、意等欧洲国家;1949年起,苏联为代表的社会主义阵营国家的学者进行了大量译介和研究,且给予屈原很高的评价;此后,美国的楚辞研究成果接踵而至,欧美学者的大量研究成果极大地丰富了楚辞研究的版图。

一、德国当代楚辞研究

德国学者费兹曼(August Pfizmaiers,1808—1887)早在1852年就翻译了屈原诗歌《离骚》和《九歌》,这是欧美对《楚辞》的首次译介。随后,汉学家孔好古(August Conrady,1864—1925)对《天问》进行了系统研究,成果由其学生叶乃度(Eduard Erkes,1891—1958)和辛德勒整理出版。叶乃度是世界上第一位以研究《楚辞》而获得博士学位的汉学家,他的同门师弟鲍润生(Franz Xaver Biallas,1878—1936)及老师孔好古是20世纪初期欧洲楚辞研究的标志性人物。德国学者对楚辞的翻译、考证与研究,推动了楚辞在欧美的传播。

卫德明(Hellmut Wilhelm,1905—1990)是德国知名的汉学家,他撰写了《〈天问〉浅论》(1945)一文,以孔好古征引的《梨俱吠陀》及其他"吠陀经"材料、冰岛诗集《埃达》、中国道家学派著作《庄子》等为例,指出:"现代比较宗教学告诉我们,这种文化上的平行

---

* 本文系省级与国家级大学生创新训练项目"文化自信战略下的屈原文化外宣策略研究"阶段性研究成果。

类似现象,没有必要解释为相互直接影响的结果。"① 彼得·韦伯–舍费尔(Peter Weber–Schäfer, 1935—)撰写的《中国赞美诗》(1967)一文中翻译了《九歌》《天问》《离骚》等楚辞作品。1992年,坎多尔芙·丽达(Rita Keindorf)以《〈楚辞〉中的神秘旅游》获得博士学位,她以当代哲学和诗歌为背景,阐述了《远游》的哲学和文学涵义。

白马(Michael Schimmelpfennig)是近年来对楚辞研究较多的德国学者。1999年,他在德国海德堡大学以《屈原从真人到真诗人的转变:汉代王逸对〈离骚〉和〈楚辞〉的评注》一文获得博士学位。其后发表了多篇关于《楚辞》研究的文章,如《"具有典型南方中国形式的巫术"——楚辞中〈九歌〉的接受程度》(1998)、《重建王逸〈楚辞章句〉的立足点——再论今已失传的刘安〈离骚传〉》(2005)、《回潮的技巧—更新的技巧——王逸与被认定已失传的刘安的〈离骚传〉》(2009)、《不同的评注,不同的评注者?——以〈楚辞章句〉的多样化评注为基础试探本书的成书过程》(2009)。他的研究重点主要是中国古代及欧美当代的楚辞评注、解读类著作和文章,如王逸的《楚辞章句》、刘安的《离骚传》、夏克胡的《巫文化与异教:对〈离骚〉新的解读》等。另外,当代德国汉学界出版的多种《中国文学史》对《楚辞》的介绍与评价也值得关注,如:著名汉学家顾彬(Wolfgang Kubin)主编的《中国文学史》(2005)。

从时间上看,德国是最早进行楚辞研究的国家。20世纪初期,孔好古、叶乃度和鲍润生师徒三人的相关研究在欧洲楚辞研究界产生了较大的影响。此后,欧洲其他国家学者对于楚辞的研究也逐渐活跃起来。

二、苏联(俄罗斯)当代楚辞研究

苏联(俄罗斯)的楚辞研究,是中苏(俄)两国文化交流的产物,其集大成者便是苏联科学院院士、著名汉学家H.T.费德林(Н. Т. Федоренко, 1912—2000)。他对中国文学研究涉猎广泛,著作颇丰,而楚辞研究是他中国古代文学研究领域里的一个重要部分。他的研究内容包括屈原存在的真实性、屈原创作个性、屈原诗歌分析、屈原作品的译注等多个角度。1943年,费德林以《屈原的生平与创作》获得博士学位。1949年,费德林将郭沫若的剧本《屈原》翻译成俄文,并于1951年在莫斯科出版单行本。1953年,在屈原被列为世界"四大文化名人"之一后,费德林在《伟大的中国爱国诗人屈原》(1953年6月15日发表于苏联《真理报》)一文中写道:"屈原的作品是中国人民的财富,同时也是全体进步人类,所有维护和平、文化、民族独立及坚持各国人民之间的友谊与合作思想的正直人们的财富。"②1954年,由费德林主编的俄译本《屈原诗集》出版,包括阿列克谢耶夫

---

① 汪耀楠:《外国学者对〈楚辞〉的研究》,《文献》,1989年第3集。
② 陈亮:《屈原成为"世界文化名人"始末》,《中国社会科学报》,2016年6月6日,第7版。

翻译的《卜居》《渔父》，阿赫玛托娃翻译的《离骚》《招魂》，阿达利斯翻译的《天问》，吉托维奇翻译的《九歌》《抽思》《橘颂》，艾德林翻译的《哀郢》等。此后，他还发表有关屈原研究的多篇文章和论著，如《论屈原诗歌的民族性与全人类性》(1972)、《屈原辞赋垂千古》(1973)、《论屈原》(1983)、《屈原的出身和铁的事实》(1983)、《屈原的创新》(1984)、《屈原留给后代的有现实意义的遗产》(1986)、《屈原创作起源与屈原问题》(1986)等。在《论屈原诗歌的民族性与全人类性》一文中，费德林指出："为了正确地卓有成效地接受外国文化，最重要的是要了解体现这一文化的人民真正的性格，他的民族特征。"而"在艺术的民族特色中，又总是蕴含着全人类性的因素"[①]。他还称赞屈原有"爱国主义的情感，纯洁的道德和勇敢的信念"，屈原的诗篇"有着固有的民族特色，然而也具有普世意义"，屈原的诗歌是"全人类的财富"[②]。在《屈原辞赋垂千古》一文中，费德林从分析影响屈原创作的这个时代的特征入手，提出屈原的创作"宣告了民间艺术时代的结束，个人艺术创作的新时代的开始"[③]，这与其在《屈原的创新》中对屈原诗歌的创造性描述一致。他还重点探讨了"幻想"在屈原诗歌中的地位，他认为屈原的诗歌中"幻想……它同现实密不可分地融合在一起，是现实的一部分"，同时，论证了屈原诗歌的正义性，认为"屈原这位在其所处时代最引人瞩目的人物的诗歌创作的意义，就在于他唤醒了人的思想"[④]。与费德林同时代的同门师兄 Л. З. 德林(Л. З. Эйдлин 1909—1985)、Л. И. 曼(Л. И. Думан 1907—1979、谢列勃里雅可夫等都研究过楚辞。艾德林翻译了《哀郢》《国殇》，发表了《中国人民的诗人屈原》(1953)、《伟大的中国诗人屈原》(1953)等文章；杜曼发表了《政治家屈原和他的时代》(1953)、《屈原——伟大的中国诗人》(1953)等文章。

E. A. 谢列勃里雅可夫(E. A. Серебряков, 1928—2013)是列宁格勒大学副教授，东方系中国语文学教研室主任，他对中国文学涉猎较广，对楚辞研究也产生了浓厚兴趣。在他1969年撰写的《屈原和楚辞》一文中，探讨了楚辞产生的历史条件、屈原和宋玉作品的思想内容和艺术特色。他提出："屈原的诗篇第一次如此强烈地表达了知识分子阶层的代表对人生、对国家应负什么责任的见解"[⑤]。他还另辟蹊径地从美学的角度来研究屈原诗歌，认为楚辞是从民间创作的美学到书面文学的美学的过渡。文中具体分析了《离骚》《九歌》等楚辞作品，如认为屈原"树立了系统地运用植物形象来表述自己的社会

[①] 尹锡康、周发祥等：《楚辞资料海外编》，武汉：湖北人民出版社，1986年，第47页。
[②] 尹锡康、周发祥等：《楚辞资料海外编》，武汉：湖北人民出版社，1986年，第93页。
[③] 尹锡康、周发祥等：《楚辞资料海外编》，武汉：湖北人民出版社，1986年，第144页。
[④] 尹锡康、周发祥等：《楚辞资料海外编》，武汉：湖北人民出版社，1986年，第158页。
[⑤] 尹锡康、周发祥等：《楚辞资料海外编》，武汉：湖北人民出版社，1986年，第25页。

观念的唯一典范"①,"《离骚》里贯穿着一种思想,即统治者政治上的昏愦是缺乏审美能力"② 等等。文章的最后,他还称赞道:"楚辞的产生标志着中国古代文学作品的一个质的飞跃"。谢列勃里雅可夫的学生 М. Е. 克拉芙佐娃(М. Е. Кравцова,1953 –)是继费德林之后对楚辞研究最有成就的苏联(现俄罗斯)汉学家,她出版了《中国古代诗歌文化学试析》(1994)一书,她认为,研究中国诗歌产生的源头及其特点要比弄清《楚辞》的作者重要,并着重分析了《诗经》和《楚辞》在美学和诗学方面存在的巨大差异。她开创了俄罗斯中国文学研究的文化学研究方法,而这样的研究方法,给一直在社会政治学领域研究屈原及楚辞的局面注入了新鲜的血液。克拉芙佐娃的研究,拓展了楚辞研究的内涵,对于俄罗斯汉学研究转换研究思路做了较好的尝试。

　　苏联(俄罗斯)的楚辞研究虽然起步较晚,但发展极其迅猛,大家频出,著作颇丰。自阿列克谢耶夫最早将《楚辞》中的部分作品译成俄文开始,在他的带领下,到新中国成立前后,涌现出了费德林、艾德林、杜曼等多位知名汉学家。20 世纪 50—60 年代,除费德林仍活跃在楚辞研究领域外,还出现了谢列勃里雅可夫(也为阿列克谢耶夫的学生)为代表的一批苏联楚辞学家。20 世纪 90 年代后,谢列勃里雅可夫的学生克拉芙佐娃继承了老师的楚辞研究,并另辟蹊径,从文化学角度进行研究。纵观苏联(俄罗斯)的当代楚辞研究史,走的其实是一条从阿列克谢耶夫开始的师生延续、传承与创新的道路,这使得苏联(俄罗斯)的楚辞研究根深叶茂。

三、英国当代楚辞研究

　　19 世纪后期,一些英国学者开始对《楚辞》进行译介,如翟理斯、理雅各等,但其译文都稍显粗糙,对原文认识不够深刻。直到 20 世纪中叶,伟利及霍克斯的深入研究,正式昭示着英语世界楚辞研究高潮的到来。

　　亚瑟·伟利(Arthur Waley,1889—1966)是英国著名汉学家,他酷爱中国古典诗词,对《楚辞》的译介与研究更颇有见解。他于 1955 年出版了其《楚辞》研究专著《〈九歌〉:中国古代巫文化研究》,这是欧洲汉学史上第一部比较完整的《楚辞》英译及研究论著。该书正文包括《楚辞·九歌》译本以及对其中九篇诗歌的评注;此外,还在附录中介绍了楚国的疆域,并概述了王逸、朱熹和洪兴祖三人对于楚辞的注释。伟利的译文注重原文风格、意蕴的保留,文字优美,又具有节奏美感,可读性很强③。作者以"神话 – 原型"理论为线索,对《九歌》中的巫术、仪式、祝祷之术等做了深入分析,说明了他对于巫文化和宗教的关注。伟利对楚辞的研究是一个历史性的突破,开创了英国楚辞翻译和研究的热潮,

---

① 尹锡康、周发祥等:《楚辞资料海外编》,武汉:湖北人民出版社,1986 年,第 20 页。
② 尹锡康、周发祥等:《楚辞资料海外编》,武汉:湖北人民出版社,1986 年,第 22 页。
③ 何文静:《"楚辞"在欧美世界的译介与传播》,《三峡论坛》,2010 年第 5 集。

使得之后英语世界的楚辞研究论著和译介作品数量和质量上都有很大的提高。

戴维·霍克斯(David Hawkes,1923—2009)深受伟利的影响,也是楚辞研究大家。1955年,他以《楚辞的年代与作者问题》获得博士学位,论文中讨论了《九歌》《离骚》等18篇楚辞作品的年代和作者问题,并解释了屈原在汉朝广受尊重的理由。1959年,他的译作《楚辞:南方之歌》(Ch'u Tz'u: The Songs of the South)由牛津大学出版发行,这是世界上第一本完整的、权威的《楚辞》英译本,成为了英语世界楚辞研究的经典之作。霍克斯的译本既灵活易懂,又注重表达原文涵义;既讲究节奏、韵律,又注重音义相生。尤其是他的"深度翻译"方法,为外国读者扫清了文化障碍,使读者能够在了解中国文化的背景下阅读译文。在史料不够充分的条件下,霍克斯仍从屈原的生平与思想、屈原作品的真伪等方面对《楚辞》进行了充分的研究,并对其作了准确的评价。在《楚辞:南方之歌》中,霍克斯对《招魂》的创作时间和对象提出:在楚襄王时代,屈原召唤楚怀王的灵魂。他提倡对"文学原型"的研究,不能单从形式上说明,而需要利用现有的材料,从人类学和心理学的角度来研究。霍克斯的"原型批评"方法,对于纠正《楚辞》研究中的某些错误路线是有一定的意义的①。《楚辞:南方之歌》一书在1985年经作者修订后再版,新版比1959年的版本注释更为全面,论述更为详尽。在1960年撰写的《求宓妃之所在》一文中,霍克斯通过引用论证,说明了楚辞、汉赋深受古代巫术、封禅观念影响,因此有一些与仪式有关的虚构文字。作者发现,在《湘君》这首诗中,描述的诗人将祭物投入水中,作法遨游等,与巫术活动十分的相似;这种"依次列举"的用法,在后人(如张衡、班固等)的赋中也得到了广泛使用。霍克斯还认为,楚辞是一种文艺传统的总称,并不代表一种文学体裁。因为《离骚》《天问》《招魂》《卜居》等作品,在形式上完全不同,《楚辞》应该是记录楚地的"楚记"。

继伟利和霍克斯以后,英国楚辞研究的知名学者还有A.C.葛瑞汉(A. C. Graham,1919—1991)和杰弗里·沃特斯(Geoffrey R. Waters,1948—2007)。葛瑞汉从骚体诗的韵律进行探讨,从重音的位置来说明骚体诗的句式。在《骚体诗的韵律》(1963)一文中,他结合《楚辞》诗句研究了骚体诗韵律的美感来源,并通过统计分析提出了骚体诗的基本句式。沃特斯于1985年出版了专著《楚歌三首:〈楚辞〉传统解读导引》。该书详细介绍了楚辞的创作背景,并翻译了王逸、五臣、洪兴祖、朱熹对于《楚辞》的注释,最后给出了自己的注释。在对诗句中一些字词的考据中,沃特斯常能赋予其新颖的涵义,这是英国楚辞研究的又一进步。沃特斯的著作,是继霍克斯的《楚辞:南方之歌》以后对英语国家影响最大的楚辞研究著作之一。

---

① 汪耀楠:《外国学者对〈楚辞〉的研究》,《文献》,1989年第3集。

四、美国当代楚辞研究

美国的楚辞研究起步较晚,相关学者多利用霍克斯的《楚辞》英译本直接进行研究,跳过了从译介开始的探索阶段。因此,美国的相关研究进展相较于其他国家更为迅速,并产生了丰硕的研究成果。

哈佛大学中国文学系教授海陶玮(James R.Highower,1915—2006)对楚辞研究有自己独特的见解。在《屈原研究》(1954)一文中,海陶玮认为,中国楚辞学研究有两个明显的缺点:一、重复、雷同,忽视已经问世的著作;二、大多数屈原研究带上了理想化传记的性质,缺乏学术探讨的特点。海陶玮称:"大多数文章或者弄错了事实,或者弄错了所引资料的性质……"[①] 他还建议,应对诗作的风格、形式、想象力等问题加深研究,而不应该动辄就对人物的思想状况、审美观点、政治态度以及宗教信仰下结论。海陶玮的批评有些是合理的,但是他却是有些自视甚高的,就像 F. 托凯在《中国悲歌的起源》中所说的:"海陶玮认为仿作胜过原著。"[②]

纽约州立大学教授劳伦斯·施耐德(Laurence A. Schneider)于 1980 年出版了专著《楚地狂人屈原与中国政治神话》。该书是一部全面论述屈原对中国社会的影响的著作,整理了各种各样的有关屈原的神话传说,汇总从汉代以来屈原对中国历代文人思想和创作、中国文学和民间风俗的影响。作者深入探讨了屈原传说在各个时段的政治机制以及其所开拓的文学传统。该书的一个特色是剖析了中国历史上的"狂人",作者把狂热分为两种:一种是策略上的"佯狂",另一种是"狂热的情绪",并从"楚狂人"的角度分析了中国民族文化和"屈原型"知识分子的历史命运。

俄亥俄州立大学东亚语言文学系教授吴伟克(Galal Walker,1943–)于 1982 年撰写的博士论文《楚辞研究》对"楚辞体"文学的起源和发展、楚辞的作者等问题进行了探讨。重点探讨了楚辞中的"重复的模式",包括主题、题材、意象等,并分析了其与文化传统的关联和对后世文学作品的影响。保尔·克罗尔(Paul W. Kroll)的论文《远游》(1996)对《远游》作者问题进行考证,并对其"游仙"主题及与"道"的联系进行分析探讨,附有译文和详注。在研究《远游》的文章中,克罗尔的文章属于较为全面、深入的。

华盛顿大学程晨晨(Tseng, Chen chen)在其博士论文《历史神话诗学:屈原的诗歌和遗产》(1992)中分析了《楚辞》的"空中巡游"和"女神追求"这两个主题,并运用后现代的互文性理论、影响诗学、女性主义批评和神话学等方法,详细分析了《离骚》中的神话传统以及这些神话故事对陶潜创作《读〈山海经〉十三首》和李白创作《梦游天姥吟留别》

---

① 尹锡康、周发祥等:《楚辞资料海外编》,武汉:湖北人民出版社,1986 年,第 106 页。
② 汪耀楠:《外国学者对〈楚辞〉的研究》,《文献》,1982 年第 3 集。

的影响。纽约州立大学皇后学院中国语言文学教授夏克胡(Gopal Sukhu,1949—)以《吸引、反转和排斥:〈离骚〉导论》(Attraction, reversal and repulsion: prolegomena to the Li Sao) (1993)获得哥伦比亚大学博士学位,并发表了《巫文化与异教:对〈离骚〉的新解读》(The Shaman and the Heresiarch: A New Interpretation of the Li sao) (2013)、《〈楚辞〉:屈原等人写的中国古代诗集》(2017)等许多关于屈原及楚辞研究的文章和著作。在《巫文化与异教:对〈离骚〉的新解读》一书中夏克胡从许多角度分析了《离骚》的每一句诗,还提供了新的《离骚》译文,并附有详细的注释。书中探讨了《离骚》诗句的早期传播、汉代的评注,以及在当时的文化背景下巫术的角色和人们对其的看法,并在当时巫文化氛围的进一步探索中讨论了《离骚》花卉的意象。他还将《离骚》与当时的各种哲学论著联系起来,并在其文化语境中寻求复杂的概念。对于巫术的传播,他讨论了诗句中主人公遇到的各种各样的神灵,并与最近的考古发现联系说明。

除此之外,美国学者编著的中国古代文学史类著作也是欧美读者了解《楚辞》的重要途径。华裔美籍学者柳无忌(Wu-chu Liu,1907—2002)编著的《中国文学导论》(1966)提到了楚辞的部分篇目。柳无忌与罗郁正(Irving Lo)合著的《葵晔集:历代诗词曲选集》(1975)中,选译了屈原的《离骚》(节录)、《哀郢》《湘君》《橘颂》《大司命》等,该书在美国广受欢迎,促进了英语世界对楚辞的认识。哈佛大学知名汉学家宇文所安(Stephen Owen,1946-)在《剑桥中国文学史》(2010)第一卷中专门介绍了楚辞,对于文化根基、编写者、主要篇目、主题、韵律等都做了介绍,并探讨了一些争议性问题。该书是近年来国外较权威的总结楚辞研究的著作。书中有关《楚辞》的内容体现了欧美学者在多数问题上已经与中国屈原学界达成了一致,这是中西楚辞研究交流、对话的结果。

五、欧美其他国家的当代楚辞研究

匈牙利著名汉学家F. 托凯(Tökei Ferenc,1930—2000)对楚辞研究颇有造诣。1954年,他与吴洛士(Weöres Sándor,1913—1989)合著了《屈原诗选》一书,1959年与纳吉·拉斯洛(Nagy László,1925—1978)合著了《屈原〈离骚〉》。他的《中国悲歌的起源》主要论述悲歌的起源,并系统地介绍了《离骚》的内容,它在中欧开创性地从美学的角度,以马克思主义观点和方法研究楚辞和中国悲歌。法国著名汉学家戴密微为法译本作了序,并表示了称赞。作者从中国广阔的社会背景下来讨论《离骚》,即古代家长制。《离骚》中既有客观地描绘外部世界即社会及其风俗,又有主观的个人情感的抒发,在这两者之间,即史诗与抒情诗之间,终于产生了悲歌这一新的诗歌体裁[①]。F. 托凯的著作在国际汉学界有非常广泛的影响,他的研究对于国际学者理解《离骚》有很大的帮助和参考价值。匈

---

① 汪耀楠:《外国学者对〈楚辞〉的研究》,《文献》,1989年第3集。

牙利罗兰大学的康高宝(Kósa Gábor,1971–)着重研究了巫文化的内涵,在《巫与灵:〈九歌〉中"灵"的涵义》(The Shaman and the Spirit: The Meaning of the Word 'ling' in the Jiuge Poems)(2003)一文中他指出:没有证据表明王逸说"灵"就是"巫"的观念是正确的,而只能说明"灵"与"巫"的普遍特性在很多层面上都有联系①。

法国知名汉学家戴密微(Paul Demiéville,1894—1979)是法国较早研究楚辞的学者之一。他撰写了《道家的谜》,该文详细分析了《楚辞·天问》中的哲学思想。他提到《庄子》是一部哲学著作,而《天问》是一篇文学作品,但《天问》中却包含着深刻的哲学思考,"以同一种文学形式来提出哲学问题的用法,是两者关联的一个证明";他认为《天问》和《庄子·天运》一样,"完全是对世界的起源、结构及其存在原因所进行的哲学思辨"②。他的结论是:无论是《庄子》还是《天问》《梨俱吠陀》《约伯记》等中外古籍中提出的"问",其本源是道,"萨满教的传说提供了这方面的范例。对于一种尚未完全脱离宗教或巫术本质的新生玄学来说,这些表达方式与它的初步探索是相适应的"。法国南特大学的博斯特勒·菲利普(Postel Philippe)在《流放之歌:现代哀歌的生发——屈原〈离骚〉和奥维德〈哀怨集〉比较》(2003)一文中,从中西比较诗学的角度研究《楚辞》,将中国古代诗歌与古代拉丁诗歌两种诗歌传统结合相比较,探讨流放诗主题和哀歌生发的源头的歧与同以及其中的诗学促生机制。《楚辞》的法文全译本于2004年由法国当代汉学家,时任法国科学研究中心主任玛迪厄(Rémi Mathieu)出版,该译本翻译严谨,注解翔实,是国外《楚辞》译介与研究的补充。

波兰的赫米耶莱夫斯基(Janusz Chmielewski,1916—1998)等出版了《纪念屈原会议论文集》(1954)、《屈原〈楚辞〉》(1958),并翻译了许多屈原的诗歌。1974年,宇宙出版社出版了杨玲(Ileana Hogea-Velişcu,1936—)与马尔丁诺维奇(Iv Martinovici,1924—2005)合译的《屈原诗》。捷克的沃哈拉(Jaromír Vochala,1927—)于2004年出版了《楚之歌》,这是《楚辞》第一次被译成捷克语。斯洛伐克汉学家高利克(Jozef Marián Gálik,1933—)于1996年发表了《欧洲与中国的忧郁:一个学者对跨文化过程的一些考察》(Melancholy in Europe and in China: Some Observations of a Student of Intercultural Process)。该文大量引用并分析了屈原所著《离骚》中的诗句,并通过屈原等中、欧人物的举例,指出:文学或艺术对悲伤和忧郁的处理,往往比表现欢乐更有价值;无论在欧洲还是中国,忧郁是一种人类普遍存在的现象,都有其独特的特点。

德国早期的研究,奠定了欧洲楚辞研究的基础。此后,法国汉学家戴密微、匈牙利汉学家F.托凯等学者都做了相关研究,并取得了不少成果。尤其是F·托凯,他所写的《中

---

① Gábor Kósa. The shaman and the Spirit: The Meaning of the Word 'ling' in the Jiuge Poems. Acta Orientalia Academiae Scientiarum Hung, 2003, 56(2—4).
② 尹锡康、周发祥等:《楚辞资料海外编》,武汉:湖北人民出版社,1986年,第209—210、213页。

国悲歌的起源》在国际汉学界产生了较大的影响。另一方面,一些初期为社会主义的欧洲国家,如匈牙利、波兰、罗马尼亚、捷克斯洛伐克,包括苏联,由于意识形态一致性,普遍都对屈原与楚辞有过一些研究。尤其在1953年屈原成为"世界四大文化名人"之后,相关研究如雨后春笋,纷至沓来。但随着东欧剧变、苏联解体,这些国家的相关研究早已今不如昔,近几十年,其相关研究已远落后于美国这样的后起之秀。

六、小结

楚辞传入欧美160余年以来,欧美楚辞研究从未间断,这无疑彰显了楚辞强大的生命力。欧美楚辞研究从《楚辞》译介开始逐渐向学术研究转变。译介方面,霍克斯的英语全译本和玛迪厄的法语全译本,成为《楚辞》翻译的集大成者,在学术界影响深远;而研究方面,既存在传统角度的研究,主要包括五点:①对楚辞作者、楚辞文化起源的研究;②对楚辞政治背景及社会风俗的研究;③对楚辞思想、主题的研究;④对楚辞语言形式的研究;⑤对楚辞与巫文化关系的研究。其中不乏一些新颖的角度,如结合比较文学、人类学、文化学、美学等相关理论的研究。与中国学术传统不同的是,欧美楚辞研究主要侧重宗教、民族及语言等方面。

无论是从研究文献的数量还是质量上看,英、美两国无疑是欧美楚辞研究的重镇,起着不可替代的作用。伟利是英国较早一批系统研究《楚辞》的学者之一。伟利的研究,特别是他所写的《〈九歌〉:中国古代巫文化研究》,是英、美楚辞研究的开端。而大卫·霍克斯的《楚辞:南方之歌》是迄今为止《楚辞》最权威的英语全译本。伟利和霍克斯不仅对《楚辞》进行了译介,还进行了较为深入的研究,为之后英语国家的楚辞研究打下了深厚的基础。总之,20世纪60年代之前,英、美为代表的英语国家的楚辞研究是卓有成效的,其研究内容从单纯的译介逐渐转变到学术研究的领域中来。但这一时期的研究角度还较为单一,方法较为传统。20世纪70年代至今,以葛瑞汉和沃特斯为代表的英国楚辞研究学者逐渐崭露头角,而美国的相关研究才刚刚起步,主要以《楚辞》的英译本为研究对象。以施耐德、吴伟克为代表的美国汉学家等发表了一些关于楚辞相关问题的文章和著作。这些文章和著作,较为系统地总结了楚辞研究的热点问题,提出了许多新颖的研究角度。这一时期的楚辞研究具有一定突破性,在充分吸收前人研究成果的同时,运用现代理论,极大地丰富了楚辞研究的内涵。21世纪以来,宇文所安对《楚辞》的相关介绍体现了中西学者观念的相互交流、交融,标志着中欧美楚辞学界观点走出分歧,趋向一致。

欧美楚辞研究有着深厚的土壤及丰硕的研究果实,而欧美学者独特的研究视角往往能为楚辞研究领域增添新的养料。但需要看到的是,欧美楚辞研究仍存在一些不足,一方面是离散性强,即研究不够系统,观点不够统一。大多数研究者只是"各取所需""各论其事",对于某些争议性问题,并没有一个统一的意见;另一方面,中西楚辞研究的交流甚少。国内虽定期会举办楚辞国际学术研讨会,但大多是日、韩、港澳台等地的学者,鲜有欧美学者参与。这对中西楚辞研究相互交流,共同进步是不利的。未来,中、西两方需加强相互交流,互相重视,并以互邀、互访等方式熟悉、参与对方的研究。不同文化的碰撞,甚至联袂携手,必将给楚辞研究带来新的思想和活力。纵观欧美楚辞研究,经历了译介到研究、传统到创新、浅显到深入,而如今仍在不断发展。可以预见,欧美楚辞研究将愈来愈繁荣。

论儿岛献吉郎楚辞研究的科学方法与理性精神[*]

南通大学 施仲贞

与中国一衣带水的日本,由于其历史文化和地理位置等多方面原因,在国际汉学研究中,一直是成果最多、成就最高且影响最大的部分。"日本人对于中国文学,潜心研究,几无所不至。"(《中国文学通论·序》)[①] 而在日本史学中,又一直有这样的一种观点,认为"楚国是日本人的故乡,日本民族的祖先是楚民族"[②]。因此,出于对"楚文化"自身的亲切感和体认感,日本汉学中的楚辞研究,历来深受日本众学者重视。

值得注意的是,明治维新以后,日本开始推行西化政策,泛欧情绪全面蔓延,日本国内对于东方中国的文化,态度由主动学习转为抑制和排斥。"明治而降,世态一变。旧学不振,耆宿凋谢;后起者将不继,当路忧之","时汉学不振"。[③] 这一时期的日本,包括楚辞研究在内的整个中国文学研究,在经历了江户时代的兴盛之后,都因忽视、排挤而转入低谷。然而,在这样一种压抑被动的学术低潮中,日本学者儿岛献吉郎却能一新时弊,转而吸收欧学之精华,独辟蹊径,"以科学底方法,研究中国古代的哲学、文学、史学,见于著述,覃思精密,条理明晰"(《中国文学通论·序》)[④],取得令人称赞的学术成就。

儿岛献吉郎(1866—1931),字星江,是日本明治、大正时期的杰出汉学家之一。他与同一时期的青木正儿、铃木虎雄等学者,在中、日两国的楚辞研究领域都产生过一定的影响。他先后著有《中国文学史》(古代编)、《中国文学考》《中国文学史纲》《中国文学通论》《中国文学杂考》等。

儿岛献吉郎《中国大文学史》(古代编),其中"泽国文学"两章专论楚辞;《中国文学考》,其中"赋体""骚底体式"两章专论赋骚;《中国文学史纲》,其中"春秋战国文学"一章略带提及楚辞;《中国文学杂考》,该书为"博士(儿岛献吉郎)门人所编的他的遗著"[⑤],

---

[*] 本文系下列基金项目:江苏高校哲学社会科学研究资助项目"楚辞在日本的传播与影响"(2015SJB617);江苏省"333工程"第三层次培养对象资助项目(2016);江苏高校"青蓝工程"优秀青年骨干教师培养对象资助项目(2014);国家社科基金重大项目"东亚楚辞文献的发掘、整理与研究"(2013 & ZD112)。

① [日]儿岛献吉郎:《中国文学通论》,台北:商务印书馆,1972年,第1页。
② 徐志啸:《日本楚辞研究论纲》,福州:福建人民出版社,2015年,第5页。
③ [日]儿岛献吉郎:《毛诗楚辞考》,上海:商务印书馆,1936年,第114页。
④ [日]儿岛献吉郎:《中国文学通论》,台北:商务印书馆,1972年,第1页。
⑤ [日]儿岛献吉郎:《毛诗楚辞考》,上海:商务印书馆,1936年,第1页。

其中"楚辞考"一章专论楚辞,共分为"楚辞之真价""屈原之性格""《离骚》一(特质与真价)""《离骚》二(段落与脉络)""《离骚》三(句法与押韵法)""《九歌》""《九章》"七个部分,该书中"楚辞考"一章的内容代表着儿岛献吉郎楚辞研究的主要成就。民国时期,隋树森又专门将儿岛献吉郎《支那文学杂考》中的"诗经考""楚辞考"两章抽取出来,并独立翻译合编成一本专著,书名为《毛诗楚辞考》,1936年由商务印书馆正式出版。

儿岛献吉郎于东方文化的视域和观照下,把西方学术中的科学方法与理性精神融入楚辞研究,研究视角注重实际,不发空论,不纯谈义理,多是对具体问题进行全面细致地比较、引申和归纳,于细微处抉微发隐,或辨析、或诠释、或考证,据此得出自己独到的见解,"其对于汉学之功实伟"①。

一、文体属性之辨析

关于"骚体",儿岛献吉郎将其定义为"是屈原创作的新调"②,"骚底名义从屈原底《离骚》而出,是指在忧愁怨慕的境遇里的诗人,发泄愁思的一种韵文"③。儿岛献吉郎将作为文学层面概念的"骚体"与民间歌谣严格鉴定且区分开来。所谓"骚体",就是有其独特的句法和形式;而《论语》中所提及的楚狂接舆之歌、《孟子》中所记载的孺子沧浪之歌,都只是楚国的俚谣,它们更加接近于《诗经》的诗调,与屈原的"骚体"则有着质的区别。儿岛献吉郎更进一步指出,在屈原作品中,将楚国民间祭祀歌由成功改编而成的《九歌》,"是因袭沅湘之间流行的俗歌之形式,而更易其为容者。而它的形式则句法短促,与《离骚》及《九章》不同"④,因而《九歌》并不属于严格意义上的"骚体","为楚之巫觋祀神时歌舞唱和的乐曲"⑤。儿岛献吉郎这种单以形式和客观句法为标准,来定义和辨析"骚体"的方法,有着明显的西学中科学分析法和精准化衡量理念的印记,这与中国楚辞学者的学术视域和研究角度有着很大的不同,如过常宝在《楚辞与原始宗教》中就指出《离骚》在形式上正同于以《九歌》为代表的民间祭歌,可以说,没有民间祭歌就没有《离骚》"⑥。以上中日两位学者,同样都提出是从"形式上"入手分析,可得出的结论却截然相反。究其原因,当是儿岛献吉郎的着眼点在于,严格从来源、著者、形式和章句文法上,对"骚体"进行界定与甄别,进而做出了《九歌》不同于《离骚》,并不是"骚体"的判定;而过

---

① [日]儿岛献吉郎:《中国文学通论》,台北:商务印书馆,1972年,第1页。
② [日]儿岛献吉郎:《毛诗楚辞考》,上海:商务印书馆,1936年,第80页。
③ [日]儿岛献吉郎:《中国文学通论》,台北:商务印书馆,1972年,第511页。
④ [日]儿岛献吉郎:《毛诗楚辞考》,上海:商务印书馆,1936年,第80页。
⑤ [日]儿岛献吉郎:《毛诗楚辞考》,上海:商务印书馆,1936年,第110页。
⑥ 过常宝:《楚辞与原始宗教》,北京:东方出版社,1996年,第136页。

常宝在对《离骚》与《九歌》进行推阐时,则更多关注到的是,往更深的内涵层面,《离骚》对《九歌》中那种"人神相恋"模式的借鉴、延承和改造,其对于两者在文体形式区分标准上的设置受此影响,因此显得更为宽容,更偏重于宏观上的"同",而弱化甚至忽略了其在章法体式上的具体差异。

同时,儿岛献吉郎又对骚与赋的关系作了进一步的分析:"如果从体制方面论起,骚固属于赋,不可独立于赋以外的","顾骚是古诗底流派,性质上虽与赋同,然形式上求其与赋相异之所,第一是在读尾用'兮'为助语,第二是在句中用以、而、之、于、其等接续的虚字","且赋底句法,是混用三字句、四字句、五字句或六字句,殆同散文底句法。而骚之句法,间有五字句、七字句的,概属六字句。而一句中上三字、下二字之间,用一个接续的虚字","然赋家底赋,袭用骚之特色的亦不尠"。①

此外,儿岛献吉郎认为《离骚》不是经。对于《离骚》,多有楚辞学者称《离骚》为经:刘知几《史通·序传》曰"案屈原《离骚经》"②;屈复《楚辞新集注》有"《楚词》惟《离骚经》最难解"③;冯觐云"《离骚经》断如复断,乱如复乱,而绵邈曲折,读者莫得"④。此外,还有李光地《离骚经注》、方桢如《离骚经解略》、刘献廷《离骚经讲录》等。儿岛献吉郎却明确提出,从《离骚》的文体分类来说,《离骚》不是经,"《离骚》是叙情诗。而决不是以教训为目的的伦理书。其篇中发表忠君爱国可为人臣轨范的大义者,不过是屈原人格之表现,质存于内,故文形于外耳"⑤。他言辞锋利地批评陆时雍、金蟠列《离骚》为经的学说,"说这些话的人,都是不知经史子集的分别,不足与语文学的"⑥;同时,对于李光地、方桢如、戴震、屈复等清代大儒,以解经的方法注释《离骚》,而儿岛献吉郎也认为其论乃未明《离骚》抒怀表情之本意,"不察其情思之所在,不究其兴怀之所寓,徒以理智附会之,拘于文字而穿凿之"⑦。

二、篇目数量之考定

对于"楚辞",儿岛献吉郎分别考证比较了刘向、王逸、陈仁锡和朱熹《楚辞集注》、林云铭《楚辞灯》的观点,进而提出"楚辞"一词本来是对屈原及其弟子宋玉、景差等楚人的辞而命名的。儿岛献吉郎认为,据此定义,将祖式屈原,模拟楚辞的贾谊、刘安、东方朔、

---

① [日]儿岛献吉郎:《中国文学通论》,台北:商务印书馆,1972年,第511—512页。
② 浦起龙:《史通通释》,上海:上海古籍出版社,1978年,第256页。
③ 屈复:《楚辞新集注》,《续修四库全书》第130册,上海:上海古籍出版社,2002年,第307页。
④ 沈云翔:《楚辞评林》,《四库全书存目丛书》集2,济南:齐鲁书社,1997年,第37页。
⑤ [日]儿岛献吉郎:《毛诗楚辞考》,上海:商务印书馆,1936年,第85页。
⑥ [日]儿岛献吉郎:《毛诗楚辞考》,上海:商务印书馆,1936年,第86页。
⑦ [日]儿岛献吉郎:《毛诗楚辞考》,上海:商务印书馆,1936年,第86页。

严忌、王褒、刘向等人的作品纳入楚辞范畴,"这是刘向的滥称"①。对于将自己所作的《九思》一同列进楚辞的王逸,儿岛献吉郎佐用陈仁锡的评论,"以宋玉、刘向、王逸诸人之作,合为《楚辞》,可谓辱极"(《古文奇赏·楚辞》)②,更对其作出了"可说是如非僭越,即为愚诬了"③的激烈批评。朱熹《楚辞集注》中有"盖自屈原赋《离骚》,而南国宗之,名章继作,通号'楚辞'"④,其收录楚辞,剔除东方朔、王褒、刘向、王逸等作品,屈原宋玉以下,仅保留景差、贾谊、严忌和刘安等人,儿岛献吉郎评论其"这总算差强人意的"⑤。儿岛献吉郎认为,林云铭《楚辞灯》仅把《离骚》《九歌》《九章》《远游》《卜居》《渔父》和《招魂》⑥编入楚辞(按:此处儿岛献吉郎有所遗漏,事实上,林云铭《楚辞灯》还把《大招》编入楚辞),很符合关于"楚辞"定义的严格内涵与外延,赞其"这真几乎大获我心了"⑦。

关于《九歌》的篇数,《九歌》题名为"九",却实有《东皇太一》《云中君》《湘君》《湘夫人》《大司命》《少司命》《东君》《河伯》《山鬼》《国殇》《礼魂》十一篇。其中原因,历代治骚者大致有两种解释方向:一种认为"九"为多数之意,并不是实指限定于"九篇"。例如清代《四库全书总目》批评李光地《九歌解》将《九歌》篇数限于九篇,曰:"古人以九纪数,实其大凡之名。犹雅、颂之称什,故篇十有一,仍题曰什。光地谓当止于九篇,竟不附载,则未免拘泥矣!"⑧马其昶《屈赋微》亦言"《九章》九篇,《九歌》十一篇,九者数之极。故凡甚多之数皆可以九约,其文不限于九也"⑨。对此种观点,儿岛献吉郎认为是尚有根据,差强人意的,"这话也不是毫无理由"⑩。关于《九歌》篇数的另一种观点,认为"九"是实数,实存有"十一篇",为了契合九篇之数,历来有多种解释:陆时雍《楚辞疏》提出"错附"说,曰:"《国殇》《礼魂》不属《九歌》,想当时所作亦不止此,而后遂以此二者附之《九歌》末耳。"⑪后来,李光地、徐焕龙等亦有此论;明代黄文焕《楚辞听直·听九歌》则有"合篇"说,曰:"歌以名九,当止于《山鬼》。既增《国殇》《礼魂》,共成十一,乃仍以九名者,殇、魂皆鬼也,虽三仍一也。"⑫林云铭、朱冀等皆从此说。不论是对于以上的"错附"说还是"三篇合一"说,儿岛献吉郎都持明确的反对意见,他引用王邦采对此类学

---

① [日]儿岛献吉郎:《毛诗楚辞考》,上海:商务印书馆,1936年,第82页。
② 陈仁锡:《古文奇赏》,见《楚辞文献丛刊》第43册,北京:国家图书馆,2014年,第106页。
③ [日]儿岛献吉郎:《毛诗楚辞考》,上海:商务印书馆,1936年,第82页。
④ 朱熹:《楚辞集注》,上海:上海古籍出版社,1979年,第2页。
⑤ [日]儿岛献吉郎:《毛诗楚辞考》,上海:商务印书馆,1936年,第82页。
⑥ 林云铭:《楚辞灯》,见《楚辞文献集成》第27册,扬州:广陵书社,2008年。
⑦ [日]儿岛献吉郎:《毛诗楚辞考》,上海:商务印书馆,1936年,第82页。
⑧ 永瑢等:《四库全书总目》,北京:中华书局,1965年,第1207页。
⑨ 马其昶:《屈赋微》,见《楚辞文献丛刊》第67册,北京:国家图书馆,2014年,第319页。
⑩ [日]儿岛献吉郎:《毛诗楚辞考》,上海:商务印书馆,1936年,第110页。
⑪ 陆时雍:《楚辞疏》,见《楚辞文献丛刊》第40册,北京:国家图书馆,2014年,第427页。
⑫ 黄文焕:《楚辞听直》,见《楚辞文献丛刊》第38册,北京:国家图书馆,2014年,第561页。

说"尤为谬妄"的驳斥,认为此批评"很是"①。关于《九歌》篇数的争议,儿岛献吉郎提出更倾向于蒋骥的"合篇说","《九歌》本十一章,其言九者,盖以神之类有九而名。两司命类也;湘君与夫人亦类也。神之同类者,所祭之时与地亦同,故其歌合言之"②,他认为蒋骥此论"这话颇与我的意见相近"③。其实,这种将九神归类成篇以合九篇之数的,除了儿岛献吉郎所提及的蒋骥《楚辞余论》和王邦采《屈子杂文·九歌笺略》,明人周用《楚辞注略》亦早已有之。

除了考证《九歌》的篇数,儿岛献吉郎还辨析了《九章》的篇目。学界一般认为《九章》包括《惜诵》《抽思》《思美人》《哀郢》《涉江》《怀沙》《橘颂》《悲回风》和《惜往日》九篇。儿岛献吉郎却提出,《九章》应把《橘颂》篇除外,而添入《远游》,"因为《橘颂》是后世咏物之祖,无论是从他的性质来说,句法来说,都与其他八篇不一样。陈本礼所说的'《橘颂》乃三闾早年咏物之什,以橘自喻,且体涉于颂,与《九章》之文不类',这话是颇得我心的"④。

三、文法特色之分析

儿岛献吉郎认为,任何文学都是有法可遵,有迹可循,有章可依的;而文学研究的目的和意义正是体现在其写作方法、规律与经验之可以总结归纳、参照学习和灵活运用上,《中国文学通论》:"故学古的……在应为古人的子孙而不应为古人的奴婢。为子孙则能禀祖先的血脉,传祖先的风神;而为奴婢,则是依他人而作活,终身不免他人之指嗾。禀古人的血脉,传古人的风神的,一举一动虽有师承,而无痕迹……前者的技能,则很能锦上添花。"⑤ 因此,儿岛献吉郎专注于对楚辞的文法分析,认为楚辞之"真价",正在于其写作文法的"可寻"和"可学"。

1. 章法分析

儿岛献吉郎批评陈继儒所谓《离骚》"古今文章无首尾者独《庄》《骚》两家,……哀者毗于阴,故《离骚》孤沉而深往……哀乐之极,笑啼无端;笑啼之极,言语无端"⑥的观点浮于空玄,认为陈继儒"这话虽然颇为奇拔,但是毕竟不过以凡人的丈尺,评议非凡人的神墨耳,《离骚》《南华》的文章,岂是没有首尾的呢?它既有起承转合,又有段落及脉络;不过人力加工的痕迹不多罢了"⑦。儿岛献吉郎提出《离骚》结构实有首尾安排,

---

① [日]儿岛献吉郎:《毛诗楚辞考》,上海:商务印书馆,1936年,第110页。
② [日]儿岛献吉郎:《毛诗楚辞考》,上海:商务印书馆,1936年,第111页。
③ [日]儿岛献吉郎:《毛诗楚辞考》,上海:商务印书馆,1936年,第111页。
④ [日]儿岛献吉郎:《毛诗楚辞考》,上海:商务印书馆,1936年,第112页。
⑤ [日]儿岛献吉郎:《中国文学通论》,台北:商务印书馆,1972年,第1页。
⑥ [日]儿岛献吉郎:《毛诗楚辞考》,上海:商务印书馆,1936年,第88—89页。
⑦ [日]儿岛献吉郎:《毛诗楚辞考》,上海:商务印书馆,1936年,第89页。

其脉络清晰可见,整篇主意可归结为"怨"、"死"和"去"三字,且每个字眼都有隐现起伏、回环反复及首尾呼应:第一个字眼"怨","而篇中许多的'伤'字、'哀'字、'恐'字、'怀'字、'悲'字、'悔'字及'长太息'三字,都不远是'怨'字的化身;至结尾之'仆夫悲余马怀'一句,总收束之"①。第二个字眼"死","而结束的'又何怀乎故都'一句,回顾第六十七节之'尔何怀乎故宇';结尾之'吾将从彭咸之所居'一句,应照第十九节之'愿依彭咸之遗则';最有情致"②。第三个字眼"去",屈原深陷窘境欲去楚,可其与楚同姓的血脉渊源又终是"义不可去","而欲去不能去,将舍生以取死的他那正义的大决心,从起首'名余曰正则兮,字余曰灵均'二句出,而归结于结尾的'既莫足与为美政兮,吾将从彭咸之所居'二句"③。儿岛献吉郎由此下批论:"这样看来,谁能说《离骚》的文章没有首尾呢?"④儿岛献吉郎又称赞王邦采《离骚汇订》所谈的,其年少与年长时阅读《离骚》不同的、切实的阅读感受,"这真是体验之言"⑤;王氏之论"'所贵乎能读者,非徒诵习其词章声调已也,必审其结构焉,必寻其脉络焉,必考其性情焉。结构定而后段落清,脉络通而后词义贯,性情得而后心气平'更能把陈继儒之说一蹶而去之"⑥。而对于其他如黄文焕、蒋骥、林云铭等根据文法研读《离骚》,即使"虽未臻上乘,不得其三昧,但是也足资参考的"⑦。

关于《离骚》的结构是否具有一定的行文法则,历代学者有着不同的看法。就学者专著而言,主要有刘勰《文心雕龙》、朱熹《楚辞集注》、王世贞《艺苑卮言》、胡应麟《诗薮》、汪瑗《楚辞集解》、陈第《屈宋古音义》、黄文焕《楚辞听直》、钱澄之《庄屈合诂》、林云铭《楚辞灯》、朱冀《离骚辩》、贺贻孙《骚筏》、李光地《离骚经注》、董国英《楚辞贯》、鲁笔《楚辞达》、刘熙载《艺概》、蒋骥《山带阁注楚辞》、朱骏声《离骚补注》、儿岛献吉郎《毛诗楚辞考》、朱自清《经典常谈》、刘永济《屈赋音注详解》、戴志钧《论骚二集》、张来芳《离骚探赜》、潘啸龙《屈原与楚辞研究》、李诚《楚辞论稿》陈怡良《屈骚审美与修辞》等。胡应麟《诗薮》认为"骚复杂无伦,赋整蔚有序"⑧。儿岛献吉郎却明确提出:"《离骚》的文章,好像是没有文法而实是有文法的。不仅是字有字法,句有句法,并且章有章法。篇有篇法。不仅篇章之间首尾相应。并且中腹之处有波澜,有曲折,有起伏,有继续。"⑨儿岛献吉郎

---

① [日]儿岛献吉郎:《毛诗楚辞考》,上海:商务印书馆,1936年,第98—99页。
② [日]儿岛献吉郎:《毛诗楚辞考》,上海:商务印书馆,1936年,第99页。
③ [日]儿岛献吉郎:《毛诗楚辞考》,上海:商务印书馆,1936年,第99页。
④ [日]儿岛献吉郎:《毛诗楚辞考》,上海:商务印书馆,1936年,第99页。
⑤ [日]儿岛献吉郎:《毛诗楚辞考》,上海:商务印书馆,1936年,第89页。
⑥ [日]儿岛献吉郎:《毛诗楚辞考》,上海:商务印书馆,1936年,第89页。
⑦ [日]儿岛献吉郎:《毛诗楚辞考》,上海:商务印书馆,1936年,第89—90页。
⑧ 胡应麟:《诗薮》,上海:上海古籍出版社,1979年,第6页。
⑨ [日]儿岛献吉郎:《毛诗楚辞考》,上海:商务印书馆,1936年,第90页。

就以脉络结构为依据,将《离骚》划分为五段:第一段为"小序";第二段33节132句,"是一篇主意发挥之处"①;第三段29节160句,"是一篇神韵流露之处"②;第四段28节120句,"是一篇余音嫋嫋之处"③;第五段为"乱",是为"总结"。

2. 句法分析

关于"句有句法",儿岛献吉郎提出《离骚》基本造句法异于前人。首先,《离骚》是六字句,"概为六字句,而句之中间用转接词'而''以''与',结尾词'之',或前置词'乎''於''于',以构成一种句法;在无韵的上句之尾端,加以结尾词'兮'字"④。这种造句形式外开新派,独创别体,是为"骚体",后"所谓骚之正系的作品,也都用此句法"⑤。其次,《离骚》第一人称用法特殊,"第一人称,即'余''吾'之主语,置于副词或形容词之下"⑥。再次,《离骚》在用字上,喜用花草、琼玉比人之德性,并喜用楚国方言造句。此外,儿岛献吉郎认为《离骚》文句的押韵法则"概系隔句押韵者,而以四句二韵为定则"⑦,并推论明人陈第所谓的《离骚》有"六句为韵者"⑧,应是衍文或者脱文,儿岛献吉郎更按此押韵法,将《离骚》以四句一解韵分为九十三解,"以窥探屈原时代通韵的范围"⑨;其同时指出,因屈原时代尚无韵书,又加之受楚国方音的影响,《离骚》的押韵难以分部,且为四声混用。

关于《九歌》,儿岛献吉郎通过将其与《离骚》比较,来进行句法研究。儿岛献吉郎提出《九歌》句法与《离骚》相比为短;且《离骚》语助词"兮"字多用于句末,如"余固知謇謇之为患兮,忍而不能舍也。指九天以为正兮,夫唯灵修之故也","苟余情其信姱以练要兮,长顑颔亦何伤"等。而《九歌》则是"在句之中间插入语助词兮字,这是与《离骚》不一样的地方"⑩,如"君不行兮夷犹,蹇谁留兮中洲","帝子降兮北渚,目眇眇兮愁予","筑室兮水中,葺之兮荷盖","秋兰兮青青,绿叶兮紫茎。满堂兮美人,忽独与余兮目成","与女游兮九河,冲风起兮横波"等。其实,儿岛献吉郎所言"兮"字在《离骚》和《九歌》中文法上的差异,姜亮夫《屈原赋校注·九歌解题》中有涉及:"自句法而论……《离骚》《九章》以'兮'字为分句,在一句之末,上句殿以'兮'字而下句协以韵,

---

① [日]儿岛献吉郎:《毛诗楚辞考》,上海:商务印书馆,1936年,第92页。
② [日]儿岛献吉郎:《毛诗楚辞考》,上海:商务印书馆,1936年,第94页。
③ [日]儿岛献吉郎:《毛诗楚辞考》,上海:商务印书馆,1936年,第96页。
④ [日]儿岛献吉郎:《毛诗楚辞考》,上海:商务印书馆,1936年,第100页。
⑤ [日]儿岛献吉郎:《毛诗楚辞考》,上海:商务印书馆,1936年,第100页。
⑥ [日]儿岛献吉郎:《毛诗楚辞考》,上海:商务印书馆,1936年,第100页。
⑦ [日]儿岛献吉郎:《毛诗楚辞考》,上海:商务印书馆,1936年,第100页。
⑧ 陈第:《屈宋古音义》,见《楚辞文献丛刊》第36册,北京:国家图书馆,2014年,第516页。
⑨ [日]儿岛献吉郎:《毛诗楚辞考》,上海:商务印书馆,1936年,第101页。
⑩ [日]儿岛献吉郎:《毛诗楚辞考》,上海:商务印书馆,1936年,第112页。

此两句句义必相关合,情愫必相对待,故'兮'字太半为语助,而少介词之用……而《九歌》则'兮'在句中,句义足成于当句,'兮'字不仅为稽迟声息之用,且又有所借于词义之助,故'兮'字多有其他介词之义。"① 而姜亮夫《楚辞通故》又提到:"就字义言,(兮)则大多数在句末者,仅为一种助声之语气词,即今语体中句尾带感叹作用之'啊''呀'等字……其用遍及《骚》《章》《远游》《招魂》《卜居》《渔父》《九辩》《惜誓》《招隐士》《七谏》《哀时命》《九叹》等篇。至于《九歌》《九怀》《九思》诸篇中变化殊大,略起语助字'乎''于''其''夫''与''之''而''以'等虚词之作用,当视其上下文义而定,但无纯语词之用。"② 较之儿岛献吉郎与姜亮夫的观点,两者都关注到了"兮"字在《离骚》与《九歌》中,文法上、尤其是所处位置上的差异;但在"兮"的词性理解上,儿岛献吉郎认为《离骚》与《九歌》中"兮"字皆为语助词,而姜亮夫却将《九歌》中的"兮"字解释成虚词,义类同于"乎""于""其""夫""与""之""而""以"等。

而关于《九章》,《楚辞考》认为"《九章》之格调,除《橘颂》《怀沙》外,皆与《离骚》同辙,是屈原独具的句法"③。对于《九章》的句法,虽有前人从审美的角度,对其绮丽美予以极力赞赏,如刘勰《文心雕龙·辨骚》曰:"《骚经》《九章》,朗丽以哀志……故能气往轹古,辞来切今,惊采绝艳,难与并能矣!"④ 但儿岛献吉郎则提出不同的看法,先引用了朱熹对《九章》的评论:考其词,"大抵多直致,无润色,而《惜往日》《悲回风》又其临绝之音,以故颠倒重复,倔强疏卤,尤愤懑而极悲哀,读之使人太息流涕而不能已"⑤。又引用陈本礼对《九章》句法的理解:"《离骚》《九歌》,体若比兴;然《九章》则直赋其事,而凄音苦节,动天地而泣鬼神。"⑥ 基于此,儿岛献吉郎提出,《九章》的句法风格较为统一,主要以"直致"及"直赋其事"为主要特色,随事感触,辄形于声,多是言志致情,直抒胸中块垒。

3. 字法分析

关于"字有字法",儿岛献吉郎从语言学角度研究《离骚》的用字法则,提出以第一人称,"即'余''吾'之主语,置于副词或形容词之下"⑦,是其重要的字法特征之一。如《离骚》有"忳郁邑余侘傺兮","耿吾既得此中正","曾歔欷余郁邑兮,哀朕时之不当"等,都是属于此类用法。儿岛献吉郎又以修辞学视角统观《离骚》的用字之法,指出《离骚》多用比拟手法,"称楚王曰'荃',曰'灵修',比人之德性于芳草,则拟于江蓠、辟芷、兰蕙、留

---

① 姜亮夫:《屈原赋校注》,北京:人民文学出版社,1957年,第150—151页。
② 姜亮夫:《楚辞通故》第四辑,济南:齐鲁书社,1985年,第324页。
③ [日]儿岛献吉郎:《毛诗楚辞考》,上海:商务印书馆,1936年,第113页。
④ 范文澜:《文心雕龙注》,北京:人民文学出版社,1958年,第47页。
⑤ [日]儿岛献吉郎:《毛诗楚辞考》,上海:商务印书馆,1936年,第113页。
⑥ [日]儿岛献吉郎:《毛诗楚辞考》,上海:商务印书馆,1936年,第113页。
⑦ [日]儿岛献吉郎:《毛诗楚辞考》,上海:商务印书馆,1936年,第110页。

夷、揭车、杜衡、芙蓉、芰荷、木兰、宿莽、荃、薜荔、茝、申椒、菌桂、胡绳；比于琼玉，则拟于玉虬、琼枝、瑶象、珵、琼佩、琼靡、玉鸾、玉轪"①。此外，儿岛献吉郎更把方言学融入《离骚》字法考证，指出："用'凭'字为满义，用'謇'字为难义，以'扈'字为披被义，以'纽'字为绳索义，自取义用'謇'，转义用'遭'，叹息之词用'羌'，这都是用楚国的方言，也是《离骚》字法上的一种特征。"②

四、创作时地之考辨

儿岛献吉郎对《九章》的创作时地进行了细致的考证。关于《九章》创作时地，王逸《楚辞章句·九章》有解题曰："《九章》者，屈原之所作也。屈原放于江南之野，思君念国，忧心罔极，故复作《九章》。"③ 这段话意指《九章》皆作于顷襄王时，其地点则在江南之野。王逸之后，朱熹虽提出《九章》"非必出于一时之言"④的观点，但他也认为《九章》作于顷襄王时期流放江南之地，云："而襄王立，复用谗言，迁屈原于江南。屈原复作《九歌》《天问》《九章》《远游》《卜居》《渔父》等篇。"⑤ 后来楚辞学者多从此论。至清代，则有林云铭《楚辞灯》和蒋骥《山带阁注楚辞》提出，《九章》的成作时间应跨越楚怀王和楚顷襄王两段时期。儿岛献吉郎明显更满意于林云铭和蒋骥的观点，提出《九章》"非必一时之作，或作于怀王之时，或作于顷襄王之世。并且作成的地方亦非一处，或在江南，或在汉北"⑥。其中，《惜诵》《抽思》《思美人》三篇作于怀王之时，创作之地在汉北；《哀郢》以下六篇作于顷襄王之世，创作之地在江南。

关于《九歌》的创作时地，历代学者有不同的看法。王逸在《九歌》题解中，认为《九歌》为屈原于顷襄王时期流放沅、湘之间所创作，云："昔楚国南郢之邑，沅、湘之间，其俗信鬼而好祠。其祠，必作歌乐鼓舞以乐诸神。屈原放逐，窜伏其域，怀忧苦毒，愁思沸郁。出见俗人祭祀之礼，歌舞之乐，其词鄙陋。因为作《九歌》之曲。"⑦ 但王逸在注释《九歌·山鬼》中"留灵修兮憺忘归"句时，云："言己宿留怀王，冀其还己，心中憺然，安而忘归。"⑧ 显然，王逸此处又意指《九歌·山鬼》作于怀王时期，自相矛盾，令人不解。后来，朱熹对王逸的观点进行了修正，认为《九歌》是屈原于顷襄王时期流放沅、湘之间，在民间祀神乐歌的基础上修改而成的，云："昔楚国南郢之邑，沅、湘之间，其俗信鬼而好祀，其祀必使

---

① ［日］儿岛献吉郎：《毛诗楚辞考》，上海：商务印书馆，1936年，第100页。
② ［日］儿岛献吉郎：《毛诗楚辞考》，上海：商务印书馆，1936年，第100页。
③ 洪兴祖：《楚辞补注》，北京：中华书局，1983年，第120—121页。
④ 朱熹：《楚辞集注》，上海：上海古籍出版社，1979年，第73页。
⑤ 朱熹：《楚辞集注》，上海：上海古籍出版社，1979年，第2页。
⑥ ［日］儿岛献吉郎：《毛诗楚辞考》，上海：商务印书馆，1936年，第112—113页。
⑦ 洪兴祖：《楚辞补注》，北京：中华书局，1983年，第55页。
⑧ 洪兴祖：《楚辞补注》，北京：中华书局，1983年，第80页。

巫觋作乐,歌舞以娱神。蛮荆陋俗,词既鄙俚,而其阴阳人鬼之间,又或不能无亵慢淫荒之杂。原既放逐,见而感之,故颇为更定其词,去其泰甚。"① 对于三逸、朱熹的观点,王夫之并不认同,他认为《九歌》应为屈原于怀王时期退居汉北之地所创作,云:"按逸言沅、湘之交,恐亦非是。《九歌》应亦怀王时作。原既不用,退居汉北,故《湘君》有北征道洞庭之句。逮后顷襄信谗,徙原于沅、湘,则原忧益迫,且将自沉,亦无闲心及此矣。"② 显然,儿岛献吉郎继承并发展朱熹的观点,认为《九歌》是屈原于顷襄王时期流放沅、湘之间,根据民间俚谣之音调而革新其内容而成的,"《九歌》是屈原放浪于沅、湘之野的时候所作","依俚谣之调而革新其内容"③。

五、作者意旨之阐发

对于屈原之性格,前人主要有两种不同看法:一是肯定,如刘安、司马迁、王逸等;一是否定,如扬雄、班固、颜之推等。对此,儿岛献吉郎高度肯定屈原性格,并对司马迁所谓"及见贾生吊之,又怪屈原以彼其材,游诸侯,何国不容,而自令若是"④的观点进行反驳,曰:"君有过则谏,谏而不听则去,这是人臣之义;但是去同姓之君却属不义。他说'屈心而抑志兮,忍尤而攘诟',他那憔悴之颜,枯槁之容,临江潭行吟泽畔的态度,不是很像箕子的佯狂吗?他说'国无人兮,莫我知兮,又何怀乎故都?既莫足与为(美)政兮,吾将从彭咸之所居',这不又是像比干之以谏死自许吗?他有忠诚之质,极恐皇舆之败绩;他有郁悒之情,遂决怀沙之志。他又焉能希求游于诸侯,见容于他国呢?"⑤ 显然,儿岛献吉郎此处将屈原比作殷之三仁的观点受到洪兴祖的启发,洪兴祖《楚辞补注》:"屈子之事,盖圣贤之变者。使遇孔子,当与三仁同称焉,未足以与比。"⑥

在儿岛献吉郎看来,"中国的文学可称之为政治的文学,而同时中国的政治可称为文学的政治"⑦,而屈原的作品尤其具有极其浓厚的政治色彩。他认为,"屈原作《离骚》时,'其存君兴国,而欲反覆之,一篇之中,三致志焉'"⑧,而《离骚》的题义就是班固所谓的"遭忧"⑨;"在《九章》之中,反复的悲叹自己的境遇,而同时又怨慕君国,欲鞠躬尽"⑩;

---

① 朱熹:《楚辞集注》,上海:上海古籍出版社,1979年,第29页。
② 王夫之:《楚辞通释》,上海:上海人民出版社,1975年,第25页。
③ [日]儿岛献吉郎:《毛诗楚辞考》,上海:商务印书馆,1936年,第110页。
④ 司马迁:《史记》,北京:中华书局,1963年,第2503页。
⑤ [日]儿岛献吉郎:《毛诗楚辞考》,上海:商务印书馆,1936年,第85页。
⑥ 洪兴祖:《楚辞补注》,北京:中华书局,1983年,第51页。
⑦ [日]儿岛献吉郎:《毛诗楚辞考》,上海:商务印书馆,1936年,第83页。
⑧ [日]儿岛献吉郎:《毛诗楚辞考》,上海:商务印书馆,1936年,第83页。
⑨ [日]儿岛献吉郎:《毛诗楚辞考》,上海:商务印书馆,1936年,第88页。
⑩ [日]儿岛献吉郎:《毛诗楚辞考》,上海:商务印书馆,1936年,第83页。

"《九歌》的内容有表里两面,表面叙事神之敬,里面藏思君怀国之精忠"①。

总之,儿岛献吉郎这位明治维新、欧化思想洗礼下的日本学者,"嗜文章,有气概"②,凭借其对楚辞的满腔热忱和深厚的汉学功底,将欧学的科学与理性传统融入楚辞研究,一改这个时期日本楚辞研究的颓势,树立具象化、理性化、严整化的学术新风,自成一家,不落窠臼,颇具新意,从而开创出一条楚辞研究的新思路。

---

① [日]儿岛献吉郎:《毛诗楚辞考》,上海:商务印书馆,1936年,第111页。
② [日]儿岛献吉郎:《毛诗楚辞考》,上海:商务印书馆,1936年,第114页。

李奎报的屈原观

淑明女子大学　李　燕

一、绪论

屈原在朝鲜半岛的名气源远流长。早在新罗真平王（579—632在位）时代，就有名叫"实兮"的上舍人，因为'守正不苟且'而被下舍人"珍堤"嫉恨谗于王后遭到贬谪，被别人问及"何不直言自辩"时，答道："昔屈原孤直，为楚摈黜；李斯尽忠，为秦极刑。故知佞臣惑主，忠士被斥，古亦然也，何足悲乎？"①实兮自比为了孤僻刚直的屈原，屈原则是受委屈的忠臣的楷模和精神慰藉。忠奸代代有，到了高丽时期，又有称作尹彦颐（1090—1149）的名臣在被金富轼（1075—1151）奏贬后再为广州牧使时，在谢上表中自我解释说道："……切以上之驭下，莫不欲忠；臣之事君，期于见信。然不可必，故或相乖。周公，不免于流言；绛侯，尚遭于系急。望之，帝之傅也，终于饮毒；屈原，王之亲也，卒以沉江。圣贤犹或如之，庸琐何足算也？……"②尹彦颐将自己所遭遇的不平比喻成以往的圣贤经历，屈原位列于遭流言的周公旦、晚年获诬告罪的周勃（？—前169，封为绛侯）、被毒杀的太子老师萧望之（？—前46）之列。高丽高宗九年（1222）左右，普通过客在定山县维鸠驿公馆之"白衣着笠乘马者，缘山路信辔徐驱"的壁画上题有"白衣黄带谏臣图，是屈原乎微子乎？未正君非空去国，不须毫底费土夫！"的诗句③，说明屈原作为纠正君王错误的谏臣形象可以说家喻户晓的普及程度了。

对于忠臣来说，屈原是忠贞的楷模；而对于文人们来说，屈原也是一种创作素材。高丽中后期文人林椿就在其诗《渔父》中说："浮家泛宅送平生，明月扁舟过洞庭。坛上不闻夫子语，泽边来笑屈原醒。临风小笛归秋浦，带雨寒蓑向晚汀。应笑世人多好事，几回将我画为屏。"④取屈原的《渔父》故事为题材而为的一首写意诗，描绘的应该是当时以

---

① 金富轼编纂：《三国史记》卷第四十八·《列传》第八，国史编纂委员会：韩国史 DATABASE，http://db.history.go.kr/item/level.do?itemId=sg，2019.10.21 检索。注：该数据库有提供有原版古书影像，故具有纸质出版书籍的可参考性。

② 郑麟趾等编纂：《高丽史》卷九十六《列传》卷第九，国史编纂委员会：韩国史 DATABASE，http://db.history.go.kr/KOREA/item/level.do?itemId=kr&types=r，2019.10.21 检索。

③ 崔滋：《补闲集》上，韩国历史情报统合系统：高丽时代史料 DATABASE，http://db.history.go.kr/KOREA/item/level.do?itemId=mubh&types=o#book—show/mubh/mubh_003，2019.10.21 检索。为节省篇幅，后省略具体出处。

④ 林椿：《西河先生集》卷第一，韩国古典翻译院：韩国古典综合 DB，db.itkc.or.kr/，2019.10.21 检索。注：该数据库有提供有原版古书影像，故具有纸质出版书籍的可参考性。

"渔父"为画面的屏风。同时也在他的文章《上按部学士启》中称赞该学士道:"吴武陵之高文,博如庄周,哀如屈原,明如贾谊。"① 说该官员的文章如唐代吴武陵(? —835)写的,而且气势广博得像庄周(? —前286)、哀伤得又好像屈原,明朗得又如贾谊(前200—前168)。屈原的文学形象则是具有消极性的哀伤型代表。

崔滋(1188—1260)在其《补闲集》中记有安置民(字淳之)赠给吴世才(1133—1199)的一首诗中还写道:"文如典诰少委蛇,诗似雅颂肯华靡。相如大人尚诞夸,屈平离骚却骪骳。渊深汤穆喜自珍,不露虹蜺千丈气。"② 安置民称赞其吴世才之文像经典一样直白,吴世才之诗像《诗经》的雅、颂一般辞彩华丽。同时却用司马相如的夸诞和屈原《离骚》的文笔纡曲来对比吴世才诗文的深沉而隐含气势。

这些零星的譬喻或引用都透露出来屈原在朝鲜半岛直至高丽时期所呈现的大体形象,而最能体现高丽文人对屈原态度的代表性人物要数李奎报(1168—1241)。上述的林椿、安置民、吴世才、崔滋等人都跟其是同时代的人物,尤其跟吴世才还是忘年交。李奎报少年起就诗才名盛,却不惜科举之目,四次赴司马试后才中,且为第一。24岁丧父,35岁丧母。又逢武臣执政,屡受举荐,却遭夺笏子等文人嫉妒之事,40岁才权补直翰林院,之前都做些地方小官,还颇受排挤。51岁才通过不断以诗求官升至左司谏,才做一年,52岁便遭免官,出为桂阳都护府副使兵马钤辖。53岁才重新回到京师,一路仕途亨通到61岁官至中散大夫判卫尉事。而63岁却又因事被流放到了猬岛,64岁重回京师,却遇蒙古兵乱,68岁拜参知政事修文殿大学士判户部事太子大保,70岁致仕,74岁离世。其性格刚直,才气纵横,传世文集《东国李相国集》,凡53卷。李奎报如此坎坷的人生与不符合才气的仕途遭遇自然避免不了在创作中与屈原寄托情思。

二、李奎报对屈原之死的看法

李奎报对屈原最直白的评价呈现在其所作的短论之中——《屈原不宜死论》:

> 古有杀身以成仁,若比干者是已。有杀身以成节者,若伯夷叔齐是已。比干当纣时,其恶不可不谏。谏而被其诛,是死得其所而成其仁也。虎王伐纣,犹有惭德。凡在义士,不可忍视。故孤竹二子,扣马而谏。谏而不见听,耻食其粟而死,是亦死得其所而成其节也。若楚之屈原,举异于是,死不得其所,只以显君之恶耳。夫谗说之蔽明、邪谄之害正,自古而然,非楚国君臣而已。原以方正端直之志,为王宠遇,专任国政,宜乎见同列之妒嫉也。故为上官大夫所谮,见疏于王。此固常理,而不足以

---

① 林椿:《西河先生集》卷第六。
② 崔滋,《补闲集》上,《补闲集》下。

为恨者也。原于此时,宜度王之不瘳,灭迹远遁,混于常流。庶使其王之恶,渐久而稍灭也。原不然,复欲见容于襄王,反为令尹子兰所谮,放逐江潭,作湘之累囚。至是,虽欲遁去,其可得乎?是故,憔悴其容,行吟泽畔,作为离骚,多有怨旷讥刺之辞。则是亦足以显君之恶,而乃复投水而死,使天下之人深咎其君。乃至楚俗为竞渡之曲,以慰其溺;贾谊作投水之文,以吊其冤,益使王之恶大暴于万世矣。湘水有尽,此恶何灭?且纣之恶,久已浮于天下。虽比干不死,未免为独夫,而取刺于万世矣。虎王举大义忘小嫌,卒王天下,功业施于万世矣。则其德不以二子之死大损也,况二子非虎王之臣也,乃纣之臣。谏伐其君,而死以成其节也,何与于虎王哉?若怀王则听谮疎贤而已。当时此事,无国无之。原著不死,则王之恶想不至大甚。吾故曰:原死非其所,而显其君之恶耳。予之此论,乃所以雪原之冤而益贬其君之恶,庶以讽后之信谗斥贤耳,非固讥原也。惜也,其死之非其所宜也。呜呼!①

李奎报所持的观点用一句话来说就是,屈原死得不值得,唯一的作用只是彰显了其君主的可恶而已。为证明此观点,他用武王伐纣之事来跟屈原进行了对比。文中的虎王即为周武王,李奎报是为避讳高丽惠宗(王武,943—945年在位)。在武王推翻纣王统治的过程中有两个著名的死人事件。一是比干,他为天下人的幸福着想而进谏于纣王,结果是失败的,但却以死成仁了。二是孤竹君的两个儿子——伯夷、叔齐,他们原是商纣的国民,为了保存自己的国家而进谏于周武王,结果也是失败的,于是他们为了自己的民族节气而饿死了。这两种死都是有名分的,是为了大义,不是为了区区的小我。而李奎报继续分析屈原之死,认为屈原是因为谗说、邪谄。一个国家君臣之间的谗谄就好像病毒性感冒一样是常见的,而武王伐纣则是最严重的癌症,病症的性质不一样。屈原两次被流放都是因为被同僚向君主进谗言所致,一次是上官大夫靳尚进谗于怀王,一次是令尹子兰献谄于顷襄王。李奎报认为,屈原在第一次见疏于怀王的时候,就应该懂得以退为进,舒缓君臣之间的嫌恶之隙;但他却没有,反而更一步要求顷襄王接纳自己的主张,最终招来第二次更惨的流放。事至如此的时候,没有了退的机会,作茧自缚了,屈原只好靠讽刺之辞来抒发忧郁。他的这些文字已经能够对君主造成在舆论上的打击了,可还不够,屈原最终通过自己的死亡来将君主的恶名铭刻在了史册之上。

因此,李奎报觉得,屈原本不必死,不必因为妒嫉这种人之常情的东西丢掉性命;同时,屈原的死并不是在楚国亡国之时,所以没有成仁、成节的意义,只有一种效果,就是让一个原本只是昏庸愚笨的君主被彰显为了逼死忠臣的万恶间接杀人犯。最后李奎报还

---

① 李奎报:《东国李相国集》第三辑,卷二十二,汉城:民族文化文稿刊行会,1985年,第70—71页。

申明自己论述屈原死的不白之冤是为了警示后世的"信谗斥贤"之举。

一千个人眼中就有一千种屈原,李奎报也是结合自身的遭遇来看待屈原的。屈原之死或许有被诋的怨气,或许因国政日衰的郁结,旁人无从定论,各取所需而已。尤其是以李奎报为代表的文人,在其人生中,屈原是不可或缺的精神伴侣。在其给忘年交吴世才的哀词的序言中就写道:"昔屈原、贾谊,虽被疎斥,其始莫不被君宠遇,颇伸蕴蓄。李太白亦尔。杜甫虽穷,亦得为员郎。公独卒不霑一命而死。天耶命耶?果天也。其忍使才贤薄命如此,是何理耶?"①吴世才是高丽靖宗朝的翰林学士吴学麟之后代,当世名儒,精通六经,诗文得韩愈、杜甫之体;然而为生存常写文章自我推荐,却不容于仕途,最后因穷困而死。因此,惜才的李奎报为吴世才作了一首哀词,序言部分就有了如上几句。李奎报认为屈原就算是被疏离、斥逐了,好歹曾经也受过君主的恩宠,同之于后代的贾谊、李白;甚至杜甫也曾做过检校工部员外郎,而才华横溢的吴世才既无恩宠、又无官职地离开了人世,简直天理何在!同样在死的面前,比起吴世才的死来,屈原之死又相对地算是幸运的了,毕竟前边还有过荣华。

由此可以看出,对于李奎报来说,屈原的死在不同的比较对象面前呈现不一样的价值,有万幸的一面,也有不幸的一面。

三、屈原在李奎报创作中的影响

屈原很早就存在于李奎报的创作中了。根据李奎报年表显示,他于26岁时创作了一首百韵诗献给侍郎张自牧,之后得到张侍郎的厚遇,时常被赏酒喝。此百韵诗《呈张侍郎自牧一百韵》如下:

> 世家流庆远,我丈禀灵殊。爽露凝琼树,寒冰映玉壶。名声惊霹雳,胸臆贮江湖。
> 门继清廉镐,朝登质直酺。雪中松性古,天上桂枝孤。瑞梦曾征凤,明时敢忆鲈。
> 冯唐方见遇,颜氏旧如愚。帝室夸三镜,明堂宝六瑚。彤霄循北拱,苍海耸南图。
> 演诰唐麻上,分仪汉蕝隅。沐芳承湛露,纵辔骛长衢。酒胆钟星白,忠诚折槛朱。
> 躏人才落落,好士乐愉愉。忆昔初投刺,相迎似合符。夤缘近美玉,想像置生刍。
> 投辖情何厚,含杯气益粗。处囊容赵客,横气试齐巫。佳树旌幢卓,名花锦绣敷。
> 但欣青眼眄,何倩翠眉姝。文抉曹刘髓,词穷屈宋腴。芳醪斟石冻,异味杂山肤。
> 门客三千忝,诗筹一百输。瓮边眠毕卓,堂上宿淳于。大冶镕顽矿,洪溟纳细污。
> 再来增款密,欢笑益姁偷。极辩驰黄马,遗篇咏白驹。枉联东野句,频倒伯伦觚。
> 吟榻薰风散,归程晓雾纡。醉夸攀学士,骄不避金吾。意已黄金重,情难白骨渝。

---

① 李奎报:《东国李相国集》第五辑,卷三十七,汉城:民族文化文稿刊行会,1985年,第1页。

雄诗三绝在，圣草十行俱。拟作家传宝，唯怀鬼夺虞。艳妆欺友倩，绝辟倒嘉谟。
荷重犹投李，酬卑合覆瓿。寒予诚龌龊，赋命实崎岖。寒谷生冰子，哀衣着腐儒。
痴龙殊未辨，干鼠谩相沽。丑质惭康瓠，铦锋谢湛卢。北官惭驾莩，南郭望吹竽。
阙里攀龙凤，春官战虎貐。一鸣方骇世，十影拟过都。左相曾邀饮，宁王许醉扶。
玉颜罗密座，珍膳出丰厨。夜饮长侵晓，朝吟动及晡。牡丹园上醉，杨柳陌边驱。
晚落蟠泥困，那堪抚剑吁。道长犹恐泥，泉涸自难濡。弦绝何由续，墙顽肯可圬。
同门皆振翮，唯我尚抢榆。故故容颜改，垂垂岁月徂。六身催倒亥，三足未留乌。
心思如悬旆，功各剧守株。愁期千日醉，病爰四方糊。逸构交相扇，行藏甚似拘。
樊蝇顽不死，市虎动成诬。处处嗔投璧，人人虑窃铢。嘲龙多螺蚬，袭狗几鼱鼩。
郁郁同平子，申申愧女嬃。自啼无用血，浑断苦吟须。奔走如邮吏，迁延似贾胡。
杜园空费望，陶径想应芜。拟脱婴身网，归安曳尾涂。灌畦常掆掆，鼓缶乐呜呜。
南去将经楚，东游遂极吴。带苓謷叟结，学围小人须。船尾抄云子，江头种木奴。
饮河盈鼹腹，跳井没蛙趺。天地为游子，烟波作钓徒。翻思神圣代，何忍草莱逋。
佩洁纫芳蕙，巢寒恋碧梧。操修怜汲直，梦想对高俞。身世烦窥镜，生涯倦织绚。
出言虽切切，回眼例盱盱。竹实谈鸡鹜，椿年语蟪蛄。自嗟遭世晚，人道与时迁。
雷雨初惊后，乾坤可涤无。死灰期复爇，病树会重苏。器识虽云浅，心吁要欲剞。
不才堪搁朽，高论孰嘘枯。幸感贤知己，常称一鄙夫。衣冠将饰越，脂粉强妆嫫。
有玉深藏椟，为金好跃炉。波臣如得水，渊客岂无珠。囊阻抠衣礼，时方曳履趋。
琴僧折简召，笙客隔墙呼。话旧元无倦，论文亦颇娱。鼻墁逢匠石，背痒得麻姑。
始末如深遇，羸损有薄躯。每承亲昵昵，謦写意区区。小隐何人到，端居十日逾。
晓霞红绮散，夜雪白毡铺。冷火空频拨，寒醅孰与斟。虚堂无客位，幽室学僧趺。
忽忆参商别，潜悲楚越逾。仰风滋眷恋，回首亮踟蹰。苦欠奉书鹤，欲为趋藻凫。
试归如会面，不敏敢逃诛。孟浪词虽拙，公无笑嗫嚅。①

此百韵诗实际上只有98韵，大体分三个层次。前34韵（至"酬卑合覆瓿"）主要是对张自牧的称赞，从家世到才华，运用了众多典故，包括了颜回、屈原、宋玉、淳于髡、汉代的张酺、冯唐、朱云、三国魏的曹植、刘桢、晋代的张翰、刘伶、唐代的张镐、张鷟、孟郊等。中间的41韵（至"人道与时迁"）主要转为哭诉自己的坎坷身世，同门都飞黄腾达了，只有自己如同只能飞到榆树上的蜩与学鸠，还在守株待功名。最后23韵描写了自己与张侍郎的相遇和交往融洽，并让自己如死灰的希望重新复燃，期待侍郎对自己的进一步赏识。这是一篇意图强烈的自荐诗，并且李奎报在其中两次提到了屈原。第一次是称赞张

---

① 李奎报：《东国李相国集》第一辑，卷一，汉城：民族文化文稿刊行会，1985年，第15页。

自牧的诗词之丰富堪比屈原、宋玉的作品,而第二次是把郁郁不得志的自己比作了愧对女媭的抑郁屈原。所以此诗中屈原及其作品是被分开运用的,屈原的作品是辉煌的,但是屈原本人的精神形象是负面的。

在29岁(1196)那年,李奎报遭遇京师之乱而携家人前往黄骊、尚州等地,途中得寒热病而寄居寺庙休养,于是又有了《走笔谢希禅师惠米》一诗。

> 嗟我落寒贫,浑家皆食粥。亮非飡霞人,何由得辟谷。仁哉法师心,怜我无寸禄。
> 惠然送白粲,粒粒真软玉。何烦颜公帖,已贷监河粟。庋廖方暮炊,寒厨烟始绿。
> 犹堪哂三闾,冷淡飡秋菊。①

诗人住在寺庙期间,因贫寒而全家只能喝粥果腹,得仁慈的希禅师可怜,收到了禅师慷慨赠送的仿佛一粒粒软玉般的白大米。李奎报很得意自己不用像颜真卿那样写《乞米帖》,也不必像庄周一样贷粟于监河侯。妻子在傍晚开始做饭,空空的厨房终于又开始冒绿烟了。这时诗人想到了三闾大夫屈原,笑话他只能早上喝木兰上的露水、晚上吃菊花。这是出自《离骚》的"朝饮木兰之坠露兮,夕餐秋菊之落英"一句。显然李奎报将此时落魄的自己比作了行吟泽畔的屈原,并揭开了饮露餐菊的屈原真正状态其实是肚子饿。这是一种诙谐的手法,而且还被运用了一次,即《次韵李侍郎复见和》的七首之四:

> 莫言此是出蔬茎,必畜鸡鹅孕得生。不用磬驱肠底去,略须留弄掌中轻。
> 抟膏作饼形难似,辊雪为球状未成。觊可直宜和以豉,古犹相尚馈之羹。
> 宛同羊角抽初苗,敢譬猪肪截未精。为问湘中无此否,可怜憔悴楚臣平。②

此诗作于何时、李侍郎为何人暂不可考,可知的是此诗的起因是李侍郎送给李奎报土卵(芋头)时顺便赠了两首诗,于是两人就唱和起来。此般次韵之前,李奎报已经回赠过3次共14首了。这第4次的第4首中,作者在描写了芋头的质地、形状、重量、做法、色泽之后,结尾突然来了个提问——不知道湘水之中有没有此物呢,可怜憔悴的楚国臣子屈原能不能吃到呢?应该是联想到了楚地投粽子的习俗,同样也是在庆幸自己的待遇要比屈原好一点儿。跟上边收到大米时的心情如出一辙,由此也可推测该诗可能作于作者不遇之时。

不过,也不是绝对如此。有时屈原的个人形象及其经历也只是被用来释放胸中骚意

---

① 李奎报:《东国李相国集》第一辑,卷七,汉城:民族文化文稿刊行会,1985年,第79页。
② 李奎报:《东国李相国集》第六辑,后集卷七,汉城:民族文化文稿刊行会,1985年,第28页。

而已。如另一首《次韵梁阁校,和潘阆春游篇》中同样写道"天若不丧眼,屈贾胡为兮枯其形?天若不丧眼,李杜胡为兮沮其情?"① 这首诗的写作背景是二月的艳阳天中,作者在悠然地独自春游,飞花追逐着风儿飘舞,野田绿油油。然而,诗人心中担忧的却是"朱颜能几时"的芳华易逝,并分析说如果不是老天不长眼,屈原、贾谊怎么会形容枯槁,李白、杜甫怎么会神情沮丧。屈原是受到老天不公平对待的代表。正是由于这种固定的观念存于心中,屈原在李奎报人生的两次重大事故中都起到了疗伤的治愈作用。

李奎报52岁(1219)遭遇第一次仕途打击的时候作了一首《祖江赋》,可谓学屈原骚体的集大成之作。这一年因为有人没有进呈外方八关②贺表,作为左补阙的李奎报想要弹劾那些人,却被琴仪(1153—1230)相国制止了。后来晋康侯崔忠献(1149—1219)借此事弹劾琴仪和李奎报,结果琴相国无事,唯独李奎报被免了官。当年四月,李奎报被贬谪去守桂阳(现仁川市圭阳区),路上要渡过水势湍急的祖江(位于现金浦市月岬面祖江里),且被暴风阻隔。因景生悲而作下此赋,聊以自我宽慰。

    浩浩江流,浊如泾水。漆色而泓,懔难俯视。湍又激而迅兮,岂瞿塘之足譬。控百川之奔会兮,若鼎汤之惊沸。蛟鳄呀呀以流涎,又安测毒龙之潜伏以伺。溯滩欲径进兮,船如行而尚止。不夕而暝,不风而波。雪浪礧石以崩腾兮,若秦晋战于彭衙。篙工狎玩灵胥兮,犹畏夫洄洑与盘涡,顾区区一瞥之所如。岂以其澎濞郁怒兮,成此邂逅。予既被谪,遭此险流。孤舟兀以曰没兮,其将安适兮,去悠悠。望平皋兮草暗,溯极浦兮烟愁。鸟鸣轧轧,猿哭啾啾。落日兮掩掩,黄云兮浮浮。虽五马之足荣兮,亮非吾之攸期。嗟此迟征,古岂无之。孟三宿而出昼兮,丘去鲁兮迟迟。贾谊洛阳之才子兮,谪长沙之湿卑。圣贤尚尔,予复何悲。较昔人之未遇兮,吾又专城兮斗仰。累累。鹄山隐翳兮渐远,望长安兮徒自疲。业已离兮上都兮,欣桂阳之伊迩。于以泊舟,于彼碕涘。谁其来迎,贸贸残吏。纷彩幕兮葳蕤,烂红斾兮旖旎,弭节兮山之椒。炬火照林兮,鸟惊以飞。聊逍遥以散发兮,风搅搅兮吹衣。江水駃而疾兮,予既济其何疑。行矣尚足乐兮,何必眷眷兮怀归。出处不自谋兮,乐天知命兮,先哲是希。③

从骚体格式上来看,作者采用了"兮"字位于中间的句式。从内容上看,先写险境,

---

① 李奎报:《东国李相国集》第一辑,卷三,汉城:民族文化文稿刊行会,1985年,第41—42页。
② 八关:指八关会,高丽时期一种佛教仪式,又称八关斋会或八斋会,是一种让在家信徒一天一夜遵守不杀生、不偷盗、不奸淫、不妄语、不饮酒及不坐高广大床、不着华蔓璎珞、不习歌舞戏乐等八种戒律的仪式。
③ 李奎报:《东国李相国集》第一辑,卷一,汉城:民族文化文稿刊行会,1985年,第13—14页。

然后引出人物,并加入了作者的感想——自己因被谪而到此,理应悲伤;但自古如孟轲、孔丘、贾谊等圣贤都有过类似的不遇经历,自己又何必悲伤,应该乐知天命。这里虽然没有出现屈原的典故,却用屈原创造的文体承载了自身的情感,抒发了自己心中的愤懑,转而得到了乐观的结果。从这篇赋中似乎也可窥见其作《屈原不宜死论》的影子,乐观才能化郁结为生的力量。

然而,乐观却并不能赶走人生的厄运。李奎报63岁(1230)遭第二次流放那年,成了创作最多跟屈原有关诗作的一年。这第二次流放又是跟八关会有关。这一年的八关会侍宴中有违背惯例的人,是枢密使车倜指使的。于是知御史台事王猷怒叱做事之人,被车倜误以为王猷在呵斥宰相而状告了他。王猷被流放远岛,而当时在现场的李奎报和左丞宋恂(?—1259)也被牵连一起被流放了。这次李奎报是被流放到了猬岛(位于现全罗北道扶安郡西海域)。跟第一次被流放比起来,这次完全是无辜受累的对象。因此,李奎报在此次流放途中表现出了更多的骚意,连续四次写下相关诗句。

第一首是《吴君见和,复次韵》:

憔悴行吟泽畔身,龙滩鲛室是吾邻。此时唯有吴夫子,眷眷当年同榜人。①

"吴君"是指吴阐猷(1168—1238),时任古阜(现全罗北道井邑市一带)太守。在此诗之前,李奎报还作有一首《谢古阜大守吴同年阐猷携酒来访》。吴阐猷和答了李奎报的诗,于是才有了上述这首。在此诗中,李奎报很直白地把自己比作了在江边憔悴吟咏着诗的、只有江水作伴的屈原,而陪伴诗人本身的则是跟自己同岁的吴阐猷。这首诗是李奎报进入猬岛前所作,入猬岛后又有了第二首《入岛作》:

旧读离骚悼楚臣,岂知今日到吾身。为儒已误为僧晚,未识终为何等人。②

倘若入岛前跟同龄人在一起还有一丝欣慰的话,那么入岛后的孤独感更强烈地蕴含在了诗句中。他说自己以前读《离骚》悼念楚国臣子屈原的时候,哪会想到日后会发生在自己身上;后悔走了儒士这条路,可要出家为僧也已经晚了;更不知最终自己将成为什么人。后悔和茫然的情绪布满了这简单的28个字中。这种情绪一直萦绕在整个居岛期间,并凝聚到了梦中。其《辛卯正月九日记梦》就如下言:

---

① 李奎报:《东国李相国集》第三辑,卷十七,汉城:民族文化文稿刊行会,1985年,第19页。
② 李奎报:《东国李相国集》第三辑,卷十七,汉城:民族文化文稿刊行会,1985年,第20页。

耿介人必非,刚正世皆斥。凡事贵依违,不欲大明白。我早铭斯言,性方不自克。
果然蹈危机,受此万里谪。伊昔吊屈贾,兼责彼方直。今夜梦二子,来理前所责。
宁独我辈欤,方直汝尤剧。我辈负所蓄,抹义图经国。时君不能用,所以为逐客。
而子抗何辞,乃落大困厄。尔所责于吾,又为子所得。忍饥坐穷乡,鱼鳖同窟宅。
勿复责我为,改辙思尔适。我惭未遽答,咋指空大息。①

既是梦,又是诗人郁闷的集中反映。前 4 句述说自己受到此次的贬谪危机是因为明知道耿介、刚直、太明白会被排斥,也没有克制自己的性格。剩下的内容其实就是在说诗人比自己指责过刚直的屈原、贾谊更加耿直,屈贾尚在陈述大义、企图治国,不被君主采纳,故而被放逐;而自己并没有任何反抗之辞,也遭此大难来。诗人指责屈贾之处全都反弹到了自己身上,如今只剩下叹息之力。李奎报既是在反思以往对前人的不解,同时也痛恨自己明知故犯地不吸取前人教训。从另一个方面来说,李奎报其实是具有屈原刚直性格的一面的。不过,两人的性格不同的点更多,所以李奎报最终是活着离开了猬岛。离开的时候,其心有余悸的情绪通过《黄骊旅舍有作》记录了下来:

久客堪憎喧者稀,湘累情况益依依。风花落地飘还起,雨蝶黏枝涩不飞。
遣兴未知何处酒,疗饥唯赖此山薇。终朝菜圃佣锄秽,泥溅蒿鞋露浥衣。②

受到皇恩大赦后回京师的途中再经过黄骊,李奎报再次回忆了被困猬岛时种菜、泥作的辛劳,风花雨蝶相伴、只有山薇充饥、没有酒来遣兴的苦涩生活。这种生活让客居太久之人感到可恨而很少跟人提起,因为它就好似屈原沉入湘江一般地让人窒息。可以说,屈原陪伴李奎报度过了他的流放生涯,让他不至于孤单无助地走上屈原之路。

通过以上这些诗赋作品可以看出,李奎报不仅在其创作中以屈原为素材,而且还很精通于屈原的骚体形式。

四、结论

屈原作品传入朝鲜半岛早在新罗之前,因为到 6 世纪末、7 世纪初的新罗时期,屈原就俨然成了臣子口中经常提到的人物了。其对士大夫、文人的影响在高丽时期的文献中就得到了更多的体现。除了尹彦颐、林椿、安置民等人以外,最能集中反映出屈原在高丽

---

① 李奎报:《东国李相国集》第三辑,卷十七,汉城:民族文化文稿刊行会,1985 年,第 20 页。
② 李奎报:《东国李相国集》第三辑,卷十七,汉城:民族文化文稿刊行会,1985 年,第 21 页。

文人心目中形象的就是李奎报。

　　从李奎报的《屈原不宜死论》《呈张侍郎自牧一百韵》《走笔谢希禅师惠米》《辛卯正月九日记梦》等各个人生阶段所产出的作品来看，屈原的人和作品是被分开来使用的。屈原因刚直性格所带来的流放至死的人生经历，对以李奎报为代表的高丽文人来说，是在仕途受挫时最佳的精神寄托之处和治愈良药。李奎报认为屈原太过刚直、不懂得退让而导致死得不值的结果，于是屈原始终在其诗赋作品中维持着消极的负面形象，出现在其仕途坎坷的各个阶段，并陪伴其克服艰难。不过，屈原的创作在李奎报的心目中是具有丰富色彩并被其推崇和学习的。毕竟两人都有过两次流放经历，性格都有刚直的一面。不过，李奎报比屈原多了一点儿乐观。

宋玉研究

从先秦"风占"习俗看宋玉《风赋》创作的社会文化因素

鞍山师范学院　刘　刚

宋玉《风赋》以风为话题，赋说"大王之雄风"与"庶人之雌风"，以讽谏楚襄王要体察民生疾苦，不可以自身体感忖度民人的感受，侈言什么"快哉此风！寡人所与庶人共者邪？"明张凤翼《文选纂注》卷三《风赋》注说，"风以雄雌分，其居使之然也。知其雄而不侈，知其雌而不忘，斯善矣。此所谓讽也。"[①] 宋玉《风赋》的艺术魅力，一者在于"雄风"与"雌风"之命名新颖奇特，二者在于对雄、雌风的对比描写细致入微，三者在于雄、雌风导致"宁体便人"与"死生不卒"两种截然不同结果的鲜明对举，四者在于高度艺术化的铺排赋说。《风赋》不同凡响的艺术创作，当然与宋玉自身的文化素养与赋说才华有直接关系，然而也不可忽视社会文化对其的滋养、启迪与影响。说到影响宋玉《风赋》的社会文化因素，最为关键的就是先秦流行的"风占"习俗。

一、从银雀山汉简"八风"看先秦的风占习俗

所谓风占，是古代一种属于阴阳术数的占卜之术，又称之为"风角"，《后汉书》卷三十下《郎顗传》李贤注曰："风角谓候四方四隅之风，以占吉凶也。"[②] 其起源可能相当古老，在甲骨文中已有大量关于"占风"的卜辞，这些卜辞很可能就是"风占"的先声。据《甲骨文合集》，编号为14294的卜辞说："东方曰析风曰协，南方曰口风曰岂，西方曰夷风曰彝，（北方曰夗）风曰伇。"为东西南北风另起了一套名称，与汉简"八风"（详见下文）相比较，已然带有了"风占"的意味。风占习俗，在先秦文献中既有记载。《春秋左传注疏》卷三十三《襄公十八年》，"楚师多冻，役徒几尽。晋人闻有楚师，师旷曰：'不害。吾骤歌北风，又歌南风。南风不竞，多死声，楚必无功。'"杜预注，"歌者，吹律以咏八风。南风音微，故曰'不竞'也。师旷唯歌南、北风者，听晋、楚之强弱。"孔颖达疏云，"正义曰，服虔云'南风律气不至，故声多死。'"[③] 这是以五音十二律配八风来进行风占的例子。《周礼注疏》卷二十六《保章氏》载："以十有二风，察天地之和，命乖别之妖祥。"郑玄注，"十

---

① 张凤翼撰：《文选纂注》，《四库全书存目丛书·集部》第285册，济南：齐鲁书社，1997年，第134页。
② 范晔撰，李贤等注：《后汉书》，北京：中华书局，1965年，第1053页。
③ 十三经注疏整理委员会：《春秋左传正义》，北京：北京大学出版社，2000年，第1094—1095页。

有二辰皆有风吹其律,以知和不(否)。其道亡矣。"贾公彦疏:"释曰,此一经欲见十二辰顺律气,以知妖祥之事。"① 这是以十二时辰之风占卜妖祥的例子。然而,在郑玄的《周礼》注中,我们可以看到,风占之术,在郑玄所处的东汉末年"其道亡矣",已经难以说清楚风占的具体占卜方法与预测的内容。值得庆幸的是,2010年《银雀山汉墓竹简》(二)正式出版,其中西汉早期简册《天地八风五行客主五音之居》中之"八风"记载了风占的相关信息,使我们对风占有了进一步的了解。为了展开论述,下面先将《银雀山汉墓竹简》中有关"八风"的简文引录于下,而后加以必要的解读。

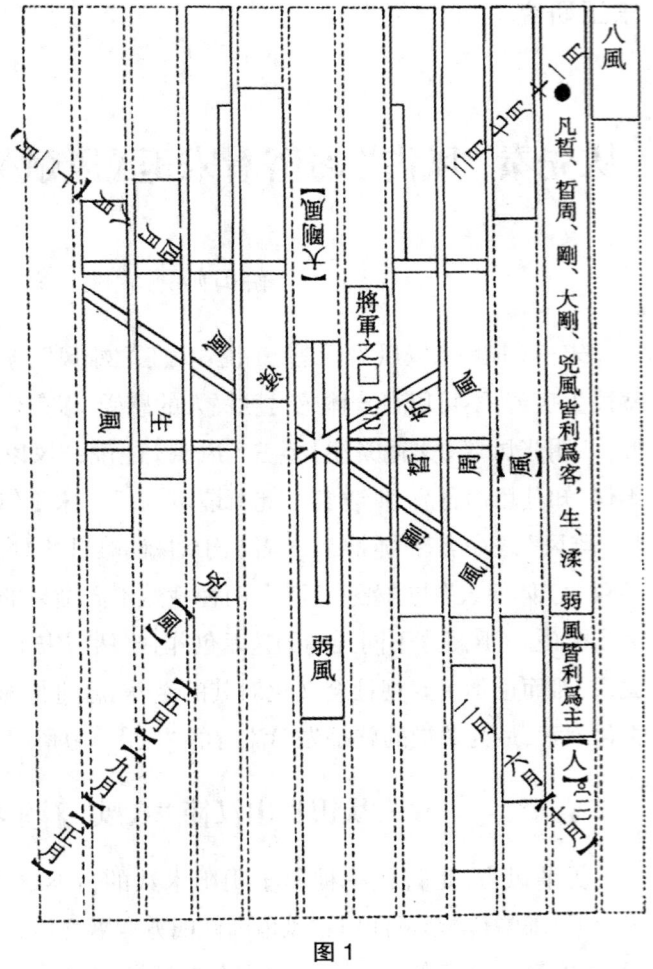

图1

第一组:

包括【1964】至【1974】十一支简缀合成的"八风图"与图下的"风占"叙述。其图与叙述如下:

  风从刚风来,疾而……【1975】

  [风]从生风来,疾而暴……【1976】

  [风]从㢶风来,疾而暴。击之,破军禽(擒)将。【1977】

  风从弱来,疾而暴。疾从而击之,破军禽(擒)将。【1978】

  [风]从凶风来,疾而暴,主人与客分。祸(课)风北多则客胜,东多则主人胜。【1979】

  ……暴,勿应……【1980】

  ……□则主人军破……【1981】

---

① 郑玄注,贾公彦疏:《周礼注疏》卷二十六《保章氏》,文渊阁本《四库全书》,上海:上海古籍出版社,1987年,第376页。

第二组：

利主人·弱风、溱风、生风,不可以为客,可以为主人。【1998】

利客·大刚风、晣风、刚风,可以为客,不可以为主人。【1999】

第三组：

宫·宫风:庚子、辛丑、庚午、辛未、戊申、己酉、戊寅、己卯、[丙]辰、丁巳、丙……【2003】

商·商风:庚辰、辛巳、庚戌、辛亥、壬寅、癸卯、壬申、癸酉、甲午、乙未、甲子……【2004】

角·角风:戊戌、己亥、戊辰、己巳、庚……【2005】

徵·徵风:丙寅、丁卯、甲戌、乙亥、丙申□……【2006】

禹(羽)·禹(羽)风:壬辰、癸巳、壬戌、癸亥□□……【2007】

……丑、丙午……【2008】

……□、丙子、甲……【2009】

□角风当生长,三日宿戒,五日兵□……【2010】

……不出,三日宿戒,五日□□□【2011】

……前无后,三日宿戒,五日□□□……【2012】①

为了阅读方便,所引简文尽量采用简体字,"( )"圆括号内表示通假字的本字,"[ ]"方括号内表示原字不清,据简文内容推测的疑似字,"□"号表示原字不清、难以辨认的字,"【 】"加黑方括号内为《银雀山汉墓竹简》(二)的竹简编号。

据整理者介绍,上引简文第一组,"内容包括八风图和'风占'两部分",第二组,内容是从主、客利弊的角度谈及风占,第三组,"属于标题所谓'五音'的范围",说明"五音"与"风占"的搭配关系。分析所引简文,我们可以获得下列信息：

1. 简文记录之"风占",是根据不同名称与性质的风,占卜主、客双方作战之利弊、胜负与排兵布阵。简【1977】、【1978】所说"破军擒将"、简【1981】所说"主人军破"与简【2010】、【2011】、【2012】言及"宿戒"即是证明,《银雀山汉墓竹简·占书》中也言及"风占",简【2085】言"……西风五日,兵甲乃发。东风五日,六大乃伐"②,可以作为佐证。

2. 简【1964】言及"八风",而"八风"都有专名,其名称是晣风、晣周风、刚风、大刚风、凶风、生风、溱风、弱风。从简【1964】至【1975】组成的"八风图"来看,八风又与八方相对应,即北风称大刚风、南风称弱风、东风称晣周风、西风称生风、东北风称晣风、西北风

---

① 《天地八风五行客主五音之居》中之"八风",银雀山汉墓竹简整理小组编:《银雀山汉墓竹简》(二),北京:文物出版社,2010年,第232—237页。

② 银雀山汉墓竹简整理小组编:《占书》,见《银雀山汉墓竹简》(二),北京:文物出版社,2010年,第241页。

称溧风、东南风称刚风、西南风称凶风。"风占"不以人所周知的方向称谓东、西、南、北称呼风,而另外使用一套术语,用人对于风的直观感觉为各个方向的风起了个专名,形成了占卜专用的各个方向之风的专业用语,这就使风占具有了隐秘性与神秘感。

3. 据简【1975】至简【1979】五枝简的文字,一方面强调"风从 × 风来"的风名所代称的方向,一方面强调风"疾而暴"的速度与强度等现象分析,风占的方法与测试风的方向、速度、强度有关;又据简【1979】"祸(课)风北多则客胜,东多则主人胜"的叙述分析,风占的方法还与观察风持续的时间长短有关。将方向、速度、强度、持续时间四者综合起来,才能做出相应的占卜判断。

4. 从第二组简分析,"利主人"和"利客"的占卜,不仅与干支表示的六十甲子日有关,也与风占有关,表现出甲子记日与八风配合使用的占卜方式。

5. 从第三组简分析,风占与五音相关,大概是将六十甲子日分为五组,五组甲子日分别隶属于宫、商、角、徵、羽等五音,在特定的日子用与之相应的音预测行事利与不利,而预测的方法是用某种乐器(可能是埙、篪、笛类乐器)测试风向、风速与强度,从而按"风占"的规则条例做出预言。前举师旷之风占时所言"南风不競,多死声,楚必无功",所采用的就是这种方法。

6. 整理者据考古发现判断,银雀山汉简《天地八风五行客主五音之居》的抄写年代至少在汉武帝早期,在这个前提下,与抄写于西汉初年、成书于战国、疑似出自楚人之手的马王堆《天文气象杂占》类比,我们推测其成书年代肯定要早于抄写之时,甚至也可以追溯到战国时期。

尽管《左传》与银雀山汉简"八风"的记述都是以风占的形式占卜战事,但风占的功用绝不仅限于此。成书于战国之际的《灵枢经》卷十一《九宫八风第七十七》云:"各以其所主占贵贱,因视风所来而占之。风从其所居之乡来为实风,主生,长养万物;从其冲后来为虚风,伤人者也,主杀,主害者。"①《吕氏春秋》卷二十二《察传》说:"夔于是正六律,和五声,以通八风而天下大服。"② 王充《论衡·变动》言:"以风占贵贱者,风从王相乡来则贵,从囚死地来则贱。"③《史记·天官书》载,"风从南方来,大旱。西南,小旱。西方,有兵。西北,戎菽为小雨,趣兵。北方,为中岁。东北,为上岁。东方,大水。东南,民有疾疫,岁恶。故八风各与其冲对,课多者为胜。多胜少,久胜亟,疾胜徐。"④ 足见风占之术适用先秦两汉人类社会生活的各个方面,甚或可谓无所不包,由此可知,其占术虽掌握在少数专业人士手中,但对其的信仰或曰迷信却具有全民性,因而"通八风而天下大服"。

---

① 《灵枢经》(万有文库本),北京:商务印书馆,1954年,第119页。
② 许维遹撰,梁运华整理:《吕氏春秋集释》,北京:中华书局,2009年,第618页。
③ 黄晖:《论衡校释》,北京:中华书局,1990年,第652页。
④ 司马迁:《史记》,北京:中华书局,1959年,第1340页。

二、"风占"习俗与宋玉《风赋》的创作

宋玉《风赋》的一系列赋说,是由襄王面对"飒然"之风,油然提问"快哉此风!寡人所与庶人共者邪?"而引发的。话题的提出,本与风占无关,然而宋玉为了一进谏言,将话题引向了绝非"共"享、而是"独"享的临风体验的辨析,于是宋玉在风占习俗的潜意识启发下,赋说出"大王"与"庶人"具有天壤之别的临风感受,将讽谏寓意隐含在赋说两种风的铺排夸饰之中。关于"风占"对宋玉赋说的影响,我们可以从四个方面探寻其构思中潜意识的启迪与助推作用。

首先,宋玉说:"臣闻于师,枳句来巢,空穴来风。其所托者然,则风气殊焉。"这里所说的"闻于师",是宋玉获得有关风的知识本源。先秦时期还没有现代科学意义上的气象学,其知识来源当是当时流行的风占之术或曰风占习俗。长沙马王堆汉墓出土有帛书《天文气象杂占》,顾铁符指出:"《天文气象杂占》的占文,除了'贤人动'、'邦有女丧'、'有使至'等一小部分占文之外,其余的都是'客胜'、'主败'、'兵兴'、'军疲'、'城拔'、'邦亡'、'益地'、'失地'等关系军事方面的。"① 这与汉简"八风"之风占大体相同,不过其占气之"气",指蜃气、晕、虹、风、雨等,范围要比风占大得多,其中涉及风占的占文有两条,虽然少,但也可以说明"占气"之术包括"风占"。《天文气象杂占》整理者于《说明》中指出,"其中有赵云、韩云、魏云,说明成书是在战国时期公元前403年三家分晋之后"的战国时期,"其中有占文提到吴、楚柏举之战,口气类楚人,很可能出于战国时楚人之手"。② 足见,风占之术或风占习俗在战国之时的楚国就已经存在了。宋玉"闻于师"而获得有关风之知识的叙述,绝非虚言,当是写实。宋玉所说的"师",应该是精通风占、像晋国师旷一类的楚国达人。宋玉其人,对于各方面知识都有求知的欲望,他在《钓赋》中自述"宋玉与登徒子受钓于玄洲",但宋玉的求知,不是人云亦云的简单接受,而是在求知中多有思考,例如他"受钓于玄洲",就在钓术中悟出了治国的道理。据此可以推想,宋玉学习风占之术,体察风占习俗,也不当人云亦云囫囵吞枣式的简单接受,也应当有所思考,有所类推,《风赋》很可能就是他思考后类推出的产物,用风之行经、风之裹挟之"众芳"或"死灰"、风对人产生的不同影响,暗喻统治者与被统治者的生活差距,从而讽喻襄王要体察民情,关注民生。可以说,宋玉创作的灵感来源于他对风占之术或习俗的了解。

其次,宋玉将襄王遭遇之风称之为"大王之雄风",将百姓遭遇之风称之为"庶人之雌风"。这种对于风的不同于凡响、出语惊人的命名,应当受到了风占之术为风另起名称的启发,在神秘化的"风占"命名中悟出了创新出奇的命名锁钥。1."风占"之术为四方

---

① 顾铁符:《马王堆帛书〈天文气象杂占〉内容简述》,《文物》,1978年第2期。
② 《天文气象杂占·说明》,湖南省博物馆、复旦大学出土文献与古文字研究中心编纂:《长沙马王堆汉墓简帛集成》第4册,北京:中华书局,2014年,第245页。

四隅之风另起了一套名称，激起了宋玉为"大王"之风与"庶人"之风命名的灵感。《风赋》为风命名，也不按东、南、西、北四方，或东北、西北、东南、西南四隅来称谓，而以受风之对象的爵位冠以"大王"与"庶人"，又以受风对象的阴阳属性冠以"雄"与"雌"，这种命名方法无疑受到了"风占"以速度、强度的抽象语词为风命名的启发。2.宋玉所命名的风"大王"与"庶人"的意义相对，"雄"与"雌"的意义相反，其实也受到了"风占"的启发。试看"风占"中八风之名称，曰"晰风"、曰"晰周风"、曰"刚风"、曰"大刚风"、曰"兇风"、曰"生风"、曰"溇风"、曰"弱风"。仔细分析，它们的名称是反义相对的，北方大刚风对南方弱风，大刚风最为强劲，弱风最为柔弱；东方晰周风对西方生风，晰周风又称为"谋风""谏风"，其风较为清爽而纾回，生风又称为"婴儿风""兊风"，其风较为喧扰而突兀；东北晰风对西南凶风，晰风又称为"析风"，其风最为清爽而纾回，凶风又称为"冲风"，其风最为喧扰而突兀；西北溇风对东南刚风，溇风较为柔弱，刚风较为强劲。四组风名两两相对，且内在含义相反，以之与《风赋》对风的命名相比较，不能不让人产生"雄风""雌风"之命名借鉴了"风占"风名的自然联想。

再次，"风占"与《风赋》的叙述目的具有高度的一致性，都是归结于人事之上。"风占"占卜风之目的在于预测人事，简【1977】、【1978】"破军擒将"，简【1979】"[风]从凶风来，疾而暴，主人与客分。祸（课）风北多则客胜，东多则主人胜"，简【1981】"主人军破"，简【1998】"利主人·弱风、溇风、生风，不可以为客，可以为主人"，简【1999】"利客·大刚风、晢风、刚风，可以为客，不可以为主人"，都是占风而预测人事的证明。宋玉《风赋》无论是赋说"大王之雄风"，还是赋说"庶人之雌风"，也都归结到人事的目的之上，如赋"雄风"说，"故其风中人状，直惨凄惏慄，清凉增欷，清清泠泠，愈病析酲，发明耳目，宁体便人，此所谓大王之雄风也。"赋"雌风"说："故其风中人状，直憯懵郁邑，驱温致湿，中心惨怛，生病造热，中唇为胗，得目为蔑，啗齰嗽获，死生不卒。此所谓庶人之雌风也。"可见《风赋》的叙述目的与"风占"是相同的，一致的，都是在最后以风对于人事的利与弊作结。所不同的小小差异则表现为，"风占"是对未然之人事做出预判，《风赋》是对已然之人事予以揭示，其中参考借鉴的痕迹清晰可见。

再其次，"风占"与《风赋》的叙述模式极为接近。从"风占"的完整简文看，关于其叙述的次序，可以概括为，"风名（暗含来风方向）→描写（速度与强度）→人事预测（利与弊）"，例如简【1978】，"风从弱来，疾而暴，疾从而击之，破军擒将"。从《风赋》的铺写次序分析，则可以概括为：

风之"生""起"→风之"将衰"—
　　　↗风名（雄风）→描写（行经与携带物）→人事（利）
　　　↘风名（雌风）→描写（行经与携带物）→人事（弊）

将《风赋》"风名"及其以后的铺写次序与"风占"叙述次序相比较,不难看出二者极为接近。略有细微区别的是,1."风占"的描写专写速度与强度,《风赋》的赋说强调行经与携带物,但是《风赋》也有关于速度与强度的描写,只不过不像"风占"那样是抽象的表述,而是具象的表述,如:铺写雄风使用"飘举""乘凌""徘徊""翱翔""徜徉"等词语,可见其风比较柔和,比较徐缓,速度不那么快,强度不那么大。又如:铺写雌风使用"瘖然起""堀堁扬""冲""动""吹""邪薄入"等词语,可见其风较为强劲,较为突兀,速度较快,强度较猛烈。2."风占"的描写简明扼要,《风赋》的赋说铺排夸张。这是文体不同所致,"风占"属于说明文语体,而《风赋》则是辞赋体裁的语体。上述两点当不是偶然的巧合,可以说,宋玉《风赋》借鉴了"风占"的叙述模式,但凸显了散体赋的文学特点,这是宋玉《风赋》对"风占"叙述模式的艺术化处理,是宋玉《风赋》的特色所在。

综上所述,事实说明,宋玉《风赋》的艺术创作汲取了社会文化提供的给养,在当时社会流行的风占习俗中得到了启发,在"风占"的叙述中获取了灵感,在借鉴"风占"的基础上发挥艺术想象、施展艺术才能,从而创作出了脍炙人口、赋说新颖、赋中寓讽的优秀作品。艺术评论中有一条定律,即"生活是艺术创作的源泉",宋玉的《风赋》创作充分地体现了他自觉或不自觉地践行了这个现代哲人总结出的至理名言。

关于宋玉《高唐》《神女》赋的两个问题

信阳师范学院　金荣权

《高唐赋》《神女赋》是宋玉赋作的代表作品,《高唐赋》首开中国古代山水赋的先河,《神女赋》则是中国古代首篇专门全方位描写女性形象的赋作。经过汉魏六朝的传播,高唐、巫山神女、巫山云雨等逐渐形成具有固定意义的文化意象,成为后代诗、词中经常歌咏的主题,并全在戏曲和小说中经常出现。后世学者对赋中的高唐地理位置、巫山神女的原型、赋作的思想内容、宋玉的创作意图等展开深入而全面的探讨,也得出不同的结论。宋玉的巫山融合了楚地山水的总体特征,加之文学的渲染,非某一具体的山可以对应的;巫山神女是宋玉对楚地神话传说的记忆,同时也进一步表现了楚文化中人与巫的关系,是对屈原《九歌》作品中人神相恋、神神相恋的诗化描写的继承;神女赋中所现的情怀与宋玉的生平际遇息息相关。

一、关于《高唐赋》中的高唐与巫山

《高唐赋》序说:

> 昔者楚襄王与宋玉游于云梦之台,望高唐之观,其上独有云气,崒兮直上,忽兮改容,须臾之间,变化无穷。王问玉曰:"此何气也?"玉对曰:"所谓朝云者也。"王曰:"何谓朝云?"玉曰:"昔者先王尝游高唐,怠而昼寝,梦见一妇人曰:'妾,巫山之女也。为高唐之客。闻君游高唐,愿荐枕席。'王因幸之。去而辞曰:'妾在巫山之阳,高丘之阻,旦为朝云,暮为行雨。朝朝暮暮,阳台之下。'旦朝视之,如言。故为立庙,号曰朝云。"

序中出现了云梦、高唐、巫山之女等,而讲述的又是一个美艳的传说。因此,巫山神女、巫山云雨等随着《高唐赋》的流传,也成为中国古代文学中经常提到的话题,更是诗词中常常引用的典故。

那么,宋玉所赋的高唐又在什么地方呢?由于赋中出现了巫山神女,所以大多研读此赋的人都将高唐山与巫山联系起来,将其地理位置标注于今天重庆市巫山县境内的巫山。后世歌咏此典者也都自然而然地联想到三峡的巫山。即便有学者怀疑高唐到底是在云梦还是在三峡?高唐与巫山是什么关系?但也没有过于较真地去考论。

至20世纪30年代,钱穆和孙作云两位先生的争论才真正将关于巫山和高唐山地理位置的讨论提到学术界面前。1934年钱穆先生在《清华学报》第9卷第3期上发表《楚辞地名考》一文,认为宋玉赋中的巫山、高唐不在三峡而在南阳,巫山就是今天湖北省随县西南一百二十里的大洪山。其核心证据有二:其一,襄王既东迁,都于陈城,不会远道游夔州巫山;其二,赋言"游云梦之台,望高唐之观",云梦不在四川,故知高唐巫山决不近夔州。后来,钱先生一直坚持这种观点,在其《史记地名考》中重申:"晋建平,今巫山县,与云梦不涉。后人多以此处巫山说《楚辞》巫山,其实非也。《楚策》:'秦举鄢郢、巫、上蔡、陈之地'。又曰:'蔡圣侯南游乎高陂,北陵乎巫山,食湘波之鱼,驰骋高蔡之中'。高蔡即上蔡。巫山当在鄢郢与上蔡间,而当云梦之北,疑在今大洪山脉中。"①

　　1936年孙作云先生在《清华学报》第11卷第4期上发表《〈九歌·山鬼〉考》一文,针对钱先生观点进行辩驳。认为:襄王游高唐可能会在襄王二十一年迁陈城之前;大洪山在随国境,楚之先王不会跑到随国境内去立庙。

　　此后,越来越多的学者参与到巫山、高唐地理位置的争论,除三峡巫山说和随州大洪山说之外,主要观点还有:

　　1. 高唐在今江汉之间的长江北岸,古称南姑射山。今人赵逵夫先生在《屈原和他的时代》一书中说:先秦时代楚国人所说的巫山,并非今天长江三峡中的巫山。当时的楚王不会到三峡游玩,更不可能在那里建立朝云庙和高唐观。"先秦时楚国的巫山,即神话中的南姑射之山,地处汉水以南,长江北岸。"②

　　2. 高唐即湖北赤壁市蒲矶山。贾学鸿《〈高唐赋〉中高唐山的现实原型及山名由来》一文中说《高唐赋》所展示的高唐山是一个簸箕形,它的原型就是位于湖北赤壁市境内的长江东岸的蒲矶山。"蒲矶山是簸箕山的别称和俗读,是由山形如簸箕而来,与高唐山的总体样态相一致。"③

　　3. 高唐山即今武汉西部的仙女山。当代楚辞学者刘刚认为:"据宋赋巫山的语境,从巫山与宋赋神女之联系、巫山与楚怀王和楚襄王之联系、宋赋巫山与历史中巫山地形地貌的比对等三个层面所作的深入考辨显示,湖北武汉西之巫山是为宋赋所述古云梦中的巫山。此山后称阳台山,今称仙女山。"④

　　学术界的这五种关于巫山、高唐位置的主要观点大都有文献的、文本学的和实证的依据,而尤以巫县巫山说和随县大洪山说最具影响。然而,细读宋玉《高唐赋》,我们发现学术界对巫山、高唐之辨似乎都或多或少的误解了宋赋的原意。

---

①　钱穆:《史记地名考》,北京:商务印书馆,2001年,第566页。
②　赵逵夫:《屈原和他的时代》,北京:人民文学出版社,2002年,第323页。
③　贾学鸿:《〈高唐赋〉中高唐山的现实原型及山名由来》,《江汉论坛》,2011年第1期。
④　刘刚:《巫山考——宋玉辞赋地名考之三》,《社会科学辑刊》,2007年第2期。

1. 高唐非山名而是巫山中的宫观

从宋赋内容来看，宋玉所赋的巫山在云梦泽中，高唐观则是楚人设在巫山中一个重要的祭祀之所。李善在《文选·高唐赋》注中引《汉书》曰："云梦中高唐之台。"所以"高唐"不是山的名称而是宫观的名称。山为巫山，高唐观所在之处的一片台地为高唐台。《高唐赋》正文开篇说"惟高唐之大体兮，殊无物类之可仪比。巫山赫其无畴兮，道互折而曾累"，意思表明高唐观无与伦比，而高唐观所在的巫山更是高大无畴。接下来描写登巫山、游高唐的沿路所观之景观：高耸之山势、湍急的溪谷、惊骇的猛兽，飞扬的山禽，众多的水族，常青的草木，艳丽的百花。而远望那直插云霄的座座孤峰却只是在高大的巫山脚下。高唐观坐落在一片平坦的山地中，其中香气袭人，百鸟争鸣。香草有：秋兰、茝蕙、江蓠、青荃、射干、揭车，鸟类有：王雎、鹂黄、正冥、楚鸠、秭归、思妇、垂鸡。进入高唐之观，需要完成"进纯牺，祷璇室，醮诸神，礼太一"等一系列祭祀活动。正因为高唐是祭祀楚国的太一神和其他大神的地方，尽管位于巫山之中，却没有巫山神女的位置，因而巫山神女才说自己为"高唐之客"。最后因荐先王枕席而得以在高唐观附近有了一个朝云庙，这才使神女有了自己的落脚处。对于这个朝云庙的称呼，《文选》卷31江淹《杂体诗》李善注引《宋玉集》、《渚宫旧事》卷3引《襄阳耆旧传》、《太平御览》卷399引《襄阳耆旧传》均作"朝云之馆"。

2. 宋玉笔下的巫山是楚地众山的缩影

研究者认为，宋玉赋中所表现的山势、气候、物产等与三峡的巫山相吻合；也有学者将它与地处古代云梦泽中的大山相比，发现赋中所写类似于今天的蒲矶山、仙女山等。实际上，我们不必过分地纠结于宋玉笔下的巫山到底在哪里。对于宋玉赋中所出现的诸多故事、所描写的很多物象并非现实生活中存在的，也不一定是宋玉所亲身经历过的。如《登徒子好色赋》中对宋玉示爱的东邻之子，《对楚王问》中的郢中歌手，《讽赋》中以色相诱的寂寞少女，这些未必实有其人；《大言赋》《小言赋》中襄王赐云梦之田的故事，也未必真的发生过。我们完全可以将这些仿佛与宋玉有关的故事视为来自生活而又大大高于生活的文学创作。

宋玉笔下的巫山也许有三峡之巫山的影子，但又不可能完全是对三峡巫山的描述。它不仅将巫山搬到了云梦大泽中，并融合了楚地众多大山的特点。通过此赋，展示了宋玉眼中、心中楚地山势的特点，楚国丰富的物产，四季鲜花盛开的景致。它是楚国秀美山川的缩影。

二、巫山神女的原型与文化意象

《文选》卷31江淹《杂体诗》李善注引已失传的《宋玉集》中的一段与今本《高唐赋》序类似的文字，其中所记情节有些出入：

> 楚襄王与宋玉游于云梦之野,望朝云之馆,有气焉,须臾之间,变化无穷,玉问:"是何气也?玉对曰:"昔先王游于高唐,怠而昼寝,梦见一妇人,自云:'我帝之季女,名曰瑶姬,未行而亡,封于巫山之台。闻王来游,愿荐枕席。'王因幸之。……为之立馆,名曰朝云。"①

引文中出现了巫山之女的"帝之季女"的身份和"瑶姬"的名字,为我们提示了关于巫山神女更多的信息。从魏晋至明清一千多年里,在众多诗词曲赋中,巫山神女、瑶姬成为反复歌咏的对象,随着作品主题的不同,她或是令人可以亲近的妖艳绝伦的美女,或是可望不可即的仙圣之品,或是淫娃荡妇的代名词。要之,她是后代很多文人心目中的理想"情人",是某些不可言喻的情感的寄托,甚至也成为一部分人意淫的对象。

正因如此,20世纪以来,很多学者在研究巫山神女的原型与文化意蕴的时候,多用民俗学理论来透视这位飘忽不定的神女,多将她与原始信仰中的高禖联系起来。

在20世纪前期,郭沫若先生在其《甲骨文字研究·释祖妣》中的提出:"楚之云梦为楚社所在之地,其中有'阳台',有'高唐观',有巫山神女之'朝云庙',而为为云为雨之所。'高唐'者余谓既高禖或郊社之音变。"②那么,在高唐观中的巫山神女当然就是高禖的主角,巫山神女自荐枕席与楚王也是古老的性文化、性习俗的体现。闻一多同意郭沫若关于高唐与高禖之关系,但不同意"高唐"为"高禖"之音变之说。而认为"高唐"即"高阳"。认为高阳神是楚人的祖先,原本是个女性,"高阳在始祖的资格之下,虽变成了男性,但在神禖的资格之下,仍然不得不是个女子"③,陈家梦先生也从此说:"巫山神女,乃私奔之淫女,其侍宿于梦王,实从高禖会合男女而起。"④

郭沫若、闻一多、陈家梦诸先生的观点对后世研究《高唐赋》《神女赋》和巫山神女的学者产生很大影响,沿着这个路子,当代一些学者进一步剖析神女的身份,有人认为她本是楚国云梦神社中的一位尸女,这个传说的背后是古代社祭求子祈雨的宗教习俗。也有学者认为它是战国以降的冥婚习俗的反映,神女游荡至高唐,是为寻求适婚夫婿而来。⑤

---

① 萧统编,李善注:《文选》,北京:中华书局,1977年,第477页。
② 郭沫若:《郭沫若全集》第一卷《甲骨文字研究·释祖妣》,北京:科学出版社,1982年,第63页。
③ 闻一多:《神话与诗·高唐神女传说之分析》,上海:上海古籍出版社,1957年,第99页。
④ 陈梦家:《高禖郊社祖庙通考》,《清华大学学报》,1937年第3期。
⑤ 鲁瑞菁:《高唐神女传说之再析——一个冥婚习俗观点的考察》,《云梦学刊》,2008年第2期。

这种以民俗学方法研究得出的结论无疑给我们很多启示,然而,巫山神女是否就是楚人的高禖我们却在古代文献中找不到一点相关的证据。闻一多认为因为在文明时代,将对高禖虔诚与敬畏变成了淫欲与玩狎,才使得宋玉的赋中的这位曾作为远古高禖身份的巫山神女堕落成了一个奔女。而远古时期的高禖崇拜存在于众多的不同民族,它也是先民们生殖崇拜的产物。高禖作为管理婚姻和生育之神,多数时候又是一个古老民族共同崇拜的女性祖先,她在一个民族集体心目中的地位是神圣而不可侵犯的。

如果要探寻巫山神女的真正身份,还需从其他文献中去找这位神女的来源。这位被后世称作瑶姬的巫山神女,在《山海经》中已有所记载,《山海经·中山经》载:"姑媱之山,帝女死焉,其名曰女尸,化为瑶草,其叶胥成,其华黄,其实如菟邱,服之媚于人。"[1] 这位姑媱之山的女尸便是后来的瑶姬,那可以让人沉入爱河的瑶草则是瑶姬精灵的寄托。相传瑶姬是炎帝的后代,其神话传说也最早产生于中原地区,后来随着炎帝部族的南迁和炎帝神话的南移,瑶姬传说也随之被传播至三峡地区,而原本为姑媱之山的女尸也有了一个女性化十足且典雅别致的名字"瑶姬"。

在传说中,巫山神女身上所附加的神话传说因素越来越丰富,其帝女的身份、未嫁而亡的人生经历和能够媚人的美艳,足使人产生无穷的想象。宋玉采用巫山神女的故事,既反映出楚文化的特征,也折射出宋玉的人生际遇。

在楚文化中有着追求华丽、纤巧之美的倾向,而对女性的审美表现出偏爱体态轻盈、尚瘦秀之美、超俗之美的特点。由于巫文化的盛行,使先秦楚地存在"民神杂糅""家为巫史"的普遍现象,从而也形成了楚文化中"人神合一"独有的文化特色。于是,在屈原作品《九歌》中充分展示了神神相爱、人神相恋多情、缠绵画卷。这《九歌》中,无论是大司、少司命、湘君、湘夫人、河伯、山鬼、东君、云中君等,都有着与普通人一样的柔情万种、多愁善感,也有着凡人的烦恼、忧愁、欲望和感伤,甚至是无奈。于是在屈原笔下,人、神之间的距离从来没有如此贴近过。而宋玉的《高唐赋》和《神女赋》所展现的神女与凡人的关系既是楚文化的传承,也是对屈原创作精神的发扬。所以,因为神与人的近距离,使楚王能有机会与神女交合;而神女终归是神,所以最后还是人神两隔。

宋玉赋中神女的形象也是宋玉人生际遇的体现,反映了宋玉内心深处的失落与惆怅。从相关文献记载来看,宋玉文思敏捷,才气过人,而一生只做过楚国的大夫,虽在楚王身边,但大多数只是以一个文学侍臣的身份存在。到晚年,甚至失职而流浪天涯。对于这样一种人生经历,对于宋玉来说常常有一种生不逢时之感、明珠投暗之叹。在现实

---

[1] 《山海经·中山经》(二十二子本),上海:上海古籍出版社,1986年,第1361页。

生活中得不到楚王的重用,又多次遭同僚嫉妒、打击,只有在作品中渴望找回自己的自尊,所以才有《大言赋》《小言赋》中得到云梦之田赏赐的自慰文字。同时又将自己目光乃至心灵转至丰富的女性世界,以《登徒子好色赋》《讽赋》等呈现作为男人的超人魅力;以《神女赋》中以神女对他眷恋留情、惺惺相惜,展示自己的价值,然而,这对生活在现实中的宋玉而言只能是一种虚幻,神女飘然逝去时,作者也就从幻境中重新地跌落到现实,剩下的只是无限的矢落与感伤。

《九辩》中的道意与李白对宋玉的缅怀

武汉大学　张思齐

东汉顺帝时期道教形成,道教此后的历史称为道教史。道教的信仰内容具有汉民族古宗教的特征。道教经过漫长的时期孕育而成,道教孕育时期的历史称为道教前史。老子和庄子是道教前史中的代表人物。其他与老庄生活年代相近的人物,如果其思想关涉于道教的基本观念,那么他们就应该在道教前史中占据一席地位。宋玉活跃于公元前298年前后,其作品具有好道的倾向,故而我们可以将宋玉其人其作放在道教前史的大范围中来考察。

一、总体的道意倾向

宋玉《九辩》,共255句,计1500余字。《九辩》是《楚辞》中仅次于《离骚》的作品。鲁迅《汉文学史纲要》第四章《屈原及宋玉》:"《九辩》本古辞,玉取其名,创为新制,虽驰神遐想,不如《离骚》,而凄怨之情,实为独绝。"[1] 由此可知,《九辩》是战国文学中的第二部伟大的政治抒情诗。为诵读方便,古人曾将《九辩》分章。《九辩》的分章,有八、九、十、十一章等多种分法。宋·洪兴祖撰《楚辞补注》,将《九辩》分为十章。后来,朱熹撰《楚辞集注》,将《九辩》分作九章。洪兴祖的《九辩》分章,前五章和第七章,与朱熹相同。朱熹《楚辞集注》流传广远。以下研究,遵循朱熹,分作九章。

宋玉《九辩》有丰富的道意。就《九辩》之九章而考察,可以看出宋玉总体上的好道倾向。九,并非确数,喻指多而已。辩,犹言遍。汉·王逸《楚辞章句·九辩章句第八》:"《九辩》者,楚大夫宋玉之所作也。……宋玉者,屈原弟子也。闵惜其师,忠而放逐,故作《九辩》以述其志云。"[2] 概言之,《九辩》是反复申说作者意图的文学作品。《九辩》的内容涉及天地、宇宙、社会、人生。《九辩》是一部表述宋玉的宇宙观、人生观和价值观的长篇抒情诗。宋玉的三观在《九辩》都得到了表述,而其宇宙观表述得尤其充分。以下逐章考察《九辩》,就其总体的道意倾向予以申说。

悲哉秋之为气也！萧瑟兮草木摇落而变衰。憭栗兮若在远行；登山临水兮送将

---

[1] 鲁迅著,顾农讲评:《汉文学史纲要》,南京:凤凰出版社,2009年,第33页。
[2] 洪兴祖撰,白化文等点校:《楚辞补注》,北京:中华书局,1983年,第182页。

归。沉寥兮天高而气清;寂寥兮收潦而水清。憯凄增欷兮薄寒之中人。怆怳懭悢兮去故而就新;坎廪兮贫士失职而志不平。廓落兮羁旅而无友生;惆怅兮而私自怜。燕翩翩其辞归兮,蝉寂寞而无声;雁廱廱而南游兮,鹍鸡啁哳而悲鸣。独申旦而不寐兮,哀蟋蟀之宵征。时亹亹而过中兮,蹇淹留而无成。①

第1—19句,《九辩》一章。宋玉以感叹秋天的悲凉而定下全篇的基调。借用圣经文学的术语而言之,《九辩》是一部哀歌(lamentation)。在宋玉生活的楚国一带,四季分明,一年的季节顺序地变换。春季比喻青春时代,青年宋玉在顷襄王时做过小官。夏季是草木茂盛生长孕育果实的季节,然而宋玉却没有机会施展他的抱负。秋季本是收获的季节,然而宋玉感受到的却是悲凉。秋季过后就是冬季,那时候将会万物萧瑟。宋玉不及屈原刚烈,但是他仍然坚强,他要在悲凉的秋风中远行,他要南游。南方暖和一些,或许可以迎来人生的机会。《易经》第四十六卦《升卦》,其卦辞曰:"升,元亨,利见大人,无恤。南征吉。"②《升卦》是上升的象征,至为亨通,有大人物的帮助,无需忧虑,向着南方进发,就能获得吉祥。《庄子·外物》:"诺,我且南游吴越之王,激西江之水而迎子,可乎?"③南,本来指早上面向太阳时右手的方位,这里指条件较好的方向,但是不必拘泥于地理上的南方。据《庄子·天地》记载,子贡也曾南游。努力朝着条件较好的地方进发,做一番南游,尽可能实现人生的抱负。这是《九辩》总体好道倾向的第一重道意。

悲忧穷戚兮独处廓,有美一人兮心不绎。去乡离家兮徕远客,超逍遥兮今焉薄?专思君兮不可化,君不知兮可奈何!蓄怨兮积思,心烦憺兮忘食事。一见兮道余意,君之心兮与余异。车既驾兮揭而归,不得见兮心伤悲。倚结軨兮长太息,涕潺湲兮下沾轼。忼慨绝兮不得,中瞀乱兮迷惑。私自怜兮何极,心怦怦兮谅直。④

第20—37句,《九辩》二章。宋玉叙述自己的不幸遭遇,描写自己忧郁的心情,哀歌的基调再次回响。古代希伯来的先知们用哀歌体裁来表达对民族不幸的悲哀,以及对敌人的强烈仇恨,比如耶利米就创作了哀歌五首。《耶利米哀歌》1:16写道:"我因这些事哭泣,我眼泪汪汪,因为那当安慰我、救我性命的,离我甚远。"⑤宋玉像古代希伯来的先知们一样伟大。宋玉之所以忧伤,乃是因为他见不到君王。在封建社会里,臣子是否能见

---

① 黄寿祺、梅桐生:《楚辞全译》,贵阳:贵州人民出版社,1984年,第139页。
② 苏勇点校:《易经》,北京:北京大学出版社,1989年,第24页。
③ 郭象注,成玄英疏,曹础基、黄兰发整理:《庄子注疏》,北京:中华书局,2011年,第483页。
④ 黄寿祺、梅桐生:《楚辞全译》,贵阳:贵州人民出版社,1984年,第140页。
⑤ 《圣经》,北京:中国基督教两会,2009年,第804页。

到君王,关系极大。朝政的得失可以向君王当面指陈,这就是报效国家了。自己的理想可以向君王当面诉说,这就是施展自己的抱负了。自己的满腹经纶,君王根本就不知道,又有什么办法呢?宋玉虽然悲伤但是并不悲观,他可以做一番逍遥游。庄子逍遥,悠游自得,自由自在。宋玉超逍遥,远离家乡,漂泊无依。不过庄子的逍遥和宋玉的超逍遥在本质上是统一的,他们都追求自由并获得了自由。《庄子·大宗师》:"芒然彷徨乎尘垢之外,逍遥乎无为之业。"① 在道家看来,声色犬马等有为之物,其实是尘垢。以无为而为事业,才是更大的事业。宋玉不得见君王却留下了灿烂的辞赋十余篇。倘若宋玉得以面见君王而做上了较大的官,那么他在中国文化史上的价值将微乎其微。

　　皇天平分四时兮,穷独悲此凛秋。白露既下白草兮,奄离披此梧楸。去白日之昭昭兮,袭长夜之悠悠。离芳蔼之方壮兮,余萎约而悲愁。既先戒之以白露兮,冬又申之以严霜。收恢台之孟夏兮,然欲傺而沈藏。叶烟邑而无色兮,枝烦挐而交横;颜淫溢而将罢兮,柯仿佛而萎黄;萷櫹椮之可哀兮,形销铄而瘀伤。惟其纷糅而将落兮,恨其失时而无当。揽騑辔而下节兮,聊逍遥以相羊。岁忽忽而遒尽兮,恐余寿之弗将。悼余生之不时兮,逢此世之俇攘。澹容与而独倚兮,蟋蟀鸣此西堂。心怵惕而震荡兮,何所忧之多方!仰明月而太息兮,步列星而极明。②

　　第38—69句,《九辩》三章。宋玉从不同的角度来描写秋天的景色,并借此抒发自己悲秋的感触。宋玉描写了宏观的宇宙。他描绘了天体的运动、四时的平分、白昼和黑夜交替、草木的荣枯。宋玉描写了微观的宇宙。他描写了人的寿夭、人的际遇、人的情感。宋玉以较多的笔墨描写了失意之人那百无聊赖的情绪,乃至失眠时的难熬。宋玉将宇宙之思与个人的遭遇联系在一起思考,这样他就走出个人的小圈子了。他再次认识到逍遥游的必要。揽騑辔而下节兮,聊逍遥以相羊(徜徉)。他抓住马鞭停下来,驻足观察大自然。他认识到,当不了官也没有什么,姑且趁机会自由自在地做一番逍遥游。如果说在《九辩》第二章中,宋玉的逍遥游还有些勉强的话,在本章中他已经坦然释怀,他已经放得开了,他尽情地遨游了。《庄子·让王》:"余立于宇宙之中,冬日衣皮毛,夏日衣葛絺,春耕种,形足以劳动;秋收敛,身足以休食。日出而作,日入而息,逍遥于天地之间,而心意自得。吾何以天下为哉!"③ 这样的精神境界,宋玉当能够体会到一些。当得了官,固然好。当不了官,也没有什么不好。当一个诗人,自然也其乐陶陶。莎士比亚《十四行诗》第二十九首云:"可是,当我正要这样看轻自己,/忽然想起了你,于是我的精神,/便像云

---

① 郭象注,成玄英疏,曹础基、黄兰发整理:《庄子注疏》,北京:中华书局,2011年,第148页。
② 黄寿祺、梅桐生:《楚辞全译》,贵阳:贵州人民出版社,1984年,第141页。
③ 郭象注,成玄英疏,曹础基、黄兰发整理:《庄子注疏》,北京:中华书局,2011年,第504页。

雀破晓从阴霾的大地／振翮上升,高唱着圣歌在天门:／一想起你的爱使我那么富有,／和帝王换位我也不屑于屈就。"① 这样的情感,宋玉也体验过。由此而观之,宋玉的性格虽然不及屈原刚强,但是他也绝不懦弱。我们甚至有理由认为,宋玉已然具有文学的自觉。宋玉的文学自觉是建立在其人格的独立的基础之上的。

> 窃悲夫蕙华之曾敷兮,纷旖旎乎都房;何曾华之无实兮,从风雨而飞扬?以为君独服此蕙兮,羌无以异于众芳。闵奇思之不通兮,将去君而高翔。心闵怜之惨凄兮,愿一见而有明。重无怨而生离兮,中结轸而增伤。岂不郁陶而思君兮?君之门以九重。猛犬狺狺而迎吠兮,关梁闭而不通。皇天淫溢而秋霖兮,后土何时而得漧!块独守此无泽兮,仰浮云而永叹。②

第70—89句,《九辩》四章。宋玉以蕙华自喻。因无法得到楚王的了解,加之处境又恶劣,宋玉的心中难免失意的愁闷。蕙华,即蕙花,蕙草的花。屈原《离骚》第49—50句:"余既滋兰之九畹兮,又树蕙之百亩。"③蕙,俗名薰草,又名佩兰,与兰同类的香草,多生长在低湿之地。蕙以湖南零陵所产的品质为最好,故而又名零陵香。蕙草,其叶如麻,两两相对,其气味如蘼芜。蕙花红色,有浓烈的香气。古人有佩戴蕙花的习俗,也将蕙花连同植株一起焚烧,用以避免瘟疫。人们一般认为,宋玉以蕙花自喻是为了表达愁闷的情绪。其实,还可以有别的理解。宋玉自喻为蕙花,这是富有神学意味的比喻。各种宗教都有焚香的仪轨,这是为什么呢?这是因为,古人相信,随着香烟袅袅上升,人的愿望可以上达天庭,而天庭是神明的栖居所。宋玉说:闵奇思之不通兮,将去君而高翔。自己那奇妙的思想无法上达人世间的君王,因而只好离开他而高飞天上,庶几与天神相会合。高翔,即飞升。道教建立之后,道门中人都希望自己有一天能够羽化而登仙,飞升到天庭之上,成为神仙中的一员。仰浮云而永叹,望着天上的云彩而长叹息。人之所以叹息,未必尽皆因为苦闷。叹息也可以用来欣欣然的情绪,抒发长久以来的憧憬之情。

> 何时俗之工巧兮,背绳墨而改错!却骐骥而不乘兮,策驽骀而取路。当世岂无骐骥兮?诚莫之能善御。见执辔者非其人兮,故局跳而远去。凫雁皆喔夫梁藻兮,凤愈飘翔而高举。圆凿而方枘兮,吾固知其鉏铻而难入。众鸟皆有所登栖,凤独惶惶而无所集。愿衔枚而无言兮,尝被君之渥洽,太公九十乃显荣兮,诚未遇其匹合。谓骐骥兮安归?谓凤凰兮安栖?变古易俗兮世衰,今之相者兮举肥。骐骥伏匿

---

① 人民出版社编:《莎士比亚全集》第十一册,北京:人民出版社,1984年,第186页。
② 黄寿祺、梅桐生:《楚辞全译》,贵阳:贵州人民出版社,1984年,第143页。
③ 黄寿祺、梅桐生:《楚辞全译》,贵阳:贵州人民出版社,1984年,第6页。

而不见兮,凤凰高飞而不下;鸟兽犹知怀德兮,何云贤士之不处?骥不骤进而求服兮,凤亦不贪餧而妄食。君弃远而不察兮,虽忠其焉得。欲寂寞而绝端兮,窃不敢忘初之厚德(初心!)。独悲愁其伤人兮,冯郁郁其何极!①

第90—123句,《九辩》五章。反复咏叹,这是《九辩》突出的叙事手法。在这一章中,宋玉再次表达了"飘翔而高举"的愿望,他希望飞升天宇,与众仙人会合,一同前去拜谒居于天庭的至高神。宋玉说:欲寂寞而绝端兮,窃不敢忘初之厚德。他希望,自己能够处于寂寞之中。他希望,自己能够切断与人间君王相联系的种种纽带。他认为,人间君王对他的大恩大德不应当成为阻止他飞升的理由。这说明,宋玉那飞升的愿望早就已经形成了。当他受到人间君王的信任而为官一方的时候,他可以把飞升的愿望暂且搁置到一边去。当人间君王已经不再信任他的时候,他认为实现自己夙愿的机会已然来临,不必恋栈,不必徘徊,干干脆脆,起身就走。这说明,宋玉为官是为实现理想而做出的艰苦奋斗,宋玉弃官是为实现理想而做出的断然割舍。宋玉的高洁之处在于,他珍惜初心,他欲永葆初心。

霜露惨凄而交下兮,心尚幸其弗济;霰雪雰糅其增加兮,乃知遭命之将至。愿徼幸而有待兮,泊莽莽兮与埜草同死。愿自往而径游兮,路壅绝而不通欲;循道而平驱兮,又未知其所以。然中路而迷惑兮,自压按而学诵。性愚陋以褊浅兮,信未达乎从容。窃美申包胥之气盛兮,恐时世之不固。何时俗之工巧兮,灭规榘而改凿。独耿介而不随兮,愿慕先圣之遗教。处浊世而显荣兮,非余心之所乐。与其无义而有名兮,宁穷处而守高。食不偷而为饱兮,衣不苟而为温。窃慕诗人之遗风兮,托志乎素餐。蹇充倔而无端兮,泊莽莽而无垠。无衣裘以御冬兮,恐溘死而不得见乎阳春。②

第124—155句,《九辩》六章。宋玉认识到了自己的人生价值。他是贤士,像骐骥一样善于奔跑,能够把工作做得又快又好。他是贤士,像凤凰一样善于歌唱,能够把文章写得声情并茂。可是,他这匹骏马找不到应有的归宿,他这只凤凰找不到栖息之处所。一方面,宋玉诉说了世道的黑暗,他感叹人生难遇明主。另一方面,宋玉再次申说了自己的愿望,他必欲前往逍遥之境,进行一番游历。做逍遥游,至少可以保持自己那清高的节操,而不至于随波逐流。宋玉说:他愿自往而径游。逍遥游是一种自觉的行为,因此他愿意自行前往逍遥的境界。逍遥游要求游者端呈自己的胸臆,直接进行游历,而不是借助

---

① 黄寿祺、梅桐生:《楚辞全译》,贵阳:贵州人民出版社,1984年,第144页。
② 黄寿祺、梅桐生:《楚辞全译》,贵阳:贵州人民出版社,1984年,第146页。

其他的力量来完成游历。宋玉的这种精神对当今时代的学人是一种启迪。有项目经费的支撑，固然好。没有项目经费的支撑，也没有太大的关系。倘若没有项目经费的支撑而做出了像样的成就，那岂不是更加令人自豪吗！逍遥指精神的绝对自由。一个人之所以不得逍遥，乃是因为他"有待"和"有己"。有待，有世俗的追求。有己，在乎自己的名誉地位。欲得逍遥，就必须放弃有待和有己。一旦放弃有待和有己，就会进入逍遥的境界，快乐如尊神。道教有九天尊之说，其中第八位即逍遥快乐天尊。他体道化初，凝神物表，迫出妙中之妙；他端坐天上之天，功被幽明，恩覃生死。

靓杪秋之遥夜兮，心缭悷而有哀。春秋逴逴而日高兮，然惆怅而自悲。四时递来而卒岁兮，阴阳不可与俪偕。白日晼晚其将入兮，明月销铄而减毁。岁忽忽而遒尽兮，老冉冉而俞驰。心摇说而日幸兮，然怊怅而无冀。中憯恻之凄怆兮，长太息而增欷。年洋洋以日往兮，老嵺廓而无处。事亹亹而觊进兮，蹇淹留而踌躇。①

第156—173句，《九辩》七章。时光一天天在流逝，自己一天天在老去，对此宋玉常常叹息。热热闹闹的事业，别人做起来饶有兴趣，自己却无法参与，对此宋玉感到悲伤。不过，可以仰观天空，这还是办得到的。可以俯察大地，这也还是办得到的。面对自己一天天老去的现实，欲再激流奋进，那是办不到的了。不过，思考宇宙，则自己拥有无限的自由。追求绝对的自由，这不就是逍遥的境界吗？宋玉再次做了一番宇宙之思。从太阳和月亮的交替出现中，他体认到了阴阳的矛盾对立以及相互转换。时常做宇宙之思，这对于延年益寿是有好处的。《云笈七签》卷五一《秘要法诀》之三《太上曲素五行祕符》："阴阳变化，二景生真。玉灵反魂，拘魄镇神。三五混合，无离我身。得保日月，三景齐晨。毕，服符，又叩齿九通，咽炁三过，止。修此八年，真灵降见，云舆来迎。"② 宇宙之思，这在本质上属于观想的大范畴。经常定期地遥望太空，在舒缓的心境中思考宇宙的运行，从本质上说这已经属于修炼法术的范畴了。那么，我们不禁要问，宋玉一共活了多少岁呢？吴广平写道："宋玉是楚国鄢（今湖北宜城）人，大约生于楚顷襄王元年（前298）前后，一生经历了楚顷襄王、楚考烈王、楚幽王、楚王负刍四朝。据宋玉《笛赋》'宋意将送荆轲于易水之上'，可知荆轲刺秦王时，宋玉尚在人世。荆轲刺秦王发生在楚王负刍元年（前227），宋玉大约卒于楚亡之时（前222）。宋玉卒时，大约七十六岁。"③ 这是迄今为止关于宋玉生卒年的最有说服力的考据。《杜诗详注》卷六《曲江二首》之二："朝回日日典春衣，每日江头尽醉归。酒债寻常行处有，人生七十古来稀。穿花蛱蝶深深见，点水蜻蜓款款

---

① 黄寿祺、梅桐生：《楚辞全译》，贵阳：贵州人民出版社，1984年，第148页。
② 张君房编：《云笈七签》，北京：书目文献出版社，1992年，第373页。
③ 吴广平：《楚辞全解》，长沙：岳麓书社，2008年，第12页。

飞。传语风光共流转,暂时相赏莫相违。"① 杜甫做过小官而后终生漂泊,他的命运轨迹与宋玉颇为相似。杜甫好道,并有丰富的修炼实践。由于醉酒之后而不幸跌入江中,杜甫只活了五十九岁。不过,这纯粹是一个意外。倘若不遇这一意外,杜甫也会长寿。人生七十古来稀,这是直到20世纪六七十年代仍为人们引用的名句。唐代的医疗卫生条件远逊于今日,而战国时代的医疗卫生条件又远逊于唐代。由此而观之,宋玉实乃高寿之人。这一点与他不时做宇宙之思而事实上进行了类似道教法术的修炼分不开。道教的所有法术都起源久远,它们在道教成立之前早就在民间为人们所施行了。

何泛滥之浮云兮,猋壅蔽此明月!忠昭昭而愿见兮,然霠曀而莫达。愿皓日之显行兮,云蒙蒙而蔽之。窃不自聊而忠兮,或黮点而污之。尧舜之抗行兮,瞭冥冥而薄天。何险巇之嫉妒兮,被以不慈之伪名?彼日月之照明兮,尚黯黮而有瑕;何况一国之事兮,亦多端而胶加。被荷裯之晏晏兮,然潢洋而不可带。既骄美而伐武兮,负左右之耿介。憎愠惀之修美兮,好夫人之慷慨。众踥蹀而日进兮,美超远而逾迈。农夫辍耕而容与兮,恐田野之芜秽。事绵绵而多私兮,窃悼后之危败。世雷同而炫曜兮,何毁誉之昧昧!今修饰而窥镜兮,后尚可以窜藏。愿寄言夫流星兮,羌倏忽而难当。卒壅蔽此浮云兮下暗漠而无光。②

第174—209句,《九辩》八章。此章有三个层面。其一,叙事的层面。宋玉谴责了小人,他们混淆是非,蒙蔽楚王,败坏了国家大事。其二,暗喻的层面。宋玉隐约地指责了楚王的昏庸,楚王无能,竟然区别不了贤士与宵小之徒。其三,哲理的层面。在对于现实状况无可奈何的情况下,宋玉观察日月和流星,再作了一番宇宙之思,亦即逍遥之游。宋玉钦仰尧舜,他说:尧舜之抗行兮,瞭冥冥而薄天。帝尧和帝舜,其治国理政尽心尽力,其日常行为高尚超俗。换言之,尧舜是深契道意的先王。《汉书》卷三十《艺文志》:"《尧舜阴道》二十三卷。……房中者,情性之极,至道之际,是以圣王制外乐以禁内情,而为之节文。"③此书已佚。不过,从马王堆医书《十问》中的第五问,可以看到尧舜阴道的部分内容。从宋玉敬仰尧舜一事可以看出,宋玉好道不是消极地保全自身,而是在个人命运与国家前途无法统一的时候而做出的明智的选择。

尧舜皆有所举任兮,故高枕而自适。谅无怨于天下兮,心焉取此怵惕?乘骐骥之浏浏兮,驭安用夫强策。谅城郭之不足恃兮,虽重介之何益。䢜翼翼而无终兮,忳

---

① 杜甫撰,仇兆鳌详注:《杜诗详注》,上海:上海古籍出版社,1992年,第181页。
② 黄寿祺、梅桐生:《楚辞全译》,贵阳:贵州人民出版社,1984年,第149页。
③ 班固:《汉书》,北京:中华书局,2007年,第350页。

悒悒而愁约。㘯天地之若过兮,功不成而无效。愿沈滞而无见兮,尚欲布名乎天下。然潢洋而不遇兮,直怐愁而自苦。莽洋洋而无极兮,忽翱翔之焉。薄国有骥而不知乘兮,焉皇皇而更索。宁戚讴于车下兮,桓公闻而知之。伯乐之善相兮,今谁使乎誉之。罔流涕以聊虑兮,惟著意而得之。纷忳忳之愿忠兮,妒被离而鄣之。愿赐不肖之躯而别离兮,放游志乎云中。乘精气之抟抟兮,骛诸神之湛湛。骖白霓之习习兮,历群灵之丰丰。左朱雀之茇茇兮,右苍龙之跃跃。属雷师之阗阗兮,通飞廉之衙衙。前轻辌之锵锵兮,后辎乘之从从。载云旗之委蛇兮,扈屯骑之容容。计专专之不可化兮,愿遂推而为臧。赖皇天之厚德兮,还及君之无恙!①

第210—255句,《九辩》九章。宋玉表明了自己对待现实的态度,并提出了改革政治的主张。宋玉知道他的改革主张不可能实现,于是决心超脱现实,遨游太空,以忘却心中的痛苦,以摆脱悲惨的处境。宋玉说:尧舜皆有所举任兮,故高枕而自适。因为尧舜举贤任能,所以他们能够高枕无忧安逸自适,而无须像一般的帝王那样担心宫廷内的种种诡计,提防这,提防那。宋玉笔下的尧舜乃是将道意赋值了一番的先王形象。《关尹子·三极篇》:"圣人不以一己治天下,而以天下治天下。天下归功于圣人,圣人任功于天下。所以,尧舜禹汤之治天下,天下皆曰自然。"②《关尹子》就是《无上妙道文始真经》,收入《道藏》洞神部本文类,内容包括儒、道、释三教和神仙方术。尧舜是圣人的楷模,他们在治国理政中有一个共同的特点,那就是遵循自然的规律,不搞劳民伤财的造作。《文史真经注》卷三:"唐尧、虞舜、夏禹、殷汤四帝治天下太平,使民忘帝力。天下之民皆曰:自然太平,帝力何与焉? 故云:尧舜禹汤之治天下,天下皆曰自然。此章以明圣人以德抚世,无我也。"③尧舜禹汤都是深契道意的帝王,他们的政治主张与大道吻合,他们的施政措施合乎自然,故而他们君临天下而人民不以为负担,人民乐于跟随他们一道建设国家。道教有三官的信仰。"在《历代神仙通鉴》中,三官被说成是元始天尊取始阳九气、清虚七气、晨浩五气融会贯通,结成圣胎而成。分别于正月望日、秋月望日、冬月望日即三元日吐出三子。这三子下降人间,即为尧舜禹三位传说人物,被封为三官大帝,主管天上人间地下的一切生物的考籍升转。"④天官、地官、水官,合称三官,又叫做三元。天官赐福,地官赦罪,水官解厄。道教将三官与尧舜禹对位而相互联系在一起,以尧舜禹为三位神明的肉身。尧舜禹在人间工作,这说明圣灵在工作。尧舜禹看得见摸得着,具有可以扪及的存在形式。这样一来,道教的神哲学原理就得到了栩栩如生的说明。宋玉的思路是这样的:

---

① 黄寿祺、梅桐生:《楚辞全译》,贵阳:贵州人民出版社,1984年,第151页。
② 浙江古籍出版社编:《百子全书》下册,杭州:浙江古籍出版社,1998年,第1331页。
③ 胡道静、陈莲笙、陈耀庭选辑:《道藏要籍选刊》第五册,上海:上海古籍出版社,1989年,第374页。
④ 王卡主编:《中国道教基础知识》,北京:宗教文化出版社,2005年,第336页。

尧舜禹是成功的施政者,而我宋玉作为施政者远远不及他们成功;既然尧舜禹契道,那么自己为何不契道呢?到了《九辩》的篇末,宋玉作逍遥游的愿望依然存在,宋玉飞升的愿望并未消失,于是他说:愿赐不肖之躯而别离兮,放游志乎云中。

二、具体的涉道意象

宋玉所作《九辩》是一部反映作者三观的自传体长篇抒情诗。一个人的价值观由其人生观所决定。一个人的人生观由其宇宙观所决定。宋玉的宇宙观建立在他对天地自然的深入观察之上。在宋玉的眼中,阴阳二气具有原初的物质性,它们的矛盾运动产生了宇宙间的万物。宋玉的宇宙观与道教的宇宙生成说基本一致。宋玉的代表作《九辩》,既有总体上的道意倾向,又有大量生动的涉及道教的意象。意象与形象,英文均作image。在汉语语境中,二者略有分别。指物体的时候,一般用"意象"。指人物的时候,一般用"形象"。这里用"意象"一语的广义,既指物体,又指人物。

其一,蕙华,体道的花草。蕙与兰同类,是道家所爱的香草。《宋诗钞》杨万里《西归集》录《蕙花初开五言》:

幽人非爱山,出山将何之。山居种兰蕙,岁寒久当知。初艺止百亩,余地惜奥为。先生无广居,千岩一茅茨。四面只艺蕙,中间才置锥。锐绿分宿丛,修紫擢幼枝。孤干八九花,一花破初蘂。西风淡无味,微度成香吹。灯梦得幽馥,月愿传静姿。我欲掇芳英,和露充晨炊。春然恻不忍,环玩息忘饥。岂无众花草,不愿秋不迟。种时乱不择,岁晚悔可追。①

杨万里,字廷秀,南宋吉州吉水(今属江西)人,绍兴二十四年进士。杨万里是一位有骨气的士人,他将其书房命名为"诚斋"。宁宗朝屡召,杨万里不起。韩侂胄专权,嘱杨万里作南园记。杨万里坚拒不从,由是赋闲在家长达十五年之久。在赋闲期间,杨万里键户攻书,澄心体道,多有创获。杨万里是南宋时期著名的易学家,著有《诚斋易传》二十卷。杨万里以诗著名,与尤袤、范成大、陆游并称为"中兴四大诗人"。在杨万里的诗集中,有不少吟咏道事、游仙畅玄的作品。在《蕙花初开五言》诗中,杨万里不去描写蕙草的焚香祀神功能,而描写某位幽人种植蕙草的情形。幽人,即隐士,《易经》第十卦《履》九二爻辞:"履道坦坦,幽人贞吉。"② 小心翼翼地行走在平易坦坦的大路上,幽静安恬的人,只要守持正固,那么就可以获得吉祥。幽人就是隐士,而隐士中多高道。《庄子·缮性》:

---

① 吴之振等辑:《宋诗钞》《宋诗钞补》,上海:三联书店上海分店,1988年,第390页。
② 苏勇点校:《易经》,北京:北京大学出版社,1989年,第6页。

"古之所谓隐士者,非伏其身而不见也,非闭其言而不出也,非藏其知而不发也,时命大谬也。"① 真正的隐士,在条件不成熟时,即使蒙朝廷召,也不出去做官。杨万里就是这样的人。这位幽人喜欢蕙草,他开始时种植了一百亩。后来,这位幽人扩大了蕙草的种植面积,在其居所周围,他只种植蕙草,不种植别的植物。蕙草朴素,未开花时,即使有风吹来,也淡而无味,有真本事的人,无须急于抛售自己。蕙花开放时,香气浓烈,但不艳丽,体香者无须抛媚眼。蕙彷佛是一种善于体道的花草,而这位幽人不是别人,正是杨万里自己。

其二,太公,即太公望,历史人物和道教神明。《史记》卷三二《齐太公世家》:"太公望吕尚者,东海上人。其先祖尝为四岳,佐禹平水土甚有功。虞夏之际封于吕,或封于申,姓姜氏。夏商之时,申、吕或封枝庶子孙,或为庶人,尚其后苗裔也。本姓姜氏,从其封姓,故曰吕尚。"② 太公望,又称太公尚、吕太公望、吕望、吕尚、姜尚、姜子牙、姜太公。太公望,本义指太公所盼望的人。太公尚,本义指太公所盼望的那个名字叫做"尚"的人。吕太公望、吕望、吕尚,是连同封地的称呼。姜尚、姜子牙、姜太公,是连同姓的称呼。民间文艺作品多称太公望为姜太公,或者径称姜子牙。宋·邵雍《皇极经世书》卷五下《观物篇二十九》:

> 己卯。吕尚相。武王伐商。师逾孟津,大殊兵于商郊,败之于牧野。杀纣,立其子武庚为后。还师在丰,践天子位,南面朝诸侯,大诰天下,以子月为岁始,曰年,与民更始。③

太公望助力周武王讨伐殷纣王,从而灭掉了腐朽没落的殷朝,建立了全新的朝气蓬勃的周朝。这是大功一件,于是周武王封太公望于齐。这是一件荣耀的事情。这时,太公望已经九十岁了。从唐朝开始,姜太公列入国家祀典。上元元年,唐朝追封姜尚为"武成王"。自此以后,太公庙成了与文庙平行的民间大庙,姜尚与孔子并列,武立国,文兴邦,自此成为定例。在宋朝,仁宗和神宗都设立武学,学舍就建立在太公庙的旁边。在明代产生的《封神演义》一书中,姜太公为群神之首。这反映了姜太公在位格上的变化,他已经由历史人物上升为道教神明了。宋玉言及太公九十乃显荣一事,说明他曾经强烈地怀抱过经世济民的美好愿望。

其三,凤凰,道教的神鸟。凤凰是传说中的瑞鸟,晋·郭璞注《山海经》卷一《南山经》:"又东五百里,曰丹穴之山,其上多金玉,丹水出焉而南流,注于渤海。有鸟焉,其状如鸡,五采而文,名曰凤凰。首文曰德,翼文曰义,背文曰礼,膺文曰仁,腹文曰信。是鸟也,饮

---

① 郭象注,成玄英疏,曹础基、黄兰发整理:《庄子注疏》,北京:中华书局,2011年,第301页。
② 司马迁:《史记》,北京:中华书局,2006年,第196页。
③ 邵雍著,陈明点校:《皇极经世书》上册,上海:学林出版社,2003年,第254页。

食自然,自歌自舞,见则天下安宁。"①《山海经》,旧传出于上古唐虞之际,经过近人考证,当成书于战国或秦汉之际,而非一人一时之作。《道藏》本《山海经》十八卷,收入太玄部。这种瑞鸟,雄鸟为凤,雌鸟为凰,合称为凤凰。在具体使用的时候,人们往往单用一个"凤"字来指称凤或凰,乃至凤凰双方。典型的例子是,不少女子取名,往往单用一个"凤"字,而实际上她们是"凰"。道教产生之后,以凤凰为神鸟,常用来比喻有盛德之人、婚姻中的佳偶,以及帝王。凤凰与神仙关系密切,《云笈七签》卷二六《十洲三岛·凤麟洲》:

> 凤麟洲,在西海之中,地方一千五百里,洲四面弱水绕之,鸿毛不浮,不可越也。洲上多凤麟,数万各各为群。又有山川池泽,及神药百种。亦多仙家。煮凤喙及麟角,合煎作胶,名之为续弦胶,或名连金泥。此胶能续弓弩已断之弦,连刀剑断折之金。更以胶连续之处,使力士挈之,他处乃断,所续之际终无所损也。②

凤凰喜欢啄食梧桐的籽实,饮用清澈的泉水。人们常说凤栖梧、筑巢引凤。凤凰对于栖息之处有严格的选择,它们喜欢栖息在高高的梧桐树上。宋玉在《九辩》中言及凤凰,乃是因为他知道自己具有凤凰的资质,而楚王不能够为他提供合适的发挥作用的平台。宋玉没有办法在楚国施展才华,于是他只好随着自己的想象,在精神的王国中做一番逍遥的游历。

其四,朱雀,有数种含义。第一,朱雀是道教的神鸟。朱雀的原型是孔雀。孔雀的碧绿色的羽毛在阳光的照射下会泛出红光。第二,朱雀是星座的名称,即南方七宿——井、鬼、柳、星、张、翼、轸,这七颗星组成鸟的图形。第三,朱雀指汞蒸气。汞蒸气上升,形如朱雀。《云笈七签》卷七二"四象第四":

> 朱雀者,南方丙丁火,朱砂也,剖液成龙,结气成鸟,其气腾而为天,其质降而为地,所以为大丹之本也。见火即飞,故得朱雀之称也。③

朱雀,又称朱鸟。从方位上看,朱雀代表南方。从象征上说,朱雀是火的象征。由于朱砂的颜色是红的,朱雀又与朱砂联系在一起。熔炼朱砂可以得到水银。汞蒸气袅袅上升,甚为美丽,仿佛一只鸟在天空中飞翔。汞蒸气遇冷凝结,甚为美丽,再次成为液态的水银,那水银珠儿,荡来荡去,煞是好看。水银是金属,而且有防腐的作用,这使得炼丹家们着迷。他们将朱砂与其他矿物质一道煅烧而制作仙丹,他们相信服食仙丹就可以实现

---

① 袁珂校注:《山海经校注》,上海:上海古籍出版社,1980年,第16页。
② 张君房编:《云笈七签》,北京:书目文献出版社,1992年,第204页。
③ 张君房编:《云笈七签》,北京:书目文献出版社,1992年,第528页。

人体的长生不朽。宋玉仰观天上的朱雀星座,想到地上开屏的美丽孔雀,又想到炼丹的神秘过程,其心忘忧,其心快乐。

其五,苍龙,道教的灵物。苍龙有三种含义。第一,青龙是古老神话中的东方之神。第二,青龙是星座名,即东方七宿——角、亢、氐、房、心、尾、箕,这七颗星组成龙的图形。第三,苍龙是水银的代称。苍龙,又称青龙,《云笈七签》卷七二"四象第四":

> 夫四象者,乃青龙、白虎、朱雀、玄武也。青龙者,东方甲乙木,水银也,澄之不清,搅之不浊,近不可取,远不可舍,潜藏变化无尽,改言龙也。①

苍龙、白虎、朱雀、玄武,合称为天之四灵。其中,青龙和白虎常常连用,青龙,指壮硕男子。白虎,指窈窕淑女。《云笈七签》卷七二:"白虎者,西方庚辛金白金也,得真一之位。《经》云:子若得一万事毕,淑女之异名,五行感化,至精之所致也。其伏不动,故称之为虎也。"② 老虎固然是猛兽,不过发情而等待交配的母老虎却是安详地俯伏在地上的,它恁地温柔。青龙白虎用来指双修过程中的男女。男女对坐,通过调整呼吸,以及相互按摩身体的有关部位,一起修炼内丹。这就是为什么功效最高的内丹称为龙虎大丹。根据英国科学家李约瑟的研究,所谓内丹,并非精神上的想象,而是物质性的存在,即体液。宋玉在《九辩》中言及苍龙,主要是因为他仰观天宇,看见东方七星而浮想联翩。不过,我们不排除在宋玉的联翩浮想中有双修的内容。这是因为,双修是一项古老的健身术,双修的实践远远早于理论上的总结。

其六,雷师,道教的神明之一。雷师,又叫霆公、雷神,为司雷之神。我国民间有雷神信仰,其由来已久。《太平御览》卷十三引东方朔《神异经》曰:"八方之荒,有石鼓,其径千里。撞之,其音即雷也。天以此为喜怒之威。"③ 打雷的时候,响声隆隆,雷又称为天鼓。雷具有震撼人心的力量,因而雷被视为天意的代言。晋·干宝《搜神记》卷十二:"晋扶风杨道和,夏于田中,值雨,至桑树下,霹雳下击之。道和以锄格折其股,遂落地,不得去,唇如丹,目如镜,毛角长三寸许,状似六畜,头似猕猴。"④ 由于雷霆骇人,故而有男性的雷公形象,他尖嘴猴腮,其腹鼓胀。雷公左手牵引连鼓,右手推之,若击鼓之状。魏晋以后,雷神渐渐沦为鬼兽一类的神怪,不为民俗所尊。不过,这种情形到后来有所改变,《历代赋汇》卷七唐·樊珣《春雷赋》(以"符珍纪元、天地作解"为韵):

---

① 张君房编:《云笈七签》,北京:书目文献出版社,1992年,第527页。
② 张君房编:《云笈七签》,北京:书目文献出版社,1992年,第527页。
③ 李昉编纂,夏剑钦校点:《太平御览》第1册,石家庄:河北教育出版社,2000年,第117页。
④ 浙江古籍出版社编:《百子全书》下册,杭州:浙江古籍出版社,1998年,第1273页。

惟圣作乂,先天授人;惟天辅德,启圣无亲。故我皇齐七政,协三辰,化乎大麓,道畅经纶。是以庆集天宝,祥开地珍,法威刑于震耀,效生植于阳春。鸿名既增,睿历伊始,当涣汗之初发,听春雷之肇起。将克宣阳,冈忒时纪。导达万萌,震惊百里。南山望远,乘雨气而方来;长门听深,象车声而未已。若降在下,如飞在天。郁重电而虺虺,殷高栋以阗阗。作解群物,扬灵上玄。启春和于蛰户,兆农庆于丰年。若乃势猛陵空,声雄出地,形未迁而必肃,政不戒而潜至。浑浑其象,含四气于一朝;虩虩其威,警千官于庶位。及夫荟蔚云卷,烟埃稍廓,余云既稀,厉响不作,摅残怒于平野,转轻音于峻阁。来虽莫制,必先戒而后臻;去则何言,知劝善而惩恶。是故知圣人御气立极,居贞体元,灾攘不令,祉降攸繁。岂与夫震庙为凶,方知展氏之愿;雹灾莫御,乃讯申丰之言。则有抱影穷居,在阴向隅,虽倚楹而有得,终弃室以思濡。进道则望深知已,观光而业谢冥符,感云雷之布泽,思自达于通衢。①

樊珣,唐代文学家。广德元年至大历五年间,樊珣曾入浙东节度使幕中。其间,樊珣与鲍防、严维等人做诗唱和,他们的作品结集为《大历年浙东联唱集》二卷。大历十二年,樊珣在句容。樊珣的其余生平事迹,今已不传。在《春雷赋》中,樊珣以饱满的笔墨描述了春雷的作用:春雷往往伴随着雨水,于农业有莫大的益处。樊珣《春雷赋》与杜甫《春夜喜雨》诗一样,都是咏叹农事的作品,十分可贵。由于赋的篇幅比较自由,樊珣在这篇赋中,还以春雷为喻,畅谈了他对于政治的若干见解。从樊珣《春雷赋》可知,雷神的形象,大约从盛唐时期起,已经发生了巨大的改变,雷神已经从丑恶的鬼兽神怪变为一位睿智的神明了。由于春雷带来雨水,滋润大地,生长万物,故而又有女性的雷神形象,其名为丰隆。

雷神丰隆是从《九歌·云中君》中的云神丰隆演变而来的。云层放电时发出的响声就是雷。《九歌·云中君》第3—4句:"灵连蜷兮既留,烂昭昭兮未央。"② 这位在蓝天上流连的神灵,光明灿烂没有尽头,正在模仿云中君那妙曼的舞姿。那么,这位"灵"的身份是什么呢?"灵:指祭降云中君的女巫,亦即有女巫扮演的云中君。"③ 这是迄今为止对云中君性别的最直接的揭示。从楚地的祭祀仪式可知,雷神丰隆是一位美丽的女性,其突出特征是乳峰高耸,这与两河流域的丰收女神相似。到了宋代,道教大兴,雷神回复了惩恶扬善的天意代言人之位格。自此以后,道教的民俗信仰认为,雷神主上天之祸福,掌人间的生杀大权。大约从南宋起,各地就有雷神庙、雷神殿一类的建筑供人们祭祀雷神了。宋玉在《九辩》中言及雷神,这是他对天界的遥想。在逍遥游的漫漫途程中,宋玉神

---

① 陈元龙辑:《历代赋汇》,南京:江苏古籍出版社/上海:上海书店,1987年,第32页。
② 屈原、宋玉等著,吴广平注译:《楚辞》,长沙:岳麓书社,2001年,第54页。
③ 屈原、宋玉等著,吴广平注译:《楚辞》,长沙:岳麓书社,2001年,第54页。

思浩荡,他联想的内容非常宽广。

其七,飞廉,道教的神明之一。飞廉,一作蜚廉,又叫风师、风伯、箕伯,是主司风之神。在中国,风伯信仰久远。《元诗选》初集卷五五杨维桢《皇娲补天谣》:

> 盘皇开天露天丑,夜半天星堕天狗。璇枢鋕坏奔星斗,轮鸡环兔愁飞走。圣娲巧手炼奇石,飞廉鼓鞴虞渊赤。红丝穿饼补天穿,太虚一碧玻璃色。辐旋毂转(一作奠)四极正,高盖九重县水镜。三光不凋河不泄,元上神仙宅金阙。当时坤母亦在旁,下拾残灰补地裂。①

杨维桢,字廉夫,号铁崖,别号铁笛道人,元诸暨(今浙江省诸暨县)人,著有《铁崖古乐府》《东维子集》等。杨维桢以诗歌著名,其诗风格别致,称为铁崖体。从杨维桢《皇娲补天谣》看,民间的飞廉信仰与女娲一样古老。在盘古开天辟地的时候,就有风神飞廉了。这就告诉我们,飞廉来源于中华民族的上古神话。道教是典型的多神教,中华民族上古神话中的天神地祇大都为后来兴起的道教所接受,而至于道教的神仙谱系之中。在印度神话中,风神有两个称呼,一为伐多(Vata),一为伐由(Vayu)。伐多和伐由是两个梵文单词,其含义都是"风"。伐多是吠陀神话中的风神,亦即婆罗门教的风神。伐由是印度教神话中的风神。印度教又称新婆罗门教,形成于4世纪前后,由婆罗门教吸收佛教、耆那教等教义和民间信仰演化而成。八九世纪间,经过商羯罗(Sankara,788—820)倡导的改革,印度教逐渐演变成现代的雏形。现在,印度最大的宗教是印度教。伐多、伐由,关系紧密,有时两者,形象相同。婆罗门教主张祭祀万能,《吠陀神赞》中的《风神赞》第一节如下:"风伯之神车,威力及强大。摧毁敌碉堡,其声如雷吼。迅行触天际,苍穹吐彩虹。旋转于大地,尘埃纷飞扬。"②中国和印度在古代均以农业立国,两国陆地相连,海路相通。中国的飞廉神话与印度的伐多、伐由神话,在上古时期相互影响,从对方吸收了养份。不过,二者亦有不同。印度的风神始终处于神话传说的状态。中国的风神则不断演变,后来成了道教的信仰。由于中国的风神形象一直在发展,故而飞廉频繁地出现在诗文之中。《宋诗纪事》卷五八周震《春月劝农至华林寺》诗:

> 飞廉怒见海天明,十里篮舆出劝耕。陇麦低头须雨意,林花仰面笑春晴。熙寮连辔勤因事,父老传杯识至情。及物无功惭窃廪,丰年有愿是忠诚。③

---

① 顾嗣立编:《元诗选》初集第3册,北京:中华书局,1987年,第1982页。
② 巫白慧译解:《〈梨俱吠陀〉神曲选》,北京:商务印书馆,2010年,第156页。
③ 厉鹗辑撰:《宋诗纪事》第三册,上海:上海古籍出版社,1983年,第1465页。

这是一首以风神飞廉而起兴的农事诗。风从海上吹来，带来了湿润的空气。湿空气凝结为雨水，大地得到滋润。官员们出来劝农，农民努力耕作。小麦长势好，树林开了花。丰收之后，村里的父老们笑逐颜开。官员们认识到，不能白拿朝廷的俸禄，自己的工作还有提升的空间，搞好本职工作就是对国家的忠诚。周震于绍熙年间(1190—1194)知泉州惠安县，此诗保存在《泉州府志》中。宋玉在《九辩》中言及飞廉，而飞廉关系到农业生产。这说明宋玉在进行逍遥游的同时，依然在一定的程度上保持着现实的关怀。宋玉与他的老师屈原一样，都是心系民瘼的伟大诗人。

其八，诗人，指屈原。屈原是世界文化名人。屈原是道教前史中的重要人物。屈原是高洁的有道之士。《史记》卷八四《屈原贾生列传》：

> 屈平之作《离骚》，盖自怨生也。《国风》好色而不淫，《小雅》怨诽而不乱。若《离骚》者，可谓兼之矣。上称帝喾，下道齐桓，中述汤武，以刺世事。明道德之广崇，治乱之条贯，靡不毕见。其文约，其辞微，其志絜，其行廉，其称文小而其指极大，举类迩而见义远。其志絜，故其称物芳。其行廉，故死而不容。自疏濯淖污泥之中，蝉蜕于浊秽，以浮游尘埃之外，不获世之滋垢，皭然泥而不滓者也。推此志也，虽与日月争光可也。①

絜，通潔，简体作洁。在这段话中，司马迁两次提及屈原"志洁"。"志"是心的指向。屈原志洁，表现在以下诸方面。第一，屈原是一位坚守初心的改革家。楚怀王曾使屈原起草宪令，以图变法。由于保守派的阻挠，改革失败了，从此屈原为楚怀王所疏远。屈原一生屡遭谗陷，流放凡十数年，然而他始终保持初心，其忧愁幽思发而为辞赋二十五篇。第二，屈原在其辞赋中营造了一个庞大的神系，其中的神明全部为后来兴起的道教所接受。第三，屈原有仙家风姿。历代流传下来许多屈原的造像和绘画，今人还在继续创作有关屈原的雕塑和画卷。屈原的所有形象都是瘦削清癯的，其神采风姿与历代高道相似。佛家多大肚罗汉、肥和尚、胖活佛，而道家尽皆清瘦。这是值得注意的。第三，屈原坚持修养人格。《离骚》第9—10句："纷吾既有此内美兮，又重之以修能。"② 尽管上天赋予了屈原很好的素质，但是他仍然一生不断加强修养。屈原所进行的人格修养，与道家的日常修炼，在本质上相通。第四，屈原有修道的实践。《离骚》第65—66句："朝饮木兰之坠露兮，夕餐秋菊之落英。"③ 道士的修炼中有一项是辟谷。辟谷是道教的修炼方术，又称为断谷、绝谷、休粮、却粒等。辟谷，字面意思是指不吃五谷而生存。在实际操作上，辟

---

① 中华书局编辑部："二十四史"简体字本《史记》第2册，北京：中华书局，2000年，第1933页。
② 黄寿祺、梅桐生：《楚辞全译》，贵阳：贵州人民出版社，1984年，第1页。
③ 黄寿祺、梅桐生：《楚辞全译》，贵阳：贵州人民出版社，1984年，第6页。

谷并不是完全不吃东西,而是要节制饮食,避免摄入过多的碳水化合物。一般而言,道士们主食吃得不多,他们喜欢饮矿泉水,食松子,吃蘑菇、蔬菜、豆制品等。屈原早上饮用露水,晚上吃掉落在地上的菊花瓣。他吃的东西与今日提倡食用的鲜花饼有些类似。结果,屈原的身材很好,他形销骨立,面庞清癯,筋骨硬朗,精神矍铄,颇具仙风道骨。第五,屈原始终保持人间关怀。屈原自始至终都心系人民,希望自己的国家能抵御强敌的入侵。宋玉在《九辩》中言及诗人屈原,这说明他有尊崇良师的情怀。屈原是宋玉的精神生活引导人(mentor)。至于屈原与宋玉是否确为师生关系,这一点已经不那么重要了。

三、李太白缅怀宋玉

屈原是宋玉的精神生活引导人,宋玉著《九辩》以缅怀屈原。宋玉是李白的精神生活引导人,李白著《愁阳春赋》以缅怀宋玉。《李太白集》卷一《愁阳春赋》:

> 东风归来,见碧草而知春。荡漾惚恍,何垂杨旖旎之愁人。天光清而妍和,海气绿而芳新。彩翠兮阡眠,云飘飘而相鲜。演漾兮黉缘,窥青苔之生泉。缥缈兮翩绵,见游丝之萦烟。魂与此兮俱断,醉风光兮凄然。
>
> 若乃陇水秦声,江猿巴吟。明妃玉塞,楚客枫林。试登高而望远,痛切骨而伤心。春心荡兮如波,春愁乱兮如雪。兼万情之悲欢,兹一感于芳节。
>
> 若有一人兮湘水滨,隔云霓而见无因。洒别泪于尺波,寄东流于情亲。若使春光可揽而不灭兮,吾欲赠天涯之佳人。①

李白《愁阳春赋》篇幅不长,但却是一篇名作,它收入《历代赋汇》卷十,也收入多种其他选本之中。李白《愁阳春赋》和宋玉《九辩》之间的联系,可以从宋玉《九辩》六章中看出来。《九辩》第154—155句:"无衣裘以御冬兮,恐溘死而不得见乎阳春。"② 阳春,温暖的春天。宋玉悲叹自己的处境,担心没过冬的衣服,熬不到春天就死去。春天温暖,万物萌发。这本来是美好的季节,却容易引发诗人伤感。李白在阳春时节写下了《愁阳春赋》,其题目就来自宋玉《九辩》六章。李白《愁阳春赋》是一篇伤春怀人之作。元·祝尧《古赋辨体》卷七:"《愁阳春赋》。赋也,上句先用连绵字,以起下句之意,正是学《九辩》第一首。语意及至'若乃'以下,则又只是梁陈体。"③ 祝尧论赋,崇尚古赋而贬抑律赋。祝尧这样做固然有一定的道理,但是也有缺陷,即他未能以发展的眼光来看待问题。赋也和其他文体一样处于发展之中。尽管如此,祝尧也道出了一个真相,在众多学习宋玉《九辩》

---

① 李白撰,王琦注:《李太白集注》,上海:上海古籍出版社,1992年,第9页。
② 黄寿祺、梅桐生:《楚辞全译》,贵阳:贵州人民出版社,1984年,第147页。
③ 祝尧:《古赋辨体》,卷七,文渊阁四库全书本。

的作品中,李白《愁阳春赋》堪称第一篇。这个"第一"是从作品的品质上说的,而不是从时间的先后顺序上说的。这是因为,自从宋玉《九辩》问世以后历代以来有许多仿效者,几乎所有的悲秋之作都或多或少受到宋玉《九辩》的影响。李白《愁阳春赋》的妙处在于,他在季节与文学创作的关系上反众人而行之,众人学《九辩》而写悲秋之作,李白学《九辩》而写伤春之作。在《愁阳春赋》中李白缅怀的对象,不是与他同时代的某位朋友,而是生活在距离他大约一千年前的古人宋玉。阳春,一般说来是令人振奋的时节。在令人振奋的阳春时节缅怀故人,这需要特别深沉的感情。在大多数的情况下,人们只在春天缅怀自己的祖先。由此而观之,李白尊崇宋玉就像对待自己的祖先一样。

从血脉上说,宋玉当然不是李白的祖先。从文脉上说,宋玉是所有的赋家之祖先,李白当然也不例外。宋玉是赋体文学的开山祖师,这是中国文学发展史上的事实。《文心雕龙》八《诠赋》:"然'赋'也者,受命于诗人,括宇于《楚辞》也。于是荀况《礼》《智》,宋玉《风》《钓》;爰锡名号,与'诗'画境;六义附庸,蔚成大国。遂客主以首引,极声貌以穷文。斯盖别'诗'之原始,命'赋'之厥初也。"[1] 在与西方文体学进行比较的框架中,我们可以将刘勰的上述言论作如下的演绎。赋这一文体,从《诗经》的作者那里获得原初的生命,在《楚辞》的作者那里得到发展。荀卿作了《礼》《智》等赋,宋玉作了《风赋》《钓赋》,这就正是给予了"赋"的名号,与诗划清了疆界,不再与诗的六义(sixprinciples)纠缠不清了。从此,赋脱离了附庸的地位,并逐渐变得蔚为大观而拥有了自己的王国(realm)。赋通常以主客二人的对话(dialogue)开始而引起下文,它极力描绘事物的音容体貌。这是"赋"从"诗"中独立出来时就具备的基本特征,这是"赋"成为一种独立文体的根据。

再审视"辞赋"。辞赋是介于韵文和散文之间的一类文体。根据其用韵的多寡,有的可以归入韵文的大范围之中,有的可以归入散文的大范围之中。不过,分别一篇作品中的韵文与散文的比例,毕竟是一件相当麻烦的事情,因而出现了一个能够兼顾两种情形的新的概念"辞赋"。收入传本《楚辞》里面的那些作品,人们常常统称之为辞赋。其实,辞和赋是既有联系又有区别的两种文体。辞,言辞,就是把想说的话明白地说出来。赋,赋诗,就是用赋诗的方式来婉曲地言说。在古代的外交场合,有些事情不便于明白说出来,于是人们就赋诗而言之,弯来绕去地说,让对方慢慢去体会。不过,明明白白地言说毕竟不方便,弯来绕去地言说毕竟不明白,于是人们就发明了一种散韵结合的方式来言说,有的地方用韵文而如诗般地婉言,用的地方用散文而如话般地直说。即使如此,还是有伤着对方面子之虞,于是人们就假借他人之口,通过问答来表达自己的想法。这就导致了一种新的文体的产生,它就是赋。赋的范畴特征有两个,一是设辞问答,二是韵散结合。

对于赋的发展,司马迁有过一个总结,《史记》卷八四《屈原贾生列传》:"屈原既死之

---

[1] 刘勰著,陆侃如、牟世金译注:《文心雕龙译注》,济南:齐鲁书社,1995年,第160页。

后,楚有宋玉、唐勒、景差之徒者,皆好辞而以赋见称。"① 唐勒是大约与宋玉同时的辞赋家。1972 年山东临沂银雀山出土汉简,其中有"唐革"赋残篇,凡二百余字。即使这个"唐革"就是司马迁所说的辞赋家唐勒,那也仅有残篇而已,我们无法窥得唐勒赋的真实面貌。景差的赋作,早就已经不见了,故而《汉书·艺文志》没有著录他的赋作。唯有宋玉有完整的赋流传下来。

宋玉是赋的初祖。《汉书》卷三十《艺文志》:"屈原赋二十五篇。唐勒赋四篇。宋玉赋十六篇。"② 今本《楚辞》为汉代刘向、刘歆父子所编定,其中屈原的作品有《离骚》一篇,《九歌》十一篇、《天问》一篇、《九章》九篇、《远游》一篇、《卜居》一篇、《渔父》一篇,加起来恰好二十五篇。值得注意的是,以上篇名中都不含"赋"字。《九歌》是一个总的题目,它包括十一篇作品,它们是《东皇太一》《云中君》《湘君》《湘夫人》《大司命》《少司命》《东君》《河伯》《山鬼》《国殇》《礼魂》。值得注意的是,在以上题目中也都不包含"赋"字。《九章》也是一个总的题目,它包含九篇作品,它们是《惜诵》《涉江》《哀郢》《抽思》《怀沙》《思美人》《惜往日》《橘颂》和《悲回风》。值得注意的是,在以上题目中,也还都不包含"赋"字。

唐勒的情况已经讨论过了。这里仅论宋玉赋十六篇。今存署名宋玉的作品,载于《楚辞章句》的有两篇,它们是《招魂》和《九辩》;载于《文选》的有五篇,它们是《风赋》《高唐赋》《神女赋》《登徒子好色赋》和《对楚王问》,载于唐代人所编《古文苑》的有六篇,它们是《笛赋》《大言赋》《小言赋》《讽赋》《钓赋》和《舞赋》,载于明代人刘节所编《广文选》的有三篇,它们是《高唐对》《微咏赋》和《郢中对》。以上加在一起,恰好为十六篇。在以上十六篇中,只有五篇其题目不包含"赋"字。也就是说,在今存署名宋玉的十六篇赋中,其题目包含"赋"字的作品多达十一篇,占总数的 69%。

关于宋玉赋,还有个颇有趣味的问题:考据越充分,越能够证明宋玉是赋的初祖。吴广平《楚辞全解·前言》:"《高唐对》《郢中对》两篇为《高唐赋》和《对楚王问》的异文,《舞赋》疑为东汉傅毅《舞赋》的摘录。"③ 此说可靠,因为对比一下相关的文本就一目了然了。也就是说,传世宋玉赋十六篇,有十三篇确为宋玉所作。加上 1972 年银雀山出土的《御赋》,宋玉的可靠作品共有十四篇。在这十四篇中,仅有《九辩》《招魂》《对楚王问》三篇,其题目不带"赋"字。宋玉的其他作品,其题目都带"赋"字者。以赋名篇的宋玉作品占总数的 79%。随着研究的深入,随着出土文献的增多,越发证明宋玉就是一位专门写作赋这一文体的作家。就赋的发展史而论,有史料可据的最早的"赋"作家实际上只有宋玉一人。作为文体的赋,兴起于战国后期。宋玉既是辞的殿军,又是赋的初祖。

---

① 司马迁著:《史记》,北京:中华书局,2006 年,第 196 页。
② 班固撰:《汉书》,北京:中华书局,2007 年,第 342 页。
③ 吴广平:《楚辞全解》,长沙:岳麓书社,2008 年,第 13 页。

鉴于以上情形，宋玉享有"赋圣"这一美誉。宋玉是文学独立的标志性作家，他在中国文学发展史上的地位犹如古罗马诗人维吉尔（Virgil，70—19BC）在西方文学发展史上的地位。宋玉和维吉尔都是"创体"的人物。在西方文学史上，维吉尔开创了"文人史诗"这一文体。文人史诗，系相对于民族史诗而言，前者是个人的文学创作，后者是无名氏的集体创作；前者多直抒胸臆的情感抒发，后者多神话传说的转述。同样是长篇的政治抒情诗，《离骚》中的神话传说较多，而《九辩》中的神话传说较少；在《离骚》中个人情感抒发固然不少，在《九辩》中个人的情感抒发比重更大。《汉书》卷三十《艺文志》："大儒孙卿及楚臣屈原离谗忧国，皆作赋以风，咸有恻隐古诗之义。其后宋玉、唐勒，汉兴枚乘、司马相如，下及扬子云，竞为侈丽闳衍之词，没其风谕之义。"[①] 对于这一段话，应该辩证地看待。第一，宋玉、枚乘、司马相如、扬子云都有讽喻之作。第二，在中国文学史上，宋玉开创了"赋"这一文体。至于枚乘、司马相如、扬子云等人，则发展和弘扬了赋这一文体。第三，用赋这一文体来创作的时候，作家不仅可以对个人的情感做线性的叙述，而且可以展开横断面的扫描，于是侈丽闳衍之词也就可以施之于情感的描写了。由此而观之，侈丽闳衍之词，不仅不是缺陷，反而是赋的体类特征。而且，它还具有范畴的力量。一个作家，写出来的文本，如果缺少侈丽闳衍之词，那么它就不是赋，至少不那么是赋；如果具有侈丽闳衍之词，那么它就是赋，或者更像赋一些。第四，宋玉的赋是文学自觉的产物，宋玉赋十四篇是中国文学史上的里程碑式的作品。从"创体"这一角度看，宋玉不是不如他的老师屈原，而是青出于蓝而胜于蓝。

祝尧《古赋辨体》卷七："尝观唐人文集，及《文苑英华》所载唐赋，无虑以千计，大抵律多而古少。……李太白天才英卓，所作古赋差强人意，但俳之蔓虽除，律之根故在，虽下笔有光焰，时作奇语，只是六朝赋尔。"[②] 在总论"唐体"赋，祝尧说了这一番话。所谓唐体赋，就是律赋。律赋相对于古赋而言，犹如在诗中律诗相对于古诗而言一样。唐代科举规定考律赋。为了有明确的评判标准，律赋要求格律严谨、对仗工整，这就相当于一首多种句式交互使用的长篇律诗了。在《李太白全集》中有赋八篇，它们是《大鹏赋》《拟恨赋》《惜余春赋》《愁阳春赋》《悲清秋赋》《剑阁赋》《明堂赋》《大猎赋》。在这八篇赋中，《大鹏赋》《明堂赋》《大猎赋》为大赋，其余五篇为小赋。六朝小赋，其成就高。如果单说李白小赋近于六朝赋，这是高度评价，并无贬损之意。然而，祝尧是连同李白的大赋一起说的，这就是较低的评价了。朱熹深入地研究过李白的赋，在《楚辞集注》中他将李白《鸣皋歌》编入"楚辞后语"中。如果连同《鸣皋歌》在内，则李白有九篇赋存世。朱熹写道："《鸣皋歌》第二十三。鸣皋歌者，唐翰林供奉李白之所作也。白天才绝出，尤长于诗，

---

① 班固：《汉书》，北京：中华书局，2007年，第342页。
② 祝尧：《古赋辨体》，卷七，文渊阁四库全书本。

而赋不能及魏晋,独此篇近《楚辞》。然归来子犹以为白才自逸荡,故或离而去之者,亦为知言云。"①李白有两篇《鸣皋歌》,这里所指的是《鸣皋歌送岑征君》,载清·王琦注《李太白全集》卷七。"楚辞后语"收录作品凡五十二篇。按说,收入"楚辞后语"中的作品都是佳作。朱熹对于李白《鸣皋歌》的批评系从赋的整个发展史的角度而发出,因而是一种高标准的批评。李白以诗著名,其赋的成就在其诗之下,这是很自然的事情。对此,李白有自知之明,故而在赋方面他采取了虚心向宋玉学习的态度。

在《愁阳春赋》中,李白缅怀宋玉的地方有两处。第一处:楚客枫林。这是扼要引用宋玉《招魂》末尾数句,其辞曰:"湛湛江水兮上有枫,极目千里兮上春心,魂兮归来,哀江南。"②招魂,招呼死者的灵魂,又称为复。招魂是民间古老的宗教仪式,其做法是将死者的衣服悬挂在屋顶之上,朝北面连呼三次"魂兮归来"。古人认为,人死了之后灵魂就脱离身体而在外游荡。古人相信,通过招魂仪式,死者的灵魂便可以回到家中安息。道教建立之后,招魂演变为道教的法术之一。宋玉创作《招魂》以招呼屈原之魂,他视屈原为自己失去的先辈。李白引用《招魂》的语句以缅怀宋玉,他视宋玉为自己应当效法的赋体文学之祖。第二处:试登高而望远,痛彻骨而伤心。这是化用宋玉《高唐赋》中的语句,其辞曰:"登高望远,侭人心瘁。"③站得高,望得远,想得多,这是人之常情。想到伤心的事情时,心中悲痛。这也是人之常情。

宋玉《高唐赋》是一篇名作,它是赋体文学成熟的标志之一。《高唐赋》描写楚王与巫山神女相爱的故事。《高唐赋》,除题目外,共1039字,笔者试分之为以下八章。

  昔者楚襄王与宋玉游于云梦之台,望高唐之观。其上独有云气,崒兮直上,忽兮改容,须臾之间,变化无穷。王问玉曰:此何气也?玉对曰:所谓朝云者也。王曰:何谓朝云?玉曰:昔者先王尝游高唐,怠而昼寝,梦见一妇人曰:妾巫山之女也,为高唐之客。闻君游高唐,愿荐枕席。王因幸之。去而辞曰:妾在巫山之阳,高丘之岨。旦为朝云,暮为行雨。朝朝暮暮,阳台之下。旦朝视之,如言。故为立庙,号曰朝云。王曰:朝云始出,状若何也?玉对曰:其始出也,𩰚兮若松树;其少进也,晰兮若姣姬。扬袂障日,而望所思。忽兮改容,偈兮若驾驷马,建羽旗。湫兮如风,凄兮如雨。风止雨霁,云无处所。④

以上第一章:得幸神女楚先王,必欲再交有顷襄。这一章,看似《高唐赋》全篇的缘

---

① 朱熹:《楚辞集注》,上海:上海古籍出版社;合肥:安徽教育出版社,2001年,第259页。
② 吴广平:《楚辞全解》,长沙:岳麓书社,2008年,第358页。
③ 吴广平:《楚辞全解》,长沙:岳麓书社,2008年,第389页。
④ 吴广平:《楚辞全解》,长沙:岳麓书社,2008年,第380页。

起。其实不然,它是整部作品的浓缩,而以后各章都是它的展开。在第一章中,主要的行动素都出现了,它们包括以下诸人。一、楚襄王,即楚顷襄王,他是这部爱情故事的男主角。二、宋玉,他作为楚顷襄王的侍从大臣而出现。三、先王,或曰楚先王,楚国的某位已经逝去的国王。他是上一轮爱情故事的男主角。四、巫山神女,她是数轮爱情故事的女主角。巫山神女的身份是妇人,而并非婚前少女。巫山神女是拥有丰富的性生活经验的女人,她负有生产的责任。巫山神女是生产力极强(very productive)的女人,她生养众多。虽然巫山神女年纪上亿万岁了,但是她身段婀娜,体态丰盈,她的音容笑貌,她的情丝意绪,完全和初婚少妇一样。

　　王曰:寡人方今可以游乎?玉曰:可。王曰:其何如矣?玉曰:高矣显矣,临望远矣。广矣普矣,万物祖矣。上属于天,下见于渊。珍怪奇伟,不可称论。王曰:试为寡人赋之。玉曰:唯唯。①

以上第二章:王幸神女乃大事,宋玉受命赋委曲。国王临幸某位女子,可能产生王子。由于此事关系到王位的承续,因而它属于国之大事。古代史官负有记录起居注的责任,史官必须忠实地记录国君的言行。楚顷襄王命宋玉记录他与巫山神女交合的全过程,这说明宋玉也曾一度得到楚顷襄王的信任。顺便指出,以上两章,传统的宋玉赋研究者将之作为《高唐赋》的序,以下才是《高唐赋》的正文。

　　惟高唐之大体兮,殊无物类之可仪比。巫山赫其无畴兮,道互折而层累。登巉岩而下望兮,临大阺之稽水。遇天雨之新霁兮,观百谷之俱集。濞汹汹其无声兮,溃淡淡而并入。滂洋洋而四施兮,蓊湛湛而不止。长风至而波起兮,若丽山之孤亩。势薄岸而相击兮,隘交引而却会。崒中怒而特高兮,若浮海而望碣。石砾磥磥而相摩兮,嶒震天之磕磕。巨石溺溺之瀺灂兮,沫潼潼而高厉。水澹澹而盘纡兮,洪波淫淫之溶裔。奔扬踊而相击兮,云兴声之霈霈。猛兽惊而跳骇兮,妄奔走而驰迈。虎豹豺兕,失气恐喙;鸤鹑鹰鹠,飞扬伏窜。股战胁息,安敢妄挚?于是水虫尽暴,乘渚之阳;鼋鼍鳣鲔,交积纵横,振鳞奋翼,蜲蜲蜿蜿。②

以上第三章:高唐大体洋洋美,丰饶多惠靠雨水。高唐,地名,即高阳。山南为阳,楚人在巫山之南修建了祭祀先祖的高台,称为高阳台。高阳台又叫做高阳观。观是神的居

---

① 吴广平:《楚辞全解》,长沙:岳麓书社,2008年,第380页。
② 吴广平:《楚辞全解》,长沙:岳麓书社,2008年,第388页。

所,这里以居所来指称居住者,故而高唐即高唐神女。高唐神女就是巫山神女。《高唐赋》把高唐神女当作大地母亲来加以描写。从中外各民族的史诗看,所有赞美大地母亲的话语,均可移用以指生产力强的女性。本章在手法上,讲究声貌形容,尤多夸张的描绘,骋辞大赋的手段在这里用得很足。濞(洪水的声音)汹汹、溃(合流的众水)淡淡、滂(涌流的大水)洋洋、翁(聚集的水体)湛湛、沫(飞溅的水珠)潼潼、水(平静的水体)澹澹。这些都是主谓结构的小句,前一个字为与水有关的单音节名词,后两个字为状貌水之样态的叠音形容词。这些都是对丰盈大水的样态之描写。

> 中阪遥望,玄木冬荣。煌煌荧荧,夺人目精。烂兮若列星,曾不可殚形。榛林郁盛,葩叶覆盖。双椅垂房,纠枝还会。徙靡澹淡,随波闇蔼。东西施翼,猗狔丰沛。绿叶紫裹,朱茎白蒂。纤条悲鸣,声似竽籁。清浊相和,五变四会。感心动耳,回肠伤气。孤子寡妇,寒心酸鼻。长吏隳官,贤士失志。愁思无已,叹息垂泪。登高远望,使人心瘁。盘岸巑岏,振陈硙硙。磐石险峻,倾崎崖𬯎。岩岖参差,纵横相追。陬互横悟,背穴偃跌。交加累积,重迭增益。状似砥柱,在巫山下。①

以上第四章:中阪遥望腰腹满,夺人目精胴体美。这仍然是对大地母亲的描写,但是更接近于描写女人胴体之美,试比较圣经《旧约》对女性胴体的描写。《雅歌》7:1—7写道:"王女啊,你的脚在鞋中何其美好!你的大腿圆润好像美玉,是巧匠的手做成的。你的肚脐如圆杯,不缺调和的酒。你的腰如一堆麦子,周围有百合花。你的两乳好像一对小鹿,就是母鹿双生的。你的颈项如象牙台;你的眼目像希实本巴特拉并门旁的水池;你的鼻子仿佛朝大马士革的黎巴嫩塔;你的头在你身上好像迦密山,你头上的发是紫黑色。王的心因这下垂的发系住了。我所爱的,你何其美好!何其可悦!使人欢畅喜乐。你的身量好像棕树;你的两乳如同其上的果子,累累下垂。"②不过,宋玉的描写有重点,《高唐赋》第四章描写的重点为女性身体的中段亦即腰部,因为那一段才是能产力的关键。这位大地母亲是腰腹肥满的女性。

> 仰视山巅,赫何千千,炫耀虹蜺。俯视峥嵘,窒寥窈冥,不见其底,虚闻松声。倾岸洋洋,立而熊经。久而不去,足尽汗出。悠悠忽忽,怊怅自失。使人心动,无故自恐。贲育之断,不能为勇。卒愕异物,不知所出。纵纵莘莘,若生于鬼,若出于神,状似走兽,或象飞禽。谲诡奇伟,不可究陈。③

---

① 吴广平:《楚辞全解》,长沙:岳麓书社,2008年,第389页。
② 中国基督教两会:《圣经》(金边拇指索引),北京:中国基督教两会,2009年,第656页。
③ 吴广平:《楚辞全解》,长沙:岳麓书社,2008年,第389页。

以上第五章:仰视山巅芊芊草,性之欢娱无限好。试比较宋代大诗人秦观的一首诗。《淮海集》卷十《春日五首》之二:"一夕轻雷落万丝,霁光浮瓦碧差差。有情芍药含春泪,无力蔷薇卧晓枝。"① 这首诗可以解作性爱诗,它描写女人在做爱之后于第二天醒来时的慵懒样态和复杂心情。《高唐赋》第五章的描写与秦观略有不同,它适用于男女双方,而且它比秦观之所描写,多了几分欢娱,少了几分惆怅。

上至观侧,地盖底平。箕踵漫衍,芳草罗生。秋兰芷蕙,江蓠载菁。青荃射干,揭车苞并。薄草靡靡,联延夭夭。越香掩掩,众雀嗷嗷。雌雄相失,哀鸣相号。王雎鹂黄,正冥楚鸠。姊归思妇,垂鸡高巢。其鸣喈喈,当年遨游。更唱迭和,赴曲随流。②

以上第六章:性交神合意味长,更唱迭和咏风光。这是一篇爱的宣言书。男女相爱,这是美好的。雌雄相失,这是不好的。就鸟类而言,雌雄相失,哀号连天。就兽类而言,雌雄相失,叫声悲惨。相爱的男女双方,要长相厮守,方始为美好。而且,如果双方都有文学的意趣,那么便可以不时地更唱迭和,那就更加美好了。

有方之士,羡门、高溪、上成、郁林,公乐聚谷,进纯牺,祷璇室,醮诸神,礼太一。传祝已具,言辞已毕,王乃乘玉舆,驷苍螭,垂旒旌,旆合谐。紃大弦而雅声流,洌风过而增悲哀。于是调讴,令人惏悷憯凄,胁息增欷。于是乃纵猎者,基趾如星。传言羽猎,衔枚无声。弓弩不发,罘罕不倾。涉漭漭,驰苹苹。飞鸟未及起,走兽未及发。弭节奄忽,蹄足洒血。举功先得,获车已实。③

以上第七章:赞毕诸神礼太一,弓弩不乏绵延之。诸神,百神,众神。道教是典型的多神教。宋玉《高唐赋》对道教的多神性质做了预表。太一,亦作太乙、泰一、泰乙。太一有四种含义。第一,星宿名,在天龙座内,属于紫微垣。第二,天神,即北极大神的名称。第三,形成天地万物的元气。第四,"道"的别称。实际上,宋玉在这里论述了房中术的要领:要保持阳具长久勃起,以等待女方性高潮的到来。性交要绵延持久,最好能够保持精液不泄。房中术认为,性交的关键在于保持精液不泄。如果能保持精液不泄,那么精液便会自然地经由脊柱而上行,并最终为人体所吸收,而这是延年益寿的关键。

王将欲往见,必先斋戒。差时择日,简舆玄服。建云旆,蜺为旌,翠为盖。风起雨止,千里而逝。盖发蒙,往自会。思万方,忧国害。开贤圣,辅不逮。九窍通郁精神察,

---

① 秦观撰,徐培均笺注:《淮海集笺注》上册,上海:上海古籍出版社,2000年,第431页。
② 吴广平:《楚辞全解》,长沙:岳麓书社,2008年,第389页。
③ 吴广平:《楚辞全解》,长沙:岳麓书社,2008年,第400页。

延年益寿千万岁。①

以上第八章：择日而施益健康，风起雨止寿无疆。这里对全篇进行总结。宋玉在此再次论述了房中术。房中术的具体修炼方法，诸说不一，但是有一点是相同的，那就是男女的交接，要慎重而为之，不可亵玩。要选择相宜的时间地点，不可胡乱而施。还有最根本的一条，性交要有节制。纵欲过度，轻则伤身，重则丧命。

从叙事学的角度看，《高唐赋》是一篇赋体的短篇小说。《高唐赋》的主要行动素有楚先王、楚襄王、宋玉、巫山神女、众方士、诸神、太一神。小说发生的地点是位于今重庆巫山地区的高唐台。小说发生的时间为战国楚襄王时期。小说的氛围为氤氲的性爱。小说的中心思想是，通过描写雨水对农业丰收的作用，进而赞美纯洁的爱情，肯定性生活对于人体健康的作用。

伦理问题再探讨。宋玉《高唐赋》有一个伦理上的问题，两千多年来它一直困扰着宋玉赋的研究者们。即，楚先王与巫山神女性交，而作为后代的楚顷襄王又与巫山神女性交。这样一来，岂不是乱伦吗？答案是否定的。楚顷襄王没有乱伦。这是因为，作为女方的巫山神女是以大地母亲的面貌而出现在《高唐赋》中的。大地母亲所拥有的男性伴侣可以有而且事实上有多位。再有，《高唐赋》反映的是古老时代的性爱习俗。在许多古代民族中都有"父王死妻其后母"的习俗。父王老迈而死去，而在其众多的妻妾中有的女子只有二十来岁。她们不仅年轻美丽正处于需要性爱的年龄段，而且与新王并无血缘关系。新王即位，妻其后母，这实际上体现了一种人伦上的关怀。否则，就得让那一大群年轻的女子守活寡，那才是真正的不仁，不道德，不讲伦理。

李白在《愁阳春赋》中两次言及宋玉《高唐赋》，除了缅怀宋玉之外，也表明了他们共同的神学追求。在神学上李白和宋玉高度一致。

巫山神女及其神格是李白和宋玉共同关注的问题。《文选》卷十九宋玉《高唐赋》注："《襄阳耆旧传》曰：赤帝女姚姬，未行而卒，葬于巫山之阳，故曰巫山之女。楚怀王游于高唐，昼寝梦见与神遇，自称是巫山之女。王因幸之，遂为置观于巫山之南，号为朝云。后至襄王时，复游于高唐。"② 李善所作的这条注释，让我们明白了三点。第一，巫山神女是赤帝的女儿，名叫"姚姬"，这显然就是"瑶姬"的另一种表记。赤帝，即炎帝。巫山神女的神格，来自世袭，渊源有自。第二，楚先王，指楚怀王，他是楚顷襄王的父亲。楚顷襄王临幸巫山神女具有"父死妻其后母"的性质。第三，楚怀王临幸神女后，修建了朝云观，此即后来的高唐观。这说明，楚怀王认为他与巫山神女的结合具有神圣婚姻的性质。这

---

① 吴广平：《楚辞全解》，长沙：岳麓书社，2008年，第401页。
② 萧统编：《文选》，上海：上海书店，1988年，第249页。

还说明,以宫观供奉真神或仙真,这一传统肇始于道教建立之前。

高唐观,陆游有详尽的记载,《渭南文集》卷四八《入蜀记》第六:"[十月]二十三日过巫山凝真观,谒妙用真人祠,真人即世所谓巫山神女也。祠正对巫山,峰峦上入霄汉,山脚直插江中。议者谓:太、华、衡、庐皆无此奇。然十二峰者,不可悉见,所见八九峰,惟神女峰最为纤丽奇峭,宜为仙真所托。祝史云:每八月十五夜月明时,有丝竹之音往来峰顶,山猿皆鸣,达旦方渐止。庙后山半,有石坛平旷,传云夏禹见神女,授符书于此坛上。观十二峰,宛如屏障。是日天宇晴霁,四顾无纤翳,惟神女峰上有白云数片,如鸾鹤翔舞袅徊,久之不散,亦可异也。"①《入蜀记》是陆游写的一部旅途日记,共六卷,记载作者在乾道六年闰五月至十月,由浙江绍兴到四川夔州(今重庆市奉节县)的一路见闻。乾道六年十月二十三日,陆游亲自拜谒了供奉巫山神女的凝真观,留下了宝贵的第一手资料。道教的礼拜场所叫做宫观,相当于基督教的教堂。规模大的叫道宫。规模一般的叫做道观。规模小的叫做庵堂。宫观是真神的居所,因而必须保持清净。我们可以清理一下高唐观的名称之变化。楚怀王立观时叫做朝云观。朝云观,以女子的容貌为观名。楚顷襄王临幸巫山神女后,更名为高唐观。高唐观,以所在地为观名。到南宋时期,同一座道观已经改名为凝真观了。凝真观,以祀奉的真神为观名。凝真观,位于今重庆巫山县城东,俗称神女庙,观内供奉巫山神女和道教三清。过去,人们一直认为,"凝真观"这一名称出现在明代,其实它出现在宋代,陆游《入蜀记》就是明证。供奉神女的道观,其名称的变迁表明,道教的意蕴日益明晰。

巫山神女,亦即瑶姬,其神格在逐渐上升,她后来上升为云华夫人。《太平广记》卷五六《云华夫人》:"云华夫人,王母第二十三女,太真王夫人之妹也,名瑶姬。受徊风混合万景炼神飞化之道,尝东海游还,过江上。有巫山焉,峰岩挺拔,林壑幽丽,巨石如坛,留连久之。时大禹理水,驻山下,大风卒至,崖振谷陨,不可制。因与夫人相值,拜而求助。即敕侍女,授禹策召鬼神之书。因命其神狂章、虞余、黄魔、大翳、庚辰、童律等,助禹斫石疏波,决塞导厄,以循其流。禹拜而谢焉。禹尝诣之崇巘之巅,顾盼之际,化而为石,或倏然飞腾,散为轻云,油然而止,聚为夕雨。或化游龙,或为翔鹤,千态万状,不可亲也。禹疑其狡狯怪诞,非真仙也,问诸童律。律曰:'天地之本者道也。运道之用者圣也。圣之品次,真人仙人也。其有禀气成真,不修而得道者,木公金母是也。盖二气之祖宗,阴阳之原本,仙真之主宰,造化之元光。云华夫人,金母之女也。昔师三元道君,受上清宝经,受书于紫清阙下,为云华上宫夫人,主领教童真之士,理在玉英之台,隐见变化,盖其常也。亦由凝气成贞,与道合体,非寓胎禀化之形,是西华少阴之气也。且气之弥纶天地,

---

① 陆游:《陆放翁全集》上册,北京:北京市中国书店,1986年,第297页。

经营动植,大包造化,细入毫发,在人为人,在物为物,岂止于云雨龙鹤飞鸿腾凤哉!"①在这段话中有以下五个方面值得注意。第一,炎帝是历史人物,他后来变质为神。据《襄阳耆旧傳》记载,姚姬(瑶姬)是赤帝的女儿。赤帝,即炎帝,而炎帝是实存的历史人物。《史记》卷一《五帝本纪》记载了炎帝的史迹。远古时期,中华民族散居各地,有两个部族最有名,一是居处偏西的姜姓部落,炎帝神农氏是其首领,一是居处偏东姬姓部族,黄帝是其首领。炎帝和黄帝出于同一族,本为兄弟,只是后来分散了。后来,炎帝这一支往南迁徙,他们长于耕种,至今在河南、湖北、湖南、四川、贵州、两广、浙江、福建、越南一带还流传着关于神农氏的故事。司马迁著《史记》,从五帝开始记叙中华民族的历史,这是有道理的。五帝的史迹夹杂着神话,这不足怪。一般说来,人类早期的历史,往往先有事迹,后有传说,再后有神话。这是文字发明之前人类记忆自身来历的简便方式。所谓瑶姬为赤帝之女,意即她本来是人,后来才如其父亲一样,因为有佳绩,从而在人们的心中渐渐变质为神。第二,王母从来就是神,无须变质为神。王母,又称西王母,与东王公相对。王母,其尊称为王母娘娘,她从一开始出现其名称起,就是神。瑶姬为王母的第二十三个女儿云云,意即她的身份是神。第三,狂章、虞余、黄魔、大翳、庚辰、童律为众小神。瑶姬升位为云华夫人之后,能够呼唤这一群小神,并指挥他们去帮助大禹治水。这样的描述说明,云华夫人有神通力,确为仙真。第四,瑶姬为研习法术曾经拜三元道君为师。三元道君,即天宝君、灵宝君、神宝君,又称三宝君,他们分别主治三清境。三清境,即玉清境、上清境、太清境。道教认为,立教必有教理教义,必有经诰,必有师授。三宝君,分别传授洞真、洞玄、洞神这三洞经典秘箓。第五,瑶姬,从受生的角度说,她是王母的女儿。然而,受生不等于受造。从受造的角度说,瑶姬系"凝气成贞",即阴阳二气和合的产物,因而其神格是至高的。这就解释了"朝云观"和"高唐观"最终演变为"凝真观"的缘由。"凝真观"一名,虽然出现在宋代,但是它却孕育于唐代。这是因为,武则天称帝之后,特别重视道教诸神中的女性。

唐代大诗人李白喜欢为文,《李太白集注》卷十一《赠张相镐二首》之二:"本家陇西人,先为汉边将。功略盖天地,名飞青云上。苦战竟不侯,当年颇惆怅。世传崆峒勇,气激金风壮。英烈遗厥孙,百代神犹王。十五观奇书,作赋凌相如。龙颜惠殊宠,麟阁凭天居。晚途未云已,蹭蹬遭谗毁。想象晋末时,崩腾胡尘起。衣冠陷锋镝,戎虏盈朝市。石勒窥神州,刘聪劫天子。抚剑夜吟啸,雄心日千里。誓欲斩鲸鲵,澄清洛阳水。六合洒霖雨,万物无凋枯。我挥一杯水,自笑何区区。因人耻成事,贵欲决良图。灭虏不言功,飘然陟方壶。惟有安期舄,留之沧海隅。"②李白对于自己的期望甚高。他认为,自己不但是诗人,

---

① 李昉等编:《太平御览》第一册,上海:上海古籍出版社,1990年,第281页。
② 李白撰,王琦注:《李太白集注》,上海:上海古籍出版社,1992年,第232页。

也是文章家。据李白自叙,他喜欢作赋,他十五岁时所作的赋就已经超过司马相如了。这有些言过其实,因为在赋体文学的历史上,司马相如的地位远高于李白。李白之所以说自己"作赋凌相如"可能与他的浪漫主义大诗人的气质有关。须知,夸张是浪漫主义的典型特征之一。李白成年之后听到别人对其赋的评价,于是他知耻而后勇。李白再作赋,就效法宋玉了。李白虽然慷慨自负、不拘常调,"却也非常用功,这恐怕更出人意外"①。即使身陷牢狱,李白也在读书。李白不但阅读经史子集,道教的典籍也是常在他的手头。宋玉是赋体文学的始祖,如果自己的赋能追美宋玉,那么"作赋凌相如"就不是一句空言了。由此思路而寻之,李白缅怀宋玉而其赋效法宋玉赋,这是很自然的事情。

然而,自然之中往往蕴藏着一定的必然。李白学习宋玉乃是一种必然。这种必然的根据就是李白一生极其好道。《中国道教史》第二卷第五章:司马承祯"与陈子昂、卢藏用、宋之问、王适、毕构、李白、孟浩然、王维、贺知章为仙宗十友。"② 司马承祯,字子微,法号道隐,唐河内温(今河南省温县)人,为茅山宗封为第十二代宗师。司马承祯著有《修真秘旨》《天隐子》《坐忘论》等,它们都是精要的道教著作,均收入《道藏》。司马承祯与李白等人结为仙宗十友。这说明李白道术高明,在修仙方面达到了甚高的水准。同书又载,吴筠"常于天台剡中往来,与诗人李白、孔巢父诗篇酬和,逍遥泉石,人多从之,竟终越中。"③ 吴筠,字贞节,唐华州华阴(今属陕西)人。吴筠获正一之法,尽通其术。史载唐玄宗征召吴筠为翰林。由此可知,在当时的人们看来,吴筠在文学上与李白水平相当。李白对吴筠心悦诚服,因为吴筠毕竟在道术方面比李白"专业"得多。同书还载:"潘师正的弟子中,产生了两位著名的道教学者,即吴筠和司马承祯。吴筠颇善文辞,与文学之士多有交往,使茅山宗在文士中扩大了影响,如李白所受道法即属茅山一系。"④ 茅山派,全称是道教的上清茅山宗派。这样就厘清了李白在道教上的渊源了。"李白对上清派道士及其教法发生如此浓厚的兴趣,这同当时上清派的影响以及李白本人以隐居学道出仕的目标是相吻合的。"⑤ 茅山,原称句曲山,位于江西西南部,地跨句容、金坛、溧水、溧阳等县境,系道教第八洞天。句曲山为道教茅山派的发源地,相传西汉景帝时茅盈、茅固、茅衷兄弟三人在此修道成仙,故改名三茅山,简称茅山。道教的茅山派为梁朝陶弘景所创。唐代潘师正、司马承祯、吴筠军信奉茅山道。李白与司马承祯和吴筠交往甚深,自然向往茅山道。心中有了高尚的向往,身体就会移往高尚的地方。尘世的功名利禄挽留不住真心求道的人士。何况李白自视甚高,他不屑于在宫廷里被人使唤来使唤去,于是他干脆

---

① 李长之:《道教徒的诗人李白及其痛苦》,沈阳:辽宁教育出版社,1998年,第77页。
② 卿希泰主编:《中国道教史》第二卷,成都:四川人民出版社,1992年,第225页。
③ 卿希泰主编:《中国道教史》第二卷,成都:四川人民出版社,1992年,第238页。
④ 卿希泰主编:《中国道教史》第二卷,成都:四川人民出版社,1992年,第132页。
⑤ 詹石窗:《道教文学史》,上海:上海文艺出版社,1992年,第267页。

去当了道士。李阳冰《草堂集序》:"天子知其不可留,乃赐金归之。遂就从祖陈留采访大使彦允,请北海高天师授道箓于齐州紫极宫,将东于蓬莱,仍羽人,驾丹丘耳。"齐州,以战国时期的齐国故地为名,治历城县(今济南市)。天宝三年秋冬之际,李白获授道箓,成为一名正式的道士。宋玉是道教前史上的重要人物,李白是正式授箓的道士。经过一千余年之后,李白映照出了宋玉在自己身上的射影。

  李白和宋玉都曾高度地关切现实。李白和宋玉都曾经有过建功立业的远大抱负。李白和宋玉在思想境界上高度地一致,故而李白对宋玉的缅怀是深沉的一贯的,它并非仅仅体现在《愁阳春赋》一文中。李白还在两首诗中表现了他对宋玉的缅怀之情。其一,《李太白集注》卷十九《宿巫山下(巫峡)》:"昨夜巫山下,猿声梦里长。桃花飞渌水,三月下瞿塘。雨色风吹去,南行拂楚王。高丘怀宋玉,访古一沾裳。"① 此诗作于开元十三年,那一年李白出蜀,途经巫山(今属重庆),年25岁。在《宿巫山下(巫峡)》一诗中,洋溢着青春的激情。一般说来,处于激情中的人们亦容易多愁善感。此诗前两联写景,其口吻激动而飞扬。此诗后两联怀古,其口吻发生突转,令人无限感伤。在诗句"高丘怀宋玉"中,高丘是一个典故,它隐括了宋玉《高唐赋》中的两句话:"妾在巫山之阳,高丘之岨。"② 李白站在高高的山丘上,情不自禁怀念起宋玉来了。一想到宋玉,李白不禁潸然泪下,泪水打湿了衣裳。这是多么深厚的感情!又,《李太白集注》卷二十二《安州应城玉女汤作》:"神女殁幽境,汤池流大川。阴阳结炎炭,造化开灵泉。地底烁朱火,沙旁歊素烟。沸珠跃明月,皎镜涵空天。气浮兰芳满,色涨桃花然。精览万殊入,潜行七泽连。愈疾功莫尚,变盈道乃全。濯缨掬清泚,晞发美潺湲。散下楚王国,分浇宋玉田。可以奉巡幸,奈何隔穷偏。独随朝宗水,赴海输微涓。"③ 此诗作于玄宗开元十八载,时李白在安陆(今属湖北)居住,年30岁。在诗句"分浇宋玉田"中,宋玉田是一个典故,它隐括了宋玉《小言赋》全篇:"楚襄王既登阳云之台,令诸大夫景差、唐勒、宋玉等……曰:'……有能为小言赋者,赐之云梦之田。'……宋玉曰:'无内之中,微物潜生,比之无象,言之无名。'……王曰:'善,赐以云梦之田。'"④ 虽然宋玉《小言赋》不长,但是它也有360字。李白将宋玉《小言赋》加以高度浓缩而运用于自己的诗歌创作之中。李白的诗才于兹可见一斑。这也说明,李白曾经长时期精研过《楚辞》。在《楚辞》诸家之中,李白扎实地学习过宋玉的制赋艺术。

---

① 李白撰,王琦注:《李太白集注》,上海:上海古籍出版社,1992年,第402页。
② 吴广平:《楚辞全解》,长沙:岳麓书社,2008年,第380页。
③ 李白撰,王琦注:《李太白集注》,上海:上海古籍出版社,1992年,第388页。
④ 吴广平:《楚辞全解》,长沙:岳麓书社,2008年,第468页。

宋玉《笛赋》与王褒《洞箫赋》之比较

河北师范大学 张英伟

咏物赋,顾名思义即通过描写某事物以表达某种思想,抒发某种情感。宋玉《笛赋》是我国辞赋史上第一篇咏物之赋,文章从描写制笛之竹到描写笛师吹笛,再到描写笛声的魅力,全赋围绕竹笛而展开,然后通过所咏之物"竹笛"来表达作者的思想和感情。王褒《洞箫赋》是继宋玉《笛赋》之后又一优秀的长篇咏物赋,文章从描写制箫之竹到描写制箫及吹箫者,到描写箫声的变化,再到描写箫声的作用,全赋围绕乐器洞箫而展开,可谓一篇完整的咏物赋。作为一篇结构完整、辞采华美的咏物之作,王褒《洞箫赋》和宋玉《笛赋》有着异曲同工之妙,今以两篇文章中共同提到的制作乐器的竹子入手,并且从多个方面展开来比较宋玉《笛赋》以及王褒《洞箫赋》这两篇优秀的咏物赋作。

一、宋玉《笛赋》与王褒《洞箫赋》体式及艺术手法之比较

1.《笛赋》的体式及艺术手法

"宋玉《笛赋》是我国辞赋史上第一篇咏物赋,文章在内容上分为正曲和乱辞两部分,具有骚体赋的文体特征。"[①] 在正曲部分,作者首先描写了制作笛子的原料——衡山之竹,通过描写衡山之竹复杂特殊的生长环境,从而突出衡山之竹的独特品质,为下文表现竹笛的精致和笛声的艺术魅力做了铺垫。然后以将要创作乐曲的名师师旷和将送荆轲到易水边的宋如意先后发现雄竹、雌竹为转折,引出巧匠王尔、公输等人制成竹笛,为下文描绘笛曲奇妙的艺术魅力埋下了伏笔。竹笛制成了,文章紧接着便大肆铺排笛声的超类绝伦。在文章最后的乱辞部分,作者以"乱曰"总结全文,称赞竹笛乃人间至宝,赞美了笛曲的美妙,从而引出作者对音乐的观点"肯定雅乐,指责郑声",也表达了作者的隐逸心志。"整个正曲部分,层层铺叙,形式上以散化的语言为主,句式自由灵活,结构完整;而乱辞部分则以韵文的形式展开,全段都是七言句式加一个'兮'字的形式,在赋体文中别出机杼,实则是由楚辞体向汉大赋蜕变演化之作,对后来的王褒《洞箫赋》等咏物赋有着深远的影响。"[②]

宋玉《笛赋》语言优美、辞采华丽,运用了大量的比喻、排比等修辞手法。首先,作者

[①] 高长山:《音乐的文学表述:从辞赋到汉赋的递变》,《山西大学学报》,2014年第2期。
[②] 高长山:《音乐的文学表述:从辞赋到汉赋的递变》,《山西大学学报》,2014年第2期。

在文中运用了丰富的排比句式,在文章的第一段中,"其处磅磄千仞,绝溪凌阜,隆崛万丈,盘石双起;丹水涌其左,醴泉流其右"①。作者首先运用一个对偶句式描写制笛之竹的衡山的山水环境,紧接着,"其阴则积雪凝霜,雾露生焉;其东则朱天皓日,素朝明焉;其南则盛夏清彻,春阳荣焉;其西则凉风游旋,吸逮存焉"②。作者运用一组排比句式将衡山北、东、南、西四面壮丽的景象生动传神地描绘出来,从而烘托出衡山之竹生长环境得天独厚,为下文描写竹笛的精美以及笛声的奇妙做了铺垫。其次,作者在文章的第二段中运用了大量比喻的修辞手法:"笛曲本是只可意会不可言传的艺术,作者运用高超的艺术技巧以具体的事物来比喻笛曲,这就将抽象的听觉形象转化为具体的视觉形象。"③ 例如,"其为幽也,甚乎!怀永抱绝,丧夫天,亡稚子。"④ 作者将幽怨的笛声比喻成亡夫、丧子的痛苦,将充满愁思的妻怆笛曲描绘得具体可感。"纤悲微痛,毒离肌肠腠理。"⑤ 作者将渗透着细微悲痛的舒缓笛声,描绘成仿佛痛苦遍布在肌体的肠子和肌肤的纹理各处。这就将笛曲所吹奏的痛苦情感透过文字传达给读者,使读者仿佛置身于作者所描绘的场景中,亲身感受到那悲痛的笛声一样。再如"激叫入青云,慷慨切穷士,度曲羊肠坂,揆殃振奔逸。"⑥ 作者将高入云天的激越笛声,比喻成抑郁不得志的士人的愤激之情;将曲折缠绵的笛声,比喻成曲曲折折的羊肠小道;将奔放的笛声,比喻成骏马脱缰奔跑。赋中这样贴切奇妙的比喻还有很多,比如,作者将低回婉转的笛声比喻成慢慢流淌的河水和凄惨昏暗的天空;还有"'麦秀渐渐兮',鸟声革翼"这一句,作者引用箕子《麦秀歌》中"麦秀渐渐兮,禾黍油油。彼狡童兮,不与我好兮"的诗句,将箕子的悲鸣比喻成鸟儿挥动翅膀。作者想象丰富,比喻运用得十分贴切又甚为巧妙,使语句生动形象,增加了文章的艺术色彩。

2.《洞箫赋》的体式及艺术手法

王褒《洞箫赋》是继宋玉《笛赋》之后又一篇优秀的咏物赋,在继承宋玉《笛赋》的艺术技巧之余,又有着自己对辞赋文学独特的贡献。"王褒《洞箫赋》是现存最早的音乐赋,为后世赋家创作音乐赋提供很多经验,也为后来文人的音乐赋创作了一个固定的写作模式。"⑦

王褒《洞箫赋》继承宋玉《笛赋》的精良布局,在内容上依然分为正曲和乱辞两部分。在正曲部分,作者首先描写制箫之竹,通过描写竹子的特征以及它的生长地"江宁的慈母山"的生长环境来衬托制作洞箫的竹之珍贵,从而为下文描写箫声的神奇魅力做了铺

---

① 严可均:《全上古三代秦汉三国文朝文》第1册,北京:中华书局,1985年,第75页。
② 严可均:《全上古三代秦汉三国文朝文》第1册,北京:中华书局,1985年,第75页。
③ 高长山:《音乐的文学表述:从辞赋到汉赋的递变》,《山西大学学报》,2014年第2期。
④ 严可均:《全上古三代秦汉三国文朝文》第1册,北京:中华书局,1985年,第75页。
⑤ 严可均:《全上古三代秦汉三国文朝文》第1册,北京:中华书局,1985年,第75页。
⑥ 严可均:《全上古三代秦汉三国文朝文》第1册,北京:中华书局,1985年,第75页。
⑦ 罗晓茜:《"辞源·兑"与赋体文学创作——汉魏六朝赋体文学创造论探微》,《湖北师范学院学报》,2012年第6期。

垫。然后描写巧匠制箫、定音和盲人吹箫,接着写箫声的美妙及作用。最后乱辞部分总结赞美箫声。整个正曲部分,语言优美、辞藻华丽,句式整饬、骈偶却不显板滞,铺叙有头有尾,结构完整。而乱辞部分则延续宋玉《笛赋》乱辞部分的结构形式,以韵文的形式展开,不过以十一言加一个"兮"字的形式有别于宋玉《笛赋》。

王褒《洞箫赋》在学习宋玉《笛赋》的许多优秀艺术技巧的基础上,又有着自己独特的艺术创造。首先,作者运用了对比的修辞手法。在文章的第一段"徒观其旁山侧兮,则岖嵚岿崎,倚巇迤𪩘,诚可悲乎其不安也。弥望傥莽,联延旷荡,又足乐乎其敞闲也"①这一句,作者描写了慈母山一近一远两个场景的环境,为竹子生在陡峭险峻的山岭旁的不安处境而悲伤,也为竹子生长在敞亮辽阔的环境而欢喜,不仅这两个场景形成对比,这一悲一喜两种心情也形成了鲜明的对比,生动形象地烘托出制作洞箫的竹子生长环境的特殊,为下文描写洞箫的精美以及箫声的神奇作用埋下了伏笔。其次,作者运用了拟人的修辞手法。在文章的第一段"惟详察其素体兮,宜清静而弗喧"②这一句,作者将竹拟人化,描写竹子素洁,天性喜爱清净而不喜喧闹的特性,以此来表达制作洞箫的竹子的特殊品质,为下文描写箫声的奇妙功效做了铺垫。在文章的第四段,箫声美妙,可以给人带来听觉上的享受,但在辞赋里以文字的形式来表达便显得困难些了,作者为了把箫声的神奇魅力展现给读者,便运用了拟人的修辞手法:"是以蟋蟀蚸蠖,蚑行喘息。蝼蚁蝘蜓,蝇蝇翊翊。迁延徙迤,鱼瞰鸡睨。垂喙蜒转,瞪瞢忘食。"③箫声美妙,以至于爬行的蟋蟀、蚸蠖听了张开口喘息,行进的蝼蛄、蚂蚁听了停滞不前,它们像鱼儿、鸡雏、鸟儿一样视而不见,连食物都顾不上吃。作者运用高超的的艺术技巧,通过拟人的修辞手法将箫声的魅力生动形象地展示出来。再次,文章运用了比喻的修辞手法。例如在文章的第二段,"或浑沌而潺湲兮,猎若枚折;或漫衍而骆驿兮,沛焉竞溢"④这一句,作者将箫声比喻成缓缓流动的一汪混沌的池水的声音,将箫声比喻成折断干枯的树叶的声音,将箫声比喻成积水向外流淌的声音,比喻得十分形象贴切,为文章增添了许多文学色彩。最后,文章运用了通感的表现方法。在文章的第四段,作者为了更好地表现箫声的神奇功效,听声类形,运用了通感的表现方法来描绘箫声。作者运用自己奇妙的想象能力以及高超的艺术技巧,将盲人吹奏的箫曲比作不断吹拂的和煦的春风、柔美的女子翩翩起舞、洪水漫延好似慈父抚育子女、孝子侍奉年迈的父亲、慷慨壮士的胸怀、彬彬有礼的君子、雷霆轰鸣迅速在空中翻滚、温和的南风吹拂、清畅通达的江河横决等等;作者为了表达盲人吹奏的箫声之美妙独特,列举了一系列著名的历史人物,钟子期、伯牙、师旷、师

---

① 萧统撰,李善注:《文选》,上海:上海古籍出版社,1986年,第786页。
② 萧统撰,李善注:《文选》,上海:上海古籍出版社,1986年,第786页。
③ 萧统撰,李善注:《文选》,上海:上海古籍出版社,1986年,第786页。
④ 萧统撰,李善注:《文选》,上海:上海古籍出版社,1986年,第786页。

襄、严春等精通音律的人物皆无法比拟盲人吹奏的箫声;为了表现盲人吹奏的箫声的教化作用,作者假设舜母舜父、尧子、舜子、夏桀、盗跖、夏育、申博等古代人物听过箫声后的均有所改变。王褒《洞箫赋》汲取了宋玉《笛赋》的营养成分,又在《笛赋》的基础上有所开拓,作者运用高超的艺术技巧和文笔创造出了对后世产生深远影响的优秀著作《洞箫赋》。

二、宋玉《笛赋》与王褒《洞箫赋》所咏之物特征的比较

宋玉《笛赋》是一篇以"笛"为描写对象的咏物赋,全文围绕笛和笛声而展开;王褒《洞箫赋》是一篇以"洞箫"为主要描写对象的咏物赋,全文围绕洞箫和箫声而展开。两篇文章有许多相似之处,在引出所要描写的乐器之前,作者都选择从制作乐器的原材料"竹"入手,通过描写竹子的生长环境以及特征来表现制作乐器的竹子的特殊,然后顺次描写制作乐器、乐器成型,最后描写乐器吹奏出的曲子之妙以及曲子的功效。

1. 制笛之竹的特征

宋玉《笛赋》的第一段描写了制作笛子的衡山之竹。文章开篇首句"余尝观于衡山之阳,见奇筱、异干、罕节、间枝之丛生也"①,便点出了衡山之竹的总体特征:枝干奇特、竹节稀疏、枝条零落,文章开篇并没有直接描写笛子和笛声,而是先以制作笛子的竹做铺垫,以衡山之竹抓住读者眼球。作者先以短短的一句话写出衡山之竹的总体特征,然后便以几个长句子就衡山之竹的生长环境铺展开来。"其处磅礴千仞,绝溪凌阜,隆崛万丈,盘石双起;丹水涌其左,醴泉流其右。"②描写出衡山之竹生长环境的险峻独特,壁立千仞、溪流险绝、山丘耸立,丹水、醴泉流经衡山的左右。作者通过描写衡山的地势条件来衬托衡山之竹的独特,如此险峻的环境下生长出来的竹子必然与一般的竹子有所不同,进而为下文描写笛子的精美和笛声的美妙做了铺垫。紧接着,"其阴则积雪凝霜,雾露生焉;其东则朱天皓日,素朝明焉;其南则盛夏清彻,春阳荣焉;其西则凉风游旋,吸逮存焉。"③作者以一组强有力的排比句式描写了衡山北、东、南、西四面迥异如四季的气候特征,衡山四面的环境差异居然如此之大,仿佛山的四面同时存在着春、夏、秋、冬四个季节,如此奇特的环境下生长出来的竹子必然非同一般,这就进一步烘托了衡山之竹的奇特。最后以一句"斡枝洞长,桀出有良"总括衡山之竹的独特:中空而干长、杰出又优良。作者以大量的笔墨来描写衡山之竹,是为了强调制作笛子的竹之优良,原料优良杰出,制作出来的笛子必然不会是平平常常之物。在这里,作者虽是写竹,实则是为写笛做铺垫,为下文描写笛声的奇妙埋下伏笔。

---

① 严可均:《全上古三代秦汉三国文朝文·第一册》北京:中华书局,1985年,第75页。
② 严可均:《全上古三代秦汉三国文朝文·第一册》北京:中华书局,1985年,第75页。
③ 严可均:《全上古三代秦汉三国文朝文·第一册》北京:中华书局,1985年,第75页。

2. 制箫之竹的特征

王褒《洞箫赋》借鉴了宋玉《笛赋》这一点,文章所咏之物是洞箫,但开篇不写洞箫,而是从制作洞箫的慈母山之竹入手,由竹到箫顺序描写。文章的开头,"原夫箫干之所生兮,于江南之丘墟。洞条畅而罕节兮,标敷纷以扶疏"①,和宋玉《笛赋》的开头相同,作者首先写到探究洞箫的产地——慈母山,以及制作洞箫的慈母山之竹的总体特征:竹子的条直通畅、竹节稀疏,竹子的末梢枝叶舒展、茂盛繁密。然后便展开大段文字描写制箫之竹的生长地"慈母山"得天独厚的环境特征。文中"徒观其旁山侧兮,则岖嵚岿崎,倚巇迤靡,诚可悲乎其不安也。弥望傥莽,联延旷荡,又足乐乎其敞闲也"②两句,描写了慈母山一近一远两种场景,山的近处奇险巍峨,山的远处开阔敞亮,这一近一远两种环境特征形成鲜明的对比,坐享在这奇特的环境中的慈母山之竹,又会经历大自然怎样的洗礼呢?在"托身躯于后土兮,经万载而不迁。吸至精之滋熙兮,禀苍色之润坚。感阴阳之变化兮,附性命乎皇天"③一句,作者便给出了答案:生长在慈母山中的竹,历经万载而没有变化,吸收天地之精华,生长的润泽有光,外表呈现出苍绿色,鲜润而坚硬,感受着变化多端的气候和皇天的恩泽而生长着。紧接其后的"翔风萧萧而径其末兮,回江流川而溉其山。扬素波而挥连珠兮,声磕磕而澍渊。朝露清泠而陨其侧兮,玉液浸润而承其根"④几句,均在描写大自然对慈母山之竹的恩宠。"孤雌寡鹤娱优乎其下兮,春禽群嬉翱翔乎其颠。秋蜩不食,抱朴而长吟兮,玄猿悲啸,搜索乎其间"⑤两句,更是描写了四季变化对慈母山之竹的影响。这大段的文字均在描写慈母山之竹的生长环境,生长在这得天独厚的环境中的竹岂是一般的竹子所能比拟的。最后以"处幽隐而奥庰兮,密漠泊以。惟详察其素体兮,宜清静而弗喧"⑥两句进行总结,竹之所以生长在幽深隐僻的丛山密林之中,是因为竹子素洁喜静的天性。作者花费大量笔墨写竹,自然不单单只为了写竹,而是为了引出下文制作洞箫以及描写箫声的美妙和教化作用。

三、宋玉《笛赋》与王褒《洞箫赋》音乐美学特征之比较

1.《笛赋》所体现的音乐美学特征

宋玉是一位精通音律的著名辞赋家,他所著的《笛赋》是我国辞赋史上第一篇描写乐器的文学作品,实为汉魏六朝流行的音乐赋的滥觞所出。宋玉《笛赋》是一篇以乐器"竹

---

① 萧统撰,李善注:《文选》,上海:上海古籍出版社,1986年,第786页。
② 萧统撰,李善注:《文选》,上海:上海古籍出版社,1986年,第786页。
③ 萧统撰,李善注:《文选》,上海:上海古籍出版社,1986年,第786页。
④ 萧统撰,李善注:《文选》,上海:上海古籍出版社,1986年,第786页。
⑤ 萧统撰,李善注:《文选》,上海:上海古籍出版社,1986年,第786页。
⑥ 萧统撰,李善注:《文选》,上海:上海古籍出版社,1986年,第786页。

笛"为主要描写对象的咏物赋,文章按照顺序描写的写作方式,先在第一段描写了制笛之竹,由竹开篇从而顺次描写制作竹笛,竹笛制成了,于是文章的第二段便开始着重描写笛声。文章描写的笛声优美多变,充满了艺术魅力,作者运用自己丰富的音律知识,赋予了文章独特的音乐美。

  首先,宋玉《笛赋》描写了婉转多变的笛曲,风格呈现出多样化的特征。在文章的第二段,作者描写了乐师吹奏出的婉转多变的笛曲以及不同曲风所具有的不同特征:描写幽怨的笛曲,作者以亡夫丧子之痛来形容;描写舒缓的笛曲,仿佛细微的痛苦布满人的身体各处;描写激越的笛曲,用壮士不得志之愤慨来比拟;描写曲折缠绵的笛曲,又以弯弯曲曲的羊肠小道来形容;描写奔放的笛曲,联想到脱缰的野马奔腾;描写低回婉转的笛曲,作者以缓缓流淌的河水以及昏暗沉闷的天空作比喻,等等。这一系列关于笛曲的描写,想象丰富、比喻贴切,使读者仿佛身临其境般感受到严春、叔子所吹奏的笛曲。作者运用高超的艺术表现能力,辅之以对音律的精通,铺洒笔墨创作出如此精妙的文字,作者过人的才华使文章已不仅仅是一篇单纯描写乐器的文学作品,更是一篇充满了音乐美的文章。

  其次,宋玉《笛赋》推崇雅乐,指责郑声。宋玉笔下笛曲的吹奏者是古代著名的琴师严春、叔子,他们吹奏的是《清商》《流徵》《伐檀》《孤子》等雅乐。作者在文章的第二段描写笛曲多变的曲风的同时,也描写笛曲即雅乐的作用。各种情绪、意念都能通过笛声表现出来,不论是勇敢果断的情绪,还是忧愁苦闷的痛苦。奇曲雅乐,可以禁止淫靡;锦绣花纹,可以抵御暴力。第二段的最后一句"檀卿刺郑声,周人伤《北里》",更是直接点出了作者推崇雅乐,肯定笛曲的雅正,而指责郑声的淫靡的观点。作者不仅在文章的第二段陈述自己的观点,而且在文章第三段的乱辞部分进行重点强调。在文章的最后一个段落,作者进行总结陈述,赞美竹笛乃世间宝,呼吁人们远离郑国乐,离开南楚地,再次强调作者肯定雅乐,否定郑声的观点。

2.《洞箫赋》所体现的音乐美学特征

  王褒是个才华横溢的辞赋家,不仅工于作赋,对音乐也有较高的造诣,《洞箫赋》便是这方面的代表。王褒《洞箫赋》被称为"诸音乐赋之祖",在学习宋玉《笛赋》的基础之上,也有属于自己的艺术创造,对后世音乐赋产生了深远的影响。

  首先,王褒《洞箫赋》和宋玉《笛赋》一样,描写的箫声具有婉转多变的风格特征。文章从第二段开始描写箫声,在文章的第二段,作者描写了盲人吹奏的悲伤的箫曲,箫声婉转多变,或从容不迫,或急促繁杂,从容时好似一汪缓缓流动的池水,急促时仿佛折断干枯树枝的脆响,有时又从低沉平稳突然转入急促繁杂,令人捉摸不透。文章的第三段继续第二段的内容,更加详细的描写盲人吹奏的箫曲。作者以巧妙独特的艺术表现方式描写了盲人吹奏的箫曲是多么美妙,多么的变幻莫测。舒缓的箫声好似不断吹拂的和煦的春风,又如曼妙的女子翩翩起舞;声音巨大的箫声仿佛洪水吞吐大地,又如胸怀博大的父亲养育着自己的儿女;美妙平和的箫声如同孝子侍奉年迈的父亲;汹涌澎湃的箫声好似壮士的胸襟;温柔平和的箫声如同彬彬有礼的君子,等等。雄壮的、平和的、悲哀的、平静的、细弱的、畅达的,每一种风格,作者都挥毫笔墨,描写的生动形象、淋漓尽致。作者将自己的音乐才华依靠非凡的文学素养注入文学作品当中,使文章不仅仅是一篇优秀的咏物赋,更是一篇充满着音乐美的音乐赋。

其次,王褒《洞箫赋》体现了汉代"以悲为美"的音乐审美情趣。这一点在文章的很多方面均有所体现,作者在文章的第一段描写制箫之竹时便透露出这一审美倾向。首先,孤雌寡鹤、秋蜩、玄猿悲啸等这些围绕慈母山之竹而活动的生物,都是历来被人们赋予"悲戚"色彩的代名词,以生长在这样的环境下的竹制作的洞箫自然也具有"悲"的色彩;其次,在文章的第二段,作者塑造了一个盲人的形象来吹奏洞箫,这一点便与宋玉《笛赋》中专业的乐师严春和叔子有所不同。盲人本身便具有"悲"的层面,那么由盲人吹奏的悲伤的箫曲岂不是悲上加悲;最后,在文章的第三段,作者不仅描写了盲人吹奏的箫声的美妙绝伦,在"师襄严春不敢窜其巧兮,浸淫叔子远其类"[①]一句,更是直接点出了古代著名精通音律的乐师师襄严春和浸淫叔子等人均不能与文中吹奏洞箫的盲人相比拟。这便说明作者描写箫声的"悲戚",并不仅仅为了突出箫曲之悲,而是为了表明这悲伤的箫曲是作者所推崇的,是人们肯定并欣赏的,说明当时的人们是"以悲为美"的,作者文中所体现的音乐审美情趣是与当时汉朝"以悲为美"的审美倾向相一致的。

四、宋玉《笛赋》与王褒《洞箫赋》思想感情之比较

宋玉《笛赋》是我国辞赋史上第一篇描写乐器的咏物赋,以笛和笛声为主要描写对象;王褒《洞箫赋》是我国辞赋史上目前最早的音乐赋,以洞箫及箫声为主要描写对象。两篇文章,都不仅仅是一篇单纯的咏物赋,作者都借所咏之物,表达了各自的思想感情。

1. 宋玉《笛赋》所表达的思想感情

在宋玉《笛赋》中,作者借所咏之物表达了自己的思想感情,可谓托物言志。宋玉是战国末期辞赋家,出身寒微,仕途颇不得志,宋玉当时所处的楚国,又是一片政治腐朽、社会黑暗的境况。一生坎坷久经波折的宋玉,便将自己的贫士失职而志不平的情感以及对复兴楚国的美好愿望寄托在文章中。在文章的第二段中,作者描写乐师吟《清商》,追《流徵》,歌《伐檀》,号《孤子》,从而"发久转,舒积郁"。作者推崇雅乐,而文中竹笛吹奏雅乐是又是为了抒发心中的积怨愁苦。作者在现实政治生活中经历了诸多波折磨难,于是便将自己的满腔愁苦寄托在文章中,寄托在文中乐师吹奏的笛曲当中,通过悲伤的笛曲表

---

① 萧统撰,李善注:《文选》,上海:上海古籍出版社,1986年,第786页。

达得淋漓尽致。文章的第二段不仅表现了笛曲之悲,在婉转多变的笛曲中,作者也描写了笛曲之激越,高入云天的笛声仿佛不得志的壮士在抒发愤慨之情,这不正是作者自己的真实写照吗?"歌壮士""悲猛勇""箕子悲鸣"等更是加深了笛曲的悲壮。在文章的第三段,作者赞美竹笛,颂扬雅乐,"绝郑之遗""离南楚兮"。这不仅是为了表达推崇雅乐而鄙弃郑声的观点,"远离郑国乐,离开南楚地"也是对当时楚国黑暗社会现状的痛苦之情的表露。作者深受当时社会的荼毒,有志而不获骋,对黑暗的社会现状深恶痛疾,于是借文章表达自己的思想感情。不过,值得一提的是,作者虽然痛恨当时的楚国社会,但仍然心系楚国,虽然作者人入暮年而壮志未酬,但仍然希望楚国复兴,满腔的愁苦化作一句:"安心隐志,可长久兮。"

2. 王褒《洞箫赋》所表达的思想感情

王褒的《洞箫赋》没有宋玉《笛赋》那样深沉的悲痛,作者主要通过描写箫声,来表现箫声的道德教化作用。"汉朝时期确立了儒家思想的正统与主导地位,作者在文章中正是体现了这种儒家仁人之德的思想。"① 在文章的第三段,作者描写了美妙绝伦的箫声之后,便着重描写这箫声的道德教化作用。"贪饕者听之而廉隅""狼戾者闻之而不怼""刚毅强虣反仁恩""啴咺逸豫戒其失",不论是贪婪的人、凶狠的人,还是残暴的人、放纵的人,听到盲人吹奏的箫声都会有所改进。舜母舜父、尧子、舜子听了盲人吹奏的箫曲会变得仁慈,夏桀、盗跖、夏育、申博经过箫曲的洗礼也会变得恭顺。"吹参差而入道德兮,故永御而可贵。"② 箫声具有道德教化的作用,作者鼓励人们可以经常欣赏。在文章的第四段,作者描写人们听箫曲可以与音乐产生共鸣,人们听到悲伤的曲子便会心情沉重,听到欢快的曲子又会跟着手舞足蹈,连蟋蟀、蚯蚓、蝼蛄、蚂蚁、鱼儿、鸡雏、鸟儿都会为箫声而动,何况是从小受到伦理教化的人呢?作者将自己的儒家道德理念灌注到文学作品中,努力对汉朝的"大一统"局面做出贡献。

五、结语

通过对两篇文章进行不同角度的比较分析,我们可以看出,宋玉《笛赋》和王褒《洞箫赋》确实存在许多异同点。首先,两篇赋在内容上都分为正曲和乱辞两部分,且语言表达艺术都很高超。在表现手法方面,宋玉和王褒都运用了多种修辞手法,不过由于宋玉和王褒的艺术修养不同,导致文章在表现手法方面有所差异,宋玉《笛赋》主要运用了比喻和排比的修辞手法,而王褒《洞箫赋》主要运用了对比、拟人和比喻的修辞手法。其次,两篇赋都描写了制作乐器的原料"竹",但是有同有异。相同点在于,两篇赋都通过描写

---

① 陈莉:《从王褒〈洞箫赋〉看汉代音乐美学思想》,《文艺评论》,2014年第6期。
② 萧统撰,李善注《文选》,上海:上海古籍出版社,1986年,第786页。

竹子独特的生长环境为下文描写乐器以及乐器声的不凡做铺垫。而不同点在于，宋玉《笛赋》描写竹子生长环境的险峻奇特，是为了表现在这种环境下生长的竹气质不凡、非同一般，这不仅为下文描写笛声做铺垫，更是作者气质非凡的化身，为作者的托物言志埋下伏笔。而王褒《洞箫赋》描写竹子生长环境的悲戚，则是为了体现作者"以悲为美"的思想情趣。再次，在文章所表达的音乐美学特征方面，两篇赋有同有异。相同点在于，两篇赋描写的乐器所吹奏的音乐都是婉转多变、美妙悦耳的。不同点在于，宋玉描写的笛声表达了作者推崇雅乐、指责郑声的音乐观点。而王褒描写的箫声则体现出作者与所处朝代当时流行的"以悲为美"的音乐美学思想相一致的音乐观点。最后，在文章所表达的思想和意义方面，由于作者所处背景环境以及作者的人生经历和人生志趣的不同，两篇赋所表达的思想感情更多体现出的是差异点。宋玉主要通过文章托物言志，而王褒则主要通过文章表达箫声的教化作用，更多的是为了维护当时汉代的正统思想。通过比较我们可以发现，在诵读辞赋尤其是楚辞作品风气甚浓的汉代[1]，王褒《洞箫赋》的创作是受到了宋玉《笛赋》的影响，或曰对宋玉《笛赋》是有所学习和继承的。

  宋玉《笛赋》和王褒《洞箫赋》虽然有同有异，但两篇文章都是我国辞赋史上的经典之作，对后世咏物赋，特别是乐器赋、音乐赋影响深远，正如吴广平所说："《笛赋》是中国文学史上描写音乐的最早名篇。后代枚乘的《笙赋》、王褒的《洞箫赋》、刘玄的《簧赋》、傅毅的《琴赋》、马融的《长笛赋》、嵇康的《琴赋》，乃至白居易的《琵琶行》等音乐文学作品，都受到了此赋的影响。"[2] 可以说，王褒《洞箫赋》正是在学习继承宋玉《笛赋》的写作经验之后，与宋玉《笛赋》一起影响了后代的乐器赋和音乐赋创作。

---

[1] 袁行霈主编：《中国文学史（第1卷）》，北京：高等教育出版社，2014年，第136页。
[2] 吴广平：《楚辞》，长沙：岳麓书社，2011年，第363页。

新世纪宋玉研究的新进展

辽宁师范大学 张庆利 郭梦婕

宋玉是战国晚期楚国著名的辞赋家,文学史上常将其与屈原并称为"屈宋"。刘勰在《文心雕龙》中说:"屈平联藻于日月,宋玉交彩于风云""屈宋逸步,莫之能追",唐代李白诗称"屈宋辞赋悬日月",都给予宋玉很高评价。直至清代《四库全书总目》仍称"屈宋工赋""屈宋诸赋"。但20世纪受疑古思潮的影响,宋玉的作品,除《九辨》外几乎全部被怀疑为伪作,宋玉甚至被改塑、丑化为"无耻小人"。而随着改革开放的发展和人们思想的逐步解放,学术界对历史上的许多问题进行了反思。20世纪后20余年,宋玉得到了客观公正的评价,国内外的宋玉研究也都取得了可喜的成绩[①]。进入21世纪以来,一些新的问题又被提出,一批新的学者成长起来,一些原来以宋玉研究为重的学者的研究更加成熟,并不断开拓新的领域,因此新世纪的宋玉研究取得了较为突出的成就。

一、传统课题的新思考

(一)作品真伪证考

宋玉的作品,古代传世文献标宋玉之名的共有15篇:王逸《楚辞章句》标明有《招魂》《九辨》2篇,萧统《昭明文选》又收录《风赋》《高唐赋》《神女赋》《登徒子好色赋》《对楚王问》5篇,唐代人编宋代章樵增订的《古文苑》又收有《笛赋》《大言赋》《小言赋》《讽赋》《钓赋》《舞赋》6篇,明代刘节《广文选》又收录《高唐对》《微咏赋》2篇。但对这些作品,历代颇有争议。

比如《招魂》,汉代时已有不同看法,《史记·屈原列传》"太史公曰"称:"余读《离骚》《天问》《招魂》《哀郢》,悲其志。适长沙,观屈原所自沉渊,未尝不垂涕,想见其为人。"将《招魂》与《离骚》《天问》《哀郢》并称,从前后文观照,显见认为作者是屈原。王逸《楚辞章句》中,将其列在《九辨》之后,并明言:"《招魂》者,宋玉之所作也。"当代学者虽有人称其"作者为宋玉已无疑义",但实际上争论仍然很大,屈原作说和宋玉作说各持己见,互不相让。

争论较为集中的是《笛赋》和《舞赋》。《笛赋》,刘刚《〈笛赋〉为宋玉所作说》认为《笛

---

① 参阅吴广平:《20世纪宋玉研究述评》,《中州学刊》,2002年第1期;刘刚:《百年来宋玉研究述评》,《中国诗歌研究》(第5辑),2008年;金荣权:《百年宋玉研究综论》,《江汉论坛》,2009年第2期。

赋》反映了楚国灭亡时楚人的伤痛情感,应当为宋玉所作①。而尚永亮则坚称《笛赋》是后人托名宋玉之作,因为第一,宋玉生平中不曾见《笛赋》中"宋意将送荆卿于易水之上"之事;第二,马融《长笛赋》中有"追慕士子渊、枚乘、刘伯康、傅武仲等箫、琴、笙颂,唯笛独无"之语,可知《笛赋》不应出现在马融之前;第三,《笛赋》中的"招伯奇于凉阴"之记载已在入汉以后。②

《舞赋》,大多数学者认为其非宋玉所作,而是对傅毅《舞赋》的"简节其词"。但刘刚不同意,他通过对汉赋、傅毅赋的模仿创作方式的寻根溯源,对宋玉《舞赋》与傅毅《舞赋》的比较研究,对宋玉《舞赋》的语境及其语境下的意蕴分析,认为宋玉《舞赋》理应是宋玉之作;宋赋所写是先秦盛行的长袖舞,而傅赋所写是东汉才流行的盘鼓舞,但傅毅《舞赋》"是模仿宋玉《舞赋》,并在其基础上增衍而成",两者存在着明显的不同。③针对这些观点,范春义发表《傅毅〈舞赋〉"增衍说"驳证》,认为刘刚的"增衍说"在论证逻辑、文本解读、证据使用上均存在疏漏,不能成立;④又发表《〈舞赋〉为傅毅所作申证》,通过《舞赋》文献版本比对以及流传引用的考察,以及对宋玉《舞赋》文本存在问题的分析,认为"傅毅是《舞赋》的真实作者,宋玉创作《舞赋》,傅毅进行模仿之说不能成立"。⑤胡小林也认为《舞赋》并非宋玉所作,他认为《古文苑》之外的古代文献均不曾记载宋玉撰《舞赋》,《舞赋》记载的《激楚》《结风》是汉代初年才在楚地流行的舞曲,其记载的"材人"亦称"才人"最早设置于西汉文帝时期,因此所谓宋玉《舞赋》实为后汉傅毅《舞赋》的摘录。⑥江柳则另提出,从傅毅与宋玉的审美观比较,儒家审美观的傅毅不可能创作出推崇"郑舞"的《舞赋》,再加上行文格式、语言风格及作者才情的特点,只能说明《文选》所录《舞赋》的作者极有可能就是宋玉,《古文苑》所载宋玉《舞赋》系流传过程中被人任意删削的残篇断简。⑦

(二)作品文本新论

《九辨》是宋玉最重要的代表作向无异议,因而研究最为充分,新世纪发表的成果未见突破。新世纪宋玉作品研究最热烈、最具开拓性的当属《高唐赋》和《神女赋》,这一方面由于二篇均为宋玉散体赋的代表作,另一方面因为二篇作品具有丰富的文化内蕴与文

---

① 刘刚:《〈笛赋〉为宋玉所作说》,《沈阳师范大学学报》,2002年第1期。
② 尚永亮:《〈笛赋〉伪作性质的几点思考》,《河南师范大学学报》,2016年第7期。
③ 分别见刘刚:《关于宋玉〈舞赋〉的问题》,《辽宁大学学报》,2002年第4期;《宋玉〈舞赋〉的语境及其语境下的意蕴》,《沈阳师范大学学报》,2005年第5期;《宋玉、傅毅同名〈舞赋〉舞蹈描写的图像研究》,《文艺研究》,2009年第12期。
④ 范春义:《傅毅〈舞赋〉"增衍说"驳证》,《文艺研究》,2010年第9期。
⑤ 范春义:《〈舞赋〉为傅毅所作申证》,《文学遗产》,2010年第2期。
⑥ 胡小林:《宋玉〈舞赋〉真伪补考》,《襄樊学院学报》,2010年第7期。
⑦ 江柳:《〈文选〉所录〈舞赋〉系宋玉所作考论》,《湖北大学学报》,2011年第9期。

学影响,而此前的研究尚有较大的开掘空间。所以,有关《高唐赋》《神女赋》的文学文化研究最为引人注目。

关于《高唐》《神女》二赋的主旨,刘刚通过文本内容、祭高唐神女之礼俗和宋玉常以事为谏等分析,认为二赋的主旨是劝谏君主重视人事,推行"民本"政治。① 马世年、李城瑶则认为二赋虽有"微讽之意",但主旨就是"娱君"。② 针对有些学者认为对我国古代对山水的审美实现最早在魏晋时期的观点,潘啸龙、邹旻认为早在《诗经》时代人们已经对山水具有观照、欣赏的审美态度,只不过山水之景并不是审美表现的重点,直到宋玉《高唐赋》的出现,山水之景才第一次成为文学创作中表现主体和中心,《高唐赋》是对诗骚"山水审美"表现对象的另一突破。③ 黄全生则不同意将之作为先秦山水文学的代表,认为该赋正文"实为楚国祭祀所用的祭文"④。

对《高唐》《神女》二赋的文化分析,仍是研究的热点。吴天明《高阳神女传说之再分析》进一步申说《文选》李善注和闻一多《高唐神女传说之分析》的观点,作者通过分析古人的礼仪风俗与神话传说,认为楚王所幸神女本为楚人先妣,具有历史文献学和文化人类学的依据。⑤ 刘不朽则认为不能单一地考虑带有原始文化色彩的文学形象,作者从文化学、宗教学角度解读高唐神女,认为巫山神女集合了原始先民的多种崇拜,是一个复合型的神祇。⑥ 王爱霞从波伏娃"他者"(the Other)与"主体"(the Subject)存在主义女性哲学的角度,对巫山神女传说故事的流变进行梳理,并从该神话的心理形态和民间崇拜形态,对其心理学意义和民俗学意义进行了阐释。⑦ 鲁瑞菁《圣婚与圣宴》一书附录之一《〈高唐赋〉的文化仪式解析》还解析了其中蕴含的文化内涵。程地宇探讨了神女神话形成的民族历史根源、文化结构及其象征意义。作者认为,"神女神话是巫山本土巴文化的产物,高唐和楚先王在故事中的出现以及神女的'自荐枕席',是楚人征服巫山这一历史变迁的象征性反映。楚人利用民俗文化,把集体表象、原始宗教仪式与精神统治结合起来,从而把巫山神女神话改造成兼容巴楚民族基因的新质文化;宋玉将历史情感化,将原欲审美化,将社会行为心理化,使其历史内容潜隐到文本底层,爱的憧憬和美的追求得以突现,从而使巫山神女神话演变为浪漫主义精神文化"。

---

① 刘刚:《宋玉〈高唐〉〈神女〉二赋之主旨新论》,《鞍山师范学院学报》,2004年第3期。
② 马世年、李城瑶:《〈高唐赋〉〈神女赋〉主旨新探——兼论宋玉赋作中"娱君"问题》,《甘肃社会科学》,2010年第5期。
③ 潘啸龙、邹旻:《高唐赋与先秦的"山水审美"》,《安徽师范大学学报》,2010年第6期。
④ 黄全生:《〈高唐赋〉正文为巫山神女祭文考》,《荆楚学刊》,2015年第8期。
⑤ 吴天明:《高阳神女传说之再分析》,《云梦学刊》,2003年第7期。
⑥ 刘不朽:《宋玉〈神女赋〉解读——巫山神女传说之原型与演变》,《中国三峡建设》,2003年第11期。
⑦ 王爱霞:《关于巫山神女的"他者"身份——巫山神女神话流变之分析》,《社会科学论坛》,2008年第8期。

关于《高唐赋》《神女赋》的文学史意义,李立将《神女赋》与《九歌》《高唐赋》联系起来说明神女在爱情面前选择回归理性与道义是作家在思想、道德和哲学的问题上所作的文学阐释。作者认为,这一文学阐释构成了"对以屈原为代表的荆楚文学神话浪漫主义精神的反省;也意味着荆楚文学神话浪漫主义文学创作的衰微"。基于诗性感知的理性视阈,这也预示着后世以"良心道德"为内涵与宗旨的文学创作的兴起。① 胡晓明在《变脸的神女〈文选·神女赋〉之后世转义》一文中论述了神女形象及其在后世文学接受中的多义性发展流变,认为神女"不仅成为了中古文学的一个重要母题,也不仅开创了一种想象仿写的重要传统,而且更重要的是神女形象在后世的接受中,实有着灵与欲,情与理的双重二元表情"。作者指出,这种结构不仅显示出宋玉的文学贡献,更表明了中国文学传统的生机与张力。② 郭建勋《论汉魏六朝"神女—美女"系列辞赋的象征性》认为高唐神女形象在汉魏六朝辞赋中经过伦理改造和性格剥离后在"神女—美女"系列辞赋中分化成两个象征体系:"一个象征恶的情欲,一个象征至善至美,带有终极意义的理想和道,或者说是人类的精神家园。"③ 熊笃则从社会文化、精神心理和文艺美学三个角度切入,分别论述了宋玉《高唐》《神女》二赋中巫山神女在中国文学史上"开人神爱恋之先""肇梦恋文学之端""曲尽女性美的第一篇"这三个方面的开创地位和深远影响。④ 另外,刘伟生《宋玉〈高唐赋〉〈神女赋〉赋首的结构意义》提出以"内序""外序"来区分《高唐赋》《神女赋》的"赋序"与"赋首",并从内序的由来与演变过程探讨了它们在问答体赋内序演变史上的标杆地位,汉代散体赋问答结构中"答客主以首引"的开篇文字,正由此而来。⑤

二、研究领域的新开拓

(一)宋玉接受史研究

宋玉在中国文学史是一个特殊的存在,正如金荣权所指出,从汉到唐,宋玉处于辞赋宗师的地位,其文品与人品深为李白、杜甫等人所推崇;从晚唐到现代,宋玉一步步变成了风流才子、偷香能手、陪笑的弄臣,甚至是无耻的文人和叛徒,其作品的著作权被剥夺殆尽;随着唐勒赋的出土,宋玉赋的真实性才得以证实,应有的尊严和地位才得到恢复。⑥ 宋玉的文学创作,或以悲情、或以风月、或以意象、或以手法,给中国古代文学创作

---

① 李立:《后〈九歌〉时代的〈神女赋〉在继承和背叛中基于理性与道德的文学感知》,《湖北大学学报》,2006年第4期。
② 胡晓明:《变脸的神女〈文选·神女赋〉之后世转义》,《华学》,2008年第9期。
③ 郭建勋:《论汉魏六朝"神女——美女"系列辞赋的象征性》,《湖南大学学报》,2002年第5期。
④ 熊笃:《宋玉赋中巫山神女的文学史地位与影响》,《西南师范大学学报》,2006年第1期。
⑤ 刘伟生:《宋玉〈高唐赋〉〈神女赋〉赋首的结构意义》,《文艺理论研究》,2011年第6期。
⑥ 金荣权:《论宋玉形象的历史演变及原因》,《江汉论坛》,2005年第9期。

以多方面影响。刘勰在《文心雕龙·辨骚》中说:"其衣被词人,非一代也。"这里的"其"显然兼指"屈宋",而其影响从汉到清,不绝如缕。

汉代的散体赋在描写的完整性、结构的问答式、曲终奏雅等方面无疑受到宋玉赋的启示和影响。张晨认为司马相如的赋作在结构、语言、表现手法等方面均明显地借鉴与模拟了宋玉作品,并在模拟的基础上完成了对汉赋体制的基本定型。[1] 宋玉的文学形象和其创造的文学意象,在汉魏六朝有一个流变的过程。艾初玲认为,宋玉自晋至陈由楚襄王的文学侍从转变为绝世才子,他所开创的经典文学意象也表现出由晋代悲秋到向梁陈女性题材创作集中的现象。[2] 徐国荣侧重探讨艳情文学的流变,他认为汉魏时期文人的艳情赋创作,一方面继承了宋玉赋作中对于"神女"美貌之描写与艳情之遐思,一方面又按照自己的文化语境和个人特性做了修正。在审美期待上以汉水女神代替高唐神女,在艳情赋基本叙述模式上从"疑而恐"到"思而恐"的转变以及叙述心理上的房中术幻想与"礼义大防"之争。[3]

唐代,宋玉的作品更加广泛流传,并产生深远影响,宋玉文学宗师的地位正式确立。张晨和段朝霞分析认为,唐诗中大量借用宋玉作品中的典故,有许多专咏宋玉的篇章,而且往往屈、宋并称,足见由刘勰确立起的宋玉文学地位得到了进一步的巩固与提高。[4] 祁国宏总结出唐诗对宋玉之接受有两个显著特征:一是受《九辩》及有关宋玉轶事的影响,使唐人心中形成了一个才华横溢却屡遭挫折而抱负难伸的士人形象,与此形象相关联的是登高悲秋、赋诗伤怀、嗟老叹贫等一串沉郁的创作主题;二是受《高唐赋》《神女赋》《登徒子好色赋》等作品的影响,在唐人笔下出现了一个风流多情的宋玉形象。[5] 在唐诗对宋玉的接受中,人们较多地注意到杜甫的创作。熊良智《"窃攀屈宋"与杜甫的创作人生》指出,杜甫创作上"写实并要求传神"又"讲究用字准确,以人工雕琢为美"的追求,表现了他追随屈宋的文学精神和以宋玉为师的人生价值范式。[6] 黎爱群分析了杜甫的政治、文化心态和个人情感特征,指出其认可屈宋并称、理解宋玉微言曲谏的深层原因。[7] 而唐婷则分析了李白、杜甫在引用宋玉辞赋方面表现出不同的价值取向和诗歌格调:李白多引《高唐赋》,钟情于宋玉事襄王时的得意自信,这反映出,他自身始终怀有辅佐君王、名

---

[1] 张晨:《师范先师,自滤妙才——略论司马相如对宋玉的创造性接受》,《绥化学院学报》,2013年第6期。
[2] 艾初玲:《论宋玉及其作品的接受在六朝的演变》,《辽东学院学报》,2010年第4期。
[3] 徐国荣:《汉魏艳情赋对高唐神女传说的承继与变异》,《文艺研究》,2009年第11期。
[4] 张晨、段朝霞:《论宋玉其人其作在唐代的流传及唐人对宋玉的接受》,《枣庄学院学报》,2014年第2期。
[5] 祁国宏:《唐诗对宋玉之接受论析》,《东方论坛》,2006年第6期。
[6] 熊良智:《"窃攀屈宋"与杜甫的创作人生》,《四川大学学报》,2011年第7期。
[7] 黎爱群:《试论杜甫对宋玉的接受》,《甘肃联合大学学报》,2010年第7期。

载史册的政治抱负,以及对君子人格的不舍追求;杜甫则多引《九辩》,侧重于宋玉失职后的郁闷哀怨,他延续了宋玉"悲秋"的文学传统,把不得志的愁苦与郁闷都交融在肃杀的秋风中,这不仅是杜甫在文学创作上尊为先导,其实也表达了对屈宋人格精神的崇尚。①

对于宋代对宋玉的接受,人们较多关注的是以抒情为主的词。祁国宏《在宋词中行吟的宋玉——宋词人的"宋玉情结"析论》立足《全宋词》,提出宋代词人在创作中对宋玉辞赋的学习和借鉴表现出一种集体倾向性,认为其原因一是宋玉的个人际遇和个人气质与两宋相当一部分文人有相似之处,所以宋词人从宋玉及其辞赋当中似乎看到了他们自己的影子,进而产生亲近感;二是宋玉辞赋对个体生命价值的重视对个体生命感受的抒发,与宋代词人对生命的思考有不谋而合之处。②张德恒《宋词与宋玉》通过对《全宋词》中运用、提及"宋玉""巫山""巫阳""阳春白雪""云雨""高唐"等意象、语典的作者作品进行深入讨论,认为"宋玉自身的感伤情怀、宋玉作品之悲秋意绪、宋玉文人才子沦落不遇的坎壈生平,以及宋玉作品中对男女情事之描写",成为宋词中极强的文学符号。③刘刚认为,北宋文化名流阶层的宋玉接受中,肯定宋玉及其作品的思潮是宋玉接受的主流,而五代两宋的艳诗艳词多使用宋玉有关女性的典故,并且随意引申,任意虚构,这对于宋玉接受,特别是民间宋玉接受,也造成了误导性的不良影响。④学者还就一些重要婉约词人对宋玉的接受,做了个案研究。如李青认为晏几道对"云雨"意象的运用重视了宋玉《高唐》《神女》二赋中的原初意义,将词中的已趋向"俗"的艳情雅化了,消解了《高唐》《神女》二赋在流传过程中逐渐增加的世俗意义。李青还认为,柳永由于在气质、际遇上与宋玉的遇合,在创作中大量地接受宋玉《九辩》及其他作品,将"悲秋"意象用于词体,把词自《花间》以来的"春女善怀"主题带向了"秋士易感"的题材,扩展了词境,扩大了词体,表现出"铺叙之详尽""体物之精密"和"写景之变化"的特点。⑤

刘刚分析了元曲使用宋玉典故的"宋玉悲秋""宋玉多才""宋玉美貌"等语义语用,认为元曲将之前宋玉典故表述艳情的义项全部继承下来广泛使用,而且进行了引申和再造,目的只是为了表述情事或艳情,但其结果却给民间的宋玉接受带来了历史的误会,即误导性地将宋玉定格成"风流多情"的言情符号。⑥

---

① 唐婷:《论李杜对宋玉辞赋的接受》,《湖北社会科学》,2016年第1期。
② 祁国宏:《在宋词中行吟的宋玉——宋词人的"宋玉情结"析论》,《西华大学学报》,2007年第2期。
③ 张德恒:《宋词与宋玉》,《信阳师范学院学报》,2017年第5期。
④ 刘刚:《从北宋涉宋玉故事看北宋文化名流的宋玉接受倾向》,《鞍山师范学院学报》,2010年第1期;《论五代两宋艳词使用宋玉典故对宋玉接受之影响》,《鞍山师范学院学报》,2009年第5期。
⑤ 李青:《"狎邪"与"大雅"——晏几道词对宋玉〈高唐〉〈神女〉原初意义的回归》,《湖北第二师范学院学报》,2009年第6期;《从"春女善怀"到"秋士易感"——论柳永对宋玉〈九辩〉的接受》,《贵州大学学报》,2011年第5期。
⑥ 刘刚:《元曲中宋玉典故的语义语用分析与元代的民间宋玉接受》,《襄樊学院学报》,2011年第1期。

(二)宋玉研究史研究

随着宋玉作品真伪考辨的不断开展与文学史地位的深入研究,在新世纪,历史上对宋玉的评价与研究更多地纳入学界研究的视野,成为宋玉研究取得成就的又一领域。

汉代是古代宋玉研究的开端。刘刚《关于两汉宋玉批评的批评》介绍了两汉时期司马迁、班固等几位重要人物对宋玉的批评,认为诗教文学观的意识形态中,两汉的宋玉批评未能从文学的角度正确认识宋玉,未能以科学的态度客观地评价宋玉。①

关于魏晋南北朝的宋玉研究,刘刚认为晋代对宋玉的评价逐渐提升,最后促成了南北朝屈宋并称的形成,由《文心雕龙》与《文选》确立了宋玉的文学史地位;《文心雕龙》中肯定了宋玉创制新文体的功绩,揭示了宋玉文学创作的成就,对宋玉的批评出于文学视角,是宋玉研究的根本性转变,而《文选》则传播了宋玉作品,扩大了宋玉的影响。张德恒则进一步提出,《文心雕龙》揭示了宋玉的文学贡献,并直接影响了《文选》的有关宋玉的文学史观念。②

唐宋时期的宋玉批评研究,刘刚认为以图书载体为传播路径,以纯文学极大发展为文化背景,以别集、注本、类书、总集为传播方式,形成了初盛唐、北宋前期、南宋中后期三个传播高潮;③ 唐代儒学复古文学思潮以宗经思想及泛文学观否定宋玉,而新文学思潮则从历史的发展中以纯文学观肯定宋玉的文学表现与文学创造,后者代表着正确的文学研究方向;④ 宋代的宋玉批评在文与道争鸣的文化背景下展开,肯定宋玉的文学史地位,肯定宋玉作品的讽谏内容和创作艺术。⑤ 何新文《论洪迈与朱熹〈高唐赋〉〈神女赋〉的评价差异——兼及宋玉辞赋批评标准与方法的把握》就洪迈和朱熹关于《神女赋》《高唐赋》两种完全对立的道德伦理批判进行对比分析,并认为洪迈评此二赋"发乎情,止乎礼"的结论"既符合宋玉的创作时机也符合宋代礼法社会的道德伦理价值标准,这是汉晋以来从道德伦理方面宋玉《高唐赋》《神女赋》最为理性且有创见的正面评价"⑥。

明清时期的宋玉研究成果较多。吴广平《明代宋玉研究述评》认为明代在宋玉作品的艺术探讨、真伪鉴定和宋玉作品的编纂与整理研究方面均取得了巨大成绩。⑦ 对明代

---

① 刘刚:《关于两汉宋玉批评的批评》,《鞍山师范学院学报》,2007年第5期。
② 刘刚:《从宋玉亭迹的散记与宋玉传的撰写看两汉魏晋的宋玉评价》,《鞍山师范学院学报》,2008年第6期;《关于〈文选〉对宋玉辞赋著录所反映的宋玉批评问题》,《鞍山师范学院学报》,2009年第6期。
③ 刘刚:《宋玉辞赋在隋唐两宋的传播实录与评估》,《文化学刊》,2009年第1期。
④ 刘刚:《唐代文学思潮中宋玉批评的两极走势》,《社会科学辑刊》,2009年第5期。
⑤ 刘刚:《文与道争鸣中宋代之文学宋玉批评与理学宋玉批评》,《辽东学院学报》,2011年第2期。
⑥ 何新文:《论洪迈与朱熹〈高唐赋〉〈神女赋〉的评价差异——兼及宋玉辞赋批评标准与方法的把握》,《中国韵文学刊》,2011年第4期。
⑦ 吴广平:《明代宋玉研究述评》,《淮阴师范学院学报》,2003年第1期。

的宋玉研究,刘刚发表了一系列论文,对宋玉作品的辑佚、考辨、著录、结集、评论、传播等做了系统研究,认为明代的宋玉批评在复古与启新、师古与师心的文学论辩态势中,对宋玉的文学史地位、文学成就、文学风格与辞赋特色等方面作出了进一步的时代审美定位。① 清代的宋玉批评具有总结的性质,刘刚认为其成就在于,具体、科学地概括了宋玉的文学史地位,明确了宋玉不如屈原但却是屈原唯一传人的"屈宋并列"关系,矫正了历史上不切实际的宋玉批评,实事求是地评价了宋玉及其作品,对于宋玉的人格与作品予以了充分的肯定。② 毛庆具体考察了清代经学与宋玉研究之关系,发现清代经学的三个主要流派即古文派、今文派、兼综派,对宋玉研究都有影响,其中以兼综派宋玉研究成就最杰出,以古文派对后世影响最大。③

(三)资料整理与田野调查

资料整理是开展研究的第一步,《宋玉集》的整理历代都有,而在20世纪以来的《宋玉集》整理过程中,学者也注意将收集的历代评论资料予以发布。1991年,金荣权《宋玉辞赋笺评》在中州古籍出版社出版。著作的上编为"宋玉辞赋笺评",下编为"宋玉辞赋研究",另有"附录"三项"词曲小说及民间传说中的宋玉形象""关于宋玉的研究资料""宋玉研究论文索引"则均为资料整理。特别是附录二,著者分"宋玉生平与评价""宋玉作品""历代文人咏宋玉"三个部分选录了宋玉研究的有关资料,从汉代开始,一直到当代,虽显单薄,但草创之功不可没。2001年,吴广平编注《宋玉集》在岳麓书社出版,集中收录了"宋玉及其作品的评论资料"6万余字,篇幅相较扩大,并按时代编排,然未做分类;2004年,吴广平又出版《宋玉研究》,附有"宋玉研究论著索引",收录1900年至2004年6月中国以及日本、美国、英国、法国、德国、苏联等国家和地区出版的宋玉研究论著27部、发表的宋玉研究论文615篇,分类著录,时为完备。刘刚则将10余年积累的研究资料编为《宋玉研究资料类编》,交由商务印书馆于2015年出版。该书洋洋500万字,整个资料分为九类:1.生平事迹;2.遗迹传说;3.作家批评;4.作品批评;5.作品集与作品辑录;6.作品考辨;7.词语释读;8.托拟宋玉的文学作品;9.涉及宋玉的文学作品。它体例科学,收集完备,考校合理,标注明确,将作家作品批评、接受、传播,人物事迹、遗迹、传说等等,

---

① 刘刚:《明代的宋玉批评》,《沈阳师范大学学报》,2012年第2期;《明末宋玉资料的辑佚、整理、编辑与其对文学宋玉的传播》,《鞍山师范学院学报》,2011年第6期;《明代宋玉作品的真伪考辨与辑佚及其对传播的影响》,《鞍山师范学院学报》,2011年第10期。

② 刘刚:《清代经学考据学术视野下的宋玉批评》,《中国文化研究》,2011年秋之卷;《清代宋玉作品的摘引、著录、结集与传播》,《古籍整理研究学刊》,2011年第7期;《清代涉宋玉考据与宋玉传播》,《渤海大学学报》,2011年第5期;《乾隆御制涉宋玉诗及其对清代宋玉批评的影响》,《鞍山师范学院学报》,2012年第2期;《清代宋玉传播的新用文体笔记故事与其宋玉批评评赜》,《鞍山师范学院学报》,2012年第6期。

③ 毛庆:《清代经学与宋玉研究》,《荆楚学刊》,2015年第4期。

均辑录在列,比较全面完整地反映了宋玉在历代文学中的存在形态和历代研究的面貌。因而甫一出版,即获好评,可称为宋玉研究里程碑式的著作。

刘刚还带领湖北襄樊学院宋玉研究中心创造性地开展了"宋玉遗迹传说"调查。从2013年5月至10月,调查组对湖北省宜城、钟祥、应城和湖南临澧等地进行了实地考察,并在《湖北文理学院学报》连续发表11篇系列调查报告——《宋玉遗迹传说田野调查报告》,对上述地区的宋玉遗迹传说进行了系统的、全方位的调查研究,并对当地的宋玉文化研究发展现状进行考察。在湖北宜城,他们整理了《宜城县志》中有关宋玉的的研究资料,考察了宜城宋玉墓遗址,分析了宜城市博物馆"楚风汉韵"主题展中的宋玉部分,整理了近年来宜城地区的宋玉研究与文学创作情况;在湖北钟祥,他们考察了宋玉遗迹传说实地,整理了县志中记载有关宋玉条目,指出了记载中的一些问题;在湖南临澧,他们实地考察了宋玉墓、宋玉城等七处宋玉遗迹,整理了《安福县志》中宋玉的相关资料,整理了关涉宋玉遗迹的文学作品(包括一篇六朝时期的《黄花鱼儿歌》与24首清代诗歌作品)和宋玉传说10则,肯定了临澧为宋玉墓所在地与宋玉曾居宋玉城等观点;在湖北应城,他们考察了宋玉曾到过的应城蒲骚遗址,对《光绪应城县志》中的相关问题做出辨析;在湖北云梦(县),他们考察了云梦县楚王城,提出宋玉作品中的"云梦台"很可能就是楚襄王游云梦时的称谓,后世人们的语言习惯改变了,不再用"台"称呼,楚王离宫后这一城址才被称为楚王城。通过考察和分析,他们还综合提出宋玉赋"巫山"之地望,认为与湖北随州市大洪山、重庆市巫山县阳台相比,湖北汉川市仙女山与宋玉《高唐赋》《神女赋》所描写的"巫山"最为契合;宋玉宅当在今宜城市西南十五公里古鄢郢遗址楚皇城中,临澧宋玉宅是宋玉晚年居所,而秭归、荆州、钟祥的宋玉宅是附会出来的。这种田野调查的方式,实地勘察了宋玉遗迹,收集了宋玉传说,扩展了研究资料,考辨了有关地望,厘清了有关问题,不仅对宋玉研究是极大的推动,对中国古代文学研究也吹来了一股清新之风。

20世纪的宋玉研究全方位展开,取得了很大的成就,也可以说是楚辞研究最重要的突破之一。但研究中仍然存在着不少值得注意的问题。疑古与证古,在中国学术发展史上或交织或交替始终是纠缠在一起。一味疑古,历史已经证明其不当;一味信古,也早为前人所不齿,孟子有言"尽信书,不如无书"。因此,对于宋玉作品真伪的考辨,亦应做如是观。20世纪宋玉研究的论文可谓可观,然其中粗制滥造者也时常可见。而从艺术的创造与发展上,揭示其开拓新题材、新领域的贡献和影响,重新认识"屈宋"并称的意义内涵,在文学史、艺术史、美学史上重新确立宋玉的地位,更是学界的期待。

20世纪以来,两湖地区成立了专门研究机构,如临澧宋玉研究会、宜城市宋玉研究会、常德市屈原宋玉研究会等。特别是湖北文理学院(前襄樊学院)2009年成立宋玉研究所,2012年发展为中国屈原学会湖北文理学院宋玉研究中心,在此基础上2014年被确立为中国屈原学会宋玉研究会。以此为中心,20世纪召开了5次专门学术研讨会,即2010年10月在襄樊学院召开的"2010中国·襄樊宋玉国际学术研讨会"、2012年3月在湖北文理学院召开的"中国屈原学会湖北文理学院宋玉研究中心揭牌仪式暨2012年中国宋玉学术研讨会"、2014年11月在湖北文理学院召开的"第二届宋玉国际学术研讨会"、2016年9月在河南信阳师范学院召开的"第三届宋玉国际学术研讨会暨中国屈原学会宋玉研究会年会"、2019年6月在湖北文理学院召开的"第四届宋玉学术研讨会"。这些专门研究机构的成立和专门学术会议的举办,激发了学者宋玉研究的热情,极大地推动了宋玉研究的开展,我们衷心祝愿宋玉研究取得更多的成果和更大的突破。

宋玉赋身体类核心词及其运用艺术

湖南科技大学　吴广平　雍寒清

核心词是词汇学研究的中心,我们以美国语言学家莫里斯·斯瓦迪士(Morris Swadesh)的《百词表》为参照标准,去研究宋玉赋中的身体类核心词,不仅可以深化对宋玉赋内容的理解,而且可以深化对宋玉赋艺术的探讨。"传世的十九篇宋玉作品,《报友人书》《对友人问》《对或人问》三篇为伪作,《高唐对》《郢中对》两篇为《高唐赋》和《对楚王问》的异文,《舞赋》疑为东汉傅毅《舞赋》的摘录。而《楚辞章句》所收的《九辩》《招魂》两篇,《文选》所收的《风赋》《高唐赋》《神女赋》《登徒子好色赋》《对楚王问》五篇,《古文苑》所收的《笛赋》《大言赋》《小言赋》《讽赋》《钓赋》五篇,《文选补遗》所收的《微咏赋》,加上银雀山出土的《御赋》,共十四篇作品,则都确是宋玉所作。"[①] 本文即以此十四篇宋玉赋为对象来研究其身体类核心词及其运用艺术。

一、宋玉赋身体类核心词概览

宋玉赋中多篇作品对人类身体和动物身体做了较为细致的描写,尤以人类身体为最。这里我们将宋玉赋中身体类核心词分为人类身体核心词和动物身体核心词两类,分别展开研究[②]。

(一)宋玉赋人类身体核心词概览

本文以斯瓦迪士的《百词表》作为参照标准,将表中所列的身体类核心词定义为微观身体核心词。同时我们发现宋玉赋中除了《百词表》所列的身体词外,还有部分指代整个身体的核心词,我们将其称为宏观身体核心词。这里对两类身体核心词分别列表进行统计,下面先看宏观身体核心词,其统计结果如下表。

---

① 关于宋玉作品真伪的考证,可参吴广平《宋玉著述辨》,《文献》,2003年第3期;《宋玉著述真伪续辨》,《长江大学学报》,2005年第5期,又载中国屈原学会编《中国楚辞学》第8辑,北京:学苑出版社,2007年,第170—190页;《宋玉研究》上编第五章"著述的真伪",长沙:岳麓书社,2004年,第86—111页。

② 本文所引宋玉作品,如无特殊说明,均出自吴广平校注的《宋玉集》,长沙:岳麓书社,2001年。

表 1　宋玉赋人类宏观身体核心词概览表

身体词	释义	出现次数	例句及出处
魂	灵魂	16	魂魄离散,汝筮予之。(《招魂》) 魂兮归来,入修门些。(《招魂》) 魂兮归来!东方不可以托些。(《招魂》)
体	身体	7	发明耳目,宁体便人。(《风赋》) 素质幹之醲实兮,志解泰而体闲。(《神女赋》) 意密体疏,俯仰异观。(《登徒子好色赋》)
身	身躯	5	身大四塞,愁不可长。(《大言赋》) 迁延引身,不可亲附。(《神女赋》) 去矣,回复参咤,荣身四修。(《微咏赋》)
魄	依附形体而存在的精神	1	魂魄离散,汝筮予之。(《招魂》)
躯	身体	1	愿赐不肖之躯而别离兮,放游志乎云中。(《九辩》)
干	躯干	1	魂兮归来!去君之恒干,何为四方些?(《招魂》)

这里出现频率最高的"魂"出现了 16 次之多,"体"有 7 次,"身"有 5 次,"魄""躯""干"均出现 1 次。其中"魂"和"魄"几乎都出自《招魂》,这与《招魂》的创作目的有密切联系——此篇作品是宋玉为招楚顷襄王生魂而作的"招魂词"。这里不对两个虚拟的主观身体词作过多阐述。下面主要对"体""身""躯""干"四个客观身体词进行考察。

　　体,总十二属也。从骨豊声。(《说文解字·骨部》)按:"体"字繁体作"體"。十二属者,顶、面、颐,首属三;肩、脊、臀,身属三;肱、臂、手,手属三;股、胫、足,足属三也。
　　身,躬也。象人之形。(《说文解字·身部》)
　　躯,体也。从身区声。(《说文解字·身部》)
　　干,犯也。从反入,从一。(《说文解字·干部》)

从《说文解字》的释义看,宋玉赋中的"体""身""躯"均使用其本义,而"干"则使用引申义("干"的本义是盾牌,《方言》卷九:"盾,自关而东或谓之干。""干"字的甲骨文字形,像叉子一类的猎具、武器,本是用于进攻的,后来用于防御。所以《说文解字·干部》释"干"为"侵犯"的"犯"),但都表示整个身体,包含多个身体部位。放回作品中,这些词都是从宏观角度对主体的体貌特征加以概述和总称,第一人称、第二人称及第三人称视角均有涉及。如《九辩》:"愿赐不肖之躯而别离兮,放游志乎云中。"宋玉因内心苦闷,渴望超脱现实,他希望能以自己的不贤之躯神游于云天。《招魂》中宋玉向楚顷襄王生魂发问:"魂兮归来!去君之恒干,何为四方些?"为什么他的灵魂要离开常住的躯干漂泊四方?《登徒子好色赋》中登徒子向楚王进谗言:"玉为人体貌闲丽,口多微辞,又性好色,愿王勿与出入后宫。"言宋玉容貌英俊。不同场合,分别运用不同的宏观身体核心词,宋玉创作用词的丰富可见一斑。

下面再看出现在斯瓦迪士《百词表》中的微观身体词。斯瓦迪士在表中共列出30个身体类核心词,在宋玉赋中出现24个,另有未出现在表中的身体词9个(九窍、醢、容、颜、貌、相、面、眉、腰),且部分身体部位选取不同的词汇表达。本文将这些身体词分为头部(容、颜、貌、相、首、头、发、鬓、面、眉、睐、眸子、目、睛、耳、鼻、口、唇、齿、牙、舌)、颈部(颈)、躯干类(心、肠、腰、手、足)和组织结构类(九窍、血、肉、肌、腠理、骨、醢)四类,归纳后制成下表:

表2 宋玉赋人类微观身体核心词概览表

划分层次	身体词	释义	出现次数	例句及出处
头部(59)	容	容貌	7	兰膏明烛,华容备些。(《招魂》) 容态好比,顺弥代些。(《招魂》) 姱容修态,絙洞房些。(《招魂》)
	颜	脸面	7	靡颜腻理,遗视矊些。(《招魂》) 美人既醉,朱颜酡些。(《招魂》) 貌丰盈以庄姝兮,苞温润之玉颜。(《神女赋》)
	貌	容貌	4	须臾之间,美貌横生。(《神女赋》) 貌丰盈以庄姝兮,苞温润之玉颜。(《神女赋》) 赫颜臻,三貌起。(《笛赋》)
	相	容貌	1	骨法多奇,应君之相。(《神女赋》)
	首	脑袋	1	一夫九首,拔木九千些。(《招魂》)
	头	头发	1	其妻蓬头挛耳,齞唇历齿,旁行踽偻,又疥且痔。(《登徒子好色赋》)
	发	头发	1	长发曼鬋,艳陆离些。(《招魂》)
	鬋	鬓发	2	盛鬋不同制,实满宫些。(《招魂》) 长发曼鬋,艳陆离些。(《招魂》)
	面	脸	1	西施掩面,比之无色。(《神女赋》)
	眉	眉毛	3	蛾眉曼睩,目腾光些。(《招魂》) 眉联娟以蛾扬兮,朱唇的其若丹。(《神女赋》) 眉如翠羽,肌如白雪,腰如束素,齿如含贝。(《登徒子好色赋》)
	睩	转动的眼珠	1	蛾眉曼睩,目腾光些。(《招魂》)
	眸子	眼中瞳仁	1	眸子炯其精朗兮,瞭多美而可观。(《神女赋》)

续表

划分层次	身体词	释义	出现次数	例句及出处
头部(59)	目	眼睛	12	蛾眉曼睩,目腾光些。(《招魂》) 煌煌荧荧,夺人目精。(《高唐赋》) 发明耳目,宁体便人。(《风赋》)
	睛	眼球	1	睛不离乎鱼喙,思不出乎鲋鳊。(《钓赋》)
	耳	耳朵	3	发明耳目,宁体便人。(《风赋》) 感心动耳,回肠伤气。(《高唐赋》) 其妻蓬头挛耳,齞唇历齿,旁行踽偻,又疥且痔。(《登徒子好色赋》)
	鼻	鼻子	1	孤子寡妇,寒心酸鼻。(《高唐赋》)
	口	嘴	2	玉为人体貌闲丽,口多微辞,又性好色。(《登徒子好色赋》) 玉为人身体容冶,口多微词,出爱主人之女。(《讽赋》)
	唇	嘴唇	4	中唇为胗,得目为蔑。(《风赋》) 眉联娟以蛾扬兮,朱唇的其若丹。(《神女赋》) 摘朱唇,曜皓齿,赫颜臻,玉貌起。(《笛赋》)
	齿	牙齿	4	雕题黑齿,得人肉以祀,以其骨为醢些。(《招魂》) 腰如束素,齿如含贝。(《登徒子好色赋》) 摘朱唇,曜皓齿,赫颜臻,玉貌起。(《笛赋》)
	牙	大齿	1	锯牙云,晞甚大,吐舌万里,唾一世。(《大言赋》)
	舌	舌头	1	锯牙云,晞甚大,吐舌万里,唾一世。(《大言赋》)
颈部(1)	颈	脖子	1	延长颈,奋玉手。(《笛赋》)
躯干类(7)	心	胸口	1	于是抚心定气,复见所梦。(《神女赋》)
	肠	肠子	3	感心动耳,回肠伤气。(《高唐赋》) 徊肠伤气,颠倒失据。(《神女赋》) 纤悲微痛,毒离肌肠腠理。(《笛赋》)
	腰	腰肢	1	腰如束素,齿如含贝。(《登徒子好色赋》)
躯干类(7)	手	手	1	延长颈,奋玉手。(《笛赋》)
	足	脚	1	久而不去,足尽汗出。(《高唐赋》)
组织结构类(7)	九窍	指人身上的九个窟窿,包括头部七窍和腹臀二窍	1	九窍通郁精神察,延年益寿千万岁。(《高唐赋》)

续表

划分层次	身体词	释义	出现次数	例句及出处
组织结构类(7)	血	血液	1	操是太阿剥一世,流血冲天,车不可以厉。(《大言赋》)
	肉	肌肉	1	雕题黑齿,得人肉以祀,以其骨为醢些。(《招魂》)
	腠理	肌肤的纹理	1	纤悲微痛,毒离肌肠腠理。(《笛赋》)
	骨	骨头	2	雕题黑齿,得人肉以祀,以其骨为醢些。(《招魂》) 骨法多奇,应君之相。(《神女赋》)
	醢	肉酱	1	雕题黑齿,得人肉以祀,以其骨为醢些。(《招魂》)

从上表可以看出,宋玉对人类身体核心词的使用非常丰富,极具特色,具体体现在四个方面:首先,在人类身体核心词中,宏观身体核心词使用较多,注重躯体刻画。经上表统计宋玉赋共使用人类身体核心词39个,使用总次数为105,其中宏观身体核心词有6个,使用次数达31次,占总次数的29.52%,这个频率是相当高的。其次,在细描中以头部身体核心词为主,尤以眼睛为最。宋玉赋描绘头部的身体核心词有21个,使用总次数为59次,这其中指称眼睛的身体核心词有4个,出现频次为15次。最后,虚拟主观唯心身体核心词使用频率高。表示虚拟主观唯心的身体核心词"魂"出现了16次,"魄"出现1次。

(二)宋玉赋动物身体核心词概览

在宋玉赋中,不仅人类身体核心词出现频繁,动物身体核心词的出现也很多,下表整理了14篇作品中所有动物身体核心词。

表3　宋玉赋动物身体核心词概览表

身体词	释义	出现次数	例句及出处
身	身躯	1	参目虎首,其身若牛些。(《招魂》)
体	身体	1	载氛埃兮乘飘尘,体轻蚊翼,形微蚤鳞,聿遑浮踊,凌云纵身。(《小言赋》)
血	血液	1	弥节奄忽,蹄足洒血。(《高唐赋》)
首	脑袋	2	雄虺九首,往来倏忽,吞人以益其心些。(《招魂》) 参目虎首,其身若牛些。(《招魂》)
眦	眼眶	1	凭蚋眦以顾盼,附蠛蠓而遨游。(《小言赋》)
角	角	1	土伯九约,其角觺觺些。(《招魂》)
目	眼睛	2	豺狼从目,往来侁侁些。(《招魂》) 参目虎首,其身若牛些。(《招魂》)
须	须毛	1	馆于蝇须,宴于毫端。(《小言赋》)

续表

身体词	释义	出现次数	例句及出处
喙	嘴	2	虎豹豺兕,失气恐喙;雕鹗鹰鹞,飞扬伏窜。(《高唐赋》) 睛不离乎鱼喙,思不出乎鲋鳊。(《钓赋》)
肝	肝脏	1	烹虱胫,切虮肝。(《小言赋》)
心	心脏	1	雄虺九首,往来倏忽,吞人以益其心些。(《招魂》)
肠	肠子	1	度曲羊肠坂,揆殃振奔逸。(《笛赋》)
胈	背脊肉	1	敦胈血拇,逐人伾駓些。(《招魂》)
胫	小腿	1	烹虱胫,切虮肝。(《小言赋》)
股	大腿	1	股战胁息,安敢妄挚?(《高唐赋》)
腱	蹄筋	1	肥牛之腱,臑若芳些。(《招魂》)
鳞1	(鱼的)鳞片	1	振鳞奋翼,蜲蜲蜿蜿。(《高唐赋》)
鳞2	(跳蚤的)薄片	1	体轻蚊翼,形微蚤鳞。(《小言赋》)
鬐	鳍	1	鲲鱼朝发昆仑之墟,暴鬐于碣石。(《对楚王问》)
脊	马背	1	诎[身]弇脊。(《御赋》)
翼1	(鸟的)翅膀	3	鸟声革翼。(《笛赋》) 体轻蚊翼,形微蚤鳞。(《小言赋》) 披华藻之可好兮,若翡翠之奋翼。(《神女赋》)
翼2	(鱼的)两鬣	1	振鳞奋翼,蜲蜲蜿蜿。(《高唐赋》)
革	翅膀	1	鸟声革翼。(《笛赋》)
羽	羽毛	1	眉如翠羽,肌如白雪。(《登徒子好色赋》)
毛	毛发	1	纤于垚末之微蔑,陋于茸毛之方生。(《小言赋》)
毫	毫毛	1	馆于蝇须,宴于毫端。(《小言赋》)
蹄	(兽类动物等的)脚	1	弥节奄忽,蹄足洒血。(《高唐赋》)
足	(兽类动物等的)脚	1	弥节奄忽,蹄足洒血。(《高唐赋》)
拇	大拇指,此指手爪	1	敦胈血拇,逐人駓駓些。(《招魂》)

从上表可以看出,宋玉赋对动物身体的刻画也颇具特色:首先,动物身体核心词较人类身体核心词使用更具体,宏观身体核心词在身体核心词中占比较小。动物身体核心词共使用 27 个,其中宏观身体核心词只有 2 个,可见宋玉对动物身体的描述更偏重于微观。其次,同一个身体核心词可表示不同动物的不同身体部位。如"鳞"既可指鱼类身体表面的角质或骨质的小薄片(鱼鳞),又可以指跳蚤身体表面的角质或骨质的小薄片;"翼"既可指鸟类的翅膀,又可以指称鱼类鳃边的两鬣。再次,动物身体核

心词的描摹对象里陆地动物多于水生动物。27个身体核心词中有24个身体核心词的刻画对象是陆地动物,仅有"鳞""鳍""翼2"3个身体核心词是以水生动物为描摹对象。最后,以大型动物刻画为主,小型动物较少且集中在《小言赋》中。宋玉赋只有"眦""须""肝""胫""鳞""翼""毛""毫"8个身体核心词描绘小型动物,且这些身体核心词都出现在《小言赋》中。

总的来看,宋玉对人物身体的刻画多于动物身体的刻画,且描摹比动物更细致精确。

二、宋玉赋身体类核心词分布规律及其原因探究

宋玉赋对身体类核心词的使用是有规律的。此部分我们将结合前文的表格总结出宋玉赋身体类核心词的横向分布规律,并从其创作的历史文化背景纵向切入,深入探寻宋玉赋身体类核心词的分布原因。

(一)宋玉赋身体类核心词横向分布规律

宋玉14篇作品中均使用了身体类核心词,各篇作品身体类核心词的具体使用情况如下表:

表4 宋玉赋身体类核心词横向分布概览表

序号	作品名	身体词总数	人类身体词数量		动物身体词数量		引申义身体词数量
			宏观身体词	微观身体词	陆地动物身体词	海洋动物身体词	
1	《九辩》	13	1	–	–	–	12
2	《招魂》	51	17	20	10	–	4
3	《风赋》	6	1	4	–	–	1
4	《高唐赋》	17	–	8	4	2	3
5	《神女赋》	26	3	18	–	–	5
6	《登徒子好色赋》	19	3	13	2	–	1
7	《笛赋》	14	–	9	3	–	2
8	《大言赋》	4	1	3	–	–	–
9	《小言赋》	11	–	–	11	–	–
10	《讽赋》	5	2	2	–	–	1
11	《钓赋》	3	–	2	1	–	–
12	《微咏赋》	5	2	–	–	–	3
13	《御赋》	3	1	–	2	–	–
14	《对楚王问》	1	–	–	1	–	–

从上表及前文叙述中可以发现,宋玉对身体类核心词的使用还是具有明显的分布规律的,概括地说主要有以下四个方面的特征:

第一,《招魂》人类身体词使用最多,宏观虚拟唯心身体词占比高;《小言赋》动物身体词最多,且都是小型动物。这一分布规律主要是作品主题造成的。《招魂》是宋玉为招楚顷襄王的生魂而创作的"招魂词",全诗分为序辞、招辞和乱辞三部分,招辞"外陈四方之恶,内崇楚国之美"①,借巫阳之口对楚顷襄王的生魂循循善诱,因此作为被召唤者的生魂在文中屡次出现也就不足为奇了。而《小言赋》是景差、唐勒和宋玉在比说小言,且三人都是以动物为喻展开叙述,故所言说的动物自然是越小越好。

第二,同一身体词可表示不同的身体部位,造成这一现象的原因主要是当时词汇的不稳定性、词义扩大及文学创作时概念的相对宽松。如:身体词"心"不仅指"心脏",在宋玉赋作中还有"内心""心地""心思"等多种含义;动物身体词"翼"不仅指鸟的翅膀,还可以指鱼的两鳍。关于词义的扩大问题前文已有探讨,这里不再赘述。关于宋玉对不同动物的身体部位采取相同的身体词概括的原因,我们认为这与先秦时代人们的认知受限程度比较大,达不到当代人类认知水平,因此对动物身体的认识和界定并不深入,对一种动物身体的概念通常是由另一种相对熟悉的动物身上迁移而来。相较鱼类来说,鸟类更为常见。先秦人们认为鸟类的翅膀就是"翼",因此当宋玉看到鱼类像鸟类翅膀的两鳍就自然地将鸟的"翼"迁移用到了鱼类身上。

第三,宋玉对人类身体刻画较为全面,在整个躯体中突出头部,在头部中突出眼睛。用我们今天的话说:眼睛是心灵的窗户,而早在先秦时的宋玉就已经捕捉到这一规律并在创作时积极实践了。从现代科学研究看,这一理论确实是具有一定神经科学依据的:人的面部有20多块肌肉,人们可以通过对肌肉的控制制造虚假的表象,但人的瞳孔却不行。人类瞳孔的变化受海马体波动频率的影响,只随唤醒程度而变化。简言之人的瞳孔只受外界刺激的影响,人类主观上不能控制瞳孔的扩张与缩小。因此眼睛是了解一个人最真实的窗口,宋玉在赋中描写美女时自然会着力刻画她们的眼睛,从而真实地展现出她们的花容月貌。

第四,对陆生动物身体刻画多于水生动物。宋玉赋中共出现28个动物身体词,其中描写陆地动物的有25个,描写海洋动物的仅有"鳞""鬣""翼"3个。这与宋玉本人的生活环境有密切关系。宋玉是楚籍宋人,他一生主要的活动范围在今天的湖南、湖北地区。湖南、湖北都不是临海省份,因此宋玉并没有机会目睹海洋动物。南方气候湿润,适宜陆地动物生存,因此陆生动物应该是宋玉所见最多的动物。但南方多河流,且先秦时期两湖地区湿地面积远比今天要大,因此江湖中的鱼类应是宋玉所见最多的水生动物。

---

① 鲁迅:《汉文学史纲要》,上海:上海世纪出版集团,2011年,第21页。

这就可以解释为什么宋玉作品中极少描绘水生动物,偏重陆地动物的刻画了。

(二)宋玉赋身体类核心词分布纵向原因探究

上文就从横向分析了宋玉赋 14 篇作品身体类核心词分布运用的规律及原因,下面我们将从纵向的历史时代背景和宋玉自身因素入手考察造成宋玉赋中身体类核心词分布的原因。

首先,战国时期社会动乱不安,促使宋玉更加关注人自身,将目光投向人类身体,从而对人类身体部位有了细致的观察。宋玉大约生于楚顷襄王元年,卒于楚亡之时,历楚顷襄王、楚考烈王、楚幽王和楚王负刍四朝。这一时期正是楚国末路时期,国家动乱,强秦铁骑屡屡踏入荆楚大地。政治仕途上不得志的宋玉面对乱世首先要考虑的自然是人的生存问题。在人本视角下宋玉对人的身体部位的观察自然更为细致,从而在创作中有所反映。

其次,楚国巫文化也对宋玉赋身体词的运用具有重要影响。宋玉为招楚顷襄王生魂而创作的《招魂》运用身体词就最多。而招魂这一奇特的风俗正是巫文化的产物。正如宋代黄伯思所言:"盖屈宋诸骚,皆书楚语,作楚声,纪楚地,名楚物,故可谓之楚辞。"[①] 宋玉长在楚国,深受楚文化的浸染熏陶,正是在这样的文化背景下,宋玉才会创作出充满浪漫主义色彩的《招魂》。在《招魂》出现了大量身体词,一是针对楚顷襄王的生魂,二是对凶猛动物的描绘,最后是对楚宫女乐的描绘,三类身体词为我们今天研究宋玉赋身体词的使用规律提供了大量的语料支持。

再次,宋玉的文学创作师承屈原,屈原在创作中就已对身体词的使用进行大胆尝试。宋玉的文学创作承自屈原,不仅体现在作品主题的表达上,在身体词的运用上也带有屈原赋的痕迹。例如:屈原作品中使用的 5 个宏观身体词"躬""身""魄""体""躯",在宋玉赋中就出现了 4 个,可见宋玉对屈原赋的熟悉。我们通常看人最先注意到的就是人的身材体型,屈原、宋玉在描摹人物时就先对人物身体进行勾勒,这也是符合我们日常生活中看人的认知顺序的。但屈原刻画躯体仅为指代身体,而宋玉则是先远观勾勒人物形体,吸引读者目光,然后再对人物五官进行刻画,使作品更加引人入胜。在白描人的身体时选取多个不同的宏观身体词,可见宋玉深厚的文学功底。

最后,宋玉个人的审美特质,也是促使他关注人类身体的潜在原因。宋玉作为中国古代四大美男子之一,自身相貌英俊、神采飘逸,如他自己在《登徒子好色赋》中所写"玉为人体貌闲丽"。试想一个容貌出众的美男子在自身气质绝佳的情况下,又怎么可能不对周围人的体貌有所注意呢?对自身容貌的自信使宋玉更加注重对人体的观察。

---

① 黄伯思:《新校楚辞序》,见吕祖谦编:《宋文鉴》(卷九十二),北京:中华书局,1992 年,第 1306 页。

三、宋玉赋身体类核心词的运用特点

宋玉赋身体类核心词不但数量丰富，而且运用很讲究，主要有三大特点：一是使用位置，灵活多变；二是刻画精准，生动传神；三是语义扩大，以点带面。

（一）使用位置，灵活多变

从宋玉赋身体类核心词的总体分布情况看，身体类核心词在文中可分为单用和并用两大类。

1.单用

宋玉赋身体类核心词单用可分为句首单用、句中单用和句尾单用三类，每类又细分为上句和下句，统计结果如下表：

表5 宋玉赋身体类核心词单用情况一览表

出现位置		出现次数	例句及出处
句首单用（36）	上句句首	22	心怵惕而震荡兮，何所忧之多方？（《九辩》） 魂兮归来，哀江南！（《招魂》） 股战胁息，安敢妄挚。（《高唐赋》）
	下句句首	14	蓄怨兮积思，心烦憺兮忘食事。（《九辩》） 朕幼清以廉洁兮，身服义而未沫。（《招魂》） 彼皆习之，魂往必释些。（《招魂》）
句中单用（37）	上句句中	14	愿赐不肖之躯而别离兮，放游志乎云中。（《九辩》） 盛鬋不同制，实满宫些。（《招魂》） 弱颜固植，謇其有意些。（《招魂》）
	下句句中	23	愿一见兮道余意，君之心兮与余异。（《九辩》） 长人千仞，惟魂是索些。（《招魂》） 美人既醉，朱颜酡些。（《招魂》）
句尾单用（13）	上句句尾	8	去君之恒干，何为四方些？（《招魂》） 一夫九首，拔木九千些。（《招魂》） 豺狼从目，往来侁侁些。（《招魂》）
	下句句尾	5	湛湛江水兮上有枫，目极千里兮伤春心。（《招魂》） 顺序卑，调心肠。（《神女赋》） 披华藻之可好兮，若翡翠之奋翼。（《神女赋》）

经过统计我们可以发现宋玉赋在单用身体词时，句中单用使用频率最高，其次是句首单用，句尾身体词的使用频率相对较低。尤其引人注意的是在上句句首单用中，半数以上的例句出自《招魂》，足有13次之多，而《招魂》全文不过一千五百余字。这些例句都是宋玉借巫阳之口对楚顷襄王的生魂所说的话，希望它能回到楚王躯体。相同句式反

复出现,服务文章主题,使"招魂词"更具感染力的同时,也表现出宋玉对楚顷襄王重整山河、修明政治的殷殷期望。

此外,宋玉赋身体词用于句首的36个例句中,只有《高唐赋》中的"股战胁息,安敢妄挚"一句主语为一群动物秃鹙、鱼鹰、苍鹰、鸱鹰,其余35句主语都是人。这也可以窥见宋玉创作时以人物为主、动物为辅的人类所共有的主宰心理。

2. 并用

宋玉赋身体词并用有五种类型:两词并用、三词并用、四词并用、五词并用及六词并用,详情见下表:

表6 宋玉赋身体类核心词并用情况一览表

并用类型	出现次数	例句及出处
两词并用	14	魂魄离散,汝筮予之。(《招魂》) 敦脄血拇,逐人駓駓些。(《招魂》) 长发曼鬋,艳陆离些。(《招魂》)
三词并用	8	参目虎首,其身若牛些。(《招魂》) 蛾眉曼睩,目腾光些。(《招魂》) 发明耳目,宁体便人。(《风赋》)
四词并用	5	雕题黑齿,得人肉以祀,以其骨为醢些。(《招魂》) 其妻蓬头挛耳,齞唇历齿,旁行踽偻,又疥且痔。(《登徒子好色赋》) 玉为人身体容冶,口多微词,出爱主之女。(《讽赋》)
五词并用	2	感心动耳,回肠伤气;孤子寡妇,寒心酸鼻。(《高唐赋》) 眉如翠羽,肌如白雪,腰如束素,齿如含贝。(《登徒子好色赋》)
六词并用	1	延长颈,奋玉手,摘朱唇,曜皓齿,赫颜臻,玉貌起。(《笛赋》)

从上表看,宋玉赋两个身体词并用情况最多。宋玉在指代同一身体部位时选取不同的词汇,如:"容"与"貌"、"体"与"足"等,从而形成王希杰所说"同义异形"的效果,即"语言形式虽然不同,但意义确是基本相同的"①,使文章语言生动活泼、形式多样。

此外,宋玉赋多个身体词同时使用,如《登徒子好色赋》中"眉如翠羽,肌如白雪,腰如束素,齿如含贝"与《笛赋》中"延长颈,奋玉手,摘朱唇,曜皓齿,赫颜臻,玉貌起"两句,形成排比句式。前句描摹"东家之子"(东邻之女)眉弓美似翠鸟的羽毛,肌肤白如晶莹的白雪,腰肢像素绢束缚过一样纤细,牙齿整齐洁白宛如含着白色贝壳,使读者不禁为她的美貌而沉醉;后句则写古代著名的两位乐师严春和叔子用新制成的竹笛吹奏乐曲的情景,只见他们端正身体,伸长了脖子,挥动着洁白如玉的手指,张开朱唇露出洁白的牙齿,脸颊因气息流动而微微泛红,夕阳下的山间回荡着他们吹奏的《清商》《流徵》幽咽婉转

---

① 王希杰:《汉语修辞学》,北京:商务印书馆,2004年,第123页。

的乐曲声,两位玉树临风、绝世而立的美男子吹笛场景就展现在读者面前,耳畔似乎萦绕着他们舒缓缠绵的笛音,不禁使我们发出"此曲只应天上有,人间能得几回闻"的感叹。

总的来说,宋玉赋身体词的使用形式灵活、位置多变,在句式工整中赋予语言韵律之美,给读者以空灵律动之美,更加引人入胜,回味无穷。

(二)刻画精准,生动传神

宋玉赋身体词使用的另一个特点体现在刻画精准,生动传神,他使用的人物身体词和动物身体词都有这个特点。

宋玉赋中人类微观身体词有34个,其中描述眼睛的身体词就有4个:睐、眸子、目、睛。

(1)睐:蛾眉曼睐,目腾光些。(《招魂》)
(2)眸子:眸子炯其精朗兮,瞭多美而可观。(《神女赋》)
(3)目:蛾眉曼睐,目腾光些。(《招魂》)
(4)睛:睛不离乎鱼喙,思不出乎鲋鳊。(《钓赋》)

在现代汉语里,我们指代人的视觉器官只有"眼睛"一个词,而宋玉在作品中却使用了四个不同的词。虽然都是指眼睛,但四个词还是有着细微的差别:"睐"指转动的眼珠,"眸子"指眼中瞳仁,"目"指整个眼睛,"睛"指眼球。《招魂》:"蛾眉曼睐,目腾光些。"写后宫女子的美貌,她们个个眉毛细长眼珠转,顾盼生辉光闪闪。宋玉先写女子像蚕蛾那样又细又弯的眉毛,静止的细眉下是一双灵动的眼珠,一动一静中女子整个眼睛的神韵都被活灵活现地展示出来。《神女赋》:"眸子炯其精朗兮,瞭多美而可观。"写高唐神女眼睛明亮光彩夺目,则是抓住她的眸子,也就是我们通常所说的眼球黑瞳仁里的小黑点,直接点出神女眼睛最亮的地方炯炯有神,那么整个眼睛自然不言而喻。《钓赋》:"睛不离乎鱼喙,思不出乎鲋鳊。"写玄渊钓鱼眼睛一直盯着鱼嘴,盯着看自然是眼球的动作。对于简单的一个人体器官,宋玉在作品中还使用了"睐""眸子""目""睛"4个不同的词加以区别,可见宋玉生活中对眼睛观察之细致,作品中对眼睛描绘之精准。

宋玉赋动物身体词同样描述精准,生动传神,这突出表现在《小言赋》中。《小言赋》是《大言赋》的姊妹篇,讲述了楚顷襄王命令宋玉、景差和唐勒比说小言的故事。宋玉在赋中说:"馆于蝇须,宴于毫端;烹虱胫,切虮肝;会九族而同哜,犹委余而不殚。"在苍蝇的须毛上居住,在毫毛的尖端上设宴,烹了虱子的腿,切下虮子幼虫的肝,会合九族共品尝,还有剩余没吃完。在科技发达的今天我们可以借助显微镜等设备观察人类肉眼无法看清的微生物,但放在先秦没有显微镜等科技设备的情况下,宋玉小言就已经可以描述到苍蝇的"须"(须毛)、小鸟的"毫"(毫毛)、虱子的"胫"(腿)、虮子(虱子幼虫)的"肝",描述到小动物和小虫子身体如此细微的地方,不得不令人称奇。

无论是对人类身体还是动物身体,宋玉对它们的刻画都十分细腻精准。这首先应当归功于宋玉在日常生活中的善于观察,有了一双善于观察的眼睛才使他在创作时能够有的放矢,生动传神地描摹出这样的物象。

(三)语义扩大,以点带面

汉语中的词具有本义和引申义两层含义,本义是从字形出发的词最原始的意义,而引申义则是由其本义推演派生出的意义。在宋玉赋中,绝大多数身体词都采用其本义,指代某一具体的身体部位,但也存在一小部分身体词采用了引申义,描述一些由身体发出的人的主观精神,现将这类特殊的身体词整理如下。

表7 宋玉赋引申义类身体词一览表

身体词	释义	出现次数	例句及出处
心1	内心	27	悲忧穷戚兮独处廓,有美一人兮心不绎。(《九辩》) 蓄怨兮积思,心烦憺兮忘食事。(《九辩》) 湛湛江水兮上有枫,目极千里兮伤春心。(《招魂》) 中心惨怛,生病造热。(《风赋》)
心2	心思	2	愿一见兮道余意,君之心兮与余异。(《九辩》) 人有所极,同心赋些。(《招魂》)
心肠	心地	1	顺序卑,调心肠。(《神女赋》)
身	生命	1	归来!往恐危身些。(《招魂》)

从上表我们可以看出,使用了引申义类身体词的句子主语都是人,也就是说这些身体词所使用的引申含义,都是从人自身派生出的含义。以出现次数最多的"心"为例:

心,人心,土藏,在身之中。象形。(《说文解字·心部》)

在医学知识匮乏的古代,人们一直认为心脏是人的思维器官,是人身体最重要的器官。因此宋玉在赋中不仅使用了"心"最常见的引申义"内心",化具象的心脏为抽象的人的内心,还使用了泛化的"心思"的意义,指由心脏生发出的人的思维情感。

这类特殊身体词的使用就涉及了词汇语义学中词义的扩大问题。词义的扩大指词汇演变后的词义比原词所表示的概念外延大的现象。回到宋玉赋中的引申义身体词,这些词原本只是指身体的一个具体部位,是身体的一个点,但被宋玉有意扩大适用范围后其外延就从具体器官扩展为器官与其生发出的人的主观精神产物,产生比原词更为丰富的含义。

四、宋玉赋身体类核心词的运用效果

宋玉赋大量运用身体词,产生了明显的艺术效果,主要效果有:句式工整,琅琅上口;妙用修辞,形象生动;想象丰富,耐人寻味。

(一)句式工整,琅琅上口

宋玉赋与屈原赋相比,在句式上已经趋于成熟,对身体词的运用也相对稳定。宋玉赋含有身体词的句式大体有三类:

第一类是三言句。如:

(1)顺序卑,调心肠。(《神女赋》)
(2)于是摇佩饰,鸣玉鸾,奁衣服,敛容颜,顾女师,命太傅。(《神女赋》)
(3)延长颈,奋玉手,摛朱唇,曜皓齿,赫颜臻,玉貌起。(《笛赋》)

第二类是四言句。如:

(1)蛾眉曼睩,目腾光些。(《招魂》)
(2)发明耳目,宁体便人。(《风赋》)
(3)感心动耳,回肠伤气;孤子寡妇,寒心酸鼻。(《高唐赋》)

第三类是上下两句均为六言句,但上句句末使用了语气词"兮"。如:

(1)心怵惕而震荡兮,何所忧之多方?(《九辩》)
(2)貌丰盈以庄姝兮,苞温润之玉颜。(《神女赋》)
(3)褰余帱而请御兮,愿尽心之惓惓。(《神女赋》)

宋玉作品在形式上已经由楚辞体诗歌向散体赋转体,句式多样且整齐。即使在同类句式中,身体词的位置也很灵活,身体词前后一般为动词或形容词,从而构成动宾结构或偏正结构,使整个句子看之句式整齐,读之琅琅上口。

(二)妙用修辞,形象生动

宋玉在赋中使用身体词时还巧妙运用多种修辞手法,使文章文辞瑰丽、人物形象活泼灵动。

1. 比喻

(1)蛾眉曼睩,目腾光些。(《招魂》)
(2)披华藻之可好兮,若翡翠之奋翼。(《神女赋》)

(3)貌丰盈以庄姝兮,苞温润之玉颜。(《神女赋》)

中国历代女子眉毛均以细弯的柳叶眉为美,在例句(1)中,宋玉以又细又弯的蚕蛾喻美女眉毛,细致的描写既符合中国传统审美品位,又使文中的女子更加楚楚动人。例句(2)写高唐神女体态柔美、服饰华丽、衣着合体,将她比为即将展翅高飞的翠鸟,更显神女的动态之美;例句(3)写高唐神女体态丰满,端庄贤淑,将她洁白的肤色比作温润的玉,更显神女肌肤的光滑白皙。比喻手法的运用使人物形象更加深刻、鲜明,引发读者的无限想象,使文章文采斐然,更具感染力。

2. 白描

(1)此郊之姝,华色含光,体美容冶,不待饰装。(《登徒子好色赋》)
(2)容态好比,顺弥代些。(《招魂》)
(3)素质幹之醲实兮,志解泰而体闲。(《神女赋》)

白描手法的特点就在于不重华丽、崇尚质朴,追求传神、不求细致。三个例句都呈现出这一特点。例句(1)借秦国章华大夫之口陈说郑、卫一带的女子,例句(2)写楚国宫廷的侍女,例句(3)写高唐神女,三句都是从宏观角度对女子身体进行简笔勾勒,叙述简洁俭省,没有华丽辞藻的堆砌,但都使主体鲜明,重点突出。

3. 反问

(1)谅无怨于天下兮,心焉取此怵惕?(《九辩》)
(2)魂兮归来!去君之恒干,何为四方些?(《招魂》)
(3)魂兮归来,何远为些?(《招魂》)

反问修辞表面看是疑问,但却包含比陈述语气更为肯定的意味,也更能引发读者的深入思考。如例句(1)中宋玉在前文写现实黑暗混乱后又说,确信自己无怨于天下,又怎么用得着胆战心惊?反问语气中饱含宋玉对自己立身高洁的自信。例句(2)和(3)是巫阳对楚顷襄王生魂所言,在极言楚宫之好、外界险恶后,反问生魂为何还要外出游荡,话语中充满对楚王生魂归来的渴望。

4. 夸张

(1)操是太阿剥一世,流血冲天,车不可以厉。(《大言赋》)
(2)锯牙云,睎甚大,吐舌万里,唾一世。(《大言赋》)

(3)身大四塞,愁不可长。(《大言赋》)

夸张手法的运用在《大言赋》中表现得最为明显,作品讲述了楚襄王与宋玉、唐勒和景差比说大话的故事。楚王在例句(1)中先讲手持太阿宝剑,斩杀全世界的人,血流喷涌,涌向天空,以致车子都无法靠近;景差在例句(2)又说巨人牙齿像锯子那样锋利,像云彩那样巨大,睡起觉来鼾声很大,舌头伸出来有万里长,吐口唾沫就能淹死全世界的人;最后宋玉在例句(3)说巨人身体庞大只得向四处塞,令人忧虑。虽然《大言赋》是一种游戏文学,但其中夸张手法的使用使文章更具画面感,引发读者想象。

5. 对比

(1)眉如翠羽,肌如白雪,腰如束素,齿如含贝。(《登徒子好色赋》)
(2)其妻蓬头挛耳,龥唇历齿,旁行踽偻,又疥且痔。(《登徒子好色赋》)

在《登徒子好色赋》中有一组非常明显的身体外貌对比。赋中登徒子在楚王面前诬陷宋玉好色,宋玉在例句(1)中讲他邻家之女的美貌,说她在墙上偷窥自己三年未曾动心,而登徒子的妻子像例句(2)所描绘的那样丑陋,登徒子却和她有五个孩子,巧妙辩解的同时有力反击。宋玉在对话中对东家之子和登徒子之妻的外貌进行详细刻画,形成强烈的视觉反差,使他的回应更加真实可信。

6. 反复

(1)魂兮归来,东方不可以托些!(《招魂》)
(2)魂兮归来,南方不可以止些!(《招魂》)
(3)魂兮归来,北方不可以止些!(《招魂》)

《招魂》中巫阳不断对楚王生魂发出呼唤,告诫他外界险恶,赶快返回。同一句式多次反复,不仅形成一唱三叹的效果,而且将宋玉内心渴望楚王生魂归来的迫切心情表现得更为明显。

7. 排比

(1)眉如翠羽,肌如白雪,腰如束素,齿如含贝。(《登徒子好色赋》)
(2)延长颈,奋玉手,摛朱唇,曜皓齿,赫颜臻,玉貌起。(《笛赋》)

排比手法在多个身体词并用的句子中效果最为明显。多个身体词并用,从而对人体进行全方位的描述,将人物的体貌神采完整地展示在读者面前。在展现人物形象生动的同时,句子读起来也琅琅上口,气势充沛。

经过简单列举后发现宋玉赋在使用身体词时综合运用了多种修辞手法,这既使形象更加鲜明灵动,惟妙惟肖,也增强了作品的感染力。

(三)想象丰富,耐人寻味

宋玉赋在所有身体部位中着墨最多的就是眼睛,他运用不同词汇描摹不同对象的眼睛,而这些各具特色的眼睛描写,其发出的目光更是为读者留下了无穷的想象空间。

(1)嫭光眇视,目曾波些。(《招魂》)
(2)眸子炯其精朗兮,瞭多美而可视。(《神女赋》)
(3)详而视之,夺人目精。(《神女赋》)
(4)目略微眄,精采相授,志态横出,不可胜记。(《神女赋》)
(5)若臣之陋,目所曾睹者,未敢云也。(《登徒子好色赋》)

例句(3)和例句(5)侧重的是眼睛目光看到的结果,例句(1)、例句(2)和例句(4)则是侧重眼睛看的状态[①]。例句(1)写美人醉酒后的样子,她粉面微微泛着红光,一汪水灵灵的大眼睛,目光逗人,眯着眼睛看;例句(2)写高唐神女眼睛明亮,炯炯有神;例句(3)是楚王形容他眼中尽是高唐神女之美;例句(4)写高唐神女将要离开时眼睛微微向楚王瞭了一眼;例句(5)是章华大夫写他曾见过的女子。针对不同的眼睛词汇,与之相应的看视动词也发生变化,强调眼睛观察状态的看视动词也比侧重观察结果搭配的看视动词更细致灵巧。

对不同状态下的眼睛选取恰当的看视动词组合搭配,使描绘的人物形象更为真实,赋予读者无穷的想象空间,字斟句酌耐人寻味。

结语

宋玉赋身体类核心词由人类身体核心词、动物身体核心词和引申义身体核心词三部分组成,其中人类身体核心词可分为宏观身体词和微观身体词。从宋玉赋身体类核心词的分布频率来看,宏观身体词和引申义身体词出现频繁,且《招魂》中身体类核心词出现次数较多。从运用特点来看,宋玉赋身体类核心词使用位置,灵活多变;头部刻画,精妙传神;语义扩大,以点带面。从其运用效果来看,宋玉赋身体词的运用句式工整,琅琅上口;妙用修辞,形象生动;想象丰富,耐人寻味。研究宋玉赋身体类核心词,不仅可以深化对宋玉赋内容的理解,而且可以深化对宋玉赋艺术的探讨。

---

① 吴广平、李霖:《宋玉赋"看视"概念场词语的运用艺术》,《中国韵文学刊》,2019年第1期。

楚史与楚文化研究

"帝高阳之苗裔兮"补说
——《离骚》作者族源考之一*

香港中文大学新亚书院　黄耀堃

一、"高阳"和"伯庸"

　　清华简《楚居》公布之后，对楚人以至《离骚》作者的先祖的身份，好像一下子得到厘清。可惜《楚居》只记载"季连"之后的部分，①"季连"之前的部分仍然要依靠传世文献，只是因《楚居》的重现，而对那些传世文献也加强了信心。② 至于刘知几《史通·内篇·序传》认为："盖作者自叙，其流出于中古乎？屈原《离骚经》，其首章上陈氏族，下列祖考；先述厥生，次显名字。自叙发迹，实基于此"，③ 也就是说《离骚》的作者有意把氏族、祖考在作品最前罗列开来，因此可以做楚人氏族来源的传世文献的一个补充。然而，为什么《离骚》的作者要在一开始就写下这个"自叙"？这个"自叙"跟全篇作品有什么关系？都是研究《离骚》，以至研究《楚辞》的最基本的问题，本文在讨论这些问题之前，先对《离骚》首句的"高阳"加以分析，作为研究作者的氏族来源的一个补充。

　　《离骚》首句"帝高阳之苗裔兮"，王逸注："高阳，颛顼有天下之号也"，接着就引了《帝系》，最后王逸说："屈原自道本与君共祖，俱出颛顼胤末之子孙，是恩深而义厚也。"④《楚居》的出土对"高阳之苗裔"这个说法并没有构成争议，反带来对屈氏族源产生疑问，正如田成方指出："关于楚屈氏族源的诸家说法中……但均缺乏直接证据，或存在明显疏漏，不能令人信服"，田成方只认为屈氏族源与《楚居》中的"屈䋮"有关。⑥ 也就是说《楚居》这个出土文献，

---

* 本文得到张光裕教授、邓佩玲教授、陈鸿图教授、萧振豪教授、许明德先生和邹灵璞先生的指导和帮助，谨此致谢！本文获香港特别行政区大学教育资助委员会拨款资助，拨款编号：UGC/FDS14/H05/17。

① 参阅《清华简〈楚居〉集释》，《楚居》首句为："季䚈（连）初降于畏阝（騩）山，氐（至）于空（穴）窜（穷）。"按：该文为发表于"复旦大学出土文献与古文字研究中心网站"，下不再列出，请直接参阅，该文的网址为：http://www.gwz.fudan.edu.cn/SrcShow.asp?Src_ID=1663。

② 《清华简〈楚居〉集释》指出："《楚居》将楚国的先祖追溯到季连。……均谓季连系楚人直接始祖。据《帝系》《史记·楚世家》等文献，颛顼系楚人远祖。……笔者认为楚人将先祖追溯到颛顼、祝融、老童、季连均是可信的，许多问题也可以得到出土文献的证明。"

③ 刘知几撰，赵吕甫校注：《史通新校注》，重庆：重庆出版社，1990年，第555页。

④ 黄灵庚：《楚辞章句疏证（增订本）》，上海：上海古籍出版社，2018年，第11页。

⑥ 田成方：《东周时期楚国宗族研究》，北京：科学出版社，2016年，第42页。

也只能够把楚国屈氏推源到"屈瑕",再前的除了现存的传世文献之外,就别无他说。

如果相信《楚辞》之中"离骚"的部分,①都是"屈原"所作,可惜只有极具争论的《卜居》和《渔父》两篇提到"屈原"这个名字,②其他并没有直接提过"离骚"的作者的姓氏,田成方认为"'皇考伯庸'即屈原之父,与屈氏族源无关",③他在《屈氏世系图》里列出"——伯庸——屈原"一系④,然而无法把这对父子牵驳到其他有实质的联系上,甚至没有称"伯庸"为"屈伯庸",与大部分列在《屈氏世系图》上的人名写法不相符。因此现在只能先来讨论"高阳"这位远祖。

二、《山海经》之中的"高阳"和"氐羌"

《大戴礼记·五帝德》:"孔子曰:颛顼,黄帝之孙,昌意之子也,曰高阳。"⑤因此"高阳"就是"颛顼",王逸的说法大约源于此。《左传正义》说:"先儒旧说,及谯周《考史》,皆以颛顼、帝喾为帝之身号,高阳、高辛皆国氏土地之号。"⑥也许是因"高阳"是"国氏土地之号"这个缘故,《离骚》的作者于是以"高阳"这个名号来称远祖"颛顼"。

有关"颛顼"或"高阳"的资料,可以参阅梁玉绳《人表考》,⑦基于《人表考》的体例,梁玉绳引用了《山海经》,但没有详细分析其中有关"颛顼"的各条,因此还可以补充一下。《山海经》提到"颛顼"的地方很多,先看看《大荒西经》中比较特别的一条:

> 有互人之国。炎帝之孙名曰灵恝,灵恝生互人,是能上下于天。有鱼偏枯,名曰鱼妇。颛顼死即复苏。风道北来,天乃大水泉,蛇乃化为鱼,是为鱼妇。颛顼死即复苏。⑧

---

① 按:洪兴祖《楚辞补注》在每一卷的作品题目下还加上"离骚"和"楚辞"的标示,如卷一"离骚经章句第一"下面还有"离骚"两字,参洪兴祖著,黄灵庚点校:《楚辞补注》,上海:上海古籍出版社,2015年,第1页。同样的情况也出现在《九歌》《天问》《九章》《远游》《卜居》《渔父》各篇的标题之下,参洪兴祖著,黄灵庚点校:《楚辞补注》,上海:上海古籍出版社,2015年,第82、128、180、256、279、286页。其余各篇的标题之下则有"楚辞"两字,因此所谓"离骚"的部分,应是《楚辞补注》反映早期《楚辞》的编者认定属于"屈原"的作品。
② 黄灵庚:《楚辞章句疏证(增订本)》,上海:上海古籍出版社,2018年,第2071、2112页。
③ 田成方:《东周时期楚国宗族研究》,北京:科学出版社,2016年,第41页。
④ 田成方:《东周时期楚国宗族研究》,北京:科学出版社,2016年,第257页。
⑤ 王聘珍:《大戴礼记解诂》,北京:中华书局,1983年,第120页。
⑥ 孔颖达:《左传正义》,北京:北京大学出版社,2000年,第663页。按:王聘珍《大戴礼记解诂》引《左传正义》"谯周《考史》"作"谯周《古史考》"。
⑦ 梁玉绳:《人表考》,见《史记汉语诸订补十种》,北京:中华书局,1982年,第499—500页。
⑧ 郝懿行:《山海经笺疏》,见《续修四库全书》1264册,第16页。按:《吕思勉读史札记》(下简称《读史札记》)对此段《大荒西经》有不同的断句:"……有鱼偏枯,名曰鱼妇颛顼。……蛇乃化为鱼,是为鱼妇颛顼。死即复苏",恐怕是《读史札记》的整理者标点错误,《读史札记》的标点,两处"死即复苏"的主语都不清晰,再加上该条《山海经》的郭璞注引《淮南子》,先是指人,继而指鱼,而并非全指鱼,因此,按理郭璞的断句也不同于《读史札记》。不过,无可怀疑的是这一段《大荒西经》是有些文字脱落,以致有点难懂。

"有互人之国"下的郭璞注:"人面鱼身",郝懿行的笺疏说:

> 互人即《海内南经》氐人国也。氐互二字盖以形近讹,以俗氐正作互字也。罗泌云:互人宜作氐。非也。《周官·鳖人》掌取互物。是互物即鱼鳖之通名,国名互人,岂以其人面鱼身,故与郭注'人面鱼身'四字本《海内南经》之文,"藏经本"将此郭注入经文。①

郝懿行认为"有互人之国"及郭注"人面鱼身"是误入《大荒西经》,当在《海内南经》,并认为"互"是正字,取意为鱼鳖,他否定罗泌《路史·国名记》写作"氐"之说。②

至于以"互"为正字,似是郝懿行推想过度,他以为"互"指鱼鳖,而与"人面鱼身"相应。按此说未必可以成立,先来看看《周礼·鳖人》:"鳖人掌取互物",郑玄注引:"郑司农云:互物谓有甲胄䏡胡龟鳖之属"③,郝懿行似是从郑众之说,可惜郑众并未说到"鱼",只是说介壳龟鳖;"互物"又见于《周礼·掌蜃》:"掌蜃,掌敛互物、蜃物",郑玄注:"互物,蚌蛤之属"④,也是指介壳一类。"互物"的"互"是用本义,即"笸"的"古文",《说文》:"可以收绳者也。从竹象形。……互,笸或省"⑤,将龟鳖蚌蛤以及"狸物",以至凡放在绳架上的,都可称之为"互物",如《文选·西京赋》"置互摆牲,颁赐获卤",薛综注:"互,所以挂肉。摆,谓破砾悬之。颁,谓以所卤获之禽兽赐士众也"⑥,因此郝懿行强调"互"为正字,意为牵合水族之说,有违训释字义的原则。上引的《大荒西经》就算真的本作"互",也没有足够证据推断"氐人国"本作"互",因为《山海经》除《大荒西经》作"互",其余均作"氐"。无论如何,"炎帝之孙名曰灵恝,灵恝生互人,是能上下于天"这三句,都跟"人面而鱼身"有关,如《海内南经》说到"氐人"也是"人面鱼身":"氐人国,在建木西,其为人人面而鱼身,无足",郭璞注:"音触抵之抵",⑦不读作"互",则知郭璞的本子以"氐"为正字。

---

① 郝懿行:《山海经笺疏》,见《续修四库全书》1264 册,第 16 页。
② 按:当为罗萍的注,而非罗泌,《路史》的《国名记》卷甲:"《山经》云:炎帝孙灵恝生氐人为氐国",罗萍注:"俗作互,非。"(《四部备要》十六开洋装本,页 320)
③ 贾公彦:《周礼注疏》,北京:北京大学出版社,2000 年,第 123 页。按:《掌蜃》疏引作:"先郑云:'互物,谓有甲茧胡,龟鳖之属',此后郑互物为蚌蛤者,彼下文别有廲,廲即蛤,故从先郑为龟鳖,至此别为蚌蛤,亦是甲茧胡故也"参贾公彦:《周礼注疏》,北京:北京大学出版社,2000 年,第 498 页。郑众和郑玄都没有说"互物"是鱼类。
④ 贾公彦:《周礼注疏》,北京:北京大学出版社,2000 年,第 498 页。
⑤ 段玉裁:《说文解字注》,上海:上海古籍出版社,1981 年,第 195 页。
⑥ 萧统:《六臣注文选》,北京:中华书局,1987 年,第 57 页。
⑦ 郝懿行:《山海经笺疏》,见《续修四库全书》1264 册,第 10 页。

上面引的《大荒西经》说到"颛顼"跟"蛇化为鱼"的"鱼妇"有关。① 而特别值得注意的是郭璞注:"《淮南子》曰:'后稷龙在建木西,其人死复苏,其中为鱼。'盖谓此也。"② 今本《淮南子·墬形训》作:"后稷垅在建木西,其人死复苏,其半鱼,在其间",③ 文字有点出入,郭璞引《淮南子》注《山海经》的"互(氏)人",但《淮南子》说的是"后稷(龙/垅)",而"后稷(龙/垅)"在"建木西",那里的人跟"鱼"有关,而且是死而复苏。如果再追查一下,"后稷"不单跟"人死复苏""为鱼"相关,在《山海经》里面真的也跟"氏"相关,《海内西经》说:"后稷之葬,山水环之。在氏国西。"④ 而上面刚引过的《海内南经》:"氏人国在建木西,其为人人面而鱼身,无足","氏人国"和"后稷"的葬所都在"建木西",因此"颛顼"与"鱼妇"有关,"颛顼"死就"鱼妇"生,"后稷"和"氏(人)国"都是"鱼身"又死而复苏,它们的传说都相连在一起。

　　"互(氏)人""是能上下于天"的传说,也跟"颛顼"相似,《大荒西经》:"颛顼生老童,老童生重及黎。帝令重献上天,令黎邛下地……"按理"颛顼"这一族也可以"上下于天",只是从"重"和"黎"开始,他们分别开来,郭璞注所谓:"古者人神杂扰无别,颛顼乃命南正重司天以属神,命火正黎司地以属民。重实上天,黎实下地……"⑤ 因此,"颛顼"和"互(氏)人"除死而复苏、人面鱼身,还可以多加一个共同点,就是可以"上下于天"。此外,"颛顼"还有其他地方跟"氏"纠缠在一起,《海内经》:"伯夷父生西岳,西岳生先龙,先龙是始生氐羌,氐羌乞姓",郭璞注:"伯夷父,颛顼师,今氐羌其苗裔也。"⑥ "伯夷父"又见于《吕氏春秋·孟夏纪·尊师》:"帝颛顼师伯夷父"⑦;《汉书·古今人表》"伯夷父"则作"柏夷亮父",原注:"颛顼师"⑧;《书·舜典》:"帝曰:咨,四岳,有能典朕三礼? 佥曰:伯夷",某氏传:"伯夷,臣名,姜姓"⑨,"姜"和"羌"是个同源字,因此这个"伯夷(父)"跟"羌"关系密切,又跟"颛顼"相关。

---

① 按:郭璞《山海经图赞·氐人》:"炎帝之苗,实生氐人。死而复苏,厥身为鳞。云南是托,浮游天津",郭璞不作"互人",并以"氐人"为"死而复苏",而且身上有鳞。参郝懿行:《山海经笺疏》,见《续修四库全书》1264 册,图赞第 26 页。
② 郝懿行:《山海经笺疏》,见《续修四库全书》1264 册,第 16 页。
③ 何宁:《淮南子集释》,北京:中华书局,1996 年,第 362 页。
④ 郝懿行:《山海经笺疏》,见《续修四库全书》1264 册,第 11 页。
⑤ 郝懿行:《山海经笺疏》,见《续修四库全书》1264 册,第 16 页。
⑥ 郝懿行:《山海经笺疏》,见《续修四库全书》1264 册,第 18 页。
⑦ 陈奇猷:《吕氏春秋新校释》,上海:上海古籍出版社,2002 年,第 207 页。
⑧ 梁玉绳:《人表考》(《史记汉语诸订补十种》本),北京:中华书局,1982 年,第 528 页。《人表考》又说:"柏夷父,颛顼师,姓见《吕氏春秋·尊师》。案'亮',疑名或字。他无所见。《山海·海内经》亦作伯夸父也。《路史·后纪》八以柏夷父、柏亮父为二人,无据。又伯、柏古通,青中伯仲之伯多作柏。"(同上)
⑨ 孔颖达:《尚书正义》,北京:北京大学出版社,2000 年,第 93 页。孔颖达疏:"……是伯夷为姜姓也"按:《国语·郑语》:"姜嬴荆芈,实与诸姬代相干也。姜,伯夷之后也。……伯夷能礼于神以佐尧者也。"(《四部备要》十六开洋装本,第 102 页),孔颖达本《国语》之说。

称为"颛顼"和"氐(互)人"的传说重叠在一起,似乎可以说"颛顼"和"氐人"的族源非常接近。这并不是个新说,前辈学者已略有提到,只是基于汉民族的观念,没有直接说出来。《山海经》既说是"氐羌",又说是"氐",两者跟"颛顼"之间又是怎样的关系呢?需要略加说明。

"氐羌"始见于《诗·商颂·殷武》:"昔有成汤,自彼氐羌",不过任乃强《羌族源流探索》认为:"这个氐字,原是狄字,汉儒传《诗》时缘音而伪,遂以讹传讹"①,按"氐"古音属脂部端纽②,"狄"属锡部定纽,"氐、狄"旁对转邻纽也可以算通假。不过,氐字在西周已经出现,见《匍盉》的铭文:"隹四月既生霸戊申,匍即于氐"③,《匍盉》的"氐"是指哪里虽然现在仍有争论④,然而"氐"字确已存在。至于与此年代相若的传世文献《逸周书·王会》:"氐羌以鸾鸟",也是"氐羌"连言,据孔晁注:"氐,羌地。羌不同,故谓之氐羌,今谓之氐矣。"⑤那么氐只是羌的一类⑥,不过,顾颉刚认为"……是则说氐、羌为平列之两名,似较近于事实。"⑦

到了战国以后,"氐羌"这个名称渐渐多起来,任乃强也指出《荀子》《吕览》《淮南子》都是"氐羌"连称,他认为"当时所指,还只是限于居住陇坻的戎人"⑧,言下之意,即那时的"氐"是指西北的"戎人"。不过,到了《史记·西南夷列传》,似乎"氐"的意义跟任乃

---

① 任乃强:《羌族源流探索》,重庆:重庆出版社,1984年,第95页。按:《(今本)竹书纪年》"成汤":"十九年,大旱。氐羌来宾"(《四部备要》十六开洋装本,页10),"武丁":"三十四年,王师克鬼方。氐羌来宾"(第12页),两处都提到"氐羌",虽然不尽可信,但不能尽指为汉儒"缘音而讹"。

② 按:本稿标注的上古音采用"汉字古今音数据库"(http://xiaoxue.iis.sinica.edu.tw/ccr/)中的"王力系统",下不再注出。

③ 黄益飞:《匍盉铭文研究》,《考古》,2013年第2期,第66页。

④ 王龙正:《匍盉铭文补释并再论觐聘礼》,《考古学报》,2007年第4期,第108页。
黄益飞:《匍盉铭文研究》,《考古》,2013年第2期,第72页。
张亮:《匍盉铭文再考》,《中原文物》,2013年第4期,第73页。

⑤ 《逸周书》卷七(《四部备要》十六开洋装本),第65页。

⑥ 吕思勉:《吕思勉读史札记》,上海:上海古籍出版社,2005年,第152页。《读史札记》认为:"……则汉时所谓氐者,即古所谓氐羌。"

⑦ 顾颉刚:《史林杂识·初编》,北京:中华书局,1963年,第64页。按:顾颉刚之说,古而有之,见《吕氏春秋·义赏》:"氐之民,其虏也。"参陈奇猷:《吕氏春秋新校释》,上海:上海古籍出版社,2002年,第786页,高诱注以为"氐与羌二种夷民"。参陈奇猷:《吕氏春秋新校释》,上海:上海古籍出版社,2002年,第790页,但《读史札记》采《逸周书·王会解》的孔晁之说,认为"氐羌"为"氐地羌"参吕思勉:《吕思勉读史札记》,上海:上海古籍出版社,2005年,第151页。又按:《王会解》所列均为单一人种(参阅下注),因此"氐羌"似不宜分两类。

⑧ 任乃强:《羌族源流探索》,重庆:重庆出版社,1984年,第95页。按:《逸周书·王会解》所列的人种,在"氐羌"之前,虽然所列的都是西北"戎"人,但接着下来所列的是"巴人、方炀、蜀人、方人、卜人",都是西南的人种,而所列之物亦以鸟类(《四部备要》十六开洋装本,第64—65页),与"氐羌"相同,《逸周书》所载"氐羌"似乎已非"居住陇坻"。

强所说战国时代的不同,所指并不单是北方的"戎人",所谓:"西南夷君长以什数……皆氐类也。此皆巴蜀西南外蛮夷也。"① 这个也许就是和"颛顼"有关的"氐"的了。

三、"氐羌"的氐

顾颉刚在《论巴蜀与中原的关系》里面指出"颛顼是黄帝之孙,他却生在蜀中",他根据的是《大戴礼记·帝系》,所谓"颛顼"因"父亲昌意迁到那边,所以他就生在那边了"。②《帝系》的原文是:

> 黄帝产玄嚣,玄嚣产蟜极,蟜极产高辛,是为帝喾。……黄帝产昌意,昌意产高阳,是为帝颛顼。……黄帝居轩辕之丘,娶于西陵氏之子,谓之嫘祖,产青阳及昌意。青阳降居泜水,昌意降居若水。昌意娶于蜀山氏,蜀山氏之子谓之昌濮氏,产颛顼。③

顾颉刚认为《帝系》与《山海经·海内经》相合,所谓:"昌意降处若水……取淖子,曰阿女,生帝颛顼",郭璞注引《世本》:"颛顼母浊山氏之子,名昌仆",郝懿行认为"浊"通"淖","浊"与"蜀"又相通,于是"淖子"即"蜀山氏之子"。④ 按"淖"上古音属宵部泥纽,"浊"属屋部定纽,"蜀"属屋部禅纽。"淖"和"蜀"宵屋旁对转泥定(禅)邻纽,勉强相通,比较转折。疑因是字形相近而讹,"浊"竹简写作"㲄",⑤ 与"淖"相近。无论如何,"高阳之苗裔"就是"蜀(浊)山氏"所生的后代。

《帝系》提到的"若水",经顾颉刚考证:"若水就是雅砻江",推论"颛顼是生在原西康地区的了"⑥。上面曾提到《匍盉》出现了"氐"字,不少学者都据传世文献加以考辨,

---

① 司马迁:《史记》,北京:中华书局,1959 年,第 2991 页。按:《汉书·西南夷两粤朝鲜传》沿用《史记》之说,参班固:《汉书》,北京:中华书局,1962 年,第 3887 页。窃意战国时代的"氐人"已在巴蜀西南生活。又按:顾颉刚认为司马迁(前 145—前 86?)所记"氐"的区域"乃笔下犹不甚清楚,诚为一憾事耳",又说:"按氐所居地,自《汉书·地理志》观之,陇西郡有氐道,广汉郡有甸氐道与刚氐道,蜀郡有湔氐道,张掖郡有氐池,武都郡有氐道水,敦煌郡氐置水,可见其占有之地虽不如羌,要不为小",参顾颉刚:《史林杂识·初编》,北京:中华书局,1963 年,第 66 页。
② 顾颉刚:《论巴蜀与中原的关系》,成都:四川人民出版社,1981 年,第 9 页。
③ 王聘珍:《大戴礼记解诂》,北京:中华书局,1933 年,第 126—127 页。
④ 参郝懿行:《山海经笺疏》,见《续修四库全书》1264 册,第 18 页。按:"昌意"另一个儿子"韩流",《海内经》说他是"麟身",疑"麟"即"鳞",跟"颛顼、氐人"所谓"鱼身"相似。
⑤ 荆门市博物馆:《郭店楚墓竹简》,北京:文物出版社,1998 年,第 114 页。《郭店楚墓竹简》的注释:"浊,简文右部从'蜀'省。楚简中的'蜀'旁多作此形"。
⑥ 参顾颉刚:《论巴蜀与中原的关系》,成都:四川人民出版社,1981 年,第 11—12 页。
按:顾颉刚指出"蜀山"有人认为是在今天四川的茂县,或在川西坝子,因此所谓"原西康地区",现在都在四川之内。

有人认为是指泜水①②，甚至据《经义述闻》来反驳对方，认为《大戴礼记》所说的"泜水"，应为"江水"之误。不过这些争辩似乎失去重点，北方有"泜水"，同样南方也有"泜水"。《帝系》所说的是"江水"也好，是"泜江"也好，都跟《匍盉》的"氐"没有直接的关系，顾颉刚指出所谓"江水"是指岷江，而"泜水"是指沱江。③也就是说"颛顼"出于蜀地。

同样，《山海经》和《帝系》说到的"氐"和"羌"，似乎并不在北方，④而跟《史记·西南夷列传》的地望相若，即所谓"巴蜀西南"。回过头来，再看看《山海经》，所谓"氐人"在"建木西"，"建木"在哪里呢？据《山海经·海内南经》："窫窳龙首居弱水中。……有木，其状如牛，引之有皮，若缨黄蛇，其叶如罗，其实如栾，其木若蓝，其名曰建木，在窫窳西弱水上。"⑤又见《海内经》："有木，青叶紫茎，玄华黄实，名曰建木……有窫窳，龙道食人……"郭璞注："在弱水中。"⑥《淮南子·墬形训》则称："建木在都广。"高诱注："建木其状如牛，引之有皮，若璎黄蛇，叶若罗。"高注与《山海经》合，则"建木"在"都广"。上面提过《海内西经》说："后稷之葬，山水环之。在氐国西。"郭璞注："在广都之野。"⑦按《华阳国志·蜀志》"广都"也在蜀地。⑧也跟"颛顼"的传说相应。

简而言之，"颛顼"的传说，与蜀地相关，也跟那里"氐人"的传说相关。下面再讨论一下与"羌"的关系。

四、"氐羌"的羌

《礼记正义》引《五帝德》："颛顼高阳氏，姬姓也"⑨，到了"颛顼"的后代"季连"却

---

① 《匍盉铭文补释并再论觌聘礼》列出多种说法，其中有以"氐"为泜河（㴲水），但该文以为"与臣谏簋铭的軧国之軧为一地"，参王龙正：《匍盉铭文补释并再论觌聘礼》，《考古学报》，2007年第4期，第108页。《匍盉铭文研究》则据《说文解字注》等文献再次认为"'泜'当即应国境内之㴲水"，参黄益飞：《匍盉铭文研究》，《考古》，2013年第2期，第72页。
② 张亮：《匍盉铭文再考》，《中原文物》，2013年第4期，第73页。
③ 顾颉刚：《论巴蜀与中原的关系》，成都：四川人民出版社，1981年，第13页。
④ 按：商代已将"羌"分为南北两部分，参阅赵诚：《甲骨文简明词典》，北京：中华书局，1988年，第139页。"……看来羌方有南北之分。也许羌方活动的范围较广，商人将其分为南北两部分，以便指称"，参赵诚：《甲骨文简明词典》，北京：中华书局，1988年，第139页。
⑤ 郝懿行：《山海经笺疏》，见《续修四库全书》1264册，第10页。
⑥ 郝懿行：《山海经笺疏》，见《续修四库全书》1264册，第18页。
⑦ 郝懿行：《山海经笺疏》，见《续修四库全书》1264册，第11页。
按：《海内经》则作"都广"："西南黑水之闲，有都广之野，后稷葬焉。"
⑧ 任乃强：《华阳国志校补图主》，上海：上海古籍出版社，1987年，第57页。
⑨ 孔颖达：《礼记正义》，北京：北京大学出版社，2000年，第633页。

变成了芈姓,是因"季连"的母亲是鬼方氏①,鬼方到了汉代被指为羌人。②(《文选·赵充国颂》:"鬼方宾服",李善注引:"《世本》注曰:鬼方,于汉则先零戎是也"吕思勉甚至认为汉代所谓"氐羌"就是"鬼方"。③据《说文》的解释:"芈,羊鸣也。从羊,象气上出",④而《说文》对"羌"的解释是:"西戎,羊种也……西方羌从羊。"⑤"芈"和"羌"都跟"羊"有关。鬼方在商代是大国,如《易·既济》九三提到:"高宗伐鬼方,三年克之",⑥而"高宗"即"武丁"。⑦(孔颖达疏:"高宗者,殷王武丁之号也")。按:《(今本)竹书纪年》:"(武丁)三十二年伐鬼方,次于荆。三十四年,克鬼方,氐羌来宾。"(《四部备要》十六开洋装本。第12页)虽此条有可疑,但反映鬼方、荆楚以及"氐羌"关系密切。又如《未济》九四:"震用伐鬼方,三年,有赏于大国。"⑧另一方面,赵诚认为"芈":"甲骨文用作地名……则为借音字";又谓卜辞有"伐芈",赵诚加以推论,认为:"则地不在商王朝之本土。也有人据此为芈乃是方国之名。"⑨既然是方国之名,似与"芈姓"的鬼方,以至羌人有关系,因而不一定是"借音字",也就是说这个被称作"芈"的方国,有属于"氐羌"的可能。

羌人跟"姜"姓有关⑩,同样"炎帝"跟"姜"姓也有密切关系,《国语·晋语四》所谓:"昔少典娶于有蟜氏,生黄帝、炎帝。黄帝以姬水成,炎帝以姜水成。成而异德,故黄帝为姬,

---

① 《大戴礼记·帝系》:"老童娶于竭水氏,竭水氏之子谓之高緺氏,产重黎及吴回。吴回氏产陆终氏,陆终氏娶于鬼方氏。鬼方氏之妹谓之女隤氏,产六子,孕而不粥,三年启其左,六人出焉。……其六曰季连,是为芈姓",参王聘珍:《大戴礼记解诂》,北京:中华书局,1983年,第127—128页。
② 《文选·赵充国颂》:"鬼方宾服",李善注引:"《世本》注曰:鬼方,于汉则先零戎是也",参萧统:《六臣注文选》,北京:中华书局,1987年,第885页。
③ 吕思勉:《吕思勉读史札记》,上海:上海古籍出版社,2005年,第152页,《读史札记》据《汉书·地理志》中陇西有"氐道",广汉有"甸氐道、刚氐道",蜀郡有"湔氐道",而推论"古所谓鬼方者必去此不远矣"。参吕思勉:《吕思勉读史札记》,上海:上海古籍出版社,2005年,第152页。
④ 段玉裁:《说文解字注》,上海:上海古籍出版社,1981年,第145页。按:《藏缅语族语言词汇》指出:"羌族自称zmε(或ɹma,hma)",又谓"羌语""r不在词首音节声母位置上出现",而"h只在词首音节声母位置上出现",因此ɹma或hma都是zmε的变体。而无论是zmε,还是ɹma或hma,都跟"芈"的读音相似。
⑤ 段玉裁:《说文解字注》,上海:上海古籍出版社,1981年,第146—147页。
⑥ 孔颖达:《周易正义》,北京:北京大学出版社,2000年,第294页。
⑦ 孔颖达疏:"高宗者,殷王武丁之号也",参孔颖达:《周易正义》,北京:北京大学出版社,2000年,第295页。按:《(今本)竹书纪年》:"(武丁)三十二年伐鬼方,次于荆。三十四年,克鬼方,氐羌来宾。"(《四部备要》十六开洋装本。第12页),虽此条有可疑,但反映鬼方、荆楚以及"氐羌"关系密切。
⑧ 孔颖达:《周易正义》,北京:北京大学出版社,2000年,第298页。按:《后汉书·西羌传》注引"古本"《竹书纪年》:"武乙三十五年,周王季伐西落鬼戎,俘二十翟王也。"范晔:《后汉书》,北京:中华书局,1965年,第2871页,疑与此条相关。
⑨ 赵诚:《甲骨文简明词典》,北京:中华书局,1988年,第123页。
⑩ 范晔:《后汉书》,北京:中华书局,1965年,第2869页。《后汉书·西羌传》:"西羌之本出自三苗,姜姓之别也,其国近南岳"。参范晔:《后汉书》,北京:中华书局,1965年,第2869页。

炎帝为姜,二帝用师以相济也。"① 炎帝又跟"火"有很密切的关系,如《左传》昭公十七年,所谓"火纪""火师""火名"之类②,又哀公九年:"炎帝为火师,姜姓其后也。"③ 而《山海经·海内经》:"炎帝之妻,赤水之子听訞生炎居,炎居生节竝,节竝生戏器,戏器生祝融,祝融降处于江水,生共工。"④ 这个"祝融"也许与"高阳氏"的后裔"祝融"并不是一个人⑤,所谓"祝融",其本义是火正,而非真正名称。⑥ 不过古代传说之中历史、神话经常混而不分,羌人和"祝融"同属姜姓,又与"火"有关,姜姓的"祝融"理应与楚人也同属一系。

楚人经常自称为"楚蛮、蛮夷"之类,如《史记·楚世家》:"我蛮夷也,不与中国之号谥。"⑦ 当然这是楚人的政治手段,但同样也反映了楚人跟"氐羌"的关系,"蛮"这个音节,按上古音是[*mean],可能是"人"的意思,到了现代羌语,仍然称"人"为[miə]⑧,《说文》:

---

① 《国语》卷十,《四部备要》十六开洋装本,第70页。
② 孔颖达:《左传正义》,北京:北京大学出版社,2000年,第1566—1567页。《左传注疏》卷四十八:"秋,郯子来朝,公与之宴,昭子问焉,曰:少皞氏鸟名官,何故也? 郯子曰:吾祖也我知之。昔者黄帝氏以云纪,故为云师而云名;炎帝氏以火纪,故为火师而火名……仲尼闻之,见于郯子而学之,既而告人曰:吾闻之天子失官,学在四夷犹信。"参孔颖达:《左传正义》,北京:北京大学出版社,2000年,第1566—1567页。
③ 孔颖达:《左传正义》,北京:北京大学出版社,2000年,第1901页。《左传注疏》卷五十八,杜预注:"神农有火瑞,以火名官。"可见神农又与炎帝有关。
④ 郝懿行:《山海经笺疏》,见《续修四库全书》1264册,第18页。《吕氏春秋·孟夏》:"其帝炎帝,其神祝融……律中仲吕"参陈其猷:《吕氏春秋新校释》,上海:上海古籍出版社,1984年,第185页。按:"仲吕"是楚乐的主音,见拙稿《楚乐新探》,参黄耀堃:《楚乐新探》,《国文天地》1993年第8卷第12期。
⑤ 按:《楚居》:"季连初降于騩山",降于騩山正与祝融之子的传说有关,参阅《清华简〈楚居〉集释》。
⑥ 孔颖达:《左传正义》,北京:北京大学出版社,2000年,第993页。《左传注疏》昭公二十九年:"木正曰句芒,火正曰祝融,金正曰蓐收,水正曰玄冥,土正曰后土。"参孔颖达:《左传正义》,北京:北京大学出版社,2000年,第1733—1734页。又《左传》卷三十襄公九年:"古之火正,或食于心,或食于味,以出内火,是故味为鹑火,心为大火,陶唐氏之火正阏伯居商丘,祀大火,而火纪时焉。"参孔颖达:《左传正义》,北京:北京大学出版社,2000年,第993页,则火正为观测祀大火,以授农时。又《淮南子·时则训》:"孟夏之月,……其祀竈",高诱注:"祝融、吴回为高辛氏火正,死为火神,托祀于竈。"何宁:《淮南子集释》,北京:中华书局,1996年,第395页。即祝融、吴回为灶神。
⑦ 司马迁:《史记》,北京:中华书局,1959年,第1691—1692页。按:《史记·楚世家》:"熊绎当周成王之时,举文、武勤劳之后嗣,而封熊绎于楚蛮……",则"楚蛮"在当时可能是一个地域名称。
⑧ 黄布凡:《藏缅语族语言词汇》,北京:中央民族学院出版社,1992年,第56页。按:现代羌语,称"别人"为[miɛ]。
《羌族源流探索》也有相近之说:"……查字书,芈这个字,除楚姓外,别无意义。……可见读音为'咩'。今按羌语称人为'米',呼人叫'阿米'。《西羌传》中,羌支名称有'勒姐'、'牢姐'、'迷吾'、'迷唐'诸种,都是rje和mi音的音译字。我怀疑所谓'楚蛮'原本无姓,它入于岐周的一支,是因鬻熊父子以熊为族支的称呼。熊绎受封,周王因其本,封为丹阳地方酋长,省其字作芈,取带头羊之义……"任乃强:《羌族源流探索》,重庆:重庆出版社,1984年,第85页。按:任乃强所列音译似难与各支族同时对应,至"楚蛮"并非本无姓,而"芈"姓自"季连"始,而非"鬻熊"父子。

"蛮,南蛮,它穜",段玉裁注:"蛮与闽皆人也,而字从虫。"① 自称为"蛮",在音义方面本来也并非不好,只表示自己的种族,由于中原对非其族类,往往加上不雅的标记。至于"夷"更非恶名,见《说文》:"唯东夷从大,大,人也。夷俗仁,仁者寿,有君子不死之国,孔子曰:道不行,欲之九夷,乘桴浮于海。有以也。"② 可见在东汉时,"夷"仍然是个很好的名称,这一点也可以参阅《后汉书·东夷传》。③ "蛮夷"就是自称"蛮"的人,"蛮"就是羌语中"人"的意思,反映了楚人氏族的来源。

五、小结

任乃强早就指出"楚的王族应源出于羌",④ 但没有说明何以《离骚》作者自称是"高阳"的苗裔,本文从《山海经》的传说,发现"颛顼"的传说跟"氐羌"的传说有很多相同的地方,可以认为他们的神话可能是同源,也由此可以说明族源有密切的关系,再从"氐羌"的语言和其他传说加以分析,虽然方法和任乃强不尽相同,但再次证明他的推想相当可信。因此《离骚》所谓"高阳"的苗裔,也就是'氐羌'的苗裔,甚至可以称为"氐人"的苗裔。在《离骚》开端就列出祖考、氏族的来源,这令人连想到后世出现的瑶族"过山榜",所谓"过山榜"是瑶族"记载、反映了瑶族古代神话传说及历史"的汉文文献⑤,《离骚》之中也有很多神话、传说和历史,是否《离骚》也是一篇"另类"的"过山榜"? 这个问题将放在拙稿《"初服"补说——〈离骚〉作者族源考之二》中加以讨论。

---

① 《说文解字注》十三篇上。按:《左传》僖公二十二年有"蛮氏":"三月,晋伯宗、夏阳说、卫孙良夫、甯相、郑人、伊雒之戎、陆浑、蛮氏侵宋",杜佑注:"蛮氏,戎别种也。河南新城县东南有蛮城"[孔颖达(2000D:830)],则"蛮"也不是专指南方的民族。当然东周时蛮氏跟楚人已分得很清楚,并时有战争,如《左传》昭公十六年:"楚子闻蛮氏之乱也,与蛮子之无质也,使然丹诱戎蛮子嘉,杀之,遂取蛮氏",经文作:"楚子诱戎蛮子,杀之",疏:"四夷之名,在西曰戎,春秋之时,错居中国。……则是内地之戎,在楚北也。戎是种号,蛮是国名,子爵也",则视"蛮氏"为"戎"的一种;又如哀公四年:"单浮余围蛮氏,蛮氏溃,蛮子赤奔晋阴地。……士蔑乃致九州之戎,将裂田以与蛮子而城之,且将为之卜,蛮子听卜,遂执之,与其五大夫,以畀楚师于三户。司马致邑立宗焉,以诱其遗民,而尽俘以归",则"蛮氏"居于楚地之中。
② 《说文解字注》四篇上。上文为:"羌,西戎,羊穜也。从羊儿。羊亦声。南方蛮闽从虫;北方狄从犬;东方貉从豸;西方羌从羊,此六穜也。西南僰人、焦侥从人。盖在坤地,有顺理之性。"
③ 范晔:《后汉书》,北京:中华书局,1965年,第2807页。《后汉书·东夷列传》:"《王制》云:'东方曰夷。'夷者,柢也,言仁而好生,万物柢地而出。故天性柔顺,易以道御,至有君子、不死之国焉。"
④ 任乃强:《羌族源流探索》,重庆:重庆出版社,1984年,第85页。
⑤ 徐仁瑶、胡起望:《瑶族〈过山榜〉析》,《中央民族学院学报》,1981年第2期,第31页。

楚怀王代称考——兼谈《诗经》所谓"古之人"*

华东师范大学 黄人二

一、"今之人"

《楚辞·离骚》云:"虽不周于今之人兮,愿依彭咸之遗则。"① 虽然不周合于当今圣上楚怀王,愿意依循彭咸的遗训和准则,作为立身的楷模。

《史记·武帝本纪》原来称为《今上本纪》,意"当今圣上"。《上海博物馆藏战国楚竹书(六)·荆平王就郑寿》简六有"后之人"②,谓"后世之君主""后代之君主"。③ 然则"今之人"者,"今",当今;"人",君王,与"古之人"相对。"古之人"意为古代之圣王,则"今之人"者,便是当今圣上。屈原写作之《离骚》,以为称呼,非常恰当,"今之人"乃为楚怀王之代称。

案,"古之人"为一特定意义之词汇,自古以来,注释家多所忽略。《尚书·无逸》:"周公曰:'呜呼!我闻曰:古之人犹胥训告,胥保惠,胥教诲;民无或胥譸张为幻。'""古之人",殆指殷王中宗、高宗、祖甲、周文王,盖周公训诫成王,以此四君王为无逸而能享有较长国祚之代表。《立政》:"周公曰:'呜呼!休哉,知恤鲜哉!古之人迪惟有夏,乃有室大竞,吁俊尊上帝,迪知忱恂于九德之行。'"④ "古之人",殆指夏朝之君王,以《尚书》下文"桀德惟乃弗作往任""亦越成汤陟"、"其在受德暋"诸句判断,疑具体或可视为夏朝之开国君主禹。《诗·大雅·思齐》云:"肆成人有德,小子有造,古之人无斁,誉髦斯士。""古之人"为周文王。《良耜》:"以似以续,续古之人。"⑤ "古之人"指先祖、先王。由是观之,《庄子·天下》"古之人"之义,自不能不以"君王"解释之,其云:"古之人其备乎!配神明,醇天地,育万物,和天下,泽及百姓。"⑥ 与"古之人"相对者为"今之人",若《常棣》"凡今之人,莫如兄弟"、《正月》"哀今之人,胡为虺蜴"、《十【七】月之交》"哀今之人,胡憯莫

---

* 本文系中国国家社科基金重点项目"中国古文书学视角下的先秦两汉官学"(批准号14AZD101)阶段性成果。
① 洪兴祖:《楚辞补注》,台北:艺文印书馆,1986年,第29页。
② 马承源主编:《上海博物馆藏战国楚竹书(六)》,上海:上海古籍出版社,2007年,第262页。
③ 黄人二:《上博六景平王就郑寿试释》,载《战国楚简研究》,上海:上海古籍出版社,2012年,第110—118页。
④ 孙星衍:《尚书今古文注疏》,北京:中华书局,1986年,第443、470页。
⑤ 屈万里:《诗经诠释》,台北:联经出版事业公司,1983年,第468、591页。
⑥ 钟泰:《庄子发微》,上海:上海古籍出版社,2002年,第755页。

惩"("今之人"指周幽王)、《云汉》"王曰:于乎何辜今之人,天降丧乱"、《召旻》"维今之人,不尚有旧"①《楚辞·离骚》"今之人",都是当今圣上、当今君王之义。

二、"明君"

《楚辞·九章·惜诵》:"竭忠诚以事君兮,反离群而赘肬。忘儇媚以背众兮,待明君其知之。"(第204页)竭尽我内心真实的忠心来事奉君上,反而得到他人认为自己是与众别异的赘肬之看法。不行佞媚之举,与世俗众人言行相异,我所仗势的,便是那位贤明的君主能够真正了解我。

案,"明君"者,贤明之君主。屈原早年受知于楚怀王,即《惜往日》里所言"惜往日之曾信兮,受命诏以昭诗,奉先功以照下兮,明法度之嫌疑。国富强而法立兮,属贞臣而日娭,秘密事之载心兮,虽过失犹弗治"。(第247至248页)又其与怀王之间,感情深厚,是以以此较为亲密、正面的词汇称之。反之,《惜往日》之"壅君"(第249页),便极可能指楚顷襄王。

三、"灵"

《楚辞·九歌·东皇太一》:"灵偃蹇兮姣服,芳菲菲兮满堂。"(第101页)

《云中君》:"灵连蜷兮既留,烂昭昭兮未央。"(第103页)又:"灵皇皇兮既降,猋远举兮云中。"(第104页)

《河伯》:"鱼鳞屋兮龙堂,紫贝阙兮朱宫。灵何为兮水中,乘白鼋兮逐文鱼。与女游兮河之渚,流澌纷兮将来下。"(第133至134页)

《九叹·离世》:"灵怀其不吾知兮,灵怀其不吾闻。就灵怀之皇祖兮,愬灵怀之鬼神。灵怀曾不吾与兮,即听夫人之谀辞。"(第470页)

案,"灵"者,天人沟通之灵媒也,《国语·楚语》:"昭王问于观射父:'《周书》所谓重、黎实使天地不通者何也?若无然,民将能登天乎?'对曰:'非此之谓也。古者民神不杂。民之精爽不携贰者,而又能齐肃衷正,其智能上下比义,其圣能光远宣朗,其明能光照之,其聪能听彻之,如是则明神降之,在男曰觋,在女曰巫……民是以能有忠信,神是以能有明德,民神异业,敬而不渎,故神降之嘉生,民以物享,祸灾不至,求用不匮。'"② 有民以其"精爽不携贰"而为"神明"所降附,故亦即"神"也。日本黑泽明拍导的电影《罗生门》里的那位被强暴的女性,在审判中,神明附着在其身上,借其口将案发事实真相说出,她就是"灵",也是"神"的暂时替身。《九歌》原为楚国南郢沅湘之间祭祀典礼的歌辞,所谓"作

---

① 屈万里:《诗经诠释》,台北:联经出版事业公司,1983年,第286、352、358、527、549页。
② 徐元诰:《国语集解》(修订本),北京:中华书局,2002年,第512—514页。

歌乐鼓舞,以乐诸神"(第98页)。本来文词鄙俚,亵慢淫荒,经屈原润色,"上陈事神之敬,下见己之冤结,托之以讽谏"(第99页),而祀典上扮演诸神的,都可视而称之为"灵"。《说文》:"巫,巫祝也。女能事无形,以舞降神者也,象人两褎舞形,与工同意,古者巫咸初作巫。"又:"靈,巫也。以玉事神,从王,霝声。靈,霝或从巫。"①

"灵偃蹇兮姣服"之"灵",扮演"东皇太一"的那位是也;"灵连蜷兮既留"、"灵皇皇兮既降"之"灵","云雷神"也;"灵何为兮水中"之"灵",应该是指《河伯》中"河伯"所追求的"昆仑女神",也就是"送美人兮南浦"之"美人"、"与女游兮九河"之"女";②"灵怀","灵"就是"怀王"。

四、"灵保"

《楚辞·九歌·东君》:"絚瑟兮交鼓,箫钟兮瑶虡,鸣篪兮吹竽,思灵保兮贤姱。"(第129至130页)

案,宋·洪兴祖《楚辞补注》云:"灵保,神巫也。"(第130页)更精准地说,"神"是附着在"民之精爽不携贰者",而此扮演"灵保"的巫,代表的就是"东君""太阳神""怀王"。古籍中喜以"日"喻"君",余昔有论,见下文"视日"条,此处不赘。在其他古书中,又称"天保",《诗·小雅·天保》云:"天保定尔,亦孔之固。"③"天保"亦"神保",天神附身在灵也。《诗·小雅·楚茨》:"先祖是皇,神保是飨。"郑笺:"其鬼神又安而飨其祭祀。"④又作"神宝",《管子·禁藏》:"吏之举令,敬于师长,民之承教,重于神宝。"⑤"保""宝"于古音近通假,亦可从清华简《宝训》得到证明。⑥再者,亦可称为"子保",即《尚书·召诰》"天迪从子保"之"子保",曾运干《尚书正读》认为"子"为"旅"之误摹,是故"子保"者,"旅保"也。⑦最末,又可称为"格保",谓"天从上而下,降附于保的身上",《尚书·召诰》云"天迪格保"。⑧

五、"灵修(脩)"

《楚辞·离骚》:"指九天以为正兮,夫唯灵修之故也。"(第23页)又:"余既不难夫离

---

① 段玉裁:《说文解字注》,上海:上海古籍出版社,1981年,第201、19页。
② 是故,《九歌》中便有"神神恋爱",而不止只是"神人恋爱"。总之,不管神人或神神恋爱,都不脱以男女恋情来比托君臣遇合的想法。更深入的分析,我将有《楚辞九歌通释》的小书陈述,稿本待刊。
③ 屈万里:《诗经诠释》,台北:联经出版事业公司,1983年,第292页。
④ 《毛诗郑笺》(校相台岳氏本),台北:新兴书局,1990年,第89页。
⑤ 黎翔凤:《管子校注》中册,北京:中华书局,2004年,第1008页。
⑥ 黄人二:《清华大学藏战国竹简宝训校读》,《考古与文物》,2009年第6期。
⑦ 姜昆武:《诗书成词考释》,济南:齐鲁书社,1989年,第118—120页。
⑧ 孔安国传,孔颖达正义:《尚书正义》,上海:上海古籍出版社,2007年,第581页。

别兮,伤灵修之数化。"(第24页)又:"怨灵修之浩荡兮,终不察夫民心。"(第31页)

《九歌·山鬼》:"杳冥冥兮羌昼晦,东风飘兮神灵雨。留灵修兮憺忘归,岁既晏兮孰华予。"(第137至138页)

《七谏·哀命》:"痛楚国之流亡兮,哀灵修之过到。"(第414至415页)

又《谬谏》:"怨灵修之浩荡兮,夫何执操之不固。"(第416页)

《九叹·逢纷》:"辞灵修而陨志兮,吟泽畔之江滨。"(第466页)

又《思古》:"兴《离骚》之微文兮,冀灵修之壹悟。"(第507页)

案,"修(脩)"者,"长"也。古人认为修长是美,与审美观有关。审美观有变,像唐朝,并不以瘦弱修长为美,然战国时代以"修(脩)"为"美",是可以确定的,故以"修(脩)"称"灵"。

六、"佳人"

《楚辞·九歌·湘夫人》:"闻佳人兮召予,将腾驾兮偕逝。"(第116页)

《九章·悲回风》:"惟佳人之永都兮,更统世而自贶。"(第259页)又:"惟佳人之独怀兮,折若【芳】椒以自处。"(第259页)意:"只有那美人,能够长时间都美丽的呀!历经一两个世代都还是美丽的。"又:"那美丽的人是我所怀念的呀!折芳椒香草以自我居处。"汉王逸章句云:"佳人,谓怀襄王也。"又:"言己独念怀王。"疑前说有误。

案,以下四个词汇,是以人的美丽称呼"怀王"的。"闻佳人兮召予"之"佳人",指"帝子""公子""湘夫人",为人神恋爱中之神,是为"怀王","沅澧男"(出自"沅有茝兮醴(澧)偶兰")为"屈原"。

七、"佳"

《楚辞·九歌·湘夫人》:"登白薠兮骋望,与佳期兮夕张。"(第114页)

案,"与佳期兮夕张"之"佳","佳人"之省称。

八、"佳丽"

《楚辞·九章·抽思》:"好姱佳丽兮,牉独处此异域。"(第232页)意:"那位容貌漂亮的美人呀!背离乡党,孤独地居此异国(秦国)之地。"

案,于省吾云:"'好姱佳丽'就美人为言,以喻怀王。如系屈原自喻,下句不当以'异域'为说。'域'本应作'或',古文字中多以'或'为'国'。'或'即古'域'字,也即古'国'字。国家必有疆域,故后来别制'域'字以资区分。"[①]

---

① 于省吾:《泽螺居诗经新证、泽螺居楚辞新证》,北京:中华书局,2003年,第183页。

九、"美人"

《楚辞·离骚》:"惟草木之零落兮,恐美人之迟暮。"(第 18 页)意:"想到草木的凋零坠落,唯恐漂亮美人的容貌因时光的消逝而老去。"汉王逸章句云:"美人,谓怀王也。"其于《离骚经序》亦云:"灵脩、美人,以媲于君。"①

《九歌·少司命》:"望美人兮未来,临风恍兮浩歌。"(第 127 页)

《九歌·河伯》:"子交手兮东行,送美人兮南浦。"(第 134 页)汉王逸章句云:"美人,屈原自谓也。"

《九章·抽思》:"结微情以陈辞兮,矫以遗夫美人。"(第 228 至 229 页)意:"我想把内心真实的情感以言语说出,整个打包起来,高举而送给美人知道。"又:"何毒药之謇謇兮?愿荪美之可完【光】。"(第 230 页)意:"我的忠言就像那毒药辣口一样,我这样做,只是希望荪、美人能够光大楚国的雄风。"又:"与美人抽怨【思】兮,并日夜而无正。"(第 231 页)意:"与美人诉说我的建言和内心的思念,夜以继日,日以计夜,他还是无所定。"

《九章·思美人》:"思美人兮,擥涕而伫眙。"(第 242 页)意:"想念美人呀!手握着眼泪,翘起脚后跟地向前方直视着。"

案,《河伯》"送美人兮南浦"之"美人",指"怀王",王说非是。

十、"党人"

《楚辞·离骚》:"何桀纣之猖披兮,夫唯捷径以窘步。惟夫党人之偷乐兮,路幽昧以险隘。"(第 20 至 21 页。)又:"民好恶其不同兮,惟此党人其独异。"(第 65 页)意:"对于这位下土之民而言,好恶不同,是很自然的事,但是,这位聪明人(怀王)的品位是更为特别。"又:"惟此党人之不谅兮,恐嫉妒而折之。"(第 71 至 72 页)意:"想到这位聪明人的不诚信,会让我遭到众人的嫉妒而被摧折毁坏。"

《九章·怀沙》:"夫惟党人鄙固兮,羌不知余之所臧。"(第 237 页)

案,余昔有论,云:"'哲王'者,与'党人'意义相同,'聪明人'是也(出处即《方言》'党,晓,哲,知也'),指楚怀王。忆昔吾于台湾大学求学之时,听周凤五先生于《楚辞》课堂中说及此点,甚为重要,特此说明。② 因为传统上以'党人'为朋党比奸之人,放置《离骚》诸词例当中,龃龉不入,意义全失。"③"惟夫党人之偷乐兮"句前后举尧舜、桀纣,更显"党人"的身份,必须是一位君王,即楚怀王是也。他的人格特点就是有点小聪明,是以多变,

---

① 洪兴祖:《楚辞补注》,北京:中华书局,1983 年,第 6、2 页。
② 周凤五:《〈离骚〉"党人"臆解》,《幼狮学志》,1982 年 10 月第 17 卷第 2 期。
③ 黄人二:《屈子离骚之飞天求女及其地域次序的政治意涵》,载上海社会科学院编《传统中国研究集刊》第 7 辑,上海:上海人民出版社,2009 年,第 39 页。

屈原痛苦之来由,与此有关。

十一、"哲王"

《楚辞·离骚》:"闺中既以邃远兮,哲王又不寤。"(第63页)意:"闺阁门内深远难近,聪明的王又不醒悟。"汉·王逸章句:"哲,智也。"

案,《诗·大雅·下武》:"下武维周,世有哲王。"郑笺:"下,犹后也;哲,知(智)也。后人能继先祖者,惟有周家最大,世世盖有明知(智)之王,谓大王、王季、文王,稍就盛也。"①《说文》:"哲,知也。"②《方言》:"党,晓,哲,知(智)也。楚谓之党,或曰晓,齐宋之间谓之哲。"③(《广雅》:"党,闻,晓,哲,智也。"其说略同。)④ 又可称为"哲人"(《诗·小雅·鸿雁》)、"哲夫"(《大雅·瞻卬》)。⑤

十二、"荪"

《楚辞·九歌·少司命》:"夫人自有兮美子,荪何以兮愁苦!"(第125页)又:"竦长剑兮拥幼艾,荪独宜兮为民正。"(第127至128页)

《九章·抽思》:"悲秋风之动容兮,何回极之浮浮。数惟荪之多怒兮,伤余心之忧忧。"(第228页)又:"兹【历】历【兹】情以陈辞兮,荪详(佯)聋而不闻。"意:"我经历那么多情事之后,来向你陈辞,这位荪竟然装聋,假装没听到。"(第229至230页)又:"何毒药之謇謇兮?愿荪美之可完【光】。"(第230页)

案,汉王逸章句:"荪,谓司命也。"(第125页)即"少司命",喻怀王也。以下两词,以"香草植物"来比拟。

十三、"荃"

《楚辞·离骚》:"荃不察余之中情兮,反信谗而齌怒。"(第22页)汉王逸章句云:"荃,香草,以谕君也。"意:"荃完全不考察我内心忠实的情感,反而听信谗言,同怒于我。"

案,宋洪兴祖补注:"荃与荪同。"

十四、"鸟"

《楚辞·九章·抽思》:"有鸟自南兮,来集汉北。"(第231页。)

---

① 《毛诗郑笺》(校相台岳氏本),台北:新兴书局,1990年,第111页。
② 段玉裁:《说文解字注》,上海:上海古籍出版社,1981年,第57页。
③ 华学诚汇证、王智群、谢荣娥、王彩琴协编:《扬雄方言校释汇证》,北京:中华书局,2006年,第9页。
④ 王念孙:《广雅疏证》,南京:江苏古籍出版社,2000年,第78页。
⑤ 《毛诗郑笺》(校相台岳氏本),台北:新兴书局,1990年,第71、133页。

案，汉王逸章句："鸟，屈原自喻。"这是历代研究《楚辞》的学者之通解，是错误的。"鸟"指楚怀王，清·姚鼐首倡此说，于省吾引清姚鼐《古文辞类纂》注"倡曰"以下至"魂一夕而九逝"一段说："怀王入秦，渡汉而北，故托言有鸟而悲南望郢而不得返也。"① 其说甚是。这又牵涉到《抽思》下文一个异文的判断，"望北山而流涕兮，临流水而太息"之"北山"，宋·洪兴祖补注"一作'南山'"（第232页），两者的选择，以作"南山"为佳，"南山"者，盖"终南山"之省称，为汉水发源所在，古皆象征秦国之疆域所在。

十五、"皇舆"

《楚辞·离骚》："岂余身之惮殃兮，恐皇舆之败绩。"（第21页）意："难道我害怕祸咎上身吗？是恐怕皇上的车驾翻覆，车辙脱离道路，没有压轨迹在路上。"

《九叹·离世》："端余行其如玉兮，述皇舆之踵迹。"（第472页）又："群阿容以晦光兮，皇舆覆以幽辟。"（第472页）又："不顾身之卑贱兮，惜皇舆之不兴。"（第四七三页。）

案，精准地说，"皇舆"是"皇上的车驾"，以驾马车比喻治国，亦见《毛公鼎》《韩非子》等文献。然"君国"一体，勉强可说是"怀王"，宋·洪兴祖补注："皇舆宜安行于大中至正之道，而当幽昧险隘之地，则败绩（迹）矣。"（第21至22页）

十六、"视日"

案，日（包山第一七简）、②（上博四第三简）③，指楚王④，包山楚简中已见⑤，但其时初始不知读为"视日"，皆读为"见日"，时隔数年，上博藏简第四册整理者于此亦读为"见日"，训"日中"。案，整理者于释读、训诂两失之，"视""见"二字于楚系简牍文字之中是否真正可以从字形的"直膝"或"屈膝"分别开来，还有些反证，尚待仔细论辩，但这类的字词，读"视日"（裘锡圭最先撰文释读）⑥，不训为"日中"，而为楚王，可谓甚明。"见（视）"，当从周凤五训为"比"⑦，《诗·鲁颂·閟宫》"寿胥与试"，清·马瑞辰《毛诗传笺通释》云："试犹式也，字通作视。（中略）《广雅》'视，比也。'比之言比俪也。"⑧（胥，相也。）"日"，

---

① 于省吾：《泽螺居诗经新证、泽螺居楚辞新证》，北京：中华书局，2003年，第182页。
② 湖北省荆沙铁路考古队：《包山楚简》，北京：文物出版社，1991年，第18页。
③ 马承源主编：《上海博物馆藏战国楚竹书（四）》，上海：上海古籍出版社，2004年，第35页。
④ 陈伟：《包山楚司法简131—139号考析》，《江汉考古》，1994年第4期。
⑤ 若简一七，湖北省荆沙铁路考古队：《包山楚简》，北京：文物出版社，1991年，第18页。
⑥ 裘锡圭：《甲骨文中的见与视》，载《甲骨文发现一百周年学术研讨会论文集》，台北：文史哲出版社，1998年。
⑦ 周凤五：《楚简文字琐记（三则）》，稿本。后来，《楚简文字琐记（三则）》一文刊于《简帛研究汇刊（第一辑）·第一届简帛学术讨论会论文集》，台北：中国文化大学史学系，2003年5月。
⑧ 马瑞辰：《毛诗传笺通释》下册，北京：中华书局，1989年，第1150页。

太阳,古文献中比喻为君王,《孟子·万章上》云:"孔子曰:天无二日,民无二主。"① 孔子之语,《史记》卷八《高祖本纪》变成另一人之话,引作"太公家令太公曰:天无二日,土无二主。"②《尚书·汤誓》云"时日曷丧,予及汝皆亡",此"日"大概有三种解释,第一,指夏桀,"天之有日,犹吾之有民也。日有亡哉!日亡,吾乃亡矣"(见《尚书大传》卷四);③ 第二,指夏民,宋·蔡沈《书集传》云:"是日(桀自喻者)何时而亡乎?若亡,则吾宁与之俱亡,盖苦桀之虐,而欲其亡之甚也。"④ 盖本诸《孟子》"民欲与之偕亡"之义;第三,《孟子·梁惠王上》赵岐注云:"言是日桀当大丧亡,我及女(汝,指夏民)俱往亡之。"⑤ 简文的"视日",谓"相当于太阳也",乃楚昭王,刘乐贤、季旭升以为"官名"⑥,范常喜以为"主审官"⑦,陈伟后又认为与"当日""直日"有关而改训为"守视",⑧ 皆误。

又案,"视""见"两字,古时易混,我现在的看法,裘锡圭读为"视"之字,疑读为"见","见日"者,"所见到的太阳",还是"君王"的意思;如果"见"读为"现","现日",也是"当今圣上"的意思。但是,因"见""视"二字,从甲文、金文开始,至晚近二十年出土的战国竹简文字,已有相混的状况,是以还要依照所有出现这两个字的所有词例之各种材料,做恰当的随文异读,与夫正确的训诂解释,因兹事体大,暂不在此论证,详见余之另文叙述。⑨

---

① 焦循:《孟子正义》下册,北京:中华书局,1987年,总第637页。
② 司马迁:《史记》(点校本)第二册,北京:中华书局,1959年,总第382页。
③ 刘殿爵编:《尚书大传逐字索引》,台北:商务印书馆,1994年,第11页。
④ 蔡沈:《书经集传》,上海:上海古籍出版社,1987年,第43页。
⑤ 焦循:《孟子正义》上册,北京:中华书局,1987年,总第49页。
⑥ 刘乐贤:《读上博(四)札记》、季旭升《上博四零拾》,皆见武汉大学简帛研究网。
⑦ 范常喜:《战国楚简"视日"补议》,见武汉大学简帛研究网。
⑧ 陈伟《关于楚简"视日"的新推测》,见武汉大学简帛研究网。又"守视"二字,已见于上博简《昭王与龚之𦕈》。
⑨ 黄人二《说视见》,稿本待刊。

汨罗最先为屈原立祠祭祀的历史考察

汨罗市屈原纪念馆政协汨罗市委员会　任　远　常　勇　徐蔚明

汨罗，作为屈原的投江地，是否是第一个为屈原立祠祭祀的呢？千百年来，既无古人表述，也无古人怀疑，似乎是天经地义地约定"原之正庙"在汨罗。

2013年夏，中国屈原学会在河南南阳召开年会期间，收有一篇西峡地域学者的文章，引用《后汉书·延笃传》里的一段史料："（延笃）遭党事禁锢，卒于家。乡人图其形于屈原之庙"（后汉书卷六十四 吴延史卢赵列传 第五十四），以此说明河南西峡县的屈原岗是最先有正史记载屈原的庙宇。2014年，南通大学承办"东亚楚辞国际学术研讨会"，池州学者提交的论文又依据这条史料发挥，直接挑战汨罗屈子祠的起始年代，文章标题就断言《最早的屈原庙在今鲁山县境》。如今，笔者在网上检索时又发现，河南鲁山县早有地域史学者发文提出此观点。那么，这种论点是否可信？

要回答这个问题，我们必须对汨罗立祠祭祀屈原的历史作进一步的考察。

一、两段重要史料的历史解读

汨罗现存最古老的县志是明嘉靖年间的《湘阴县志》，记录汨罗屈子祠始建年代所触及的前人所述直接史料有两条：一是晋代王嘉《拾遗记》所载"楚人为之立祠，汉末犹在"，二是北魏郦道元的《水经注》亦载"（罗）渊北有屈原庙，庙前有碑，又有汉南太守程坚碑，寄在原庙"。

我们先分析该史料两作者的身份背景、所作年代以及关于庙祠的特定指向、所指方位。王嘉出生年月不详，鲁迅在所著《中国小说略史》中考证其大约卒于公元390年。王嘉一生，饱读诗书典籍，才华出众，中年后往往能一眼看透事物其本质，透析事理，经典之言令人称赞，朝堂上下，皆乐意拜访他，与之商讨世事。但他是修行之人，志不在谋求仕途，最初隐居于东阳谷，前来拜其为师的弟子就有上百人，可谓影响力振其一方。众多寻才纳贤之人请求他出仕，皆被王嘉拒绝。他的代表作《拾遗记》，大抵就是晋孝武帝太元九年冬入长安为官前，隐于终南山时所作。《拾遗记》虽是一部志怪小说，但学界都承认其兼具杂史体和博物体。经过南朝梁代的萧绮缀拾成文后，其第十卷按方位变化之序，依次描述了昆仑山、蓬山、方丈山、洞庭山等八座天下名山，是明显的博物体，说明其地理历史的表述是严肃的。"楚人为之立祠，汉末犹在"就选自《拾遗记·第十卷·洞庭山》，也是该书的最尾篇，其原文是：

洞庭山

洞庭山浮于水上，其下有金堂数百间，玉女居之。四时闻金石丝竹之声，彻于山顶。楚怀王之时，举群才赋诗于水湄，故云潇湘洞庭之乐，听者令人难老，虽《咸池》《九韶》，不得比焉。每四仲之节，王常绕山以游宴，各举四仲之气以为乐章。仲春律中夹钟，乃作轻风流水之诗，宴于山南；律中蕤宾，乃作皓露秋霜之曲。

后怀王好进奸雄，群贤逃越。屈厡以忠见斥，隐于沅湘，披蓁茹草，混同禽兽，不交世务，采柘实以全桂膏，用养心神；被王逼逐，乃赴清泠之水。楚人思慕，谓之水仙。其神游于天河，精灵时降湘浦。楚人为之立祠，汉末犹在。

其山又有灵洞，入中常如有烛于前，中有异香芬馥，泉石明朗。采药石之人入中，如行十里，迥然天清霞耀，花芳柳暗，丹楼琼宇，官观异常。乃见众女，霓裳冰颜，艳质与世人殊别。来邀采药之人，饮以琼浆金液，延入璇室，奏以箫管丝桐。饯令还家，赠之丹醴之诀。虽怀慕恋，且思其子息，却还洞穴，还若灯烛导前，便绝饥渴，而达旧乡。已见邑里人户，各非故乡邻，唯寻得九代孙。问之，云："远祖入洞庭山采药不还，今经三百年也。"其人说于邻里，亦失所之。

录曰：按《禹贡》《山海》，正史说名山大泽，或不列书图，着于编杂之部。或有乍无，或同乍异，故使览者回惑而疑焉。至如《列子》所说，员峤、岱舆，瑰奇是聚，先《坟》莫记。蓬莱、瀛洲、方丈，各有别名；昆吾神丘，张骞亦云焉。睹华戎不同寒暑律，人兽禽至其异气，云水草木，怪丽殊形，考之载籍，同其生类。非夫贵远体大，则笑其虚诞。俟诸宏博，验斯灵异焉。

通读此三段正文，其中第二自然段几乎是全方位描述了屈原流放之形态和流放地对屈原之思慕，包括"怀王好奸，屈原见斥""隐于沅湘，披蓁茹草""混同禽兽，不交世务""采柏全膏，用养心神""被王逼逐，乃赴清水""楚人思慕，谓之水仙""神游天河，灵降湘浦""楚人立祠 汉末犹在"等完整的镜像空间，其中"楚人为之立祠，汉末犹在"就是汨罗屈子祠现存最早文字记载的见证。 再读郦道元的《水经注》。郦道元，出生于南北朝北魏时期的官宦世家，年少时博览奇书。他曾随父亲到山东访求水道，后又游历秦岭、淮河以北以及长域以南的广大地区，考察河道沟渠，搜集有关的风土民情、历史故事、神话传说。他曾历任御史中尉，北中郎将等职，还做过冀州长史，鲁阳郡太守，东荆州刺史，河南尹等职，但他仕途坎坷，终未能尽其才。然而，郦道元用一生阅读的《山海经》《禹贡》《禹本纪》《周礼职方》《汉书·地理志》《水经》等大量古代地理学著作做积累，把三国时代桑钦所著的一部仅1.5万字的简要记述全国137条主要河流水道的《水经》，以作注的形式对各地水道的来龙去脉及流经地区的地质、地貌、地壤、气候、物产民俗、城邑兴衰、历史古迹以及神话传说等综合起来,做详尽的点校考证和丰富补充拓展,终于完成了一部记录有1252条河流、多达30万字的40卷本的名垂青史的《水经注》,成为"中世纪最伟大的世界级地理学家"。《水经注》成书的年代,学者大多从注文中出现的最后一个年代北魏延昌四年来推断,认定在515年至郦道元被害于孝昌三年(527)十余年之间。"(罗)渊北有屈原庙,庙前有碑,又有汉南太守程坚碑,寄在原庙"就记载于该书卷38,其原文如下:

水经注卷三十八资水、涟水、湘水、漓水、溱水

············

又北过罗县西,水从东来流之。湘水又北径锡口戍东,又北左派,谓之锡水。西北流径锡口戍北,又西北流,屈而东北,注玉水焉。水出西北玉池,东南流注于锡浦,谓之玉池口。锡水又东北,东湖水注之。水上承玉池之东湖也,南注于锡,谓之三阳径,水南有三戍,又东北注于湘。湘水自锡口北出,又得望屯浦,湘浦也。湘水又北,枝津北出,谓之门径也。湘水纡流西北,东北合门水,谓之门径口。又北得三溪水口,水东承大湖,西通湘浦,三水之会,故得三溪之目耳。又北,东会大对水口,西接三津径。湘水又北径黄陵亭西,右合黄陵水口,其水上承大湖,湖水西流,径二妃庙南,世谓之黄陵庙也。言大舜之陟方也,二妃从征,溺于湘江。神游洞庭之渊,出入潇湘之浦。潇者,水清深也。《湘中记》曰,湘川清照五六丈,下见底石,如樗蒲矢,五色鲜明,白沙如霜雪,赤崖若朝霞,是纳潇湘之名矣,故民为立祠于水侧焉。荆州牧刘表刊石立碑,树之于庙,以硅不朽之传矣。黄水又西流入于湘,谓之黄陵口。昔王子中有异才,年二十而得恶梦,作《梦赋》。二十一,溺死于湘浦,即斯川矣。湘水又北径白沙戍西,又北,右会东町口水也。湘水又左合决湖口,水出西肢,东通湘渚。湘水又北,汨水注之。水东出豫章艾县桓山,西南径吴昌县北,与纯水合。水源出其县东南纯山,西北流,又东径其县南,又北径其县故城下。县是吴主孙权立。纯水又右会汨水。汨水又西径罗县北,本罗子国也。故在襄阳宜城县西,楚文王移之于此。秦立长沙郡,因以为县,水亦谓之罗水。汨水又西,径玉笥山。

罗含《湘中记》云:屈潭之左,有玉笥山,道士遗言,此福地也,一曰地脚山。汨水又西为屈潭,即汨罗渊也。屈原怀沙自沉于此,故渊潭以屈为名。昔贾谊、史迁皆尝径此,弭楫江波,投吊于渊。渊北有屈原庙,庙前有碑。又有《汉南太守程坚碑》,寄在原庙。

汨水又西径汨罗戍南,西流注于湘,《春秋》之罗有矣,世谓之汨罗口。湘水又北,枝分北出径汨罗戍西,又北径磊石山东,又北径磊石戍西,谓之苟导径矣,而北合湘水。湘水自汨罗口,西北径磊石山西,而北对青草湖,亦或谓之为青草山也。西对悬

城口,湘水又北得九口,并湘浦也。湘水又东北,为青草湖口,右会苟导泾北口,与劳口合,又北得同拌口,皆湘浦右迤者也。又北过下隽县西,微水从东来流注。
…………

此段文字,翔实记录了汨罗的江水河流、山川风物、人文历史、地域变迁、建制沿革等大量历史信息和密码。笔者认为,郦道元对一条湘水支流所用笔墨之浓,其属于文化解读的文字记录之多,置于《水经注》全书中来比较都是少有的,足见汨罗江经贾谊赋和史迁传流传后,已经名声显赫、文化厚重,其"(罗)渊北有屈原庙,庙前有碑。又有《汉南太守程坚碑》,寄在原庙",也是汨罗屈子祠历史久远的又一文字见证。

值得注意的是,虽然《水经注》成书时间比《拾遗记》晚约百来年,但《水经注》此段关于屈子祠历史所引用的史料,是选自罗含《湘中记》的记载。罗含,东晋人,《湘中记》几乎与王嘉的《拾遗记》同时成书。加之罗含本又是湖南耒阳人,是与陶渊明齐名的文人士大夫,宦游湖湘多年,谙熟湘中山水风物、故实传闻,记而为书,当在情理之中。所以,笔者把《拾遗记》"楚人为之立祠,汉末犹在"与《水经注》"(罗)渊北有屈原庙,庙前有碑,又有汉南太守程坚碑,寄在原庙"一起来解读,其实就是比较一南(罗含)一北(王嘉)之相互记载,至少可以得出如下两条结论:

1. 后世为屈原立祠建庙的时间,下限始于汉代中早期,而上限可追溯到汉之前秦楚时代及屈原投江后不久。因为《拾遗记》里清晰地表明,是在称为"楚人"的时代就开始建立的,并经过了较长时间后到汉代末年还没有侵蚀倒塌,还"犹在"。我们可以推想,古代一座建筑即使是再简陋的,只要有人使用,也可抵挡两百年以上的自然力侵蚀。而罗含的《湘中记》里的"又有汉南太守程坚碑,寄在原庙",虽程坚此人难以确考又碑文已佚,但"汉南太守"的历史信息还是揭示了"程坚碑,寄在原庙"的时代在汉代。由此,两处记载都出现汉代字样,又是一南一北两位"不大相干"的作者所记述,这充分说明后世为屈原立祠建庙的历史时间久远是毋庸置疑的。

2. 此两记载的为屈原立祠建庙地点,都明确在汨罗而且方位有清晰指向。罗含的《湘中记》记载那是明确无误,在罗渊北即屈原投江不远的汨罗江边。而王嘉的《拾遗记》里"楚人立祠,汉末犹在",再联系到此文字前面的"洞庭山""屈原见斥""隐于沅湘""被三逼逐""乃赴清泠之水",自然也完整清晰地表明为屈原所立之祠在屈原流放之地、在洞庭山附近屈原投江的地方,即贾谊和太史公所言的汨罗江边。

经过这一历史考察后,汨罗屈子祠的始建源头是比较清晰的,可惜"汉南太守程坚碑"中的汉南地点无法断定、程坚人物无法确考、碑文内容没存半字,致使汨罗屈子祠的始建时间难以准确敲定。但把"汉南太守程坚碑"和"汉末犹在"的语意联系起来,还是可以就始建年代推断出一个可以确定的合理区间,即上文所推断的汉代中早期至屈原投江后不久。

二、其他方论据苍白的简析

我们再来分析西峡、池州、鲁山三地学者所持观点,他们引用的论据是《后汉书·延笃传》里的一段史料:"(延笃)遭党事禁锢,卒于家。乡人图其形于屈原之庙。"应该说,能从《后汉书》这部继《史记》《汉书》《三国志》之后的重要史籍中,发现有"屈原之庙"的记载,对于我们研究和认知屈原的传播是有重大意义的,至少说明早在汉代,不仅仅南方屈原流放投江之地有人为屈原立祠祭祀,而且远在河南(或南阳或平顶山或其他地域一带)也有人为屈原建设庙宇,但断然得不出"最早的屈原庙在河南某地"的结论。其理由分析如下:

首先,这种判断逻辑上不成立。道理非常简单,"最早记载"不等于最早建筑。因为,判断建筑的早晚,不是单一由是否有记录或记录的早晚来决定的。有的有记录、有的没有记录,有的早记录、有的晚记录、有的记录消失、有的记录保存,有的记录可能未来得以发现、有的记录可能未来永远得不到发现,而事实上,记录得早的既可能建筑得早也可能建筑得晚,记录得晚的既可能建筑得晚也可能建筑得早,没有记录的既可能建筑得早也可能建筑得晚,这是古代社会普遍存在的事实。所以,单凭记录早晚来评判建筑早晚显然逻辑上不成立的,只有通过分析古籍所记载的内容,甚至只有通过该建筑遗址或出土文物的年代科学测定,以及与之相关联的一切内外因素,方能作出可能的科学判断与推断。

其次,学理认知上也有误。《后汉书》的作者范晔,约于元嘉九年开始《后汉书》的写作,至元嘉二十二年临死前完成书稿。而王嘉的《拾遗记》完成时间是约384年至390年间完成,显然《后汉书》晚于《拾遗记》50来年。而《水经注》成书时间虽比《后汉书》晚约百来年,但所记载屈原庙宇的内容是直接选自罗含《湘中记》里文字,其文字内容也理所当然地比《后汉书》所记录早50来年。所以,按照西峡、池州、鲁山三地学者所持观点,也得不出那里的屈原之庙是最早记载的观点,反而从学理上说明汨罗屈原之庙的记载早于《后汉书·延笃传》里的记载。至于,他们后来又改换以《后汉书》为正史由,来强化"河南某地是现知正史记载最早的屈原庙"的观点。笔者认为,如果不是故意主观臆断,那也可能是主观偷换概念来混淆视听,实在是有点强词夺理。因为,以正史与非正史记载来作比较,核心应该在于所记载内容可信度与重要性之比较,如同一历史事件、同一时代的历史记录,正史一般来说比杂史野史可信度更高,但也不可能简单排除杂史野史的重要性。更何况不同历史事件、不同朝代的历史记载,岂能简单地以正史记载为由武断地排除杂史野史之记载呢?有时来自民间习俗故事历史恰恰是野史的记录补充了正史的不足,何况《水经注》是一部伟大的地理学书。《后汉书·延笃传》里的"(延笃)遭党事禁锢,卒于家。乡人图其形于屈原之庙",只能说明延笃死亡逝世的那个地方也有屈原之庙,学理上无法证明此屈原之庙比《拾遗记》和《湘中记》里所指的汨罗屈原庙祠时代更为久远。虽《拾遗记》是一部志怪小说,有虚构的部分,但学者大多认同兼具杂史体和博物体,尤其《拾遗记·第十卷》是明显的博物体,是来源于典籍的记载。在《拾遗记·洞庭山篇》作者有附录明确完整解释:"按《禹贡》《山海》,正史说名山大泽,或不列书图,着于编杂之部。或有乍无,或同乍异,故使览者回惑而疑焉。至如《列子》所说,员峤、岱舆,瑰奇是聚,先《坟》莫记。蓬莱、瀛洲、方丈,各有别名;昆吾神异,张骞亦云焉。睹华戎不同寒暑律人獦禽至其异气,云水草木,怪丽殊形,考之载籍,同其生类。非夫贵远体大,则笑其虚诞。俟诸宏博,验斯灵异焉",足见作者之述是建立在对《禹贡》《山海》《列子》《坟》等各古本和学说认知基础上的,且作者明确告知读者"考之载籍",还对读者读此文的境界是非进行预判归类"非夫贵远体大,则笑其虚诞。俟诸宏博,验斯灵异焉"。所以,《拾遗记·洞庭山篇》也是严谨的记载,其文字内容是可作学术研究与学术评判的,而非作者自己天方夜谭式杜撰或臆造。自然,"河南某地是现和正史记载最早的屈原庙"的结论,是在没有严谨比较和多方论证下的主观臆断而已。

再次,他方史料自身有限不足以支撑其结论。《后汉书·延笃传》"(延笃)遭党事禁锢,卒于家。乡人图其形于屈原之庙"这一文字记载,虽对印证"早在汉代全国多地就有民众为屈原立祠祭祀这一历史事实"具有新的证明意义和价值,但因其史料信息单薄有限,还难以解读此"屈原之庙"为何而建? 何时而建? 何人而建? 建在何处? 形制如何? 影响如何? 等等一系列期待突破的问题。我们仅仅只能从"卒于家"这三个字中,推出这个"屈原之庙"必然在延笃死亡的那个永康元年就已经存在。笔者想从"卒于家"这三字中寻找延笃家的方位,来破解这个"家"是指延笃出生时的老家? 还是为官时所在之家? 或是"遭党事禁锢"时所迁居乡野之家? 但翻阅《延笃传》全文也得不出答案,而且仅仅就是上述文字与"屈原之庙"相关联。所以,解读《后汉书·延笃传》里这段史料,也是不足以支撑"最早的屈原庙在今河南某地"的结论,即使西峡、池州、鲁山三地学者以后来更晚的各地县志和传说来做旁证,也无法形成完整的证据链条来破解"(延笃)卒于家"中"家"实在何方,也就是说《后汉书·延笃传》里"屈原之庙"单凭《延笃传》文字分析连是在南方北方这样的大概方位都得不出结论。恰恰相反,与《后汉书》作者同时代的文学大家颜延之却留下千古名篇《祭屈原文》铁证汨罗有"屈原之庙"。

由此,上述关于汨罗屈原之庙始建年代的历史考察及与《后汉书》里"屈原之庙"之对比分析可知,因《后汉书》里"屈原之庙"时间方位都无法确考,也就不能直接铁证汨罗屈原之庙的始建年代就断然早于《后汉书》里"屈原之庙"的始建年代。

三、汨罗完整证据的逻辑推断

但笔者认为,从"各地为何为屈原立祠建庙的缘由"上分析推断,汨罗有更早、更多的史料及历史习俗、文化背景、地理位置、经济条件等完整证据链条，足以支撑"汨罗最先为屈原立祠祭祀"这一排他性结论。如下，我们再进一步作探讨。

首先，我们先对《吊屈原赋》和《屈原列传》的记录相关部分作简单推断。贾谊是现知第一个用文字记录屈原并以诗赋在汨罗江上凭吊屈原的人，他的《吊屈原赋》开篇即曰："恭承嘉惠兮，俟罪长沙。侧闻屈原兮，自沉汨罗。造托湘流兮，敬吊先生。遭世罔极兮，乃殒厥身。"这位熟读屈原作品的中原才子，等于向全天下宣告："屈原自沉汨罗，我亲临此地，为赋吊屈。"那文中"侧闻屈原兮自沉汨罗"的"侧闻"二字，虽无法说明贾谊是在汉宫所闻还是在船行途中所闻、是汨罗江两岸人民所告知或是宫廷官吏早以传之，但"屈原投江"的历史事件从汨罗这一特定地域率先口传开来，是必然逻辑。而贾谊是在屈原投江约100年即公元前178年来汨罗江为赋吊屈的，可见贾谊能来亲临汨罗现场，足以证明汨罗江两岸的先民对屈原自沉汨罗的"投江故事"已经代代相传百来年了，且说不定在贾谊时代已经是路人皆知的"显闻"了。而司马迁是在贾谊50余年后造访汨罗江，也就是距屈原投江约150年后第一个为屈原立传的朝廷史官。他在《屈原列传》里清晰地记载："（屈原）乃作《怀沙》之赋，于是怀石，遂自投汨罗以死。""余读《离骚》《天问》《招魂》《哀郢》，悲其志。适长沙，过屈原所自沉渊，未尝不垂涕，想见其为人。"笔者从"于是怀石，遂自投汨罗以死"里的"怀石"二字中，读到了屈原投江之状态的细节记述，具有了鲜活的现场感，仿佛看到了屈原对于投江的死亡决绝意识——临死前把自己口袋装满砂石而决不给予自己任何生还的机会，这也是史学家司马迁超越于文学兼政治家贾谊的伟大之处。同时，"怀石"二字还可证明两点：一是司马迁在汨罗"过屈原所自沉渊"时，一定与汨罗江两岸先民进行了现场深入访谈，否则"怀石"二字不可能是他闭门造车；二是汨罗江两岸先民对屈原之死的现场状态依然记忆犹新，而且代代口口相传已经150余年了，足见汨罗先民对屈原之感情深厚是其他地域不可比拟的。由此，《吊屈原赋》和《屈原列传》虽都没有直接记录汨罗为屈原所建祠庙的文字，但证明了汨罗先民对于屈原口口相传的感情之深是其他地域不可比拟的，单凭这份情怀汨罗率先为屈原立祠建庙的缘由是十分充分的。或许是贾谊和司马迁当时来汨罗时没有前往屈原之庙、或许是当时汨罗屈原之庙十分简陋、或许是当时汨罗屈原之庙没有名气，等等。

其次，我们对汨罗先民率先把端午节献给屈原的天才创造也作一个历史考察。据闻一多先生的考证，端午是远古时期吴越民族一个"祭龙"的节日。然而，汨罗人却率先把端午与屈原相连，并向其他水乡一带传播，经汉、魏、晋到隋朝，便定型为华夏民族水乡一带纪念屈原的一个节日。我们先把魏晋至隋唐以来现知的屡见不鲜见的诸种与此相关的早期文献整理如下：

〔汉〕·应劭《风俗通》："五月五日以五彩丝系臂者，辟兵与鬼，令人不病瘟，亦因屈原。"(按:唐欧阳询撰《艺文类聚》、宋李昉等撰《太平御览》卷三十一"时序部"十六、清《御定渊鉴类函》卷十九"岁时部"八,均引应邵《风俗通》中此段文字。)

〔梁〕吴钧《续齐谐记》:"屈原五月五日没汨罗而死,楚人哀之,每至此日,竹筒贮米投水祭之。汉建武中,长沙欧回(一作欧曲),见人自称三闾大夫,谓回曰:'尝见祭甚善,但常患蛟龙所窃。今若有惠,可以楝树叶塞其上,以五彩丝约之,此二物蛟龙所惮也。'回依言,后乃复见感之。今人五日作粽子,带五色丝及楝叶,皆是汨罗之遗风也。"

〔梁唐〕《襄阳风俗记》:"屈原五月五日投汨罗江,其妻每投食于水以祭之。原通梦告妻,所祭食皆为蛟龙所夺,龙畏五色丝及竹,故妻以竹为粽,以五色丝缠之。今俗,其日皆带五色丝,食粽。言免蛟龙之患。"又"原五日先沉,十日而出。土人于水次迅楫争驰,棹歌乱响,有凄断之声,喧震川陆。遗风迁流,遂有竞渡之戏。"(按:《襄阳风俗记》已佚,约梁唐人撰。见刘纬毅:《汉唐方志辑佚》,北京:北京图书馆出版社,1997年,第427页)

〔梁〕宗懔《荆楚岁时记》"竞渡"唐杜公瞻注说:"五月五日竞渡,俗为屈原投汨罗日,伤其死,故命舟楫以拯之。"

〔唐〕魏征等撰《隋书·地理志》:"屈原以五月望日赴汨罗,土人追至洞庭,不见,湖大船小,莫得济者,乃歌曰:'何由得渡湖?'因而鼓棹争归,竞会亭上,习以相传为竞渡之戏。其迅楫齐驰,棹歌乱响,喧振水陆,观者如云。诸郡率然,而南郡、襄阳尤甚。"

〔唐〕刘餗《隋唐嘉话》:"俗五月五日为竞渡戏,自襄州以南所尚。相传云,屈原初沉江之时,其乡人乘舟求之,意急而争前后,因为此戏。"

上述历史文献之记载,比较完整地揭示了端午、粽子、竞渡等与屈原相连的缘由及所发生时间地点等。如《风俗通》,是一部记录古代汉民族风俗和鬼神崇拜的重要文献,由东汉泰山太守应劭著。此书可以说是最先记录五月初五这个节日习俗与纪念屈原联系起来的,其中"亦因屈原"四个字,背后的潜台词十分丰富,留给我们很多遐想空间。是因为这些与屈原关联的习俗是大家都非常熟悉而无需记录?或是这些与屈原关联的习俗带有太多的神话色彩?但至少说明在应劭生活的那个年代,端午"亦因屈原"已经从水乡的南方传到了广袤的东北方,或者说端午'亦因屈原"已经有了口头传播和文字记载。

《续齐谐记》《襄阳风俗记》和《荆楚岁时记》则共同说明:屈原是五月五日投汨罗而死、楚人从以食投水到五色丝缠粽投水来祭祀屈原的神奇转变缘由、五月五日竞渡是用舟楫以拯救屈原、皆是汨罗之遗风和迁徙流变而来。其中,《续齐谐记》和《襄阳风俗记》里两个传说虽有小异,但食粽纪念屈原的内涵还是一致的,投粽子祭祀屈原地点都是汨罗江。同时，投粽子祭祀屈原的时间可以上溯到东汉灵帝至屈原妻子"用竹筒装米为粽，用五色丝线缠好再投入江中祭祀屈原"的战国时代。

这完整地说明端午祭祀屈原的源头在汨罗江，端午一系列纪念屈原的习俗也是从汨罗江传播开来的。

第三，我们还对汨罗的独特地理人文背景作一个历史简述。汨罗，是一座历史典籍和故纸堆里都有明确记载、清晰指向、始建时间的古国王城，也是湖南境内的第一座立国之城。现保留有完整的故城遗址，依旧有一条宽宽的护城河，把一个长约 600 米、宽近 400 米的城池呈三个方向紧紧围合。由黄土分层夯筑而成的城墙，基墙竟宽达 14 米，部分仍保留有 3 米多高的城墙。整个城池面积则大到 23.6 万平方米，蔚为壮观。她就坐落在汨罗市境内的汨罗江南岸一块广阔的土洲上，距今已有 2600 多年的历史，为全国重点文物保护单位。明代《湘阴县志》记录了楚文王迁罗子国于此的缘由："到了楚文王时，楚由丹阳迁都于郢。因罗在枝江，逼近郢都，卧榻之侧，岂容他人鼾睡？楚文王便又将罗子国迁移到汨罗。"

罗子国，在此筑城镇守长达四百来年，到秦实现大一统后置罗县。从罗子国城遗址考古试掘报告来看，从距罗子国城不到 5 千米的高泉山上大量墓葬出土的青铜剑、青铜戈、青铜鼎、青铜镜、玉镯、铭文来看，从隔江对岸的汨罗山上成片的巨大春秋战国墓葬群来看，从城址附近所发现的夹城和白茅城等卫星城来看，都充分证明这里当时已经人口稠密、经济繁荣、文化璀璨，也的确是楚人的"先王故居"之所在。屈原之所以选择汨罗作为他晚年定居殉国，是与汨罗独特的地理人文背景相关的。王逸在《楚辞章句·天问序》云："屈原放逐，忧心愁悴"、"见楚有先王之庙及公卿祠堂，图画天地山川神灵，琦玮橘槐，及古贤圣怪物行事，阁流疲倦，休息其下，仰见图画，因书其壁，何而问之，以泄愤懑，舒泻愁思。"王逸还在《楚辞章句·九歌序》中说："昔楚国南郢之邑，沅、湘之间，其俗信鬼而好祠。其词，必作歌乐鼓舞以乐诸神。屈原放逐，窜伏其域，怀忧苦毒愁思沸郁，出见俗人祭祀之礼，歌舞之乐，其词鄙陋，因为作《九歌》之曲。上陈事神之敬，下见己之冤结，托之以风谏，故其文意不同章句杂错，而广异义焉。"这位比《后汉书》作者范晔早几百年的王逸有如此丰满而又充分的记载，从另一方面间接说明地处"楚国南郢，沅湘之间"的汨罗，早在屈原时代就有"俗信鬼而好祠，有先王之庙及公卿祠堂"的文化传统和立祠祭祀历史。

结语

总之，综合屈原在汨罗投江这一独特事件、端午祭祀屈原率先从汨罗传播开来这一历史现象、汨罗有立祠祭祀的文化传统和人口物质基础，屈原的随从或妻子或亲人或汨罗先民，率先在汨罗这一独特地域为屈原建庙祠是难以质疑的，也是任何地方无法取代的。

当然，制约汨罗屈原之庙始建时间的因素，依旧是《水经注》"渊北有屈原庙，庙前有碑。又有汉南太守程坚碑，寄在原庙"的碑文已佚，且程坚这个人物难以确考。清末大学者郦学家杨守敬和他的弟子熊会贞在他们合著的《水经注疏》这样解释"赵云，按：南下疑落郡字。守敬按：程坚，南阳人，见《后汉书·赵孝王良传》，言其素有志行，以郎中为惠王都传，不言为太守，或以南阳人为本郡太守，或为南郡太守，皆未可知。以地论，此与华容之云梦接，则非南郡近之，又《御览》四百十一孝感引《魏略》及四百二十五清谦引《典略》，并云南阳程坚，字谋甫，当别一程坚，非后汉之程坚也。"这就明确指出有两个不同的程坚，或许字谋甫的程坚比后汉之程坚更早，有待学者继续研究。

此外，明嘉《江西通志卷一百八》记载："三闾大夫庙在高安县东金沙台，祀楚屈原。汉长沙王子拾封建成侯，后免爵，迁家台上，立庙祀之。"笔者考"汉长沙王子拾封建成侯"，是为西汉元朔二年汉武帝封长沙定王刘发之子刘拾为建成侯，元鼎二年，刘拾免，建成侯国除。这也从另一角度说明，作为长沙定王的儿子，之所以为屈原立庙祀之的原因，除了有免爵与屈原经历相似外，更为重要的是他在长沙生长之时已经前往汨罗祭祀屈原或闻听汨罗立庙祭祀屈原了。这也再次说明，汨罗屈原之庙远在元鼎二年之前就有，而延笃是在此约300年后才"图其像于屈原之庙"的。

综上所述，汨罗屈子祠的始建年代最迟在汉代中早期已经存在，甚至可上溯到屈原投江后不久当地人就开始建之，是第一个为屈原建庙祠的。在漫长的历史流变中，汨罗屈子祠虽经风雨侵蚀和人力因素影响，但一大批先知先觉者的重视与支持，使得它始终屹立于汨罗江畔，成为现存纪念屈原的唯一古建筑。对于高扬屈原思想与精神、对于楚汉文化融入华夏民族之中进而形成大一统的文化格局、对于激发历代文人志士的创作灵感和国民的忧患意识、对于促进中华民族的统一和增强民族凝聚力，发挥其他地域难以替代的独特的"播种机"和"放大器"作用。

论萧云从《离骚图·天问图》第一图"日月三合九重八柱十二分图"

台湾静宜大学　鲁瑞菁

一、前言

明末清初安徽芜湖著名画家萧云从(字尺木)[①]曾绘画《离骚图》一帙,由歙县刻工汤复镌刻成木刻版画,内容包括《三闾大夫卜居渔父图》1 图、《九歌图》9 图、《天问图》54 图,共计 64 图。[②] 萧氏又录《离骚》《九歌》《天问》《九章》《远游》《卜居》《渔父》《九辩》《招魂》《大招》原文,并为注解,然文字简略,仅求说明作图之意而已。[③] 清乾隆皇帝敕编《四库全书》时,见此刻本所绘《楚辞》图之不足,更命四库馆绘图分校官门应兆临摹萧氏原作 64 图外,又再补绘 91 图,共计 155 图,历时两年完成,定名为《钦定补绘萧云从离骚全图》。此一图册因《四库全书》著录刊行而流传甚广,然门氏补绘只摹存萧氏原图而舍其序跋注文,故后世读者对萧氏《离骚图》近 8000 千字之序跋注文不甚关注。[④]

姜亮夫《楚辞书目五种提要·图谱提要》曾将搜集的 47 种"楚辞图"分为法书、画图、地图、杂项四类,其中画图类如各种"屈子画像""九歌画图""天问画图"等属之。[⑤] 而上述萧云从《离骚图》若依姜氏的分类,应归入画图类。萧云从《离骚图》第一图《三闾大夫卜居渔父图》是全书较为特别的一图,

就连萧云从本人对此图的定位也有犹疑。若是从本书"离骚图目录(后附凡例)"的安排来看:离骚经第一(一图)[⑥];九歌传第二(九图);天问传第三(五十四图);九章传第四;

[①] 关于萧云从里籍及生卒年的考证,请参顾平:《萧云从里籍及生卒年考》,《新美术》,1999 年第 1 期。

[②] 据萧云从《离骚图·凡例》称,《远游》原有五图,因战火毁佚未补;而欲绘《香草图》,则又心志未逮。参陈洪绶、萧云从绘:《楚辞图注》,台北:台湾中华书局,1986 年,"离骚图目录"第 10 页。

[③] 萧云从《离骚图·凡例》称,宋儒汇集《楚辞》一书,将贾谊《惜誓》以下的汉人作品,"削经之名",且《离骚图》"意在图画,故略之不载,亦尊经之意"。而《九辩》《招魂》《大招》三篇所以附存者,一则"为宋玉、景差皆三闾授经之士,亲炙之风,不可遗也";二则"王逸注疑为屈子所作,遂存之"。参陈洪绶、萧云从绘:《楚辞图注》,台北:台湾中华书局,1986 年,"离骚图目录"第 10 页。

[④] 参潘啸龙、陈欣:《萧云从〈离骚图〉及序跋注文研究》,《安徽师范大学报》,2012 年第 40 卷第 3 期。

[⑤] 姜亮夫编著:《楚辞书目五种提要》,上海:上海古籍出版社,1993 年,第 366 页。

[⑥] 鲁按,此一图即"三闾大夫卜居渔父图"。

远游传第五(五图)①;卜居传第六;渔父传第七;九辩传第八;招魂传第九;大招传第十,萧氏《三闾大夫卜居渔父图》是专为《楚辞·离骚》一篇而绘;但是若从此图之署名用字、所绘内容、放置位置、《离骚图·凡例》及《钦定补绘萧云从离骚全图》的认定来看,事实似乎又并非如此。

首先,萧氏《离骚图》于序文及《楚辞》各篇篇目后(鲁按,有一例在前)分别有几种署名的方式,如标目"离骚图·序"后署"区湖②萧云从尺木甫着";又标目"离骚经"前署"区湖萧云从尺木甫较";又标目"九歌传"后,署"石人萧云从尺木甫画(附注)";又标目"天问传"后,署"区湖萧云从尺木甫画(附注)";又标目"九章传"后,署"区湖萧云从尺木甫较";又标目"远游传"后,署"区湖萧云从尺木甫较";又标目《卜居传》后,署"区湖萧云从尺木甫较";又标目《渔父传》后,署"区湖萧云从尺木甫较"等等。试归纳其用例,可以见到,于《离骚图》书中有绘图的《九歌》《天问》篇,萧氏使用了"画"字,下有"附注"两个小字,表示这两篇有图、有注;于无绘图、无附注的《九章》《远游》《卜居》《渔父》《九辩》《招魂》《大招》诸篇,萧氏则使用了"较"字;至于用"着"字,仅一例,表示全书的著作者。换言之,于标目"离骚经"前既然署"区湖萧云从尺木甫较",此应是无绘图、无附注之篇,其与前述无绘图、无附注诸篇的不同,并不在署名的用字,而在署名安排的位置前后。

其次,萧氏在《三闾大夫卜居渔父图》中,将屈原、郑詹尹、渔父三人合绘于一幅画面,屈原居左站立,面向右边;郑詹尹、渔父居右,一前一后面向左边站立,三人似在交谈。③可以说,萧氏将屈子肖像画、《卜居》篇、《渔父》篇的内容融会成为一图,其题名亦如此标示,此是萧氏的创制。后人无法单独从《离骚》《卜居》《渔父》三篇中找到与画面相合的内容,故《三闾大夫卜居渔父图》并非针对《离骚》一篇而绘。

再次,萧氏将此图置于"离骚图"序文之后,"楚辞"各篇篇目之前,而非如《离骚图》其他各图皆置于所引《九歌》《天问》篇章段落之前。似乎此图更像是为《离骚图》一书所作的"序图",其作用在于与《离骚图》一书的序相互呼应,而非专为《离骚》一篇而绘。

第四,萧氏《离骚图·凡例》言:

> 屈子有石本名臣像,暨张僧繇图,俱丰下髭旁,不类枯槁憔悴之游江潭者也。又

---

① 姜亮夫编著:《楚辞书目五种提要》,上海:上海古籍出版社,1993年,第366页。
② 区湖又称欧湖,即荆山湖,为芜湖古八景"荆山寒壁"组成部分;区有隐匿之义,萧云从作为明遗民,于名号前用"区湖"二字,有隐匿江湖之义。参沙鸥:《萧云从名号印文考释》,《南京晓庄学院学报》,2013年第1期。
③ 本文所描述图像的方位关系,皆依图像主体自身的方位,不依观者的视角方位。

见宋史艺作《渔父图》,李公麟作《郑詹尹图》,皆有三闾真仪,如沈亚之《外传》,戴截云之冠,高缨长铗,拭巾以明洁也,今合为一图矣。①

此正说明萧氏绘《三闾大夫卜居渔父图》,是来自宋史艺《渔父图》,李公麟《郑詹尹图》及沈亚之《外传》的灵感;然依萧氏《离骚图》全书体例,其说明各图作意的文字皆在所引《九歌》《楚辞·天问》篇章段落后的简略注文中,并不在凡例中,可见此图并非专为《离骚》一篇而绘。

最后,清乾隆年间门应兆临摹补绘萧氏原作的《钦定补绘萧云从离骚全图》,是将萧氏《三闾大夫卜居渔父图》置于《卜居传》《渔父传》文本之前,而非在《离骚经》文本之前,可知四库馆绘图分校官门应兆对于萧氏《三闾大夫卜居渔父图》的理解,是将此图视作与《卜居》《渔父》两篇内容相关,而非与《离骚》篇内容相关。②

以上讨论了萧云从《离骚图》第一图《三闾大夫卜居渔父图》的特殊之处;而萧氏《离骚图》中另有一图亦十分特别,那就是《天问图》第一图"日月三合九重八柱十二分图"。此图特殊之处并非如《三闾大夫卜居渔父图》具有全书定位的性质,而是另有其特点;而这些特点关系到所谓"图"的内容本质问题,这也是本文主要论述的主题。

《天问图》第一图"日月三合九重八柱十二分图"置于《离骚图·天问》文本开头"曰:遂古之初,谁传道之"至"厥利维何,而顾菟在腹"一段文字前,明显是萧氏为这段文字所绘之图。本文以下第二节先由文图对照,阐发此图的特色;第三节则进一步从古传《河图》《洛书》,及现代考古发掘文物及墓葬资料,探求萧氏绘制《天问图》第一图的图像资源与文化传统;第四节则为本文的结论。

二、"日月三合九重八柱十二分图"的图画及图符特色

萧氏《离骚图·天问图》第一图是针对《楚辞·天问》篇下列一段文字内容而作:

曰:遂古之初,谁传道之?上下未形,何由考之?冥昭瞢闇,谁能极之?冯翼惟像,何以识之?明明闇闇,惟时何为?阴阳三合,何本何化?圜则九重,孰营度之?惟兹何功?孰初作之?斡维焉系?天极焉加?八柱何当?东南何亏?九天之际,

---

① 潘啸龙、陈欣曾引此条凡例后指出:"考明弘治、万历年间的历代名人圣贤像赞本,以及元赵孟頫、张渥等所绘的屈原像中,屈原多是头戴方形儒巾或圆形缁冠,神情淡定的圣贤化的儒者形象。陈洪绶所绘之屈原,则是行吟泽畔、躯体羸弱的孤独形象。萧云从对这几种形象塑造均不满意,故参考屈骚原作和沈亚之《屈原外传》的记载,把屈原与郑詹尹、渔父合绘一图,力图展现屈辞所述放逐中的三闾大夫之真实形貌。图中所绘之屈大夫头戴切云高冠,腰佩长剑,双手托拭巾,面容憔悴。"见潘啸龙、陈欣:《萧云从〈离骚图〉及序跋注文研究》,《安徽师范大学报》,2012年第40卷第3期。
② 参门应兆:《钦定补绘萧云从离骚全图》,《钦定四库全书·集部一·楚词类》。

安放安属？隅隈多有,谁知其数？天何所沓？十二焉分？日月安属？列星安陈？出自汤谷,次于蒙汜。自明及晦,所行几里？夜光何德,死则又育？厥利维何,而顾菟在腹？

萧氏将此图题名为"日月三合九重八柱十二分图",此一题名在萧氏《离骚图》中是一个特例,以下试先说明萧氏《离骚图》画面的构成元素。《离骚图》每幅图画画面皆由图像、印鉴、题名三个单元构成,其中以图像为主体,印鉴、题名则是陪衬。

《离骚图》64图的钤印并无规则,其位置或上或中或下,或左或右;有时在题名之下,有时又与题名各据一角;其钤印之数有时钤一印,有时则钤两印。至于各图图像与题名,除前述《三闾大夫卜居渔父图》外,其余63图的图绘与题名乃是根据《九歌》《天问》文本,分章摘句,绘之为图并题名,其中《九歌图》9图并有9个题名、《天问图》54图并有54个题名。

先论《九歌图》,《九歌》共11篇,萧氏绘为9图,其中《东皇太一》《云中君》《东君》《河伯》《山鬼》《国殇》《礼魂》等7篇各绘一图,并依各篇篇题题名;至于《湘君》与《湘夫人》2篇、《大司命》与《少司命》2篇则各合绘一图,分别题名为"湘君湘夫人""大司命少司命"。换言之,萧氏与同时代著名画家陈洪绶所绘《九歌图》11图(鲁按,即一篇一图)不同,萧氏将二湘及二司命各视作一组神祇,故合绘为一图。

再论《天问图》,《楚辞·天问》共374句170余问,萧氏绘为《天问图》54图并有54个题名;则知《天问图》有一问一图者,亦有并多问而成一图者。至于各图的题名,除本文所论第一图暂不论外,其中以二字题名者6图;四字者28图;五字者3图;八字者13图;十四字者1图;十六字者2图。概括而言,《天问图》多制以四字或八字题名,又其各图题名多采《楚辞·天问》文本,依文本词句顺序,分摘词句,并将《楚辞·天问》的疑问句转变成肯定句制为题名;然其中亦有4图的题名并不依《楚辞·天问》文本词句顺序者,是为特例。①

---

① 此四例即:
1.《天问》文本词句作"桀伐蒙山,何所得焉？妹嬉何肆,汤何殛焉",《天问图》绘图并题名为"桀伐蒙山汤殛妹嬉"。
2.《天问》文本词句作"彼王纣之躬,孰使乱惑？何恶辅弼,谗谄是服？比干何逆而抑沈之？雷开何顺而赐封之？何圣人之一德,卒其异方？梅伯受醢,箕子佯狂",《天问图》未绘比干、雷开故事,仅摘取梅伯、箕子故事绘图并题名为"箕狂梅醢"。
3.《天问》文本词句作"彭铿斟雉帝何飨？受寿永多夫何久长",《天问图》绘图并题名为"彭铿斟雉飨帝寿长"。
4.《天问》文本词句作"薄暮雷电归何忧？厥严不奉帝何求？伏匿穴处爰何云？荆勋作师夫何长？悟过改更我又何言？吴光争国久余是胜？何环穿自闾社？丘陵爰出子文？吾告堵敖以不长？何试上自予,忠名弥彰",《天问图》只就环闾穿社、爰生子文绘图并题名为"环闾穿社爰出子文"。

至于本文所论《天问图》第一图"日月三合九重八柱十二分图"的题名,若对照前文所引《楚辞·天问》的章句可知,此图也属于不依文本词句顺序题名之特例;又此图题名方式似可归入以二字或三字题名者之例,即"日月""三合""九重""八柱""十二分",并将这五个题名综合起来。此外,在萧氏《离骚图》64 图中,仅有此图的题名标有"图"一字,换言之,此图题名连最末一"图"计,共计 12 字。

"日月三合九重八柱十二分图"的题名置于画面左上角,下钤"尺木""萧云从"两方印鉴。而其图像则分为上下两个部分,上部画面占全图画面的三分之一,中央绘一阴阳鱼式《太极图》,然与阴阳鱼式《太极图》不同的是,此一《太极图》更以圆心为中心点,向圆周辐射出 8 条直线,将《太极图》均分为八等分,每条直线用平行的双线条绘制。《太极图》下左右两侧分别绘日月图,日居右,中绘三足乌、流云;月居左,中绘玉兔、枝叶、流云。

下部画面占全图画面的三分之二,中央绘方形九畴(宫)图,九畴(宫)图外围共绘三层图像:第一层的四边与四角分别画八卦形符;第二层四周绘二十八星宿图及北斗七星,每一宿内的星体及北斗七星用小圆圈表示,并用线条加以连接成形;第三层四周绘十二生肖图,其中第二、三层图像或有重叠穿插。

"日月三合九重八柱十二分图"后,萧云从摘录《楚辞·天问》开头"遂古之初,谁传道之"至"厥利维何,而顾菟在腹"一段文字,代表萧云从此图乃是用图画表现这段文字的意义。兹分摘章句,列出《天问》这段文字的诸问如下:

1 章:曰:遂古之初,谁传道之? 上下未形,何由考之? →2 问
2 章:冥昭瞢闇,谁能极之? 冯翼惟像,何以识之? →2 问
3 章:明明闇闇,惟时何为? 阴阳三合,何本何化? →2 问
4 章:圜则九重,孰营度之? 惟兹何功,孰初作之?① →2 问
5 章:斡维焉系? 天极焉加? 八柱何当? 东南何亏? →4 问
6 章:九天之际,安放安属? 隅隈多有,谁知其数? →2 问
7 章:天何所沓? 十二焉分? 日月安属? 列星安陈? →4 问
8 章:出自汤谷,次于蒙汜。自明及晦,所行几里? →1 问
9 章:夜光何德,死则又育? 厥利维何,而顾菟在腹? →2 问

---

① 王逸《楚辞章句》云:"言天圜而九重,谁营度而知之乎? 言此天有九重,谁功力始作之耶?"是视此章为 2 问。汪仲弘云:"何功,何等之功,言大也。此'何'字与篇内诸'何'字异,诸'何'字皆诘词,此矜词也。"参杨金鼎等注释:《楚辞注释》,台北:文津出版社,1993 年,第 203 页。是不以"惟兹何功"一句为问句。又汤炳正等云:"功与工通。何功,叹其工程之浩大。"参汤炳正、李大明、李诚、熊良智等注:《楚辞今注》,上海:上海古籍出版社,1996 年,第 83 页。是以"何功"之"何"为叹词,亦不以"惟兹何功"一句为问句也。

是《楚辞·天问》开头这段文本共计9章21问。试将"日月三合九重八柱十二分图"与《楚辞·天问》文本对照,可以看出此图实际表现的是第3章以下的内容,盖因图画确实很难表现《楚辞·天问》第1、2章所问昼夜无分(冥昭瞢闇)、氤氲浮动(冯翼)、惟象无形(惟像)之貌;换言之,这一团混沌未辟之状,套用《楚辞·天问》第1、2章句式,可曰:"谁能画之?"

萧氏《离骚图·序》云其作《离骚图》"一宗紫阳之注",意即其多用朱熹《楚辞集注》之注解①,证以"日月三合九重八柱十二分图"之内容,此图确实乃依朱子《集注》而绘。以下试就《楚辞·天问》文本、朱子《注》、"日月三合九重八柱十二分图"三者比较考察之:

《楚辞·天问》第3章"明明闇闇,惟时何为?阴阳三合,何本何化",朱注先引《谷梁子》之文"独阴不生,独阳不生,独天不生,三合然后生",而后注云:

> 此问盖曰:"明必有明之者,闇必有闇之者,是何物之所为乎?阴也,阳也,天也,三者之合,何者为本?何者为化乎?"今答之曰:"天地之化,阴阳而已。一动一静,一晦一明,一往一来,一寒一暑,皆阴阳之所为,而非有为之者也。"然《穀梁》言天而不以地对,则所谓天者,理而已矣。成汤所谓"上帝降衷",子思所谓"天命之性"是也。是为阴阳之本,而其两端循环不已者为之化焉。周子曰:"无极而太极,太极动而生阳;动极而静,静而生阴。静极复动,一动一静,互为其根。分阴分阳,两仪立焉。"正谓此也。然所谓太极,亦曰理而已矣。②

朱注在此注后段中引周敦颐《太极图说》之文,以说解"阴阳三合"之义,《四库全书》列周敦颐《太极图说》于"子部·儒家类",《太极图说》全文249字,并绘有《太极图》。图分五层,最上一层只一圆圈表示无极;第二层分黑白各半的三个同心圆,标有"阳动阴静"四字,表阴阳变化、运动交错;第三层绘金木火水土五行,表阴阳互动所产生之宇宙基础构质;第四层绘一圆圈,标有"乾道成男,坤道成女"八字;第五层绘一圆圈,标有"万物化生"四字。图文合观,系统阐释出周子的宇宙观。而萧氏则于"日月三合九重八柱十二分图"上部绘出阴阳鱼图式之《太极图》,并题名"三合",以表现《楚辞·天问》第3章的文本。图以一圆圈表示太极(天、理),圆圈内以S曲线分黑白环弧形,如两鱼交游状,白中一黑点,黑中一白点,黑白表阴阳,全图象征太极、阴、阳三合,太极生阴阳,阴阳互根变化,循环不已。③

---

① 然其中实亦间用王逸《楚辞章句》之说。
② 朱熹:《楚辞集注》,扬州:江苏广陵古籍刻印社影印,1993年,第62页。
③ 在屈原写作《天问》的时代,应尚未出现阴阳鱼图式之《太极图》,又萧氏《太极图》并非其独创,详见下节讨论。

《楚辞·天问》第4章曰"圜则九重,孰营度之?惟兹何功,孰初作之",萧氏"日月三合九重八柱十二分图"下部中央绘一方形九畴(宫)图,此乃仿《洛书》九畴之数,并题名为"九重",是萧氏将"九重"的"重"字作"畴"义解。然而《楚辞·天问》文本曰"圜则九重",朱熹注"圜,谓天形之圆也",是萧氏之方形九畴(宫)图与天圆之义有所扞格。

《楚辞·天问》第5章曰"斡维焉系?天极焉加?八柱何当?东南何亏",朱注:

> 斡,《说文》曰:"毂端沓。"则是车毂之内以金为管而受轴者也。维,系物之縻也。天极,谓南北极,天之枢纽,常不动处,譬则车之轴也。盖凡物之运者,其毂必有所系,然后轴有所加,故问此天之斡维,系于何所,而天极之轴何所加乎?《河图》言:"昆仑者,地之中也。地下有八柱,互相牵制,名山大川,孔穴相通。"①《素问》曰:"天不足西北,地不满东南。"注云:"中原地形,西北高,东南下。今百川满凑,东之沧海。"则东西南北,高下可知。故又问八柱何所当值,东南何独亏阙乎?"

前文曾云,萧氏"日月三合九重八柱十二分图"中之《太极图》乃以圆心为中心点,向外辐射出8条直线,每条直线用平行的双线条绘制,这是萧氏对阴阳鱼图式《太极图》的加工。萧氏似将《太极图》之圆圈视为车轮,表天体;轮心即天轴,表天之枢纽;8条直线即八柱,表天之斡维,并题名"八柱"。然朱注引《河图》、《素问》之说,乃以八柱在地下,有孔穴相通;且八柱各有高低,形成中原地形西北高东南下之势,乃专以地形言之,实无预乎天也。而萧氏既以"八柱"为天之斡维,又未能绘出"东南何亏"之义,是失《楚辞·天问》旨意,也不合朱注之义。

《楚辞·天问》第6章曰"九天之际,安放安属?隅隈多有,谁知其数",朱注:

> 九天,即所谓圜则九重者。际,边也。放,至也。属,附也。隅,角也。

萧氏"日月三合九重八柱十二分图"下部中央所绘方形九畴(宫)图,虽绘出"九天"、"隅隈"之形,然仍以所图之"方"置换《楚辞·天问》之"圜"。

多有,谁知其数"

《楚辞·天问》第7章曰"天何所沓?十二焉分?日月安属?列星安陈",朱注:

> 沓,合也。此问天与地合会于何所,十二辰谁所分别乎?陈,列也。言日月众星安所系属,谁陈列也。上章所问天何所属,并地而言。此所问,乃为天地相接

---

① 朱注于"地下有八柱"下,漏引"柱广十万里,有三千六百轴"十一字。

之处,何所沓也。今答之曰:天周地外,其说已见上矣,非沓乎地之上也。十二云者,自子至亥十二辰也。《左传》曰:"日月所会是谓辰。"注云:"一岁日月十二会,所会为辰。"十一月辰在星纪,十二月辰在元枵之类是也,然此特在天之位耳。若以地而言之,则南面而立,其前后左右亦有四方十二辰之位焉。但在地之位一定不易,而在天之象运转不停,惟天之鹑火,加于地之午位,乃与地合,而得天运之正耳。盖周天三百六十五度四分度之一,厉亦二十八宿,以着天体,而定四方之位。以天绕地,则一昼一夜适周一匝,而又超一度。日月五星亦随天以绕地,而唯日之行,一日一周,无余无欠,其余则各有迟速之差焉。然其悬也,固非缀属而居;其运也,亦非推挽而行。但当其气之盛处,精神光耀,自然发越,而又各自有次第耳。

朱子将《楚辞·天问》此章中之"十二"解释为由子至亥十二地支,表示地上十二方位,又认为此地上十二方位必须参照天上"十二次"的坐标以定州国分野。古代天文学家将太阳运行的黄道带划分成十二个部分,称为十二次或十二星次,或径称星次①,每星次中含有若干恒星,用以观测日、月、星辰的相对位置和运动(类于今日西方的黄道十二宫),此应是《楚辞·天问》所问"十二焉分"之义。古代另外还有一种观测日、月、星辰相对位置和运动的方式,就是将赤道与黄道之间的天宇划分为四大区域二十八部分,称为四象二十八宿。② 根据朱注,《楚辞·天问》此问问的是:"天与地合会于何所,十二辰谁所分别乎?日月、众星安所系属,谁陈列也?"如前文所述,萧氏"日月三合九重八柱十二分图"下部中央方形九畴(宫)图外围第二、三层绘有二十八星宿、北斗七星及十二生肖图,并题名"十二分",是用十二生肖图置换地支十二辰,这里并没有绘出十二星次,是对《楚辞·天问》"十二焉分"理解不够完全。换言之,此图之"十二分"经过两次置换,第一次是以地支十二辰置换十二星次,第二次是以十二生肖置换地支十二辰。③ 另外,图中所绘出的二十八宿是将《楚辞·天问》"列星安陈"的疑问句绘成肯定句;至于《楚辞·天问》"日月安属"的疑问句则一并绘于下文所论的日月图中。

《楚辞·天问》第8、9章曰"出自汤谷,次于蒙汜。自明及晦,所行几里?夜光何德,死则又育?厥利维何,而顾菟在腹"朱注:

> 此问一日之间,日行几里乎?……此问月有何德,乃能死而复生?月有何利,而

---

① 十二星次即星纪、玄枵、娵訾、降娄、大梁、实沈、鹑首、鹑火、鹑尾、寿星、大火、析木。
② 四象二十八宿即东方苍龙,包括角、亢、氐、房、心、尾、箕七宿;北方玄武,包括斗、牛、女、虚、危、室、壁七宿;西方白虎,包括奎、娄、胃、昴、毕、觜、参七宿;南方朱雀,包括井、鬼、柳、星、张、翼、轸七宿。
③ 在屈原写作《天问》的时代,应尚未形成十二生肖的体系。

顾望之菟常居其腹乎？

萧氏"日月三合九重八柱十二分图"于《太极图》下绘日月图，日中绘三足乌，月绘玉兔，题名曰"日月"。此"日月"题名若依《离骚图》题名之例应置于最后，即"三合九重八柱十二分日月图"；又日中绘三足乌图，并未能表现出《楚辞·天问》"出自汤谷，次于蒙汜。自明及晦，所行几里"的内容。

以上将《楚辞·天问》文本、朱子《集注》、"日月三合九重八柱十二分图"三者比较，考察萧氏之图如何呈现出《楚辞·天问》文本的内容。值得注意的是，《楚辞·天问》文本及朱子《集注》皆未有提及"八卦"的文字，而萧氏之图则在九畴（宫）图外围第一层的四边与四角分别绘上八卦形符，此举属于萧氏的增饰。前文又曾提及，《离骚图》中其他63图的题名皆无"图"字，仅"日月三合九重八柱十二分图"的题名有一"图"字，这个"图"字实际包含有图画及图符二义。换言之，"日月三合九重八柱十二分图"与《离骚图》其他63图纯粹的图画形式有所不同，它除了图画的形式外（如十二生肖图、日月图），还有图符的形式（如三合图、九畴（宫）图、八柱图、八卦图、二十八宿图），这是此图最为特殊之处。①

接着可以对萧云从"日月三合九重八柱十二分图"的附注文进行一些讨论，此附注文列于萧云从摘录《楚辞·天问》开头"遂古之初，谁传道之"至"厥利维何，而顾菟在腹"一段文字之后，代表他对这段文字的理解。附注文云：

> 十二辰豫，本《诗》之庚午禂祭。史：二首六身；三月龙见。苍颉：巳蛇；寅虎是也。柳《对》乌僾，即三足在日中者也；月则顾菟矣。尝见《皇极图》三合九重八柱具焉，为《洛书》之畴数也，即三百六十，一为象，山，方罫，京房之律原也，非敢臆也。

（一）"十二辰豫，本《诗》之庚午禂祭。"此说十二辰像之马像。《诗经·小雅·吉日》："吉日维戊，既伯既祷。……吉日庚午，既差我马。"鲁按，（汉）许慎《说文解字·示部》："禂，祷牲马祭也。从示，周声。《诗》曰：'既祃既禂。'"是《诗经·小雅·吉日》"既伯既祷"，许慎《说文》引作"既禡既禂"。盖"伯""祃"之假借，马祭曰禡也。《毛传》："伯，马祖也。重物慎微，将用马力，必先为之祷其祖。祷，祷获也。"又《尔雅·释天》："既伯既祷，马祭

---

① 这里可以举出一个例子作为参考，汉成帝元延三年，刘向曾上疏成帝，以山崩言说灾异，以天象指陈时事，其末有言曰："《易》曰'书不尽言，言不尽意'，是以设卦指爻，而复说义。《书》曰'伻来以图'，天文难以相晓，臣虽图上，犹须口说，然后可知，愿赐清宴之闲，指图陈状。"（《汉书卷三十六·楚元王传第六》）是其时向所上天文图亦应包含有图画及图符二义，刘向仍以为难晓，必须辅以口说，并指图陈状，然后可知。

也。"是《毛诗》作"既伯既祷",而许氏作"既祃既禡",实汉儒经师所传既多,义说不能画一。"祃"字从"马"为义,与"伯"字"祭祷马祖"之义通。

又《汉书卷一百下·叙传·第七十》:"钩弋忧伤,孝昭以登。上官幼尊,类祃厥宗。……述外戚传第六十七。"应劭注曰:"诗云'是类是祃'。礼,将征伐,告天而祭谓之类,告以事类也。至所征伐之地,表而祭之谓之祃。祃者,马也。马者兵之首,故祭其先神也。言上官后虽幼尊贵,家族以恶逆诛灭也。"《周礼·甸祝》"禂牲禂马"句,杜子春注云:"禂,祷也。为马祷无疾;为田祷多获禽牲。《诗》曰:'既伯既祷。'《尔雅》曰:'既伯既祷,马祭也。'"如杜说,则与《毛传》"祷,获也"之说亦合;而"禂"与"祷"字可通矣。

(二)"史:二首六身、三月龙见。"此说十二辰像之猪像、龙像,史指《左传》,"二首六身"见《左传·襄公三十年》,载曰:

> 晋悼夫人食舆人之城杞者。绛县人或年长矣,无子,而往与于食。有与疑年,使问之年。曰:"臣小人也,不知纪年。臣生之岁,正月甲子朔,四百有四十五甲子矣。其季于今,三之一也。"吏走问诸朝。师旷曰:"鲁叔仲惠伯会郤成子于承匡之岁也,是岁也,狄伐鲁,叔孙庄叔于是乎败狄于咸,获长狄侨如,及虺也豹也,而皆以名其子,七十三年矣。"史赵曰:"亥有二首六身,下二如身,是其日数也。"士文伯曰:"然则二万六千六百有六旬也。"杜预注:"亥字二画在上,并三六为身,如算之六也。"

孔颖达正义:"二画为首,六画为身。"日人竹添光鸿《左传会笺》:"史赵以亥字推算其年者,盖以亥乃绛县人之名也。"① (清)纪昀《阅微草堂笔记·拆字》:"亥有二首六身,是拆字之权舆矣。"鲁按,亥字以二为字首,以六为字身,这是拆字法的初始。生肖猪与十二地支的第十二位"亥"相对应,可以称为"亥猪"。

"三月龙见",《左传·桓公五年》载:"秋,大雩,书不时也。凡祀,启蛰而郊,龙见而雩,始杀而尝,闭蛰而烝,过则书。"杜预注:"龙见,建巳之月。苍龙宿之体,昏见东方,万物始盛。待雨而大,故祭天。远为百谷祈膏雨也。"日人竹添光鸿《左传会笺》:"龙盖通角亢氐房心尾六宿为称也,其六宿委蛇如龙形。……龙见非谓六宿皆出也,乃是龙首始出东方之谓也。"② 杜预以龙见之月乃建巳之月,即四月也,是萧氏三月龙见之说或为四月龙见之误也。

(三)"苍颉:巳蛇、寅虎是也。"此说十二辰像之蛇像、虎像。(汉)许慎《说文解字·叙》载:"黄帝之史仓颉,见鸟兽蹄迒之迹,知分理之可相别异也,初造书契,百工以乂,万品以

---

① 左丘明著:[日]竹添光鸿:《左传会笺下》,台北:凤凰出版社,1977年,第27—28页。
② 左丘明著:[日]竹添光鸿:《左传会笺上》,台北:凤凰出版社,1977年,第38页。

察。"① 仓颉创造文字的故事，古书多有记载，《春秋元命苞》亦载仓颉"龙颜侈哆，四目灵光，实有睿德，生而能书。及受河图绿字，于是穷天地之变化。仰观奎星圆曲之势，俯察龟文鸟羽山川，指掌而创文字，天为雨粟，鬼为夜哭，龙乃潜藏。"②（唐）张彦远《历代名画记·叙画之源流》亦云：

> 颉有四目，仰观垂象。因俪乌龟之迹，遂定书字之形。造化不能藏其秘，故天雨粟；灵怪不能遁其形，故鬼夜哭。是时也，书画同体而未分，象制肇创而犹略。无以传其意，故有书，无以见其形，故有画，天地圣人之意也。③

是蛇（它）、虎字之所造，乃不脱鸟兽递迍之迹、龟文鸟羽之势。而生肖蛇与十二地支的第六位"巳"相对应，所以称为"巳蛇"；又生肖虎与十二地支的第三位"寅"相对应，所以称为"寅虎"。

（四）"柳《对》乌倿，即三足在日中者也；月则顾菟矣。"此说日月像。柳宗元《天对》：翰维焉系？天极焉加？乌倿系维，乃縻身位。无极之极，漭瀰非垠。或形之加，孰取大焉！……厥利维何，而顾菟在腹？元阴多缺，爰感厥兔，不形之形，惟神是类。"萧氏以柳《对》乌倿说即三足在日中者，恐是曲解。

（五）"尝见《皇极图》三合九重八柱具焉，为《洛书》之畴数也，即三百六十一为象山方罫，京房之律原也，非敢臆也。"此说三合九重八柱像及八卦图像，所云不明，实不敢专断臆测也。综合而言，上述萧云从"日月三合九重八柱十二分图"附注的一段文字，虽是说明作此图背后之思想来源，然其说颇为简略，并多有牵合臆断之处。

三、"日月三合九重八柱十二分图"的图像资源与文化传统

前节讨论萧氏"日月三合九重八柱十二分图"与《楚辞·天问》文本、朱熹《楚辞集注》间的同异，进而凸显此图所具有的图画及图符特色。本节进而论述萧氏绘"日月三合九重八柱十二分图"的图像资源与文化传统。

前节曾提及萧氏"日月三合九重八柱十二分图"可分为上下两部分，上部为阴阳鱼式《太极图》及日月图，下部为九畴（宫）图、八卦图、十二生肖图及二十八宿图，请先论阴阳鱼式《太极图》及九畴（宫）图的图像资源与文化传统。朱熹曾云：

---

① 许慎：《说文解字》，台北：汉京文化事业有限公司，1980年，第761页。
② [日]安居香山、中村璋八辑：《纬书集成》，石家庄：河北人民出版社，1994年，第590页。
③ 张彦远、俞剑华注释：《历代名画记》，上海：上海人民美术出版社，1964年，第2页。

《先天图》传自希夷,希夷又自有所传。盖方士技术用以修炼,《参同契》所言是也。①

是朱子以《太极图》(鲁按,即前述五层式的《太极图》)传自五代末宋初道士陈抟之手;然而若以此图源于《周易参同契》,则与表现《周易·系辞传上》"易有太极,是生两仪……"之义的阴阳鱼式《太极图》关系并不密切。明初学者赵撝谦在《六书本义·卷一》中最早列出阴阳鱼式《太极图》,称为"天地自然河图",赵氏并于图下注云:

> 天地自然之图,伏羲氏龙马负图,出于荥河,八卦所由以画也。《易》曰"河出图,圣人则之",《书》曰"河图在东序"是也。此图世传蔡元定得于蜀之隐者,秘而不传,虽朱子亦莫之见。今得之陈伯敷氏,尝熟玩之,有太极函阴阳,阴阳函八卦之妙。实为万世文字之本原,造化之枢纽也,呜呼神哉。②

是赵氏以此图乃由朱熹弟子蔡元定(季通)从四川隐者处获得,并秘而不传,似乎连朱熹亦未得见;至于始作图者,亦无以考证,只能存疑。值得注意的是,赵撝谦于注文中称此图为"天地自然之图",与此图图称"天地自然河图",有一字之差。这一字之差十分重要,因为后来的易学家有将阴阳鱼式《太极图》称为"河图"者,即同于古《河图》,如(清)胡渭《易图明辨》引宋濂语云:

> 新安罗端良愿作阴阳相含之象,就其中八分之,以为八卦,谓之《河图》;用井文界分九宫,谓之《洛书》言出于青城山隐者,然不写为象。③

是罗愿以阴阳相含之象(鲁按,即阴阳鱼式)的图为《河图》,用井文界格分域九宫的图为《洛书》,并出于蜀地青城山道士。④ 而萧云从所绘"日月三合九重八柱十二分图"也作这样的理解。换言之,"日月三合九重八柱十二分图"上面部分的"三合"图,即阳鱼式《太极图》,亦即所谓《河图》。此图又以圆心为中心点,向圆周辐射出 8 条直线,将全图均分为八等分,每等分依黑(阴)白(阳)所占面积比率,暗含八卦方位与次序,其所采用的是先天八卦图式,但是并未标示八卦卦符。而下面部分的"九重"图,即"九畴(宫)"图,

---

① 朱熹:《朱子语类·卷一百》,见朱杰人等主编:《朱子全书》第十七册,上海:上海古籍出版社,合肥:安徽教育出版社,2002 年,第 3352 页。
② 赵撝谦:《六书本义》,影印本《钦定四库全书·经部十·小学类》。
③ 胡渭撰,郑万耕点校:《易图明辨》,北京:中华书局,2008 年,第 85 页。
④ 鲁按,"出"字可理解为"源自",也可理解为"传自";若依前者解释,则阴阳鱼式的《河图》与九宫式的《洛书》,为青城山道士所创作,若依后者解释,则二图为青城山道士所传承。

亦即所谓《洛书》，其四周标示八卦卦符，所采用的是后天八卦图式。①

《周易·系辞传上》云："河出图，洛出书。"《河图》《洛书》实乃汉代纬书所艳称，然而由于其出现及性质的神秘莫测，汉人始终难明其图像真貌，直至《易经》象数之学昌盛的宋、明时代，学者始发明《河图》《洛书》的图像形貌。上文即结合宋、明时代的《河图》（《太极图》）、《洛书》（《九畴（宫）图》），讨论萧氏绘"日月三合九重八柱十二分图"的图像资源与文化传统。至于"日月三合九重八柱十二分图"上面部分的"日月图"（日中绘金乌，月中绘玉兔图），自汉代开始，即不断见于祠堂、墓室的画像石与壁画中，早已形成一种固定的格套，为后世不断地仿效。萧氏所绘乃是藉用，并非独创，此不赘述。②

下文拟再从现代考古出土式盘、墓志志盖及墓葬墓室之顶，探求萧氏绘制"日月三合九重八柱十二分图"的图像资源与文化传统。

请先论式盘，《楚辞·天问》开头9章21问主要问的是关于宇宙起源、世界本体，天地构造等问题，古人常利用式盘这种摹仿宇宙形制的模型来呈现关于宇宙论、本体论的观念。更进而将式盘用作占卜工具，以预测天心天意；也有将式盘作为随葬品埋入墓葬之中。式盘随占卜派别之不同又有多种类别，如六壬式、九宫式、雷公式、太一式、遁甲式等，其中与本文所论有密切关联者是六壬式，目前墓葬出土著名的六壬式盘约有下列三件：

1. 1977年安徽阜阳双古堆M1出土漆木式盘，现藏阜阳市博物馆。此墓墓主为西汉汝阴侯夏侯灶，年代约在公元前165年的西汉初年。式盘出土时置于木盒内，木盒仅存盒盖。式盘天盘为圆形，直径9.5厘米、厚0.15厘米。中心有穿孔，孔上安一铜泡钉，与下方地盘连接。天盘面刻北斗七星，边缘两层，内层刻十二月次名，外层刻二十八宿名，逆时针排列，每宿名上皆有一小圆点。地盘为正方形，边长13.5厘米，厚1.3厘米，中间连接天盘处稍突起。地盘边缘至天盘边缘的空间，刻两道方框线，围出三层方框。内层框内刻十天干名，四边分别是甲乙、丙丁、庚辛、壬癸，四角分别是天虞己、土斗戊、人日己、鬼月戊，天干名上方都刻一个小圆点。中层框内刻十二地支名，每边三个，地支名上方都刻一个小圆点。外层框内刻二十八宿名，每边七宿。式盘背部素面无文字。③

2. 1972年甘肃武威磨嘴子62号墓出土漆木式盘，现藏甘肃省博物馆，年代约在西汉

---

① 先天八卦是指《易经·说卦》"天地定位，山泽通气，雷风相薄，水火不（鲁按，"不"字衍文）相射，八卦相错"一段的描述，其排列数字、方位与次序是：9干（南）、1坤（北）、8震（东北）、2巽（西南）、3离（东）、7坎（西）、6艮（西北）、5兑（东南）。至于后天八卦是指《易经·说卦》"帝出乎震，齐乎巽，相见乎离，致役乎坤，说言乎兑，战乎干，劳乎坎，成言乎艮"一段的描述，其排列数字与方位与次序是：1坎（北）、2坤（西南）、3震（东）、4巽（东南）、5X（中）、6干（西北）、7兑（西）、8艮（东北）、9离（南）。参李零：《中国方术考》，北京：东方出版社，2001年，第141—145页。

② 关于此论题可参刘惠萍：《图像与神话：日、月神话之研究》，台北：文津出版社，2011年。

③ 安徽省文物工作队、阜阳地区博物馆、阜阳县文化局：《阜阳双古堆西汉汝阴侯墓发掘简报》，《文物》，1978年第8期。

末的王莽时期。出土时置男尸背部,文字面朝上。木胎髹漆,深褐色。式盘天盘为圆形,直径5.9—6厘米、边厚0.2厘米、中心厚1厘米;地盘为正方形,四角稍圆,宽9厘米,中心有穿孔,与天盘的中心竹轴相联接。天盘可以旋转,上刻三圈同心圆:内圈用竹珠镶北斗七星,第五星即是盘轴,各星之间刻细线相连;中圈隶书阴刻十二月神名;① 外圈篆书阴刻二十八宿名,逆时针排列。地盘分内外两层,内层篆书阴刻十天干名、十二地支名。② 子、卯、午、酉四字围刻界格,下镶竹珠;外层刻二十八宿名,每边七宿,逆时针排列。由盘中央向四角辐射四条双线格界,格界内各镶一大二小三颗竹珠。凡盘上有文字处的上方都刻一个小圆点。天、地盘边缘均刻许多小圆点为刻度,天盘边缘微残,现存150余刻度,地盘有182个刻度。式盘背部素面无文字。③

3. 现藏上海博物馆铜式盘,年代约在六朝晚期。式盘天、地盘中心设轴贯通,可以转动天盘,地盘则固定不动。天盘圆形,盘底直径6厘米,厚1.5厘米,上刻三圈同心圆,内圈中心无北斗七星,而是刻十二神将之名;④ 中圈刻十天干、十二地支;外圈刻二十八宿,逆时针排列。地盘正方形,边长11.2厘米,厚0.2厘米。地盘边缘至天盘边缘的空间,刻出三层方框,框内细分出许多方格。内层方格刻十天干名(缺戊己)、十二地支名;中层方格刻二十八宿名;外层方格刻三十六禽名。由盘中央向四角辐射四条双线格界,格界内分别刻有"西北天门乾☰""东北鬼门艮☶""东南地户巽☴""西南人门坤☷"。地盘背面刻有两段文字,文字都见于(隋)萧吉《五行大义》。(图7)⑤

综上所述,这三件六壬式盘都由上、下两盘构成,上盘为圆形,象征天,可称作天盘;下盘为方形,象征地,可称作地盘。上盘有轴,可卸置于下盘的穿孔中而旋转,即(唐)司马贞所说"用之则转天纲加地之辰"。⑥ 圆形天盘一般是以北斗七星居中心,四周自内向外环列三层文字:(1)十二月或十二神将名、(2)天干地支名、(3)二十八星宿名。方形地盘四周亦自内向外环列三层文字:(1)天干名、(2)地支名、(3)二十八宿名,地盘四隅还有天、

---

① 十二月神为征明、魁、从魁、传从、小吉、胜先、太一、天纲、太冲、功曹、大吉、神后。功曹、大吉之间又刻一"戌"字。
② 十天干中缺戊己,并与十二地支顺时针排列穿插排列。
③ 甘肃省博物馆:《武威磨嘴子三座汉墓发掘简报》,《文物》,1972年第12期。
④ 十二神将名依次是征明、天魁、从魁、传从、小吉、胜先、太一、天纲、太冲、功曹、大吉、神后。其与十二支(十二月)的对应分别是亥(正月)、戌(二月)、酉(三月)、申(四月)、未(五月)、午(六月)、巳(七月)、辰(八月)、卯(九月)、寅(十月)、酉(十一月)、子(十二月)。
⑤ 严敦杰:《跋六壬式盘》,《文物参考资料》,1958年第7期。
⑥ 《史记·日者列传》:"分策定卦,旋式正棋。"司马贞《索隐》:"按,式,即栻也。旋,转也。栻之形,上圆象天,下方法地,用之,则转天纲加地之辰,故云旋式。棋者,筮之状,正棋,盖谓卜以作卦也。"见[日]泷川龟太郎:《史记会注考证》,台北:大安出版社,2003年,第1303页。

地、人、鬼四门,有时用八卦卦符表示。① 古代凡阴阳杂占,吉凶悔吝,皆用六壬式盘以决万民之疑,故士庶皆通用之;究其大要,则主要集中在嫁娶、生产、历注、屋宅、禄命、拜官、祠祭、发病、殡葬等九类。因此,式盘可谓广泛应用于中国古代天文、宗教、星占、星命、风水、择吉等术数文化中的重要物质器具。

如前文所示:1. 双古堆 M1 式盘,地盘分三层,内层刻十天干名,中层框内刻十二地支名,外层框内刻二十八宿名。2. 磨嘴子 62 墓式盘,地盘分内外两层,内层刻十天干名(缺戊己)、十二地支名,外层刻二十八宿名。3. 上海博物馆藏铜式盘,地盘分三层,内层方格刻十天干名(缺戊己)、十二地支名,中层刻二十八宿名,外层刻三十六禽名。而"日月三合九重八柱十二分图"下部的"九重(畴、宫)"图,其外依次绘八卦符、十二生肖图、二十八宿星,是以八卦符取代六壬式式盘的十天干,又以十二生肖图当六壬式式盘的十二地支名,再以二十八宿星当二十八宿名。其中十二生肖图(十二支)与二十八宿星的对应关系是鼠(子)、兔(卯)、马(午)、鸡(酉)、四生肖(四辰)各配三宿星,余八辰各配二宿星。

以下请再论墓志之盖,本文所论的墓志之盖主要指覆斗形(又称盝顶形)墓志之盖,此形制在北朝至宋代的墓葬中占有相当大的比例。或许出于实际运用的考量而制作成覆斗形,其盖面中心区域往往刻有一朵硕大的莲花或墓主名号,类似于式盘的天盘,其四边角及四杀则类似式盘的地盘。以下举出三件墓葬出土的覆斗形志盖图像为例,以便进行说明:

1. 隋马穉及其妻墓志,隋开皇二十年(600)刻,志高 51.8 厘米、广 51 厘米。隶书,文 25 行,行 25 字,侧 1 行 20 字。河南省洛阳市出土,今存西安碑林。盖面中央阳文刻篆书 3 行 9 字"故荡边将军马君墓志"。四周由内而外刻两周文字,第一周于四边、四角刻后天八卦形符;第二周刻篆隶刻天干、地支;四杀刻十二生肖兽名,其下有相应的五行名。志石左侧刻"天帝告冢中王气五方诸神赵子都等马先生善人"20 字。②

2. 吴故陇西李氏墓志铭,刻于杨吴大和六年(934),2013 年 12 月出土于江苏扬州三星村。志盖横 61 厘米、纵 62 厘米、厚 11.5 厘米,盝顶横 43.5 厘米、纵 42 厘米。中心有方界格,篆书阴刻 3 行 9 字"吴故陇西李氏墓志铭"。四周由内而外刻三周图形:第一周刻日、月、华盖、勾陈星宿和后天八卦形符;第二周刻十二生肖图,每边三个,四角刻莲花图案(第一、二两周中的八卦和十二生肖图形均表示方位,其中以鼠、坎居下,为北);第三周刻二十八宿星象,星象为示意性质。四杀刻苍龙、白虎、朱雀、玄武四象图。③

---

① 参李零:《中国方术考》,北京:东方出版社 2001 年,第 110—118 页。又连劭名:《式盘中的四门与八卦》,《文物》,1987 年第 9 期。

② 赵超:《古代墓志通论》,北京:紫禁城出版社,2003 年,第 112—113、150 页。

③ 参刘刚、池军、薛炳宏:《江苏扬州杨吴李娀墓的考古发掘及出土墓志研究》,《东南文化》,2016 年第 3 期。

3. 唐东海徐夫人墓志铭,刻于南唐大保四年,1971 年出土于江苏南通县陈桥公社第九大队第九生产队,现存南京博物院。边长 59 厘米,覆斗形志盖,中心楷书刻"唐东海徐夫人墓志铭"3 行,每行 3 字,共 9 字。四周由内而外刻三周图像:第一周刻日、月、华盖、勾陈星宿图,四边有四个八卦符,四角刻莲花图案;第二周四边刻十二生肖图,四角有四个八卦符(与第一层八卦符连合起来看是一幅后天八卦图);第三周刻二十八星宿,星象为示意性质。四杀刻苍龙、白虎、朱雀、玄武四象图。

上述三件覆斗形墓志志盖四边角及四杀上的图象犹如一件放大六壬式盘的地盘,其日月图、八卦符、十二生肖图、二十八星宿图等构图形式与制作方式,皆成为萧氏绘制"日月三合九重八柱十二分图"的图像资源及文化传统。墓志志盖上的日月图、八卦符、五行名、天干名、十二生肖名(兽形)、二十八星宿名(图)、四象神兽等,与式盘(及镇墓兽、镇墓铅券、镇墓陶瓶等)的功能类似,乃道士术者的厌胜解除方法,即驱避墓中邪灵鬼魅。以表征墓主尸身的名衔居中,表示墓主在墓中受此厌胜解除术的护佑,达至于阴间消灾解难的目的。

这里可进一步讨论十二生肖兽形图,较早出现在墓葬中是十二生肖兽形俑和十二生肖兽形壁画,前者如山东临淄北朝崔氏墓地 M10 出土的十二生肖陶俑[①],后者如山西太原王郭村北齐娄睿墓室四壁上栏有以子午方位安顺时针彩绘兽形十二生肖壁画。[②] 而墓志上出现十二生肖装饰图则相对较晚,其产生或受生肖俑及墓室壁画的影响。早期墓志的十二生肖纹饰是刻画其本形,如唐显庆四年尉迟敬德夫人苏妧墓志志侧;之后逐渐出现身着袍服,头部是兽形的生肖纹饰,如天宝十五载高元圭墓志志侧。又有身着袍服,全为人的形貌,只双手捧十二生肖之饰;[③] 或在人物冠帽上装饰十二生肖;或另行刻制壶门,将生肖图案安排在壶门中(称作开光式)等变化。[④] 总之,时代愈到后期,则十二生肖装饰纹样愈显精美豪奢。[⑤] 综上所论,萧氏"日月三合九重八柱十二分图"下部的十二生肖兽形图可谓是与早期墓志志盖十二生肖图案的装饰风格一脉相承。

---

① 又上述第二例吴故陇西李氏墓中与墓志同出者,尚有 11 件生肖俑。生肖俑呈扁平状,厚约 2.4 厘米,皆头戴幞头,足蹬云头履,着 V 字领长袍,怀中抱一生肖动物,动物形象雕刻简单。参刘刚、池军、薛炳宏:《江苏扬州杨吴李娀墓的考古发掘及出土墓志研究》,《东南文化》,2016 年第 3 期。

② 山西省考古研究所、太原市文物考古研究所:《北齐东安王娄睿墓》,北京:文物出版社,2006 年,第 82—83 页。

③ 如上述第二例吴故陇西李氏墓中与墓志同出者,尚有 11 件生肖俑。生肖俑呈扁平状,厚约 2.4 厘米,皆头戴幞头,足蹬云头履,着 V 领长袍,怀中抱一生肖动物,动物形象雕刻简单。参刘刚、池军、薛炳宏:《江苏扬州杨吴李娀墓的考古发掘及出土墓志研究》,《东南文化》,2016 年第 3 期。

④ 赵超:《古代墓志通论》,北京:紫禁城出版社,2003 年,第 159—160 页。

⑤ 如中唐时曾任幽州卢龙军节度使的刘济,其夫人张氏墓 2014 年于北京房山长沟发现,志盖上刻画有大型描金彩绘浮雕十二生肖纹样,其精美奢华程度超过刘济墓志,在目前发现的唐代墓志中仅此一例,实属罕见,盖因张氏其族属于清河望族也。

前述第一例覆斗形墓志志盖反映出早期墓志使用者乃皇族贵戚、功臣大将的身份，盖北朝到唐初，墓志之尺寸、雕饰纹样等，表征固定的地位及官爵；换言之，只有等级较高的墓主人才能使用十二生肖及四象纹饰。而目前考古发现早期刻有十二生肖及四象的墓志，也大都集中于京畿之地的洛阳、长安周边地区，这种现象反映出墓主的政治实力、经济状况与其时的丧葬礼俗。至中、晚唐以降，情况有所改变，普通官员和庶人（处士）身份者也开始在墓志上使用十二生肖及四象纹饰。地区也扩及到京畿之外，如上述第二、三例志盖所显示者。上述第二、三例志盖皆出土于江苏，其中第三例在南通出土，第二例在扬州出土。吴炜曾综合研究扬州地区唐、五代 90 方墓志（其中唐代 83 方，五代 7 方）后指出，志盖盖面刻有日月图、八卦符、十二生肖名（兽形）、二十八星宿名（图）、四象神兽者，共有 7 方，占总数 1/13，且基本上是品级相对较低的官员及庶人使用。① 萧云从乃安徽芜湖人，清顺治二年五月，清军攻陷南京，进逼芜湖，萧云从举家避难于宣城高淳，《离骚图》正作于此年（其中原有《远游图》5 幅因经兵燹阙失）。芜湖、宣城、当涂、南通、扬州等地古属吴地，可以想见萧云从必定见过吴地墓志工坊所制作之日月图、八卦符、十二生肖图、二十八星宿图等构图的志盖稿本及成品，而这些就成为萧氏绘制"日月三合九重八柱十二分图"的图像资源及文化传统。

请更论出土墓葬墓室之顶，如果说覆斗形墓志志盖上四边、四角的图像犹如一件放大六壬式盘的地盘，那么墓室之顶上的图像犹如一件放大六壬式盘的天盘。以下举出几例墓葬墓室墓顶星图，以便进行说明：

1. 西汉晚期墓。1987 年发现于陕西西安交通大学内，墓室顶部南北绘日月，日月外围绘两圈同心圆环带，环带内环布二十八宿星象图，特别的是，二十八宿星象图是用四象动物、神话人物及故事表示。②

2. 北魏洛阳元乂墓墓顶天象图。这幅绘于北魏孝昌二年的天象图壁画，直径近 7 米，画中绘出 300 多颗星星，有些星星之间还有直线相连；壁画正中绘一条纵贯南北的淡蓝色银河。天象图中可以准确辨识，出北斗、轩辕、北河、南河等星宿。这幅天象图是研究古代天文学、星象学十分珍贵的实物资料。③

3. 五代杭州吴越国钱元瓘、吴月汉墓。钱元瓘墓的时代在后晋七年，其墓顶刻绘星图一幅，图中画有内规、赤规及外规。外规之外又有重规。星图中央刻北极星、勾陈、华盖和北斗七星，周围刻二十八宿，星与星之间用双线连接。吴月汉是钱元瓘的次妃，其墓

---

① 吴炜：《扬州唐、五代墓志概述》，《东南文化》，1995 年第 4 期。
② 陕西自考古研究所、西安交通大学：《西安交通大学西汉壁画墓》，陕西：西安交通大学出版社，1991 年，第 7—11 页。
③ 洛阳博物馆：《河南洛阳北魏元乂墓调查》，《文物》，1974 年第 12 期。又王车（紫金山天文台）、陈徐（北京天文馆）：《洛阳北魏元乂墓的星象图》，《文物》，1974 年第 12 期。

葬时代较钱元瓘墓早17年,其墓顶亦刻绘星图一幅,除省略赤规和个别星宿外,与钱元瓘顶星图基本相同。①

4. 辽代天庆六年、七年宣化张氏家族墓。河北宣化下八里村自1971年起陆续发现数座彩绘壁画墓,墓室穹窿顶多绘有星图,这是辽代张氏家族的墓地。其中的张世卿墓为辽天庆六年的墓葬,穹窿顶中央嵌一面铜镜(象征天极),四周绘重瓣莲花,莲花瓣外围由内而向外分三圈:第一圈绘日、月、北斗七星、金木水火土等五星;第二圈绘二十八星宿;第三圈绘黄道十二宫。又如张世古墓与张恭诱墓(鲁按,二人为父子关系)同为天庆七年的墓葬,与张世卿墓星图比较,二人墓室墓顶星图除将二十八宿与黄道十二宫内外圈位置互换外,值得注意的是,在最外圈淡淡渲染的绿色彩带上绘有十二生肖人物图。这是至目前为止,首次在墓室顶部看到中国二十八星宿、十二辰与传自西方巴比伦的黄道十二宫有具体完整对应关系的星图。②总括来说,中外星图的合璧是上述三幅星图最大的特色。③

以上三处六座墓葬墓室顶部的建造乃模仿天顶之象,代表墓主人死亡之后仍生活在有日月星辰、天干地支、阴阳八卦的宇宙大化之中,此正是《楚辞·天问》开头所关心的关于宇宙本体问题,也是萧云从想用图像进行表达的内容。

四、结论

《离骚图》作于萧云从五十初度时,清顺治元年萧云从四十九岁,三月李自成陷北京,崇祯帝自缢煤山,明朝覆灭;次年四月清兵陷扬州,史可法殉国,五月清兵入南京,进至芜湖,七月,《离骚图》成,萧氏作《离骚图序》于万石山之应远堂。④《离骚图》饱含萧云从亡国之恨,一腔遗民之思乃借转换屈原文字为图像表达出来。又64幅《离骚图》的木刻版画技艺,更为萧云从的代表作43幅《太平山水图》作出铺垫。⑤《太平山水图》作于清顺治五年,画稿经由刻工刘荣、汤尚、汤义三人运用徽派精细木刻版画技术,制成精美的版画印品,充分体现出原稿的精神与韵味,成为芜湖"姑孰画派"的扛鼎之作,并东传日本与朝鲜,深度影响日本南宗文人画与朝鲜真景山水画的技巧、内涵与风格。⑥本文的

---

① 浙江省文物管理委员会:《杭州、临安五代墓中的天文图和秘色瓷》,《考古》,1975年第3期。
② 参河北省文物管理处、河北省博物馆:《河北宣化辽壁画墓发掘简报》,《文物》,1975年第8期。张家口市文物事业管理所、张家口市宣化区文物保管所:《河北宣化下八里辽金壁画墓》,《文物》,1990年第10期。又张家口市宣化区文物保管所:《河北宣化辽代壁画墓》,《文物》,1995年第2期。
③ 参河北省文物管理处、河北省博物馆:《辽代彩绘星图是我国天文史上的重要发现》,《文物》1975年第8期。又冯时:《中国天文考古学》,北京:中国社会科学出版社,2007年,第456—457页。
④ 参胡艺:《萧云从年谱》,《美术研究》,1960年第1期。
⑤ 虽前者重在绘人物,后者重在绘山水,而萧云从画作最为后世所称道者乃在其山水画作。
⑥ 何秋言:《萧云从山水画中的地方性实景风格研究——以〈太平山水图〉和〈归寓一元图〉为例》,中央美术学院人文学院硕士学位论文(美术学专业),2008年5月,第48页。

目的不在讨论萧云从山水画作的风格及影响[①],也不在论述《离骚图》版画艺术刻划的人物造型、表现的景物器物、多样的构图方式、线条运用之美、仿古与创新的践行。[②] 本文之作的目的在探讨萧云从《天问图》第一图"日月三合九重八柱十二分图"的特色及绘制此图的图像资源与文化传统。

经由前文的研究,本文认为,萧云从所作《天问图》第一图"日月三合九重八柱十二分图",结合图符与图画的绘制方法,可谓仿古之中兼有创新之思维。其上圆下方的构图,是受到古代阴阳杂占器具六壬式式盘形构的启发,其中尤以图的下半部分受到六壬式盘之地盘影响甚深。六壬式盘与古代墓志志盖、古代墓室墓顶壁画、铜镜、博局等,皆有关联,主要是用物质器物表现古人对于宇宙世界模型的认知,与《楚辞·天问》篇首所问关于宇宙世界起源、构造等宇宙论、本体论的问题,具有一脉相承的文化传统。作为明末清初芜湖"姑孰画派"文人画的代表作家,萧云从不仅诗、书、画三艺精绝,且学问兼擅天官、术数、堪舆、医卜、星相之学。其绘制"日月三合九重八柱十二分图"时,博采民间工匠知识及技艺的图像资源,可谓具备一个优秀画家传承与创新兼融的艺术品格。

---

① 关于此论题可参何秋言:《萧云从山水画中的地方性实景风格研究——以《太平山水图》和《归寓一元图》为例》,中央美术学院人文学院硕士学位论文(美术学专业),2008年5月,第1744页。

② 关于这些论题可参胡山华:《精诚谨严,古朴雅重——萧云从《离骚图》版画艺术论》,《装饰》,2013年第5期,第129—130页。

论《天问》文学与图像的关系

南通大学 何继恒

《天问》是屈原创作的一首长篇抒情性哲理诗。全诗采用一问到底的方式,提问内容从宇宙天体到神话传说,再到历史兴亡,前后共计一百七十二问,是楚辞中最复杂也最难理解的篇章。纵观历代以楚辞为题材的绘画作品,我们不难发现,《九歌》《卜居》《渔父》是画家所钟爱的画题。这些篇章语词均具有生动形象的画面感,无论是《九歌》中的人物场景描写,还是《卜居》《渔父》中的对话式呈现,都为画家提供了丰富的创作元素。然而,作为千古奇文的《天问》,全篇主要以四字为句,四句为节,虽涉及内容广泛,但记叙简练,缺乏绘画创作的想象空间,故而千百年来画师们总对这一题材望而却步,直至萧云从打破藩篱。萧云从,安徽芜湖人,字尺木,号无闷道人,明末清初著名画家,姑孰画派创始人。明清鼎革动乱之际,萧云从始作《离骚图》,经年乃成,于明弘光乙酉,即清顺治二年由徽派名手木刻家汤复付之梨枣,是为初刻。《离骚图》共收录屈原作品十篇,但萧云从所绘,仅有《离骚》一图、《九歌》九图、《天问》五十四图以及在战乱中遗失的《远游》五图。可见,整部书中,《天问图》乃萧云从用力最为深密之作。

关于《天问》与图像的关系,早在东汉时期,王逸就作过考察,他在《楚辞章句·天问》释题中指出:

> 屈原放逐,忧心愁悴。彷徨山泽,经历陵陆。嗟号昊旻,仰天叹息。见楚有先王之庙及公卿祠堂,图画天地山川神灵,琦玮僑佹,及古贤圣怪物行事。周流罢倦,休息其下,仰见图画,因书其壁,何而问之,以渫愤懑,舒泻愁思。楚人哀惜屈原,因共论述,故其文义不次序云尔。①

王逸认为,《天问》是屈原在流放途中,于楚庙祠堂观看壁画时,受其启发而写下的舒愤之作。此说真确与否姑且不论,但历代楚辞研究者对此均持接受态度,未曾有过辩驳。萧云从在《离骚图·天问传》开篇,也将王逸的释题全盘抄录,并于《画〈天问图〉总序》

---

① 洪兴祖:《楚辞补注》,北京:中华书局,1983年,第85页。

中进一步论证强调了《天问》与图像的关系:

> 画家之工于堵壁,其楚先王之庙之遗乎?古者尸居监观,以为天道人事之正,象物而动,神禹铸鼎,文周勒钟,其来远矣。第嫩迪则吉,从慝则凶,俯仰之间,忧乐之顷,相应如响。乃暴者自谓有命在天,投龟詈之,囊血射之,悠悠苍天,亦无可如何于若辈矣。然则天至此,其不可问邪?问之不可而复有对之者乎?对之不得而复有画之者乎?抑何愚哉!夫嬴秦恃其富强,鞭笞天下,屈子见宗庙祠堂,不忍复会于荆棘中,而不甘遽死,逐事呵而问之,彼其中岂不知福善祸淫之若循环然邪?意谓天必有不可明告于人者。与人之必有不可解于天之故者,只此残粉沉丹,照耀四壁间者,凄凄然可相索也。①

萧云从认为,《天问》是屈原按照宗庙祠堂的壁画顺序,逐事呵问而成,其文章的构思形式与壁画的构成形态一一对应。可见,《天问》的诞生与图像有着密不可分的关系,它源图而来,是一种语言对图像的模仿,生来便具有"图文交织的性格"②。萧云从以图像模仿语言,将《天问》文本再次化为图像,完成了《天问》"图—文—图"的转换,进一步彰显了其"图文交织"的文艺魅力。

一、图像与文学意旨的关系

作为一部史诗,《天问》通过诘问的句式、语气,展现了屈原富于理性的批判精神和敏锐深邃的洞察力。无论是对宇宙自然的探究、对神话传说的追寻,还是对历史兴亡的思考,《天问》都畅快淋漓地宣泄着诗人内心的情感。关于此篇的写作目的,历来众说纷纭。王逸《楚辞章句》提出了著名的"舒愤"说:"屈原放逐,忧心愁悴。彷徨山泽,经历陵陆。嗟号昊旻,仰天叹息。见楚有先王之庙及公卿祠堂,图画天地山川神灵,琦玮僪佹,及古贤圣怪物行事。周流罢倦,休息其下,仰见图画,因书其壁,何而问之,以渫愤懑,舒泻愁思。"③ 洪兴祖《楚辞补注》认为此篇乃屈原"讽谏君王"之作:"《天问》之作,其旨远矣。盖曰遂古以来,天地事物之忧,不可胜穷。欲付之无言乎?而耳目所接,有感于吾心者,不可以不发也。欲具道其所以然乎?而天地变化,岂思虑智识之所能究哉?天固不可问,聊以寄吾之意耳。楚之兴衰,天邪人邪?吾之用舍,天邪人邪?国无人,莫我知也;知我者,其天乎?此《天问》所为作也。太史公读《天问》,悲其志者以此"。④ 李陈玉《楚辞笺注》

---

① 萧云从:《离骚图》,见《楚辞文献集成》第29册,扬州:广陵书社,2008年,第20623—20624页。
② 马孟晶:《意在图画——萧云从〈天问〉插图的风格与意旨》,《故宫学术季刊》,2001年第4期。
③ 洪兴祖:《楚辞补注》,北京:中华书局,1983年,第85页。
④ 洪兴祖:《楚辞补注》,北京:中华书局,1983年,第85页。

指出"怀疑"乃《天问》之主要精神:"天道多不可解:善未必蒙福,恶未必获罪,忠未必见赏,邪未必见诛,冥漠主宰,政有难诘,故著《天问》以自解。此屈子思君之至,所以发愤而为此也。不曰'问天',曰'天问'者,问天则常人之怨尤,天问则上帝之前有此一段疑情,凭人猜揣。"① 戴震《屈原赋注》则以"穷究事理"来总结《天问》之旨意:"问,难也。天地之大,有非恒情所可测者,设难疑之。而曲学异端,往往骛为闳大不经之语,及夫好诡异而善野言,以凿空为道古。设难诘之,皆遇事称文,不以类次,聊舒愤懑也。"② 然而,细读《天问》文本,我们发现,无论是"舒愤""讽谏君王",还是"怀疑""穷究事理",前人虽各执一说,但其观点却均有可取之处,诚如周建忠所论:

> 屈原《天问》之作,正如游国恩所云,"非直为抒愁,亦非专为讽谏",但亦不可回避有"抒愁"与"讽谏"的因素与成分,故《天问》就是"天问",借"天"泄愤,以"天"讽谏,对"天"怀疑,而"穷究事理"。故郭世谦云:"所谓'天问',就是关于天地间一切事物和天理、天命、天道的提问。"③

可见,《天问》的创作意旨虽复杂,但其抒发诗人的愤切悲怆、表达诗人的劝诫讽谏却毋庸置疑。

《天问图》创作之际,正值明清嬗代之时。面对国破家亡,萧云从内心深感哀愤和痛楚,他欲以屈原自况,与屈子拳拳爱国之心相契合,用图画表达自己的政治关怀,于笔墨中灌注了对故国的深切眷恋。诚如清人李楷《离骚图经序》所云:"楚大夫之骚经,继三百,启六朝,悲吟欷呐,尤于今时为宜。……尺木穷甚于洛阳、河东,能以歌呼哭啼,尚友乎骚人。惟其有之,是以似之。余于此盖有不忍悉者矣!"④ 郑振铎亦言:"尺木为明遗民,故绘《离骚》以见志;仅署'甲子'而不书'顺治'年号。"⑤《画九歌图自跋》更是将这种黍离之悲抒发到极致:"吾用此(《九歌图》)与《天问》诸图锢铁函中,沉于幽泉,使华林诸君子,庸补萧《选》之阙云尔。"⑥ 此举乃效仿南宋遗民画家郑思肖。南宋末年,蒙元铁骑踏破大宋疆土,郑思肖改名思肖,取字忆翁,自号所南,以示对新朝统治的抵抗和对故国旧朝的思怀。其晚年更是将饱含血泪的自著诗文集《心史》用铁盒密封,沉入苏州承天寺之井底。这部奇书直至明崇祯十一年才被偶然发现。同为乱世遗民,萧云从视郑思

---

① 李陈玉:《楚辞笺注》,见《楚辞文献丛刊》第39册,北京:国家图书馆出版社,2014年,第87页。
② 戴震:《屈原赋注》,见《楚辞文献丛刊》第62册,北京:国家图书馆出版社,2014年,第61页。
③ 周建忠评注:《楚辞》,南京:凤凰出版社,2009年,第77页。
④ 萧云从:《离骚图》,见《楚辞文献集成》第29册,扬州:广陵书社,2008年,第20576—20578页。
⑤ 郑振铎:《劫中得书记》,桂林:广西师范大学出版社,2010年,第10页。
⑥ 萧云从:《离骚图》,见《楚辞文献集成》第29册,扬州:广陵书社,2008年,第20622页。

肖为榜样,效仿其行为,以此寻求内心的慰藉,显示坚毅的民族气节。

图像劝惩功能自古有之。据《左传·宣公三年》载:"昔夏之方有德也,远方图物,贡金九牧,铸鼎象物,百物而为之备,使民知神、奸。"① 可见,早在遥远的夏代,统治阶级便将图像刻铸于青铜器之上,用来对臣民进行劝诫教化。画壁传统亦由来已久,无论是孔子观看的明堂壁画,还是屈子仰见的庙堂壁画,都体现着古人对壁画鉴诫作用的重视。《天问》是屈原受宗庙祠堂壁画启发而创作的,故萧云从在演绎文本时,保留了图像原有的教化功能,其在《画〈天问图〉总序》中开宗明义地说道:

> 图其事者,先稽其典,则明法物之不可废也。至于舞干蛮遏,环辔戎归,则知远方之宜率服也。鼓刀负鼎,则庆贤人之遇也。鱧身披发,则恸忠职之穷也。石腒桑育,虎乳鸟燠,脱焚出泉,则纪圣人之生不偶也。烛龙之启其长夜也,岐蛇之毙于自噬也,缝裳乱伦之陨首也,棘林肆情之蒙羞也,牛饮之膘也,虫尸之争也,此其仪型可鉴,而报复无殊者尔。若夫大荒内外,亦何所不有。兽作人言,鸟倾仙药,长蛇吞象,委虵负熊,白龙轻身,赤鸟解羽,此岂寓言托讽哉。征于形,格于理,宛然目前在也。乃如八柱之为幹维,九城之不撞折,出汤谷者次蒙汜,安属放者恒曜灵,三足之乌、缺唇之貌,贞明于亘古者,孰得而翳之哉?合而观之,无幽淑而不彰,无隐悖而不歼。被谮者有蚕名,窃据者无蠋类。不得之于身,必得之于子孙。②

可见,稽典图事以明法物、鉴后世,是萧云从进行图像创作的主要意旨之一。恰如上述引文所说,《天问图》中,无论题材是神话传说还是古史人事,很多都带有劝诫讽谏的意味。而屈原伟大的爱国情怀更是感召画家以笔墨绘写异代同境之感的直接因素:

> 大约征形烁理,使后人翻覆玩绎,凄蓥以想古人处乱托忧之难。而环琦卓谲,足以惊心动魄,知阴阳鬼神之不可测,俾明治乱之数,芳秽之辨,有自来尔。③

画家情动于中,所绘《天问图》着墨之处尽显处乱托忧之意、悲怆哀愤之情,可谓笔之所到,思之久远。如"平胁曼肤,何以肥之?"王逸注曰:"言纣为无道,诸侯背畔,天下乖离,当怀忧癯瘦,而反形体曼泽,独何以能平胁肥盛乎?"④ 萧云从据此绘《平胁曼肤》图。图中帝辛为臣仆簇拥,袒胸露乳,肌肤润滑,体态丰腴;手揽美人于侧,满面春风,逍遥忘形。整幅画面简洁生动,画家通过营造帝辛肆意享乐的氛围,表达出对其荒淫无道

---

① 李梦生:《左传译注》,上海:上海古籍出版社,2004 年,第 437 页。
② 萧云从:《离骚图》,见《楚辞文献集成》第 29 册,扬州:广陵书社,2008 年,第 20624—20625 页。
③ 萧云从:《离骚图》,见《楚辞文献集成》第 29 册,扬州:广陵书社,2008 年,第 20580 页。
④ 洪兴祖:《楚辞补注》,北京:中华书局,1983 年,第 106 页。

又如《昭后逢白雉》图，萧云从根据"昭后成游，南土爰底。厥利惟何，逢彼白雉？"绘昭王迎取白雉之情景。图中昭王席地而坐，上身前倾，引颈以待，见楚人手捧白雉进献，不觉面露贪婪之喜。画家通过这一场景的描绘，表达出对昭王因贪图蝇头小利而身遭横祸的讽刺与对周王朝王道衰微的哀叹。

再如《箕狂梅醢》图。《天问》原文："彼王纣之躬，孰使乱惑？何恶辅弼，谗谄是服？比干何逆，而抑沉之？雷开阿顺，而赐封之？何圣人之一德，卒其异方？梅伯受醢，箕子佯狂。"王逸注曰："梅伯，纣诸侯也。言梅伯忠直，而数谏纣，纣怒，乃杀之，葅醢其身；箕子见之，则披发佯狂也。"① 萧云从据此绘图，图中梅伯被剁成肉酱装入坛中，坛口露出的头颅及手脚，让观者不寒而栗。箕子见梅伯被醢，在一旁作披发佯狂状，衣衫不整，冠带凌乱。整幅画面触目惊心，令人毛骨悚然。图注曰："雷开受赐不足画，止以箕狂梅醢为图，著古人顺受之正。"其《画天问图总序》亦点明此图的创作目的："醢身披发，则悯忠臣之穷也。"② 商纣王朝迫害忠良，惨绝人寰，萧云从怀着无限哀愤的心情，于笔墨中寄寓了最沉痛的控诉。

二、图像与文学文本的关系

清人叶燮《赤霞楼诗集序》在研究诗、画异同时指出："吾尝谓：凡艺之类多端，而能尽天地万事万物之情状者，莫如画。彼其山水、云霞、林木、鸟兽、城郭、宫室，以及人士、男女、老少、妍媸、器具、服玩，甚至状貌之忧离欢乐，凡遇于目，感于心，传之于手而为象，惟画则然；大可笼万有，小可析毫末，而为有形者所不能遁。吾又以谓，尽天地万事万物之情状者，又莫如诗。故彼山水、云霞、士人、男女、忧离欢乐等类而外，更有雷鸣、风动、鸟啼、虫吟、歌哭、言笑，凡触于目，入于耳，会于心，宣之于口而为言，惟诗则然；其笼万有，析毫末，而为有情者所不能遁。"③ 可见，诗、画在艺术表达上既有极大的共通之处，又在艺术形态上存在着显著差异。作为一种图像楚辞注本，《天问图》以绘画语言对《天问》文本进行阐释，绘者一方面在尽可能忠于原作的基础上以线条表现文本内容，另一方面却在绘画特质的影响下不自觉地消解了文本的意象。

（一）图像对文本内容的表现

《天问》上至宇宙天体，下至历史事件，涉及内容浩渺广泛。萧云从以分章摘句的形式将《天问》主题包罗殆尽，灵活采用单一式和综合式两种叙述方式，将文字转化为直观的图像，巧妙地再现了文本内容。

---

① 洪兴祖：《楚辞补注》，北京：中华书局，1983年，第112页。
② 萧云从：《离骚图》，见《楚辞文献集成》第29册，扬州：广陵书社，2008年，第20624页。
③ 叶燮：《已畦集》卷八，1917年长沙叶氏梦篆楼刊本。

1. 单一式叙述表现

单一式场景叙述往往通过描绘事件中"最富于孕育性的顷刻"①来实现。图像所展现的场景在整个事件中起着关键作用,观者透过这一场景能够把握事件的来龙去脉,从而完整了解事件的过程。关于"最富于孕育性的顷刻",莱辛在《拉奥孔》中指出:

> 绘画在它的同时并列的构图里,只能运用动作中的某一顷刻,所以就要选择最富于孕育性的那一顷刻,使得前前后后都可以从这一顷刻中得到最清楚的理解。②

当有限的画幅遇上庞大的叙事体系,萧云从运用准确的判断对故事情节进行取舍,通过"最富于孕育性的顷刻"有效展现了《天问》文本中涉及的历史事件。

且看《少康逐犬》图,画题出自《天问》"惟浇在户,何求于嫂?何少康逐犬,而颠陨厥首?女岐缝裳,而馆同爰止。何颠易厥首,而亲以逢殆?"讲述的是浇与女岐淫逸,共同居住在一起,夜晚同睡难辨,以致在少康杀浇时,误取女岐首级的故事。萧云从在描绘这一历史事件时,抓住"少康逐犬"四个字,独具匠心地设计出一幅场面诙谐而又充满张力的图像:少康一手提着女岐头颅,一手高举长剑,奋力追赶着衣不蔽体、仓皇逃窜的浇。画家笔下的人物被塑造得栩栩如生,仿佛活脱脱从戏剧舞台上走进画中一般。通过关键场景的绘写,画家极富趣味地再现了严肃的历史事件。

再看《击床》图,画题出自《天问》"有扈牧竖,云何而逢?击床先出,其命何从?"王逸注曰:"言有扈氏本牧竖之人耳,因何逢遇而得为诸侯乎?……言启攻有扈之时,亲于其床上,击而杀之,其先人失国之原,何所从出乎?"③萧云从根据王逸的注解,选择对室内特殊场景进行描绘,通过启将有扈氏拉扯下床的动作刻画,突显出启的勇猛和有扈氏的狼狈。事件的前因后果,因"击床"这一戏剧性情节得以在观者的想象中连接,从而完整表现出文本的内容。

2. 综合式叙述表现

所谓综合式叙述,是指择取一个事件在其各个发展阶段的代表性场景,并将这些场景并置于同一画幅,以要素串联的方式叙述出完整的事件。这种表现方式类似于连环画,只是将多幅画面的内容通过巧妙的构图集中融汇于一幅画面。区别于单一式叙述需要通过观者的想象把握事件的前因后果,综合式叙述简单直观地向观者展现了一个事件的发展简史。

《天问》开篇屈原便对宇宙天体的起源发出了一连串诘问:"曰:遂古之初,谁传道之?

---

① 莱辛:《拉奥孔》,北京:商务印书馆,2013年,第91页。
② 莱辛:《拉奥孔》,北京:商务印书馆,2013年,第91页。
③ 洪兴祖:《楚辞补注》,北京:中华书局,1983年,第107页。

上下未形,何由考之? 冥昭瞢闇,谁能极之? 冯翼惟像,何以识之? 明明闇闇,惟时何为? 阴阳三合,何本何化? 圜则九重,孰营度之? 惟兹何功,孰初作之? 斡维焉系,天极焉加? 八柱何当,东南何亏? 九天之际,安放安属? 隅隈多有,谁知其数? 天何所沓? 十二焉分? 日月安属? 列星安陈? 出自汤谷,次于蒙汜。自明及晦,所行几里? 夜光何德,死则又育? 厥利维何,而顾菟在腹?"作者对天地自然、宇宙星辰的思考,采用一问到底的方式喷涌而出,气势恢宏,发人深省。面对如此广阔的信息量,萧云从通过综合式叙述的方式,将文本内容转化为《日月三合九重八柱十二分图》。画幅上端绘有代表阴阳的八卦图,并以"乌俣""顾菟"代表日、月,分列于八卦图下方左右侧。三者以正三角构图的形式表现出阴阳衍化、日月交替的自然本相。画幅中央为"洛书符",周围等距离分布着乾、坤、震、艮、离、坎、兑、巽八大方位,十二生肖和星辰分散环绕在方位四周,由此形成一幅完整的宇宙天体图。萧云从于图后自注:"十二辰象本《诗》之庚午祭史,二首六身,三月龙见苍颉,巳蛇寅虎是也。柳《对》'乌俣'即三足在日中者也,月则顾菟矣。尝见《皇极图》三合九重八柱具焉,为《洛书》之畴数也,即三百六十一为象山方卦,京房之律原也,非敢臆也。"萧氏在借鉴古人图绘的基础上,加以精慎考挹,以有限的画幅生动表现了文本的内容。

《天问》有关历史兴亡的内容涵盖了夏、商、周三个王朝,也涉及齐、晋、吴、鲁、秦、楚等国的历史。以周朝为例,屈原问曰:"稷维元子,帝何竺之? 投之于冰上,鸟何燠之? 何冯弓挟矢,殊能将之? 既惊帝切激,何逢长之? 伯昌号衰,秉鞭作牧。何令彻彼岐社,命有殷国? 迁藏就岐,何能依? 殷有惑妇,何所讥? 受赐兹醢,西伯上告。何亲就上帝罚,殷之命以不救?"屈子从周朝的起源问起,然后问其取得统治的经过,最后通过对商纣残暴无道的诘问,指出周朝奉天命取代殷国乃历史发展的必然趋势。萧云从基于"周以后稷,绩功累代,有数十圣而后工天下,卜年八百,则一心之运也"的全盘考虑,将此文本内容绘作一图。画家选取元子冯弓挟矢、百姓归依古公、文王受赐祭天三个代表性场景,将周王朝的发展兴盛汇集于一幅画面,既连续表达了文本内容,又清晰展现了历史规律。

(二)图像对文本意象的消解

"意""象"二字最早可溯源于《周易·系辞》:"观物取象""立象以尽意",但这里的"意象"属于哲学范畴,尚未与审美表现相结合。至汉儒解经释骚,提出"比兴"之说,"意象"作为审美范畴,其内涵才逐渐萌发。之后"意象"内涵在晋代陆机《文赋》中进一步发展,至南朝刘勰《文心雕龙》得以完备。《文心雕龙·隐秀》篇对"意象"内涵作了完整阐释:"文之英蕤,有秀有隐。隐也者,文外之重旨者也;秀也者,篇中之独拔者也。隐以复意为工,秀以卓绝为巧,斯乃旧章之懿绩,才情之嘉会也。"① 刘勰将"隐""秀"并举为文学最杰出的表现手法,认为象、意二者是相互联系、互为表里的。意象寄托隐含了诗人的情志,具有外在和内在的双重意义。刘勰对"意象"内涵的阐释在唐代得到广泛认可,皎然在此基础上,于《诗式》中提出"象下之意",明确揭示了意与象的关系,成为"意象"术语的创造者,至此"意象"概念正式诞生。

  中国文学自古便产生了大量具有丰富内涵的意象。战国时期,"意象"之说虽无提出,但许多诗歌中出现的物象已包含内外两重意义,表达了诗人内心的深厚情感,屈原作品之意象便是典型。《天问》有关宇宙天体、神话传说、历史兴亡的诘问,内容涉及日月、星辰等宇宙天体,女歧、伯强、鲧禹、后羿、女娲等神话人物,少康、伊尹、梅伯、阖庐、堵敖等历史人物,纷繁复杂,形成了一个庞大的物象群。据王逸《楚辞章句》考述,《天问》是屈原根据楚宗庙祠堂中的壁画而创作的。壁画中形象可视的天地山川、神灵万物触发了屈原的创作灵感,诗人结合自己愤懑的心境,一气呵成地抒写了这篇千古奇文。文中再现的壁画内容,于诗人笔下,不仅是客观事物的描述,更是主观情感的舒泄。浩瀚的宇宙、动人的神话、遥远的传说,如此庞大的物象群不再是简单的壁画形象,它们成为诗人思想和情感的复合体,寄寓了诗人的情思,层次丰富地表达了屈原经历政治失败后惨遭放逐的悲怆心情。透过宇宙天体、神话历史,诗人穷天地鬼神之奇,追古往今来之变,以文学的手腕,将天地万物上升到哲学高度,表达出对自然和历史的批判,体现了强烈的思辨色彩。

  文学是诉诸想象的思维表达,图像是诉诸视觉的直观表达。屈原用诗性的语言简化了宇宙天体、神话故事和历史传说,通过提炼出的只言片语来观照人生、情感及哲学。萧云从将诗化的历史演变为具象的场景。艺术形式的改变,使文本原有的意象消解于图像之中。作为一种图像楚辞注本,萧云从《天问图》力图忠实地还原《天问》文本内容。画家通过细致的研读和精慎的考证,博采前人之说、博览前人之画,以写实的笔法创作出独步艺、学两界的五十四图。从画题的选择到图像的描绘,无不体现出画家对宇宙天体、神话传说真实面貌的孜孜探索。因此,还原故事本身成为画家作画的努力方向。然而,诗歌的魅力恰恰在于其意象内涵的丰富性和模糊性,它"强调更多的是内在生命意兴的表达,而不在于模拟的忠实、再现的可信"②。图像在模拟诗的过程中,摒弃了诗的深层内涵,而对诗的浅层形象进行铺陈演绎,由此导致了对诗歌原意的义理置换,甚至产生了某种颠覆,消解了诗的意象。从文本到图像,《天问》的内容得以直观展现,而内涵却在意象不自觉的消解中改变了意味。

---

① 范文澜:《文心雕龙注》,北京:人民文学出版社,1958年,第632页。
② 李泽厚:《美的历程》,上海:三联书店,2009年,第55页。

三、图像与文学评注的关系

《离骚图·凡例》云:"兹集意在图画。"① 可见,萧云从《天问图》乃是一部以图为主的图绘经典。因此,《天问图》的性质并非以往学界所认为的楚辞插图,它是一种极具特色的图绘楚辞注本,通过图像与画家自注相结合的方式,表达了萧云从对《天问》的理解。毫无疑问,作为楚辞注本,《天问图》丰富了千百年来楚辞研究的形式,其以图注楚辞的形式创新了楚辞研究的方法,扩大了楚辞的传播范围。画家在进行《天问》图像创作时,除依据诗歌文本外,历代楚辞评注对其的影响也显而易见。细观《天问》诸图,我们不难发现,从分段到内容,无不反映出图像与历代评注间的密切关系。

关于《天问》的段落划分,楚辞研究各家不一。如李陈玉《楚辞笺注》:"《天问》当分作三大段,自'曰遂古之初'起,至'曜灵安藏'止为上段,共四十四句,是问天上事许多不可解处。自'不任汩鸿'至'乌焉解羽'止,共六十八句为中一段,是问地上事许多不可解处。自'禹之力献功'起,至末'忠名弥彰'止,共二百六十一句是问人间事许多不可解处。"② 又如,徐焕龙《屈辞洗髓》:"词自'上下未形',至'曜灵安藏',是一段。自'不任汩鸿',至'禹何所成',是一段。自'康回冯怒',至'鸟焉解羽',是一段。自'力献功',至'鯀疾修盈',是一段。'白蜺'至'何以迁之',是因化熊推类,另一小段。自'惟浇在户',至'能流厥严',是一大段。'彭铿'至'卒无禄',是承上起下,又另一小段。自'薄暮'至终,是一段。"③ 可见,各家段落虽划分不一,但总体认识却基本一致,都是按照宇宙天体、神话传说和历史兴亡进行归类划分的。萧云从在以图像注释《天问》时,鉴于图像创作的特殊性,采用分章摘句的形式将文本内容再现于五十四幅图像之中,其创作兼顾了图像的艺术表达和文本的连贯性。其大段划分,与各楚辞注家大体一致。宇宙天体方面,萧氏根据文本"曰遂古之初"至"曜灵安藏",共绘四图,分别以日月三合九重八柱十二分、女岐九子、伯强、角宿耀灵为题材;神话传说方面,根据文本"不任汩鸿"至"乌焉解羽",共绘十一图,内容围绕鲧禹治水展开,图像包含了鸱龟、应龙、康回、烛龙、能言之兽、虬龙、雄虺、长人、巴蛇、鲮鱼、魆堆、羿等传说形象;历史兴亡方面,根据文本"禹之力献功"至"忠名弥彰",共绘三十九图,内容以商代史事为主线,涉及的传说和历史事件有禹娶涂山、夏启继位、夷羿篡夏、少康杀浇、汤谋易旅、桀伐蒙山、舜娶尧女、女娲造人、太伯奔吴、成汤伐夏、简狄生契、王亥秉德、纣王惑乱、有易杀亥、王恒班禄、武王伐纣、昭王南巡、穆王周游、齐桓身杀、箕狂梅醢、后稷降生、古公迁岐、文王作牧、吕望鼓刀、伯林雉经、阖庐为王、惊女得鹿、子文出生等。值得注意的是,在小段划分上,萧云从以单幅图

---

① 萧云从:《离骚图》,见《楚辞文献集成》第29册,扬州:广陵书社,2008年,第20584页。
② 李陈玉:《楚辞笺注》,见《楚辞文献丛刊》第39册,北京:国家图书馆出版社,2014年,第88页。
③ 徐焕龙:《屈辞洗髓》,见《楚辞文献丛刊》第48册,北京:国家图书馆出版社,2014年,第520页。

像为单位,表达了自己的观点。其中,既有以二到四句诗为一图的,也有以十句以上诗为一图的,其划分标准是一个完整的故事或一段连贯的历史。例如,《应龙画河海》图,即是根据文本"应龙何画?河海何历?鲧何所营?禹何所成?"描绘了应龙以尾画地导水的故事。又如,《元子挾矢》图,根据文本"稷维元子,帝何竺之?投之冰上,鸟何燠之?何冯弓挾矢,殊能将之?既惊帝切激,何逢长之?伯昌号衰,秉鞭作牧。何令彻彼岐社,命有殷国?迁藏就岐,何能依?殷有惑妇,何所讥?受赐兹醢,西伯上告。何亲就上帝罚,殷之命以不救?"赞颂了周代历史的丰功伟绩。

对待前辈学人的研究,萧云从既有借鉴,亦有批评。画家曾于《〈离骚图〉序》中自述所绘图像乃"一宗紫阳之注"①。萧氏门人张秀璧在《〈天问图〉跋》中亦指明其师之作乃"错取叔师之义,子厚之对,晦庵之注,万里之解"②而成。然而,细观《天问》诸图及萧氏自注,我们不难发现,其洋洋洒洒五十四图,采王逸之说者三十条,柳宗元之说者十二条,朱熹之说者仅四条。虽然画家强调《天问图》乃承朱熹评注而来,但在实际创作中,无论是图像表现还是图像自注,却均极少涉及朱子观点,而是更多地承袭了王逸和柳宗元的说法。可见,对于《天问》的研究,萧云从更倾向于早期楚辞注本所作的阐释,这显然与王逸《楚辞章句》在学术史的基石地位密切相关。至于对朱子解释,画家自述与自注所体现的矛盾,则很可能是由当时学界风气所致。众所周知,程朱理学是宋明理学的主要派别之一,对后世影响至深至巨,明代科举取士所用的八股文便是以程朱学派对四书五经的注释为标准的。朱熹作为程朱理学的杰出代表,其所作《楚辞集注》是楚辞研究史上一道重要的里程碑。南宋以后,朱子对楚辞的诠释已然成为学界主流,深刻影响着后世学人的研究。萧云从在《〈离骚图〉序》中开宗明义地称"吾尊骚于经,则不得不尊骚而为图矣"③,并于《画〈天问图〉总序》中进一步强调了其所绘图像的教化意义。可见,其对《天问图》经典性的深化和道德性的强调,确与朱熹注释楚辞以儒家义理为准相契合。故而,萧云从在研究《天问》时"言必称朱子"便不足为奇了。此外,画家面对王逸等前辈学人的观点,并非机械式地全盘接受,而是结合自己的研究心得,取其精华纠其谬误。如《鸱龟曳衔》图,萧云从自注:"王逸云:'汩,治也。鸿,鸿水也。师,众也。'尧放鲧于羽山,飞鸟水虫,曳鲧而食之,三年不舍其罪,鲧狠愎而生禹遂乎九土。嗟乎!为国而死,蒙罪何辱?况有蓋愆之圣邪,世有水经,代有天下,食报宜矣。故悉画之以劈符命之说。又按,'汩'谓乱也,《书》曰:'鲧堙洪水,汩陈其五行'。王逸东汉人,未见古文《尚书》尔。"文意上,萧氏明确反对洪兴祖以灾异符命之说来评价鲧禹治水的功过,并高度颂扬了鲧因治理洪水而为国牺牲的精神;训诂上,他引经据典,对王逸旧说提出了修正。又如《羿射河伯》图,

---

① 萧云从:《离骚图》,见《楚辞文献集成》第29册,扬州:广陵书社,2008年,第20581页。
② 萧云从:《离骚图》,见《楚辞文献集成》第29册,扬州:广陵书社,2008年,第20733页。
③ 萧云从:《离骚图》,见《楚辞文献集成》第29册,扬州:广陵书社,2008年,第20580页。

画家注曰:"河伯化为白龙,羿射眇其一目也。羿又梦与雒水神宓妃交。'冯珧利决,封豨是射'者,言不德。唯恃其弓,以射神兽,为畋猎之娱也。按,王注与柳对,皆错杂无叙,而白龙鱼服则子胥有豫,且之喻想原本于是耶?"批判了王逸、柳宗元对文本阐释的谬误。

值得注意的是,萧云从在博取众经的基础上,对《天问》文本作过进一步精慎考据,于图像创作中表达出自己的见解。其中既有名物训诂,如《伯强》图,画家自注:"《道书》有'伯强',云'古之愤忠战殇者',如睢阳所谓'死当为厉'是也。或曰'伯强'即《周礼》'方相',二字转注。故虎、豹、熊、罴、黄金、四目。从之。"历来王逸等人释"伯强"为"大厉,疫鬼",萧云从则通过对《道书》《周礼》等著作的考察,对这一名词提出了新的看法。又如《雄虺九首》图,画家自注:"注虺,蛇也。儵忽,电光也。《庄子》:'南方之帝曰儵,北方之帝曰忽。'恐非电光也。"通过引用《庄子》直言,对王逸旧说提出疑议,表达了自己的观点。也有文本校对,如《巴蛇吞象》图,画家自注:"南方有灵蛇吞象,三年然后出其骨是也。蛇属巳。巴,益以舌,画者象形也。他本作'灵蛇',柳作'巴蛇'。"从文字上对《天问》各种版本进行了比校。又如《汤谋易旅》图,画家自注:"汤谋变夏众,以从己也。少康灭斟寻氏,疑错简。"从文意上对诗句在文本中的顺序提出疑议。当面对各种不确定的旧说时,萧云从总是根据自己的判断,取其合理部分综合成图,如《女娲》图,画家自注:"注'女娲,人头蛇身,一日七十化,其体如此'。柳《对》曰'工获诡之',谓画师所致也,何独不然。路史谓'登立即女娲名',故合图。"图绘女娲人首蛇身,缠绕于山石之间,其形象由前人阐释综合而成,各传说特征在画家笔下浑然一体、鲜明生动。凡此种种,不胜枚举。身为著名版画家,萧云从在创作时能够潜心钻研文本,推陈出新,不落前人窠臼,着实难能可贵。

综上所述,明清易代之际,萧云从通过创作《天问图》,借助屈原诗歌的意旨,表达了内心的悲愤哀痛之情,寄寓了深远的劝诫讽谏之意。画家在尽可能忠于原作的基础上,以线条展现了文本的内容,而艺术形式的差异,最终导致了原诗意象在图像中的消解。作为一种图像楚辞注本,《天问图》通过对文本的精慎考据,表达了画家独到的学术见解,其中既有对历代文学评注的吸收与批评,也有自己全新的探索与研究。文学《天问》与图像《天问》,共同构筑了《天问》的文艺世界,推动了《天问》在历史长河中永不停歇地传播。

"二湘图"文献研究*

长江大学 陶丹丹

以湘君、湘夫人为题材的绘画主要是取材于屈原作品《九歌》中的《湘君》《湘夫人》两篇文章,图中人物形象、意境、情感的表达也多受屈原影响。此前虽然也有很多关于二神的描述,例如二妃与舜的传说、湘妃鼓瑟、湘妃竹等,但以此为题材的绘画《湘灵鼓瑟图》等亦运用了相同的神话背景,所以历代绘画作品即与屈原《湘君》《湘夫人》相关,也与舜之二妃神话相关,只是形象塑造时侧重不同,而脱离《九歌》文本之外的绘画的确不多,因而对二湘图的统计整理必定包含了《九歌图》的统计。《湘君图》《湘夫人图》的数量多于《东皇太一》《云中君》《河伯》等,在收集到的图像中脱离《九歌图》而单独绘画云中君、河伯等图画基本没有,《湘君》《湘夫人》图像数量可观,可见二湘图很受画家的青睐。屈原的《九歌》在中国文学史上有着举足轻重的地位,且此后随着湘君、湘夫人形象的不断演绎,尤其是成为后世神话的原型之后,以《九歌》中《湘君》《湘夫人》为题材的绘画便大量涌现,尤其在元代数量突然增加,明清时期仍然保持渐序增加的趋势,且出现湘君多为女性角色的特点,这些都可能与屈原精神的感召力、作品的绘画美、文本的解读接受及画家自身个人经历与情感相关,同时也考虑男性性别因素的影响。

一、二湘图文献梳理

《湘君》《湘夫人》是《九歌》中非常受画家青睐的两篇,图像除单幅作品之外,《湘君》《湘夫人》图也是《九歌图》的一部分,对其文献整理自然涉及对《九歌图》的收集整理,目前不少画作已经遗失,我们只能通过画论书籍、楚辞书录、笔记类文章、相关图像论文、各博物馆、拍卖会等去收集相关文献资料,对图像的作者、人物数量、性别、形象构造等统计,根据数据发现特点并进行原因分析。

记载相关楚辞图的古籍约有44本,其中明确记载了《湘君》《湘夫人》(包括《九歌图》组图中的湘君湘夫人图)图像的古籍有宋代邓椿《画继》《宣和画谱》、曾宏父《石刻铺叙》、黄伯思《东观余论》,元代虞集《道园学古录》,明代张丑《清河书画舫》、都穆《寓意编》、孙矿《书画跋跋续》、朱谋垔《画史会要》、汪砢玉《珊瑚网》、贝琼《清江文集·跋九歌图后》、

---

* 本文系长江大学"现代教育与荆楚文化研究"校级优势特色学科群2018年度课题"楚辞图像研究"(2018YZW21)阶段成果。

文嘉《严氏书画记》，清代孙承泽《庚子销夏记》、朱之赤《卧庵藏书画目》、杨绍和《楹书隅录》、王原祁《佩文斋画谱》、孙岳颁《御定佩文斋书画谱目录》、陆时化《吴越所见书画录》、王毓贤《绘事备考卷》、卞永誉《书画备考》、清《石渠宝笈》《石渠宝笈续编》、《西清箚记》《论画绝句》，近当代楚辞书录有饶宗颐《楚辞书录》、姜亮夫《楚辞图谱提要》《楚辞书目五种》、浙江大学《宋画全集目录》、崔富章《楚辞书录解题》《楚辞书目五种续编》、杨义《楚辞图绘类要目》《故宫书画图录目录》《故宫已佚书画目》《中国古代书画目录》《中国美术分类全集——中国绘画全集》《中国历代画论大观》、郑振铎《楚辞图》。

著录了《湘君》《湘夫人》图像的相关论文大概有49篇，例如张克峰《屈原及其作品在绘画创作中的接受》[①]、胡友慧《观德与审美：古代湘君、湘夫人主题绘画的艺术诉求》[②]、罗建新《〈楚辞〉的图像化进程》、安宁《〈楚辞图〉题咏研究》、何继恒《历代屈原图像的人文寄托》、李鹏《图像、书辞、观念——〈九歌图〉研究》《张渥与十一段本〈九歌图〉》[③]、李格非、李独奇《以屈原为题材的古代绘画概述》[④]、孙洋洋《明清楚辞图研究》、任哨奇《湘君湘夫人图》、宁璐璐《文徵明〈湘君湘夫人图〉的语图互文关系》[⑤]、阿英《屈原及其诗篇在美术上的反映》[⑥]等。

这些书籍与论文中关于《湘君》《湘夫人》图有五代梁刘彦齐《湘妃图》；宋代李公麟《湘君湘夫人图》；元赵孟頫《湘君图》《湘夫人图》、张渥《湘君湘夫人图》《湘妃鼓瑟图》、张伯雨《湘君湘夫人图》、赵魏公《湘君湘夫人图》（这些图并不是二神合为一图）；明文征明《湘君图》《湘君湘夫人图轴》、文淑《湘君持素图》、陆治《画湘夫人卷》《湘夫人图》、明丁云鹏《湘夫人》、明无名氏《二湘图》《湘夫人》；清任熊《湘夫人》《二湘图》、清余集《湘君图》、清王素《二湘图》、无名氏的《白描湘妃图》。而绘画组图《九歌图》的作者有宋代李公麟、米芾、张敦礼、南宋马和之；元赵孟頫、赵衷、张渥、钱选、程君房、马竹所、程巨夫、管道昇、祝丹阳、王子庆、王渊；明代陆谨、杜堇、仇英、吴桂、周官、陈洪绶、董其昌、陆治、卢允贞、吴希纯、朱季宁、章洪、赵古则、萧云从、钦揖；清代饶璟、同璐、杨宾、丁观鹏、彭荣、周瓒、冷枚、汪汉、姚文瀚、姚梅伯、叶原静、胡井龙、祝维垣、彭荣、门应兆。

除此之外宋代还有无名氏《九歌图》7幅，南宋无名氏《九歌图》3幅，元代无名氏《九歌图》4幅，明代无名氏《九歌图》1幅，不明朝代的王翼《九歌图》1幅，周宫《白描九歌图》1幅，不明朝代与作者的《九歌图》《白描九歌图》2幅。由于部分书籍对图画记载信息不

---

① 张克峰：《屈原及其作品在绘画创作中的接受》，《文学评论》，2012年第1期。
② 胡友慧：《观德与审美：古代湘君、湘夫人主题绘画的艺术诉求》，《艺术教育》，2012年第7期。
③ 李鹏：《张渥与十一段本〈九歌图〉》，《美术》，2018年第3期。
④ 李格非、李独奇：《以屈原为题材的古代绘画概述》，《云梦学刊》，1992年第2期。
⑤ 宁璐璐、满盈盈：《文徵明〈湘君湘夫人图〉的语图互文关系》，《大众文艺》，2018年第19期。
⑥ 阿英：《阿英文集》，北京：生活·读书·新知三联书店，1981年，第592—602页。

全,朝代作者不可考,而图像资料很少保存下来进行比对,这 19 幅不可考的《九歌图》很有可能存在统计重复现象,即可能同一幅无名氏画在不同书籍中记载,但后人又无法确定是否为同一幅。总的来看,《九歌图》约有 85 幅(一名作者不同版本算为多幅,也包括待考证的图),这 85 幅《九歌图》中都包含了《湘君》《湘夫人》图,因此研究二湘图必定要对《九歌图》进行研究统计。但《九歌图》中湘君与湘夫人有单幅图形式出现,例如《湘君图》《湘夫人图》,也有以组图形式出现,例如《湘君湘夫人图》《二湘图》等,但大多数《九歌图》已经失传不可考,对湘君湘夫人图像具体数量统计已不可能,只能粗略统计以上图为 110 幅,但目前存世可见的图较少。

二、二湘图数据分析

关于《湘君》《湘夫人》图像最早是五代·梁刘彦齐的《湘妃图》,即屈原二湘图图绘传播始于五代梁。宋代著录作者 3 人和 10 名无名氏(除去米芾题字),画 20 幅,在宋之前的图凤毛麟角,李公麟的《九歌图》开创了《九歌》题材的先河,宋代二湘图处于初步发展时期。元代著录作者 14 人与无名氏 4 人,共 18 人,图画 31 幅,除去无名氏不可确定因素,元代有名字著录人数由宋 3 人增加至 18 人,是作者突然增多的阶段。明代著录作者 18 人与无名氏 5 人,28 幅图,清代著录作者 19 人,图画 22 幅,从数据分析看对二湘图突然增多出现在元代,元明清三代基本持恒,总体来看是处于渐次增多的趋势。

为何在元代绘画二湘图的作者突然增加呢?

首先根据统计发现元代取材《九歌》的图像增多,在宋代李公麟已经开《九歌图》先河且影响较大,且绘画形象鲜明,场面丰富意境深远,构图精妙技法高超,目前可知李公麟的《九歌图》版本有甲本故宫博物院藏,全面刻画《九歌》中的人物及背景,删去《国殇》一篇,共 9 幅 130 人;乙本据说留存于日本,专一刻画《九歌》主要人物,加上《国殇》共 10 幅 17 人;六段本,即根据《昭明文选》所选录《九歌》6 篇所作曹纬书词本;黑龙江省博物馆所藏孙承泽旧藏无景本;辽宁博物馆收藏王樨题跋本;末尾提"申年七月望日"款有景本[①]。二湘图是《九歌图》组图不可缺的一部分,不同版本中二湘图的构图方式、线条、形象皆有些许不同,也为后世模仿二湘提供了多种版本。除《九歌图》组图之外,李公麟有《湘君湘夫人图》,但原图目前已不传于世,却影响了宋元时期的"二湘图"的创作。元代作者有了可模仿的《湘君湘夫人》图蓝本,创作一个新的形象比模仿一个形象难得多,且后人再创作也很难脱离前人尤其是像李公麟这样一大家的影响。从现存的元代赵孟頫《湘君图》《湘夫人图》、张渥《湘君湘夫人图》不难看出,基本都以李公麟《湘君湘夫人图》为底本进行再创作,根据后人的题跋"伯时作画多不设色,此白描湘君、湘夫人,绾髻

---

① 薛永年:《谈张渥的〈九歌图〉》,《文物》,1977 年第 11 期。

作雪松云绕,更细如针芒,佩带飘飘凌云,云气载之而行,真足照映千古"①。而《天问图》《离骚图》等绘画数量便没有这么多,《离骚》是最有名的作品,但其图像除门应兆所绘32图外,仅有董其昌《离骚图》、范曾《离骚》插图、门应兆《补绘离骚图》等数幅,《天问图》除萧云从所作54幅外,其他刘凌沧的《天问图》等也并非依据《天问》内容所作,最大原因就是其他图并没有像《九歌图》一样有李公麟的成功创作,可模仿的画很少。并且饶宗颐指出:"古代巫术必须借重于图画,《九歌》里的太一及鬼神,西汉时即被作为绘画的题材,用来致祭。""《山海经图》中已有洞庭帝女图(即湘妃),曹植《画赞序》云尝从观画,过虞舜之像,见娥皇女英,此即汉时的舜与二妃图,晋庾阐写过《虞舜像赞》及《二妃像赞》,可见顾恺之所绘《沅湘图》可能就与二湘有关。"②二湘形象与舜之二妃形象结合,二湘或者说湘妃的绘画本身就有一定的绘画历史,后人再画湘妃也不足为奇。

其次李公麟曾说:"吾为画,吾为画,如骚人赋诗,吟咏性情而已。"并且《宣和画谱》③在宋代就提出"诗中有画画中有诗"的理论,可见"吟咏性情"不仅仅限于诗歌的功能,二湘图不再是宣扬教化的工具,而是以审美为中心,在于文人精神的表达。自南唐董源的《潇湘图》开始,以描绘潇湘山水为主,山峦相连,云雾缥缈,整幅图以山水为主占据大幅面积,画中人物极小,有"二姝及鼓瑟吹笙者,有渔人方网漉鱼者"。二湘图在董源这里就已经发生改变,不再是以绘画赞颂功能为主,单调绘画人物形象,更加注重绘画的观美、吟咏表达功能。诗歌文字描绘出的优美意境、塑造出的鲜明艺术形象,在脑海中加以想象即可落笔成画,线条分明流畅,同样一幅意境优美的画在文人手里亦可吟咏成诗。画的功能不再仅限于之前的赞颂,元代初期钱选、赵孟頫都曾模仿李公麟《九歌图》,用图画意境更好表达自己的思想。

屈原的《湘君》《湘夫人》本身具有绘画美。比起《天问图》中的各种造型奇特、复杂而难以想象、从未见过的山魔鬼怪形象,屈原笔下湘君与湘夫人腾云驾雾、凌波微步、仙气飘飘、载云旗而御飞龙的形象更具神话色彩。《九歌》其他几位神中,东皇太一与东君不辨仪容、庄严肃敬,云中君来去匆匆,河伯奔腾吁哮,大司命少司命掌管生死,万民渺小而敬畏,山鬼缠绵而多情、须臾缥缈,与诸神相比,湘君与湘夫人之间期盼、失望、哀怨又执着、痴迷又误解的爱情似乎更似人间烟火。"帝子降兮北渚,目眇眇兮愁予。袅袅兮秋风,洞庭 波兮木叶下"④描绘了一幅秋风袅袅、水波漾漾、情思忧愁的相思图;"筑室兮水中,葺之兮荷盖;荪壁兮紫坛,播芳椒兮成堂;桂栋兮兰橑,辛夷楣兮药房;罔薜荔兮为帷,

---

① 卞永誉:《式古堂书画汇考》,杭州:浙江人民美术出版社,2012年,第1387页。
② 饶宗颐:《澄心论萃》,上海:上海文艺出版社,1996年,第282—283页。
③ 王群栗点校:《宣和画谱》,杭州:浙江人民美术出版社,2012年。
④ 洪兴祖:《楚辞补注》,中华书局,2015年,第51页。

擗蕙櫋兮既张;白玉兮为镇,疏石兰兮为芳;芷葺兮荷屋,缭之兮杜衡"①,在荷叶、荪草、桂树、木兰白玉、香椒等物的装饰下,所筑房室显得美好。屈原笔下《湘君》《湘夫人》的衣物、坐骑、神情等细节丝毫不差地展现在画家与读者面前,个性鲜明的抒情主人公,诗意盎然、意境深远的场景,色彩斑斓、内容丰富的长篇画卷,为画家们提供了素材。

再者自古以来爱情一直是永恒不变的话题,湘君湘夫人的词是配对的,又是楚国境内专有的河洛湘水之神,起初是崇拜自然,对二湘的偏爱与民间信仰、神仙崇拜相关,后来又与舜之娥皇女英二妃爱情联系起来,注入了人神相恋的爱情故事。孙毂《河图玉版》记载"湘夫人者,帝尧女也。秦始王浮江至湘山,逢大雨,而问博士:'湘君何神?'博士曰:"闻之,尧二女,舜妃也。死而葬此。"②刘向《列女传》中"二妃死于江、湘之间,俗谓之湘君"③,郑玄在注《礼记·檀弓》"舜葬于苍梧之野,盖三妃未之从也"时说"《离骚》所歌'湘夫人',舜妃也"④。这些都说明湘君湘夫人可能与舜及二妃相关。目前对二湘的身份有多种看法,王逸认为湘君是湘水之神,湘夫人是舜之二妃,那湘君就应是舜了。而朱熹认为湘君是娥皇,尧之长女,舜之正妃为君,湘夫人是次女女英降为夫人,看法不同,但都有爱情的元素。屈原的二湘之间痴情等待、埋怨遗憾、期而不见,缠绵悱恻而又真诚执着,这种浪漫爱情与神话色彩更加吸引吟咏性情的元代画家。而《九歌图》中其他形象绘画除《山鬼》之外,《东皇太一》《河伯》《东君》《大司命》与《少司命》都缺少二湘之间哀怨又忠贞的爱情。

再次元代突然增加对屈原二湘的绘画,与屈原本身的感召力有关,也与作者本身的个人经历与情感有关。屈原"其志洁,故其称物芳;其行廉,故死而不容。自疏濯淖污泥之中,蝉蜕于浊秽,以浮游尘埃之外,不获世之滋垢,皭然泥而不滓者也。推此志也,虽与日月争光可也",⑤对国家赤胆忠心,对理想的执着追求,坚守道德底线等对士人最具感召力,尤其是政治腐败、改朝换代时屈原的爱国精神以及被流放的哀怨悲愤的更能引起爱国画家的共鸣与同情。根据统计,元代画作流传最多的属赵孟頫、张渥、郑思肖、马竹所、钱选等人,而他们都生活在宋元易代或者异族统治压迫时期。赵孟頫乃宋室王孙,且才高名重,在宋元易代之际,他不敢像同宗兄弟一样激烈殉国,也不敢像一些文人故交一样终生不仕,赵氏王孙最终成了异族统治者手下官员,耻食周粟的忠杰遗民道德使他内疚,他的诗句"在山为远志,出山为小草""重嗟出处寸心违"都反映了他内心的矛盾,表忠诚而受猜忌,有脱离不了朝廷的利用,元朝皇帝越是对他礼遇,他越要保持卑微,此后他后

---

① 洪兴祖:《楚辞补注》,中华书局,2015年,第53页。
② 孙毂辑:《河图玉版》,守山阁丛书,上海博古斋1922年影印本。
③ 刘向编撰,张涛译注:《列女传译注》,济南:山东大学出版社,1990年,第3—4页。
④ 《礼记注疏》,明崇祯十二年,常塾毛晋汲古阁本。
⑤ 司马迁:《史记·屈原列传》,北京:中华书局,1982年,第248—249页。

半生一直在纠结与煎熬中度过,隐忍折衷,在《九歌图》题跋中写"屈子……忠以事君,而君或不见信而反疏。然其忠信有不能自已,故假神人以寓厥意……"①刘德新记云:"灵均之赋《天问》,文生于画。松雪之图《九歌》,又画生于文。乃知文心画心,正在风水相遭之际耳。"②赵孟頫借九歌抒发自己夹在两朝之间忠不见信的忧思。

关于张渥的生平记载非常少,其生活年代根据其画作的题跋与落款考证得来,薛永年《谈张渥的九歌图》中论证:"倪瓒在跋吴睿隶书词《九歌图》中写'叔厚画法吴孟思八分,俱得古人风流,今又何可得哉',倪的题跋包含了物在人亡的慨叹"。吴睿已死去十七年,"张渥的卒年应在元明易代前后,一位在民族矛盾和阶级矛盾十分尖锐的元顺帝至元到至正间从事艺术活动的画家"③。元朝统治者勾结地主压迫剥削、经济萧条民生凋敝、农民反抗,贝琼指出:"屈原《九歌》比兴之间致意深矣……今叔厚又以其辞求其意,使现其象而求其心"。④他将屈原的作品注入自己的理解与感情,在李公麟图像基础之上进行再创作,在作品中反映对元统治者的不满与反抗,寄予自己关心国家命运但又无法作为的忧愁。而郑思肖在宋亡国之后才更名思肖,字忆翁,因为肖是赵的一部分,不忘故国。宋灭亡之后自称孤臣,不服蒙元统治,所作诗歌《寒菊》"花开不并百花丛,独立疏篱趣未穷。宁可枝头抱香死,何曾吹落北风中"表明坚决反抗北方而来的蒙元统治,宁为玉碎不为瓦全至死不渝的崇高民族气节。《王孝伯痛饮读〈离骚〉图》的配文"谁念三闾久陆沉,饱霜犹自傲秋深。年年吞吐说不得,一见黄花一苦心!",赞扬屈原忠贞不屈的爱国之心以及自己心中亡国之痛。元代这一批作者大多都经历了改朝换代,内心的愤懑、爱国情怀等在屈原及其作品中产生共鸣,更多的画家去画屈原《九歌》,包括了《湘君》《湘夫人》图。

数据分析发现明清时期二湘图数量呈现渐次增多趋势,除了画家个人家国情怀及屈原感召力相关之外,明清时期经济发展、印刷术等因素也推动其增长。明清时期民族矛盾激化,社会矛盾激烈,最终由满清政权取代了汉族政权,所以二湘图的发展在明末清初时期达到一次高潮,以陈洪绶为代表的画家借用屈原的作品来抒发自己忠贞爱国情怀以及孤愤之感。其次明清时期经济发展,印刷业繁荣,有更多的人接受与传播屈原的作品《九歌》,版画也得到了推广。

目前可见的《湘君》《湘夫人》图以及《九歌图》中所包含的二湘图,命名方式不一,有单独命名成一幅图《湘君》《湘夫人》《湘妃鼓瑟图》等,有合名《湘君湘夫人图》。构图上湘君与湘夫人分开作画,或是1人1幅,或是加以侍女2人1幅,直到萧云从一反前人

---

① 崔富章:《楚辞书录解题》,北京:高等教育出版社,2010年,第859页。
② 崔富章:《楚辞书录解题》,北京:高等教育出版社,2010年,第859—860页。
③ 薛永年:《谈张渥的〈九歌图〉》,《文物》,1977年第11期。
④ 贝琼:《清江文集·跋九歌图后》,第二十三卷。

一神一图模式,将湘君湘夫人合并为一图,构图方式发生变化,人物成对角线分布,湘君驾飞龙在上,湘夫人策马于下①。中华珍宝馆发布藏于波士顿博物馆的张敦礼《九歌图》中,湘君湘夫人出现合为一图,但图画本身还需考证,在不同文献中记载信息不同,不一定为张敦礼所作。统计发现将湘君与湘夫人合为一图的有 2 幅,分别是萧云从的《湘君湘夫人图》以及文征明《湘君湘夫人图轴》。对二湘的性别看法不一,主要集中在对湘君的性别判定,一部分人绘画二湘都为女性,一部分人绘画湘君为男性,与湘夫人是配偶关系。李雅馨《九歌文图关系研究》②中认为李公麟的有景本《九歌图》中的湘君形象,有学者认为是男性形象,黄朋《九歌图图式流变》③南京大学所藏《九歌图》湘君戴冠大夫,湘夫人为娥皇女英,陈池瑜认为张渥的两版吴睿书辞本性别比较犹豫,大体为女性,可以说是中性形象④,李公麟的无景本《九歌图》中又将湘君湘夫人画为女性。

除模仿李公麟有景本的图画外,总体来看其他大部分都将二湘视为女性形象,尤其是宋元时期,与文坛上文人对二湘之间性别相争的激烈程度相比,画坛出现更倾向于女性角色的现象,争论并不相当激烈。

为何湘君女性角色偏多呢?首先,在文坛上对湘君性别的判定上,汉代基本保持湘君为女性角色,例如汉秦博士"湘君何神"博士对曰"闻之,尧女,舜之妻"《史记·秦始皇本纪》⑤认为湘君为尧女舜妻,刘向"二妃死于江湘之间,俗谓之湘君"⑥湘君为娥皇女英,至唐时期司马贞《史记索隐》"《楚辞九歌》有湘君、湘夫人。夫人是尧女,则湘君当是舜"⑦提出湘君为舜,男性角色,但影响最大的是韩愈的娥皇女英说:"尧之长女娥皇为舜正妃,故曰'君',其二女女英自宜降曰'夫人'也。"⑧即湘君为正妃娥皇,女英降为夫人为次妃,二者皆为女性角色,韩愈说法站在长幼嫡庶立场上得到了宋代朱熹、洪兴祖等人的支持,其目的意在维护儒家正统,封建社会长幼伦理道德,因而湘君湘夫人皆为女这种说法得到推广,反映在绘画上出现女性角色偏多的特点,明清之后出现较多的认为湘君为男性角色的观点,例如汪瑗《楚辞集解》:"湘君者,盖泛谓湘江之神,湘夫人即湘君之夫人,俱无所指其人也"⑨,湘夫人为湘君配偶,湘君为男性,王闿运湘君为舜等观点,但都

---

① 潘啸龙、陈欣:《萧云从〈离骚图〉及序跋注文研究》,《安徽师范大学学报》,2012 年第 3 期。
② 李雅馨:《以图传文——从〈九歌图〉看楚辞作品的接受与传播》,《河北北方学院学报》,2017 年第 33 期。
③ 黄朋:《〈九歌图〉图式的流变》,《上海文博论丛》,2007 年第 4 期。
④ 陈池瑜:《张渥的〈九歌图〉与神话形象》,《上海文博丛刊》,2010 年第 3 期。
⑤ 司马迁:《史记》,北京:中华书局,1982 年,第 248 页。
⑥ 刘向编撰,张涛译注:《列女传译注》,济南:山东大学出版社,1990 年,第 3—4 页。
⑦ 司马迁:《史记》,北京:中华书局,1982 年,第 249 页。
⑧ 韩愈著,马其昶校注,马茂元整理:《韩昌黎文集校注》,上海:上海古籍出版社,2014 年,第 553—554 页。
⑨ 汪瑗:《楚辞集解》,北京:北京古籍出版社,1994 年,第 115 页。

不及韩愈观点在画坛影响力。而元代文坛对于湘君身份的判别理论少之又少,目前未找出有影响力的言论,可知元代自然继承唐宋时期对湘君的性别判定,主推韩愈、朱熹等人的娥皇女英说,根据上文数据已经得出元代是二湘图突然增多的时期,在这个增多阶段画家又多受娥皇女英说的影响,元时期女性角色成为主流,元之后的绘画自然也会受到元时期的影响,从而进行模仿,这是画坛湘君女性角色偏多原因之一。

其次,前文已论,《湘君湘夫人》图大量出现与李公麟相关,现在普遍出现湘夫人湘君皆为女性角色,自然也是受李的影响。"伯时作画多不设色,此白描湘君、湘夫人,绾髻作雪松云绕,更细如针芒,佩带飘飘凌云,云气载之而行",可见模仿的是李公麟无景本,画中的湘君湘夫人二人是衣带飘飘、头挽发髻的女性形象。进一步说李公麟也开创了湘君为女性的形象,尽管在有景本中湘君为男性形象,或者一些人认为性别为中性,大体看起来为男性的形象。

再者,绘画普遍出现女性形象也可能与男性画家的爱情心理相关。目前所统计到的画家皆为男性,偏爱女性题材是可能存在的,《九歌》当中单幅图画最多的就是《湘君》《湘夫人》《山鬼》图,这3幅都有一个共同点,就是对配偶的痴情忠贞,不难发现对山鬼的性别尤其是宋元时期也多以女性角色出现,美丽多情、纯洁执着,对配偶也略含幽怨之情,她们的美丽让男性欣赏,她们的执着忠贞得到男性的认可,她们的幽怨又让男性同情,所有女性角色更符合男性的恋爱心理。对女性角色的偏爱,是女性角色偏多原因之一。

列表之后清晰发现,图画收集整理工作任重道远,除佚名本身无法考证作品之外,还有多幅图无法确定具体保存状况,且有9幅图在之前的文献书籍记载当中作者不同,但朝代、画作底本、存留博物馆都相同,但无法确定是否为同一幅图,例如张敦礼的《九歌图》与宋代待考的《九歌图》同存为波士顿博物馆,张渥的《九歌图》褚奂隶书词本与李鹏《张渥与十一段本〈九歌图〉》①论文出现的《九歌图》局部纸本水墨很可能是同一幅图,都存在美国弗利尔美术馆。但收集条件有限,两幅图无法进行对比,也就不能确定是否为同一幅图,图像研究需要更多的实物考察。并且,发现不少二湘图都保存在国外博物馆,二湘图像的考证、收集、回归更是任重而道远。

---

① 李鹏:《张渥与十一段本〈九歌图〉》,《美术》,2013年第8期。